네 번째 이야기

스포츠 사회학

Social Issues and
Debates in Sports

네 번째 이야기

스포츠 사회학

Social Issues and Debates in Sports

저 자 남상우
발행일 2021년 10월 1일 **발행인** 이진숙
발행처 궁미디어(충남대학교출판문화원) **주소** 대전광역시 유성구 대학로 99
전화 042-821-6045 **홈페이지** http://www.cnupress.co.kr **E-mail** cnupress@cnu.ac.kr

ISBN 979-11-6503-131-2 93690
정 가 22,000원

4판

스포츠 사회학

4th edition

Social Issues and Debates in Sports

남상우 지음

궁미디어
GUNGMEDIA

서문

스포츠에 담긴 사회적 속성을 탐색하는 지적 항해, 그 네 번째 이야기를 펴내며

2021년 3월, 이제 막 꾸려진 학교 연구실로 전화가 왔다. "출판원 과장입니다." 무슨 일인가 싶었다. 2013년에 출판된 이 책의 3판이 모두 소진되었다는 소식 때문이었다. "어떻게 하시겠습니까?" 2009년 처음 이 책이 출판될 때 4년에 한 번씩 개정하리라 다짐했다. 3판 출간 후 7년이 지났다. 다짐은 결국 못 지킨 게 되었다. 그동안 좀 바빴지, 생각하던 중 들려온 과장님의 목소리. "개정 하시죠." 그리고 6개월이 지났다. 전체 13개 장을 완성하고, 9월에 겨우 책의 서문을 쓴다.

개정 전, 3판을 다시 읽었다. 책의 공동 저자였으면서도 실제 이 책을 가지고 제대로 수업했던 건 지난 12년 동안 다섯 번밖에 없었다. 과거, 수업 준비 때문에 읽을 때도 느꼈지만 다시 읽어보니 또 느낄 수 있었다. '책이 너무 어렵다.' 좋게 말하면 전공 서적 같았고, 나쁘게 말하면 독자 설정에 실패한 것이다. 지인들도 비슷하게 평가했다. "책은 좋은데 너무 어렵다." 학부생이 보기에는 부적합하다는 평가였다. 그렇다. 개정 작업의 방향은 명료했다. 쉽게 이해할 수 있게 써야 했다.

주요 독자를 학부생 2학년으로 재설정했다(내가 근무하는 대학이 2학년 때 스포츠사회학을 배운다). 그 학생들 수준에서 쉽게 이해할 수 있게 썼다. 이들이 사회학적 개념을 쉽게 이해하려면 어떻게 해야 할까? 답은 '사례' 밖에 없었다. 모든 글을 사례로 시작했다. '헤게모니란…'으로 시작하지 않았다. '2016년 4월의 일이다…'로 시작했다. 물론 모든 문단과 내용을 사례로 채우는 건 초현실적인 일에 가깝다. 그런 어려움에도 불구하고 노력했다. 사례를 읽으면서 사회학 개념이 자연스럽게 이해되게끔 하고자. 개정 작업이 예상보다 지체된 이유다.

우리는 왜 스포츠사회학을 배우는가?

불법 약물을 복용한 선수를 비난하고, 승부조작에 가담한 선수는 제명하고, 폭력을 저지른 지도자를 처벌하며 우리는 스포츠계가 제 기능을 회복하리라 믿는다. '문제 해결의 개인주의화'를 지향하는 것이다. 나는 이걸 '범인 잡기'라 말한다. 반대 상황도 같다. 특정 팀의 성적이 좋으면 감독을 찬양한다. 어떤 선수가 금메달을 따면 그 선수를 영웅화한다. 국위 선양했다고 개인을 칭송하는 것. 바로 '은인 만들기'다. 이러한 개인주의적 관점은 명쾌하다. 무엇인가 해결되었다는 느낌을 주기 때문이다. 사람들이 사건이나 사고가 발생했을 때 무엇보다 먼저 범인에 집중하는 이유다.

문제는, 개인주의적 관점이 사건의 범인과 은인은 찾아주지만, 그 뒤에 도사리는 '원인'에는 눈 감게 만든다는 사실이다. 러시아 선수들의 불법 약물복용 뒤엔 국가라는 제도적 힘이 있었다. 우리나라 프로스포츠 리그의 출범 이면에는 정치적 권위의 정당성에 취약했던 국가적 압력이 작동했다. 피겨 선수의 국민적 영웅화 뒤에는 한일 관계의 역사적 기억이 놓여 있다. 개인의 행위 뒤에는 언제나 그 행위의 원인이 된 '사회적인 것the social'이 존재한다. 이를 다른 말로 '사회적 맥락' 혹은 '사회 구조'라 한다. 스포츠사회학은 여기에 주목한다. '범인'이 아닌 '원인'을 찾으려 한다.

왜 스포츠사회학을 배워야 할까? 스포츠계에 배태된, 즉 '묻어 들어간' 사회적인 것의 힘을 찾아내, 그것을 언어화할 수 있는 능력을 기르기 위해서다. 특정 현상을 '개인화'하기보단 '사회화'하기 위해서다. 스포츠를 하며 개인이 숨 쉬듯 영향을 받게 되는 사회구조를 덜 폭력적으로 만들기 위해서다. 모든 사람이 스포츠로 행복해질 수 있는 시스템을 구축하기 위해서다. 이를 위해서는 먼저 스포츠 세계를 그려낼 수 있어야 한다. 진단을 정확히 하려면 구조와 기제가 어떻게 작동하는지 알아야 하지 않겠는가? 이 책은 그러한 진단을 도와줄 다양한 사례와 이론으로 채워졌다.

스포츠사회학이 우리에게 주는 이점은 무엇일까? 스포츠사회학이 강조하는 '사회학적 상상력'은 스포츠 현상 이해에 어떤 도움을 줄까? 여러 사회학적 개념과 이론은 스포츠 문제를 개인화하지 않고 사회화하는데 어떻게 적용될까? 여러 질문이 책 전체를 수놓는다. 이들 질문이 독자들에겐 괴로울 수 있다. 하지만 우리는 질문을 마주함으로써 비로소 '다른' 생각을 하게 된다. 이 책은 스포츠에 배태된 사회적 속성을 향한 질문 꾸러미를 독자들에게 선물한다. 여러분은 선물을 풀어 '생각'으로 맞이하면 된다. 책에 무수히 등장하는 질문 폭탄에 미리 대비하시라는 차원에서 말씀드린다.

스포츠사회학 4판에서 새로워진 점

나는 이번 4판을 1장부터 13장까지 전부 다시 썼다. 문구 몇 개, 통계치 몇 개 바뀐 수준이 아니다. 얼개와 내용이 전면 수정되었다. 전공수업뿐 아니라 교양 수업에서도 사용할 수 있을 정도로 쉽게, 사례 중심으로 구성되었다. 책을 쓰며 대학생들에게 검토도 요청했다. 읽기 쉽나? 재미있나? 유익한가? 사회학적 개념이 사례와 잘 맞는가? 어렵다고 말한 내용은 고치고 또 고쳤다.

책의 구성과 관련하여 새로워진 점을 간단히 소개 드린다.

첫째, 책의 전체 내용은 13개 장으로 구성되었다. 처음엔 14장이었던 3판의 구성에서 '스포츠와 종교'를 뺐다. 4년 후 개정될 5판에서 새롭게 소개하기 위해서다. 또한 13개 장으로 맞춘 건 대학 교육과정의 15주를 고려했기 때문이다. 중간고사와 기말고사를 감안하여 13개 장으로 내용을 구성하는 것이 교수와 학생 모두에게 하나의 과목을 완결짓는다는 느낌을 좀 더 충만하게 줄 수 있기에. 책의 장에서 기존 책과 다른 점이 있다면 '스포츠와 몸', 그리고 '스포츠와 지구화(세계화)' 정도가 아닐까 싶다.

둘째, 내용 배치가 달라졌다. 1장과 2장은 기존처럼 '스포츠사회학이란 무엇인가(1장)'와 '스포츠와 사회학 이론(2장)'으로 구성되었다. 하지만 3장부터 달라진다. 이전에 거의 모든 스포츠사회학 교재는 3장이 '사회제도' 중 '스포츠와 정치'였다. 하지만 이 책에선 3장이 스포츠사회학 논의의 출발점이자 종착점이 될 '스포츠하는 몸sporting bodies'으로 작성되었다. 사회학 분석의 최소 단위인 개인을 대표하는 몸이 3장으로 들어오고, 그 이후 사회제도가 배치되는 방향으로 구성된 것이다. 그 이후를 스포츠와 정치(4장), 경제(5장), 교육(6장), 미디어(7장)가 채우고, 다음으로 '사회과정' 영역인 스포츠와 조직화(8장) 사회계층화(9장), 젠더화(10장), 사회화(11장), 지구화(12장, 기존의 '세계화')가 따랐다. 그리고 마지막으로 개인과 사회제도, 사회과정 전 영역에서 발생하는 '사회문제', 즉 '스포츠와 일탈(feat. 폭력)'이 13장의 내용을 장식하였다.

셋째, 이번 판은 '역진행 수업flipped learning' 중심으로 만들어졌다. 즉, 교수가 내용을 준비하여 '가르치는' 기존 방식을 탈피, 학생들이 각 장을 미리 읽고 와 모르는 내용을 '질문하는' 방식을 지향한 것이다. 이를 위해 많은 사례와 동영상을 QR코드로 담았다. 중간마다 사고를 촉진하는 질문도 담았다. 학생들이 각 장을 미리 읽을 때 부담을 느끼지 않도록 구성되었다. 스포츠의 사회적 속성은 무엇인가? 이 질문에 답하는 것이 핵심이다. 이 답을 몸, 정치, 경제, 교육, 미디어, 젠더, 계층, 조직 등에서 찾는다.

넷째, 저자 구성의 변화다. 1판에서 3판까지 책의 주저자로서 전체 내용과 얼개를 조율했던 이창섭 전 충남대학교 교수가 은퇴하며, 공동 저자였던 내게 주저자 자리를 물려준 변화다. 약 12년간 책의 기틀과 전통을 다진 후, 그 전통을 가장 잘 이어갈 것 같은 제자에게 자리를 넘겨준 것이다. 나 역시 20년 후엔 스포츠사회학에 열정을 가지고 이 전통을 이어갈 제자 중 한 명에게 책의 주저자 자리를 물려줄 것이다. 전통은 그렇게 이어진다. 지면을 통해 그간의 노고에 감사의 말씀을 드린다.

고마운 분들께

책이 완성되기까지 도움을 주신 분들께도 감사의 인사를 드리고 싶다. 먼저 지난 6개월간 온갖 바쁜 척을 받아주시며 책 작업에 몰두하도록 배려해주신 충남대학교 스포츠과학과 선배 교수님들, 그리고 각 장을 읽고 피드백을 준 스포츠과학과 학생들에게 감사드린다. 또한 바쁜 일정에도 멋진 편집 역량을 발휘해주신 궁미니어(충남대학교 출판문화원) 김현순 선생님, 김보라 선생님, 양광준 과장님께도 감사를 드리고 싶다. 특히 고마운 사람은 각 장의 내용과 전체 틀에 대해 여러 아이디어를 준 김대희 박사(충남대학교)와 이해령 박사(고려대학교)다. 책이 새로워지는 데 큰 도움을 주었다.

가족에게도 감사의 인사를 전한다. 아버지께서는 병원에 입원해 계신 상황에서도 틈틈이 전화를 주시며 책 작업은 잘 되어가냐고 격려해 주셨다. 작업이 늘어질 때마다 받았던 아버지의 전화는 큰 힘이 되었다. 형은 코로나19로 힘든 학원 운영 중에도 동생의 책 작업을 독려해줬다. 본인도 정신없이 힘들 텐데, 역시 동생 챙겨주는 건 형밖에 없다. 작은아버지와 작은어머니는 내게 '왜 스포츠사회학을 배워야 하나'라는 근본적인 질문으로 책 내용을 더 명료화하도록 독려해 주셨다. 또한 '사례 없는 글은 죄악'이라며 더 많은 사례를 찾도록 압박하셨다. 이분들과 함께, 가장 미안하고 고마운 사람은 새벽에 출근하는 남편에게 건강 잃으면 무슨 소용이냐며 매일 '강제 산책'을 시켜준 아내다. 한 번도 고맙다는 말을 못 했는데, 지면을 통해 고마움을 전한다.

그리고 마지막으로 두 분께 감사드린다.

능을 주신 하느님, 그리고 하늘에서 항상 함께해 주시는 어머니, 감사합니다.

2021년 10월

남상우 드림

차례

01

스포츠사회학이란 무엇인가?

스포츠사회학을 가로막는 장벽은
사회학계와 스포츠계 모두의 지배를 받는다는 것이다.
때문에 스포츠사회학자들은 사회학자에겐 조롱을,
스포츠인에겐 경멸을 받는 어려움에 직면했다.

피에르 부르디외

2019년 7월 광주세계수영선수권대회 시상식에서의 일이다. 자유형 400m에서 중국 쑨양에 이어 2위를 차지한 호주의 맥 호튼Mack Horton이 시상대 오르기를 거부하는 일이 발생했다. 이틀 뒤 자유형 200m 시상식에서도 같은 장면이 연출되었다. 공동 3위였던 영국의 던컨 스콧Duncan Scott이 1위를 한 쑨양과의 기념 촬영을 거부한 것이다. 부정약물 복용으로 메달을 딴 쑨양을 인정하지 못하겠다는 항의였다. 실제로, 쑨양은 2014년 혈관 확장제 성분의 금지 약물 양성반응을 보여 3개월 간 자격이 정지 되었다. 2018년 9월에는 중국 자택에서 도핑검사용 혈액이 담긴 병을 의도적으로 깨뜨려 약물검시를 방해하려 한 의심도 샀다. 이 사건에 대해 국제수영연맹이 쑨양을 봐주고 있다고 생각했던지, 주변국 선수들이 시상대에서 항의를 표시한 것이다. 이후, 쑨양은 2020년 2월 29일(한국시각) 스포츠중재재판소CAS로부터 8년 자격 징계를 받았고, 이에 쑨양 측이 항소함으로써 그 해 12월에 재심에 들어갔다.

쑨양 선수 시상식 영상

이는 한 국가의 대표선수가 금메달을 따려 약물에 손을 댔다 '운 나쁘게' 걸려 주변 선수들에게 따돌림당한 사건이다. 나쁜 놈이라 비난한 뒤 기억에서 지워질 개인적 일탈일 수 있다. 혹은, 협회가 쑨양에게 제재를 가하면서 처리될 단순 사건일 수도 있다. 사건의 본질이 무엇이든, 분명한 점은 이것이 '사적 문제personal problem'이자, 쑨양의 '윤리적 결함' 탓이란 사실이다. 약물을 복용하고 따돌림을 당한 이는 바로 쑨양 '개인'이다.

하지만 이처럼 개인 탓으로 보이는 문제에서 스포츠사회학자는 일반인들이 보지 못하거나 깊게 생각하지 않을 '사회적 이슈social issue'를 본다. 그러면서 너와 나, 사회와의 연결점을 찾으며 주장한다. "이 사건은 단순히 개인적인 것이 아닌 사회적 차원의 문제일 수 있다." 전술된 시상대 거부 사건에서 스포츠사회학자가 주목하는 사회적 이슈는 무엇일까? 네 가지를 살펴보자.

첫째, 약물복용doping 이슈다. 많은 이들이 특정 일탈의 원인을 주로 개인적 차원으로 돌린다. 미국에서 총기 사건을 범인 성격 탓으로 돌리거나(교우관계가 좋지 않았다), 흑인 농구 선수의 성폭력 사건을 인종 탓이라며 '유전자' 프레임을 씌우는 식이다. 성폭력 피해자인 여성에게도 옷을 야하게 입어서 사고를 당했다는 '피해자 탓하기victim blaming'를 한다. 왜 그럴까? 편하기 때문이다. 이것저것 안 따져도 되니까. 그러니 '(사회적) 원인'이 아닌 '(개인적) 범인'만 찾는다. 스포츠에서의 도핑도 유사하다. 문제의 원인을 선수 개인의 도덕성 결여로만 보면 해결책도 개인적 교육에 머물게 된다. 교육, 물론 필요하다. 하지만 충분한 해결책은 아니다. 원인은 다층적이다.

둘째, 사회적 영향력이다. 분명 쑨양의 도핑 사건은 개인적 문제지만, 그의 영향력은 사회적이다. 특히 쑨양처럼 국가적으로 영웅시되는 이들은 공인으로 간주되며 대중의 역할 모델로 기능한다. 이들의 행위는 아이들에게 사회적 나침반 역할을 한다. 일거수 일투족이 관심의 대상이 될 수밖에 없다. 스포츠사회학자들은 이러한 현상을 '스포츠 명사sport celebrity'란 개념으로 다룬다. 유명 운동선수의 행위가 어떻게 사회적으로 영웅시되거나 악마화하는지를 셀러브리티화celebritization 개념으로 설명한다.[1] 사회가 '명사성'을 만들어가는 과정을 뜻하는 사회학적 개념이다.

셋째, 특정 종목에서의 특정 '인종 우세성' 문제다. 골프, 테니스, 수영과 같은 종목을

---

1) Driessens, O. (2013). The celebritization of society and culture: Understanding the structural dynamics of celebrity culture. International Journal of Cultural Studies, 16(6), 641-657.

보면 특정 인종(주로 백인이 우세)이 우세함을 알 수 있다. 특히 수영은 그동안 백인 천하였고 앞으로도 그럴 가능성이 크다. 최근 한국(박태환)이나 중국(쑨양)과 같은 아시아 선수들이 선전하며 수영계에 미묘한 '주도권 다툼'이 벌어졌다. 개인적 사건이 국가 간 주도권 다툼으로 확장될 구도가 만들어진 것이다. 금지약물 복용은 잘못이나, 다른 종목에서도 흔히 발생한다. 하지만 시상대 거부로까지 이어지는 경우는 드물다. 이처럼 백인 선수들이 아시아 선수의 개인적 문제에 민감하게 대응하는 모습을 단지 선수들의 윤리적 정당성 주장 차원이 아닌 국가 간 주도권 투쟁(즉, 주도권 다툼)으로 볼 여지는 없을까? 선수 개인의 몸에는 국가가 새겨져 있다.

넷째, 국제수영연맹FINA이 쑨양에게 조직 차원에서 유리한 제재를 했는지의 문제다. 이러한 '눈치 보기'는 수영 종목에만 그치지 않는다. 최근 전 세계 스포츠연맹 대부분은 중국의 영향력에서 벗어나기 힘들다. 막강한 자본력을 앞세워 스포츠협회에 압력을 가하기 때문이다. 앞선 사례처럼, 스포츠 조직이 특정 국가에 친화적인 경향은 향후 국제 스포츠계에서 정치적 문제가 된다. 특히 중국처럼 민족주의 성향이 강한 국가는 스포츠에서의 승리를 애국심 고양과 국가적 통치 체제를 견고하게 만드는 데 주요하게 활용한다. 넘치는 자본으로 국제스포츠조직에 침투하는 이유다. 쑨양 사건은 스포츠 정치 차원에서 볼 맥락이기도 하다. 스포츠 스타의 개인적 일탈 이면에는 국가와 조직의 관여라는 '사회적 맥락'이 존재한다.

지금까지 한 선수의 도핑 사건과 관련하여 일어났던 시상대 거부 사건이 사회적 측면과 어떻게 연결될 수 있을지를 개괄했다. 앞뒤 설명 없이 사례와 설명으로 이 장을 시작한 이유는 스포츠사회학이 스포츠에 접근하는 방식의 일부를 보여주기 위해서다. 나아가, 스포츠사회학이 어떤 학문이고 어떤 차원의 관점을 지니는지를 느껴보기 위해서다. 스포츠사회학은 그 이름 자체에서 알 수 있듯, '스포츠 세계'를 사회학적으로 연구하는 분야, 즉 "스포츠계에서 발견되는 사회적 과정, 가치, 문제, 유형, 행위를 체계적으로 연구하는 학문[2)]"이다. 이런 이유로 학문적 관점의 폭은 자연스럽게 개인 수준을 넘어 사회적 맥락social contexts을 향한다.

이 장은 스포츠사회학이 어떤 학문인지를 개괄한다. 이를 위해 먼저 스포츠사회학이 주된 관심을 두는 '스포츠에 배태된 사회성'이란 내용부터 살펴보자.

---

2) Delaney, T. & Madigan, T. (2009). The sociology of sports: An introduction. McFarland & Company Publication, 7쪽.

의자에 몇 시간씩 앉아 마우스와 키보드만 조작하는 '오락'을 스포츠계는 스포츠로 인정하지 않았다. 오늘날 그 오락을 세계적으로 약 1억6,000만 명이 시청한다. 1980-90년대에 태어난 세대가 주요 고객이다. 산업 규모 차원에선 축구와 야구를 능가할 파급력도 지녔다. 바로 'e-스포츠'다. 이미 e-스포츠 중 하나인 '도타2'의 우승 상금(1,085만 달러; 약 123억 원)은 마스터스 골프대회(198만 달러; 약 23억 원)보다 다섯 배 이상 많다.[3] 이제 사람들은 지하철에서 핸드폰으로 야구나 축구 경기가 아닌 e-스포츠 영상을 본다. 디지털 세계가 사회 주요 패러다임이 되면서 오락게임은 당당히 스포츠로 소비된다.

사회 속에 스며든 스포츠

185cm의 한 백인 사내가 수많은 관중이 지켜보는 농구 골대를 향해 뛰어간다. 골대 앞쪽에는 다른 사내가 고개를 숙인 채 농구공을 자기 목 뒤에 대고 서 있다. 전력 질주하던 사내는 서 있던 남자의 머리 위로 점프하며 그 공을 낚아채 림에 내리꽂는다. 어마어마한 점프와 말이 안 되는 각도로 덩크슛을 성공시키자 지켜보던 관중들의 환호가 터진다. 92년생 캐나다 출신의 조던 킬개넌Jordan Kilganon이다. 농구 경기가 아닌, 덩크를 업으로 하는 전문 덩커dunker다. 단순 이벤트였던 활동이 이제는 '스포츠'로 소비되기 시작한 것이다.

조던 킬개넌

> 10명이 뛰는 코트를 벗어나, 오로지 덩크에 열광하는 선수와 팬이 있다. 거리에서 덩크 대회를 열고, 최고로 아름다운 덩크를 보여준 선수에게 상금을 준다. 전문 팀도 있고, '덩크를 멋있게 하는 법'을 알려주는 동영상 강의도 있다. 수십만 팬이 그 동영상을 보거나 대회를 보러 온다. 덩크가 농구 경기의 한 기술이 아니라, 독립적인 '스포츠'로 인기를 얻고 있다.[4]

국제축구연맹FIFA은 지난 150년간 유지해 온 오프사이드 규칙(공격수가 수비수보다 유리한 위치를 선점하는 걸 방지하는 규칙) 폐지를 검토한다고 발표했다. 축구 경기의 재미를 반감시키기 때문이었다. "22명의 선수가 두 시간 동안 공을 쫓아다닌 뒤 결국 0대0으로

---

[3] 강동민 (2018.01.27.). NBA도 마스터스 골프도, 이 앞에선 '게임'이 안된다. 조선일보, B7면.
[4] 임경업 (2015.12.24.). '거리의 덩크왕' 年 1억 원 넘게 번대요. 조선일보, A28면.

끝나는 황당한 스포츠가 축구다."[5] 관중들은 골을 즐기기 위해 축구장을 찾는데, 오프사이드 규칙이 그걸 방해하여 재미를 반감시킨다. 없어져야 할 이유였다. 반대 의견은 없었을까? 이 규칙이 없어지면 공격수 모두가 상대 골문 근처에 몰려가 경기는 더 재미없어질 거란 반론도 나왔다. 과연, 오프사이드 규칙은 어떻게 바뀌어야 할까? 축구는 사회적 요구를 따라야 할까, '본질'을 지켜야 할까?

> 스포츠는 현대 사회의 여러 수준에 스며들었다. 사회 내 다양한 요소들, 즉 지위, 인종관계, 비즈니스, 의복, 영웅, 언어, 윤리적 가치 등과 접촉하고 그에 영향을 준다. 좋든 싫든, 스포츠는 우리 삶에 엄청난 중요성을 제공해준다.[6]

사회적 요구에 대응하며 스포츠 규칙이 변하는 과정뿐 아니라, 스포츠 자체는 사회 문제와도 공명한다. 특히 사회적 재난이 발생하면 스포츠는 그 사건에 적극적으로 스며든다. 2014년 세월호 침몰 사고에 대한 스포츠계의 애도가 대표적이다.[7] 이때 당시, 스포츠계에서는 선수들이 경기에서 '세월호 무사 귀환'을 기원하는 표식(모자에 표식, 검은 넥타이, 검은 완장 등)을 차고, 자선 사인회를 열며, 경기 전 묵념을 하는 등의 사회적 활동을 하였다. 스포츠와 사회는 밀접하게 연결되었다.

이뿐만이 아니다. 스포츠는 사회 통합social integration 기능도 발휘한다. 2017년 10월 미국 라스베이거스에서는 58명의 목숨을 앗아간 최악의 기관총 학살극이 벌어졌다. 도시는 암울해졌고, 사람들은 공황에 빠졌다. 이런 도시를 다시 뭉치게 한 건 바로 골든 나이츠Vagas Golden Knights 아이스하키팀이었다. 사건 9일 뒤, 라스베이거스에서는 골든 나이츠 홈 개막전이 열렸고, 창단팀의 첫 선수 소개 시간에는 참사 당시 구조에 나섰던 소방관과 경찰, 의사와 간호사가 호명되었다. 홈 팬들은 기립 박수로 이들을 맞이했고, 선수들 역시 스틱으로 얼음판을 두드리며 행사에 참석한 생존자들을 격려했다. 선수들은 '베이거스 스트롱Vagas Strong'이 적힌 스티커를 헬멧에 붙이고 경기를 뛰었다. 당시 재난 구조에 참여했던 한 소방관은 말한다. "비극을 겪은 우리를 위해 뛰는 스포츠팀이 있어 자랑스럽다. 골든 나이츠는 우리에게 큰 위안을 주는 존재다."[8] 이처럼 스포츠는 사회를 위로해준다.

---

5) 임경업 (2017.01.21.). 오프사이드, 이제 '팽' 당하나. 조선일보, A20면.
6) Boyle, R. H. (1963). Sport-mirror of American life. Boston: Little, Brown, 3-4쪽.
7) 손장훈 (2014.04.21.). 뜨거운 환호는 잠시 접고…스포츠도 세월호의 아픔 나눕니다. 조선일보, A24면.
8) 장민석 (2017.10.17). 라스베이거스는 더이상 울지 않는다. 조선일보, A29면.

국민의례 거부 사건

2016년 9월, 미국의 샬럿 지역에선 흑인 남성이 불명확한 상황에서 경찰 총에 맞아 숨지는 사건이 벌어졌다. 흑인에 대한 경찰의 과잉 진압이 발생한 것이다. 이에, 스포츠계에서는 이런 인종 차별을 방치한 국가에 존경을 거부하는 움직임이 발생했다. 일명 '시팅 맨sitting man' 사건이다. 미국 미식축구 선수 콜린 캐퍼닉Colin Kaepernick이 시범경기 국가 제창 때 한쪽 무릎을 꿇고 앉으며 기립을 거부한 것이다.[9] 이후, 여자축구선수와 여자농구선수까지 이 항의에 동참하였다. 이와 같은 정치적 항의는 인종 문제에서 총기 폭력 반대, 영토 문제, 선수폭력 등과 연관되며 지금까지 스포츠 현장에서 이루어졌다. 스포츠는 사회를 변화시킨다.

앞선 사례들은 스포츠가 사회적 속성을 지닌 제도적 구성물이라는 점을 보여준다. 스포츠는 사회를 반영하고 변화시키며, 고유의 작동 원리를 재현한다(다시 보여준다). 사회가 변하며 기존 스포츠 규칙이나 스포츠 자체의 형태, 스포츠를 구성하는 요소까지 변하거나 그 변화를 강요받는 것이다. 이처럼 스포츠에는 '사회성sociality'이라 부를 수 있는 특별한 속성이 배태되었다. 스포츠에 배태된 사회성이란, "사회 현상이 스포츠와 만나며 사람들의 스포츠 소비 방식, 즉 스포츠를 직간접적으로 행하거나 이를 인식하는 방식을 변화시키는 성질"이다. 스포츠사회학이 분석하며 이론화하려는 대상이다. 스포츠는 사회적 진공 상태에서 이루어지지 않는다.

스포츠의 사회적 속성을 분석하는 스포츠사회학

> 스포츠사회학은 스포츠 맥락에서 인간의 사회행위를 법칙으로 만드는 가치 중립적 학문이다. 때문에, 스포츠사회학자는 운동이 좋다고 주장하는 전도사가 되어 운동에 대한 태도와 가치를 형성하기보단, 그것을 묘사하고 설명하려 노력해야 한다.[10]

2000년에 개봉한 영화 『빌리 엘리엇Billy Elliot』은 '사회구조'의 힘을 보여준다. 남자와 여자가 어떤 스포츠를 즐겨야 할지 결정하는 사회구조를 드러낸 것이다. 영국 북부 탄광촌에 사는 11살 소년 빌리는 매일 복싱을 하던 체육관에서 우연히 발레 수업을 본다. 토슈즈를 신은 여학생 뒤에서 동작을 따라 하다 발레 선생 윌킨슨 부인의 눈에 들어온

9) 오유교 (2016.09.24). 미식축구 시팅맨(sitting man) 이어 농구장 시팅걸(sitting girl). 조선일보, A23면.

10) Kenyon, G.S., & Loy, J.W. (1965). Toward a sociology of sport. In J.W. Loy, & G.S. Kenyon (eds.), Sport, culture, and society: A reader on the sociology of sport(pp. 36-43). New York: Macmillan. 38쪽.

다. 재능을 본 윌킨슨 부인은 빌리에게 특별 수업을 해준다. 심지어 로얄발레학교 오디션까지 권한다. 하지만 빌리에겐 가부장적인 아버지가 있었다. '발레? 그건 계집애들이나 하는 거야! 남자는 복싱이지!' 빌리는 성별에 적합한 스포츠가 존재한다는 사회적 규범 속에서 갈등한다. 스포츠사회학은 이처럼 우리의 일상 속 스포츠 활동에 영향을 미치는 구조적 영향력(in)visible structural forces을 분석한다.

> 스포츠사회학은 스포츠 현상에 사회학적 개념, 특히 그 가운데에서도 사회구조와 사회과정의 개념을 응용하여 연구하는 학문이다.[11]

사회구조는 사람들 간의 '사회적 관계social relations'가 굳어져 만들어진다. 그렇기에 스포츠사회학은 스포츠계에서 사람과 사람의 만남에도 주목한다. 서로 만나 스포츠를 즐기면 어떤 일이 발생하는지 묻는 것이다. 한 예로, 스포츠클럽에서 여러 계층과 인종의 사람들이 함께 스포츠를 하면 '사회자본social capital'이 증진된다. 클럽 활동으로 외국인 회원은 자신을 한국인으로 '동일시'한다. 내가 누구인지 말해주는 정체성identity이 형성되는 것이다. 정체성은 스포츠사회학의 주요 관심사다.

골프장 캐디는 고객들과 라운딩을 돌며 감정노동emotional labor을 한다. 감정노동이란 고객에 맞춰 자기 감정을 관리하며 하는 노동을 의미한다. 캐디의 사회적 위치/지위가 골프장 고객과 다르기에 이루어지는 행위다. 뿐만 아니라, 사람들이 모여 집단이 형성되면 불가피하게 사회적 배제social exclusion 같은 부정적 현상도 발생한다. 계층, 피부색, 성별, 사는 지역의 차이 때문에 발생하는 배제다. 스포츠사회학은 개인이 스포츠 맥락에서 경험하는 여러 가지 마주침encounters과 그로 인해 만들어지는 '관계'를 중점적으로 연구한다. 이런 연구 경향을 '사회관계 패러다임'이라 한다.

우수선수가 되는 경로pathway는 무엇으로 포장되어 있을까? 올림픽에서 메달을 딸 정도의 우수한 실력을 지닌 선수가 있는 반면, 왜 어떤 선수는 빛도 못 보고 중도에 탈락할까? 미국의 마이클 펠프스Michael F. Phelps같은 선수가 되려면 좋은 유전자만 있으면 될까?[12] 물론, 탁월한 유전자는 필수적이다. 하지만 여기에 덧붙여 연습 여건도 중요하다고 연구는 밝힌다. 특히, '초기 훈련의 질'이 중요하다. 처음 수영을 가르친 코치가 핵

---

11) Leonard, W.M. (1998). Sociological perspective of sport(5th). Benjamin Cummings, 14쪽.

12) Chambliss, D. F. (1989). The mundanity of excellence: An ethnographic report on stratification and Olympic swimmers. Sociological Theory, 7(1), 70-86.

심이다. 지리적 위치도 중요하다. 일 년 내내 해가 나고 누구나 수영을 할 수 있는 위치여야 한다. 대회 출전을 위한 출전 경비도 소화할 수 있어야 한다(고소득층이어야 한다). 일찍 시작해야 할 뿐 아니라, '운'도 좋아야 한다. 핵심은 명료하다. 뛰어난 선수는 '사회적 진공' 상태에서 태어나지 않는다. 재능도 사회적이다. 스포츠사회학은 이처럼 한 개인의 생애 과정에 따른 경로 변화에도 관심을 가진다.

> 스포츠사회학은 스포츠 장면에서 일어나는 행동유형과 사회과정을 스포츠의 구조와 스포츠 활동이 존재하는 일반 사회구조의 측면에서 설명하려는 학문이다.[13]

훈련은 힘들다. 그래서 많은 선수들이 싫어한다. 하지만 시합에서 이겨 성적을 내야 장래가 보장되니 참고 훈련한다. 이렇게 '힘들지만 인내하는' 선수들과 달리, 어떤 선수들은 훈련을 빠지는 '일탈'을 감행하기도 한다. 걸리면 처벌을 감수해야 함에도 훈련을 빠지는 것이다. '부정적 일탈'이다. 하지만 반대 편에는, 이런 행위와는 달리 하루 여섯 시간도 부족하다면 밤까지 훈련을 계속하는 선수도 있다. 코치가 말릴 정도다. 이런 행위를 뭐라고 부를까? 스포츠사회학자는 이전에 존재하지 않던 행동이나 현상에 '이름'을 붙인다. 이처럼 훈련 윤리에 과동조하는 현상엔 '긍정적 일탈positive deviance'이 명명되었다(이를 '개념화'라 한다).[14] 현상에 이름이 붙으면 비가시적이던 현상은 실재reality가 된다. 실재가 됨으로써 우리는 그 현상을 인지할 수 있게 된다. 스포츠사회학은 인간의 사회적 행동과 스포츠계의 다양한 사회적 현상을 언어화한다.

물론, 스포츠사회학이 특정 행동과 현상에 이름 붙이는 일만을 주요 목적으로 하진 않는다. 그렇게 붙여진 이름에 부여된 의미와 그 의미에 따라 형성된 개념 간 위계에도 주목한다. 예를 들어, 우리 사회는 왜 생활 스포츠보다 엘리트 스포츠에 더 높은 가치를 부여하게 되었을까? 왜 우리는 70년대에서 80년대, 엘리트 스포츠에 적극 투자하며 국제대회에서 좋은 성적을 내는 '스포츠 강국'을 '스포츠 선진국'으로 명명하다, 최근 스포츠클럽 중심의 시스템을 갖춘 나라를 스포츠 선진국으로 명명하며 소위 '엘리트 스포츠 소외하기(의도적이든 비의도적이든)'를 시작했을까?[15]

---

13) Coakley, J. (1986). Sport in society(2nd). Saint Louis: Mosby, 5쪽.

14) Ewald, K. & Jiobu, R. M. (1985). Explaining positive deviance: Becker's model and the case of runners and bodybuilders. Sociology of Sport Journal, 2(2), 144-156.

15) 남상우, 이해령 (2019). 스포츠 선진국 개념의 시대별 변천과 용법적 맥락 탐색. 한국스포츠사회학회지, 32(3), 1-21.

스포츠사회학이 취하는 기본 테제
스포츠와 사회는 어떤 관계로 이루어져 있는가?

'테제(these)'란 논리를 전개하기 위해 세운 최초의 명제다. 이는 어떤 정치적, 사회적 운동의 기본 방침(강령)이 된다. 학문 영역에선 '논제'로 이해할 수 있다. 어떤 학문이든 자신들만의 고유한 테제를 지닌다. 이게 없는 학문은 존재할 수 없다. 중심 역할을 하는 '인식론적 닻'이기 때문이다. 이게 없다면 그 학문계는 난장판이 된다. 학문 구성원들이 자신의 관심사만 중요하다고 주장할 것이기 때문이다.

스포츠사회학 역시 고유의 테제를 지닌다. 그 테제는 지금껏 각기 다른 모습으로 발전을 거듭해왔다. 크게 세 가지 테제다. 1) 반영 테제, 2) 재생산 테제, 3) 저항 테제. 이 내용을 수업 때 설명하면 학생들은 질문한다. "이걸 꼭 알아야 하나요?" 물론 몰라도 된다. 하지만 알면 어디서든 스포츠사회학이 '사회'와 어떤 관계를 맺는지 설명할 수 있다.[1)]

1. 반영(reflection) 테제

스포츠사회학이 태동하던 1960년대, 미국(특히 북미)에서 처음 구성된 테제다. '스포츠는 사회를 반영한다'를 말해준다. 반영 테제라 부르는 이유는 바로 '스포츠가 사회의 축소판'이라는 점을 강조하기 위해서다. 이는 1960년대부터 70년대 중후반까지 미국을 중심으로 대중화된 테제인데, 이를 적용하면 우리는 스포츠와 사회의 관계를 다음처럼 설명할 수 있다. "사회를 형성하는 다양한 물질적 구조와 관념적 차원은 스포츠의 구조 및 관념과 일치한다."[2)]

이 테제는 '구조기능주의'라는 이론적 전통과 어울린다. 이 이론은 스포츠를 사회 유지에 필요한 여러 제도적 부품 중 하나로 설명한다. 때문에 이 테제는 오늘날에도 학계에서 자주 사용되는데, 스포츠 현상이 사회의 작동방식 이해에 명징한 사례로 설명될 수 있기 때문이다. 하지만 이는 드러난 사실만을 설명만 할 뿐, 스포츠의 잠재력을 간과했다는 비판에 직면한다. 스포츠가 단지 사회의 부속품으로만 간주하는 건 스포츠계를 너무 사소화한 것 아닌가?

2. 재생산(reproduction) 테제

이 테제는 스포츠가 사회질서 유지에 필요한 요소를 구성, 그것을 세대에 걸쳐 전수한다고 말한다. 현재의 이상적 상태를 다음 세대로 전수하는 '재생산' 힘을 가진 사회적 제도로 본 것이다. 이는 1970년 후반부터 힘을 받은 테제로서, 스포츠가 한 개인의 집단 적응, 통합, 목표 달성, 형태 유지, 긴장 관리 같은 바람직한 성향을 길러준다고 주장한다.

하지만 사회질서 유지에 반드시 좋은 것만 개입하지는 않는다. 질서에는 '불평등한 질서'도 있다. 권력층 입장에서는 그러한 불평등 질서도 계속 유지되어야 한다. 그래야 자신들이 혜택을 누리니까. 그래서 갈등이론가는 주장한다. "스포츠는 사회 내 권력층이 원하는 불평등한 상태에 적극적으로 개입하면서 그것을 정당화한다."

3. 저항(resistance) 테제

"사회를 반영하고 재생산하는 스포츠는 '다툼이 벌어지는 영토(contested terrain)'다." 즉, 스포츠는 좋은 것과 나쁜 것, 이상한 것이 여러 다툼 과정에 얽히며 일종의 '정반합' 과정으로 유지된다. 저항 테제의 핵심 주장이다. 가장 논쟁적인 주장이다.

프로야구선수는 연봉을 받으며 리그에서 자기 경기력을 판매한다. 팬들은 그 경기력을 구매하고자 지갑을 연다. 그 돈으로 구단주는 이윤을 취한다. 더 많은 이윤을 취하려 선수들에겐 더 적은 연봉을 주고, 더 많은 대회를 뛰게 한다. 이런 억압적 대우는 '한국프로야구 발전을 위해서'란 이데올로기로 정당화된다. 선수들은 어떻게 해야 할까? 저항 테제에 따르면, 스포츠의 작동 방식을 알고, 그에 대응할 전략을 공부하면 지금 상황을 개선할 수 있다. 그러니 야구선수는 수동적으로 행동하지만 말고, 적극성을 지니며 사회변화를 이끌 행위성을 발휘해야 한다. 저항 테제가 말하는 내용이다.

1) Donnelly, P. (1996). Approaches to social inequality in the sociology of sport. Quest, 48(2), 221-242, 221쪽.
2) Ingham, A. (1980). Sport and society: Interpenetration and resistance. Unpublished manuscript, 1쪽.

'비만obesity'도 사회학의 관심사다. 사람들이 비만을 '몸에 지방이 많이 축적된 상태'라는 의학적 개념보다 "무책임하고 무절제한 식생활로 인해 뚱뚱해져 위험한 상태"[16]로 인식하기 때문이다(사회적 개념). 또한 스포츠계에선 '여자 같다'는 평가보다 '남자 같다'는 표현이 더 가치 있게 인식된다. 왜 남성 스포츠는 여성 스포츠보다 더 우월하게 인식될까?[17] 이는 우리가 특정 개념을 향해 지니는 표상 때문이다. 그 표상은 사회 속 문화적 규범으로 형성된다. 스포츠사회학은 우리의 생각, 가치, 그에 따른 여러 태도와 행동에 영향을 미치는 규범norm도 연구한다. 당연히 규범은 시간이 흐르면서 변한다. 이를 스포츠사회학의 '사회과정 패러다임'이라 부른다.

> 스포츠사회학이 스포츠만큼 흥미롭고 재미있음을 알려주고자 사회학 렌즈를 빌려, 스포츠와 관련해 나타나는 다양한 사회적 형태, 문제, 이슈를 분석하고 해석하여 그것들의 변화를 기술하고 예측하는 지식 생산 활동이다.[18]

스포츠사회학은 우리의 생각과 행위에 영향을 미치는 제도도 살펴본다. 미디어media를 보자. 주변에서 발생하는 시위를 보면 우리는 그 시위의 이유를 묻기 전 비난부터 한다. 왜 그럴까? 지금껏 미디어가 '시위=나쁜 것'이라는 도식을 형성해 왔기 때문이다. 미디어의 힘이다. 스포츠 중계도 그렇다. 여자 종목은 미디어에서 잘 방송되지 않는다. 재미 없다고 생각되어서다. 미디어에서의 부재不在는 사람들에게 '여자 종목은 존재하지 않는 것'으로 생각하게 만들고, 이는 여성의 스포츠 활동 비非참가로 연결된다. 악순환이다. 스포츠사회학은 이런 순환 관계에 문제의식을 가지며 미디어가 스포츠를 어떻게 다루는지 연구한다. 미디어는 여성과 남성 선수를 어떻게 묘사할까?[19] 미디어는 사람들이 스포츠 활동에 직접 참여하도록 도움을 줄까? 오늘날 대세가 된 유튜브는 스포츠를 어떻게 변화시킬까?[20]

이처럼 스포츠사회학은 우리가 손쉽게 개인적으로 치부하는 스포츠계 여러 현상을 사회적인 맥락에서 생각한다. 즉, 스포츠계에서 벌어지는 개인과 사회적인 것과의 지

---

16) 남상우 (2010). 사회적 구성체로서의 건강 담론: 청소년이 인식하는 건강과 비만의 사회적 표상. 한국체육학회지, 49(1), 73-84, 81쪽.

17) Spaaij, R., Farquharson, K., & Marjoribanks, T. (2015). Sport and social inequalities. Sociology Compass, 9(5), 400-411.

18) Nixon II, H.L. (2008). Sport in a changing world. Paradigm Publishers, 6-7쪽에서 참고하여 조합.

19) Bruce, T. (2016). New rules for new times: Sportswomen and media representation in the third wave. Sex Roles, 74(7-8), 361-376.

20) 남상우 (2019). 유튜브가 변화시킨 스포츠의 미디어 지형. 서울스포츠, 345호, 20-21.

속적인 상호작용을 '언어'로 표현하는 것이다. 그래서 나는 스포츠사회학을 "스포츠에 배태된 '사회적 속성'을 밝히고, 그것이 우리의 스포츠 행위에 어떠한 영향을 미치는지 이론화하는 학문"으로 정의한다.

정리하면, 스포츠사회학은 "스포츠와 관련한 개인의 생각, 믿음, 태도, 행동에 직간접적으로 영향을 미치는 사회구조, 스포츠를 매개로 개인과 집단, 종목이 서로 마주치며 발생하는 사회관계, 시대가 변하며 사회적으로 스포츠를 대하는 태도나 인식, 실천 방식의 변화를 보는 사회과정, 그리고 변화에 따라 이전 가치와 차별화되어 등장한 가치 간의 갈등으로 생기는 사회문제를 사회학적 상상력을 이용하여 분석하는 학문"이다.[21] 결코 쉽게 이해되는 학문은 아니다.

스포츠 사회학을 왜 배워야 하는가?

그렇다면 우리는 왜 스포츠사회학을 배워야 할까? 스포츠사회학의 목적은 무엇일까? 여러 목적이 있겠으나, 중요한 것은 무엇보다 개인에게 '사회학적 상상력sociological imagination'을 키워줌으로써 현재 우리의 스포츠계를 더 좋은 세계로 만들 실천 역량을 갖추도록 하기 위해서다. 사회학적 상상력이란 "우리가 역사와 개인의 일생, 사회라는 테두리에서 이루어지는 양자 간의 관계를 파악할 수 있게 해주는 힘"[22]을 말한다. 즉, '개인의 문제를 사회구조 속에 위치시켜 생각할 수 있는 지적 역량'이다. 사회 현상을 바라보는 우리의 개인주의적 경향을 극복하게 하는 힘이자, 사회학이 주된 관심사로 개념화한 '사회적인 것the social'을 이해하도록 해준다. 사회학적 상상력이란 무엇일까?

사회학적 상상력의 이해

> 맞벌이하는 부부가 화장실 청소 당번이나 아픈 아이 돌보는 문제로 말다툼을 할 때, 싸움이 일어나는 시점에서 그 문제는 단지 두 사람만의 것으로 보일 수 있으나 실제로는 단순하지 않다. 우리는 그런 상황을 발생시키는 더 큰 '맥락'에 관해 물어야 한다.[23]

21) 남상우 (2016). 스포츠사회학이 뭡니까? 서울스포츠, 304호, 44-45.
22) Mills, C. W.(2000). The sociological imagination. New York: Oxford University Press, 6쪽.
23) Johnson, A. G. (2008). The forest and the trees: Sociology as life, practice, and promise. Philadelphia, PA: Temple University Press, 20쪽.

주변에서 종종 '개인적인 사건'으로 생각되는 게 뭘까? 학생들이 자주 언급하는 건 '자살'이다. 스스로 목숨을 끊는 행위인지라 종종 개인 탓으로 돌린다. '취업'도 언급된다. 개인의 역량 부족 때문이라 생각한다. '질병'도 그렇다. 어디 아프면 '몸 관리 좀 잘하지 그랬냐'고 핀잔을 준다. 개인 탓이라는 것이다. 체육과 학생들이 이 질문에 가장 많이 답하는 건 '국가대표'다. 국가대표가 되는 건 개인의 노력과 실력에 달렸다. 과연 그럴까? 사회학적 상상력은 이처럼 많은 이들이 개인 탓, 개인적 노력, 개인적 불행으로 생각하는 현상을 사회적 맥락에 놓고 생각해보라 요구한다.

우리가 매일 아침 마시는 커피 한 잔은 평범하다.[24] 하지만 이렇게 평범한 커피 한 잔에도 사회적 의미가 담겼다. 첫째, 다른 사람과 마시는 커피는 '사회적 의례social rituals'의 기초가 된다. 함께 마시는 커피는 커피 자체보다 대화를 나누며 타인과 사회적 관계를 맺는 상호작용 의미가 담긴다. 둘째, 커피는 두뇌를 자극하는 카페인이 함유되었다. 일종의 '마약'이다. 같은 마약인 코카인은 허용되지 않지만 커피는 허용된다. 반대로, 코카인은 허용되지만 커피나 알코올이 거부되는 사회도 있다. 이런 차이의 발생은 사회적이다. 셋째, 커피를 마실 때 우리는 커피가 생산되고 소비되는 노동 과정을 생각할 수 있다. 즉, 커피는 가난한 나라에서 만들어져, 상대적으로 부유한 나라에서 소비된다. 이러한 생산과 소비의 불균등은 왜 발생할까?

새벽 1시, 백화점 앞 사거리에서 길을 건너던 여성은 신호를 어기고 달려든 트럭에 치여 숨졌다. 장례식장에서 사람들은 이 여성이 안타까운 사고를 당했다며 슬퍼했다. 어떤 이들은 왜 그 시간에 돌아다니다 봉변을 당했냐고 책망하기까지 했다. 그들에게 이 사건은 재수 없게 당한 개인적 불행이었다. 이후 사고 관련 재판이 진행됐고, 사고를 낸 운전기사는 징역 3년을 선고받았다. 그런데 이 사건을 조사하던 기자가 또 다른 사실을 찾아냈다. 트럭 기사가 일주일 동안 쉬지 않고 하루 평균 14시간씩 운전을 한 것이다. 졸음운전이 사고 원인이었던 것이다. 왜 그렇게 무리하게 운전해야 했을까? 사회적 원인이 있었다. 납기 일정에 맞춰 물품을 배송해야 했던 발주업체와의 계약, 경쟁사와의 과도한 경쟁, 고용 불안정, 운전자를 위한 화물차 전용 휴게소 부족,[25] 물류 회사의 이윤추구라는 구조적 문제였다. 한 개인의 불행으로 치부되던 사건 뒤에는 이처럼 복잡한 '사회적 맥락'이 위치한다. 우리는 이 맥락을 볼 수 있을까?

---

24) Giddens, A., & Sutton, P. W. (2017). Sociology(8th edition). Cambridge: Polity Press.

25) 이수기 (2018.05.19.). 화물차 45만대, 전용휴게소 50곳…핸들 잡은 채 꾸벅꾸벅. 중앙일보, 10면.

스포츠의 흥망성쇠는 사회적 현상이다

2000년대 초, 우리나라에 불었던 마라톤 열풍을 보자. 혹자는 이 열풍 뒤에 1992년 황영조 선수의 바르셀로나 올림픽 마라톤 금메달과 이봉주 선수가 딴 1996년 애틀란타 올림픽 마라톤 은메달이 있었다고 주장한다. 물론 그럴 수 있겠다. 그런데 시차가 너무 많이 난다. 오히려, 당시 사회적 환경을 고려해보는 게 나을 것이다. 마라톤은 유산소 운동으로 개인의 건강관리에 효과적이라는 '개인주의적 설명'과 달리 스포츠사회학은 개인의 행위(중산층에 속한 사람의 마라톤 참가)를 사회적 맥락(1998년도 IMF 경제위기라는 상황)에 위치하여 관련 현상을 설명한다.

이와 관련, 사회학자 정준영의 설명을 빌려보자.[26] 사회적 혼란이 급격히 확산하는 시기에는 그에 위협을 느낀 중산층에게서 보수적 움직임이 싹터 오르는 경향이 있다는 미국 사회의 사례를 참고하며,[27] 그는 IMF 경제위기 당시 우리나라에서 보였던 중산층의 마라톤 열풍이 그들의 개인주의적인 (금욕적) 도덕성과 밀접히 연관되었다고 해석한다. 즉, 80년대 민주화라는 진보적 사회 운동 분위기가 쇠퇴하며 맞이한 90년대 후반의 경제적 위기(사회 혼란)가 중산층의 보수성(개인적 삶의 안정성과 예측 가능성을 확보하려는 성향)을 강화했다는 주장이다(책의 306쪽 참조).

문제는, 80년대 진보성이 '정치적 결집(민주화 운동)'으로 나타났던 것과 달리, 90년대 보수성은 이미 한국 사회에 견고하게 자리 잡힌 극우 보수 정치 세력에 의해 정치적으로 결집될 수 없었다는 사실이다. 결국 이 보수성은 집단화보다는 개인화되어 '나만이라도 합리적으로 살자'는 식의 경제적, 도덕적 노력으로 연결된다. 그 노력이 바로 개인 건강을 챙김과 동시에 중산층의 도덕적 금욕(골프처럼 사치스럽지 않으며 매우 '서민적인' 느낌)을 충족시켜줄 마라톤으로 결집되었다는 설명이다.

스포츠사회학을 왜 배워야 할까? 스포츠계에 묻어 들어간 '사회적인 것'을 개인적인 것으로 환원하여 각개전투 식으로 해결하려는 오늘날의 관습화된 사고방식을 극복, 더 나은 스포츠계를 만들 지적 역량을 길러내고, 이를 바탕으로 실천 가능한 스포츠 정책을 세우도록 돕기 위함이다. 이를 위해 필요한 것이 사회학적 상상력이다. 사회적 문제의 '범인'이 아닌 '원인'을 찾아내 시스템을 창안하는 역량. 사회학적 상상력은 우리 주

---

26) 정준영 (2020). 열광하는 스포츠 은폐된 이데올로기. 서울: 책세상, 181-192쪽 참조.

27) Beisel, N. (1993). Morals versus art: Censorship, the politics of interpretation, and the Victorian nude. American Sociological Review, 145-162.

변의 사회적 현상과 개인적 행위를 대하는 사람들의 '개인주의적 설명 경향'을 극복하도록 해줄 지적 역량이다. 그렇다면 어떻게 해야 이 사회학적 상상력이란 지적 무기를 장착할 수 있을까? 이제부터 우리는 사회를 분석하는 데 있어 스포츠사회학만의 독특한 관점을 만나 볼 것이다.

스포츠 사회학의 차원화된 관점

스포츠사회학이 지닌 독특한 관점은 모(母)학문인 사회학이 지금까지 꾸준히 발전시켜온 것이다. 이를 사회학적으로는 '차원화된 관점leveled perspectives'이라 부른다. 개인을 둘러싼 사회적 조건을 여러 차원으로 확장하며 분석하는 방식이다. 특징은, 개인 행위를 개인 내적 요인으로만 설명하지 않는 것이다. 다른 사람과의 관계, 개인이 속한 집단과의 관계, 집단이 위치한 사회적 조건과의 관계, 나아가 사회질서를 유지하는 여러 사회 규범 및 세계적 흐름과의 관계 차원으로 확장하여 설명한다. 이를 미시적, 중시적, 거시적 관점이라 부른다. 이를 이용하여 스포츠사회학자는 개인의 행위와 사회 현상을 개념concept으로 만들고(개념화), 개념 간 관계를 이어 이론theory으로 발전시킨다(이론화).

개인주의적 해석을 넘어선 스포츠사회학의 관점

> 가히 '김성근 신드롬'이라 할 만하다. 국내 포털 사이트에선 요즘 김성근 관련 뉴스가 시즌 때 류현진보다 더 읽힌다고 하니 놀라울 따름이다. 김응용 감독이 비아냥대듯 내뱉은 '야신'이란 조어가 이젠 누구도 거역할 수 없는 성역이 됐다.[28)]

개인주의적 해석과 사회학적 해석의 차이를 보기 위한 사례로 2015년 2월에 발생한 '김성근 신드롬(전 한화이글스 감독)'은 의미가 있다. 한 개인의 명성이 사회적 현상으로 어떻게 이어지는지 엿볼 수 있도록 해주기 때문이다. 다시 말해, 김성근 전 감독의 '개인적 속성('야신'으로 불리는 야구전술 역량)'으로 그 명성의 탓을 돌리기보단, '사회문화적 맥락(한국 야구계 및 한국사회에서의 갑질 문화 등의 교차점)' 속에 김성근 '개인'을 위치시킨다는 스포츠사회학의 독특한 관점을 적용할 수 있는 것이다. 반복해 말하지만, 중요한 건 사회적 맥락과 개인적 특성과의 상호작용이다.

28) 김대호 (2015.01.06). [김대호의 야구생각] 김성근과 아홉 난쟁이들의 싸움. 매일경제, 27면.

2015년, 매년 하위권을 맴돌던 한화이글스 프로야구팀에 SK와이번즈를 우승시켰던 김성근 전 감독이 내정되었다. 사실, 과거의 노장이 하위권 팀에 온다는 게 굳이 신드롬으로까지 이어질 일은 아니었다. 더구나, 다른 사람도 아닌 '김성근'이었다.

> 김성근이 누구인가. 고리타분하고 비정상적인 야구 스타일의 소유자다. 훈련으로 선수 혹사시킨다. 유명하다. 꼴찌가 어디서 놀아? 대놓고 악담한다. 관리야구와 원칙야구의 대명사다. 교사가 학생 가르치듯 야구 가르친다. 이기기 위해서다. 빈볼도 불사한다. 구단과 KBO와는 매일 싸운다. 조직형 인간은 아니다. 악조건에서도 한 점을 쥐어짜려 악을 쓴다. 그에게 팬들은 악명을 선사했다. '개발도상국형 지도자.' 야구계의 '꼰대'였다.[29]

악명 높았다. 한국프로야구를 SK와이번즈 왕조 시대로 만든 그였지만, 결국은 구단에서 쫓겨났다. 쫓겨난 이후 반성하고 착한 감독이 되었을까? 그게 신드롬의 이유였을까? 아니다. 그는 변하지 않았다. 여전히 쥐어짜는 야구를 한다. 호감형은 아니다. 그런 그가 2015년 스토브리그 기간 중 가장 높은 관심을 받았다. N포털 기준으로 10개 구단 감독 기사 점유율은 압도적 1위(74% 점유). 야구팬이 가장 많이 본 야구 기사도 한화이글스와 김성근 감독 내용이었다.[30] 사회적 이슈가 된 것이다.

'김성근 신드롬'으로 명명된 이런 사회적 현상을 스포츠사회학자는 어찌 해석할까? 김성근이라는 개인적 특성을 넘어, 사회학적 상상력을 발휘하며 그 현상을 사회문화적 맥락에서 따져본다. 김성근 전 감독의 개인적 특성(재일교포, 혹사형 야구 스타일, 고리타분함 등)을 당시의 사회 환경과 연결한다. 개인적 차원에서 사회문화적 환경 차원으로의 확장이다. 이를 사회학에서는 미시적micro, 중시적meso, 거시적macro 접근이라 부른다. 이 접근을 적용해 김성근 신드롬을 분석해보자.[31]

미시적 차원의 개인적 특성 관점으로 김성근을 보면 세 가지 특징이 보인다. 그의 변치 않는 성향이다. 선수를 학생 대하듯 가혹하게 운동을 시키는 '구시대적 지도 방식', 재일교포로서 일본 야구 스타일만 고집하는 '외골수 기질', 경기의 흥미보다는 이기는 야구를 중요시하는 '승리 중심의 경기 운영'이 읽힌다. 김성근의 이러한 개인적 특성은 이전에 SK와이번즈를 이끌 때도, 2015년 한화이글스 부임할 때도 변하지 않았다.

---

29) 남상우 (2015). 일구이무의 사회학: 김성근 신드롬을 읽다. 스포츠서울, 294호, 44-45, 45쪽.
30) 이상서 (2015.03.01). 진짜다, 겨울 우승팀은 한화 김성근이었다. 일간스포츠(인터넷).
31) 여정권, 남상우 (2015). 구시대적 지시자와 구원자적 지도자: 김성근 리더십 신드롬과 한국사회 읽기. 한국스포츠사회학회지, 28(2), 137-159.

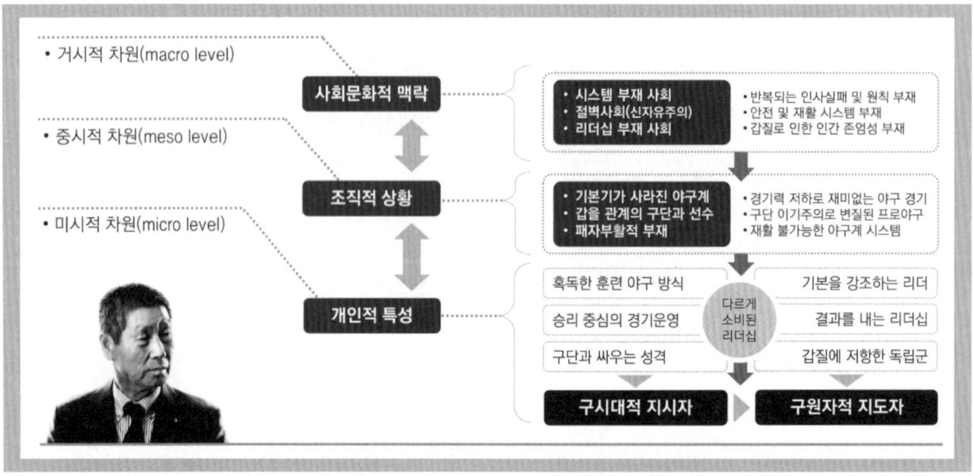

[그림 1-1] 김성근 전 감독의 신드롬은 단지 그의 개인적 특성만을 이해해서는 잘 파악되지 않는다. 그가 속한 조직과 그 조직을 품은 사회 전체의 맥락을 읽어야 한다.

이런 개인적 특징으로 인해 그는 SK팀을 우승시켰을 때도 욕을 먹었다. 그랬던 그가 우승은커녕 부임 소식만으로도 신드롬을 일으킨 건 의외다. 결정적인 이유는 사회적 맥락의 변화에 있었다. 이 변화 속에서 개인적 특성이 해석되어야 한다.

2015년 당시 야구계(소세계)와 사회계를 비교해보자. 야구계는 경기력 저하로 재미없는 경기만 이어졌다. 기본은 부재했다. 구단 이기주의는 심해졌다. 선수는 마치 기계 부속품처럼 취급당했다. '갑질 문제'도 심해졌다. 방출된 선수는 재활 기회를 부여 받지 못했다. 사회계 역시 유사한 문제가 발생했다. 당시 국가는 혼란스러웠다. 정부는 반복되는 인사 실패와 안전을 담보하지 못하는 '위험사회'로 고착되어 갔다. 국민은 한 번의 실패로 삶을 포기해야 하는 '절벽사회'를 감내해야 했다.

시스템이 무너질 때 사람들은 영웅을 찾는다. 이처럼 바뀐 사회적 맥락 속에서 김성근의 변치 않는 개인적 속성은 달리 소비되기 시작했다. '구시대적 지시자'에서 '구원자적 지도자'로 바뀐 것이다. 그의 혹독한 훈련 야구는 '기본을 강조하는 리더십'으로, 구단과의 싸움은 프로야구계 갑질에 저항하는 '독립군'으로, 그의 선수 챙기기는 패자부활전 없는 사회에서 부모가 지닌 '희생 리더십'으로 변환된다. 또한 승리만을 좇는 경기 운영 방식은 '결과를 내는 리더십'이 되었다. 김성근 신드롬은 이러한 사회문화적 상황에서 구성되었다. 이를 '사회적 배태성social embeddedness'이라 한다. 이 사례가 우리에게 주는 핵심적 메시지는 개인을 사회문화적 맥락에 놓는 '맥락화contextualizing'다.

스포츠사회학자가 취하는 세 가지 층위의 관점

철수가 피트니스 클럽에 등록하는 행위action가 발생했다. 왜 등록했을까? 미시적 층위부터 보자. 불어난 살 때문에 나빠진 건강 상태를 회복하려는 '개인적 동기motivation'가 작용했다. 이 층위로만 등록 행위를 보면 해석은 개인 수준에서 멈춘다. 관계 차원으로 넓혀보자. 친구가 살 빼라고 말한다. 여자 친구는 뚱뚱한 몸이 싫다고 하고, 아버지는 그런 몸으로 사람 구실 하겠냐고 핀잔을 주신다. 관계 차원으로 시각을 넓히면 피트니스 클럽 등록 행위에 '사회관계적 압력'이 작용했음이 보인다. 그렇다면 개인의 '뚱뚱함'은 왜 대인 관계에서 부정적으로 작동할까? 뚱뚱한 사람을 악마화하고 위험한 존재로 낙인찍는 인식 구조, 즉 '비만 담론obesity discourse'이 형성되었기 때문이다.

미시적 관점에서 거시적 관점으로의 확장

앞선 쑨양의 도핑doping 사건을 보자. 이는 단지 쑨양이 승리하고자 행한 개인적 일탈일까? 그렇게 본다면 해결책은 무엇일까? "쑨양에게 제재를 가하고 다시는 그런 선택을 하지 않게 '교육'해야 한다." 개인적 처방만 가능해진다. '범인' 찾기다. 물론 범인을 잡아 교화하는 건 중요하다. 하지만 더 중요한 건 '원인' 찾기다. 스포츠사회학은 이 사건을 개인 차원이 아닌 사회 맥락에서 이해한다. 운동선수들의 약물복용 관련 사례를 조사, 불법적 약물복용 행위의 원인 구조를 그려본다. 이에 따르면, 도핑은 개인적 차원(성격, 윤리, 인정욕구, 보상욕구 등), 중시적(관계적) 차원(사회적 승인, 승리 중심의 스포츠 문화, 남성적 문화 등), 거시적(사회구조적) 차원(민족주의, 승리지상주의, 제재 및 처벌, 금메달에 대한 정부 정책 등)으로 설명된다(책의 13장 '스포츠와 일탈' 472쪽 참조).[32]

여학생들 대부분은 운동이나 스포츠 활동에 소극적이다. 왜 그럴까? 여학생들에게 물어봤더니 여러 답이 나왔다. 땀나서 싫다, 살 타서 싫다. 이 때문에 적지 않은 체육교사는 '여학생은 원래 운동을 싫어한다'는 개인주의적 해석을 자연화한다(당연하다고 본다). 이러한 생각이 주류가 되면 여학생 신체활동 촉진 정책은 필요 없어진다. 원래 싫다는데 어떡하겠는가? 하지만 스포츠사회학자는 이러한 개인 성향을 사회적 맥락에 놓고, 여학생들의 신체활동 참여에 관여하는 요인을 분석한다. 개인적 차원(미시적)에 외

[32] Stewart, B., & Smith, A. C. (2008). Drug use in sport: Implications for public policy. Journal of Sport and Social Issues, 32(3), 278-298.

모 고민이나 주변 시선의 내면화internalization가, 관계적 차원(중시적)에 주변 사람들에게 받는 부정적 피드백이, 사회 환경 차원(거시적)에는 부족한 참가 기회 구조 및 '여성성'이란 사회문화적 규범effeminate norms이 포함된다(10장 '스포츠와 젠더화' 356쪽 참조).[33]

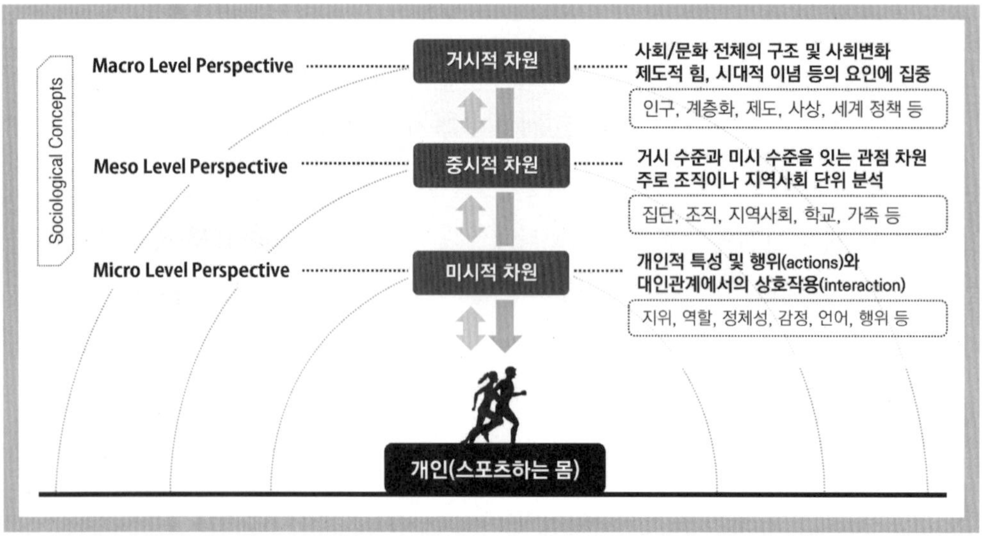

[그림 1-2] 스포츠사회학이 기본적으로 차용하는 차원화된 관점의 개괄적 도식이다

운동선수의 경우 남성과 여성 비율은 차이가 난다(약 7.5대 2.5). 이 차이는 감독이나 코치 같은 지도자(리더십) 수준으로 가면 더 벌어진다(약 8.5대 1.5). 불균형 현상이 나타나는 것이다. 왜 그럴까? 이 역시 개인주의적 관점에 함몰되면 여성은 '리더십이 부족하거나', '지도자 위치를 선호하지 않는다'는 해석만 나온다. 스포츠계 여성리더십 부족을 자연화naturalization한다.[34] 하지만 이를 차원화된 관점으로 보면 다른 것이 읽힌다. 개인적 차원에서는 적극성 부족, 스트레스, 성격, 의지 결핍 등이 읽힌다. 하지만 중시적(조직 및 관계) 차원으로 넓히면, 가정-일 양립 갈등, 육아 부담, 멘토 부족, 동질성 재생산이란 조직 논리, 가부장적 조직 문화가 보인다. 또한 거시적(사회적) 차원에선 젠더

---

33) 남상우, 이해령 (2018). 여학생의 신체활동 참가 촉진요인과 저해요인의 가설적 모델화를 위한 해외사례 종합 분석. 체육과학연구, 29(3), 473-494.

34) 흔히 '자연스럽다'라고 말한다. 사회가 아닌 '자연(natural)'의 작동방식과 같다는 의미다. 문제는 자연이라는 생태계가 사회와는 달리 '불평등'을 기본 전제로 한다는 사실이다. 사자가 다른 동물들을 포식하는 것이 아무렇지 않은, 위계적인 곳이 자연이다. 사자가 노루의 목덜미를 물어뜯었다고 노루들이 모여 '이건 뭔가 잘못되었잖아, 당장 소송을 걸자'고 하지 않는다. 그냥 그게 자연스러운 거다.

규범, 남자다움에 대한 과도한 가치, 리더십 편견, 성 편향성 등, 쉽게 해결하기 힘든 구조적 요인이 드러난다.[35] 이처럼 여러 층위에 존재하는 요인을 밝혀낼 수 있다면, 대안 역시 다양해진다(책의 8장 '스포츠와 조직화' 285쪽 참조).

앞선 사례처럼, 스포츠사회학은 개인의 행위와 사회적 현상을 대할 때 개인주의적 관점으로의 함몰을 경계한다. 성격이나 동기 같은 개인 차원을 넘어서는 것과 동시에, 대인 관계, 집단 및 조직, 지역, 국가 제도(정책 및 법 등), 문화 등의 미시적, 중시적, 거시적 차원을 주요 분석 기준으로 활용한다. 한 개인은 사회구조의 영향력에서 벗어날 수 없다는 전제를 관점의 기본으로 삼기 때문이다.

미시적 관점은 '대인 관계'에 집중한다. 사람 간 '마주침encounters'이 핵심이다. 우리는 사람들을 만나며 정체성(내가 누구인가), 역할(나는 무엇을 하는가), 지위(내 사회적 지위는 어디인가), 감정(내가 기분은 무엇인가)을 인지하고 강화한다. 중요한 건, 내가 어떤 조직이나 집단에 속해 있는가다. 이에 따라 개인적 요소는 다르게 작동한다. 이에 집중한 것이 중시적 관점이다. 정체성은 가정, 군대, 혹은 노래방에 있을 때 각각 달라진다. 자신이 속한 조직 및 집단(공간)의 '규범' 차이 때문이다. 규범은 또 다시 사회구조와 사회변화 과정(거시적 차원)에 따라 달라진다. 예를 들어, 군대 규범은 1970년대와 2020년대가 다르다. 인구 감소로 국가의 강제력이 당연시되던 군대가 이젠 부족해진 인적 자원이란 현실에 직면했기 때문이다. 규범이 달라지면 행위도 달라진다.

이처럼 스포츠사회학은 스포츠계의 행위와 현상을 '개인과 사회적인 것 사이의 상호작용'으로 설명한다. 스포츠사회학이 분석하려는 대상이 '사회적인 것' 혹은 '스포츠적인 것the sporting' 모두가 되는 이유다. 때로는 이런 분석 대상의 폭넓음이 학문적 정체성을 애매하게 만든다.[36] 스포츠사회학이 다뤄야 할 주제와 그렇지 않은 주제의 경계도 모호해지고, 사회학적 해석과 교육학적 해석, 심리학적 해석 간 차이도 불분명하게 만든다. 그러나 핵심은 '특정 행위나 현상에 대한 개인주의적 해석을 넘어서는 일'이다. 이를 위해 관점의 확장이 요구되는 것이다. 그렇다면 스포츠사회학의 차원화된 관점은 어떤 분석 대상과 만날까? 지금부터는 그 분석 대상을 이야기해보자.

---

35) LaVoi, N. M., & Dutove, J. K. (2012). Barriers and supports for female coaches: An ecological model. Sports Coaching Review, 1(1), 17-37.

36) 이처럼 사회학의 연구 대상이 갖는 광범위함과 관련, 영국의 에식스 대학교 사회학과 명예교수 켄 플러머는 '세 가지 T의 사회학' 예시를 든다. 즉, 토마토(Tomato), 화장실(Toilet), 전화(Telephone)와 같이 농업과학이나 건축공학, 전자통신 등에서만 다룰 것 같은 주제 역시 사회학적 연구 대상이 될 수 있다는 주장이다(Plumer, K. [2016]. Sociology: The basics. New York, NY: Routeldge).

스포츠 사회학이 다루는 사회적 대상

스포츠사회학이 주된 연구 대상으로 삼는 건 앞서 언급했듯이 사회적인 것 모두다. '사회적인 것'이란 사회에 관련된 모든 것이다. 즉, 개인에게서 독립적으로 존재한다고 인정되는 개념적 실재와 관련한 모든 것이 분석 대상이다.[37] 그렇기에 우리가 '사회적이다'라고 말할 땐 '우리 외부에 존재하는 현상과 관련됨'을 뜻한다. 여기에는 정치나 교육 같은 제도에서, 문화나 규범, 전통에 이르는 비가시적 요소까지 모두 포함된다.

중요한 건, 스포츠를 어떻게 볼 것인가다. 즉, 스포츠를 사회 속의 정치나 경제, 종교 같은 여러 사회제도 중 하나로 볼 것인가, 아니면 스포츠 자체를 하나의 독립적인 '(또 다른) 세계'로 볼 것인가다. 정답은 없다. 하지만 이 책은 스포츠가 또 다른 세계, 즉 '사회의 축소판microcosm of society'이란 관점을 취한다. 스포츠엔 정치, 경제, 교육, 종교 같은 여러 제도적 속성에서, 사회변화와 같은 과정적 속성, 나아가 사회가 변하며 나타나는 문제에 이르기까지, 여러 '사회적 속성'이 얽혀 있다는 관점이다(스포츠를 이해하면 사회를 이해할 수 있다는 관점). 바로 스포츠사회학이 분석하려는 대상이다.

이 관점을 중심으로 스포츠사회학이 다루는 내용을 〈그림 1-3〉으로 이해해보자. 스포츠사회학은 사회질서를 유지하거나 변화를 추동하는 여러 영향력에서(보이진 않지만 우리 주변에 존재하는 영향력), 스포츠와 관련을 맺는 사회제도(정치, 매체, 경제, 교육, 법, 문화 등), 그리고 스포츠와 다른 사회적 실재와의 지속적 상호작용 과정 중 발생하는 현상(일탈, 계층화, 사회화, 감정, 민족주의 등)까지, 일반화하기 어려운 사회적인 것들이 어떻게 연결되는지에 집중한다. 한 마디로, 사회적 현상이나 행위에 미친 제도적, 과정적, 담론적 영향력의 관계를 개념화 및 이론화하는 것이다.

개념화와 이론화는 2장에서 살펴보고, 여기에서는 스포츠사회학이 밝히려는 사회적 속성이 어떻게 세분화되는지 살펴보자. 다양한 속성이 존재하지만, 이는 세 가지로 분류될 수 있다. 이 책에서는 그것을 1) (사회)제도 속성, 2) (사회)과정 속성, 3) (사회)문제 속성으로 명명한다. 당연히 이들 속성은 개별적으로 작동하지 않는다. 서로 연계되며 사회 현상과 개인의 몸(행위 및 인식)에 개입한다.

---

37) 사회학의 분석 대상 중 가장 최소 단위는 '개인'이다. 개인(individual)이란 '더 이상 쪼개지지 않는 단위(in-divided)'를 의미한다. '사회적인 것'이란, 이처럼 더 이상 쪼개지지 않는 개인 외부에 존재하며 개인의 인식이나 행위에 영향을 미치는 외재적인 모든 것을 총체적으로 지칭하는 개념이다.

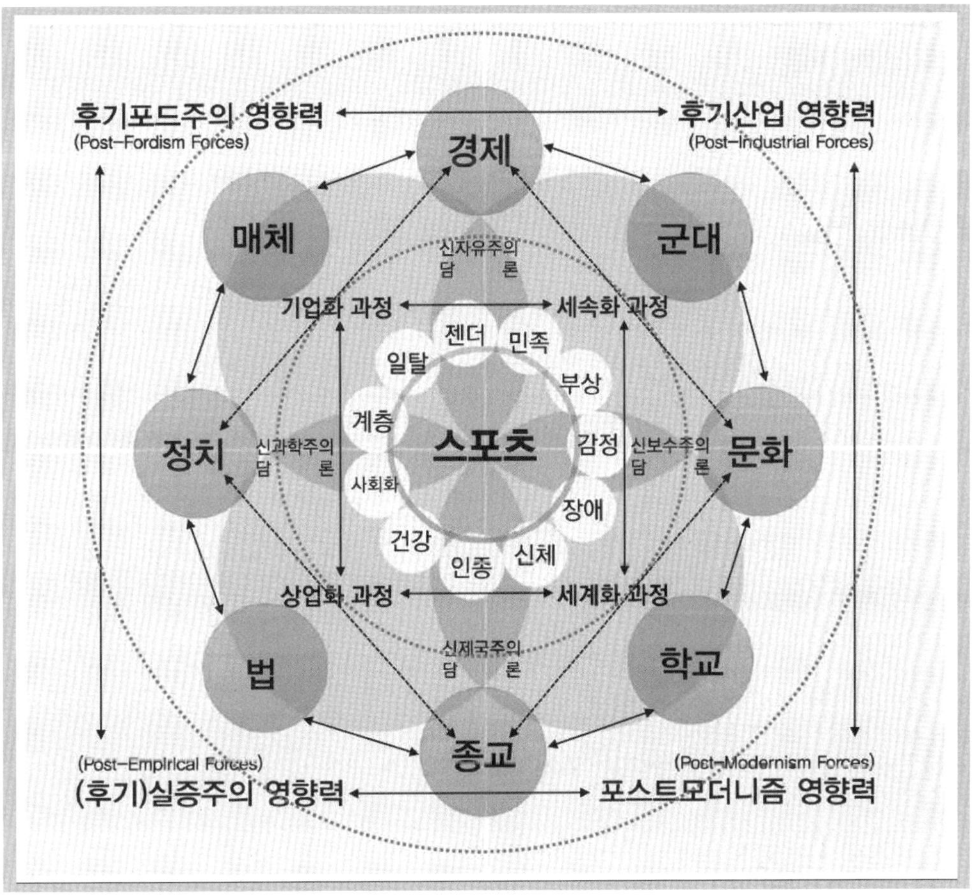

[그림 1-3] 스포츠사회학이 주된 내용 체계로 삼는 요소 간 관계망을 시각화한 것이다. 이처럼 스포츠는 사회적으로 복잡다단한 관계를 맺으면 이루어진다.[38]

스포츠의 사회제도 속성

제도적 속성institutional properties에서 제도란 우리가 사회를 살아가며 일상에서 접하는 관습이나 규범, 법 등의 복합체를 뜻한다(정치, 경제, 교육, 종교, 가족, 법, 미디어 등). 이들 제도는 일상적으로 개인의 행위를 촉진하거나 제약하는 '구조' 역할을 한다. 예를 들어, 우리는 운전할 때 도로 오른쪽으로 달린다. 교통법이 그렇기 때문이다. 이런 환경에서 20년 동안 차를 몰다가 런던에 가 차를 운전하면 어떤 일이 벌어질까? 아마도 공포감에

38) 이 그림은 미국의 메릴랜드 대학에서 신체문화를 연구하는 데이비드 앤드류스(David Andrews)의 구두 허락으로 게재된 것이다. 그의 수업 자료 중 삽입된 것으로서, 특별한 참고문헌이 없는 관계로 그 출처만 명시한다. 물론 나는 이 그림에 다양한 요소를 첨가하면서 수정을 가했다.

치를 떨 것이다. 그곳에선 왼쪽이 주행 도로이기 때문이다. 심지어 운전석 좌석도 우리와 반대다. 런던으로 출장 갔다 차를 한 번 몰아보고 어색함과 함께 몰려오는 공포감으로 고생했다. 이는 사회제도가 우리 몸에 스며들었기 때문이다(이걸 '체화'라 부른다). 스포츠 역시 다른 세계와 마찬가지로 제도적 속성이 내재화된 세계다. 그리고 이곳에서 활동하며 우리 역시 스포츠의 제도적 속성을 몸에 새긴다.

그렇다면 스포츠의 제도적 속성과 관련하여 우리가 던져볼 질문은 무엇일까? 다양하다. 정치 제도에 대해, 스포츠가 발휘하는 '정치적 효과'는 무엇일까? 제한된 자원을 구성원들에게 세련되게 배분하는 방식으로서의 정치는 스포츠라는 사회적 제도 내외적으로 어떻게 작동할까? 올림픽과 같은 메가스포츠이벤트는 어떠한 경제적 효과를 발휘할까? 우리나라의 프로스포츠 운영 방식은 다른 국가와 다를까? 가족은 우리의 스포츠 참가에 어떠한 영향을 미칠까? 종교적 힘이 약화한 오늘날, 스포츠는 종교의 대체물이 될 수 있을까? 종교적 역할을 오늘날의 '스포츠 스타'가 대신한다고 보는 관점은 지나친가? 스포츠 활동은 우리를 '바람직한 인간'으로 만들어주는 교육적 효과를 지닐까? 이런 질문이 스포츠의 사회 제도적 속성에서 다뤄진다. 이는 책의 스포츠와 정치(4장), 경제(5장), 교육(6장), 미디어(7장)에서 만날 수 있다.

스포츠의 사회과정 속성

과정적 속성procedural properties은 '변화'를 뜻한다. 사회과정이란 사회가 그 모습을 바꿔가는 흐름이다. 질서와 변화의 반복이다. 예를 들어, 과거엔 여성의 정치 참여가 제한되었다. 그 당시 제한은 당연한 것이었다(질서). 하지만 오늘날에는 여성도 정치 활동을 자유롭게 한다(변화). 이걸 제한하면 일탈이 된다. 설날이나 추석 같은 명절 때 우리는 고향에 간다. 전통을 지키기 위해서다(질서). 하지만 최근 사람들은 명절 연휴 때 해외로 나간다(변화). 이처럼 사회의 질서와 변화를 추동하는 요인driving forces은 무엇일까? 과연 사회는 어떤 단계를 거치며 변화할까? 그 과정에서 변화에 대한 저항은 어떤 양상으로 나타날까? 이와 같은 질문이 과정적 속성을 대표한다.

1990년대 우리나라에서 가장 인기 있던 스포츠는 농구였지만, 2000년대로 넘어오며 그 인기는 축구를 거쳐 야구로 넘어갔다. 시간의 흐름에 따라 작동하는 사회적 요인 때문에 스포츠의 대중성popularity이 변한 것이다. 스포츠 규칙도 시간이 흐르며 변한다. 유니폼 종류, 공격 시간, 등록 방식 등, 규칙은 사회적 변화에 따라 지속하여 새로운 옷으로 갈아 입었다. 1970년대 우리는 상징적 가치를 부여하며 엘리트 스포츠를 국가적으로 육성해왔다. 올림픽에서의 금메달이 나라의 경쟁력으로 이어진다는 '상징성'이었다. 지금도 그럴까? 2021년에 와 사람들은 올림픽보다는 내가 직접 스포츠를 즐기는 활동에 관심을 둔다. 이제 정부는 엘리트 스포츠보다 생활 스포츠에 더 관심을 가지며 투자한다.[39] 과거 우리나라 골프는 세계적 골프 맥락에서 '주변부'에 위치했다. 하지만 오늘날의 한국 골프, 특히 여자 골프는 LPGA에서 '한국의 침공Korean invasion'으로 불릴 정도록 위협적이 되었다. '중심부'로 변한 것이다. 무엇 때문이었을까?

스포츠사회학의 과정적 속성은 과연 어떤 요인이 이러한 변화를 이끌었는지 묻는다. 사회과정 속성은 스포츠의 무엇을 보게 해줄까? 스포츠의 사회적 속성을 변화시킨 건 무엇일까? 우리는 시대 흐름 속에서 스포츠의 변화 양상을 어떻게 개념화할 수 있을까? 이와 같은 일련의 질문과 내용은 이 책의 스포츠와 조직화(8장), 사회 계층화(9장), 젠더화(10장), 사회화(11장), 지구화(12장)에서 부분적으로 다뤄진다.

스포츠의 사회문제 속성

문제 속성problematic properties에서 말하는 '문제'란 해결하기 어렵거나 난처한 대상 혹은 일을 뜻한다. 이 개념 정의와 함께, 나는 문제를 '우리가 바라는 이상(정상)과의 괴리'로 이해한다. 스포츠계에선 불법적인 약물복용 없이 선수들이 경쟁하는 상태가 이상적(정상)이다. 하지만 많은 선수가 약물을 복용한다면, 이상과의 괴리가 발생한 것이다(문제). 사회에서는 질서가 깨지며 변할 때 거의 예외 없이 이러한 괴리, 즉 문제가 발생한다. 스포츠사회학은 문제 속성과 관련하여 과연 '무엇이' 문제이고(문제 규정), 문제는 왜 발생했으며(문제 원인 분석), 문제의 해결은 어떻게 가능한지(해결 탐색), 향후 어떤 조건 속에서 유사한 문제가 발생할 수 있을지(문제 예측)를 탐색한다.

지구화globalization로 인해 국내 프로스포츠 리그에 외국인 선수가 들어오며 발생한 변화는 어떠한 문제를 만들어 냈을까? 그동안 스포츠계 리더십 위치에서 주변화되었던 여성이 그 위치로 진입하려 할 때 발생할 수 있는 문제는 무엇일까? 과거 일방향이던 미디어가 쌍방향으로 작동하며 스포츠계에서는 어떤 문제가 일어날까? 기업 중심으로 운영되는 프로스포츠 구단 운영에 경제위기가 닥치면 어떤 문제가 나타날까? 관점을

---

39) 남상우, 이해령 (2019). 스포츠 선진국 개념의 시대별 변천과 용법적 맥락 탐색. 한국스포츠사회학회지, 32(3), 1-21.

확장하여, 인구구조 변화라는 거시적 흐름은 스포츠계에 어떤 문제를 만들어낼까? 온난화 등으로 인한 기후변화, 코로나-19 같은 전염병은 스포츠계에 어떤 변화를 가져왔고, 이 변화는 개인과 조직, 국가의 스포츠 개입과 관련, 어떤 문제로 이어질까?[40] 이처럼 제도적, 과정적 속성에 따라 발생하는 '정상과의 편차' 문제 역시 스포츠사회학이 다루는 사회적 속성의 일부다. 이들은 이 책의 모든 장에서 부분적으로, 특히 일탈(13장)에서 집중적으로 다뤄진다.

이 책의 구조: '스포츠하는 몸'에서 '지구화'까지

앞선 〈그림 1-3〉은 스포츠를 둘러싼 사회적인 것의 요소를 시각화해줬다. 중요한 건, 이 요소가 어떤 체계성(논리)을 지니며 이 책에서 다뤄질지의 '구성'이다. 내용 구성의 체계성은 특정 학문을 공부하거나 가르치는 입장에서 중요하다. 내용의 전체 얼개와 그 내용의 전개 과정이 머릿 속에 체계화되지 않으면, 매번 접하는 각 장의 내용이 겉돌 수 있기 때문이다. 이에, 나는 책의 내용 전개 방식을 아래 〈그림 1-4〉처럼 구성하였다. 이전과 다르게 그 출발은 '스포츠하는 몸sporting bodies'이다.

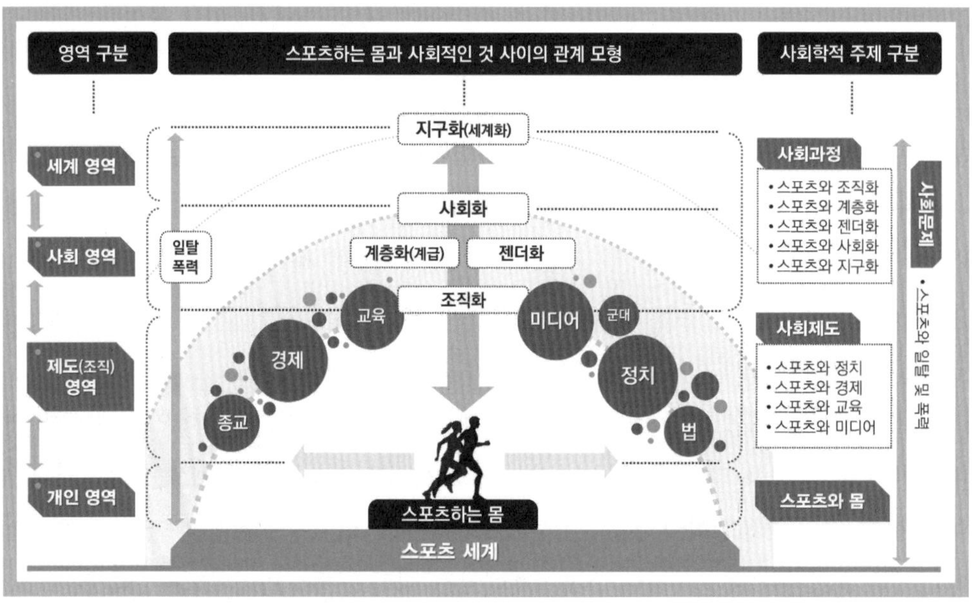

[그림 1-4] 앞선 스포츠사회학의 내용 영역이 이 책에선 그림처럼 '스포츠하는 몸'에서 시작, 제도적 영역을 거쳐 '사회과정'으로 전개된다.

[40] 남상우 (2020). 포스트 코로나 사회, 스포츠, 스포츠사회학. 한국스포츠사회학회지, 33(4), 1-18.

일반적으로 대다수 스포츠사회학(책)은 사회제도를 먼저 다뤘다. 그래서 책 대부분은 '사회학 이론(2장)' 이후 정치, 경제, 교육, 미디어 순으로 장이 구성된다. 스포츠하는 몸을 다룬 책이 많지도 않지만, 설령 다루었더라도 책의 맨 끝 장에 실리는 게 일반적이었다. 하지만 이런 배치는 자칫 스포츠사회학이 개인의 몸과 그것으로 행해지는 인간 '행위actions'에 관심을 갖지 않는다는 오해를 불러일으킨다. 스포츠사회학에서 몸은 사소할까? 그렇지 않다. 그 이유를 책의 '스포츠와 몸(3장)'에서 다룰 것이다. 스포츠계에서의 여러 스포츠 행위로 사회적인 것을 체화한embodied 몸('체화'에 대해선 3장에서 자세히 설명)이 스포츠사회학 논의의 출발점인 것이다.

이런 이유로 이 책은 3장이 기존 '스포츠와 정치'에서 '스포츠하는 몸'으로 바뀌었다. 어쩌면 이런 순서 정열은 당연할 수 있다. 사회학의 분석 단위를 보면, 최소 분석 단위는 '개인individual'이다. 개인이란 '더 이상 쪼개지지 않는 존재in-divided'다. 개인은 몸으로 여러 행위를 하고, 다른 개인과 만나 상호작용한다. 스포츠사회학은 그런 행위와 상호작용에 주목한다. 다만, 개인의 행위와 상호작용이 집단, 조직, (지역)사회, 국가, 세계와 어떤 영향을 주고받는지 '맥락화contextualizing'한다는 게 학문적 차별화일 뿐이다. 이런 특징 때문에 앞서 설명한 '차원화된 관점(미시, 중시, 거시적 관점)'이 스포츠사회학에 필요한 것이다. 결국, 관점의 확장은 개인의 몸(행위)을 이해하기 위해서다.

스포츠하는 몸에서 시작한 내용은 4장에서 7장에 걸쳐 '사회제도social institutions'로 이어진다. 제도란, 스포츠하는 몸이 일상에서 직접 마주하며 영향을 주고 받는 사회적 구성물이다. 우리는 정치(4장), 경제(5장), 교육(6장), 미디어(7장)와 같은 사회제도 속에 살며, 다양한 사회질서를 몸에 새긴다. 각 제도는 스포츠와 결합하면서 제도 본연의 기능과 역할을 해낸다. 그럼으로써 사회의 안정성을 유지한다. 그만큼 중요한 영역이다. 그렇기에, 우리는 이들 네 개의 장에서는 1) 각 제도의 특성과 그것을 바라보는 2) 사회학 이론을 살펴본다. 또한 3) 이들 제도가 지닌 사회적 속성이 스포츠에 어떤 형태로 배태되었는지(묻어 들어갔는지)도 탐색할 것이다.

사회제도 후에는 '사회과정social processes'을 만난다. 사회과정은 사회질서와 사회변화의 반복으로 이루어진다. 개인은 특정 조직에 들어가 그 조직의 기존 '질서'를 몸에 새긴다. 기존 질서가 불합리할 땐(가령, 인종에 따라 차별적으로 대우한다면) 그 개인이 여러 행위를 통해 기존 질서를 변화시키기도 한다(법적 조치, 캠페인 등). 이런 사회적 과정은 비단 조직뿐 아니라 계층, 젠더, 나아가 사회생활 전체를 통틀어 이루어진다(이를 각각 계층화,

젠더화, 사회화라 부른다). 이 과정을 거치며 한 개인의 몸에는 조직, 계층, 젠더, 사회, 세계의 속성이 새겨진다. 이들 내용이 책의 조직화(8장), 계층화(9장), 젠더화(10장), 사회화(11장), 지구화/세계화(12장) 순으로 담겼다. 그리고 이들 전체 과정을 거치며 언제나 발생하는 '일탈'과 '폭력' 문제가 13장에 정리되었다.

이런 내용 체계에 따라, 우리는 스포하는 몸이 여러 제도와 다양한 사회과정을 거치며 어떠한 사회적 속성을 체화하는지 이해할 수 있게 된다. 결국, 스포츠사회학은 스포츠에 배태된 사회적 속성을 사회제도와 과정, 문제 차원에서 개념화 및 이론화하며, 그것이 스포츠하는 몸과 어떻게 만나는지를 탐색하는 학문이다. 특히 전술했던 '사회적인 것'들이 개인의 스포츠하는 몸(활동)에 어떤 영향을 미치는지, 또한 우리 외부에 존재하는 사회구조(제도로 형성된 사람들 간의 안정된 관계)가 개개인의 삶을 특징짓는 기회와 제약을 어떻게 만들어내는지 확인할 수 있도록, 비가시적인 사회적 영향력을 개념과 이론으로 '언어화'한다. 언어화의 결과는, 스포츠 관련 행위나 현상이 전적으로 개인주의적(생물학적 충동으로 이루어져 있다는 믿음) 차원에서 기인했다는 우리의 믿음을 수정해 준다. 잘못된 믿음이 장님의 손을 끌고 가는 사태를 막아준다.

결론: 스포츠 사회학의 유용성

2013년 1월 KBS에서 '인간의 조건'이란 프로그램이 방영되었다. 소개에 따르면, '현대 문명의 이기 속에서 사람이 사람답게 살기 위한 조건은 무엇인지 고민하는 리얼버라이어티 프로그램'이었다. 포맷은 단순했다. '휴대전화나 인터넷, 텔레비전 없이 일주일 살기'나 '쓰레기 없이 일주일 살기' 등을 체험하는 것이다. 나는 이 프로그램을 '선의로 포장된 잘못된 계몽 프로젝트'로 본다. 특히 '쓰레기 없이 살기' 편은 문제의 구조는 외면하고 개인에게 쓰레기 문제의 책임을 돌리는 오류를 보여주었다. 가정이나 식당에서 배출되는 생활 쓰레기가 자원 낭비이자 환경의 적이라는 사실을 알려주며, 환경 보호를 위해 개개인이 쓰레기 낭비를 최소화해야 한다고 말하기 때문이다. 과연 그럴까?

정확히 말해, 쓰레기 문제는 개인적 노력보단 구조적 조치가 우선 되어야 해결된다(이는 '기후 위기' 해결도 마찬가지다). 폐기물 통계를 보면 이 말의 뜻을 알 수 있다. 관련 통계에 따르면('18년도), 우리나라 하루 쓰레기(폐기물) 총량은 41만4,626톤이다. 이 중 생활 쓰레기양은 약 5만3,490톤으로서 12.9%다. 나머지를 차지하는 87.1%는 '사업장

쓰레기(16만4,874톤)'와 '건설 폐기물(19만6,262톤)'이다. 즉, 쓰레기 배출의 주범은 개인이 아닌 '자본'이다. 하지만 TV 프로그램은 이 구조적 문제를 개인에게 돌린다(물론 그걸 의도하진 않았겠지만). 개인 너머의 구조 문제에는 눈 감게 한다. 사회학적 상상력은 이처럼 개인 문제(도덕성이나 습관)로 몰리는 '해결책의 개인주의화'를 넘어 사회구조로 문제의 초점을 확장한다. 그리하여 '선행'이 '선한 제도'[41]로 이어지게 한다.

2019년 12월 16일에 발표된 국가인권위원회의 '운동선수 인권실태 조사 결과'에 따르면, 우리나라의 많은 학교 운동부 선수들이 여러 폭력(언어폭력, 신체폭력, 성폭력)을 경험하고 있었다. 폭력의 주범은 안타깝게도 지도자가 다수였다. 문제는, 많은 사람이 이 운동부 폭력 문제를 지도자 교육과 처벌로 해결할 수 있다고 믿는다는 것이다. 그러다 보니, 해결책도 대부분 처벌 강화, 지도자 재임용 금지, 인권교육이 된다. 폭력의 구조적 '원인'보다는 폭력을 행한 '범인' 잡기에 몰두하는 양상이다. 이와 같은 관점의 협소함을 극복하게 해주는 것이 스포츠사회학의 역할이다. 스포츠계의 문제를 '개인적 제재'에서 '사회적 제도'로 접근하게 해준다.

골프와 달리 스크린골프는 매우 '한국적'이다. 스크린골프를 단지 '1년 365일 날씨에 상관없이 실내에서 즐기는 기술 스포츠'로 보면 그 이면에 작동하는 다른 '힘forces'을 간과한다. 세계적으로 행해지는 필드 골프와 달리, 왜 스크린골프는 우리나라에서만 대중적 인기를 얻게 되었을까? 독특한 '방' 문화가 한 요인이었다(노래방, 피씨방, 비디오방 등). '사촌이 땅을 사도 배가 아프다'는 '평등주의' 역시 스크린골프의 대중화에 작동했다. 동료도 골프백을 메는데, 내가 왜 못 메나? 여기에, 필드 골프장의 접근성도 개입되었다. 알다시피, 우리나라에서 골프를 치러 필드에 나가는 일은 어렵다. 이런 이유로 바로 옆 편의점 가듯 손쉽게 심심풀이로 골프를 즐길 수 있게 대중화된 골프방이 통했던 게 아닐까.[42] 관점을 넓히면 다른 게 보인다.

이처럼, 우리는 스포츠사회학을 배움으로써 하나의 사회제도와 그를 둘러싼 여러 문화적 경향성, 사회적 힘을 읽어낼 이론과 방법을 알 수 있다. 그리하여 개인의 스포츠 행위를 사회적 맥락에 놓고 생각할 수 있다. 스포츠사회학의 힘이다. 스포츠는 우리 사회의 다양한 모습을 가감 없이 보여준다. '사회의 축소판'인 것이다. 스포츠가 지니는 사회적 속성으로 인해 질서 유지와 동시에 변화도 추동한다. 질서는 사회 규범으로 가

---

41) 권지웅 (2020.03.02). '선행'을 넘어 '선한 제도'로. 경향신문, 29면.
42) 남상우 (2015). 스크린골프로 읽는 세계화와 스포츠. 서울스포츠, 302호, 42-43쪽.

능해지고, 규범의 위반은 처벌을 부른다. 잘못된 규범에 대해선 많은 이들이 불이익을 감수하면서라도 새로운 규범으로 대체한다. 사회는 변한다. 스포츠의 기존 질서 역시 이러한 사회변화와 만난다. 우리는 사회 구성원으로서 그러한 질서와 변화에 적응하거나 이를 비판할 줄 알아야 한다. 나 혼자만이 아닌, 우리가, 그리고 우리의 다음 세대가 더욱 편하고 즐겁게 접할 스포츠 환경을 위해서다.

스포츠사회학의 효용성이 여기에 있다. 즉, 스포츠계에서의 행위나 현상을 단지 개인주의적, 환원주의적, 단편적으로 대하는 관점을 극복, 여러 원인을 다각적인 측면에서 들춰낼 역량을 가지고, 유용한 대안을 만들어 지금보다 나은 스포츠 세계를 구축할 가능성을 높이는 것이다. 앞으로 여러 스포츠 이야기로 펼쳐질 12개의 장章은 이러한 역량과 가능성을 높이는 데 도움을 줄 사례와 이론으로 채워졌다. 재미있게 읽고 이 학문이 얼마나 흥미롭고 유익한지를 느껴보길 바란다. 자, 지금부터 스포츠사회학의 안내를 받으며 스포츠라는 바다로 나가보자.

01장 요약 | 스포츠사회학이란 무엇인가?

- 스포츠사회학은 관점의 폭이 개인 수준을 넘어 '사회적 맥락'을 향하면서, 스포츠계에서 발견되는 사회적 과정, 가치, 문제, 유형, 행위를 체계적으로 연구한다. 그 관점의 폭이 개인 수준을 넘어 사회적 맥락을 향할 수밖에 없는 학문이다.

- 사회 속에 스며든 스포츠는 그 본질을 지키려는 내압과 변해야 한다는 외압이 서로 충돌하며 유지된다. 스포츠사회학은 그와 같은 스포츠의 '사회성sociality', 즉 사회적 현상이 스포츠와 결합하며 개인 및 집단의 스포츠 소비 방식, 스포츠를 직접 행하는 방식, 나아가 스포츠를 인식하는 방식을 변화시키는 성실을 그 분석의 핵심으로 간주하며 진화하는 학문이다.

- 스포츠사회학이 학문적으로 내포한 기본적 테제는 1) 반영 테제(스포츠는 사회의 축소판이다), 2) 재생산 테제(스포츠는 사회 유지에 필요한 요소를 만들고 이를 세대에 걸쳐 전수한다), 3) 저항 테제(스포츠는 정반합 과정을 거쳐 유지된다)다. 이들 세 가지 테제는 사회현상 분석에 있어 언제나 상호교차적이다.

- 사회학적 상상력sociological imagination이란 어떤 사회적 문제의 '범인'이 아닌 '원인'을 찾아내 시스템을 새롭게 고안해내는 역량이다. 우리 주변의 사회적 현상과 개인적 행위에 대한 '개인주의적 설명'을 극복하게 해주는 지적 역량으로서, 개인 행위를 사회문화적 맥락에서 생각하도록 해준다.

- 스포츠사회학은 스포츠와 관련한 생각, 믿음, 태도, 행동에 영향을 미치는 '사회구조', 스포츠를 매개로 경험하는 개인, 집단, 종목과의 '마주침'이란 '사회관계', 사회 변화로 스포츠를 대하는 태도나 인식, 실천 방식의 변화 형식을 보는 '사회과정', 그리고 변화에 따라 이전 가치와 새롭게 등장한 가치 간 갈등으로 발생하는 '사회문제'를 사회학적 상상력을 이용하여 분석한다.

- 스포츠사회학은 사회적 행위와 현상을 향한 '개인 중심 관점'을 경계한다. 성격이나 동기 같은 개인적 관점을 탈피함과 동시에 대인관계, 집단 및 조직, 지역, 국가 제도(정책 및 법 등), 문화 등의 '미시적', '중시적', '거시적' 차원을 분석 기준으로 활용한다.

- 스포츠사회학자는 스포츠계에 존재하는 사회적 구조가 개인의 삶을 특징짓는 기회와 제약을 어떻게 만들어 내는지를 확인할 수 있도록, 눈에 보이지 않는 사회적 영향력을 개념과 이론으로 '언어화'한다. 그럼으로써 스포츠와 관련한 행위나 현상이 개인의 생물학적인 충동(인종이나 지역, 계층, 젠더 등)과 관련하여 개인주의적 차원에서 이뤄졌다는 우리의 '잘못된 믿음'을 수정해주는 길잡이 역할을 한다.

- 스포츠사회학은 스포츠계를 다각적으로 보면서 다양한 대안을 고안, 지금보다 나은 스포츠계를 구축할 가능성을 높이는데 도움을 주는 학문이다.

02
스포츠와 사회학 이론

오늘날 사회과학의 이론화는 심히 혼란스럽다.
이러한 혼란은 이론과 경험적 연구 간 상대적 단절, 사회학 이론의 철학적 이론화, 사회과학 분과학문과 하위 분과학문 간 경계 소멸에서 빚어졌다.

니코스 무젤리스

90년대 우리나라 최초로 '오빠 부대'를 끌고 다녔던 종목은 농구였다. 당시 대학팀과 프로팀의 인기는 엄청났다. 농구팀들은 소녀 팬들을 몰고 다녔고, 숙소는 팬들의 성지 순례지가 되었다. 연세대 출신 서장훈 선수는 2013년 한 방송에서 "대학 시절 하루 팬레터가 매일 쌀 한 가마니로 왔다. 1,000통쯤 됐다. 우리 숙소가 계단이 높은 곳에 있었는데, 우체부 아저씨가 올라오면서 매일 욕을 하셨다"며 그때의 인기를 회상한 바 있다. 하지만 영원할 것만 같았던 농구의 인기는, 2002년 한일월드컵을 계기로 축구 쪽으로 기울어졌다. 체육 시간에 아이들은 농구공보다 축구공을 원했다. 그랬던 축구의 인기도 2008년 이후부턴 야구가 누리기 시작했다. 이러한 흥망성쇠 과정을 보며 스포츠사회학자는 묻는다. 특정 스포츠 종목의 흥망성쇠는 어떻게 이루어질까? 특정 요소로 인해 성질이 변하는 과정을 사회학적으로 설명한 사회 변동론social fluctuation theory은 이 질문에 뭐라고 답할까?

1997년 프로농구 출범 때부터 외국인 선수 도입제도는 논쟁적이었다. 프로농구 수준을 한 단계 높일지, 아니면 국내 선수들의 설 자리를 잃게 할지가 논쟁이었다. 전반적으로는 한국 농구의 수준을 높이리란 기대가 컸다. 그러나 정작 문제는 종목 내 포지션에서 발생했다. 외국인 선수가 센터 자리를 차지하다 보니, 농구 선수가 되려는 학생들이 센터 자리를 회피하기 시작한 것이다. "골 밑 선수는 특급 선수 아니면 대학에서 쳐다보지도 않았다."[1] 대학 선수스카우트 관계자의 말이다. 초등학교에서 감독이 아이에게 센터를 맡기면 학부모가 찾아와 말렸다. 인종에 따른 포지션 배치 차별(미국 미식축구에서 쿼터백이나 야구에서의 포수와 투수를 백인이 점유하는 현상)에 대한 스태킹 이론stacking theory은 이런 현상을 어떻게 설명할까?

농구는 10명이 5대 5로 하는 게임이다. 가로 28m에 세로 15m에 달하는 농구장과 두 개의 농구 골대도 필요하다. 하지만 이런 조건을 충족하기란 쉽지 않다. 반면, 3대 3 농구는 편하다. 여섯 명에 농구 골대도 하나면 된다(인원 변경은 얼마든 가능하다). 변형된 농구는 청소년들에게 폭발적인 인기를 끌었다. 나이키나 아디다스 등, 글로벌 스포츠 기업은 전 세계적으로 길거리 농구대회를 열었다. 지금 세대에겐 낯설겠지만, 90년대 중고등학생이던 70년대생에게 길거리 농구는 5대 5 농구와 다른 독특한 놀거리로 자리 잡았다. 변형된 문화, 즉 '하위문화subculture'였다.[2] 스포츠사회학자는 묻는다. 특정 스포츠 문화는 왜 변형될까? 그 변형은 어떤 과정을 거칠까? 변형된 문화는 기존 문화와 어떤 관계를 형성할까? 기존 형태를 대체할 것인가, 그냥 소멸할 것인가? 이 질문에 하위문화 이론subcultural theory은 어떤 답을 줄 수 있을까?

1997년 프로농구 출범 이후 국내 프로농구에 여성 심판은 지금껏 단 두 명이었다. 남자프로농구 1호 여자 심판 박윤선(2007년)과 2호 홍선희(2015년) 심판이다. 이후 이지연 심판이 합류하고 박윤선 심판이 나가면서, 2020년 한국프로농구 리그 심판 19명 중 여성은 두 명이다. 감독은 어떨까? 10개 남자프로농구 감독은 모두 남성이고, 여섯 개 여자프로농구 감독 중 여성은 한 명('BNK썸'의 유영주 감독)이다. 이런 차이에 대해 남성과 여성의 반응은 다르다. 능력에 따른 자연스러운 편중이다, 차별이다, 의견은 나뉜다. 특정 스포츠계의 리더십 지위에서 나타나는 남녀 비율의 문제는 언제나 논쟁적이다. 차별인가, 능력에 따른 자연스러운 배치인가? 왜 여성은 스포츠계 '리더십 위치'로 진출하

---

1) 강인식 (2005.12.07). 국내파 골 밑 선수 '씨가 마른다' 중앙일보, 22면.
2) 임수원 (1999). 길거리 농구의 하위문화적 특성과 기능. 한국스포츠사회학회지, 12, 41-56.

지 못할까? 페미니즘feminism과 리더십 이론은 이를 어떻게 설명할까? 스포츠계에 유리 천장은 존재할까? 존재한다면 어떻게 작동할까?[3)]

미국프로농구NBA를 보자. 선수 대부분이 흑인이다. 농구뿐 아니라 거의 모든 스포츠에서 흑인은 자신들의 타고난 신체적 우월성을 자랑하며 부와 명예를 독점한다. 영화에서도 '백인은 덩크슛을 못해White Men Can't Dunk(1991)'라며 스포츠, 특히 농구에서 백인의 열등성을 강조한다. 흑인들이 태생적으로 운동을 잘하니까 스포츠계에서 주류를 차지하며 지배력을 발휘하는 게 뭐가 문제냐고 물을 수 있다. 하지만 역설적으로 스포츠에서의 흑인 지배성은 그들이 스포츠 외의 분야에는 어울릴 수 없다는 인식, 즉 육체적 힘을 쓰는 일만 잘 한다는(머리 쓰는 건 못한다는) 편견stereotype을 구조화한다. 그럼으로써 흑인들에게 '한계 짓기(네가 진출할 수 있는 곳은 스포츠뿐이야!)'와 '압력 가하기(스포츠 외의 분야로 도전하면 안 돼!)'를 행한다.[4)] 문화이론cultural theory과 비판적 인종 이론critical race theory은 스포츠계에서 인종 우세성을 어떻게 설명할까?

지금은 미국프로농구에서 은퇴한 휴스턴로켓츠 팀 소속의 야오밍Yao Ming은 중국인들에게 '스포츠 영웅'이다. 2002년 중국인 최초로 미국프로농구에 입성한 그는 2011년 은퇴할 때까지 NBA 올스타전에 5회나 진출하며 중국의 자랑이 되었다. 2m 29cm의 장신으로 중국뿐 아니라 미국에서도 유명했다. 장신에다가 뛰어난 농구 실력 때문에 NBA에 입성한 것 아니겠냐는 '개인주의적' 생각을 뒤로 하고, 스포츠사회학은 야오밍의 미국 진출을 민족주의nationalism 관점과 세계화 이론으로 설명한다.

NBA의 세계화 프로젝트 일환으로 중국의 문을 두드린 사람은 전 NBA 커미셔너 데이비드 스턴David Stern, 1942-2020이었다. 그는 90년대 초 중국 CCTV와 계약하며 NBA 결승전을 녹화 중계하도록 했다. 구애에 성공한 것이다. 이와 함께, 중국 지도자들도 자국의 발전 과정에서 '동(중국)'과 '서(세계)'의 만남을 가능케 할, '중국의 전 우주적인 수렴을 상징할 자'를 필요로 했다. '중국인은 작고 약하다'는 이미지를 깨부술 자가 절실했던 것이다. 이처럼 글로벌 압력global forces과 로컬 열망local desire이 합작하여 태어난 이가 바로 야오밍이다. 개인의 능력 차원에서만 봤던 야오밍은 사실, 전 세계적 스포츠 흐름과 중국의 민족주의적 기획으로 구성된 '사회적 프로젝트'였다.

지금까지 소개한 여섯 개의 농구 사례는 우리가 일상적으로 보면서 깊은 고민 없이

---

3) 남상우 (2019). 체육행정조직 내 성차별 양상 개념화. 한국체육학회지, 58(2), 65-75.

4) Williams, R. (1978). Marxism and literature. Oxford University Press.

지나쳤을 현상을 사회학 이론에 대입해 설명한 것이다. 우리는 농구를 학교체육 시간이나 점심 때 친구들과 놀던 게임으로, TV 속 마이클 조던의 화려한 플레이 같은 볼거리로, 최근 인기가 떨어져 사람들이 잘 찾지 않는 종목 중 하나로 간주하였다. 하지만 스포츠 사회학은 스포츠가 단지 스포츠에 머물지 않고 사회에 스며들어 그 사회를 반영하거나 재현(다시 드러내기)하는 제도로 간주한다. 그 과정에서 발생하는 여러 현상을 사회학적으로 설명한다. 이 작업에서 필요한 도구가 바로 이론theory이다. 그렇기에 스포츠사회학 공부에 있어 이론은 그 무엇보다 중요하다.

이렇게 중요한 사회학 이론을 이해하기 위해 이 장에서는 앞으로 세 가지 내용이 전개될 것이다. 첫째, 스포츠가 지닌 개념적 성격이 다뤄진다. 스포츠란 무엇일까? 둘째, '사회학 이론'이 무엇인지 논의된다. 우리가 흔히 '사회이론'이라 부르는 것과 '사회학 이론'은 어떻게 다른가? 사회학 이론의 구성요소는 무엇이고 이는 어떻게 만들어지는가? 사회학 이론이 지니는 관점의 층위는 어떻게 구성되는가? 셋째, 사회학 이론의 전통은 무엇이고, 그것은 왜 만들어졌는지 설명된다. 이론은 그 어떤 유용성도 없는 단순한 지적 허영에 불과한가, 아니면 스포츠와 관련하여 통찰력 있는 무언가를 제공해주는가? 이를 위해 지금껏 사회학에서 다듬어져 왔던 이론적 전통(기능주의, 갈등이론, 상호작용이론)이 상세하게 설명된다. 물론, 쉽지 않은 설명이 될 것이다. 그렇다면 우선, 스포츠가 무엇인지부터 살펴보자.

스포츠 논쟁: 본질과 구성

2016년 6월, 한 기관이 한국스포츠정책과학원에 정책 검토를 의뢰했다. 낚시가 스포츠인지를 검토해달라는 요청이었다. 좋든 싫든 낚시가 스포츠인지 아닌지를 입증해야 하는 상황이 되었다. 스포츠사회학자로서 흥미로웠던 지점은 낚시와 스포츠의 관계를 판단하는 논증 구조였다. 이 논증에서의 핵심은 무엇을 스포츠로 볼 수 있냐는 요소 판단이었다. 바둑도 마찬가지다. 2000년대 중반, '바둑은 스포츠인가'를 두고 벌어진 논쟁은, 2009년 2월 19일 대한바둑협회가 대한체육회 정가맹 경기단체로 승인되고 난 후부터 잠잠해졌다.[5] 하지만 그렇다고 해서 논쟁 결과가 명료해진 건

---

5) 대한체육회는 우리나라 스포츠 관련 최대 민간조직(비영리법인)이다. 2021년 현재 79개의 회원종목단체(경기단체)와 시·도 종목단체(1,157개), 시·군·구 종목단체(7,654개), 17개의 시·도 체육회 및 228개의 시·군·구 체육회를 회원으로 보유한 가장 막강한 단체다. 대한체육회 회원종목단체(정가맹단체)가 되면 지원금을 받을 수 있고, 특기생 자격이 부여되며 매년 전국체전도 참가할 수 있다.

아니다. 스포츠로 인정받기 위해 필요한 요건(예를 들어, 경쟁과 규칙, 대근활동 등)이 바둑에 있는지가 불분명하기 때문이다. 물론 이 바둑 사례는 권력 차원에서 승인이 이루어진 것이지만,[6] 바둑을 스포츠로 인정하는 사람이 얼마나 있고, 정말 이게 스포츠일 수 있는가와 관련해선 아직 많은 의구심이 남아 있다. 중요한 건, 스포츠가 무엇이냐는 질문이다. 이는 스포츠의 '본질 대 구성' 논쟁으로 전개된다.

스포츠의 본질주의적 정의

> 스포츠란 규칙과 틀로 구조화되었고, 목표 지향적이며, 경쟁적일 뿐 아니라 유희적이고 문화적 상황에 놓인 활동이다.[7]

친구들과 뒷골목에서 축구를 하는 아이에게 '스포츠 열심히 하네'라 말하지 않는다. 방 안 침대 위에서 어린 두 딸이 레슬링을 한다고 '스포츠 좀 그만해'라고 말하는 사람은 없다. 피트니스 클럽에서 트레드밀 위를 달리는 건 '운동'이고, 학교에선 '스포츠' 수업이 아닌 '체육' 수업이 이루어진다. e-스포츠로 명명된 활동을 우리는 스포츠가 아닌 '게임'으로 칭한다.[8] 이처럼 상황별 용어 사용의 적절성이 구분될 수 있는 건, 스포츠가 다른 활동과 구별되는 본질[the essential]을 지녔기 때문이다. 스포츠를 본질주의 관점에서 보는 설명의 요지다. 그렇다면 스포츠의 '본질'은 무엇일까?

스포츠 본질주의자들은 특정 요소(본질적으로 지닌 요소)를 안다면 특정 활동을 스포츠로 명명할 수 있다고 주장한다. 지금껏 스포츠를 스포츠답게 만들어준 요소로는 주로 네 가지가 거론되어 왔다.[9] 첫째, 인간의 '신체적인 것[the physical]'과 둘째, '체계와 규칙' 요소다. 사실 이 두 요소가 스포츠를 본질주의적으로 보는 관점에서의 핵심이다. 이는 조금 후 자세히 설명하기로 하고, 나머지 요소부터 보자.

세 번째는 놀이 성격이 지닌 '재미[fun/the ludic]' 요소(일에서 벗어난 활동이 스포츠라는 차원)

---

6) 김홍식 (2013). 바둑은 스포츠인가: 신체, 언어, 권력. 움직임의 철학: 한국체육철학회지, 21(4), 35-49.

7) Giulianotti, R. (2005). Sport: A critical sociology. London: Polity, xii쪽.

8) 「이스포츠(전자스포츠)진흥에 관한 법률」 제2조1항에 따르면, '이스포츠(e-sports)'는 '컴퓨터프로그램 등 정보처리 기술이나 기계장치를 이용하여 오락을 할 수 있게 하거나 이에 부수하여 여가선용, 학습 및 운동효과 등을 높일 수 있도록 제작된 영상물 또는 그 영상물의 이용을 주된 목적으로 제작된 기기 및 장치'라는 의미의 '게임물'을 매개로 사람과 사람 간에 기록 또는 승부를 겨루는 경기 및 부대활동이다.

9) Loy, J.W., & Coakley, J. (2007). Sport, in G. Ritzer (ed.). Blackwell Encyclopedia of Sociology (pp. 4651-4661). Malden, MA: Blackwell Publishing, 4651쪽.

다. 이는 스포츠가 의무감과 분리된 활동임을 말해주는 본질적 요소다(재미가 없다면 스포츠가 아니다!). 넷째, 경쟁성competitions이다. 개인이나 팀, 자연, 혹은 이상적 기준이나 과거의 기록과 겨루는 행위를 뜻한다. 물론 가끔은 동물과 겨뤄야 할 때도 있다. 본질주의자는 이들 네 가지 요소가 스포츠를 스포츠답게 해준다고 말한다.

스포츠의 본질: 신체적인 것과 체계성이 그 핵심

다시, 첫 번째 요소인 '인간의 몸(신체적인 것)'으로 돌아와보자. 스포츠는 다른 무엇보다 인간의 몸과 관련된 것을 본질로 삼는다. 이를 '신체와 연관된 모든 성질', 즉 신체성physicality이라 한다. 여기에는 신체적 힘, 신체적 공격성, 신체적 우수함, 신체 훈련 등의 하위 특성이 포함된다. 스포츠에서 운동수행력이 발현되는 출발점이자, 모든 사회적 초점이 모이는 종착점이다.[10] 닭싸움이나 소싸움, 개 경주가 '스포츠' 범주에 포함되지 못하는 건 이들이 인간의 신체성과 결부되지 않았기 때문이다.

바로 이 신체적인 것에 우리가 자주 언급하는 대근 활동이 포함된다. '대근'이란 문자 그대로 '큰 근육'인데, 이 표현이 종종 오해를 일으킨다. 큰 근육이 사용되지 않으면 스포츠로 볼 수 없단 오해다. 아니다. 그 큰 근육의 실제 사용 여부를 떠나, 이 표현이 지닌 중요성은 근육과 인간의 의지가 '동시에 협응'하냐는 점이다. 즉, 내 의지가 온전하게 내 몸으로 표현되는 협치성(혹은 대응성)이 신체적인 것에서 중요하단 뜻이다. 이 관점에 따르면, 남의 몸을 대리하여 이루어질 수 있는 활동(가령, 판단은 컴퓨터가 하고 행동은 다른 인간 몸으로 하는 것)은 스포츠가 아니다. 바둑의 '알파고'와 이세돌의 대결을 생각해보라. 이세돌은 누구와 경쟁한 것인가? 알파고인가 대리 기사인가?

두 번째 요소인 체계와 규정systems/regulations도 보자. 본질적으로 스포츠는 시간(권투의 라운드, 야구의 이닝, 농구의 쿼터, 축구의 전후반, 시간상으로 할당된 시도횟수 등)과 공간(코트, 경기장, 필드, 수영장과 같은 장)으로 구획되어 이루어진다. 여기에 종목별로 만들어진 '규칙/규정'이 장착된다. 이는 사람들의 활동(경기)과 학습(연습)에 통일성을 제공한다. 이를 '표준화' 또는 '형식화'라 부른다(혹자는 '경기화'라고도 한다). 표준화된 스포츠에는 고스톱의 로컬 룰local rule 같은 예외가 들어가지 못한다. 가령, 축구는 발로만 하는게 표준화된 규칙인데, 영국에서는 결정적일 때 딱 한 번 손을 쓴다는 식의 예외는 불가능하다. 만약 그런 게 허용되면 그건 스포츠가 아니다.

---

10) Magdalinski, T. (2008). Sport, technology and the body: The nature of performance. Routledge.

스포츠를 향한 본질주의적 주장이 언론 기사로 발표되기도 했다. "스포츠가 스포츠가 아닌 10가지 이유Ten reasons why sports are not sports"란 제목의 기사는, 특정 조건에 맞지 않는 활동은 스포츠가 아니라고 주장한다. 기자의 용감무쌍함은 칭찬해 줄만 하나, 이 주장에 얼마나 많은 사람이 동의할지는 모르겠다. 10개 중 일곱 개만 소개한다.

> 첫째, 경쟁 중에 술을 마시거나 담배를 필 수 있다면 스포츠가 아니다.
> 둘째, 경기의 승패가 오로지 심판의 주관적 판정에 의해 결정되면 스포츠가 아니다.
> 셋째, 동물이 죽어야 하거나 무거운 무엇인가를 끌어야 한다면 스포츠가 아니다.
> 넷째, 경기 중 엉덩이를 지면에 대고 몇 시간 동안 앉아 있다면 스포츠가 아니다.
> 다섯째, 기계 엔진 작동으로 경기가 이루어지면 스포츠가 아니다.
> 여섯째, 경쟁 상황에서 목깃 있는 셔츠, 시계, 긴 바지를 입으면 스포츠가 아니다.
> 일곱째, 각본이 있다면, 스포츠가 아니다.[11]

독일의 역사학자 알렌 구트만Allen Guttmann, 1932-은 근대 스포츠의 일곱 가지 특징을 소개한다. 전前근대 스포츠가 '제례의식' 성격을 지녔던 반면, 근대로 넘어오면서 그 성향이 '기록 추구'로 변했다며 제시한 특징이다. 물론 구트만이 이걸 '본질적 요소'로 간주한 건 아니지만, 그런 관점에서 음미해봐도 될 만하다.

첫째, 종교적 성격이 아닌 현실적 목적(건강 혹은 상금 획득 등)을 위해 행해지는 세속화secularism다. 신에게 영광을 돌리는 활동이 아니라, 현세에서의 영광과 상금 획득 등의 세속적 성격이 짙어졌다는 뜻이다. 둘째, 평등equality이다. 활동 참가에 제약이 사라졌다는 의미다. 계급, 성별, 지역, 국가 간 차별 없이 스포츠 활동은 누구에게나 개방된다. 셋째, 전문화specialization다. 역할(스포츠팀 내 역할)이나 리그(아마추어 대 프로, 1부와 2부 등)의 세분화가 이루어졌다. 넷째, 특정 목적에 도달하는 수단인 '규칙'이 강조된다는 특징이다. 합리화rationalization라 한다. 다섯째, 관료화bureaucratization다. 스포츠(경기)는 그냥 대충 열리지 않고, 행정 형식과 일관된 경기 규칙을 바탕으로 열린다. 표준화라고도 한다. 여섯째, 모든 걸 측정 가능하게 바꾼(특히 숫자로) 계량화quantification다. 마지막, 스포츠 경기에서 최고 기록을 추구하는 경향이 짙어졌다는 기록 추구record 특징이다.

중요한 건, 이들 일곱 가지 특징은 서로 연결되어 서로 영향을 주고 받는다는 사실이다. 기록을 추구하려는 성향이 계량화로 이어졌고, 계량화된 시합 방식이 결국 스포츠의 관료화를 이끄는 등의 연결 관계다.

---

[11] Baggot, A. (2004.08.07). Ten reasons why sports are not sports. Wisconsin State Journal.

> 이 일곱 가지 특징들은 논리적으로 매우 밀접히 연관된다. 근대의 기록추구는 계량화를 토대로 하며, 계량화는 합리화에 의존한다. 전문적으로 훈련받지 못한 신체조건으로 새로운 기록을 세울 수 없다. 전문화는 합리화된 훈련을 가능케 해주고, 전문화와 합리화는 재차 '관료조직'을 필요로 한다. 그러한 조직 없이 대회 개최나 기록 인준, 요구 및 규칙의 세계적 표준화는 불가능하다. 이 외에도 기록추구는 평등을 전제로 하고, 최고기량의 역동적 성향이 사회의 세속화로부터 나타날 수도 있다.[12)]

위의 내용은 어떤 활동이 이러한 본질적 요소를 갖춰야만 스포츠가 된다는 식의 주장이 아니다. 오히려 스포츠를 스포츠답게 만들어주는 요소가 역사적으로 다양하게 변주되며 그 성격이 변화되었다는, 즉 '불변'이 아닌 '가변적'이라고 이해되어야 한다. 그렇기에 스포츠를 불변하는 본질적 요소의 합으로 보는 관점을 넘어, 사회 구성원들의 합의에 따라 충분히 변주되는 것이란 접근이 추가될 필요가 있다. 그걸 '스포츠의 구성주의적 접근'이라 부른다.

스포츠의 구성주의적 정의

'스포츠는 사회적으로 구성된다.' 어떤 활동이 스포츠인지 아닌지는 그것이 지닌 특정한(혹은 본질적인) 요소만을 기계적으로 따져봄으로써 판단하기 어렵다. 오히려 그 시대나 상황에 따라 사회 구성원들의 동의와 합의가 사회적으로 혹은 제도적으로 '인정'됨으로써 스포츠화sportification된다. 구성주의적 접근의 기본 전제다.

> 스포츠화化란 첫째, 비非스포츠 활동을 스포츠를 닮게끔 조직 및 통제함으로써, 개인이 경쟁 혹은 협력하거나, 개별 경기력을 비교할 수 있도록 공정하고 유희적이며 안전한 환경을 제공하는 과정이자, 둘째, 사람들에게 매력적일 수 있도록 기존 활동에 '스포츠 구성요소(sport components)'를 첨가하는 과정이다.[13)]

구성주의에 따르면, 과거에는 스포츠가 될 수 있을지 의문시되던 활동이 '스포츠화', 즉 스포츠로 인정될만한 요소를 장착하여 사회적 인정을 획득한 후, 사회 구성원들에게 스포츠로 수용된다. 이 스포츠화를 거친 특정 활동(과거 스포츠로 인정받지 못한 활동)은

12) Guttmann, A. (2004). From ritual to record: The nature of modern sports. Columbia University Press, 55-56쪽.

13) Heere, B. (2018). Embracing the sportification of society: Defining e-sports through a polymorphic view on sport. Sport Management Review, 21(1), 21-24, 23쪽.

사람들에게 비로소 스포츠로 수용됨과 동시에 제도적 지원의 정당성도 획득한다. 스포츠가 아니었던 활동이 특정 요소를 장착하는 과정을 거쳐 스포츠로 인정받는, 즉 구성된다는 뜻이다. 그래서 '스포츠화化'다.

중요한 사실은, 스포츠 구성주의는 본질주의와 별개의 주장이 아니라는 점이다. 구성된다는 건 스포츠를 스포츠답게 만들어주는 어떤 요소가 첨가되어 만들어진다는 걸 뜻한다. 그 요소는 일차적으로 본질에서 나온다. 요소야말로 그 본질을 구성하는 기본이다. 결국 이 설명이 옳다면, 스포츠 구성주의는 본질주의적 요소를 인정함과 동시에, 그것이 시대별로 특정 과정을 거쳐 합의에 이른다는 점을 강조하는 것이다. 그렇기에 중요한 건 '타협(혹은 합의) 과정'이 된다.

무엇이 스포츠인지는 합의의 문제다

'21세기엔 춤도 스포츠다.'[14] 2024년 파리올림픽에서 브레이크 댄스(미국에선 '브레이킹'으로 명명)breakdance가 정식 종목이 되며 이젠 춤도 스포츠로 인정받기 시작했다. 과거, 댄스스포츠가 아시안게임에 포함되며 스포츠화의 길을 걷기 시작했는데, 길거리가 무대고 자유와 저항이 기본 정신인 브레이크 댄스가 상업화되고 표준화 및 제도화된 올림픽에 포함되었다는 결정은 의외였다. 사회적 구성주의자social constructionist는 IOC의 이 결정에 "스포츠는 그 시대의 사회적 흐름이나 분위기, 상황에 맞게 구성된다는, 더 정확히는 '인정된다'는 사실을 보여준 사례"라 평할 것이다.

브레이크 댄스가 스포츠 범주에 들어온 사건은 '정치적(더 정확히는 국익 지향적)'이다. 올림픽에 이 종목이 정식화된 주요 이유는 프랑스의 금메달 획득 가능성에 있다(물론 올림픽 인기 하락을 걱정하며 젊은 세대가 좋아할 종목이 포함된 것이란 해석도 있다). 2020도쿄올림픽 정식 종목이던 '야구와 가라테(일본은 강하고 프랑스는 약한)'가 빠지며 그 자리를 브레이크 댄스가 차지한 것이다. 잘 알려져 있듯, 프랑스에는 자그마치 '국립' 비보이단이 운영된다. 스포츠로의 인정 여부가 국익에 맞춰 구성된 것이다. 우리나라도 2019년 3월 17일 사단법인 '대한브레이킹경기연맹(전 부천시장 김만수 초대 회장)'을 창설하며 스포츠가 요구하는 제도화 과정에 들어섰다.

물론 브레이크 댄스의 올림픽 정식 종목 포함을 우려하는 이들도 있다. '자유'와 '저항'이란 브레이킹 정신이 올림픽의 제도화 힘으로 훼손되리란 염려 때문이다. 혹자는

---

14) 박린 (2019.04.01). 브레이크 댄스 세계 1위 진조 크루 "이젠 올림픽 금" 중앙일보, B6면.

"올림픽은 변화하는 시대에 발맞추려 브레이크 댄스를 환영하였고, 올림픽과 브레이킹 관련자들 모두 이런 발맞춤에 헌신한다면, 올림픽이 브레이킹의 성격을 바꾸기보단 브레이킹이 올림픽의 (상업주의적이고 제도화된) 성격을 바꿀 가능성도 있을 것"[15]이라 예측했지만, 이는 제도화의 힘을 간과한 주장이다. 일단 제도화되면 브레이크 댄스도 그 제도 이전의 상태로 돌아가긴 힘들어진다.

드론drone은 또 어떤가? 얼마 전까지만 해도 '기계 장난감 조작'에 불과했던 드론이 이제는 '드론 스포츠Drone Sports'로 불리기 시작했다. 항공스포츠계의 대통령이라 불리는 '국제항공연맹Fédération Aéronautique Internationale: FAI'(국제올림픽위원회가 인정한 국제 스포츠연맹 중 하나)에 의해 주도된 드론의 스포츠화는 주로 '드론 레이싱 리그Drone Racing League: DRL'와 '드론 축구Drone Soccer' 양대 종목을 중심으로 이루어진다(드론 클래쉬라는 것도 있다). 이미 대구에서는 2018년 드론 페스타를 통해 '국제 드론 레이싱 월드컵'을 개최하였고, 드론 축구 역시 우리나라 전주시에 '대한드론축구협회' 중심으로 활동 중이다.[16]

물론 드론 스포츠는 아직 정확한 개념 정의조차 내려지지 않았다. 단지, 시뮬레이션 스포츠simulation sports를 "스포츠와 첨단 과학기술 기반의 컴퓨터 가상 환경과 결합한 형태"[17]로 보듯, 드론 스포츠 역시 그 맥락에서 이해할 뿐이다. 한 연구는 드론 스포츠가 기존의 스포츠 구성요소(신체활동, 유희성, 경쟁성, 규칙성 등)를 지니면서 동시에 속도감, 박진감, 위험성이란 부가 요소까지 갖췄기에, 기존 스포츠가 가진 한계를 극복해줄 것으로도 봤다.[18] 물론 그 '한계'가 무엇인지는 정확히 밝히지 않았지만.

중요한 것은 과거 스포츠계에서 인정받지 못하던 드론이 브레이크 댄스처럼 특정 과정을 거치며 스포츠로 '호명'되기 시작했단 점이다. 자주 호명되면 친숙해지고, 대중적 친숙함은 본질적 요소의 결핍에도 불구하고 스포츠를 스포츠로 만든다. 어떤 활동을 스포츠로 볼 것인가? 구성주의자에게 이 질문의 답은 스포츠를 스포츠답게 만들어주는 '특정 요소'를 향한 구성원들의 합의와 인정에 달렸다.

---

15) Li, R. Z., & Vexler, Y. A. (2019). Breaking for gold: Another crossroads in the divergent history of this dance. The International Journal of the History of Sport, 36(4-5), 430-448, 446쪽.

16) 드론축구의 규정과 장비를 먼저 만든 전북 전주의 캠틱종합기술원 노상흡 본부장은 "2018년 11월 대한드론축구협회를 산업통상자원부에 사단법인 등록, 스포츠를 관장하는 문화체육관광부에 1년 이상 문을 두드렸지만 '최순실 사태' 이후 문체부 사람들이 체육단체 등록 얘기는 아예 들으려 하지 않는다"며 전주시에 드론축구협회 유치의 이유를 밝혔다(정영재, 2019.03.30., "애앵~" 드론볼 10개 불꽃 혈전…SF 보듯 짜릿한 드론축구. 중앙일보, 2면).

17) 남기연 (2017). 시뮬레이션 스포츠 시설의 법적 가치에 관한 고찰. 법학논고, 57, 225-247, 226쪽.

18) 정현 (2018). 드론스포츠 활성화를 위한 법제도적 연구. 단국대학교 석사학위논문.

스포츠의 이중성을 향한 관점

스포츠는 또한 '모순적'이다. 모순paradox이란 "어떤 사실이 이치상 어긋나 서로 맞지 않음"을 뜻하는 개념이다. 하나의 속성이 상충한다는 사실을 바탕으로 한다. 스포츠가 마냥 긍정적이고 우리에게 이로운 활동이라는 지배적 인식에 의문을 품는 특성이다.[19] 스포츠의 이중성, 즉 모순성은 어떻게 이해될까?

"스포츠는 많은 이들이 이기심이나 질투심, 속임수, 적대감, 부정적인 기질을 길러내도록 이끈다. 훌륭한 스포츠맨십이 스포츠의 결과물이라면, '지저분한' 성격 역시 스포츠가 만든 결과물이다."[20] 우리가 사는 세상의 모든 제도와 현상은 긍정적이면서 동시에 부정적이다. 이를 '모순성' 혹은 '이중성'이라 부른다('명암론' 혹은 '양면성'으로도 불린다). 긍정적이고 밝은 활동으로 인식되는 스포츠도 다른 측면을 지닌다는 것이다. 건설적이면서 동시에 폭력적이다.

> 아이들은 스포츠 활동으로 집단 소속감을 지닌다. 동시에 배제도 경험한다. 아이들은 스포츠에서 긍정적인 피드백뿐 아니라 부정적인 피드백도 받는다. 성취감뿐 아니라 좌절감도 느끼고, 자기 가치를 느낌과 동시에 자괴감도 느낀다. 협동심과 이타주의를 길러줌과 동시에, 반대로 지독한 라이벌 의식으로 인해 이기주의를 길러줄 수도 있다.[21]

스포츠는 재미있다. 사람들을 빠져들게 한다. 왜 그럴까? 문명화되어 예의 바르게 변했으며, 공권력과 법적 제도로 인해 안전해진 우리의 삶에 '불확실한 스펙터클'을 제공해주기 때문이다.[22] 물론 이러한 재미 요소는 스포츠를 구경하는 사람과 달리, 이를 직접 수행해야 할 선수들에게는 달리 수용된다. 구경꾼의 재미를 위해 더욱 자극적인 볼거리를 만들어야 하기 때문이다. 약물복용을 고민하거나 때로는 빈볼도 던져야 한다. 승리를 위해 수단과 방법도 가리지 않아야 한다. 스포츠가 제공하는 재미의 다른 면에는 이와 같은 갈등적 상황이 존재한다.

스포츠는 건강을 증진한다. 스포츠로 행하는 활발한 신체활동 자체가 지구력이나 조

19) Eitzen, S. (2009). Fair and foul: Beyond the myths and paradoxes of sport(4th edition). Rowman & Littlefield Publishers, 11쪽.

20) Banham, C. (1965). Man at play. Contemporary Review, 207, 62쪽.

21) Orlick, T.D. (1974). The sports environment: A capacity to enhance-A capacity to destroy. Paper presented at the Canadian Symposium of Psycho-Motor Learning and Sports Psychology, 2쪽.

22) 앨리스 캐시모어 지음, 정준영 옮김 (2001). 스포츠, 그 열광의 사회학. 한울아카데미, 21-29쪽.

정력을 길러주기 때문이다. 무엇보다 심장을 뛰게 해준다. 체중 감소 효과와 함께 심리적으로 위축된 상태를 해소해주기도 한다. 물론 반대의 결과도 나타난다. 격한 경쟁으로 인하여 하지 말아야 할 무리한 활동으로 부상을 입는 경우다. 승리가 강조된 훈련 상황에서는 자신의 한계를 넘어야 한다는 부담도 밀려온다. 그걸 이겨내려고 자기 역량 이상의 훈련을 소화한다. 몸에 무리가 올 수밖에 없다. "더 멀리, 더 높게, 더 강하게"라는 올림픽 표어는 때때로 몸을 망치는 명령이 되기도 한다.

'표현'과 '통제'라는 이분법도 스포츠의 이중성을 말해준다. 스포츠는 자기 역량을 마음껏 표현할 수 있게 한다. 여러 신체 기술을 응용하여 경기 상황에서 이를 표현한다. 팀 경기의 경우엔 미리 맞춰놓은 전술을 상황에 맞게 응용한다. 스포츠는 그 자체로 개인의 표현력을 증진하는 사회적 제도다. 하지만 이와 달리, 스포츠는 개인과 집단, 나아가 사회를 통제하기도 한다. 특히 사회적으로 보수적 성향을 지닌 스포츠는 사회 구성원뿐 아니라 팀 구성원도 통제한다. '전통'을 지향한다는 대의로 인해 기존 불평등 조건을 유지하고 강화하는 일이 발생하는 것이다.[23)]

스포츠는 신분 상승과도 이어진다. '거지에서 부자로[rags-to-riches]'라는 '사회적 계층이동 신화(예를 들어, 골프장 볼보이에서 PGA 우승으로)'를 다른 어떤 분야보다도 잘 구현해준다. 우리가 스포츠 스타와 관련하여 이 신분 상승 사례를 많이 접해서인지, 사람들은 이 신화에 거부감이 없다. 극히 예외의 사례를 일반화한 오류라는 걸 인정하지 않는다. 모든 이가 마이클 조던이나 박지성처럼 성공할 수는 없다. 그건 말 그대로, 신화[神話]다. 성공하기 어려운 이유는 명료하다. 사회자원의 희소성 때문이다. 그렇기에, 스포츠가 신분 상승을 촉진한다는 주장은 절반만 진실이다. 문제는, 이러한 절반의 진실을 각종 미디어가 마치 노력하면 누구든 가질 수 있는 것으로 포장한다는 점이다(책의 9장 '스포츠와 사회 계층화' 참조). 사회 통제 효과는 이처럼 달성 불가능한 이야기가 신화로 포장되어 전 사회적으로 고착될 때 발생한다. 스포츠는 대중의 아편이 된다.

스포츠와 관련한 사회학 이론의 기본 관점은 이와 같은 모순적 속성을 다룬다. 스포츠는 사회에 순기능적인가, 기존 불평등을 강화하는가? 스포츠와 관련한 사회적 현상의 다양성으로 인해 이론은 각기 다른 관점과 이해의 틀을 지향한다. 과연 스포츠사회학에서 다루는 이론은 어떤 모양새일까? 이제는 '사회학 이론'을 만나볼 차례다.

---

23) Krane, V., Choi, P. Y. L., Baird, S. M., Aimar, C. M., & Kauer, K. J. (2004). Living the paradox: Female athletes negotiate femininity and muscularity. Sex Roles, 50(5/6), 315-329.

사회학 이론의 개괄적 이해

친구가 이상한 행동을 하면 그걸 이해하려고 노력한다. '뭘 잘못 먹었나?' '나한테 뭐 바라나?' 여러 생각을 하며 행동을 이해하려고 한다. 이때 우리는 다양한 자원을 동원한다. 이전의 경험prior experience, 인간 행위에 관련된 지식knowledge, 사회적 상식common sense 등을 동원하는 것이다. 이들 자원을 가지고 친구의 행동을 분석하며 우리는 나름의 '설명틀' 혹은 '관점'을 다듬어간다. 설명체계로서의 이론이 발전하는 것이다. 사회학도 이처럼 다양한 사회 현상을 이해하는데 필요한 설명 도구, 즉 이론을 발전시켜왔다. 사회의 작동방식을 설명하는 학문으로서의 사회학은 그 설명을 다름 아닌 이론으로 수행한다. 이론이란 무엇일까?

이론이란 무엇인가?

> 사회학 강의를 하다 보면 학생들이 '사회적' 문제와 '사회학적' 문제를 구별하기 어려워하는 모습을 종종 본다. 연구 프로젝트 주제를 선택하라 하면, 학생들 대부분은 이 세상의 어떤 나쁜 측면에 초점을 맞춘다. 노숙자나 알코올 중독, 가정폭력에 대해 '무언가 하고 싶어하는' 것이다. 이것이야말로 '설명'과 '개선'을 혼동하는 뚜렷한 증상이다.[24]

사회학 이론을 살펴보기 전, 수업 때 학생들이 종종 하는 질문부터 살펴보자. '사회학 이론sociological theory'과 '사회이론social theory'의 차이를 묻는 질문이다. 많은 이들이 이 두 개념을 혼용하기에 혼란이 발생한다. 간단히 말해, 사회학 이론은 과학적 설명체계이고, '사회이론'은 비非과학적인 비평이나 어떤 사회적 문제가 개선되어야 한다는 주장이다. 앞선 인용문처럼, 사회이론은 '사회적' 문제를 비판하고 개선하려는 언어의 집합이다. 때문에, '가치 지향적'이다. 반면, 사회학 이론은 '사회학적' 문제를 사회학의 공통 언어(개념)를 사용하여 설명한다. 가치 중립적 성격이 강하다.

"사회학적 이론은 규범적, 정치적 편향을 경계하며, 과학적 방법을 채택하고 경험적 조사 결과의 설명을 목표로 하나, 사회이론은 종종 현재의 사회적, 정치적 체제를 향해 규범적normative 비판을 한다."[25] 규범적 비판이란 옳고 그름에 연관된 문화적 기대감을 주관적으로 해석하여 시시비비를 가리는 행위다. 그렇기에 다소 거칠게 말하자면, 사회

[24] Bruce, S. (2018). Sociology: A very short introduction. Oxford University Press, 86쪽.
[25] Giddens, A. & Sutton, P. W. (2021). Sociology. Medford, MA: Polity, 70쪽.

이론은 이론가의 개인적 철학이나 이념, 당파성(특정 주의, 주장, 이해가 같은 사람들의 모임이 지니는 특성)을 중심으로 이루어지는 사회문제 논평이나 비평이다. 그래서 대부분이 편파적 성격을 띤다. 반대로, 사회학 이론은 그러한 문제의 원인이나 기제를 과학적 방식으로 설명한다.

'설명체계로서의 이론'

여기, 카드빚으로 파산한 사람이 있다. 왜 파산했을까? 심리학자는 개인주의적 차원에서 문제를 바라본다. '자기 통제력 결핍'과 '만족 유예 역량 부족'이란 설명체계가 사용된다. 하지만 사회학자는 카드빚 파산이란 행위와 현상을 '사회구조' 속에 놓는다. 과소비를 부추긴 사회문화적 규범이나 소비를 쉽게 만든 사회구조를 분석하며 묻는다. '어떤 사회적 요인이 개인의 과소비를 만들어냈는가?' 이처럼 이론은 어떤 현상이나 행위를 설명하는, 즉 '원인의 답을 말해주는' 진술이다. 물론, 사회구조적 측면을 강조하는 경향이 때로는 개인 문제를 사회 탓으로 돌리는, 즉 '면죄부를 준다'는 비판에 직면하곤 한다. 개인의 범죄 행위마저 사회 탓을 해야 하는가?

> 이론이란 개개의 특정한 것들에서 모든 시대에 다 적용될 수 있는 보편적 '법칙'이나 '모델'을 찾아내어 일반화한 것이다.[26)]

연구자가 한 명의 어린아이와 부모 사이의 상호작용을 관찰했다. 이는 '사례 연구'다. 또 다른 연구자는 전국의 모든 아이와 부모의 상호작용을 조사했다. 이 조사 결과로 연구자는 자식과 부모 사이의 상호작용을 일반화[generalization]한다. 이 일반화 결과가 '부모-자식 간 상호작용 이론'이 된다. 미국 사회이론가 제프리 알렉산더[Jeffrey, C. Alexander, 1947-]가 이론을 '일반화된 설명체계'로 정의한 이유다. 이론은 다수 사례를 설명할 수 있을만큼 폭이 넓고 추상적이다. 당연히 우리가 어떤 설명체계를 이론이라 부르려면 다수 사례를 설명할 정도의 '설명력'이 갖추어져야 한다.

공사장 건물 주변에 세우는 철근 구조물이 있다. 비계[飛階, scaffolding]라 한다. 인부가 밟고 안전하게 일할 수 있는 발판과 경로를 제공해준다. 건설 중인 건물의 어느 곳이 잘못되었고 무엇을 보충해야 할지를 인부들에게 말해준다. 공사장의 이곳저곳을 볼 수 있게

---

26) Alexander, J. C. (1987). Twenty lectures: Sociological theory since World War II. New York, NY: Columbia University Press, 3쪽.

해준다. 뿐만 아니라 인부는 그 비계를 밟고 새로운 벽돌을 쌓아 건물을 완성한다. 이게 없다면 건물 곳곳을 세밀히 볼 수 없다. 당연히, 건물의 전체 모형도 그리기 어렵다. 건물(현상)을 상세히 보게 해주고(관점), 새로운 지식을 창출하게 해주는 역할을 비계가 한다. '비계'는 이론의 또 다른 그림이다.[27)]

핑크 대마왕 퍼시[Percy]는 분홍색을 너무 사랑했다. 그는 자기 옷도, 궁궐도, 심지어 신하들 옷과 머리도 모두 분홍색으로 장식했다(이거, 갑질이다). 그렇게 마냥 행복하던 어느 날, 밖을 보던 퍼시는 우울해졌다. 나무와 길은 분홍색이 아니었기 때문이다. 당장 신하들을 동원, 나무와 길에 핑크 물감을 뿌렸다. 하지만 진짜 문제는 '하늘'이었다. 푸른색이었기 때문이다. 퍼시는 자기 스승에게 하늘을 분홍색으로 바꿔 달라고 졸랐다(그게 말이 되나!). 고심 끝에 스승은 해결책을 제시했다. 분홍색 선글라스를 퍼시에게 씌워 준 것이다.[28)] 이 사례처럼 사회학 이론은 현상을 대하는 '관점[perspective]' 역할을 한다. 어떤 안경으로 사회 현상을 보는가에 따라 '현상'을 달리 설명할 수 있다.

> 이론은 어떤 사건이 어떻게, 왜 발생하는지를 말한다. 과학의 이론은, 행동하는 인간이 만들어낸 사회를 포함, 이 세상이 어떤 기초적이고 근본적인 속성과 작용을 드러내며, 이를 통해 반복해서 발생하는 어떤 현상을 설명할 수 있다는 가정에서 만들어진다.[29)]

결국, 사회학 이론이란 '설명체계'로 요약된다. 사회 현상의 작동과 발생 원인을 설명하기 위해 과거부터 여러 사회학자가 과학적 방법을 사용하여 부단히 다듬어 온 결과물이다. 때문에, 사회학 이론을 접할 땐 반드시 세 가지 특성을 생각해야 한다.[30)]

첫째, 이론은 모든 시공간에서 벌어진 사건 이면의 '사회적 동력[social forces]'을 밝히고 있는가(즉, 어떤 현상 및 제도의 형성과 변화를 이끄는 사회적 힘의 근본적 동학 탐색)? 둘째, 우리가 일상적으로 쓰는 언어가 아닌 '형식적이고 추상적인 표현'이 사용되는가(다른 연구자들에게 의미 혼동이 없는 중립성 및 객관성 담보)? 셋째, 한 개인의 경험이 아닌 반복 가능한 방법으로 체계적 검증이 가능한가(단일 사례가 아닌 다수 사례로 입증된 진술 체계)? 이런 특징으로 인해 사회학 이론은 복잡하고 어려워 종종 이해가 힘들 때도 있다.

---

27) Turner, B. S. (2008). Introduction: A new agenda for social theory? in B.S. Turner(ed.), The new Blackwell companion to social theory (pp. 1-16). Blackwell Publisher, 4쪽.

28) West, C. (2003). Percy the pink. Walker Books Ltd.

29) Turner, J. H. (2002). The structure of sociological theory. Belmont, CA: Wadsworth, 1쪽.

30) Turner, J. H. (2013). Contemporary sociological theory. Thousand Oaks, CA: Sage Publications, 3-5쪽.

사회학 이론을 왜 배워야 하는가?

> 자연 세계에 대한 이론은 자연과학의 연구 대상인 자연계의 성질을 변화시키진 않는다. 이해하고, 설명하며, 이론으로 남길 뿐이다. 반면 사회과학은 '사회 세계'를 다루는데, 이 경우엔 연구 대상인 행위자들의 실천으로부터 이를 설명하려는 '이론'이 나오고, 다시 이 이론이 그 대상이었던 실천에 영향을 끼침으로써 그 실천을 변화시킨다.[31]

이렇게 '어려운' 사회학 이론을 배워야 할 이유로 나는 네 가지를 제시하고자 한다.

첫째, 사회학 이론을 배움으로써 우리는 사회의 작동원리[mechanisms]를 이해할 수 있다. 사회학 이론을 배운다고 사회성이 좋아지거나 돈벌이가 좋아지진 않는다. 성격은 더 나빠질 수 있다. 돈벌이와도 큰 상관은 없다. 하지만 사회학 이론은 우리 주변의 사회 현상이 왜 발생하고 그것이 어떠한 의미를 지니며, 주변 사람들의 행위가 왜 그렇게 이루어지는지 이해할 수 있게 해준다. 예를 들어, 정부는 엘리트 스포츠에 왜 투자하는지,[32] 기대받던 여자 골프 선수는 왜 미운 오리새끼 취급을 받는지,[33] 야구 경기 중 똑같이 빈볼을 던졌는데, 왜 대중의 평가가 달라지는지?[34] 이러한 이해는 결국 모든 학문의 궁극적 목표인 '무지로부터의 탈출[escaping from ignorance]'을 지향한다.

둘째, 과학적 분석으로 '이해'에 도달한 사회학 이론은 사회변화에 필요한 '정책 대안' 창출로 이어진다. 물론 사회학 이론이 정책적 대안 제시를 궁극의 목표로 하진 않는다. 사회변화를 갈망하는 사람(정치가, 정책 입안자, 정책 연구자 혹은 컨설턴트 등)에게 개선방안 수립에 필요한 '현상의 속살'을 밝혀줄 뿐이다. 정책 대안은 '부수적 결과'다. 이탈리아 슬럼가의 일상을 하위문화론으로 분석한 연구에서 개선을 위한 정책 방향을 그려내고,[35] 마약상과 갱스터로 채워진 미국 시카고 공영 주택단지(도시 최하층 거주지역)의 일상을 분석하여 정책 실마리를 제공하며,[36] 미국에서 네 번째로 가난한 밀워키 지역의

---

31) 김경만 (2011). 분과 학문적 가치와 사회학: 공공 사회학의 가능성에 대한 비판적 고찰. 사회과학연구, 19(1), 8-34, 10쪽.

32) Grix, J., & Carmichael, F. (2012). Why do governments invest in elite sport? A polemic. International Journal of Sport Policy and Politics, 4(1), 73-90.

33) 남상우 (2015). 위성미와 "미셸 위"의 민족정체성: 스포츠 명사의 홍망과 미디어 담론. 한국스포츠사회학회지, 28(2), 111-135.

34) 남상우 (2009). 빈볼사건에서 드러난 대중권력: 집단행동, 시놉티콘 그리고 고객주의의 절합. 한국스포츠사회학회지, 22(4), 61-80.

35) Whyte, W. F. (1943). Street corner society: The social structure of an Italian slum. University of Chicago Press.

36) Venkatesh, S. A. (2008). Gang leader for a day: A rogue sociologist takes to the streets. New York,

주거 현실을 묘사하면서 미국의 주거정책을 비판, 정책 대안을 도출한다.[37] 이처럼 사회학(이론)은 사회변화를 위한 실천과 연결된다. 때로는 이론을 만들던 연구자가 변화의 선두에 서기도 한다(앞선 인용문이 이걸 설명한 것이다).

셋째, 사회학 이론은 관점을 확장하며 다른 질문을 던질 수 있게 해준다. 대표적으로 칼 마르크스Karl Marx, 1818-1883는 자신의 저서 『자본capital』에서 자본주의 작동방식을 분석, 계급 불평등의 메커니즘(자본가와 프롤레타리아의 계급 투쟁에 따른 역사 발전)을 밝혔고, 자본(미래에 더 큰 자산을 만들기 위해 활용 및 투자될 수 있는 모든 형태의 자산, 특히 경제자본)의 재생산 방식이 불평등을 지속한다고 주장하였다. 이후 프랑스 사회학자 피에르 부르디외Pierre Bourdieu, 1930-2002는 계급 불평등이 경제자본 뿐 아니라 인맥으로 대표되는 사회적 관계망인 사회자본social capital, 학위나 취향 등의 문화자본cultural capital에 의해서도 이루어진다며 자본론을 확장했다.[38] 이렇게 확장된 자본론은 이후에 '미적자본aethetic capital'(특권이나 기회, 부의 기반이 되는 외모 특성), '감정자본emotional capital'(감정에 기반을 둔 지식과 감정관리 기술 및 역량의 총체), '거리자본street capital'(특정 거리에서 정당성을 부여하는 힘), '신체자본physical capital'(몸의 외관에 드러나며 타자에게 인정받는 상징적 가치의 총체) 등으로 확장되며 다변화된 사회 현상에 대한 다른 질문을 던지도록 해준다.[39] 이론의 확장이 다른 관점으로 이어지는 것이다. 사회학 이론의 복리 효과다.

> 먼저, 사회학을 공부해도 사회에 정통해지진 않습니다. 그렇다고 사회학이 아무 도움도 되지 않는다고 할 수 없어요. 인간은 누구나 사회학자로서의 일면이 있기에 직감 수준에서 사회나 인간을 이해합니다. 다만 그걸 잘 설명하지 못하죠. 그런데 사회학을 공부하면 자신이 직감적으로 억누르던 걸 개념을 사용해 정밀하고 복잡하게 설명할 수 있게 됩니다.[40]

넷째, '누구나 (스포츠)사회학자'라는 오명에서 벗어나려는 학문적 이유다. 바로 위에 제시된 일본 사회학자 오사와 마사치大澤眞幸의 설명을 참고하면, 스포츠사회학 지식이 없어도 대부분의 사람들은 스포츠에 대해 한마디씩 할 수 있다. 즉, 누구나 스포츠사회

NY: Penguin.

37) Desmond, M. (2016). Evicted: Poverty and profit in the American city. Broadway Books.

38) Bourdieu, P. (1986). The forms of capital, in J. Richardson(ed). Handbook of theory and research for the sociology of education (pp. 241-258). Westport, CT: Greenwood.

39) 남상우 (2019). 분화된 '자본' 개념의 이해: 스포츠사회학의 이론적 확장을 위한 자본 개념 설명서. 한국스포츠사회학회지, 32(4), 35-60.

40) 후루이치 노리토시 지음, 이소담 옮김 (2017). 그러니까, 이것이 사회학이군요. 서울: 코난북스, 136쪽.

학자인 척하며 '민간 스포츠사회학자folk sport sociologist'처럼 행동할 수 있다는 의미다(과학적 지식이 아닌 경험이나 구전을 통해 전수되는 '민간요법'을 생각해보라). 스포츠사회학뿐 아니라, 이는 사회학의 모든 분야에서 나타나는 문제다. 사회학 이론은 이처럼 '아무나 할 수 있는 (스포츠)사회학자'란 오명을 벗어날 수 있게 해준다.

> 이론은 우리 자신과 우리가 사는 세계를 새롭고 유익한 방법들에 따라 바라볼 수 있도록 돕는다. 그렇게 배운 새롭고 유익한 방법들은 우리가 부모나 교사로서 아이들을 어떻게 교육할지, 심야 뉴스나 시트콤 같은 TV 프로그램을 어떻게 시청할지, 유권자이자 소비자로서 어찌 행동할지, 사회적, 종교적, 정치적 논쟁들과 관련하여 자신과 견해를 달리하는 사람에게 어떻게 대응할지, 자기 안의 동기나 두려움, 욕망 등을 어떻게 깨닫고 그에 대처할지 등의 문제를 생각하는 데 영향을 끼친다.[41]

그럼 이런 사회학 이론을 어떻게 공부해야 할까? 기본적으로, 이론에 포함된 개념과 이론적 명제(개념과 개념 간의 관계를 진술한 문장)를 익혀야 한다. 즉, 개념의 의미, 이론가가 그 개념을 만든 이유(만든 시대적, 환경적 배경은 무엇이고), 그 개념과 명제의 측정 방식, 다른 지역이나 국가에서 적용되는 방식, 개념의 역사적 활용 발자취를 배운다. 때문에 사회학 이론은 상식적 진술과는 다르다. 향후 우리가 접할 미증유의 현상을 설명하고 이해할 시각을 제공한다. 우리가 이론을 배워야 할 이유다.

사회학 이론은 어떻게 구성되는가?

대학원 시절, 지도교수는 내게 이론 공부를 열심히 하라 말씀하셨다. 궁금해서 여쭤봤다. '이론을 공부한다는 게 정확히 무슨 뜻인가요?' 덕분에 알았다. 사회학 이론을 포함, 기본적으로 이론에는 두 가지 요소가 필수적으로 장착된다는 사실을. 이론 공부란, 앞서 말했듯이 결국 이 두 요소(물론 더 있다)를 이해한다는 말과 같다.

개념과 명제: 사회학 이론을 구성하는 기본 요소

첫째, '개념concept'이다. 사회학에는 수많은 개념이 있다(소비, 권력, 역할, 아비투스, 이데올로기, 규범, 사회화, 일탈 등). 이들은 세상의 구체적 현상을 추상적이고 간결하게 그려준다. 개념은 중요하다. 독일의 사회학자 막스 베버Max Weber, 1864-1920의 주장처럼, "사회

41) Tyson, L. (2015). Critical theory today: A use-friendly guide. New York, NY: Routledge, 2쪽.

과학의 역사는 개념을 형성하며 사회적 실재를 분석적으로 정돈하는 과정"[42]이었기 때문이다. 개념은 사회 현상의 실체를 모든 사람이 오해 없게 접근하도록 해준다.

개념이 구체성을 지니려면 먼저 '정의defintion'되어야 한다. "운동선수의 일탈은 그 선수의 초기 사회화 실패 때문이다"라는 문장에서 우리는 '일탈deviance'과 '사회화socialization' 라는 개념을 볼 수 있다. 이들 의미(정의)를 알면, 문장은 쉽게 이해된다. 하지만 이해가 안 된다면, 그건 일탈(사회 구성원들이 정상으로 합의한 기준을 벗어난 행위)과 사회화(인간이 사회에서 여러 사람과 접하며 사회 규범을 포함, '사회적인 것'을 몸에 습득하는 과정)의 의미를 모르기 때문이다. 개념의 구체적 의미는 그것이 정의될 때 확보된다.

사회학 이론의 두 번째 구성요소는 개념과 개념 사이의 관계를 문장으로 구성한 (명제적) 진술statement이다. 개념만으론 현상이 설명되지 않는다. 그 개념들이 어떻게 연관되는지 드러내야 한다 가령, '세계화'와 '자유무역'이란 개념을 보자. 이 두 개념만으로 설명할 수 있는 건 별로 없다. 하지만 "세계화가 가속화되면 국가 간 자유무역 빈도와 양은 늘어난다"는 진술문이 만들어진다면, '설명 가능성'이 확보된다. 이처럼 이론에는 개념뿐 아니라, '설명'을 인도할 진술문이 포함된다. 물론, 이 진술문이 참인지 거짓인지는 확인이 필요하다. 그래서 이론적 진술문은 절대적으로 '증명'을 요구한다. 증명이 필요한 진술문, 이걸 '명제proposition'라 한다.

미국의 사회학 이론가 조나단 터너Jonathan Turner, 1942-는 '개념 간에 연결된 진술'을 "개념으로 표시된 사건이 상호 연관된 방법을 분명히 밝히면서, 동시에 '사건events'이 어떻게, 그리고 왜 연결되어야 하는지 그 해석을 제공해주는 것"[43]으로 설명한다. 앞선 '운동선수의 일탈은 그 선수의 초기 사회화 실패 때문이다'처럼 개념 간의 인과관계(혹은 상관관계)는 하나의 현상이 다른 현상에 어떤 영향을 주고, 어떤 관계가 있는지 우리에게 보여준다. 이런 걸 기제mechanism적 설명이라 부른다.

예를 들어, 학교에서 자율 체육 시간 때 남학생은 운동장 중심을 차지하는 한편, 여학생은 주변으로 밀린다. 이는 어떤 기제(원인) 때문일까? 연구에 따르면, 남학생들이 어릴 때부터 내면화한 주인 의식(개념#1: 운동장의 주인은 운동 잘하는 남자가 되어야 한다는 사고방식)에 학교운동장을 사용하는 구성원이 동의함으로써 작동하는 상징자본(개념#2: 구성원들의 잘못된 이해를 바탕으로 획득되는 자원) 때문이다.[44] 이를 이론적 진술문이라 부

---

42) Weber, M. (1949). The methodology of the social sciences, New York, NY: Pree Press, 105쪽.

43) Turner, J. H. (2013). Contemporary sociological theory. Thousand Oaks, CA: Sage Publications, 8쪽.

른다. 학교 운동장에서의 학생들 신체 활동을 관찰하며 '주인 의식'과 '상징자본'이라는 개념을 고안 및 차용, 이 개념으로 신체활동의 중심화centralization와 주변화marginalization[45]를 설명할 '(명제적) 진술문'을 만든 것이다.

여기에서 주의할 것이 있다. 사회학 이론을 이처럼 개념과 진술문 차원으로만 한정해서 이해하면 안 된다는 점이다. 이론의 스펙트럼은 넓다. 앞선 설명은 가장 기본적 수준에서 사회학 이론을 말한 것이다. 즉, '개념' 간의 연결인 '진술'로 이론을 이해하는 방식. 사실, 이론을 공부할 땐 1) 그 이론이 만들어진 배경(이론가는 왜 그 이론을 만들었는가?), 2) 그 이론이 연구에 적용되어 도출된 결과 비교, 3) 이론이 만들어져 현재 어떻게 발전되었는지까지도 함께 살펴야 한다. 그럼으로써 그 이론이 현실 세계의 현상을 설명하는 방식과 향후 벌어질 일의 예측 가능성을 따져볼 수 있다.

미시와 거시: 사회학 이론의 관점 층위

이론의 구성요소와 함께, 그 이론이 '적용'되는 방식도 살펴보자. 사회학 이론으로 사회적인 것을 연구하는 일은 최신 기종의 카메라로 사물을 찍는 일과 비슷하다.[46] 사진가는 어떤 사물을 찍을 때 사진기의 '줌zoom' 기능을 쓴다. 가령, 한 학생이 도서관에서 공부하고 있다고 해보자. 학생을 찍는(이해하는) 방법은 다양하다. 학생이 누구인지 알고 싶다면 최대한 확대하여zoom-in 학생의 옷과 표정, 자세를 보면 된다. 반면, 그 학생이 도서관의 어떤 곳에서 공부하는지 보고 싶다면, 전체 큰 모습(도서관의 전체 모습)zoom-out 속으로 축소하면 된다. 이처럼 확대와 축소를 반복하며 사진사는 학생(개인)과 도서관 공간(구조) 사이의 상호관계를 그릴 수 있다.

이렇듯 사회학자는 사회학 이론으로 개인(행위나 인식)에 집중하거나, 개인 외부의 '더 큰 사회적 구조(힘)'을 볼 수 있다. 즉, 인종이나 계층, 젠더, 종교, 지역, 교육, 경제, 정치 같은 '구조'가 개인의 일상과 어떻게 '상호작용'하는지 볼 수 있다는 것이다. 이 과정에서 사회학자는 사진사의 줌 기능 같은 '차원화된 관점leveled perspectives' 을 적용한다. '미시적micro 관점'과 '거시적macro 관점'이 그것이다. 미시적 분석은 '얼굴을 맞대고 이루

---

44) 남상우 (2016). 운동장에서의 젠더 중심화와 주변화: 중학생들의 체화된 젠더 질서 사고방식. 한국스포츠사회학회지, 29(3), 133-151.

45) 남상우 (2008). 주변(周邊) 대 중심(中心): 스포츠에서의 주변화 현상과 속성의 탐색적 분석. 한국체육학회지, 47(2), 95-107.

46) Pamphilon, B. (1999). The zoom model: A dynamic framework for the analysis of life histories. Qualitative Inquiry, 5(3), 393-410.

어지는 상호작용 상황에서의 행동을 분석한다(사진기의 줌-인). 거시적 분석은 정치나 경제, 교육 등, 사회제도의 형태와 기능, 변화를 주로 본다(사진기의 줌-아웃).

남녀 간의 권력 차이는 어떻게 이해될까? 거시적으로는, 각 사회제도(정치 영역이나 경제 영역 등)에 진출한 남녀 비율이나 이들 제도와 관련한 각종 법의 문제를 파악하며 이해할 수 있다. 반대로, 미시적 차원에서는 남녀의 일상적 대화가 분석된다.

실제로 한 연구는 남녀 관계에서의 권력 문제를 궁금해하며 다음의 질문을 던진다. "사회적으로 고착된 젠더 권력구조는 남녀 간의 일상적 대화 속에서 어떻게 만들어지고 유지될까(재생산될까)?" 이 질문에 답하려 연구자는 연인 관계의 남녀가 집에서 나눈 대화를 녹음해 분석하였다.[47] 그 결과, 대화에서 여성은 남성보다 세 배 더 많은 질문을 던진 것으로 나타났다. 이 결과는 사회적으로 고착된 '대화 구조 규칙(사회적 위치가 낮은 사람들은 상대에게 답변을 받을 확신이 없을 때 질문을 던져 이를 상쇄한다는 규칙)'을 여성이 충실히 따름을 확인해 준다. 즉, 사회적으로 만연된 남녀 간 권력구조가 일상의 남녀 대화(미시적) 분석으로 증명된 것이다.

반면에 거시적 분석은 어떨까? 미국에서는 흑인의 신체적 우수함과 스포츠 분야에서의 우월성이 연관된다는 인종 논리race logic가 존재한다. 그런데, 이 논리가 의도치 않게도 흑인들의 지적 열등감에 대한 사회적 확신 – 단지 운동만 할 줄 아는 바보dumb jock stereotype[48] – 과 연계되어 구조화된다. 스포츠사회학자는 이렇게 형성된 인종 이데올로기racial ideologies가 "사람들을 인종 범주에 (편협하게) 가두는 동시에 그들이 이 관념에 맞춰 일상적 실천을 행하도록 이끈다"[49]고 주장한다.

그러면서 이 흑인 관련 이데올로기는 일선 학교의 여러 감독, 특히 백인 감독이 내리는 '의사결정'에 영향을 미친다고 봤다. 즉, 인종 이데올로기 같은 담론으로 인해 감독 다수는 '흑인들은 멍청해'라고 인식, 종목 내 중요 포지션(미식축구의 쿼터백, 농구의 포인트 가드, 야구의 포수나 투수 등)에서 흑인을 의도적으로 배제하는 것이다.[50] 이는 실제 통계에서도 드러난다. 미식축구리그 전체에서 흑인 쿼터백 비율은 약 17%에 불과하고, 쿼터백 중 흑인의 선발 출전 비율 역시 8%(138경기 중 12회) 뿐이다.[51]

---

47) Fishman, P. M. (1978). Interaction: The work women do. Social Problems, 25(4), 397-406.

48) Hoberman, J. (1997). Darwin's athletes: How sport has damaged Black America and preserved the myth of race. Boston: Houghton Mifflin.

49) Coakley, J. (2004). Sport in society. New York, NY: McGraw-Hill, 288쪽.

50) Eitzen, D. S., & Sanford, D. C. (1975). The segregation of Blacks by playing position in football: Accident or design? Social Science Quarterly, 55, 948-959.

사회학의 중범위 이론이란 무엇인가?

중범위 이론은 1) 특정한 유형의 사회적 행위, 사회 조직 및 사회 변동과 동떨어져 있기에 실제로 관찰되는 것을 설명할 수 없는 사회체계의 보편이론(거시 이론)과, 2) 너무 지엽적이어서 전혀 일반화될 수 없는 특정한 현상을 규칙적으로 상세히 서술하는 작업(경험연구) 사이에 위치한다. 물론 중범위 이론 역시 '추상화'를 포함하긴 하나, 그것은 관찰된 자료에 충분히 가깝기에 경험적 검증이 가능한 명제들에 통합된다.[52]

미시적 관점(개인의 상호작용으로 사회구조가 형성된다)이나 거시적 관점(사회의 거대 구조가 개인의 상호작용을 조형한다)은 '사회가 어떻게 작동하는가'를 분석하려는 공통의 목표를 '다른 출발점'으로 달성한다. 보는 지점이 다를 뿐, 관점의 우열을 따질 성질의 것도 아니다. 물론 최근 사회학 이론 분야에선 미시적-거시적 접근의 한계(거시적 주장은 검증이 어렵고, 미시적 해석은 구조 형성과 만나지 못한다)를 극복하고자 앞서 간략히 설명된 '중범위 이론midrange theory'이 대안으로 등장하여 논의되는 추세다.

사회학 이론의 주요 관심사: 행위, 질서, 변화

> 내가 말할 수 있는 건, 내 사상의 모든 출발점이 여기부터라는 것이다. 즉, 사람들의 행위가 규칙으로의 복종이라는 결과물로 수렴되지 않으면서 어찌 통제되는가?[53]

사회학 이론은 행위, 사회질서, 사회변화라는 세 가지 관심사를 중심으로 지금껏 개발되고 발전되어 왔다.[54] 이론적 지향점이 이 세 주제를 벗어나지 않는다는 의미다. 이 중에서 '행위action'는 매우 중요하다. 사회학은 결국 인간 행위를 이해하는 학문이기 때문이다. 우리는 일상에서 여러 행위를 한다. 자동반사적 행동behavior도 하지만, 특정 장소에 적합하거나 타인의 시선을 의식한 행위도 한다. 행위가 공적 공간에서 이루어지면, 그 행위를 본 사람은 사회적으로 적절한 반응reaction을 한다. 이를 행위의 교환, 즉 상호작용interaction이라 부른다. 우리는 일상적으로 행위를 하고, 그 행위에 대응하는 상호작용 과정을 반복하며 살아간다. '상호작용'은 사회학의 주된 관심사다.

---

51) Volz, B. D. (2017). Race and quarterback survival in the National Football League. Journal of Sports Economics, 18(8), 850-866.

52) Merton, R. K. (1968). Social theory and social structure. New York, NY: The Free Press, 39쪽.

53) Bourdieu, P. (1990). In other words: Essays toward a reflexive sociology. Stanford University Press, 65쪽.

54) Joas, H. & Knobl, W. (2009). Social theory: Twenty introductory lectures. Cambridge University Press, 18쪽.

우리의 반복적인 행위가 가능한 건 사회질서social order가 존재하기 때문이다. 아침에 일어나 식사하고 출근하여 일하다가 퇴근 후 장을 봐 저녁 식사를 한 다음, 여가를 즐기다 다시 잠자리에 드는 등, 사람들의 행위가 안정적이고 반복적이며 예측할 수 있는 방향으로 이루어지게 해주는 환경. 그게 사회질서다. 사회질서는 기본적으로 사람들의 행위가 합의된 방향으로 지속될 때 형성된다. 중요한 건, 사회마다 그 질서가 다르다는 사실이다. 때문에, 사회학 이론은 묻는다. '사회질서란 무엇인가?' '사회질서 유지에 작동하는 기제는 무엇인가(법이나 규칙, 규범, 문화가 작동할 것이다)?' 스포츠사회학도 묻는다. '사회질서 유지에 스포츠는 어떠한 기능을 하는가?' 단순한 질문 같겠지만, 이 질문에 답을 하다 보면 스포츠가 지닌 사회적 속성이 드러난다.

질서가 잡혀 유지되던 사회는 어느 순간 변한다. 1980년대 중반의 볼링은 생활체육 종목 중 가장 인기가 높았다가(질서), 2000년대에 들어오며 급격히 쇠퇴하였다(변화). 그랬던 볼링장이 사회 변화에 발맞춰 락 볼링장이나 볼링펍으로 공간을 재구조화하며 다시 대중성을 찾기 시작했다. 한 선수는 국가적 영웅 대접을 받다가 어떤 계기로 역적이 되기도 한다. 혹은 그저 어린아이 취급을 받다가 갑자기 국민 영웅이 되기도 한다. 과연 무엇이 한 개인의 사회 지위를 변화시킬까? 고령 인구 증가와 출생률 저하는 엘리트 스포츠 분야의 질서를 어떻게 바꿀까? 양반과 노비로 구분되던 신분 사회질서가 소멸하며 새로운 계급 사회가 등장했을 때, 그 기저엔 무엇이 작동했을까? 이처럼 사회학 이론은 질서와 함께 '변화'에도 관심을 쏟는다. 전근대, 근대, 후기 근대(포스트모던)라는 용어가 바로 사회학에서의 사회변화social change를 지칭한다.

이 세 주제를 종합하면서 우리는 몇 가지 중요한 질문을 던져볼 수 있다. 예를 들어, 우리의 개인적 행위는 의지적인가(자유의지), 사회구조적 힘에 의한 반작용인가? 우리가 특정 상황에서 특정 행위를 하는 이유는 무엇인가? 그 행위에는 어떠한 사회적 힘이 작용하는가? 그와 같은 행위의 교환(상호작용)은 기존의 사회질서와 어떻게 관계되는가? 기존 사회질서를 유지하게 만드는 사회문화적 요소는 무엇인가? 제도는 사회질서 유지에 어떠한 역할을 하는가? 사회질서가 변하는 순간에 개입된 요소(기제)는 무엇인가? 사회가 변한 후, 개인의 행위는 그에 어떻게 대응하는가(적응하는가, 반발하는가)? 그 대응 과정은 어떠한가(이를 '사회화'라 부른다)?

이러한 일련의 질문이 사회학 이론의 핵심을 이룬다. 그렇다면 사회학 이론은 스포츠를 어떻게 설명할까? 지금부터는 그 지적 전통을 살펴보자.

사회학 이론으로 이해하는 스포츠

여기, 시력이 좋지 않은 사람이 있다. 시력이 좋지 않기에 스포츠계에서 발생하는 사회 현상을 제대로 보지 못한다. 현상을 잘 보게 해 주려면 어떻게 해야 할까? 앞선 '퍼시 대마왕' 사례처럼 '안경'을 씌워 주면 된다. 근거리를 볼 수 있는 안경, 원거리의 사물을 식별할 수 있게 해줄 안경, 어두운 곳에서 시야가 확보될 '적외선 안경' 등, 종류는 다양하다. 우리가 이론을 배울 때마다 얻는 것이 바로 이러한 '안경'이다. 이론을 '새로운 안경(렌즈)'으로 비유한다면, 우리는 가능한 많은 안경을 장착함으로써 스포츠계 현상을 다양하게 읽을 수 있다. 그렇다면 스포츠계의 현상을 잘 읽도록 지금껏 활용되어 오던 안경, 즉 '사회학 이론'에는 무엇이 있을까? 수많은 이론 중 우리는 무엇에 주목해야 할까? 또한, 이들 이론은 스포츠 현상에 대해 어떠한 질문을 던질까? 여기에서는 지금껏 스포츠사회학이 주요하게 활용하던 이론적 전통과 그것이 스포츠와 관련하여 던지는 질문을 개괄한다.

구조기능주의: 스포츠는 사회질서 유지에 기능적이다

> 거지도 사회질서 유지에 '기능적'이다. 누군가는 더러운 일을 해야 한다거나 낮은 임금으로 부자의 풍요에 도움을 주거나, 경찰이나 교도행정 근무자 및 목사, 창녀에게 생계거리를 제공하거나 중고 및 싸구려 상품을 소비하게 하며, 일탈행동으로 처벌됨으로써 사회 유지에 기여하고, 나아가 중산층의 계층 상향 이동과 엘리트의 권위 앙양에 기여하기도 한다.[55]

우리 사회에서 스포츠는 왜 존재할까? 갑작스럽게 생각될 질문일 수 있지만, 이 질문은 지금부터 설명할 (구조)기능주의를 이해하는 데 있어 중요하다. 이 이론에 따르면, 스포츠는 '(사회적) 기능^functions^'을 지녔기에 존재한다. 무엇인가가 '기능적'이라면 이는 그것이 어떤 측면에서라도 '필요함'을 의미한다. 필요하다는 건 그것의 존재적 정당성, 즉 '존재할만한 합당한 이유'가 있음을 보여준다. 반대로, 기능이 소멸하면(없어지면) 존재의 당위성도 함께 사라진다. 이와 같은 정당화 효과를 '이념'으로 발전시킨 이론이 바로 (구조)기능주의^structural functionalism^다.

기능주의의 독특한 사고방식 중 하나는 '사회(조직)의 유기체론^organism^'이다. 유기체란

55) Gans, J. H. (1972). The positive functions of poverty. The American Journal of Sociology, 78(2), 275-289.

살아있는 생명체다. 우리의 '몸'을 생각하면 된다. 사회(몸)가 정상적으로 유지되려면 그걸 구성하는 제도(근골격계나 심혈관계 등의 장기)가 각자 제 기능을 해야 한다. 가령, 다리는 '교통', 심장은 '경제', 두뇌는 '교육' 제도처럼, 모두가 제 기능을 하면 몸(사회)은 질서를 유지한다. 물론, 이들 중 뭐 하나가 잘못 되어도, 조금만 개선해주면 사회는 다시 제 기능을 회복한다(심장이 조금 이상이 있다고 없애버리면 사람은 죽는다). 이러한 이유로 구조기능주의는 보수적 성격을 지닌다. '개혁'이 아닌 '개선'을 주장하는 사람 대부분은 이 기능주의적 사고방식을 지향한다고 봐도 된다.

이 이론적 전통은 그 이름에서처럼 사회의 구조structures와 기능functions을 중심으로 특히 사회제도 간의 관련성, 즉 '순환성circularity'에 주목한다.[56] 학교(교육제도)에서는 기업(경제제도)이 필요로 하는 기술이나 지식, 사회적으로 필요한 가치관과 규범을 가르친다(사회화). 기업은 그 사람의 교육 수준에 맞는 지위status를 제공한다. 그가 지위에 부여된 역할roles을 기대한 대로 완수하면 기업은 그에 걸맞는 보상을 한다(명성과 위신 등). 이처럼, 사회는 여러 제도 간의 순환 관계를 맺으며 질서를 유지하는 유기체다. 구조기능주의는 사회질서 유지라는 순환 관계에 주목한다.

스포츠의 사회적 기능

"스포츠는 사회질서의 안정적 유지에 핵심 역할을 한다." 구조기능주의자가 스포츠를 바라보는 관점의 핵심이다. 스포츠가 어떤 기능을 할 수 있기에 사회질서 유지에 도움을 줄까? 영국의 사회학자 에릭 더닝Eric Dunning, 1936-2019은 관련하여 네 가지를 제시한다.[57]

> · 정체성 형성 기능: 다양한 스포츠를 경험함으로써 개인의 자아개념이 형성되고 발전
> · 동일화 기능: 스포츠 활동을 통해 개인과 집단을 동일시(국가 및 지역대표팀 응원 등)
> · 카타르시스 기능: 스포츠 활동 및 관람으로 자신(집단)의 공격적 감정을 평화롭게 표출
> · 탈일상화 기능: 스포츠의 예측 불가능성이 사람들에게 흥미와 희열/기대감을 제공

또한, 스포츠가 지닌 순기능은 다섯 가지로도 제시된다. 첫째, 사회-정서적 기능이다. 스포츠는 사회적으로 허용된 방식으로 사람들의 긴장을 해소하고 인간의 잠재된 공격성을 표출해 준다. 사회 내 '안전 밸브safety valve' 기능을 하는 것이다. 둘째, 사회화 기능이다.

---

56) Ritzer, G. (2012). Contemporary sociological theory and its classical roots: The basic. McGraw-Hill.
57) Dunning, E. (1999). Sport matters: Sociological studies of sport, violence and civilization. London: Routledge, 3쪽.

사회체계 유지의 기능적 설명
AGIL 도식은 스포츠계에서 어떻게 작동하는가?

사회체계가 지속하고 발전하려면 체계를 구성하는 각각의 요소는 어떻게 기능해야 할까? 이 질문의 답을 1950년대 미국의 사회학자 탤컷 파슨스(Talcott Parsons, 1902-1979)가 제시했다. 즉, 사회체계가 지속하고 발전하기 위해선 사회의 주요한 네 가지 기능적 문제가 해결되어야 한다는 게 주장의 핵심이다.[1] 이를 'AGIL 도식'이라 부른다. 개괄적인 내용을 스포츠계에 빗대어 설명해보자.

첫째, 적응(adaptation)이다. 생존 및 유지를 위해 사회체계는 외부 환경에서 충분한 자원을 확보해야 하며, 이 자원들을 적절히 배분해야 한다. 이는 사회체계의 '경제' 기능을 말한다. 스포츠계에 빗대어 보자면, 적응은 리그나 여러 팀이 자신들의 '소비'보다 더 많은 자원(수익, 시설, 인적자원 등)을 확보해야 유지되고, 그렇게 확보한 자원을 가지고 고액 연봉의 선수와 나머지 선수들 간의 균형도 맞춰야만 한다. 이 과정에서 선수들은 체계로서의 팀과 리그에 머물고자 어떻게 적응할지를 학습한다.

둘째, 목표달성(goal attainment)이다. 이는 사회체계에서의 정치 기능을 말해준다. 사회체계가 제 기능을 하려면 자원을 운용하여 체계 목표를 성취하고 여러 목표 간 우선순위를 조정하는 '정치'가 이루어져야 한다. 스포츠계에서의 궁극적인 목표는 개인과 팀의 꾸준한 승리이고, 이를 달성하는데 필요한 여러 가지 일(예를 들어, 개인의 경우 훈련 일정 및 영양 섭취, 기록 통계 참고 등, 팀의 경우 선수 운용 및 마케팅 전략 조정 등)이 지속적이고 체계적으로 이루어진다. 이를 위해선 목표가 중요하다.

셋째, 통합(integration)이다. 사회체계의 '법과 규범'을 말해주는 기능이다. 사회체계는 그 체계를 구성하는 내부의 여러 관계를 조직하고 조정하는 메커니즘을 만들어야 한다. '통합'을 위해서다. 이걸 법과 규범이 해준다. 스포츠계에서도 나름의 체계 유지를 위해 그 세계에 속한 모든 구성원(리그라면 팀들, 팀이라면 선수 및 스태프)이 제멋대로 행동하지 않고 목표 달성을 위한 행동을 하도록 공정하게 대우하고 규칙 및 규범을 만들며 소속감과 정체성을 제대로 형성하게끔 이끌어야 한다.

넷째, 잠재성(latency)이다. 적응, 목표 달성, 통합이 제대로 이루어지도록 사회체계는 그 체계를 구성하는 행위자들을 동기 부여하고 내부 구성원 간 갈등에 의한 긴장을 완화할 일종의 유형 유지 기제를 작동한다. 이것이 바로 '교육과 문화' 기능이다. 스포츠계에서도 일탈 행위에 대한 권위체의 제재(벌금 및 출장정지, 방출 등)가 이뤄지고, 관중들이 안전하게 스포츠를 즐길 환경을 제공하는 등, 잠재성 기능을 충실히 행함으로써 사회체계 유지에 힘쓴다.

이 기능주의 도식에 따르면, 스포츠계에 속한 행위자들은 위의 네 가지 기능 중 어느 한 가지 역할을 지속하면서 그 세계를 유지해 간다. 이 도식은 기능주의 관점에서 사회체계를 갖춘 스포츠가 유지되는 데 필요한 조건을 정리해준다. 사회제도에 초점을 맞춘 기능주의 설명으로서, 정치, 경제, 법과 규범, 교육 및 문화적 측면을 말해준다. 핵심은, 이들 네 가지 기능(AGIL)이 사회체계 유지에 있어 상호협력적인 관계를 맺으며 작동한다는 사실이다.

1) Parsons, T., Bales, F., & Shils, E. (1953). Working papers in the theory of action. Free Press.

스포츠 경험으로 사회문화적 중요 가치와 기준(경쟁의식, 능력주의, 애국주의)를 체화한다. 셋째, 사회통합 기능이다. 가족 구성원으로서, 학교(학교 대표팀) 일원으로서, 지역(전국체전 등) 주민으로서, 나아가 국가(월드컵이나 올림픽 국가대표)에 속한 국민으로서 스포츠는 연대solidarity의 기회를 준다. 넷째, 정치적 기능이다. 외교 관계에서 승인 혹은 거부의 순화된 도구로 기능한다(책의 4장 '스포츠와 정치' 참조). 다섯째, 사회계층 이동 기능이다. '거지에서 부자로rags-to-riches'라는 계층 상승을 제도적으로 현실화한다.[58]

미국 사회학자 로버트 머튼Robert, K. Merton, 1910-2003은 이러한 사회적 기능을 세분화하여 '명시적manifest 기능'과 '잠재적latent 기능'으로 구분한다. '명시적 기능'은 애초 의도한 기능이다. 반대로 '잠재적 기능'은 의도하지 않은 기능이다.[59] 예를 들어, 축구 서포터즈(응원단)는 나름의 독특한 문화를 가지고 응원을 하는데, 이는 구성원 간의 결속력 증진과 열정적 팀 응원이라는 '의도된 기능'을 수행한다(명시적 기능). 하지만 의도치 않게, 서포터즈의 문화적 독특함은 외부인에게 진입 장벽을 높이기도 한다(잠재적 기능). '저들은 우리와 다르다'라는 구별짓기 기능을 하는 것이다.[60] 서포터즈가 그와 같은 문화를 만든 건 진입 장벽을 높이려는 게 아니었다.

이러한 경우는 스포츠계에 자주 발생한다. 선수 육성 경로를 다변화하고자 만든 정부의 '공공스포츠클럽 전문 선수반'(명시적 기능)이 기존 학교 운동부 해체의 정당성을 부여하거나(잠재적 기능), 운동 능력이 뛰어난 흑인에게 스포츠를 독려했더니(명시적), 공부는 안 하고 농구공만 가지고 입문하기 힘든 NBA만 노리는 경우(잠재적), 진입 장벽 높은 (필드)골프를 쉽게 즐기도록 스크린 골프를 도입했더니(명시적), 디소 이상한 방 문화로 인해 변질되는 경우(잠재적) 등이 대표적이다. 사회적 기능은 이처럼 명시적 기능과 잠재적 기능 모두를 지닌다. 그렇기에 스포츠사회학은 특정 현상이나 제도가 지닌 기능 중 특히 잠재적 기능에 주목해야 한다.

갈등이론: 스포츠는 대중의 아편이다

사회질서와 안정을 주요 과제로 삼았던 구조기능주의와 달리, 갈등이론은 사회 내 모순paradox과 긴장tension에 집중한다. 갈등이론에 따르면, 사회는 표면화된 갈등이 해소되며 유지된다. 그렇다면 갈등은 언제 발생할까? 기존 질서에 의문과 문제를 제기할 때 발생한다. 질서나 안정을 강조하는 게 타당해 보이겠지만, 이는 역으로 사회 내 자원을 가진 자와 갖지 못한 자의 불평등 관계를 지속시킨다. 여기에서의 핵심은 사회질서의

58) Stevenson, C., & Nixon, J.E. (1972). A conceptual scheme of the social functions of sport, In E. Dunning, & D. Malcolm(eds.). Sport: Approaches to the study of sport(pp. 134-146). Routledge, 135쪽.
59) Merton, R. K. (1968). Social theory and social structure. Simon and Schuster.
60) 오병돈 (2008). 프로축구 서포터즈의 하위문화와 정체성 형성 및 문화적 구별짓기 과정 탐색. 충남대학교 박사학위논문.

모습이다. 불평등한 질서도 나름 '질서'다. 현 질서에 대한 합의만을 지나치게 강조하면 변화는 일어나지 않는다. 변화는 갈등을 전제한다.

> 각각의 사회체계는 긴장과 잠재적인 갈등 요소를 포함한다. 그럼에도 특정 체계 속 사회구조를 분석하면서 이들 요소를 무시하거나, 혹은 겉으로 드러난 유형화된 관계의 일부 수정에만 관심을 둔다면, 기본적인 사회변화는 기대하기 어려워진다.[61]

갈등이론은 사회에서의 '가진 자(지배계급 혹은 유산자)'와 '가지지 못한 자(피지배계급 혹은 무산자)' 사이의 불평등한 관계에 집중한다. 이들 집단 간의 갈등은 필연적이다. 가진 자는 현 상태가 지속되길 바라지만, 가지지 못한 자는 현 상태가 변하기를 바라기 때문이다. 이해관계가 다른 것이다. 그렇기에 이들 사이의 갈등은 첫째, 사회적으로 제한된 자원의 배분이 지속해서 특정 집단에 집중되거나(경제적 자원 배분의 불평등), 둘째, 그러한 자원 획득의 기회가 사라질 때(계층이동의 사다리 파괴) 발생한다.[62]

가진 자 입장에서 현재의 질서를 유지하려면 무엇을 해야 할까? 사회적으로 자원의 공평한 분배와 기회의 사다리가 작동함을 (무산자에게) 보여줘야 한다. 변화를 갈망하는 이들(특히 무산자)이 노력하면 기회의 사다리를 탈 수 있다는 인식을 갖게 해야 한다(이를 '잘못된 이해'라는 의미의 '허위의식'이라 한다). 때문에 기득권은 기존 제도를 자신들에게 친화적으로 작동하게 한다. 정책, 교육, 법, 종교 등, 사회 모든 영역을 본인들에게 유리하게 조종/조정하는 것이다. 여기서 '이데올로기ideology' 즉, 약한 집단을 희생시켜 강한 집단이 지닌 현재 상태의 지위를 공고히 하는 사상, 가치, 신념 체계가 작동한다.

자본주의의 모순을 정당화하는 스포츠

"스포츠는 자본주의 체계를 정당화하는 이데올로기다." 갈등이론이 스포츠를 대하는 기본 관점이다. 스포츠를 잘 보자. 능력주의가 견고하다. 환경이 어떻든, 개인이 노력하면 부와 명예를 차지할 수 있다. 공평한 규칙에 따라 자신의 노력만큼 보상받을 수 있다는 믿음이 강하게 배태된 사회제도다. 이런 특징으로 인해 스포츠는 자본주의 체계를 유지하는 관념, 예를 들어 개인주의, 경쟁, 엘리트주의, 능력주의 등을 반영하고

---

61) Coser, L. A. (1957). Social conflict and the theory of social change. The British Journal of Sociology, 8(3), 197-207, 200-201쪽.

62) Dahrendorf, R. (1958). Toward a theory of social conflict. Journal of Conflict Resolution, 2(2), 170-183.

재생산하는 이데올로기적 장치로 기능한다.[63] 팀의 후보 선수는 본인이 못난 탓이다. 국가대표는 전적으로 자기 능력과 노력 덕이다. 이 반박하기 힘든 특성 때문에 스포츠는 자본주의의 모순(승자독식 구조, 불평등한 출발선 등)을 가리는 '대중의 눈가리개'로 기능한다. 갈등이론이 스포츠를 비판하는 지점이다.

> 경기에 관해 사람들은 감독이나 코치의 무능을 탓하지 구단주에겐 관심이 없다. 게임 전략을 두고 몇 시간을 논쟁하지만, 경영자 협회가 우리에게 어떤 미래를 제시하는가엔 말이 없다. 구경거리와 마찬가지로 스포츠는 능력 위주의 자본주의 이데올로기를 생산해낸다. 곧 일용할 빵마저 바닥이 날 처지에 이른 사람들에게 말이다. 시합이 계속되는 한……[64]

스포츠는 또한 대중의 눈과 귀를 사회적 이슈에서 멀어지게 만든다.[65] 한 마디로, '이슈 덮기'다. 2002한일월드컵 당시 사회적으로 민감했던 정치경제적 이슈가 월드컵 4강 진출, 국내 방송 3사의 '같은 화면, 다른 해설', 미증유의 거리 응원 등으로 묻혀 버렸다. 2018평창동계올림픽 당시에도, 민감했던 환경 문제(가리왕산 등)가 대회 준비과정에서 깔끔하게 덮였다. 이처럼 사회적 기득권층의 현 상태를 유지하고자 스포츠는 일종의 '이데올로기적 삽자루'가 된다. 불리한 정보는 묻는다.

올림픽이나 월드컵 같은 국제대회에서 좋은 성적을 거두면(엘리트 스포츠에서의 성공), 그 종목과 관련한 대중 스포츠, 즉 '생활 스포츠'도 활성화될까? 기능주의는 스포츠의 '선순환 모델virtuous cycle of sport'[66]을 제시하며 올림픽 '낙수 효과trickle-down effect'를 주장한다. 올림픽에서의 금메달이 학교나 지역사회에 영향을 미쳐 많은 사람이 그 스포츠에 유입될 것이란 주장이다. 하지만 갈등론자들은 그것이 어디까지나 기존 엘리트 스포츠의 기득권 유지를 정당화하려 만든 '검증되지 않은 희망적 주장'이라 반박한다.[67] 한 마디로 '이데올로기'라는 것이다.

갈등이론은 스포츠의 상업화commercialization도 근심스럽게 바라본다. 즉 스포츠가 자본

---

63) Hargreaves, J. (1982). Sport, culture and ideology. New York, NY: Routledge.

64) 오팡시브 지음, 양영란 옮김 (2016). 재미가 지배하는 사회. 서울: 갈라파고스, 180-181쪽.

65) McDonald, I. (2009). One dimensional sport: Revolutionary Marxism and the critique of sport, In B. Carrington & I. McDonald (eds.) Marxism, cultural studies and sport(pp. 32-48), London: Routledge.

66) Grix, J. & Carmichael, F. (2012). Why do governments invest in elite sport? A polemic. International Journal of Sport Policy and Politics, 4(1), 73-90.

67) Storm, R. K., Nielsen, C. G., & Jakobsen, T. G. (2018). Can international elite sport success trickle down to mass sport participation? Evidence from Danish team handball. European Journal of Sport Science, 18(8), 1139-1150.

주의 작동 논리에 포획되며 '이윤 추구'에 도움될 종목이나 선수만 살아남게 되었다고 주장한다. 즉, 상품으로서 가치를 지닌 스포츠나 선수만 생존하게 만든다는 것이다. 이 과정에서 선수는 자본가(대표적으로 구단주)의 이윤 추구라는 관심사에 자신들의 노동력으로 대응하며 점차 '운동하는 기계'로 다뤄지고(노동력을 착취당하고),[68] 스포츠는 그 고유의 개인적이고 유희적인 특성을 '상품화 논리'에 빼앗긴다.[69] 결국, 선수들이 착취당하지 않으려면 '선수 (노동)조합'을 만들어야 하고, 상품화되지 못한 '비인기 종목'의 소멸을 막으려면 국가가 나서 이를 관리해야 한다.

이처럼 갈등이론은 스포츠와 얽힌 행위자 간의 이해관계(구단주로 대표되는 자본가와 선수로 대표되는 임금노동자 간의 이해관계)가 충돌하여 갈등이 발생, 그것이 분열을 일으켜 기존 스포츠 체계(구조)가 변화하리라 말한다. 여기서 중요한 건, 변화를 막는 장치다. 사회의 기득권층이 현 상태를 유지하기 위해 만든 이데올로기가 중요한 것이다. 이걸 해체해야 사회변화가 가능해진다. 때문에 갈등이론가는 1) 스포츠와 관련한 행위자 간 갈등을 정의하고, 2) 이들 사이의 대립적 이해관계(국가 대 국민 혹은 시장, 체육회 대 스포츠클럽, 구단 대 선수 등)를 분석, 3) 그 이해관계에 따른 갈등 양상을 밝히며(이 갈등을 갈등이 아닌 것으로 오인케 하는 이데올로기 분석), 4) 이후 지속과 변화 양상을 그린다. 그 과정에서 갈등이 5) 기존 체계의 유지에 기능적으로, 더 정확히는 기능적 갈등'functional conflict'[70]으로 작동하는지도 본다.

상호작용이론: 스포츠는 행위의 교환으로 구성된다

구조나 제도는 보기 어렵다. 하지만 우리 일상에서 주변 사람들이 하는 '행위'는 쉽게 보인다. 일요일 아침에 아파트 주변을 뛰는 행위, 코치와 선수가 경기 중 대화를 나누는 행위, 부모와 아이가 함께 경기를 관람하며 응원하는 행위는 눈으로 볼 수 있다. 사회의 구성 및 유지를 '기능'이나 '갈등 해소'로 본 기능주의 및 갈등이론과 달리, 상호작용이론은 사회 구성의 기본 단위를 개인 행위, 즉 '대면 상호작용'face-to-face interaction'으로

---

68) Connor, J. (2009). The athlete as widget: How exploitation explains elite sport. Sport in Society, 12(10), 1369-1377.

69) Ciomaga, B., & Kent, C. (2015). Rethinking the consequences of commercializing sport. Sport, Ethics and Philosophy, 9(1), 18-31.

70) Coser, L. A. (1957). Social conflict and the theory of social change. The British Journal of Sociology, 8(3), 197-207.

파악한다. 그래서 개인의 행위가 교환되는 상호작용, 특히 언어, 동작, 표정의 교환에 주목한다. 나아가 그 교환에 담긴 의미meaning를 분석한다.

경기 종료 후 코치가 선수 등을 두드리며 '잘했어'라고 말하는 행위의 뜻은 무엇일까? 여성 캐디가 갑질하는 골프장 고객에서 짓는 웃음(행위)의 의미는 무엇인가? 이 때문에, 상호작용이론에선 '해석interpretation'(의미의 도출)이 중요하다. 이 지점에서 의문이 생긴다. 개인의 행위 교환을 분석하고, 그것의 의미를 해석하는 일이 왜 중요할까? 즉, 내가 아내와 일상적으로 나누는 대화를 분석하여 그 의미를 도출하는 게 사회 이해에 어떠한 도움을 줄까? 이를 이해하려면 상호작용이론의 핵심 전제를 알아야 한다. 바로, 여러 '행위 규칙'이 조화를 이룰 때 사회가 유지된다는 전제다.

농구라는 소세계는 어떻게 유지될까? 농구계를 구성하는 행위자actors(선수, 감독, 심판 등)가 농구계에 확립된 행위 규칙을 이해하고 체화하며 잘 행할 때, 즉 '수행'할 때 유지된다. 이 전제를 바탕으로 상호작용이론은 행위자들의 개별 행위를 분석한다. 예를 들어, 스포츠 분야의 '젠더 불평등' 현상은 스포츠계를 구성하는 여러 종목에서 교환되는 행위자들의 상호작용을 분석함으로써 이해된다. 여자라서 프로팀 감독을 수행하기 어려울 것이라는 구단주와 단장 간의 '대화', 여자 경기의 인기가 남자 경기보다 낮으니 상금 배분을 차별화해야 한다는 협회 이사회 '회의 과정(발언과 행위)', 가정에서 부모가 축구공을 만지작거리는 4세 여아에게 주는 '부정적 피드백(여자애가 왜 축구공을 가지고 노니?)'을 분석하여 사회구조를 이해하는 것이다.

사회적 행위 규칙이 연출되는 스포츠

"스포츠는 사회적으로 합의되고 공유된 행위 규칙을 가장 효과적으로 연출하는 연극 무대다." 상호작용이론의 주장 중 하나다. 여기에서 '연극 무대'라는 표현에 주목하자. 무대 위에서 배우(행위자)는 사전에 작성된 대본(사회적 행위 규칙)에 맞춰 연기(상호작용)를 한다. 연극 무대라는 작은 세계는 그렇게 체계적 질서를 유지한다. 스포츠도 하나의 연극 무대와 다를 바 없다. 상호작용이론에 따르면, 스포츠야말로 사회가 행위자의 사회적 연기로 유지됨을 극적으로 보여주는 곳이다.

야구 경기에서의 심판 판정을 보자. 일반적인 상황에서의 스트라이크 판정은 평소 루틴대로 이루어지지만, 9회말 3-3 동점, 주자 만루, 투아웃, 투 스트라이크 쓰리볼 상황에서의 마지막 판정은 상당히 다르게 이루어진다. 평소보다 큰 소리와 몸짓으로 과장되게 '연출'된다. 왜일까? 상호작용론자는 이러한 행위가 '심판judge'에 대해 사회적으로 형성된 '공정하고 단호하며 확신에 가득한' 상징적 의미를 따른다고 본다. 또한 결정적 순간에 한 치의 망설임 없는 정확한 판단을 내렸음을 '과장된 행위'로 연출, 야구 경기(더 크게는 사회적 체계로서의 야구계)의 질서를 유지한다.[71]

상호작용론을 극적으로 발전시킨 캐나다 사회학자 어빙 고프만Erving Goffman, 1922-1982은 이 점에 있어 중요하다. 그는 상호작용이론이 중시하는 '대면 행위' 과정에서 사람들이 어떻게 자신을 드러내는지를 '연극' 관점에서 이론화했다. 사회적 대면 시 사람들은 자신의 인상을 관리impression management하며, 상황에 적절한 행위를 연출presentation한다.[72] 한마디로 사람들이 상호작용 과정에서 가면을 쓰고 연극을 함으로써 사회질서가 유지된다는 주장이다. 만약 그 행위 규칙을 어긴다면? '일탈자'로 낙인stigma(무능하다거나 사회부적응자라거나 등의 오명)찍혀 사회적으로 배제된다. 결국, 우리는 사회 구성원의 행위를 분석함으로써 사회적 규칙(구조)을 알 수 있다.

이 관점으로 치어리더cheer leaders의 행위를 보자. 어빙 고프만이 말한 인상관리 기술 여섯 가지를 이론적 틀로 삼으며,[73] 여섯 명의 치어리더를 면담한 연구는 그 결과 네 가지 (인상)관리 방식을 소개한다.[74] 첫째, 눈에 띄게 치장하기(치어리더로서의 이상적 모습 보여주기), 둘째, 언제나 밝은 모습 보이기(힘들고 우울해도 허위적으로 인상을 관리하기), 셋째, 애사심 연출하기(회사에 불만이 있어도 좋아하는 듯 부풀리기), 넷째, 조신하게 행동하기(신비함 연출하기)가 그것이다. 이 연구 결과가 치어리더의 세계에 대해 말해주는 바는 무엇일까? 아마도, 그들이 구단과의 불리한 계약관계를 맺고 있다는 점, 미디어에 상시 노출되는 유명인사로서의 사회적 지위를 가지고 있다는 점, 그에 따라 자기 감시가 상시적으로 작동하는 세계에 있다는 등의 '사회구조'를 보여주지 않을까? 상호작용론은 행위로 구조를 파악한다.

---

71) 반대로 심판이 유약하고 자신감 없게 판정을 내렸다고 가정해보자. 어떤 일이 벌어질까? 상대편 감독과 삼진을 당한 선수는 격하게 항의할 것이다. 관중들도 심판의 자질 부족 및 정확성 제고를 위한 시스템 변화를 야구협회에 항의할 것이다. 심판, 야구협회, 선수, 관중들 간 이해관계 충돌로 갈등은 불거지고, 야구계의 심판 시스템은 변화를 맞이한다. 챌린지는 이러한 과정으로 도래한 사회변화다.

72) Goffman, E. (1978). The presentation of self in everyday life. London: Harmondsworth.

73) Goffman, E. (1978). The presentation of self in everyday life. London: Harmondsworth, 30-76쪽 참조: 그 여섯 가지는 1) 극적 실현(행위 부풀리기), 2) 이상화(상황에 가장 적절한 인상 짓기), 3) 표현통제 유지(역할에 대한 일관성 보여주기), 4) 허위표현(다른 모습으로 가장하기), 5) 신비화(사회적 거리 유지하기), 6) 실체와 책략(실제 모습처럼 보여주기)으로 구분된다.

74) 김소라, 이정래 (2019). 치어리더의 인상관리 전략과 사호적 환경에 따른 원인 탐색. 한국스포츠사회학회지, 32(3), 36-55.

상호작용이론의 진화와 단점

대면 행위에서의 연출은 '감정노동emotional labor'으로 진화했다. 감정노동이란 "다른 사람의 기분을 좋게 하려 자기 감정을 고무시키거나 억제하는"[75] 행위를 말하는 용어다. 고객 만족에 따른 보상을 얻는 상업적 맥락에서 연구가 이루어지며 발전된 개념이다(대표적으로 여객기 승무원). 사회문화적으로 형성된 '감정 규칙emotional rules'을 개인이 체화, 스스로 그 규칙을 관리할 방법을 체득, 이를 고객 앞에서 연기한다. 이런 인상관리 차원의 감정노동은 특히 골프장 캐디에게 만연되어 있다. 한 연구에 따르면, 골프장에서 여성 캐디들이 골프 라운딩 과정에서 연기해야 할 골프장의 감정규칙으로 '인내하기, 웃기, 고객 중심의 관료주의 따르기'[76]가 제시된 바 있다.

결국, 상호작용론에서 중요한 건 개인들이 일상적으로 하는 '행위'다. 그렇다면 행위란 무엇일까? 여기에서의 행위는 정확하게 말해 '사회적 행위social action'를 말한다.[77] 독일 사회학자 막스 베버Max Weber, 1864-1920는 사회적 행위를 타인을 의식한 행위(그게 혼자 하는 행위라도)로 규정하며, 1) 전통적 행위(습관에서 생기는 행위), 2) 감정적 행위(감정으로 기인한 행위), 3) 가치합리적 행위(자기 신념과 가치관에 의한 행위), 4) 목적합리적 행위(목표 달성을 위한 이성적 행위)로 구분한다. 상호작용론은 행위 간의 교환, 즉 '상호작용'이 사회적인 것을 이해할 주요 분석 단위임을 주장하는 설명체계다.

> 상징적 상호작용론은 비정치적(그래서 현 상태 유지에 기여)이고, 비과학적이며(그렇기에 조금 더 전문적인 신문 기사에 불과함), 거시사회학의 고전적 질문에 적대적일 뿐 아니라(그렇기에 사회심리학으로 제한됨), 반(反)구조적(그렇기에 본질적으로 비 사회학적임)이다.[78]

문제는, 상호작용이론이 개인들 간의 행위만 분석하다 보니 어쩔 수 없이 그 설명력이 제한적이라는 사실이다. 나아가, 중요한 사회학적 이슈를 제기하지 못하며, 사회학이라는 학문적 권위를 기껏 '대면 상호작용 연구'로 제한한다는 비판도 받는다. 그렇기에 상호작용이론에 근거한 주장은, 내가 본 미시적 상황의 행위가 그 행위를 둘러싼 거시적 사회구조의 무엇과 연결되는지까지 보여줘야 한다.

---

75) Hochschild, A. R. (2012). The managed heart: Commercialization of human feeling. Los Angeles, CA: University of California Press, 7쪽.

76) 이수행 (2018). 골프장 캐디의 감정관리 전략 탐색. 한국스포츠사회학회지, 31(1), 131-147.

77) Weber, M. (1962). Basic concepts in sociology. New York, NY: Citadel Press Books.

78) Fine, G. A. (1993). The sad demise, mysterious disappearance, and glorious triumph of symbolic interactionism. Annual Review of Sociology, 19(1), 61-87, 65쪽.

결론: 이론은 스포츠 이해에 중요하다

팬덤fandom과 관련한 개념 정의의 어려움을 언급하며, 영국의 미디어 이론가 마크 더핏Mark Duffett은 이론이 어떠해야 할지를 말한다. 그는, 팬덤이 맥락에 따라 서로 다른 경험을 포함하고, 서로 다른 실천과 관련되며, 서로 다른 것을 의미하기에 구체적으로 그게 무엇인지를 일반화하여 정의하기 어렵고, 심지어 '불가능'할 수 있다 말한다. 그러면서 팬덤을 동질한 '단일 실체unified reality'로 접근하지 말라고 경고까지 한다. 하지만 이와 더불어 다른 작업이 필요하다고 주장한다. "동일한 대상의 팬들이 유사한 관심을 가지고, 서로 다른 팬들이 왜 그런 식으로 행동하는지 궁금하다면, 팬덤 관련 이론은 공동의 경험을 간단하면서도 내적으로 일관되게 설명할 수 있을 것이기에, 팬 이론을 일종의 탬플릿template으로 탐구하는 게 생산적일 것"[79]이라 말한다.

말이 어렵지만, 이 주장이 의미하는 바는 명료하다. 아무리 복잡한 사회 현상일지라도 그것의 공통성을 추려(비록 추상성의 불가피함은 감내해야겠지만) '일관성 있는 설명체계'인 이론을 만들 수 있고, 그런 과정이 스포츠사회학을 포함한 사회과학 발전에 필수라는 의미다. 어떤 현상을 이해하는 데 있어 기존 이론을 활용하고, 새로운 이론을 만드는 일이 힘들지만 필요하다는 주장이다. 스포츠와 사회학 이론을 다룬 장의 결론에 이 주장을 언급하는 건 이 때문이다. 아무리 이론 이해가 어려워도 스포츠계 속살을 정확히 읽어내려면 그 어려움을 이겨내야 함을 말하고 싶어서다.

지금까지 스포츠사회학을 배우는 과정에서 기본적으로 장착할 사회학의 이론적 전통을 개괄했다. 스포츠사회학은 사회의 축소판으로서의 스포츠계의 지배력sport power을 이론화하는 게 주목적이다. '스포츠 지배력'이란 스포츠계를 구조화하며 그 안에서의 자원 분배 및 다양한 상호작용 조건과 규칙을 정하는 힘이다. 그 지배력은 어떤 모습일까? 누가 그 지배력을 구성하고, 그것은 누구에게 이익을 가져다줄까? 그 지배력은 기존의 스포츠 질서를 어떻게 유지할까? 기존 지배력이 변하는데 작동하는 기제는 무엇일까? 스포츠사회학의 이론적 전통이 던지는 질문이다.

중요한 건, 스포츠사회학에서의 이론이 다양한 형태로 사용될 수 있다는 사실이다. 예를 들어, 이론을 '관점perspectives'으로 사용할 수 있다. 스포츠계 현상을 어떤 측면에서

79) Duffett, M. (2013). Understanding fandom: An introduction to the study of media fan culture. Bloomsbury Publishing USA, 52쪽.

바라볼지 결정하는데 이론을 사용한 것이다. '방법[method]'으로 이론을 쓸 수도 있다. 현상을 어떻게 설명하고 해석해야 할지 도움을 받기 위해서다. 혹은, '결과[result]'로서 이론을 쓴다면, 스포츠계 현상의 작동방식을 체계화하여 기존 이론과 통합하고 새로운 이론을 만들어내는 최종 도착점으로 이를 활용하는 것이다. 사회학 이론은 이처럼 스포츠계를 항해하는 데 나침반 역할을 해준다.

> 스포츠 현상의 설명에 있어 사회학 이론이 필요한 이유는 네 가지다. 첫째, 이론이 스포츠에 관한 질문을 던지는데 필요한 인식틀을 제공해주고, 둘째, 스포츠 설명을 위한 '개념적 도구상자'를 제공해주며, 셋째, 스포츠계에서 향후 발생할 일을 예측하고 이를 설명하게 도와줄 뿐 아니라, 넷째, 우리로 하여금 스포츠 사건에 대해 결정과 선택을 하게 해준다.[80]

중요한 건, 앞서 설명한 이론적 전통이 스포츠사회학에서 사용될 이론의 전체가 아니라는 사실이다. 지면의 한계로 사회학 이론의 주요 패러다임만 다룬 것이다. 그밖에 분화된 이론은 다루지 못했다. 예를 들어, 갈등이론에서 파생된 비판이론[critical theory]과 페미니즘[femninism], 그리고 중범위 이론으로 노베르트 엘리아스[Norbert Elias, 1897-1990]가 발전시킨 결합태 사회학[figurational sociology]과 문명화 과정[civilization process], 여기에 더해, 피에르 부르디외[Pierre Bourdieu, 1930-2002]가 구조와 행위 간의 연결을 장[field], 자본[capital], 아비투스[habitus]로 엮은 이론적 설명은 언급도 못했다. 향후 관련된 장에서 소개될 것이다.

학생들은 사회학 이론 수업 때 어려움을 호소하곤 한다. 왜 이걸 배워야 하냐고 묻곤 한다. 이론으로 스포츠를 '읽는다'는 게 무슨 의미인지도 궁금해한다. 답은, 사회학 이론을 중심으로 한 스포츠사회학의 존재 이유와 유사하다. 스포츠사회학은 사회의 축소판으로서, 스포츠계를 이해하고 거기서 벌어지는 행위와 현상을 보여주며(기술), 그 원인을 밝힘과 동시에(설명), 현상의 의미를 말해준다(해석). 그럼으로써 같은 스포츠 연구자들에게는 스포츠의 사회성과 맥락성을 보여준다. 스포츠계를 지속가능한 곳으로 만들려는 정치가와 운동가에겐 정책 설계의 방향과 방안을 제시한다. 스포츠를 보고 즐기는 대중에게는 개선된 스포츠 환경의 그림을 보여준다.

이런 일련의 일은 그 무엇도 아닌 바로 사회학 이론의 적용, 해석, 구성 작업으로 가능하다. 어렵더라도 우리가 사회학 이론을 배워야 하는 궁극적 이유다.

---

80) Beedie, P. (2008). Introduction to sociological theories of sport in modern society. In P. Craig, & P. Beedie(eds.), Sport sociology(pp. 43-52). Learning Matters, 44쪽.

02장 요약 스포츠와 사회학 이론

- 스포츠 본질주의자가 바라보는 스포츠는 첫째, 인간의 '신체적인 것', 둘째, '체계와 규칙', 셋째, 놀이적 재미 요소, 넷째, 경쟁성으로 이루어진 사회적 제도다.
- 스포츠의 본질을 기준으로, 스포츠를 스포츠답게 만들어주는 요소의 첨가 과정인 '스포츠화(sportification)'를 거치며 제도화의 길을 걷게 되면, 과거 스포츠로 인정받지 못하던 신체활동도 많은 이들에게 스포츠로 수용된다. 스포츠는 구성된다.
- '사회이론'은 이론가 개인의 철학이나 이념, 당파성(특정 주의, 주장, 이해가 같은 사람들의 모임이 지니는 특성)을 중심으로 이루어지는 사회문제 논평이나 비평인 반면, 사회학 이론은 그런 문제의 원인이나 기제를 과학적 방식으로 설명하는 언술체계다.
- 사회학 이론이란 설명체계다. 여기엔 사회현상을 폭넓게 설명할 수 있을 정도의 '일반화' 성격을 지녀야 하고, 공사장의 비계처럼 현상의 상세한 면면을 밟을 수 있는 발판 역할도 포함되며, 한 개인이 현상을 대하는 기본 관점 기능도 포함된다.
- 사회학 이론에는 개념과 명제가 포함된다. 개념은 사회 현상의 실체를 모든 사람이 오해 없게 접근하도록 해준다. 명제는 개념과 개념 간의 관계를 문장 형식으로 표현한 것으로, 증명이 필요한 진술을 의미한다. 이론을 공부한다는 것은, 달리 말해 이 개념과 명제를 이해한다는 뜻이다.
- 사회학 이론은 미시적 분석(얼굴을 맞대고 이루어지는 상호작용 상황에서의 행동 분석)과 거시적 분석(정치, 경제, 교육 등, 사회제도의 형태와 기능, 변화 분석)으로 적용된다.
- 사회학 이론의 관심사는 행위, 사회질서, 사회변화다. 즉, 사회적 기대에 맞춰 이뤄지는 행위는 안정적이고 반복적이며 예측할 수 있는 환경, 즉 '사회질서' 속에서 가능한데, 그런 질서도 특정 계기(사회적 압력 등)에 의해 변화된다. 사회학 이론은 이들 간의 다양한 역학관계를 설명한다.
- 스포츠사회학의 이론적 전통에는 기능주의, 갈등이론, 상호작용이론이 있다.
- 구조기능주의는 스포츠가 사회질서의 안정적 유지에 핵심 역할을 한다며, 1) 사회-정서적 기능, 2) 사회화 기능, 3) 사회통합 기능, 4) 정치적 기능, 5) 사회계층 이동 기능을 주장한다.
- 갈등이론은 스포츠가 자본주의 체계를 정당화하는 이데올로기라고 본다. 그러면서 스포츠에 얽힌 행위자 간 이해관계의 충돌이 갈등을 발생, 그것이 분열을 일으켜 기존 스포츠 체계(구조)를 변화시킨다고 주장한다.
- 상호작용이론은 스포츠를 사회적으로 합의되고 공유된 행위 규칙을 가장 효과적으로 연출하는 연극 무대라고 본다. 즉, 야구계를 구성하는 행위자가 야구계에 확립된 행위 규칙을 이해하고 체화하며 잘 행할 때, 즉 '수행'할 때 유지된다.

03
스포츠와 몸
feat. 스포츠 셀레브리티

사회학적 탐색 지형에 틈을 만든
인간의 신체성과 관련하여,
(아쉽게도) 사회학에는
'이론적 내숭떨기'가 존재한다.

브라이언 터너

2002년 US Open 테니스 대회 당시, 여자테니스 세계 랭킹 1위였던 미국의 세레나 윌리엄스Serena Williams, 1981-는 독특한 복장으로 결승전에 들어섰다. '캣슈트catsuit'[1]라는 검은색 타이즈 복장이었다. 당시의 관중, 팬, 미디어, 비평가는 대회 우승까지 차지했던 그녀의 테니스 실력보다 '복장'에 주목했다. 그녀가 입고 나왔던 옷이 당시(물론 지금까지) 여자테니스 선수를 향한 규범(드레스 코드)[2]을 깼기 때문이다. 여자 선수라면 당연히 입으리라 기대되던 규범적 복장(짧은 스커트에 여성스러운 밝은 색)을 위반한 것이다. '흑인을 상징하는' 검은색, '전통적 여성성을 거부하는' 짧은 타이즈(반바지) 차림으로서,

1) 여성용 보디 슈트. 원래 발레리나가 연습복으로 착용하는 레오타드 중에서도 긴소매가 달렸고 발목까지 오는 팬츠식의 옷을 부르는 용어다. 주로 검정색으로 활용되기에 마치 고양이를 연상시킨다 하여 '캣슈트'라는 명칭이 붙었다. 영화 '캣우먼'에서 나온 복장을 생각하면 된다.

2) 규범(norm). 이 책 전체를 통틀어 이 규범이란 개념은 자주 등장할 것이다. 본래 규범은 '인간이 사회생활을 하는데 있어 지켜야 할 행동 규칙'이자 '사회질서 유지를 위해 사회 구성원에게 강요되는 합의된 행동양식'을 뜻한다. 이 책에서는 기본적으로 '특정 사회(집단)에서 당연히 따르리라 합의되고 공유된 문화적 기대'로 정의되어 사용된다.

미국 사회에 견고했던 여성적, 인종적 질서를 그녀는 자신의 '스포츠하는 몸sporting body'으로, 그것도 (미국 주류사회의) 전통과 역사를 자랑하는 US오픈에서 흔들었다. 논쟁이 일어나지 않을 수 없었다.

1991년, 미국프로농구NBA LA레이커스의 포인트 가드였던 매직 존슨Magic Johnson, 1959-이 기자회견을 했다. 자신의 후천성면역결핍증HIV/AIDS, 즉 '에이즈'에 걸린 사실을 알리기 위해서였다. 1996년엔 미국의 권투 선수 토미 모리슨Tommy Morrison, 1969-2013도 에이즈 양성 판정을 받았다. 이 둘은 모두 '이성애자'였다. 한 해 전, 1995년에는 미국 다이빙 수영선수 그렉 루가니스Greg Louganis, 1960-의 에이즈 소식도 대중에게 보도되었다. 이 선수는 백인 남성이었으나 '동성애자'였다. 흥미로웠던 건, 이들 세 선수의 에이즈 양성반응을 향한 당시 미국 언론(정확히는 미국 사회)의 차별적 반응이었다.

우선 존슨과 모리슨에게 언론은 놀라움과 안타까움, 경각심(이성애자 또한 에이즈에 걸릴 수 있다)과 비난(에이즈를 옮긴 상대 여성을 향한 비난)으로 반응했다. 한 마디로, (보호되어야 할) 정상적인 성적 취향sexual preference(이성애)을 지닌 남성이 여성의 유혹으로 피해를 입었으니, 다른 이성애자들도 조심하라는 반응이었다. 하지만 동성애자였던 루가니스에 대해선 '비정상적인 동성애의 당연한 귀결'로 대응했다. 동성애는 사회적으로 비도덕적이고 일탈적이며, (동성애자들만 에이즈에 걸리지 않음에도) '동성애=에이즈 감염'이라는 등식을 강조한 셈이다. 이렇게 세 선수의 몸에 드러난 '질병'에 차별적으로 반응하며, 미국 사회는 자신의 주류 가치(기독교 기반의 이성애주의)를 대중에게 강조하였다.[3)]몸으로 사회 규범을 재확인한 것이다. 몸은 정치의 도구body politic가 된다.

2010년대 중반부터 유행한 '근테크'란 신조어에는 '재테크'처럼 노후를 위해 근육을 키워놔야 한다는 시대적 분위기가 담겼다. 2030세대 중심의 '몸 관리' 유행이 만들어낸 흐름이다. 이런 흐름의 사회적 배경은 무엇일까? 체력을 기르고 근육이 찢겨 나갈 듯한 고통을 즐기며(?) 몸을 관리하는 사람은 왜 늘어날까? 과거, 살을 빼려 운동하던 경향(다이어트 패러다임)은 왜 체력을 기르려는 운동 경향으로 변했을까? 이는 혹시, 사회가 복잡해지고 위태로워지며 평생직장이 사라진 요즘(조직이 나를 구원해주리란 믿음이 희미해진 요즘), 내가 의지하고 마음대로 통제할 수 있는 건 내 '몸' 뿐이라는 생각이 집단화되었기 때문은 아닐까? 몸 관리 방식은 사회를 어떻게 보여줄까?

---

3) Dworkin, S. L., & Wachs, F. L. (1998). "Disciplining the body": HIV-positive male athletes, media surveillance, and the policing of sexuality. Sociology of Sport Journal, 15(1), 1-20.

'몸값이 높습니다.' 과거 노예시장에서나 쓰일법한 이 말은 사실 스포츠계에선 일상적으로 사용되는 용어가 되었다. 선수의 가치는 '몸값(연봉)'으로 증명되고, 물건처럼 '트레이드'된다. 기업스포츠계(기업이 운영하는 스포츠구단 중심으로 구성된 환경)에서 선수의 몸은 자산으로 통용된다. 팀 승리와 기업 홍보를 위해 전문적으로 관리되어야 할 자산. 상업화 시대, 우리는 선수 몸에 값어치를 매기는 자본주의적 사고방식을 자연화하였다. 스포츠하는 몸에는 경제가 묻어 들어갔다(배태되었다).

'몸이 재산'이라는 표현도 일상적이다. 물론 이 표현은 '자기 지향성'을 강조한다(내가 잘 살려면 몸이 중요하다). '타인 지향성'이 담긴 표현은 다르다. '몸이 명함이다Your body is your business card'(남에게 보여지는 '나'는 곧 '몸'이다).[4] 명함에 적힌 직장과 직책이 나를 말해주듯, 잘 관리된 몸은 내가 사는 지역, 먹는 음식, 추구하는 생활양식을 보여준다. 살 찐 몸fat body은 게으름의 상징이자 무절제와 위험성으로 표시된다. 건강한 몸healthy body은 절제력, 계획성, 운동, 체계적 관리 이미지로 소비된다.[5] 몸은 사회적 기준을 재현하는(다시 드러내주는) 기준이 되었다. 몸은 당신을 말해준다.

'몸은 사회를 반영한다.' 스포츠사회학이 스포츠하는 몸을 대하는 기본 명제다. 올림픽 금메달을 딴 선수의 몸은 국가를 세계의 가장 높은 곳에 위치시켰음을 상징적으로 보여주고 이를 사회화한다. 국가와 동일시된 선수의 몸은 이후에 다양한 상품 이미지와 중첩되며 기업을 홍보한다. 광고 모델로서 선수는 자신의 몸에 '브랜드'를 새긴다. 상품으로 소비되는 것이다.[6] 사회제도와 몸은 교류한다.

이 장은 지금까지 사회와 떨어져 '개인적인 것'으로 간주되던 몸이 어떻게 사회제도, 가치, 규범, 나아가 세계적 흐름과 연결되는지(즉, 반영 및 재현되는지)를 검토한다. 개인적인 것으로 취급되던 몸을 읽으며 스포츠계의 사회문화적 명암과 제도적 문제를 설명하는 장인 것이다. 향후 소개될 사회제도(정치, 경제, 교육, 미디어)나 사회과정(조직화, 사회화, 계층화, 세계화, 젠더화), 사회문제(일탈 및 폭력)는 스포츠계에서 각각 별개로 작동하지 않는다. 스포츠사회학 논의의 출발점이자 종착점인 '몸'과 얽히고설키며 작동한다. 우리가 몸을 적극적으로 살펴봐야 할 이유다.

---

4) Hutson, D. J. (2013). "Your body is your business card": Bodily capital and health authority in the fitness industry. Social Science & Medicine, 90, 63-71.

5) 남상우 (2010). 사회적 구성체로서의 건강담론: 청소년이 인식하는 건강과 비만의 사회적 표상. 한국체육학회지, 49(1), 73-84.

6) 고은하 (2011). 감정적 몸과 민족, 소비주의: 미디어를 통한 셀레브리티 몸의 소비와 재생산. 한국스포츠사회학회지, 24(1), 63-78.

스포츠하는 몸을 향한 사회학적 관점

여러분은 지금 존재하는가? 엉뚱한 질문 같지만, 이는 몸을 이해하는 데 있어 중요하다. 여러분은 '지금-여기-존재('현존한다'고 표현)'한다고 믿는가? 아마 믿을 것이다. 그 믿음의 근거는 무엇일까? 많은 사람은 몸이 보이기 때문이라 답할 것이다. 맞다. 거울 앞에 서보면 자신의 몸이 보인다(영혼이 보인다고 말할 사람은 없다). 볼을 꼬집어보면 분명히 만져질 것이다. 친구나 지인에게 나의 무엇이 보이는지 물어보면 '몸'이 보인다고 답할 것이다(여기에서 '영혼'이 보인다고 말할 사람 또한 없다). 확실히, 몸은 존재의 근거다. 여기에선 이러한 존재의 근거인 몸을 사회학이 어떻게 보는지 살펴본다.

스포츠사회학은 왜 몸을 연구하는가?

"사회학은 사회제도나 규범처럼 몸 바깥에 있는 걸 주로 분석하지 않나요? 몸은 개인적인 거잖아요." 학생들은 종종 묻는다. 스포츠사회학이 왜 몸을 다루는지 쉽게 이해할 수 없기 때문일 것이다. 스포츠사회학은 몸을 왜 볼까? 그 이유는 사회적 문제를 명료하게 밝힘으로써, 많은 사람이 불편함 없이 스포츠(운동이나 여가를 포함)를 즐길 환경을 만들고, 이 환경에서 스포츠를 즐김으로써 건강하고 행복하게 살아가도록 만들기 위해서다. 이처럼 스포츠하기 편한 환경을 만들기 위해 스포츠사회학은 스포츠하는 몸, 특히 그 몸에 드러나는 '증상'에 집중한다.

스포츠하는 몸을 향한 사회학적 관심사는 무엇인가?

의학medicine의 궁극적 지향점은 인체의 건강을 지키는 것이다. 의학은 인체 구조와 기능을 조사하여 인체의 보건이나, 질병 및 상해의 치료와 예방에 관한 방법(기술)을 연구하는 학문이다. 인간의 건강한 삶을 추구한다. 때문에 당연히 몸을 알아야 한다. 생리학physiology 역시 인간을 포함한 모든 생명체의 기능과 활동 원리를 연구한다. 학문의 목표 또한 인간의 건강한 몸을 지키는 것이다. 이렇듯, 거의 모든 학문의 존재 이유는 '인간의 건강한 몸'으로 귀결된다.

스포츠사회학이 몸을 다루는 이유도 같다. '건강한 몸'을 위해 스포츠 활동은 필수적이다. 여기에 사람들이 불편함 없이 참여하려면 이 세계의 문제(규범적, 제도적)를 해결해야 한다. 앞선 1장에서도 설명했듯, 스포츠계에는 사회적인 것(즉, 사회제도, 사회규범, 사회 흐름 등)이 배태되어 있다. 이들에게 문제가 있으면, 우리는 스포츠를 편하게 즐길 수 없다. 젠더, 계층, 교육 수준, 지역에 따라 스포츠 활동에 '차별'이 생기면, 인간의 몸엔 '건강 불평등'이란 사회적 현상이 증상으로 드러난다. 치료해야 한다. 그러려면 무엇보다 먼저, 그 증상이 나타나는 몸을 봐야 한다. 그래야 몸과 관련된 스포츠계 문제가 파악될 수 있다. 몸에는 사회적인 것이 스며들었다.

스포츠계와 몸의 상호작용

〈그림 3-1〉은 스포츠계와 몸의 상호작용을 설명한다. 모형이 말하는 바는 명료하다. "몸은 사회제도와 과정, 문제 현상이 배태된 스포츠계에서, 규칙 중심의 활동, 경쟁, 반복적 훈련 및 연습, 그리고 스포츠 종목별 문화가 각인되며 구성된다." 이 모형은 1장(스포츠사회학이란 무엇인가?)에서 소개된 내용의 수정본이다. 스포츠사회학이 몸을 필두로 논의를 시작하는 이유를 보여준다. 몸은 스포츠의 특징인 규칙, 경쟁, 반복적 훈련, 문화와 상호작용하며 '스포츠하는 몸sporting bodies'으로 구성된다.

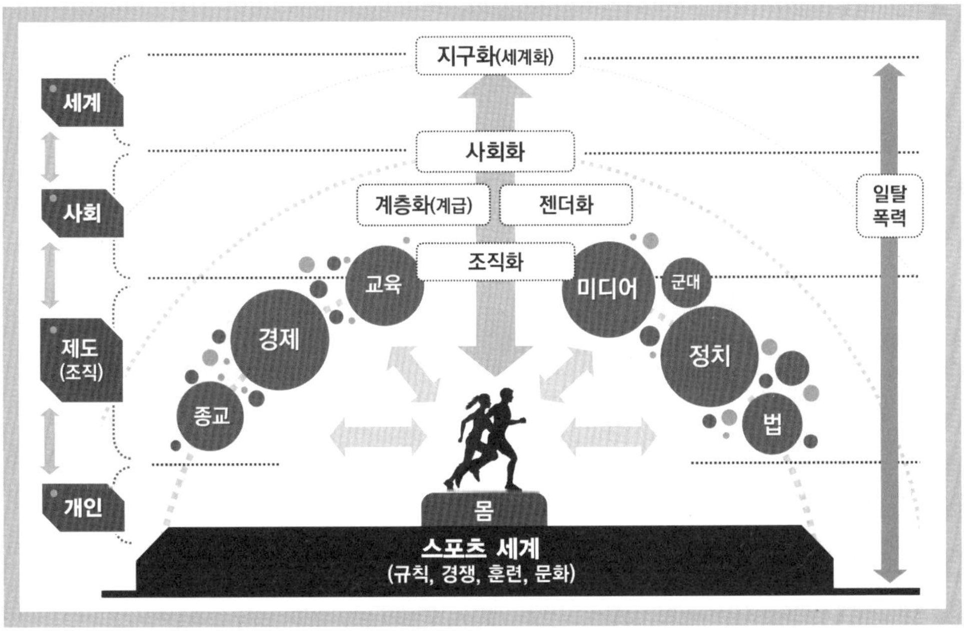

[그림 3-1] 스포츠 세계에서의 몸은 규칙, 경쟁, 일상적 훈련, 스포츠 문화가 새겨지면서 사회의 각 영역과 지속적으로 상호작용한다.

스포츠하는 몸의 구성은 어떠한 사회적 과정을 거칠까? 스포츠계에서의 몸은 사회제도(정치, 경제, 종교, 교육, 미디어 등)와 상호작용하며 먼저 '조직화'를 경험한다. 조직화 과정에서의 핵심은 '조직적 속성(동질성, 위계성, 순응성)'의 학습이다.[7] 이 과정을 거치며 우리는 조직의 질서 유지에 기여할 조직인organizational man이 된다. 정당, 기업, 학교, 교회 등, 우리 주변에서 사회와 개인을 연결하는 여러 조직에는 개인의 몸을 조직화하는 나름의 독특한 속성이 배어 있다.

젠더 구조gender structure 역시 스포츠하는 몸에 새겨지는 사회적 속성이다. 젠더는 태어날 때 지닌 성sex에 '사회적으로 부여되는 기대'를 뜻한다. 여아는 복싱이 아닌 무용에 참가하길 기대되고, 남아는 바비인형보다 축구공을 가지고 놀 것이라 기대된다. 그러면서 사람들은 여자가 여성스러워지고, 남자가 사내다워지길 기대한다. 이런 (상호작용 기반의) 기대가 사회적으로 고착된 상태를 '젠더 구조'라 부른다. 우리 몸은 젠더 구조의 영향 아래서 남자는 남성성을 과시할 스포츠에 참여하고, 여자는 여성스러움을 보존할 스포츠에 참여하도록 경로화된다.[8] 즉, 스포츠는 젠더화되면서gendered(즉, 젠더에 따라 고착되면서) 기존의 젠더 질서 유지에 기여한다.

계층 구조stratified system도 스포츠하는 몸에 연결된다. 여기에는 주로 두 가지 요소가 개입된다. 개인이 지닌 자본capital과 그걸로 형성되는 계급class이다. 가령, 소득 수준(경제 자본)이 높은 사람은 자신과 소득이 유사한 사람과 함께 골프, 요트, 승마 같은 '고급 스포츠'를 즐긴다. 혹은 취향이 비슷하거나 같은 학교 출신 사람들(문화 자본)도 자신들의 '유사 자원'을 공유하며, '격'에 맞는 모임(부족)을 형성(계급 형성), 남과 구별되는 스포츠를 즐긴다(이를 '구별짓기'라 한다). 이렇게 사회 계층 구조는 스포츠하는 몸을 계층화한다. 그럼으로써 특정 스포츠를 즐기는 몸엔 계층이 스며 들어간다.

조직화, 젠더화, 계층화를 거치면서 스포츠하는 몸은 또한 사회화socialization 과정을 만난다. 사회화란, 특정 사회가 중요하게 여기는 가치, 문화적으로 필요한 기술, 행동유형을 개인의 몸에 익히도록(학습하여 익숙해지도록) 만드는 과정이다. '사회적인 것'의 총체를 생애 과정에서 몸에 새긴다. 여러 사람과 만나 상호작용하는 과정에서 다양한 형

---

7) '동질성(homogeneity)'은 조직 내 규칙 중심으로 행위를 획일화하는 속성이고, '위계성(hierarchy)'은 조직에서 규정한 '지위'와 '역할' 중심으로 서열화되는 속성이며, '순응성(conformity)'은 조직이 경쟁 과정에서 개발하여 정착시킨 성공 공식(전략 및 문화)을 전적으로 따르게 만드는 속성을 말한다. 이 책의 '8장 스포츠와 조직화'에 자세히 설명되었다.

8) 이창섭, 김재운, 남상우 (2001). 청소년의 연령별 체격 발달에 관한 연구. 체육과학연구지, 18(1), 23-29, 27쪽.

태의 보상과 처벌을 경험, 자신이 속한 사회가 원하는 규범과 행동양식을 몸에 각인하는 것이다. 이처럼 스포츠하는 몸이란, 스포츠 세계에 배태된 사회적인 것을 규칙과 경쟁, 일상적 훈련, 여러 문화 경험으로 직조한 결과물이 된다. 스포츠하는 몸에는 그 몸이 속한 사회의 특별한 속성, 즉 '사회성sociality'이 새겨진다.

'스포츠하는 몸'을 대하는 스포츠사회학의 세 가지 명제

스포츠와 몸의 상호작용 관계는 다음의 세 가지 명제로 요약된다.

첫째, 몸은 스포츠계 속에서 존재한다. '스포츠계-내-존재' 명제다. 이 명제는 스포츠가 이루어지는 세계(다양한 제도와 규범, 문화로 이뤄진 공간)가 상정되지 않으면, 스포츠를 하는 몸이 만들어질 수 없음을 뜻한다. '복싱하는 몸'은 그 몸이 속한(혹은 위치된) 세계, 즉 '복싱계'가 있기에 가능해진다. 중요한 건, 같은 스포츠계라도 복싱계, 배구계, 축구계, 씨름계 모두가 다르다는 사실이다. 세계가 다르면, 그 곳에 존재하는 몸도 달라진다. 몸을 보면 그 몸을 둘러싼 세계를 이해할 수 있다.

둘째, 세계에 따라 몸이 달라지는 건 그 세계가 몸에 영향을 미치기 때문이다. '스포츠계-몸-소형' 명제다. 씨름계에 있던 선수와 배구계에 있던 선수의 몸은 다르다. 씨름하는 몸은 자신의 안정성을 지키며 상대의 안정성을 깨려는 습관을 지닌다. 상대 몸(힘)에 대응하는 습관이다. 배구하는 몸은 기본적으로 '의사소통'하는 습관을 지닌다. 단체 종목이기 때문이다. '몸의 전체적 발달'을 추구하는 씨름과 달리, 배구에선 몸의 특정 부위와 특정 기술이 개별적으로 발달한다(세터와 공격수는 몸 사용 경향이 다르다). 이는 스포츠계의 작동 구조(기술과 규칙, 경기방식 등)가 몸에 지속적인 영향을 가했기 때문이다. 우리의 몸은 세계의 힘에서 벗어날 수 없다. 즉, 종속적이다.

셋째, 세계에 의해 조형되는 몸은, 동시에 그 세계의 영향을 이해하고 해석하며 표현하는 주체성agency('행위성'으로서, 자신의 의지를 가지고 행위할 수 있는 성향)을 지닌다. 30년간 교도소에 있다가 출소한 노인은 슈퍼마켓 계산대에서 일하며 화장실에 갈 때마다 점장에게 허락을 맡는다. 30년 동안 교도관 허락 하에서만 움직였던 탓에 그 노인의 몸에서는 '주체성'이 삭제되었다. 그러나 그렇게 종속적이던 사람도 다른 세계를 체험하며 그 세계를 해석할 힘을 지니게 된다. 몸이 겪는 경험을 해석하며 여기에 자신의 생각을 담아 표현하고, 이에 대한 타인의 피드백을 받으면서 독특한 '행위성'이 형성되는 것이다. 몸은 세계의 영향 아래 있으나, 그렇다고 전적으로 종속적이지만은 않다. 행위성의 잠재력도 지닌다. 몸은 세계 구조를 이해하며, 그 구조의 힘을 이용하여 기존의 구조를 긍정적으로 변화시킬 힘을 지닌 물질이다.

결국 스포츠사회학이 '스포츠하는 몸'을 대하는 기본 명제란, '특정 의미를 갖는 몸은 스포츠계에 위치하며 그 스포츠계의 구조적 힘으로 조형되는 동시에, 스포츠계를 반영하고 해석하며 변화시킬 잠재력을 지닌다'로 요약된다. 모순적이지만, 이 명제를 먼저 이해해야 한다. 그래야 다음에 만날 '체화embodiment'란 개념이 그려질 수 있다.

체화: 스포츠하는 몸을 읽는 핵심 개념

SBS 인기 예능프로그램인 「러닝맨」 에서의 내용이다. 미션 장소는 대전 엑스포. 멤버들은 주어진 각 지점을 돌며 임무를 수행한다. 멤버들이 어떤 지점에 도달했을 때 주어진 미션은 '국민체조' 따라하기였다(QR코드 참조). 요즘 세대들에겐 이름마저 생소한 체조다. 나도 안 한 지 10년이 넘는다. 당시 멤버였던 유재석, 하하, 광수는 미션 소개에 당황하면서도, 음악이 나오자 바로 따라 하기 시작했다. 그러다 체조를 하던 중간에 하하가 지나가듯 말한다. "이야, 이걸 몸이 기억하고 있네." 이 표현에서 중요한 건 '몸의 기억'이다. 거의 모든 40대 이상의 사람들 몸엔 국민체조 동작과 음악, 그리고 당시 학교에서의 전체 조회(운동장에 열을 맞춰 교장선생님 훈화 말씀을 듣는 집단 모임)란 관습이 새겨졌다.

러닝맨
국민체조

신체화는 사회적인 것이 몸에 새겨진 상태다

> '법의병리학(forensic pathology)'과 '부검'이라는 방법으로 우리는 시체(죽은 자의 몸)에서 그의 많은 이야기를 알게 된다. 마찬가지로 우리의 살아있는 몸 역시 우리의 삶에 관한 이야기를 말해준다. 그것이 의식적으로 표현되든 어쨌든 상관없이.[9]

"그거 버리면 안 돼!" 방을 청소하던 엄마에게 아들이 소리친다. 엄마는 아들 책상 위에 바람이 빠진 채로 있던 축구공을 쓰레기봉투에 버리려고 했다. 샤워를 마치고 나온 아들이 그 장면을 보며 엄마를 말린 것이다. "이거 이제 쓰지도 못하는 공 같은데, 엄마가 하나 새로 사줄테니, 이건 버리자." 엄마의 따뜻한 권유에도 불구하고, 중학생 아들

9) Krieger, N. (2005). Embodiment: a conceptual glossary for epidemiology. Journal of Epidemiology & Community Health, 59(5), 350-355, 350쪽.

은 축구공을 가슴에 품으며 고개를 젓는다. "아냐!" 완고하게 거부하는 이유를 몰랐던 엄마는 학원에서 돌아온 첫째 아들의 설명을 듣고 고개를 끄덕인다. 그 낡은 공에는 초등학교 때 친구들과 함께 어울려 지냈던 추억, 축구 경기대회에 나가 이겼던 기억, 미국으로 간 가장 친한 친구의 모습과 추억이 담겼기 때문이다. 즉, '친구와의 추억(비물질성)' → '축구공(물질성)'에 배태되어 (물)체화된 것이다.

2016년 미국 대선. 그 누구도 예측하지 못한 도날드 트럼프Donald Trump, 1946-가 대통령이 되었다. 많은 비평가는 그로 인해 미국의 민주주의가 야만의 시대로 돌아갔다고 비판했다. 관련하여, 한 신문 사설은 이러한 대통령을 탄생시킨 미국의 선거 제도를 다시 손봐야 한다고 주장하기도 했다. 이 주장에는 '민주주의(추상적인 것)는 선거(구체적인 것)로 구현된다'는 논리가 들어있다. 구체적이기에 볼 수 있고, 실제 만져지기에 조작할 수 있는 '선거(제도)'를 거울 삼아, 추상적이어서 보이지 않고 만지지 못하는 '민주주의(이념)'를 이해하고 고칠 수 있다는 의미다. 즉, '민주주의(비물질성) → 선거(물질성)'란 논리다. '물체화(체화)'된 것이다.

나는 초등학교 때 육상 선수였다(중학교 2학년 때 그만두었지만). 어느 8월의 더운 여름날 연습이 싫었던지, 운동장을 뛰라는 코치의 말을 거역하고 집에 가려 짐을 쌌다. 어린 나이에 그럴 수 있다고 생각되지만, 어쨌든 결과는 체육실에 들어가 맞는 것이었다. 다음 날 아침, 샤워를 하는 중 아무도 없는 줄 알고 실수로 화장실 문을 여신 어머니께 시퍼런 엉덩이가 발각됐다. "너, 이게 뭐야. 누가 이랬어? 누구한테 맞은 거야? 설마 감독한테? 내가 이럴 거 같아 운동 허락 안 한 건데!(어머니도 고등학교까지 육상선수를 하셨기에 운동부 문화를 아신다)" 내 엉덩이의 멍(물질성)은 당시 운동부의 폭력적 문화(비물질성)가 체화된 것이었다. 폭력성의 체현이다(몸으로 드러남).

'부검autopsy'을 활용하여 죽은 몸에서 그 사람이 살았던 당시의 사회적 단서를 찾듯, 스포츠사회학이 포함된 사회과학은 '(신)체화'라는 개념을 이용하여 살아있는 몸에서 한 개인의 다양한 이야기(심지어 자기 스스로 말할 수 없거나 거부당했던 이야기)와 사회적인 것을 읽어낸다. 결국 체화란, 일반화의 위험을 무릅쓰고 요약해 보자면, "사회문화적 규범이나 이데올로기, 전통이나 관습, 사회구조(법, 규칙, 언어, 젠더)의 영향력, 사건이나 사고의 기억 등, 사회적으로 존재하는 추상적인 것(비물질적인 것)이 인간의 몸이란 구체적인 것(물질적인 것)에 새겨짐으로써 사회화된 상태"로 이해할 수 있다. 분야에 따라선 '체현', '구현'으로도 표현한다. 같은 뉘앙스를 담는다.

사회적 사실로서의 체화: 몸의 사회적 확장

술을 가리진 않지만, 막걸리는 좀 껄끄럽다. 막걸리(물질성)엔 1996년 나의 대학교 신입생 시절의 기억과 사회 환경(비물질성)이 체화되었기 때문이다. 지금도 막걸리를 마시면 몸이 당시 기억을 소환한다. 특히 당시의 대학 문화를. 지금은 사라졌지만, 당시만 하더라도 대학(체육과는 말할 것도 없고) 신입생 환영 파티는 폭력적인 축제였다. 마치, 누가 더 폭력적인지 경쟁하는 듯했다. 심지어 96년엔 다른 학과에서 '소주'로 신고식(?)을 하다가 신입생 한 명이 사망하는 사고까지 일어났다. 이쯤 되면 환영 파티 자체가 금지되어야 하지만, 당시 학과의 방침은 예상 밖이었다. '막걸리로 주종 변경.'

막걸리 파티가 시작되었고, 취해가는 중간에 갑자기 3학년 선배들이 1학년들 머리 박기를 시켰다. 거기서 사건이 발생한다. 내가 기절한 것이다. 응급처치가 필요했으나, 당시 대학 내에 응급처치 시스템 같은 건 없었다. 결국 구급차를 불렀다. 선배들은 난리가 났다. '우리 과에서도 하나 보내는구나……' 구급차가 오기까지 선배들이 내게 했던 응급처치라곤 뺨 때리기가 전부였다. "일어나라고!" 결국, 구급차가 체육관 근처에 도착할 쯤 난 깨어났고, 그 이후 학과에서는 특별명령이 떨어졌다. "남상우 술 먹이지 말라."(강제적 술 모임이나 단체집합 금지가 합당한 조치 아니었을까?).

내게 체화된 막걸리는 90년대 당시 사회를 말해준다. 당시의 체육학과 문화, 정기적으로 이뤄진 집합(폭력) 문화, 대학 음주 문화, 의료체계의 후진성, 사회 전반적으로 만연됐던 폭력성 등이 막걸리를 먹어 탈이 났던 내게 신체화된 것이다. 이렇듯, 체화는 사회적인 것을 확장해 설명해주는 개념이다. 'em-body'인 이유다. 영어 접두사 'em/en'은 '확장'을 뜻한다(enlarge, enforce, empower 등등). 즉, 몸의 확장. 막걸리로 체화된 기억은 당시 사회적인 것의 모습을 확장해주는 '사회적 사실social fact'이 된다.

체화 개념이 스포츠사회학에서의 몸 이해와 관련해 지니는 가치는, 스포츠의 사회적 현상을 개인(특히 유명한 선수의 몸)이나 집단(군대나 보디빌딩계)에서의 몸으로 읽을 수 있다는 사실이다. 사회구조와 규범, 사회질서를 몸이라는 미시적(행위 및 상호작용 분석) 분석의 최소단위로 설정하며, 스포츠에 묻어 들어간 사회성, 즉 '사회적인 것'을 분석할 수 있게 해주기 때문이다. 즉, 손톱이 나가고 피부가 거칠어진 손을 보며, 그 사람의 노동 현장과 그를 둘러싼 세계의 여러 비물질성immateriality을 읽을 수 있다. 모양이 심하게 변형된 발레리나 강수진의 발(물질적인 것)은 그녀가 속한 세계에서 그녀가 춤의 가치(비물질적인 것)를 어떻게 추구하며 살아왔는지 보여준다.

스포츠와 몸의 사회학: 논의의 지형 그리기

몸은 자연적으로 생겨난 살과 피의 종합체다. '생물학적 실체'인 것이다. 동시에 몸은 문화적이기도 하다. 우리는 자연적으로 생긴 몸에 의미를 부여한다. 다른 사람들 혹은 특정 집단과의 상호작용에 따라 자기 몸을 특정 형태로 만들고자 노력한다. 인정받기 위해, 멋있어 보이기 위해, 혹은 자기 분야에서 더 나은 성과를 내기 위해 몸을 조형한다. 몸은 일상에서 건설되고 꾸며진다. 그런 의미에서 우리는 모두 '몸-구축자[body-builder]'다. 결국, 우리의 몸은 문화적, 사회적, 정치적 현상이 체화된 실체이자, 그 현상이 다시 드러나도록 반사판 역할을 하는 물질적 상징이다. 그렇다면 우리는 '스포츠하는 몸'과 관련하여 어떠한 내용 체계를 중심으로 논의할 수 있을까?

스포츠사회학의 체화된 몸 논의 모형

> 스포츠하는 몸은 여러 이데올로기적 위치가 다투는 장소다. 사회문화적 의미가 꾸준히 흐르는 유동적 실체이기도 하다. 또한 사회적, 정치적 권력에 의해 다듬어지고 관리 및 통제되는 움직이는 정원이다.[10)]

스포츠를 하는 건 '정신'이나 '영혼'이 아닌 '몸'이다. 물론 그 몸을 정신이 지배한다고 말하기도 한다(심신이원론이다). 몸과 정신이 분리되었기에 힘들어도 정신만 차리면 몸은 통제된다는 주장이다. 하지만 스포츠사회학은 철학자 데카르트 식의 심신이원론 논리를 거부한다. 앞서 소개한 '체화[embodiment]' 개념을 활용, 스포츠계에 존재하는 사회적인 것(불평등, 인정, 차별, 취향, 금욕, 소비, 지역성, 민족성 등)이 스포츠를 하면서 몸에 스며들어간다고 믿는다. 사회적인 것과 스포츠하는 몸의 일원론이다.

그렇다면 스포츠계에서의 체화된 몸은 어떤 주제로 논의될까? 지금껏 여러 문헌에서 논의한 몸의 유형학 내용을 검토한 후, 여기에서는 다음과 같이 네 가지 주제로 나뉘는 '스포츠하는 몸의 유형학[typology of sporting bodies]'을 제시한다(그림 3-2). 이 유형의 기본틀은 1980년대 후반과 1990년대 초반, 사회학 분야에서 몸의 중요성을 설명했던 두 편의 영향력 있는 연구 내용에서 빌려 왔다.[11)]

---

10) Magdalinski, T. (2009). Sport, technology and the body: The nature of performance. New York, NY: Routledge, 33쪽.

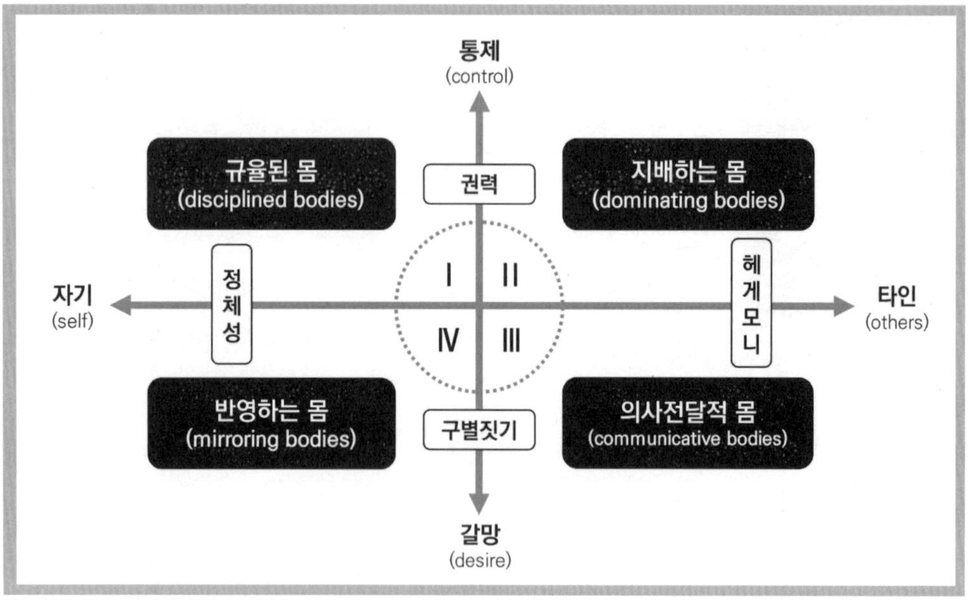

[그림 3-2] 몸의 관계 지향성(자기 vs. 타인)과 몸의 본능(통제 vs. 갈망)를 축으로 나누면서 크게 네 가지의 '사회학적 몸'이자 '스포츠하는 몸'의 유형이 만들어질 수 있다.

위 그림에서 세로축(↕)은 '몸의 본능'을 의미한다. 즉, 인간 본성을 통제하는가, 갈망하며 해소하는가이다. 이는 지금껏 심리학, 사회학, 인류학 등의 문헌이 '몸의 본능'을 다뤄오면서 공통적으로 상정했던 욕구의 '억제(통제)'와 '추구(갈망)'를 기준으로 삼은 것이다(여기서 '갈망/욕망'이 꼭 성적인 측면만을 의미하진 않는다). 가로축(↔)은 몸이 관계를 맺는 대상이 자신인지, 아니면 타인인지를 표시한다. 이는 몸이 사회적 진공상태에 있는 것이 아니라 여러 '상호작용'의 주체임을 말해주는 축이다.

「I 분면」은 '규율된 몸disciplined body'으로 명명된다. 자신의 욕망을 통제하며, 자기가 이상적이라고 설정한 몸을 만든다. 사회적으로 요구되는 극기, 인내, 절제와 같은 도덕적 가치가 체화된 상태다. 「II분면」은 '지배하는 몸dominating bodies'으로, 젠더 구조(남성성과 여성성)나 계층(상류층이나 하류층), 인종(백인 대 유색인종) 등에 따라 '불평등'이나 '차별' 같은 사회적 속성이 체화하며 '지배-피지배 관계'를 형성한 몸이다. 「III분면」은 '의사전달적 몸communicative bodies'이다. 타인을 향해 자기를 표현하는 몸이다. 스포츠 경기

---

11) 1) Freund, P. E. (1988). Bringing society into the body. Theory and society, 17(6), 839-864; 2) Frank, A. W. (1990). Bringing bodies back in: A decade review. Theory, Culture & Society, 7(1), 131-162.

중 다른 선수를 대하는 표현 기술(인상관리 및 테크닉), 그리고 타인이나 집단을 향한 인정욕구를 체화한 몸이다. 마지막, 「Ⅳ분면」은 '반영하는 몸mirroring bodies'이다. 자기 취향을 반영하거나 자기 계발 차원에서 형성된 몸을 뜻한다. 소비문화나 최근 유행하는 '보디 프로필'이 대표적이다. 지금부터 각 유형을 살펴보자.

규율된 몸의 이해: 규율과 금욕의 체화

계체를 앞둔 권투 선수를 옆에서 보다 보면 '어떻게 저렇게까지 참을 수 있을까'란 존경심이 생긴다. 보디빌딩 대회를 준비하는 남성 보디빌더는 자신이 먹는 모든 음식을 (심지어 물까지) 정밀하게 조절하고 통제한다. 염분이 들어간 음식은 절대 금지다. 근육의 데퍼니션definition(근육의 탱탱함 정도)이 무너지기 때문이다. 이들은 수도승의 금욕적 생활처럼, 해박한 몸 관리 지식과 식이요법, 그리고 엄청난 양의 운동으로 자기 몸을 통제하며 조형한다. 무엇이 이를 가능하게 할까? 바로 '규율권력'이다.

규율권력이란 무엇인가?

> 개인의 몸을 훈련 시키고 조절 및 통제하며 그 능력을 최대한 끌어내어, 이를 길들인 후 효율적이고 경제적인 통제 체제에 통합시켜 사회적 몸을 만들어내는 메커니즘[12)]

초등학교 학급을 들어가 보면 어수선하다. 질서도 없고, 언제가 쉬는 시간인지, 언제 조용해야 하는지의 기준도 없다. 어떤 아이는 화장실에 못 가는 바람에 소변을 보고 울음을 터트린다. 아이들에겐 행동의 규칙도 기준도 없다. '규율'이 없는 것이다. 하지만 고등학교는 정반대다. 쉬는 시간, 공부 시간, 떠들 때, 조용할 때, 질문할 때를 정확히 지킨다. 규칙과 기준을 중심으로 행동이 이루어진다. 규율discipline 즉, 사람들이 행동 규칙이나 기준에 복종하도록 만드는 방식이 구축되었기 때문이다.

규율권력disciplinary power이란 사람들이 특정 규칙이나 기준에 복종하게 만드는 힘을 말한다. 이 개념은 프랑스 철학자 미셸 푸코Michel Foucault, 1926-1984가 (파놉티콘이라 불리는) 교도소를 연구하며 고안한 것이다. 규율권력은 한 마디로 '순종적 몸docile body을 길러내는 힘'이다. 우리는 이런 순종적인 몸을 학교, 공장, 교도소, (정신)병원, 군대 등에서 쉽게 볼 수 있다. 이들 시설에 공통적으로 갖춰진 게 무엇일까? 체계다. 통제자(교사, 의사, 공

12) 미셸 푸코 지음, 이규현 역 (2004). 성의 역사 1: 앎의 의지. 서울: 나남출판, 139쪽.

장장, 간수, 상급자 등 '지식을 가진 자들'), 시간표, 규칙, 감시체계, 처벌, 그리고 훈련. 이런 체계에 적응하면서 사람들에게는 규율, 즉 '질서'가 잡힌다.

규율된 몸은 '질서의 체화'를 의미

질서 잡힌 몸이란 어떤 몸일까? 가수이자 프로듀서인 박진영이 일전에 방송에 나와 '질서 잡힌(규율된) 몸'의 전형을 보여준 바 있다. 8시에 기상하면 약을 먹고 15분간 균형 잡힌 식사를 한 후, 30분 체조, 30분 발성, 2시간 운동, 5분간 옷을 입고 나간다. 이걸 17년간 했다고 한다. 이것이 규율된 몸의 전형이다. 명확한 체계를 중심으로 움직이는 몸. 대부분의 엘리트 스포츠 선수들이 지니는 몸이다. 기상과 취침 시간의 군대화, 과학적 트레이닝 및 식이요법, 지속적인 몸 상태 체크, 몸 부위별 발달에 필요한 지식의 적용 등. 이들 몸에는 체계가 스며 들어갔다.

보디빌딩 선수는 규율권력의 체화를 선명하게 보여준다. 이들은 몸 부위별 발달과 관련한 지식을 바탕으로 이상적인 근육 모양을 위해 필요한 동작과 부하를 반복한다. 이런 운동 실천과 함께, 이들은 식사 체계도 엄격히 지킨다. 자신의 몸무게를 '늘리면서 줄이는' 식사 체계다. 이상적인 근육을 위해 몸무게를 늘리지만, 동시에 근육 사이('세퍼레이션'이라는 구분)를 선명하게 하고자 몸무게를 줄인다. 모순적이지만 그들에겐 매우 중요한 체계다. 이런 체계 속에서 식이 관련 '지식(비물질적인 것)'은 '몸무게 수치'와 '거울에 비친 몸(물질적인 것)'으로 체화되며 보디빌더의 일상에 자리 잡는다.[13] 즉, 그들을 규율하는 자기감시self-surveillance 체계로 작동하는 것이다.

자기 규율의 메커니즘: 피트니스 클럽

내가 대학을 다니던 90년대 후반, 같은 단과대에 있던 무용과 동기(발레 전공생)가 전해준 일화다. 아침마다 같은 학년 15여 명의 무용 전공생들이 지도교수 방에 모여, 일명 '공개 계체'라는 걸 했다고 한다. 아침에 학교에 오자마자 모두가 보는 앞에서 공개적으로 체중을 잰다. 그리고 학교 일과가 끝난 후에도 다시 잰다. 아침과 달리 무게가 늘면 지도교수는 차갑게 말한다. "넌 네 몸에 책임감이 없구나." 이런 공개 계체를 매일 반복한다. 언제나 몸(매)을 신경 쓰라는 자기감시 체계를 형성해준 것이다. 학생들 머

---

13) 남상우, 이창섭 (2005). 운동선수의 체중조절 실천과 규율권력 그리고 감시 기제의 작동방식. 한국스포츠사회학회지, 18(2), 287-309.

릿속에는 '몸에 대한 책임감(비물질성)'이 '체중계 수치(물질성)'로 체화된다.

온종일 몸무게 수치가 내 머릿속에서 나를 바라본다면, 내 행동은 어떻게 될까? 점심을 먹을 때도 '수치'가 떠오른다. 당장 음식 칼로리가 계산된다. 친구가 커피와 케이크를 먹으려 하면 뜯어말린다. 행여, 어쩔 수 없이 먹게 되면 얼마를 뛰어야 다시 체중이 빠질지 계산한다. 이렇게 자신의 행위(심지어 생각까지)는 규율된다. 자기 스스로를 감시하는 것이다. 이를 '자기 규율'이라 하는데(자기감시에 의한 규율권력의 작동), 일반적으로는 도덕심이나 윤리의식, 규범이 그 역할을 한다.

규율된 몸은 자기 몸에 극기나 통제감, 금욕처럼 특정 몸을 만드는데 필요한 자질이 새겨진 몸이다. 이런 몸을 위해서는 무엇보다 '운동하는 고통(근육이 찢어지는 고통에서 혼자 지루하게 운동해야 하는 고통까지)'이 극복되어야 한다. 이를 극복해 줄 시스템이 잘 구축된 곳이 피트니스 클럽이다. 최근 이곳은 다양한 집단 시스템으로 누구나 재미있게 운동할 수 있도록 바뀌었지만, 그럼에도 피트니스 클럽에서의 운동은 지루할 수밖에 없다. 회원권을 끊고 몇 번 나가다가 중단하는 이유다. 그렇기에 이 공간에는 꾸준히 운동할 수 있는 '자기규율 체계'가 마련되었다.

> 먼저 벽은 대부분 전신거울로 둘러싸였다. 자기 몸을 꾸준히 볼 수 있게 만들기 위해서다. 내 몸에 대한 시선의 권력을 자신에게 부과한다. 여기에 커다란 모니터에 나오는 여성 모델과 섹시남의 운동 장면이 사회적 몸의 기준을 보여준다. 그들의 몸을 보며 거울에 비친 내 몸을 비교한다. 되고 싶은 몸과 있는 그대로의 몸이 비교된다. 이때부터 사회적 몸의 기준은 내 몸을 감시하는 '보이지 않는 시선'으로 작동한다.[14)]

결국, 규율된 몸에는 자기 몸의 통제에 필요한 극기나 인내처럼 추상적인 자질이 체화되었다. 또한 이 몸에는 규율권력이 작동할 '체계^{systems}'도 장착된다. 규칙적 수면, 과학적 트레이닝과 식사, 운동 전문 지식으로 이뤄진 체계를 구축, 이의 실행을 위한 규율권력을 작동시키는 것이다. 궁금한 건, 이들이 이런 자기 규율을 일상화하는 이유다. 여러 답이 있겠으나, 가장 적절한 답은 그 통제로 추구하려는 몸의 완벽성에 있지 않을까? '내 몸에 대한 책임감을 바탕으로 완벽한 몸을 만들려는 의지.' 그러한 몸 통제와 관리는 결국 자신의 '정체성^{identity}'으로 이어진다. 자신은 금욕적 실천으로 몸을 완벽하게 통제하는 사람이라는 '도덕적 완결성'이란 정체성이 가능해지는 것이다.

---

14) 남상우 (2015). 피트니스 클럽의 사회학: 자기감시체제를 구조화한 공간. 서울스포츠, 296호, 44-45, 45쪽.

지배하는 몸: 스포츠계 불평등의 체화

'지배한다dominating'는 말은 다른 것과 비교하여 우세하거나 우위에 위치한다는 뜻을 지닌다. 특정 위계의 상층부에 있음을 말한다. 우리가 '자연스럽다'라고 할 때의 그 자연nature을 보자. 자연은 기본값이 불평등이다. 위계 상층부엔 사자가 있다. 그 밑으로 피라미드 형태의 먹이 사슬이 형성된다. 상층부 동물은 하층부 동물을 마음대로 잡아먹을 수 있다. 그렇다고 하층부 동물이 모여, '이건 아니잖아! 사자를 고소하자'라고 하진 않는다. 그냥 자연스러운 것이다. 사자는 모든 동물보다 우세한, '지배하는 몸'이다. 스포츠계 역시 지배하는 몸/지배 당하는 몸의 구분이 존재한다.

'헤게모니'가 체화된 몸

'오리엔탈리즘orientalism'은 서양 문명이 동양 문명에 비해 우월하다는, 조작된 사상이다. 서양 사람들(미국인이나 유럽인들)은 동양인이 열등하다는 생각을 당연시한다. 더 흥미로운 건, 다수의 동양인도 그런 생각에 수긍한다는 사실이다. '그래, 맞아, 서양이 우리보다 선진화됐지(혹자는 이를 '사대주의'라 부른다).' 지금이야 K-Pop을 비롯해 한국문화가 세계적으로 전파되며 나름의 지배력을 발휘하기 시작했지만, 아직도 다수는 서양문화가 더 낫다는 생각을 고수한다. 이는 어떻게 가능해졌을까? 서양 군대가 무력을 사용해 너희들의 열등함을 인정하라고 하진 않았다. 무력과 강압이 아닌, 문화적 수단을 이용하여 자발적으로 동의하고 인정하게 한 것이다.

우리나라의 일본 식민 지배 당시에도 이와 유사한 방식이 적용되었다. '조센징은 작고, 더럽고, 게으르니 너희들보다 문명화된(선진화된) 우리 일본이 너희들을 개조시켜주겠다!' 이게 식민지 근대화론(혹은 개조론)이다. 열등해서 스스로 발전하지 못하니, 선진화된 나라가 도와주고, 너희들은 그걸 고마워해야 한다는 논리. 여기에 동의하면 일본의 지배 정당성이 완성된다. '우리는(조선은) 일본에 지배당하는 게 당연하다'란 생각이 집단화된다. 바로, 헤게모니가 형성되는 것이다. 나는 이런 역사적 사례를 '오리엔탈 내의 오리엔탈리즘orientalism within the oriental'이라고 부른다.

헤게모니hegemony란 이탈리아 지식인/정치가 안토니오 그람시Antonio Gramsci, 1891-1937가 만든 개념이다.[15] 이는 지배계급이 자신의 세계관을 사회 전체의 상식으로 정하여 그들

15) 안토니오 그람시 지음, 이상훈 옮김 (1999). 그람시의 옥중수고 1. 서울: 거름.

의 지배를 자연스러운 것으로 보이게 하는 능력을 의미한다. 직접적인 강압보다는 문화적 수단을 이용해 '동의'와 '인정'을 받는다(이런 차원에서 헤게모니는 '상징 권력'이다). 지배계급은 단순히 폭력이나 무력만 사용하여 현재의 지배를 유지하지 못한다. 지배는 지배받는 집단의 동의를 바탕으로 할 때 강력해진다.

결국, 지배하는 몸에서의 핵심은 '헤게모니'를 어떻게 구축했는가다. 무엇으로 지배당하는 몸의 우위를 정당화했는가? 그 동의는 어떻게 가능했는가? 피지배층은 왜 지배층의 '몸의 기준'에 동의했는가? 그렇다면 스포츠계에서의 지배하는 몸은 무엇인가?

헤게모니를 획득한 축구 잘하는 몸

> 헤게모니적 남성성이란, 가부장이 과연 정당하냐는 문제에서 현재 수용되는 답변(일부 정당하다고 동의한 답변)을 체화한 젠더 실천의 배치 형태다. 이를 통해 사회는 남성의 지배적 위치와 여성의 종속적 위치를 보장한다.[16]

남녀공학 고등학교에서는 때때로 흥미로운 현상이 벌어진다. 남학생반과 여학생반이 함께 운동장에서 활동할 때 발생하는 현상이다. 교사의 개입이 없을 때, 즉 자율체육 때 학교 운동장은 자연스러운(불평등이 내재한) 공간이 된다. '운동장의 주인은 남자'라는 집단적 사고를 체화한 남학생들이 학교 운동장의 중심을 차지한다. '여자가 격한 운동을 하면 좀 이상해'라는 생각을 공유한 여학생들은 운동장의 주변(벤치나 그늘이 있는 곳)으로 밀려난다. 신체활동의 중심화와 주변화가 발생하기 시작한 것이다.[17]

물론 이러한 관계가 반드시 남녀 사이에서만 형성되진 않는다. 남학생들 사이에서도 만들어진다. 핵심적인 조건은 '운동능력'이다.[18] 그렇다면 어떤 운동(능력)일까? 축구다. 아이들은 반에서 축구를 잘하는 아이들을 중심으로 운동장 중심에서 편을 나눈다. 학업 성적이 우열을 가리는 교실 공간을 떠나, 운동 역량이 지배력을 발휘하는 운동장에서 아이들은 '축구 잘하는 몸' 주변으로 모인다. 남자 체육교사도 이때만큼은 지배의 인정과 동의를 받은 축구 잘하는 학생에게 운동장의 주도권을 넘겨주곤 한다(심지어 운동장 일부를 쓰려고 그들에게 '허락'을 구할 때도 있다).

이는 아마도 축구하는 몸(물질성)이 운동장 내 학생들 사이에 합의된 '헤게모니적 남

---

16) Connell, R. W. (1995). Masculinities. London: Routledge, 77쪽.

17) 남상우 (2016). 운동장에서의 젠더 중심화와 주변화: 중학생들의 체화된 젠더 질서 사고방식. 한국스포츠사회학회지, 29(3), 133-151.

18) 강효민 (2016). 운동 못하는 학생에 대한 사회적 배제의 상호작용성. 한국스포츠사회학회지, 29(1), 69-88.

성성hegemonic masculinity(비물질성)'[19]을 체화했기 때문일 것이다. 즉, 1) 학교 운동장을 남학생이 독점하는 것이 정당하다는 오인(잘못된 인정), 2) 운동장 중심이 '하필' 축구장으로 이루어졌다는 구조(운동장=축구장), 3) 축구장에선 축구 잘하는 사람에게 주도권이 있다는 공동의 합의가 어우러지면서, 축구 잘하는 몸은 헤게모니를 체화한다.

축구 잘하는 여학생의 몸도 헤게모니를 체화할 수 있을까?

학교 운동장의 구조적 형태로 인해 축구가 중심적 신체활동으로 공유되면서 남학생 중 축구 잘하는 몸은 집단의 지배력, 즉 '헤게모니'를 체화할 수 있다는 것이 이 책의 해석이다. 그렇다면, 이 해석에 따라 축구 잘하는 여학생의 몸도 학교 운동장에서 헤게모니를 획득할 수 있을까? 남학생 사이에서의 위계가 형성되었다면, 여학생 사이에서도 그러한 위계가 형성되지 않았을까? 축구하는 몸은 여학생 문화에서 어떻게 소비될까?

아름다운 몸: 미적자본을 획득한 몸

남자의 스포츠 활동에서 지배하는 몸이 '헤게모니적 남성성'을 체화했다면, 여자에겐 사회적으로 합의된 '미적자본aesthetic capital'을 획득한 몸이 지배력을 가질 것이다. 미적자본은 (남녀) 개인의 아름다움에 연계된 가치가 또 다른 부를 창출하게 만들어주는 자산을 말한다. 타고나거나, '미적 노동'에 참여하는 노력으로 획득된다.

> 미적자본이란 한 개인의 특권이나 기회, 부를 만들어낼 자산으로 인지 및 인정되는 여러 아름다운 특성의 관계적 구성물을 뜻한다.[20]

우리나라 여자골프계엔 공공연한 비밀이 있다. 외모를 따진다는 것이다. "거칠게 말하면, 우리나라에서 키 작고 못생긴 여자골퍼는 대놓고 멸시를 당한다. 생김새 탓에 심한 차별을 당했던 한 여자 골퍼는 견디다 못해 차별이 덜한 일본 투어로 건너가"[21] 버렸을 정도다. 심지어 '골프 여제'로 불리는 박인비 선수도 한때 메인 스폰서를 구하지 못해 애를 태웠다는데, 그 이유 중 하나가 외모 때문이었다. 스포츠계에서 미적자본은

---

19) 헤게모니적 남성성이란 R. W. 코넬(Connell)이라는 오스트레일리아 사회학자가 만든 개념이다. 여러 남성성 사이의 위계적 상호작용을 묘사하려 만들었다. 즉, 어떻게 하여 어떤 남성은 다른 남성보다 지배적 위치에 있고, 그것이 당연하게 보이며, 또 그런 위계가 왜 필요한지를 설명하기 위해 만든 개념.

20) Anderson, T. L., Grunert, C., Katz, A., & Lovascio, S. (2010). Aesthetic capital: A research review on beauty perks and penalties. Sociology Compass, 4(8), 564-575, 566쪽.

21) 정제원 (2019.09.30). [서소문 포럼] 조국 에러. 중앙일보, 30면.

선수들이 쟁취하려 노력하는 '내기물'이 아님에도, (여성) 골프계에서는 어쩌다 보니 '내기물'처럼 작동하게 되었다(사실, 골프계에서의 내기물은 정교한 골프 샷 실력이다). 여성 골프계만 그럴까? 여성 보디빌딩계도 사정은 같다.[22]

2020년에 은퇴한 테니스 선수 마리아 샤라포바Maria Sharapova, 1987-는 여자테니스계에서 미적자본을 체화한 '지배하는 몸'이었다. 여자테니스계는 전통적으로 '백인 여성' 중심의 헤게모니를 유지하던 곳이다.[23] 최근에 세레나 윌리엄스Serena Williams, 1981-같은 특출난 흑인 선수 덕에 마치 그곳이 모든 인종이 조화롭게 돌아가는 듯 보이지만, 실제로 여자테니스는 항상 (그리고 앞으로도) 백인 여성들의 놀이터였다. 이 중 샤라포바는 미디어의 상업적 주목을 독차지한 선수였다. 뛰어난 테니스 실력보다 모델 같은 외모가 조명 받았기 때문이었다. 오죽하면 나이키 광고가 '예쁜prettey 외모가 아닌 실력을 보라'고 했을까(QR코드 영상 참조).

샤라포바
나이키 광고

인종화된 몸: 흑인에게 가해지는 한계 짓기와 압력 가하기

대중적으로 성공한 특정 선수의 '인종'은 흥미로운 사회적 효과를 창조한다. 즉, 많은 사람이 사회적으로 행하는 인종차별 철폐 노력을 무력화하는 것이다. 일종의 '상징적 대표symbolic representation' 효과다. "인종 차별을 철폐하는 제도적 장치가 필요하다!" 이렇게 외치면, "무슨 말인가? 스포츠계의 저 수많은 흑인 선수들을 보라! 공적 영역에서 저렇게 성공하고 있지 않은가!" 스포츠계를 독점한, 그래서 언뜻 스포츠계의 '지배하는 몸'으로 생각되는 흑인들의 스포츠하는 몸은, 역설적으로 흑인들을 피지배 계층에 머물게 한다. 미국을 '인종 차별하지 않는 사회color-blindness society'로 오인(잘못 생각)케 하는 것이다. 이데올로기적 몸이라 할 수 있다.

이것이 문화이론에서 말하는 '한계 짓기'와 '압력 가하기'라는 기제다.[24] 2장 서두에서도 간단히 언급되었듯, 스포츠에서 지배성을 발휘하는 흑인의 몸은 의도치 않게 흑인은 스포츠 외의 분야에는 어울리지 않는다는 인식, 즉 육체적 힘을 쓰는 일만 잘한다

---

[22] 이와 관련해 세 편의 논문을 추천한다. 1) 김진성, 남상우 (2014). 여성 보디빌더의 기능적 갈등 분석. 한국스포츠사회학회지, 27(1), 27-49; 2) 이완영, 최윤소 (2018). 기혼여성 피트니스선수의 운동 경험에 대한 탐색적 연구. 한국스포츠사회학회지, 31(4), 83-107; 3) 이정래, 권기남 (2018). 여성 보디빌딩 선수들의 구별짓기에 관한 연구. 한국스포츠사회학회지, 31(1), 107-129.

[23] Domeneghetti, R. (2018). 'The other side of the net': (Re) presentations of (emphasised) femininity during Wimbledon 2016. Journal of Policy Research in Tourism, Leisure and Events, 10(2), 151-163.

[24] Williams, R. (1978). Marxism and literature. Oxford University Press.

는 편견stereotype을 만든다. 그러면서 사회적으로 모든 흑인에게 '한계 짓기(네가 진출할 수 있는 곳은 스포츠뿐이야!)'와 '압력 가하기(스포츠 외의 분야로 도전할 수 있겠어?)'를 행한다. 흑인의 다른 역량을 집단적으로 의심하게 구조화한다.

> 테니스계와 소비사회에 등장한 세레나와 비너스 윌리암스의 성공과 주목성은 미국 스포츠와 사회에 자리 잡은 '인종 차별하지 않으며 동등한 기회가 마련된' 신화(myth)를 확장, 자신들에게 고착된 인종적 예외성(racialized exceptionality)을 불분명하게 만든다.[25)]

이뿐만이 아니라, 미국에서 흑인이 지배하는 스포츠 세계는 '차별하는 국가'란 미국의 이미지를 자국뿐 아니라 전 세계적으로 덮어 버리는(또는 상쇄하는) '환영의 영화관'이 된다. 이미 전 사회적으로는 인종주의 때문에 극심한 차별이 가해지는 미국이지만, 미디어 속 흑인 선수들의 스포츠하는 몸은 그런 문제를 가린다. 일종의 '대리인 효과'다. 차별받는다고 생각하는 인종 중 성공한 대표 인물을 미디어를 통해 이데올로기화(즉, 사람들에게 잘못 이해하여 인정하게 조작)하며 차별을 덮는 기법이다. 이것이 집단적으로 이루어질 때 '인종 정치politic of race'가 작동한다. 인종에 따라 사회적 자원이 적절히 분배되고 있음을 환영적으로 보여주는 것이다.

건강한 몸: 계획성과 절제를 체화한 몸

지배의 정당성은 건강 이미지를 체화한 몸으로도 이루어진다. 건강한 몸이란 어떤 몸일까? 이 단순한 질문을 바탕으로 이루어진 연구는 다음의 〈그림 3-3〉과 같은 '건강'과 '비만'의 사회적 표상(특정 현상 및 개념에 대해 대표화 된 인식)을 그려냈다.[26)]

우리는 날씬하고 잘 정돈된 몸을 건강한 몸으로 인식한다. 반면, 뚱뚱한 몸은 '비만인 몸'으로 규정한다. 문제는 건강이라는 상태는 외적으로 판단이 되지 않는다는 사실이다. 그래서 건강은 잃어야만, 즉 '상실되어야만' 드러나는 속성을 지닌다. 공기처럼, 없어져야 그 존재가 인식된다. 그럼에도 사람들은 건강한 몸을 외적인 모양(특히 날씬한 몸)으로 판단하며 특정 가치를 부여한다. 반대로, 뚱뚱한 몸은 내적으로 건강할지언정(뚱뚱해도 건강에 큰 문제가 없는 사람도 많다) 외적 표상은 부정적이다.

---

25) Schultz, J. (2005). Reading the catsuit: Serena Williams and the production of blackness at the 2002 US Open. Journal of Sport and Social Issues, 29(3), 338-357, 340쪽.

26) 남상우(2010). 사회적 구성체로서의 건강 담론: 청소년이 인식하는 건강과 비만의 사회적 표상. 한국체육학회지, 49(1), 73-84.

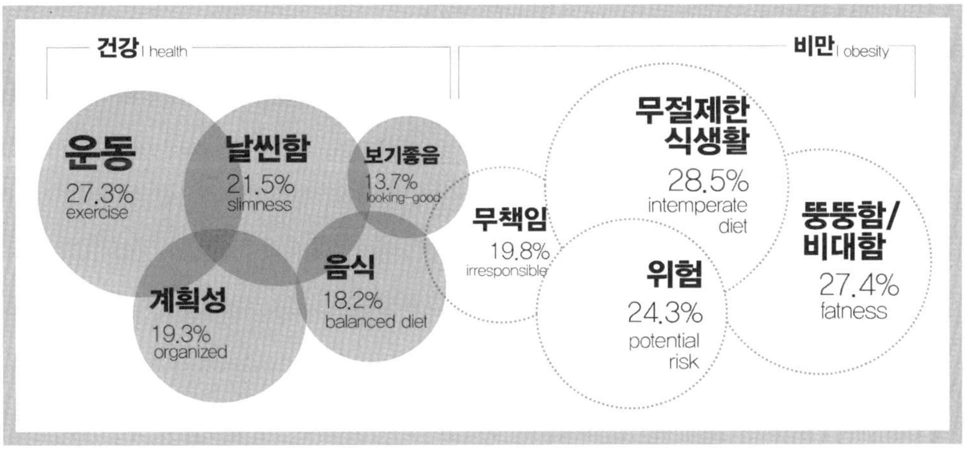

[그림 3-3] 건강과 비만이란 '단어'는 우리 사회에서 전혀 다르게 소비된다. 그러한 소비 양상의 차이는 결국 비만처럼 보이는 뚱뚱한 몸에 대한 열등적 위치를 부여한다.

즉, 비만인 몸은 '무절제한 식사 때문에 위험하고 책임감이 결핍된 몸'으로 인식된다. 그에 따라, 비만인 몸은 건강한 몸(정확히는 날씬한 몸)에 비해 열등한 위치에 놓이고, 이들에게 가해지는 사회적 차별은 정당화된다. 중요한 질문은, '누가, 무엇을 위해 비만을 저렇게 재현했는가'이다. 이는 뚱뚱한 몸을 관리하는 일종의 '통치성governmentality(통치를 위한 합리성 구축)'이 아닐까? 정상 체중을 유지하는 것(건강한 몸 유지)은 인구를 관리할 국가에겐 중요한 과업이기에, 그 정상성을 유지하고자 개개인에게 '정상'과 '비정상'의 기준을 강요, 스스로 몸을 관리하게 만드는 전략이 아니겠냐는 의문이다.[27]

의사소통하는 몸: 상호작용과 의례화

'의사소통하는 몸communicative bodies'은 다른 말로 '상호작용하는 몸'이다. 단순한 상호작용이 아닌, 메시지를 교환하는 상호작용이다. '매체로서의 몸'이라 한다. "몸은 태어나 죽을 때까지 세계와 우리에게 일어나는 모든 걸 지각하게 해주는 매체다."[28] 인류학자 존 버튼John Burton의 주장이다. 동시에, 스포츠하는 몸은 실용적 목적과 의미가 제거된 의례화된 몸으로도 상호작용한다. 이 몸은 타인에게 특별한 메시지를 전달한다.

[27] Powell, D., & Fitzpatrick, K. (2015). 'Getting fit basically just means, like, nonfat': children's lessons in fitness and fatness. Sport, Education and Society, 20(4), 463-484.

[28] Burton, J. W. (2001). Culture and the human body: An anthropological perspective. Prospect Heights, IL: Waveland Press, 3쪽.

의례화된 스포츠(하는) 몸이 전하는 메시지

"의례적으로 하는 겁니다." 행사 준비 중 해야 할 이유가 딱히 없어 보이는 의식이 있었다. 이걸 왜 하는지 담당자에게 물었더니 의례적이라고 말한다. 본래 하던 거라, 별 의미는 없지만 (그냥) 한다는 답변이었다. 본래 '의미'란 언어가 만드는데, 의례ritual엔 그런 언어가 없다. 순수하고 이상적인 동작만 채워진 것이 의례다. 그래서 사전적으로 의례란 "고개 숙이기나 악수처럼 동작 자체에 직접적인 의미 없이 이루어지는 인간의 전통 행위(옛날부터 내려오던 행위)"로 정의된다.

스포츠는 이처럼 목적과 의미가 없는 '의례화된 몸'을 만들어낸다. 이게 무슨 뜻일까? 이해를 위해 먼저 '의례화ritualization'란 개념을 살펴보자. 의례화란, 실용적 의미가 제거된 채 단순히 동작 자체의 형식만이 반복되는 과정을 뜻한다.

우리는 왜 달리고, 던지고, 구를까? 아침 출근 버스를 놓치면 부장에게 온종일 시달려야 함을 아는 회사원은 40m 앞에서 막 떠나려는 512번 버스를 향해 전력 질주한다(달리기). 한가롭게 물을 마시는 사슴을 잡지 못하면, 동굴에 있는 가족은 저녁을 굶어야 함을 잘 아는 원시인은 신중하게 창을 던진다(창던지기). 1m 앞쪽에 매장된 지뢰밭을 무사히 건너야만 가족을 볼 수 있음을 아는 병사들은 차례로 뛰어 날아 앞구르기를 한다(구르기). 본디, 행위에는 이러한 실용적 '목적'과 '의미'가 담겼다.

이런 목적과 의미를 지닌 행위에서 형식만을 취한 것, 즉 '의례화된 행위'가 스포츠다. 역기 들기(역도), 트랙 달리기(육상), 마루에서 표현하기(체조)의 행위에는 그것이 본래 지녔던 실질적 목적과 의미가 없다. 예를 들어, 창던지기는 일종의 전투 행위다. 적을 살해하는 것이 목적이다. 하지만 육상의 창던지기는 누군가를 살해하고자 행해지지 않는다. 단순히 전투행위의 '형식'만 차용했다. 창던지기의 본래 목적이던 '전투적 의미'는 사라지고, 창던지기 '형식'만 의례화됐다. 그러면서 스포츠는 의례화된 몸을 만들어낸다. 물론 누군가는 반박할 것이다. 스포츠에는 자기 극복, 기록 달성, 승리 추구, 메달 획득, 경쟁 등, 목적과 의미가 내재한다고. 하지만 그건 스포츠가 근대화되며 의례화된 활동의 무의미함을 은폐하려 추가된 장막일 뿐이다.[29]

흥미로운 점은, 이처럼 스포츠계에서 의례화된 몸(목적과 의미가 제거된 몸)이 다른 사람들(특히 관객)에게 특별한 의미, 즉 '메시지'를 전달한다는 사실이다. 세 가지다.

---

29) 이창익 (2003). 몸의 테크닉과 희생제의: 스포츠에 대한 의례학적 탐구. 종교문화비평, 3, 29-59.

첫째, 의례화된 스포츠하는 몸은 관객(타인)에게 '단련된 몸(trained/disciplined bodies)'의 의미를 전달한다. 일상에서 나태하고 관리되지 않은 상태로 방치된 몸을 반성하라는 차원의 의미라 하겠다. 자기 몸에 책임감을 지라는 메시지다.

둘째, 스포츠하는 몸은 '몸의 가능성(potential bodies)'을 의미화한다. 인간의 한계를 넘어선 몸의 동작(예를 들어, 체조의 동작, 육상의 빠르기, 축구 드리블, 환상적인 캐치, 높은 점프력 등)을 보여주며, 일상적 몸의 잠재성을 자각시킨다. 야, 너두 할 수 있어.

셋째, 스포츠의 의례적 형식은 역설적으로 우리 몸에는 '폭력성'이 잠재되어 있음을 말해준다. 스포츠는 몸의 폭력성이 문명화 과정에서 은폐된(규칙화되어 제거된) 행위다. 일상에서 제어되어야 할 폭력성을 스포츠가 보존하는 것이다. 그래서 스포츠를 볼 때마다 우리는 그 잠재된 폭력성을 느낀다(13장 '스포츠와 일탈' 참조).

즉, '스포츠하는 몸'은 행위의 본래 의미가 제거된 '형식'만을 채택함으로 '무의미성'을 체화함과 동시에, 그 무의미성이 역으로 1) 단련된 몸의 금욕적 의미, 2) 몸이 지닌 가능성의 의미, 3) 인간 고유의 잠재된 폭력성이란 의미를 전한다.

내 몸이 명함이다: 스포츠하는 몸으로 자신을 드러내기

"한마디 말보다 한 장의 그림이 더 많은 걸 말해준다. 의사와 간호사는 환자들이 잣대로 삼는 '걸어 다니는 그림'이다. 만약 당신을 수술할 의사가 열 걸음도 채 못 걷고 숨을 헐떡거린다면, 그 의사를 믿고 당신은 수술대 위에 오르겠는가? 난 못한다."[30] 전문직과 몸의 관계성을 본 연구에서 제시된 인터뷰 내용이다.

이를 염두에 두고 피트니스 클럽을 보자. 이곳에서 퍼스널 트레이너[PT]는 '걸어 다니는 광고판'이다. 몸이 곧 '명함'이기에, 그들은 몸을 꾸준히 광고판처럼 꾸민다. 고객에게 몸을 보여주며 '내가 이런 사람이다'를 알리고, 몸을 전시하며 '제게 코칭 받으시죠(지갑을 여시죠!)'란 메시지를 전한다. 이를 위해 트레이너는 '신체자본[physical capital]'을 체화해야 한다.[31] 이 신체자본은 세 가지(장식, 체형, 신체 역량) 요소로 구성된다. 유능한 PT로 보이도록 하는 장식[adornment](브랜드 옷, 장신구, 거무스름한 피부), 회원의 눈을 사로잡을 멋진 체형[physique](큰 키에 굴곡지고 날씬한 몸매), 몸의 기능성을 극대화할 기술[physical capacity](시범역량 및 기술, 지도역량).[32] 즉, '트레이너다움'의 체화다.

---

30) Monaghan, L. F. (2010). 'Physician heal thyself', part 1: A qualitative analysis of an online debate about clinicians' body-weight. Social Theory & Health, 8(1), 1-27, 16쪽.

31) Shilling, C. (1991). Educating the body: Physical capital and the production of social inequalities. Sociology, 25(4), 653-672.

[그림 3-4] 퍼스널 트레이너는 자신의 몸에 신체자본을 새기고, 그것을 피트니스 클럽 회원들에게 보여주며 인정을 받는다. 퍼스널 트레이너는 한 마디로 '걸어다니는 광고판'이다.

결국, 트레이너가 지닌 건강하고 잘 단련된 스포츠하는 몸은 '도덕적, 사회적 가치를 담은 상징적 저장고symbolic container로서 타인과 상호작용한다.[33] 그 저장고를 회원들에게 보여줌으로써 그들은 '자신을 신뢰해도 된다'와 '왜냐하면 나는 몸 관리에 전문적이기 때문'이라는 명료한 메시지를 전달한다. 그 몸에 동의한 회원은 트레이너를 인정하고 그들에게 몸을 맡기며 지갑을 연다.

하위문화 자본을 체화한 스포츠하는 몸

> 하위문화 자본은 특정 하위문화 내에서 구성원들에게 인정, 존경, 지위, 위상으로 보상받는 특징이나 성격, 스타일, 지식, 혹은 다양한 유형의 실천이 결합된 구성물이다.[34]

2012년에 나는 박사 후 연수원 자격으로 미국에 있었다. 사회학과 박사과정 수업을 들으며 한 백인 학생을 알게 되었는데, 그의 몸은 내게 '하위문화 자본'을 명확하게 보여줬다. 그는 어릴 때부터 문신을 했다. 처음엔 팔에만 조금 하는 수준이었다. 그러다 언젠가부터 문신 문화tatoo culture에 관심이 생겨 대학원에서 문신 관련 하위문화를 연구하기 시작했다. 결국, 얼굴과 손바닥을 제외한 몸 전체에 문신을 했다. "너 괜찮냐?" 걱정스러웠던지(?), 수업 중 교수가 묻는다. 어깨를 한 번 으쓱하더니 한 마디 한다. "결국 선을 넘었네요." 그에게 문신은 하위문화의 구성원이 되기 위한 일종의 '입장권'이었다. 문신 한 번에 한 발짝. 그렇게 그는 결국 넘지 말아야 할 선를 넘어 버렸다.

---

32) Harvey, G., Vachhani, S. J., & Williams, K. (2014). Working out: Aesthetic labour, affect and the fitness industry personal trainer. Leisure Studies, 33(5), 454-470.

33) Hutson, D. J. (2013). "Your body is your business card": Bodily capital and health authority in the fitness industry. Social Science & Medicine, 90, 63-71, 63쪽.

34) Jensen, S. Q. (2006). Rethinking subcultural capital. Young, 14(3), 257-276, 263쪽.

어떤 조직에 들어가 인정을 받으려면 그곳이 요구하는 배짱이나 폭력적 성향, 허풍 같은 특정한 몸의 성향을 보여줘야 한다. 그래야 함부로 건드리지 않는다. 마찬가지로 하위문화적 스포츠를 하는 과정에서도 그 문화가 요구하는 몸은 중요한 입장권이 된다. 흑인들끼리 모여 자기들만의 문화를 형성한 슬럼가의 농구장에 백인이 들어가려 한다. 그러자 한 흑인이 가로막으며 농구공을 주고 골대 쪽을 슬쩍 흘긴다. '여기 들어오려면 덩크를 해 보라'는 눈치다. 백인이라는 '이질적 몸'이 흑인으로 규범화된 공간으로 들어올 때 필요한 건 '덩크를 할 수 있는 몸'의 입증이었다.

익스트림 스키extreme ski를 타는 집단에서는 새로 들어온 사람에게 '배짱'을 시험한다. 헬리콥터를 타고 눈 덮인 산 위로 가, 스키 신은 채로 곧장 뛰어내리게 한다. 문화가 요구하는 몸의 자격을 입증해야 하는 순간이다. 스키 실력이 중요할까? 중요할 것이다. 하지만 더 중요한 건 급경사의 공포와 죽음의 위험을 극복해낼 '배짱'이다. 그 자질을 스키를 타며 몸으로 증명해야 한다. 죽을 고비를 몇 번 넘긴 후 무사히 도착한 신입회원에게 기존 멤버는 악수를 청하며 환영한다. 그의 몸에 스키 문화로의 입장권이란 상징적 문신이 새겨지는 순간이다. '하위문화를 체화한' 몸이 된 것이다.

의사소통하는 몸: 몸의 기술을 어떻게 이해할까?

'몸의 기술(technique of the body)'이라는 마르셀 모스(Marcel Mauss)의 글은 몸이 사용하는 기술이나 전략과 관련된 주제에서 가장 고전적인 논문으로 평가받는다.[35] 특히 이 논문에서 말하는 몸의 기술은 직업적인 스포츠 하위문화, 즉 직업문화에서 통용되는 기술과 특성을 뜻한다. 이런 기술은 스포츠에서도 통용된다. 한 예로, 전문 기수(말타는 사람)들이 팬이나 승마자, 임원들을 동시에 만족시키기 위한 나름의 소통 기술을 개발하는 것이다. 극적으로 드러내기(dramatic accentuation)와 은폐하기(concealment)다. '극적인 드러내기'는 경주에서 앞서 나갈 때 자기 팔을 격렬하게 흔드는 행위다. "나는 지금 열심히 노력하고" 있음을 관중들에게 보여준다. 하지만 반대로 이는 다른 기수에게 "내 말이 곧 힘이 떨어져 속력이 줄 것"이란 점을 말해준다. '은폐 전략'은 승자가 예상되는 경기에서 매우 중요하다. 야바위꾼인 타짜와 마찬가지로 기수들 역시 너무 큰 차이로 뒤쳐지거나 앞서지 않기 위해 자신의 '진짜 속력'을 감추는 행위를 말한다.[36]

물론 우리가 일상적으로 접하는 스포츠에서 이러한 '암울한(?)' 하위문화적 실천을 보기는 어렵다. 하지만 특정 종목에는 나름의 하위문화가 형성되며, 거기에서 요구하

---

35) Mauss, M. (1973). Techniques of the body. Economy and Society, 2(1), 70-88, 85쪽.

36) Scott, M. B. (1968). The racing game. Chicago: Aldine, 43쪽.

는 '몸의 성향'을 체득하도록 조직화된다. 예를 들어, 야구에서는 빈볼 다툼이 벌어졌을 때 뒤로 물러서지 말아야 한다(남성성 증명에 실패하게 된다). 아이스하키에선 헬멧과 스틱을 버리며 선수들끼리 주먹다짐을 한다. 아이스하키의 하위문화다. 그 싸움을 회피하면 안 된다. 그건 본인뿐 아니라 팀과 팀의 에이스를 보호하는 일종의 의식이기 때문이다. 의식을 어기면 그 문화에서 배척된다.

반영하는 몸: 프로젝트로서의 몸

"풍요로운 사회에서 몸은 개인의 자아 정체성 일부로 수행되고 완성되어야 할 일종의 '프로젝트project'로 여겨지는 경향이 있다……즉, 몸은 소유자의 각성과 노력으로 갈고 다듬어질 수 있는 변화 가능한 실체가 된다."[37] 몸이 프로젝트가 된다는 건 무슨 의미일까? '일정한 기간 안에 특정 목적을 달성하고자 수행하는 업무의 총칭.' 이것이 프로젝트의 사전적 의미다. 프로젝트로서의 몸은 소비문화가 주류가 되고, 자기 계발이 일상적 행동 원칙이 된 오늘날, 건강 관리나 보디빌딩, 몸의 기능성을 증진하여 성과performance를 높이고자 몸이 주요 투자 대상이 되었음을 말해주는 표현이다. 그렇기에 '반영하는 몸mirroring bodies'은 타인을 위해 무엇인가를 보여주기보다, 자기만족 차원의 욕구 해소를 지향하는 몸으로 이해된다.

보디 프로필: 이력서가 된 몸

"단지 제 탄탄한 몸을 자랑하는 게 아니라 열정적 태도와 건강한 습관을 공유하려는 게 더 크죠." 보디 프로필body profile이란 일정 기간 동안 최상의 몸을 만들어 이를 사진으로 남기는 행위다. 주로 20-30대 중심으로 행해진다. 동기는 다양하다. 자신의 멋진 몸을 찍어 SNS에 자랑하려는 욕구가 크다. 하지만 다수는 '자기만족'이다. "20대에만 가질 수 있는 몸을 시각적 기록으로 남겨두고 싶어서." 일생에서 유일할 '젊음youthfulness'을 체화하려는 동기가 더 강한 것이다.

보디 프로필

물론, 프로필화된 몸profiled body[38]이 체화하는 건 '젊고 단련된 20대의 몸'

---

37) 크리스 실링 지음, 임인숙 옮김 (2011). 몸의 사회학. 서울: 나남, 30-31쪽.

38) '프로필'이란 개인의 경력과 형편을 상세히 적은 서식을 뜻하는 개념이다. '몸'을 프로필화한다는 건, 결국 몸이 지닌 경험과 그것의 현재 상태를 사진 형식으로 정리하여 변화되는 과정을 역사화하겠다는 뜻이다. 이런 차원에서 '프로필화된 몸'이란 '역사성이 기입된 몸' 정도로 재개념화할 수 있을 것이다.

뿐이 아니다. '통제감'도 체화하려는 욕구 중 하나다. 특히 오늘날의 젊은 세대는 자기 마음대로 뭔가를 이룰 수 있는 게 거의 없다. 인간은 이런 사회환경에 오래 노출되면 통제감이 상실되며 무기력해진다. 자신감도 떨어진다. 이런 시대에 사람들은 어떻게든 그 통제감을 되살리려고 한다(갑질이 사회 전반적으로 만연된 것 역시 이 통제감 상실에서 찾을 수 있다). 이때 '몸'은 중요해진다. 반드시 그렇지만은 않음에도, 거의 모든 사람이 '세상에서 유일하게 내 맘대로 할 수 있는 것'을 몸으로 꼽기 때문이다.[39] 몸을 단련시키며 잃었던 통제감을 체화하는 것이다.

이와 함께, 프로필화된 몸은 낮아진 자신의 사회적 지위를 높이는 (비록 일시적이지만) 심리적 효과도 가져다준다. "운동한 몸을 사진으로 남기면 이게 일종의 제 성과가 되잖아요. 내가 노력해서 이런 몸을 만들었다, 뭐 그런 성과. 논문을 쓰건, 책을 만드는 것처럼 저 역시 몸을 만드는 거죠. 이걸 보면, 제가 마치 되게 높은 지위에 있는 사람처럼 느껴져요." 무기력에 빠져 있던 대학원생이 4개월 동안 보디빌딩을 한 후 프로필 사진을 보여주며 내게 한 말이다. 스포츠하는 몸은 성과를 반영한다.

소비의 대성당cathedrals of consumption: 소비문화는 어떻게 확산하는가?

칼 마르크스는 자본주의 사회에서 '생산수단(공장이나 기계)' 소유 여부에 따라 계급이 나뉜다고 주장했다(자본가 계급 혹은 노동자 계급). 하지만 후기자본주의시대에는 '소비수단'을 지닌 자가 부르주아가 된다. 실제로 월마트나 맥도날드, 이케아(세계적 가구기업), 쉘(정유기업), 애플, 마이크로소프트 등은 무언가를 만들지 않는다. 무엇인가를 판다. 포천 500대 기업 10위 안에 든 곳은 모두 소비를 주종으로 한다. 그렇다면, 소비문화에서의 소비수단은 어떠한 사회적 특징을 지닐까? 미국 사회학자 조지 리처(George Ritzer)는 이를 종교적 웅장함과 엄숙함에 빗대어 '소비의 대성당'이라 부른다. 대성당이 지닌 웅장하고 뭔가 거룩한 느낌이 최근 거대화하는 쇼핑몰 등에 배태되었단 것이다(대표적으로 이탈리아 밀라노 갈레리아 비토리오 에마누엘레 같은 곳을 보라). '소비의 대성당화'다. 예를 들어, 프랜차이즈 패스트푸드점, 쇼핑몰, 카지노, 크루즈 선박, 스포츠 스타디움 등이 대표적이다. 소비문화를 종교화한다. 여기에 피트니스 클럽을 포함시키는 건 어떨까?

부상을 체화한 몸: 위험을 의도적으로 즐기는 몸

1991년에 개봉했던 영화 『폭풍 속으로Point Break』는 서핑을 배경으로 한 범죄물이다. 이 영화 중간에는 거대한 함선도 잡아먹을 것 같은 파도와 그 속으로 들어가는 서퍼들

39) 변희원 (2015.11.02.). 고통이 즐겁다 내 맘대로 되는 건 내 몸뿐이니까. 조선일보, A23면.

이 나온다. 이들은 심심한 파도에서 서핑 타는 걸 거부한다. 오로지 자신이 죽을 수도 있을 만큼 위험한 파도만 골라 탄다. 왜 그럴까? 파도를 탈 때 자기 몸으로 들어오는 형용하기 힘든 '짜릿함' 때문이다. 결국, 주인공 중 한 명은 마지막에 그 파도에 휩쓸려 죽는다. 이는 단지 영화에서만 일어나는 일이 아니다. 실제로 이렇게 위험한 스포츠 활동에 위험을 무릅쓰고 참여하는 사람들이 많다.

'위험'의 기준이 애매하긴 하나, 일반적으로 스카이다이빙, 스쿠버다이빙, 래프팅, 암벽등반, 스키와 같은 '부상' 혹은 (극단적으로) '죽음'을 수반할 확률이 높은 활동을 '위험 스포츠risk sports'라 한다. 이 스포츠에 참여하는 이유는 다양하다. 엄격한 규칙과 법 등의 안정 장치로 지루해진 일상에서 자극을 추구하려는 성향 때문이기도 하고, 굴곡 없는 사회에서 '안전이 어느 정도 확보된 위험'을 경험하며 짜릿한 느낌으로 삶의 활력을 느끼려는 이유도 작동한다.

그런데 스카이다이버를 대상으로 한 연구는 이와 다른 해석을 제시한다.[40] 연구에선 '에지워크edgework'란 개념이 등장하는데, 이는 위험 활동에 자발적으로 참여하는 사람의 긍정적 경험을 묘사하며, 위험한 활동의 생산적 측면을 강조하는 개념이다.[41] 즉, 위험 활동에 자발적으로 참여하는 사람들은 단지 자극 추구나 도박 같은 인생에 관심을 두지 않는다. 이들은 자기 통제력이 발휘되지 않는 상황 속에 자신이 위치되는 걸 거부한다(여행으로 예를 들자면, 단체관광 같은 활동). 위험 활동을 경험하며, 이들은 운명을 '주사위 던지기'에 맡기기보다, 위험한 상황(도전)에 마주하며 이를 타협하는 기술을 발휘할 기회를 추구한다. 그럼으로써 이들이 얻는 생산적인 결과는 '자기 결정권'과 '자아실현' 등, 자아를 완성해가는 느낌이다. 정체성의 정점에 도달해가는 것이다.

흥미로운 점은, 이들이 위험한 활동에 참여하며 얻게 되는 몸의 상처, 즉 '부상'이다. 이들은 부상을 어떻게 해석할까? 부상을 입은 몸에 어떤 의미를 부여할까? 쉽게 예상할 수 있듯, 이들은 부상 당한 몸을 '실패한 몸'으로 보기보단, 일종의 '훈장'으로 여긴다. 그리고 그때 실패했던 타협을 복기하고 재기하려는 동기motivation로 간주한다. 더 중요하게는, 그러한 몸이 타인과의 상호작용에서 일종의 지위를 결정해준다는 점이다.

---

40) Lyng, S. (1990). Edgework: A social psychological analysis of voluntary risk taking. American Journal of Sociology, 95(4), 851-886.

41) '에지워크'란 개념을 우리 말로 옮기자면 '가장자리에서의 행위'쯤 된다. 즉, 삶과 죽음, 의식과 무의식, 정상과 비정상, 질서와 무질서 사이 등, 일종의 '문화적 경계의 가장자리에서 하는 타협적 행위'란 의미의 개념이다.

몸의 기능성을 체화한 필라테스 몸

신자유주의 사회[42]에 적합한 '(꾸준히) 자기 계발하는 몸'은 기본적으로 '성과주의'를 기반으로 만들어진다. 지속하여 성과(실적)를 보여주며 자신을 입증해야 할 환경에서 사람들은 대개 두 가지 행동 방식 중 하나를 선택한다. 포기 또는 발전을 위한 투자. 연공 서열 시대가 저물며, '샐러던트(샐러리맨과 스튜던트의 합성어)'로 대표되는, 끊임없이 발전하는 몸만이 살아남는 사회에서 개인의 몸에 필요한 것은 무엇이 되었을까? 이런 환경에서 살아남아야 한다는 '욕망('생존본능'이란 표현이 더 어울리지만)'은 각 개인의 몸에 무엇을 체화하도록 했을까? 근력? 끈기? 지구력?

무엇보다 성과를 꾸준히 내는 데 필요해진 건 다름 아닌 '기능성functionality'이다. 기능성과 반대의 의미를 지닌 건 '장식성'이다. 디자인적으로 매우 아름다운 주전자가 있다고 가정하자. 그런데 물을 따르기가 굉장히 불편하다. 장식성은 뛰어나나 기능성은 떨어지는 주전자다. 성과주의 사회는 점차 기능성을 추구한다.[43] 이에 따라 조직 차원에서도 업무의 기능성 중심으로 일이 재편된다. 일의 효율성, 부서 간 협업을 잘 할 수 있는 팀워크, 커뮤니케이션 역량, 그리고 이 모든 것이 균형을 이루는 조화성 등이 강조된다. 최근 거의 모든 업무가 팀 중심으로 돌아가는 이유다.

당연히, 성과 창출의 주체인 인간의 몸 역시 이러한 기능성을 추구해야 한다. 기능성의 핵심은 '코어'와 그것을 중심으로 한 전체 근골격의 '조화' 및 '균형'이다. 역기를 들며 근육을 기르는 방식, 러닝머신 위를 달리며 심폐지구력을 기르는 방식은 기능성과 연결되지 못한다. 개별적 발달만을 추구하기 때문이다. 중요한 건 각 기관과 근골격의 '유기적 작동'이다. 그것을 가능하게 해줄 활동이 필요해졌다. 외부에서 충격이 가해져도 이겨낼 '중심'과 이를 바탕으로 한 '유기적 움직임'이 가능한 몸. 어긋난 몸을 재활시켜줄 '자생적 기능성'을 갖춘 몸. 그런 몸만이 성과주의 시대에 생존할 수 있는 조건이 된다. 성과 압박에 시달리는 고소득 직업군이 지속해서 필라테스를 찾는 이유를 여기

---

42) 신자유주의 사회(neoliberal society)의 특징은 다양하다. 그중 가장 독특한 것은 기존 자본주의 사회에서 구분되던 '경영자(자본가) 대 노동자' 구도가, 신자유주의 사회에서는 '노동자가 경영자와 동일시'되는 현상이다. 그리하여 우리 모두는 '자기 자신'이라는 기업에 고용되어 스스로 착취하는 노동자로 살아간다. 뭔가를 생산하거나 성과로 연결되지 않으면 불안해하며, 본인이 본인을 닦달하는 사회.

43) 대표적인 변화 중 하나가 바로 회사의 '복장'이다. 과거 회사의 복장은 기능성이 아닌 장식성을 추구했다. 더워도 와이셔츠에 넥타이, 양복을 입고 출근해야 했다. 반바지 입고 오면 사표를 각오해야 했다. 하지만 요즘 대부분 회사는 장식성을 버리고 기능성을 택하는 중이다. 노타이, 반바지 등, 편하게 입고 와도 된다. 핵심은 하나다. '업무 효율성'이 좋은가?

서 찾을 수 있지 않을까? 기능성을 극대화한 필라테스(심지어 필라테스는 강습료가 비싸다)라는 가설적 설명에 대해 어떠한 논의가 더 가능할까?

요가하는 몸과 필라테스하는 몸의 차이는 무엇인가?

필라테스하는 몸이 사회가 요구하는 성과 및 업무역량의 기능성을 체화한 몸이라는 위의 설명은 여러 논박의 여지를 지닌다. 흥미로운 것은 유사한 듯 보이지만, '명상'과 '호흡'이라는 독특한 기제로 이루어지는 '요가'의 체화적 속성이다. 기구 사용 여부나 몇몇 차이를 지닐 두 활동(요가와 필라테스)은 각각 무엇을 체화한다고 볼 수 있을까?

결론적으로, 스포츠하는 몸은 우리 사회의 여러 단면, 특히 비물질적인 가치나 규범, 사회적 영향력이 배태되면서 기존의 사회질서를 재생산하는 데 역할을 한다. 앞서 설명된 규율된 몸, 지배하는 몸, 의사전달적 몸, 반영하는 몸은, 각각의 교차 지점에서 개인의 정체성을 형성하고, 타인과의 관계에서 구별짓기나 권력관계 및 헤게모니 형성에 기능하는 일종의 '사회적 영향력' 도구가 되기도 한다.

결론: 스포츠와 몸의 이해

우리는 계층에 따라 몸의 쓰임새가 달라지는 걸 사극 드라마를 보면서 알게 된다. 양반은 뛰지 않는다. 뛰는 건 노비였다. 양반은 운동하지 않았다. 천박하게 그걸 왜 하나, '아랫 것(하인)'들 시켜라, 그랬다. 문화에 따라서도 몸에 대한 인식은 천차만별이다. 우리나라 사람은 '신체발부 수지부모' 사상을 고수한다. 몸의 주인을 부모에게 귀속시키는 것이다. 앞서 봤던 문신 사례에서 백인 대학원생에게 내가 처음 물었던 건, '엄마가 뭐라 안 해?'였다(나도 물어 놓고 아차 싶었다). 그때 그 친구 표정은 '너 마마보이냐' 쯤 되었다. 조폭처럼 생겨서 의외로 순진하네, 라는 표정(당시 나는 머리카락을 밀어버린 상태였다). 그들에게 몸은 온전히 자기 것이었다. 이처럼 몸은 계급에서 젠더, 문화 등, '사회적인 것'이 배어 들어간 사회적 구성물이다. 몸에 내재한 의미, 몸 쓰는 방식, 몸을 향한 관점은 문화마다, 사회마다, 역사적으로 모두 다르게 형성되었다.

인간은 특정한 환경과 상황에 적응하며 사회를 살아간다. 그 과정에서 각 상황에 맞는 '습관적 구조habitual structure'를 몸에 새긴다. 이를 사회학적으로 '체득된(몸으로 획득한)

사회 구조', 즉 '아비투스habitus'라 한다(이는 프랑스어다). 프랑스 사회학자 피에르 부르디외Pierre Bourdieu, 1930-2002가 발전시킨 개념이다.[44] 문제는, 물고기가 물속에서 물의 존재와 소중함을 모르듯(고기는 물 바깥으로 나와야 그 존재를 깨닫는다), 사회 속 인간 역시 이러한 '무의식적 습관 구조'인 아비투스를 잘 인식하지 못한다. 내가 살던 사회와 전혀 다른 곳에 갔을 때만 그 습관 구조를 깨닫는다(나에겐 '고개 숙여 인사하기'가 그랬다. 미국에서는 뭔가 어색한 행위였다). 이처럼, 인간은 누구나 의식적으로 내면화된 사회적 구조를 지닌다. 몸에 사회가 들어가 있기 때문이다.

스포츠사회학은 '스포츠하는 몸'으로 사회를 읽는다. 즉, 스포츠는 사회적인 것이 배태된(스며 들어간) 사회의 축소판으로서, 이곳은 규칙, 경쟁, 승리, 기록, 유희와 같은 구성요소가 작동하고, 스포츠를 행함으로써 우리는 이런 구성요소를 몸에 익숙하게 하며 사회적으로 구조화한다. 우리 몸은 우리가 속한 집단, 조직, 사회의 규범과 가치에서 벗어날 수 없다. 몸 밖에 존재하는 사회적 경험의 영향에서 벗어나지 못한다. 다양한 타자와 상호작용하는 매개체다. 한 마디로 말해, 몸으로 세계를 경험한다. 그 경험으로 우리는 세계를 보는 눈을 형성한다.

몸에 장애를 지닌 사람과 그렇지 않은 사람은 스포츠를 하며 체화하는 것이 다르다. 같은 '성취감'이라 해도, 두 몸이 그 성취감을 체화하는 방식은 다르다. 단순히 '해냈다' 정도일 성취감을, 장애를 지닌 몸은 '극복해내는 정체성'으로 체화하기도 한다. 나이에 따라서도 스포츠로 체화하는 건 달라진다. 75세를 넘긴 노인의 15km 마라톤 완주는 단순히 '완주했다'를 넘어, 언제 닥칠지 모르는 '죽음을 한 발 더 먼 곳에 머물게 했다'는 의미로 체화된다. 이들에게 마라톤하는 몸은 '죽음과 멀어지는 몸'이다. 이처럼, 스포츠하는 몸은 각자가 처한 사회적 환경에 맞게 다른 것을 체화한다.

몸은 개인의 것일까? 그럴 수 있다. 하지만 동시에 몸은 공동체와 더 크게는 국가에 속한다. '체력은 국력'이란 표어가 있었다. 1970년대 군사정권 시대에 만들어진 표어다. 이 말은 '개개인의 몸 상태는 국가 발전에 중요하다'라는 의미를 담는다. 몸이 건강해야 아이를 잘 낳을 수 있었고(출산력), 공장에서 일을 잘 할 수 있었으며(생산력), 공산당도 무찌를 수 있었다(전투력). 그래서 70년대에는 '집단 체조'라는 걸 전 국가적으로

---

[44] '아비투스'를 우리 말로 '습관'이라 번역하면 좋겠지만, 그런 느낌은 아니다. 이는 대물림되고, 무의식적이며, 집단화된다. 개인적으로 형성된 '습관'과는 다르다. 굳이 번역하자면 '습속' 같은 것이다. 개인의 몸에 스며든 습관 같지만, 그걸 또 같은 무리의 사람들이 공유하며 당연한 행위 규칙처럼 생각한다. 그래서 우리는 특정 집단을 보고, "쟤네들 이상한 습속을 지녔어"라고 말하곤 한다.

실시했다. 아침 학교 조회 시간이나 운동회, 지역에서의 대회 시에 집단 체조는 빠지지 않고 실시되었다. 일종의 '국가적 신체 개조 프로젝트'였던 것이다. 지금이야 그런 신체 프로젝트가 개별 책임 아래 실시되지만(북한은 아직도 국가 중심의 집단 체조를 한다), 이처럼 몸은 개인이자 집단이었고, 세계로 관리되어왔다.

앞서 1장에서 간단히 설명했듯, 이 책은 다음의 4장부터 시작하는 스포츠와 정치 같은 '사회 제도'에 앞서, 그런 제도가 감싸는 '몸'에서부터 논의를 시작했다. 기존 스포츠 사회학 교재의 형식과 달리 구성되었다. 그만큼 스포츠하는 몸이 사회학 공부에 있어 중요하기 때문이다. 스포츠를 하는 몸에 드러난 여러 사회적 증상을 읽어낼 수 있어야, 향후 펼쳐질 사회제도, 사회과정, 사회문제의 이해도 가능해지기 때문이다. 물론 이 장에 소개된 내용이 스포츠하는 몸의 사회학적 설명을 모두 다룬 건 아니니다. 다루지 못한 내용은 이어지는 장에서 부분적으로 다뤄질 것이다.

결론적으로, 스포츠와 몸은 스포츠사회학의 지적 논의가 출발하는 곳이자, 종착하는 지점이다. 스포츠를 하는 건 우리의 몸이다. 그리고 그 몸을 둘러싸고 여러 사회제도와 규범이 작동하는데, 이 중 어떤 것은 스포츠 활동을 촉진하고, 어떤 것은 방해한다. 그러한 제도적 규범의 영향은 고스란히 몸에 밴다. 몸에 들어온 사회적인 것은 몸의 증상으로 재현된다(다시 나타난다). 어떻게 재현되는가? 재현의 양상을 읽으며 몸이 위치한 스포츠 세계의 문제를 드러낸다. 스포츠사회학은 스포츠하는 몸에서 세계를 읽는다. 이제부터는 그 몸을 둘러싼 사회적 제도를 만나볼 것이다. 먼저 '정치'다.

03장 요약

- 사람들이 불편함 없이 스포츠를 즐길 수 있는 환경에서 우리는 건강한 몸으로 긍정적인 정체성을 형성하며, 신체활동에 불편함 없이 살아갈 수 있다. 이런 환경을 만들기 위해 스포츠사회학은 '스포츠하는 몸'을 본다. 몸의 증상을 보는 것이다.

- 우리의 몸은 우리가 속한 집단의 규범과 가치뿐만 아니라 사회적 경험의 영향에서 벗어날 수 없다. 중요한 건, 사회적 상호작용은 단순히 '대화'나 '담소' 같은 언어로만 환원되지 않는다는 사실이다. 상호작용은 체화되었다(embodied).

- 젠더, 계층, 교육 수준, 지역에 따라 스포츠 활동에 차별이 발생하면, 인간의 몸엔 건강 불평등이라는 사회 현상이 증상으로 드러난다. 이를 치료하려면 그 증상이 나타난 몸을 봐야 한다. 그래야 그 몸과 관련한 스포츠계 문제가 파악된다.

- 스포츠하는 몸이란 스포츠계에 배태된 사회적인 것을 규칙과 경쟁, 일상적 훈련, 여러 문화 경험으로 직조한 결과물이다. 그에 따라 스포츠하는 몸엔 그 몸이 속한 사회의 특별한 속성인 '사회성(sociality)'이 스며든다.

- 스포츠와 몸의 관계를 보는 세 가지 명제는, 첫째, 몸은 스포츠계 속에서 존재한다, 둘째, 세계에 따라 몸이 달라지는 건 그 세계가 몸에 영향을 미치기 때문이다('스포츠계-몸-조형' 명제), 셋째, 세계에 의해 조형되는 몸은, 동시에 그 세계의 영향을 이해하고 해석하며 표현하는 주체성(행위성)을 지닌다.

- 체화(embodiment)란 사회적 규범이나 이데올로기, 전통, 관습, 사회구조(법, 규칙, 언어, 젠더)의 영향력이나, 사건이나 사고의 기억 등, 사회적으로 존재하는 추상적인 것(비물질성)이 인간의 몸이란 구체적인 것(물질성)에 새겨지며 사회화된 상태를 말한다.

- 체화 개념이 스포츠사회학에서의 몸 이해와 관련해 지니는 가치는, 스포츠의 사회적 현상을 개인(특히 유명한 선수의 몸)이나 집단(군대에서의 몸이나 보디빌딩계에서의 몸)에서의 몸으로 읽을 수 있다는 데 있다.

- 'Ⅰ분면'은 '규율된 몸(disciplined body)'으로서, 자기 욕망을 통제하며, 자기가 이상적으로 설정한 몸을 만든다. 극기, 인내, 절제와 같은 도덕적 가치가 체화된 상태다.

- 'Ⅱ분면'은 '지배하는 몸(dominating bodies)'이다. 젠더 구조(남성성과 여성성)나 계층(상류층이나 하류층), 인종(백인 대 유색인종) 등에 따라 불평등이나 차별 등의 속성이 체화하며 '지배-피지배 관계'를 형성한 몸이다.

- 'Ⅲ분면'은 타인에게 자기를 표현하는 몸으로, '의사전달적 몸(communicative bodies)'이 된다. 스포츠 경기 중 다른 선수를 대하는 표현 기술(인상관리 및 테크닉)이나 타인 및 집단을 향한 인정욕구를 체화한 몸이다

- 'Ⅳ분면'은 '반영하는 몸(mirroring bodies)'이다. 자기 취향을 반영하거나 자기 계발 성격으로 이루어지며 형성되는 몸으로서, 소비문화나 최근 유행하는 '보디 프로필'이 대표적으로 이 유형에 속한다.

04

스포츠와 정치

정치는 국가뿐 아니라 가족이나 교회, 학교나
시민사회 등에서 나타나는 보편적 현상이다.
인간 공동체에서 나타나는 공통 특징이다.

폴 슈메이커

영국의 정치학자 링컨 앨리슨Lincoln Allison, 1946-은 스포츠와 정치가 서로를 활용 혹은 악용한다고 주장한다.[1] 왜 그럴까? 그는 세 가지 이유를 말한다.

첫째, 스포츠는 '정치적으로 바람직한 성향'을 길러낼 수 있기 때문이다. 스포츠는 개인 및 집단의 사회화 주관자 역할을 하며 성격을 형성할 수 있다. 규칙 중심의 경쟁 활동이란 특징을 가지면서, 스포츠는 사회적으로 바른 시민(혹은 국민) 양성 등, 소위 '바른 통치right-governing'의 디딤돌로 기능한다. 물론, 맹목적인 애국심이나 파시즘 같은 파괴적 성향을 집단화하기도 한다. 스포츠가 지닌 정치적 양면성이다.

둘째, 스포츠에서의 성공이 정치적 자원으로 통용될 수 있기 때문이다. 스포츠란 기본적으로 '경쟁에서의 승리'에 모든 영예가 몰리는 활동이다. 정치도 그렇다. 두 분야는

1) Allison, L. (1986). Sport and politics. In L. Allison (ed.). The politics of sport(pp. 1-26). Manchester University Press, 12-17쪽.

‘전부 아니면 전무all or nothing’란 표어가 가장 잘 어울리는 곳이다. 스포츠계 1등과 정치계에서의 권력 쟁취자(선거 당선자)는 ‘전부’를 가진다. 스포츠계 1등은 광고, 대중적 관심, 포상금, 메달, 명예, 명성 등, 모든 자원을 가져간다. 올림픽 금메달을 따면 청와대에도 간다. 5성급 저녁 만찬과 함께 대통령과 자리를 함께 한다. 반면, 2등에게 돌아가는 건 없다. 심지어 대중들의 기억에서도 사라진다. 스포츠와 정치는 이렇게 ‘전부 아니면 전무’란 속성을 공유한다. 서로 잘 어울리는 이유다.

셋째, 스포츠가 지닌 ‘군중 동원’ 기능 때문이다. 스포츠는 동일 목표(팀의 승리)를 가지고 동일 대상(자국팀 혹은 홈팀)을 지지하는 사람들이 한 자리에 모일 수 있게 설계되었다. 흥미로운 볼거리로서 만들어진 사회 제도다. 일상의 고단함을 잊으려 치맥을 먹으며 스포츠에 빠져든다. 물론 이게 긍정적이지만은 않다. 달리 보자면, 이는 스포츠가 사회적으로 중요한 문제에서 대중을 무관심하게 만드는, ‘빵과 서커스bread and circuses’(먹거리와 볼거리로 대중을 비정치적이게 만든다는 정치적 은유)로 악용될 수 있음을 말해주기 때문이다. 스포츠는 이데올로기적 국가 장치ideological state apparatus다.

“음악이나 순수예술처럼 스포츠는 정치를 초월하기에 정치나 사업과는 별개로 생각해야 한다”[2] 스포츠를 정치적인 것과 연결하는 관점을 불편하게 여겼던 에이버리 브런디지Avery Brundage, 1887-1975의 말이다. 1952년부터 20년간 국제올림픽위원회IOC 위원장을 역임한 사람이다. 2001년부터 13년 간 IOC 위원장을 한 자크 로게Jacques Rogge, 1942- 역시 비슷한 말을 했다. 2008베이징올림픽 유치와 관련, “우리는 정치적 선택을 하지 않는다. 만약 그런 선택을 하게 된다면, 그건 올림픽의 보편 정신이 종말을 맞이할 때”라고 했다가 향후 문제가 발생하자, “스포츠에 정치가 스스로 붙은 것이다. 우리는 절대 정치적으로 되려 하지 않았다”[3]고 말을 바꾸기도 했다. 올림픽의 정치화를 견제했던 말이었을 것이다. 선의는 이해되지만 이런 노력은 헛될 수밖에 없다. 오늘날의 스포츠, 특히 국제스포츠는 ‘순수하게’ 정치적이기 때문이다.

올림픽만 정치적 속성을 지닐까? 그래서 정치적 메시지를 엄격하게 금지하는 걸까? 그렇지 않다. 스포츠 자체가 이미 ‘정치적인 것the political’[4]이 배태된 사회 제도다. 전 세계적으로 높은 주목도 때문에 올림픽은 정치 협상의 장이 되었다(1972년 뮌헨올림픽 테

---

2) International Olympic Committee (1968). The Speeches of president Avery Brundage, 10쪽.
3) Hoberman, J. (2008). The Olympics. Foreign Policy, 7/8, 22-28, 22쪽.
4) ‘정치적인 것’이란 일상에서 작동하는 일반적인 권력과 관계된 모든 것을 의미한다. 누가 권력을 갖는가, 어떻게 그들이 권력을 얻는가, 권력으로 그들은 무엇을 하는가? 이런 질문을 포괄하는 개념이다.

러). 스포츠의 사회 통제social control 사례도 등장한다(우리나라의 80년대 3S 정책). 외교적 다툼이 스포츠에서는 '대리전' 형식으로 나타난다(2014소치동계올림픽을 놓고 러시아와 미국 간 동성애자 인권 문제 관련 다툼). 이렇게 '다툼'만 있을까? 반대로, 스포츠로 국가 간 외교 활로가 뚫리기도 한다(1971년 미국과 중국 간 핑퐁외교 및 2016년 미국과 쿠바의 야구외교). 정치적으로 민감한 문제를 스포츠 경기에서 따진다(미국 사회의 흑인 탄압에 맞서 경기 전 애국가 제창 시 앉아있는 '시팅맨' 현상). 스포츠는 충분히 정치화되었다.

이처럼 스포츠의 정치화와 관련한 무수한 사례에도 불구하고, 정치와 국제관계, 스포츠는 지금껏 '상호 무지mutual neglect'에 빠져 있다.[5] 스포츠를 정치와 분리해 '중립적 활동'으로 만들어야 한다는 합의 때문에 그 학문적 관심이 희소한지는 모르겠다. 하지만 현실적으로 올림픽이나 월드컵 같은 대회에서의 메달 색깔과 개수는 자국이 현재 (스포츠) 세계의 어느 지점에 위치하는지 알려주는 '바로미터'로 작동한다.[6] 권력자들은 스포츠를 정치적으로 이용하지 않는다고 주장하지만, 앞으로 볼 수 있듯, 이미 스포츠는 정치와 자연스럽게, 동시에 '불편하게' 결합했다. 이 장은 이러한 스포츠와 정치 간의 다양한 관계를 다룬다. 먼저 정치가 무엇인지 살펴보고, 그 이후 스포츠가 지닌 정치적 속성을 사례 중심으로 살펴보자.

정치로 이해하는 스포츠

정치politics란 무엇인가? 많은 사람이 정치가 자신들과는 별 상관이 없는, 기껏해야 선거철에 '투표'하는 행위쯤으로 인식하곤 한다. 정치를 향한 사람들의 불신이 극에 달해서 그런지,[7] 누군가를 '정치적'이라고 말하는 것은 대부분 믿지 못할 사람을 의미하기도 한다. 도대체 정치가 무엇이길래 정치인을 향한 신뢰는 바닥이고 '정치적'이란 형용사는 부정적 의미를 지니게 되었을까? 정치의 정확한 의미는 무엇이고, 스포츠사회학은 정치와 스포츠의 관계를 어떻게 다룰까? 여기에서는 이런 질문을 먼저 다룬다. 먼저 정치라는 개념부터 살펴보자.

---

5) Taylor, T. (1986) Sport and international relations: A case of mutual neglect, In L. Allison (ed.), The politics of sport (pp. 27048). Manchester: Manchester University Press.

6) van Hilvoorde, I., Elling, A., & Stokvis, R. (2010). How to influence national pride? The Olympic medal index as a unifying narrative. International Review for the Sociology of Sport, 45(1), 87-102.

7) 영국의 시장조사 기업 입소스(IPSOS)가 세계 23개국 국민을 대상으로 한 2019년 인식조사에 따르면, 가장 신뢰하는 집단은 과학자(60%)였고, 정치인은 단 9%만이 신뢰하였다. 정치인에 대한 불신은 자그마치 67%로서 1위를 차지했다. 우리나라의 경우 정치인 불신 비율이 69%(평균은 67%)였다.

정치란 무엇인가?

상금 100만 원이 있다. 당신은 20명으로 이루어진 모임의 회장이다. 모임 결성 당시 이들 20명의 회원은 투표라는 민주적 방식으로 당신을 회장으로 선출, 권력(힘)power과 권한(권력의 범위)authority을 부여했다. 당신은 이 권력과 권한으로 주어진 상금 100만 원을 회원들에게 분배해야 한다. 단, 그냥 분배하면 안 된다. 세련되게 해야 한다. 세련되게 분배한다는 건 모임을 구성하는 회원들이 납득하도록 정당성(그래, 그렇게 나누는 게 맞겠네!)이 확보된 방식으로 나눠야 한다는 말다. 만약 이런 상황에 여러분이 놓였다면, 여러분은 이 100만 원을 어떻게 배분할 것인가?

> 정치란 부족한 사회적 재화를 더 많이 차지하려고 경쟁하는 사람들에게 권위 있는 방식으로 사회적 재화에 내재한 가치를 배분하는 행위다.[8]

부족한 사회적 재화를 차지하는 과정에서 투쟁과 갈등(다툼)은 불가피하다. 인간은 기본적으로 이기적 속성이 강하기 때문이다. 회원들은 서로가 더 가지려 할 것이니 다툼은 반드시 일어난다. 문제는 모임에서 갈등이 지속되면 회원들이 피곤해지고 불안해 한다는 점이다. '불확실성uncertainty'이 모임을 지배한다. 회원들의 삶의 질은 떨어지고 모임을 탈퇴하려는 기류마저 형성된다. 이를 해결하려면 정치가 필요하다. 상금 100만원을 배분할 합리적 원칙(1/n로 공평하게 나누거나, 장애가 있는 회원에게 더 주거나 등)을 고안, 합의하는 절차가 필요해진다. 정치는 "불확실성을 확실성으로 바꿔 대중이 미래를 예측하도록 '가시거리'를 확보해주는 기술"[9]이다.

영국의 정치학자 앤드류 헤이우드Andrew Heywood, 1952-는 이와 같은 정치를 네 가지 그림으로 설명한다. 첫째, 정치는 사회적 활동이다. 다양한 이해관계를 가진 사람들 사이에서만 나타나는 활동이다(혼자 고립된 무인도에서 정치를 할 수 없다). 둘째, 정치는 다양성diversity에서 발전한다. 사람들의 의견, 욕구, 철학, 관점은 모두 상이하다. 당연히 이해관계도 다르다. 이걸 인정해야 한다. 다양성을 어떻게 조율해나갈 것인가? 정치의 핵심이다. 사람들 의견과 욕구가 모두 같기를 바라는 사람은 한 마디로 '파시스트'다. 셋째, 정치는 다른 이해관계 속에서 발생하는 갈등을 해소하는 활동이다. 갈등은 여러 차원에

---

8) Easton, D. (1988). A systems analysis of political life. New York: John Wiley, 154쪽.

9) 박성민, 강양구 (2012). 정치의 몰락: 보수 시대의 종언과 새로운 권력의 탄생. 민음사, 98쪽.

서 발생한다. 목표가 다를 수 있고, 목표는 같지만 수단이 다를 수 있다. 괴리가 발생하는 순간 정치가 작동한다. 넷째, 정치는 집단적 의사결정 활동이다. 집단에서 발생한 갈등을 해결하고자 많은 사람이 합의하는, 즉 결정하는 행위가 정치다.[10)]

> 정치란 사람들이 공동체에서 통치자를 정하고, 그들에게 공동목표 달성에 필요한 결정을 내리고 행동을 취하며 갈등을 조정할 수 있는 힘을 위임하는 과정이다.[11)]

좀 더 줄여 두 가지 용법으로 정치를 보자. 이에 따르면, 정치란 첫째, 정부[government] 같은 공적 제도가 행하는 통치 기술의 총칭이다. 즉, 대통령, 총리, 정부 부처 공무원이 자신에게 부여된 권력과 권한으로 국가나 지역(지자체)을 관리하는 것이다. 물론, 권력과 권한의 활용은 '정책[policy]'으로 구체화된다. 즉, 문화체육관광부(정부 조직)가 정책을 만들어 스포츠를 관리하는 행위 자체를 정치로 간주하는 것이다.

둘째, 권력[power]을 사용하는 모든 행위가 정치라는 관점이다. 권력을 획득하려 사람을 만나 자기 의지를 표명하고 설득하는 행위를 우리는 '정치한다'고 표현한다. 이렇듯, 권력과 관련된 모든 행위(권력 관계, 권력 획득, 권력 표출 등)를 정치로 개념화할 수 있다. 권력이란 기본적으로 힘을 말하는데, 중요한 건 그 힘의 원천이다. 힘으로서의 권력은 반드시 사회적이다. 사람들의 합의로 만들어지고 발휘되기 때문이다. 결국, 권력 행사로서의 정치 개념은 사회 구성원들의 합의가 전제될 때 가능해진다. 그렇다면 권력이란 구체적으로 어떤 의미일까?

정치를 구성하는 세 가지 축

'제한된 자원을 구성원들에게 세련된 방식으로 분배하는 기술'이라는 정치 개념에서 우리는 세 가지 기본적인 개념과 그들 사이의 관계 '축[axis]'을 말해볼 수 있다. 첫째, 분배하는 기술이 잘 작동하려면 기술을 발휘하는 자가 힘이 있어야 하고(권력), 둘째, 제한된 자원의 세련된 분배는 결국엔 집단 내 갈등으로 인한 혼동 제거(질서)가 목표이며, 셋째, 자원의 세련된 분배란 구성원들이 그 분배 절차와 결과가 '정당하다'고 인정해야(정의) 한다는 설명 축이다. 각각을 세부적으로 보자.

---

10) Heywood, A. (2004). Political theory: An introduction. Palgrave Macmillan, 52쪽.

11) Magstadt, T. M. (2017). Understanding politics: Ideas, institutions and issues. Boston, MA: Cengage Learning, 4쪽.

정치를 구성하는 축(1): 권력

권력 개념은 막스 베버Max Weber, 1864-1920의 정의가 탁월하다. 그는 권력을 "그 형태가 없음에도, 어떤 한 사람 혹은 여러 사람이 공동 행위를 하면서 다른 사람의 저항이 있을 경우에도 자기 의지를 관철시킬 수 있는 가능성"[12]으로 정의했다. 이는 사회 내 지배와 복종 관계를 결정한다. 베버는 이를 세 가지로 나눴다.

첫째, 전통적 지배다. 옛날부터 전해지던 관습이나 혈통이 근거가 된 지배다. 양반과 노비(신분제), 남성과 여성(가부장제) 간 지배-복종 관계가 대표적이다. 둘째, 카리스마적 지배다. 카리스마charisma란 하늘이 준 선물을 뜻한다. 예언자, 주술사, 영웅 등, 초인적 자질을 지닌 자에게 복종하는 지배를 말한다. 오늘날 연예인이나 스포츠 스타의 '유명함celebrity'으로 나타난다.[13] 셋째, 합법적 지배다. 법이나 규칙으로 이루어지는 합리적 지배다. 조직 내 직책에 따른 지배가 대표적이다. 베버는 오늘날의 지배가 과거 비합리적 형태에서 법적 권력에 따른 합법적(합리적) 지배로 변한다고 보았다.

> 권력은 개념적으로 파악하기 다소 난해하긴 해도 인간이 모인 곳에서는 어디서나 발생할 뿐 아니라, 개인이나 집단, 조직에 대한 영향력, 지시, 조작, 명령, 그리고 필요한 경우에 적나라한 폭력 행사를 통해 가시화된다.[14]

영국의 철학자 버트런트 러셀Bertrand Russell, 1872-1970도 권력을 흥미롭게 설명한다. 그 역시 베버처럼 권력을 강제력을 지닌 힘으로 파악했다. 물론 차이도 있다. '의도된 효과나 결과를 생산하는 힘'으로 권력을 정의하며 세 가지 형태로 구분한 차이다. 첫째, 군대나 경찰 같은 조직에 의해 사용되는 직접적인 신체적 강압physical forces, 둘째, 경제조직이나 고용주들이 상이나 벌에 기초하여 사용하는 유인incentive, 셋째, 학교나 교회, 정당 같은 곳에서 다른 사람들의 의도에 따라 바람직한 습관을 배양하고자 할 때 사용되는 힘propaganda이 그것이다.[15]

---

12) Weber, M. (1979). Economy and society: An outline of interpretive sociology. Berkeley: University of Californa Press, 53쪽.

13) 이를 우리는 '권위(authority)'로 볼 수 있다. 권위란 권력 행사의 정당성을 획득한 지배력이다. 한 마디로, '저 사람은 저런 권력을 사용해도 돼'라는 동의를 획득한 힘이란 뜻이다. 권위와 권력은 다르다. 권위는 주로 '주어진다.' 목사의 권위는 신에게 부여 받은 것이다. 교수의 권위 역시 그가 '교수' 임명장을 받음으로써 주어진다. 반면, 권력은 '획득된다.' 비록 교수가 아니더라도, 그 수준을 능가하는 '전문지식'을 습득함으로써(공부함으로써) 다른 사람들에게 영향력을 발휘할 수 있는 힘을 얻을 수 있다.

14) 장명학 (2001). 헤겔의 변증법적 권력 개념. 철학사상, 12, 275-300, 275-276쪽.

15) Russell, B. (1940). Power: A new social analysis. London : Basic Books, 35쪽.

정치를 구성하는 축(2): 질서

두 번째 축은 질서order다. 정치는 사물이나 현상에 질서를 부여하는 일이다. 아시안게임 금메달이나 올림픽에서의 메달 획득자에게 '군 면제' 혜택을 주는 경우를 보자. 엘리트 스포츠를 활성화하려는 유인책으로 국가가 권력을 동원하여 만든 이 제도는 많은 남성을 엘리트 스포츠계로 진입시켜 국가대표를 목표하게 만들고, 시합에서의 메달 획득으로 국가홍보에 이바지하게 한다. 그에 대한 보상으로 국가는 '병역면제' 및 '연금' 혜택을 준다. 이런 상호성으로 엘리트 스포츠계는 질서를 유지한다.

문제는, 국가대표가 되지 못한 채 은퇴 이후의 삶을 살아가는 대다수의 엘리트 선수들이다. 이들을 '자기 능력이 부족하여 그리된 것'이라며 방치하면 엘리트 스포츠계의 질서는 무너진다. 공적 지원과 법 제도 수립 같은 정치적 개입이 이루어져야 한다. 예를 들어, 국내 은퇴 선수들의 진로 문제 해결과 일자리 창출을 위해 '체육인 진로지원 통합센터'를 열거나(2017년 7월, 문화체육관광부와 국민체육진흥공단 합작), 은퇴 선수 10명 가운데 네 명이 미취업자라는 실태를 바탕으로, 여러 공청회를 열어 관련 정책policy을 수립하는 등, 기존 질서를 유지하기 위해 권력이 개입한다.

> 상무 제대 후 서로 얼굴을 보지않을 사이라면 계급만 따지고 나이를 무시할 수도 있을 것이다. 그러나 제대 후에 또다시 경기장에서 만나야 하기 때문에 자연스럽게 나이에 따른 위계질서가 형성된 듯 하다. 특히 오랫동안 알고 지내온 운동 선-후배 사이에 군대에서의 엄격한 규칙이 적용될 경우 팀 분위기가 어색해져 경기력에 안 좋은 영향을 미치는 것도 상무만의 독특한 내무반 문화가 형성된 요인으로 꼽히고 있다.[16]

그렇다면 사회질서 유지의 주체는 누구일까? 정부government다. 정부는 사회질서 유지를 위해 강제력을 동원, 특정 분야를 제도화institutionalization함으로써 개인과 집단의 질서를 확보한다. 예를 들어, 운전자가 인도로 차를 몰고 싶어도, 이는 기존 사회질서(보행자 안전 확보)를 해치는 일이기에 권력으로 강제된다. 만약 그런 행위를 하면 정부는 운전자를 처벌한다. 정당성을 부여받은 권력을 이용하며 국가는 교통법규라는 제도를 구성, 개인 및 집단을 통제한다. 사회질서의 유지, 즉 정치다. 물론 이런 질서는 국가의 공권력만으로 이루어지지 않는다. 앞선 인용문처럼, 출신 지역이나 리더십 같은 문화적 요소로도 만들어진다. 이를 '비공식적 형태의 질서'라 말한다.

---

16) 송진현 (2008.12.23). [스포츠 플라자] 상무, 사회에서의 관계와 혼재된 위계질서. 스포츠조선.

정치를 구성하는 축(3): 정의

세 번째 구성 축은 정의justice다. 정의란 '진리에 맞는 올바른 도리'이자 '사회를 구성하고 유지하는 공정한 도리'를 뜻한다. '나라를 다스린다'는 정치政治 개념에는 '올바르게正 다스린다治'와 '정해진 곳에定 놓는다置'는 의미가 복합적으로 포함된다. 즉, 특정 혜택을 받을 자격이 되는 사람에게 체육대상이 돌아갈 때 정의는 발현된다. 중요한 것은 무엇이 올바르고 공정한가의 기준이다. 정치가 사회질서를 세우려 정의로운 방식으로 권력을 행사한다할 때, 우리는 어떤 방식이 정의로운지 판단할 수 있어야 한다. 어떻게 해야 할까? 공통적으로 활용되는 세 가지 접근을 보자.

> 첫째, 공리주의 시각이다. 무엇이 옳은 일인가는 우선 '사회 전체의 행복을 극대화하는 방법이 무엇인가'를 물어야 한다. 둘째, 자유주의 시각이다. '개인의 선택과 자유를 침해하는가'를 묻는다. 시장 규제 행위는 개인의 선택 자유를 침해하기에 부당하다. 셋째, 응분의 몫이란 시각이다. 즉 '사람들이 도덕적으로 마땅히 받아야 할 몫을 받는가'를 묻는다. 내가 10시간 일했다면 그 일한 만큼의 대가를 받아야만 한다.[17)]

공리주의는 '최대 다수의 최대 행복'을 기준으로 한다. 소수가 불행해도, 다수가 행복하면 정의롭다. 올림픽 주경기장 건설로 100명의 기존 거주민들이 자신의 거주지에서 쫓겨나도, 100만 명의 다른 지역민들이 집값 상승으로 행복하다면 상계동 올림픽[18)]은 정의롭다. '자유주의 시각'은 개인의 자유와 선택을 침해하지 말라고 한다. 마무리 투수가 홈런 맞고 지니까 광분한 팬이 인터넷에 욕설을 썼다. 자유주의자는 이를 개인의 의사표현 자유로 간주하며 제재하지 말라 한다. '응분의 몫'에 따라 대가를 받아야 한다는 주장에 따르면, 미국의 골프선수 타이거 우즈Tiger Woods가 받는 연봉은 그가 노력한 정도의 대가로 적당한가, 혹은 정의로운가를 묻는다.[19)]

결국 정치란 권력과 질서, 정의라는 세 가지 기본 축을 바탕으로 작동하는 통치 기술이다. 이와 관련, 우리는 정치라는 행위가 전술된 세 가지 기본 축의 조화 속에서 작동하리라 생각한다. 문제는, 모든 정치가 그런 조화를 추구하지 못한다는 점이다. 과연 이상적인 정치란 어떤 모습일까?

---

17) 이종은 (2014). 정의에 대하여: 국가와 사회를 어떻게 조직할 것인가. 서울: 책세상, 600쪽 참조.

18) 남상우, 권오석 (2008). 올림픽과 거주지의 관계: 도시개발, 강제퇴거 그리고 소수자들의 주변화. 한국스포츠사회학회지, 21(2), 381-400.

19) Swift, A. (2014). Political philosophy: A beginner's guide for students and politicians. Malden, MA: Polity, 1장 '사회정의' 참조.

이상적인 정치의 이해

아시안게임 금메달을 딴 선수들에게는 포상금(120만 원)과 군면제(남자선수)라는 혜택이 주어진다. 병역법 제33조의7부터 제33조의10까지 해당하는 법령에 근거한 조치다. 올림픽 3위 이상, 아시안게임 1위에게 주어지는 혜택이다. 정의로운가? 이제까지 이 조치는 '국위선양'이라는 명분에 따라 '정의로운 정치'로 사람들에게 수용되었다.[20] 하지만 최근 들어 이를 정의롭지 못한 국가적 개입으로 보는 경향이 강해졌다. 국위선양으로 치자면 올림픽이나 아시안게임보다 방탄소년단이 더 큰 역할을 했다는 주장이 대표적이다.[21] 과연 '이상적인 정치'란 어떤 것일까?

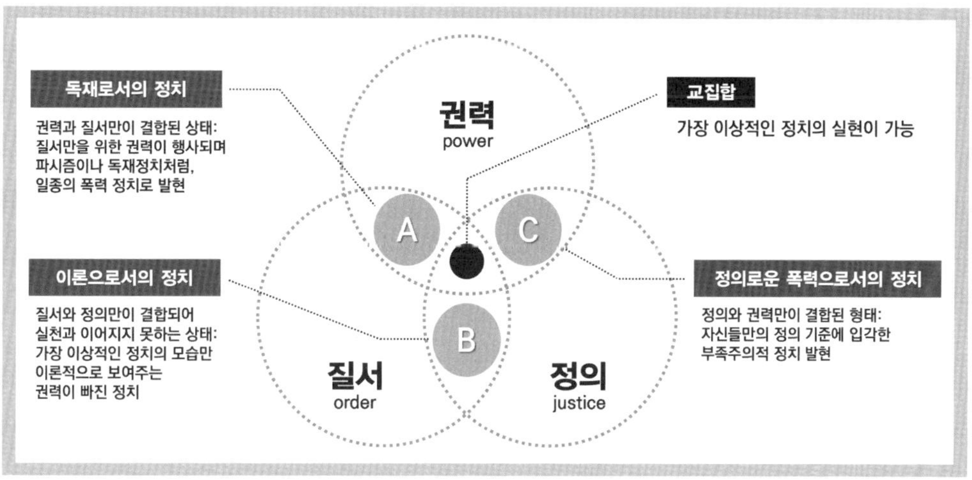

[그림 4-1] 이상적인 정치를 구성하는 권력, 질서, 정의의 집합

〈그림 4-1〉은 정치를 구성하는 세 가지 축을 바탕으로 우리가 생각해볼 수 있는 정치의 모습을 그린 것이다. 앞서 설명한 권력과 질서, 정의라는 세 가지 축이 모두 조합된 교집합이 가장 이상적인 정치 형태다. 이들 요소 중 한 가지라도 결핍된다면 변질된 형태의 정치가 나타난다. 그와 같은 변질된 정치는 지금껏 수많은 역사적 사례가 말해준다. 과연, 각 요소별 겹침에 따른 정치의 모습은 어떻게 다를까?

20) 한 여론조사에 따르면 20세 이하(U-20) 남자 축구대표팀이 결승에 진출하자 '국위를 선양한 선수들이 운동에 전념할 수 있게 병역특례를 확대해야 한다'는 응답이 55.2%로 나왔다(리얼미터, 2019년 6월 12일 19세 이상 504명 대상 실시).

21) 전현석, 최연진 (2018.09.04.). 손흥민은 되고, BTS는 안되고…무슨 잣대냐. 조선일보, A10면.

A는 '정의'가 빠진 채 '권력'과 '질서'만 결합된 형태다. 질서만을 위해 권력이 작동하는 '독재로서의 정치monarchy politics'다. 질서를 잡고자 권력이 개입했으나, 이상적 질서에 무지하여 정의롭지 않게 된 경우다. 스포츠와 관련, 지난 2018평창동계올림픽을 앞두고 급작스럽게 벌어진 여자아이스하키팀 남북 단일팀 구성이 가장 유사한 사례다. 남북 간 통일이라는 질서를 위해 정부의 권력이 개입, 갑작스럽게 단일팀을 구성했으나, 젊은 세대들의 거센 반발을 샀다. 결국 단일팀이라는 오인된 명분으로서 질서는 확보하였으나, 정당성이 빠져 이상적인 정치로 이어지지 못한 것이다.

> 단일팀 구성에 젊은 세대가 분노했던 이유는 스포츠가 가진 중요한 요소인 정의에 위배됐다고 생각했기 때문이다. 스포츠는 신체적 탁월성만 겨루는 게 아니고 동질성을 확인하는 매개체이기도하다. 단일팀은 같은 민족끼리 느끼는 동질성을 환기킨다.[22]

B는 '질서'와 '정의'만이 결합된 경우다. 이상적인 정치 모습을 이론적으로 주장한다. '이론으로서의 정치theoretical politics'다. 학계(체육학계)에 속한 개혁적 성향의 학자들과 관련하여 가장 많이 나타나는 유형이다. 학자들이 변화를 위한 실질적 영향력(권력)은 갖지 못한 채, 특정 질서가 정의로운 모습이라는 주장을 글로 주장하기에 발생하는 모습이다. 물론, 현 위치에서 최선의 실천이겠지만, 모형에 따르면 이는 실질적 변화를 위한 권력이 부재한 구호에 그치게 된다. 이 때문에 학자들이 권력을 얻을 목적으로 공적 영역에 입성하는 경우(대표적으로 국회의원)가 종종 발생한다.

C는 '질서'가 빠진 채 '정의'와 '권력'이 엮인 상태다. 이를 '정의로운 폭력으로서의 정치politics as righteous violence'라 명명할 수 있겠다. 정의에 대한 명확한 합의와 방향성(질서를 향한)은 제거된 채, 특정 집단의 정의에 우월성을 부여하는 형태다. 일종의 '맥락이 제거된 정의'다. 엘리트주의elitism나 파시즘fascism이 대표적이다. 예를 들어, 어떤 권력자가 자신이 그리는 정의로운 사회나 스포츠 모습을 전면에 내세우고, 이것 만이 답이라고 말하며 정책 추진 등 권력을 행사할 때 발생하는 모습이다.

> 문화체육관광부는 메달 지상주의 타파, 엘리트 선수 육성 시스템 개선, 전문체육과 생활체육 균형 발전 등을 통해 대한민국 스포츠의 패러다임을 바꾸겠다고 선언했지만 한 부처가 목소리를 높인다고 해결될 사안이 아니다.[23]

---

22) 박린, 김원 (2018.02.11.). '코리아'로 묶인 여자 아이스하키. 중앙SUNDAY, T8면.
23) 안영식 (2020.01.03.). 스포츠 강국에서 스포츠 선진국으로. 동아일보, A29면.

어떤 때는 국위선양이 정의이기에 대회에서의 메달 획득이 중요해지고, 국민행복이 시대적 정의라며 갑작스럽게 스포츠클럽 정책이 힘을 얻는 상황적 변화[24]는 스포츠계의 전체 질서가 무시된 채 권력과 정의만이 조합된 경우다.

스포츠와 정치의 관계에 대한 개괄

스포츠의 강력한 정치적 속성에도 불구하고, 지금껏 스포츠와 정치를 학문적으로 다루는 작업은 부족했다. 여기엔 두 가지 이유가 거론된다.[25] 첫째, 학문 세계에 고착된 엘리트주의elitism 때문이다. 스포츠가 학계에서 전문적으로 다뤄질 만큼 고상하거나 중대하지 않기 때문이다. 음악학계에서 대중가요가 천대받듯, 스포츠 역시 엘리트주의에 함몰된 학술계(정치학이나 사회학 등)에서 천시되는 상황이다. 둘째, 스포츠는 정치와 별개라는 환상 때문이다. 즉, 스포츠학자들을 포함하여 많은 사람이 스포츠에 부여한 특권화된 위치privileged position 때문이다. 한 마디로 '스포츠는 순수하다'는 미신. 정치적 맥락과 스포츠를 연결하는 연구가 자칫 이처럼 순수한(!) 스포츠를 오염시킬 수 있다는 걱정 때문에 연구가 미진했으리란 해석이다. 하지만 이런 경향에도 불구하고 지금껏 스포츠사회학은 스포츠와 정치에 대해 중요한 이야기를 해왔다.

스포츠사회학의 정치 논의 패러다임

두 가지 패러다임을 보자. 첫째, 스포츠는 어떻게 정치적 자원으로 이용(혹은 악용)되는가? 이른바, '스포츠의 정치적 도구화 패러다임'이다. 스포츠에 내재한 어떤 특성이 정치적 이용을 촉진하는가를 묻는다. 이 패러다임은 본질적으로 스포츠에 정치적 속성이 담겼음을 전제한다. 문제는, 그런 속성을 지니며 정치적 효과를 보여준 스포츠임에도 실증적으로 그게 입증된 경우가 드물다는 점이다.[26] 스포츠가 우리 사회에서 단순한 여가 활동이 아닌, 모든 정부가 특정 목표를 위해 이용하는 정치적 자원이 되었음을 인정한다면,[27] 우리는 앞으로 다음의 질문을 지속적으로 던져야 한다.

---

24) 남상우, 이해령 (2019). 스포츠 선진국 개념의 시대별 변천과 용법적 맥락 탐색. 한국스포츠사회학회지, 32(3), 1-21.

25) Bairner, A., Kelly, J., & Lee, J. W. (2017). Routledge handbook of sport and politics. New York, NY: Routledge, xxi쪽.

26) Huberman, J. M. (1984). Sport and political ideology. University of Texas Press, 1쪽.

27) Grix, J. (2016). Sport politics: An introduction. New York, NY: Palgrave, 17쪽.

> 첫째, 스포츠의 어떠한 정치적 속성 때문에 정부는 이를 사회질서 및 통제 도구로 사용할까? 즉, 개인의 자유로운 경쟁적 활동에 왜 정치가 개입할까?
>
> 둘째, 정부는 왜 스포츠에 다양한 자원을 투자하는가? 시장경제 원칙에 따라 '비인기 종목'은 자연스럽게 사장시켜도 될텐데, 세금을 투자하여 그러한 종목을 계속 유지하는 이유는 무엇일까?
>
> 셋째, 국제관계에서 스포츠는 어떤 역할을 할까? 사람들이 스포츠를 '연성 정치(soft politics)'라 부르며 국제관계의 윤활유 역할을 한다고 말하는 건 왜일까? 올림픽은 이러한 국제관계에서 어떤 역할을 할까?

둘째, 스포츠는 정치적 투쟁political struggle의 장으로 기능할 수 있는가? 스포츠는 정치와 별개이기에 분리되어야 한다는 기존 주장과 달리, 지금껏 스포츠에서 보여준 정치적 저항(항의) 사례는 우리에게 스포츠의 다른 무엇을 말해보라 주문한다. 이를 '스포츠의 정치적 투쟁화 경향성' 패러다임이라 부르자. 스포츠가 정치적 메시지를 증폭하는 일종의 확성기 역할을 한다는 패러다임이다. 이것이 가능한 건, 오늘날 상업화된 스포츠가 지지는 가시성visibility 때문이다. 과연, 이와 같은 스포츠 장field에서 변화를 위해 이루어지는 정치적 의사 표현을 어떻게 봐야 할까? 이런 항의는 어떤 의미를 지닐까? 이와 관련하여 우리는 어떤 질문을 던져야 할까?

> 첫째, 선수들은 어떠한 정치적 상징자본을 가지고 있을까? 뛰어난 운동 능력으로 성취를 이룬 선수들이 정치적 변화의 아이콘으로서 기능할 일종의 역할 모델이 될 수 있을까? 선수들의 정치적 항의는 어떤 가능성과 한계를 지닐까?
>
> 둘째, 스포츠는 대중의 정치적 불만을 표출하는 의미 있는 '장'이 될 수 있을까? 특히 국제스포츠대회에서의 성적과 정치적 평가가 함께 작동할 수 있을까? 사람들은 스포츠에서의 불만을 정치적 의사 표현과 어떻게 연결할까?
>
> 셋째, 스포츠는 사회변화를 위한 '정치적 힘'을 가지고 있을까? 스포츠를 통한 사회변화는 내부로부터 가능할까, 외부로부터만 가능할까? '스포츠 발전'이라는 개념은 스포츠의 정치적 힘을 학술적 및 실천적으로 잘 보여주는 수사일까?

스포츠가 지닌 사회적 용법은 다차원적이다. 스포츠는 정치적으로 활용될 수 있고, 때론 눈가리개로 악용될 수도 있다. 문제는, 스포츠가 정치적으로 수단화되면서 빠질 수 있는 집단적 합리화다. '그래, 스포츠가 발전하려면 (정치적으로 악용되어도) 감내해야지', '그래도 체육계는 70-80년대 군부정권 시절이 제일 황금기였지!'라는 인식이 대표적이다. 이뿐 아니라 운동선수의 정치적 의사표현을 죄악시하는 풍토도 문제다. 선수들이 정치적 퍼포먼스를 하면 안 될 이유는 무엇인가?

결국, 스포츠와 정치의 관계에 스포츠사회학자는 스포츠를 정치적으로 어떻게 이용하는가란 질문을 던지며 접근한다. 스포츠는 사회질서 유지에 정치적으로 이용되는가, 아니면 사회변화(개선)를 위한 '변화의 촉매제'로 기능하는가? 국가는 엘리트 체육에 왜 자원을 투자할까? 올림픽은 평화로운 스포츠 제전인가, 정치적 선전의 장인가? 스포츠는 국가 체제의 우월성을 입증하는 매개체인가? 정치인들은 스포츠를 어떤 방식으로 활용할까? 이는 스포츠와 정치의 불편한 관계를 이해하고자 스포츠사회학자가 던지는 질문의 한 예다. 이제부터는 이들 질문의 구체적 사례를 만나본다.

스포츠의 정치적 쓰임새

국가 입장에서 국민이 스포츠를 즐기거나 관람하면서 자신의 여가를 향유하고 건강해지기까지 한다면 뿌듯할 것이다. 이런 이유로 국가는 스포츠에 투자한다. 올림픽 같은 국제스포츠 대회에서 좋은 성적으로 종합순위 상위에 들어가면 국민들은 뭔가 모를 자부심과 뿌듯함을 느끼며 현 정부를 계속 지지한다. 스포츠를 정책적으로 육성하는 또 다른 이유다. 정치인들은 스포츠가 지닌 긍정적 이미지(혹은 서민적 이미지)를 본인들에게 덧씌우고자 한다. 그래서 그들은 올림픽 금메달 리스트들과 사진을 찍으려 노력한다. 이외에도 스포츠가 정치적으로 쓰이는 양상은 다양하게 나타난다. 여기에서는 스포츠의 정치적 '활용'과 '악용'이 어떻게 나타나는지를 자세히 살펴본다.

스포츠가 지닌 정치적 속성

2015년 3월 18일, 프로농구 4강 플레이오프 1차전 때 일이다. LG세이커스 외국인 선수 데이번 제퍼슨Davon Jefferson이 경기 전 국민의례 때 스트레칭을 했다. 그는 불손한 모습을 보인 죄로 KBL에서 퇴출당했다. 애국가가 나올 때 어깨 통증을 느껴 스트레칭했다고 해명했으나 구단의 퇴출 이유는 확고했다. "농구팬들을 포함, 전 국민에게 큰 실망감을 안겨주고 구단 명예를 실추시켰다." 사실, 이 선수에 대해서는 전부터 쌓인 게 많았다(SNS에 적절치 못한 사진 게재 및 욕설 등). 애국가 스트레칭은 도화선이 되었을 뿐이다. '애국가=대한민국'이란 도식을 지닌 국민들에게 제퍼슨의 이런 행위는 대한민국을 무시하는 무례한 짓으로 보였을 것이다.

2012년 11월 4일, FC서울과 수원삼성블루윙즈의 시즌 마지막 '슈퍼 매치' 축구 대회가 열렸다. 원래 프로축구 경기에선 국민의례를 하지 않는데,[28] 이날엔 초청 가수까지 나와서 애국가를 불렀다. 문제는 여기에서 발생했다. 애국가가 나오는 중 수원 서포터즈 일부가 응원을 한 것이다. 조용한 가운데 들린 크고 뚜렷한 소리였다. 경기장에 있던 관중들도 눈살을 찌푸릴 정도였다고 한다. 의도를 명확히 알 수는 없지만, 라이벌 간 경쟁으로 인한 방해가 아니었을까?[29] 이들 사건은 스포츠가 지닌 '사회질서 유지'란 정치적 속성을 보여준다. 국가가 유지되려면 사회적 관습[social practices]이 지켜져야 한다. 질서 잡힌 행위의 위반은 앞선 사례(국기 의례 때 스트레칭을 하거나 응원가를 부른 서포터즈)처럼 처벌을 감수해야 한다.

사회질서 속성을 위반한 또 다른 사례는 2016년 8월에 일어났다. 미국미식축구[NFL] 샌프란시스코 포티나이너스[49ers] 쿼터백이었던 콜린 캐퍼닉[Colin Kaepernick]은 그린 베이 패커스[Green Bay Packers]와의 경기 전 국가 제창 때 기립을 거부하고 한쪽 무릎을 꿇은 채 앉아 있었다. 미국 사회의 인종 차별에 항의하기 위해서였다. "흑인과 유색인종을 탄압하는 나라의 국기에 존경을 표할 수 없다." 일어서지 않은 이유다. 후폭풍은 거셌다. SNS에서는 그를 살해하겠다는 협박과 온갖 비난이 빗발쳤다. 트럼프 당시 미국 대통령은 이 퍼포먼스에 참여한 NFL 선수들을 비난하며 선수 퇴출과 NFL 경기 보이콧을 주장했다. 결국 캐퍼닉은 2017년 팀에서 방출되었다.

스포츠가 지닌 정치적 속성은 무엇일까? 어떤 정치적 특성을 보이기에 스포츠가 사회질서 유지나 변화에 이용될까? 혹은 스포츠가 특정 단체 및 이익집단의 이해를 위해 사용되는 때도 있을까? 이미 19세기 중후반부터 전 세계적으로 많은 교육자, 의사, 정부 관료, 일반 국민들까지, 신체 훈련과 팀 스포츠가 사회적으로 만연된 병폐의 치료제란 믿음을 굳건히 다지기 시작했다. 국가를 올바르게 통치한다는 정치적 속성이 스포츠 자체에 배태되었단 뜻이다. 과연 그 구체적 속성은 무엇일까?[30]

---

28) 프로스포츠의 경우, 야구와 농구는 경기 전 애국가 제창이 있는 반면, 축구는 그렇지 않다. 혹자는 야구와 농구가 미국에서 시작된 스포츠이기에 그 전통을 이어가기 때문이라 말한다. 축구의 경우엔 국가대표 간 경기에서나 애국가 제창이 있을 뿐이다. 유럽의 전통 때문일까?

29) 우충원 (2012.11.05.). 수원 원정 서포터, 애국가 제창 중 서포팅 '논란'. OSEN.

30) Sage, G. H., Eitzen, D. S., & Beal, B. (2019). Sociology of North American sport(11th). New York, NY: Oxford Univeristy Press, 336-337쪽 참조.

스포츠가 지닌 정치적 속성 네 가지

첫째, 대표성representative이다. 스포츠팀은 특정 학교나 지역, 국가를 대표한다. 국회의원이 지역을 대표하듯, 스포츠 역시 어떤 대상을 대표한다. 사람들은 그러한 대표성을 지닌 대상에 '충성심allegiance'을 보여준다. 충성심은 대표성을 의미하는 여러 상징(마스코트, 휘장, 팀 색깔, 슬로건, 의복, 노래 등)을 통해 증명되고 고양된다. 대전을 대표하는 야구팀 한화이글스에 충성도를 지닌 사람들은 한화이글스 유니폼을 구매하여 자신의 일상에서 소비한다.

> 상징적 행위는 윙크나 손바닥을 마주치는 행동처럼 사소할 수 있지만, 한 국가의 깃발과 같이 매우 중요한 의미를 지니며 두 가지의 근본적 목적을 달성한다. 첫 번째는 집단 내 개인을 하나로 묶어주고(unite), 두 번째는 분리하는(divide) 역할이다.[31]

둘째, 조직 간 권력 투쟁power struggle이다. 이는 모든 조직에 내재된 속성이다. 조직은 조직화하는 순간부터 힘겨루기를 준비한다. 스포츠 역시 조직화 성향이 강하다(책의 8장 '스포츠와 조직화' 참조). 개인이 모여 팀을 이루고(팀 내에서 개인 간 다툼), 팀이 모여 리그를 형성하며(리그 내 팀끼리 싸움), 그 리그를 총괄하는 협회나 기구가 만들어진다(각 팀에 권력 행사). 협회는 해당 종목의 질서 유지를 위해 제한된 자원을 권력을 사용해 배분한다. 입장권 수익금 배분, 올스타전 개최지 지정, 선수 트레이드 및 스카우트 관련 정책 수립 등, 다양한 정치 활동을 한다.

셋째, 사회질서 강화 속성이다. 스포츠는 기존의 사회질서(예를 들어 백인 권력의 유지 및 강화나 엘리트 집단의 기득권 영속화 등)를 유지하려는 보수성을 지닌다. 이는 스포츠가 기본적으로 과거의 전통과 향수를 기반으로 작동하기 때문이다. 스포츠 규칙이나 관습이 잘 바뀌지 않는 이유가 여기에 있다. 세 시간 넘는 경기 시간이 인기 하락의 요인이라며 각종 규정을 바꾸려는 야구계 노력이 잘 통하지 않는 것도 이 때문이다(대표적으로 투수 바꾸기).[32] 그뿐만 아니라, 스포츠나 여가는 기본적으로 사회가 안정될 때 향유되기 때문에 스포츠계는 더더욱 기존 체제 변화나 급격한 사회 변화를 꺼려한다. 그 특성이 역으로 기존 사회적 관습을 정당화한다(잠재적 기능).

---

31) Eitzen, D. S. (2016). Fair and foul: Beyond the myths and paradoxes of sport. Lanham, MA: Rowman and Littlefield, 30쪽.

32) 김상윤 (2020.02.14). 투수 좀 그만 바꿔…'아재 스포츠' 된 MLB의 몸부림. 조선일보, A27면.

넷째, 외교적 상징성diplomatic symbolism이다. 스포츠는 이해관계로서의 승리를 놓고 상대와 다투는 활동이다. 외교도 자국의 이해관계를 위해 상대국과 긴장 관계를 형성한다. 그러다 보니, 국제 스포츠대회에서의 국가 간 경쟁이 비유적으로 국가 간 외교관계로 상징화된다. 특정 스포츠 행사에 어떤 나라의 참석 유무가 나라 간 외교관계를 보여주는 것도 이러한 외교적 상징성 때문이다. 반대로, 정치적 갈등에 놓인 국가는 각자의 외교적 입장을 표출하고자 스포츠 행사 참석을 거부하기도 한다.

> 국교 정상화 50주년을 맞은 올해 정상적 상황이었다면 축구 한일전이 열렸을 것이다. 전통과 관심에서 이만한 스포츠 이벤트는 없다. 축구협회 인사의 말이 떠올랐다. "만에 하나 한국이나 일본 경기장에 욱일승천기가 독도 이슈가 불꽃을 일으키면 수만 관중 사이에 어떤 일이 벌어질까요?" 정치적 갈등이 스포츠를 통한 교류마저 조심스럽게…[33]

다섯째, 호혜성reciprocity이다. '하나를 주면 하나를 받는다.' 정치하는 사람이 항상 하는 말이다. 자원의 공정한 배분이란 개념에 따르면, 이러한 관습은 자연스럽다. 정치는 호혜성을 지닌 활동이기 때문이다. 스포츠 역시 유사하다. 국가는 스포츠를 국제 관계에서 '부드러운 무기soft weapons'로 사용한다(전쟁 대용). 승리나 패배의 대가로 감수해야 할 피해 없이(예를 들어, 사상자 등) 자국의 우월성을 표현한다.[34] 이런 역할을 한 스포츠는 당연히 국가에 요구한다. 올림픽에서 선수들이 국가 체제나 체계 우월성을 '세계 무대 위에 태극기를 올림으로써' 선전해주면, 국가는 그들에게 군 면제나 연금이란 포상을 지급한다. 하나를 주면 하나를 받는 것이다.

정부가 스포츠에 관여하는 이유

스포츠의 정치적 활용 맥락은 어떠할까? 특히 각국 정부는 왜 스포츠에 개입하여 정치적 활동을 할까? 영국의 정치학자 조나단 그릭스Jonathan Grix는 정부가 스포츠에 투자하는 이유를 '스포츠의 선순환virtuous cycle of sport' 모델로 요약한다.[35] 이는 국가의 엘리트 스포츠 투자를 설명하려 만든 모델이지만, 정부의 생활 스포츠 관여 이유도 설명해준다. 즉, 국가가 세금으로 스포츠를 활성화하면(체육관 건립, 스포츠클럽 시스템 구축, 국가대표

33) 민학수 (2015.10.16). '다케시마의 날' 갈등 씻어낼 韓·日 친선골프. 조선일보, A31면.
34) Abrams, R. I. (2013). Playing tough: The world of sports and politics. Northeastern University Press, 6쪽.
35) Grix, J., & Carmichael, F. (2012). Why do governments invest in elite sport? A polemic. International Journal of Sport Policy and Politics, 4(1), 73-90.

육성, 국민체력100센터 등), 그로 인해 국민들이 혜택을 얻고, 그것이 다시 국가에 유무형의 혜택으로 돌아온다는 관계다. 이 기본적 순환 관계를 염두에 두고, 정부가 스포츠에 개입하는 이유를 살펴보자.[36)]

첫째, 사회의 공공질서public order를 유지하기 위해서다. 정부는 법과 규칙을 만들고, 이를 사회적으로 실행할 정책도 수립한다. 모든 사회 구성원이 스포츠를 질서 있고 공정하게 즐기도록 하기 위해서다. 예를 들어, 이종격투기 중계를 공중파에서 금지한 조치, 스키장에서 반드시 헬멧을 착용하게 한 법적 개입, 스포츠 경기의 원활한 진행을 위한 경찰 투입, 유소년 축구 시합 때 구급차 대기 규정 등, 사회 구성원의 안전을 위협하는 요소를 통제하고자 정부는 그들에게 주어진 권력과 권한을 스포츠에 행사한다. "갈등 해소와 민주적인 삶에 필요한 규칙을 마련하지 않으면, 우리의 공적인 삶은 욕망의 정글로 타락할 수 있기"[37)] 때문이다.

둘째, 국민의 건강 증진health promotion을 위해서다. 규칙적인 신체활동은 의료비 지출을 줄인다. 실제, 1주 1회 이상 30분 정도 걸은 노인은 걷지 않은 노인보다 연간 의료비가 12만5천 원 적었다.[38)] 2020년 1월 기준, 65세 이상 노인 인구가 803만 명이니, 단순 계산을 하면 연산 의료비 1조30억 원이 절약된다. 1조 원이면 우리나라 중앙정부의 1년 체육 분야 예산을 넘는다(2020년 국가 예산 512조에 세금 기반의 체육 예산은 1조가 안 된다). 정부 입장에선 국민이 건강해져 의료비 지출이 줄어들면 그 재원을 다른 곳에 쓸 수 있다. '국민체력100'이나 '공공스포츠클럽' 제도를 수립한 이유다.

셋째, 국가적 명성national prestige을 높일 수 있다. 특정 스포츠대회를 유치하거나 대회에 참가하여 거둔 성적이 한 국가를 세계적으로 알리는 '홍보 효과'를 발휘하기 때문이다. 그런 이유로 국가는 적지 않은 돈을 투자한다. 특히 올림픽 금메달 만들기에 힘쓴다. 연구보고서에 따르면, 평창동계올림픽 메달 한 개의 경제적 가치는 최소 1,760억 원에서 최대 2,630억 원에 달하는 것으로 추정되었다.[39)] 구체적으로, 1) 국민 통합과 사기 진작(최소 160억 원-최대 710억 원), 2) 기업 이미지 제고(120억 원-200억 원), 3) 국가 브

---

36) Wilson, J. (1994). Playing by the rules: Sport, society, and the state. Detroit, MI: Wayne State University Press.

37) Wiebe, R.H. (2003). Primary tensions in American public life, In J. Rodin, & S.P. Steinberg(Eds.). Public discourse in America: Conversation and community in the twenty-first century(pp. 35-39). University of Pennsylvania Press, 351쪽.

38) 고숙자 (2015.07). 노인 건강 운동의 효과와 정책적 함의. 보건복지포럼, 225호, 28-37.

39) 정민, 백다미 (2018.02). 평창올림픽 금 · 은 · 동 메달의 의미. 현대경제연구원 현안보고서.

랜드 홍보 및 국격 상승(1,480억 원-1,720억 원)의 효과가 추정되었다.[40] 여기에 '무형의 가치'도 계산된다. 한국 선수가 올림픽 금메달을 땄을 때 국민 한 명이 세금으로 지불할 의사가 있는 금액을 환산하니(국민의 만족도 의미), 금메달 하나의 가치는 567억 원으로 나왔다.[41] 금메달 하나를 따려면 약 188억 원이 든다는 계산을 참고해보면, 스포츠 투자 대비 전 세계적 홍보 효과가 나쁘지만은 않아 보인다.

넷째, 국가 정체성national identity을 확립하기 위해서다. 국가 정체성이란 국가와 자신을 동일시함으로써 형성되는 인식이다. 당연히 사람은 긍정적인 대상에 자신을 동일시한다. 국가 입장에선 자국민이 국가를 긍정적으로 인식하여 동일시하길 바란다. 그런 마음을 갖게 하는 데 있어 국제대회 승리만큼 좋은 게 없다. 물론 대중문화도 이런 국가 정체성 확립에 큰 역할을 한다. 영화 기생충의 아카데미상 시상이나, 방탄소년단의 전 세계적 팬덤 형성도 비슷한 효과를 가져다 준다. 이는 국가 수준뿐 아니라 지역에서도 발휘되는데, 스포츠의 '지역 연고제'가 대표적이다.

> 스포츠팀의 지역 연고제는 그 지역주민의 참여와 지지를 바탕으로 팀의 안정적인 발전을 도모하고, 지역 성원의 자발적인 참여의식과 공동체 의식을 고양하여 지역발전을 위한 사회적, 정치적 효과를 가져오는데 기여한다.[42]

이들 외에 정치 지도자와 정부에 대한 시민 후원 증진이나, 국민들이 다양한 유형의 자본capital(신체자본, 사회자본, 문화자본 등)을 키울 수 있도록 정부는 스포츠에 개입한다. 중요한 것은 개입의 '방식'이다. 엘리트 스포츠에 집중적으로 개입하여 투자할 것인가(엘리트 스포츠의 성공이 국민들의 일상에 영향을 미쳐 생활 스포츠 활성화로 이어진다는 '낙수효과' 논리), 아니면 생활 스포츠에 집중할 것인가다(생활 스포츠가 풍성해져 엘리트 자원 풀을 늘려 국제대회에서의 좋은 성적으로 이어진다는 '분수효과' 논리).[43]

더욱 중요한 건 정부의 정치적 개입이 스포츠 발전의 선순환으로 이어져야 한다는 점이다. 엘리트 스포츠에 투자한 결과가 생활 스포츠나 학교 스포츠, 나아가 장애인 스포츠에 그 어떤 긍정적 효과를 주지 못한다면, 투자 가치는 떨어질 수밖에 없다.

---

40) 평창동계올림픽의 경우고, 자국 개최가 아닌 경우에는 최소 약 1,950억 원에서 최대 약 2,690억 원에 달하는 것으로 나왔다(정민, 2016.08, 올림픽 메달의 경제적 가치와 시사점. 현대경제연구원, 현안과제 16-33호 보고서).

41) 곽승준, 유승훈, 장정인 (2007). 올림픽 금메달의 비시장 가치. 국제경제연구, 13(1), 127-151.

42) 이종길 (1998). 한국프로야구의 지역연고제와 정치적 지역주의의 관계. 한국체육학회지, 37(2), 84-95, 85쪽.

43) 남상우 (2016). 한국 체육 중장기 계획 수립을 위한 기초연구. 한국스포츠개발원 현안과제, 6쪽.

국제외교에서의 스포츠 역할

> 운동선수들과 스포츠대회는 국가의 국제적 명성을 높이고, 훼손된 국가 이미지를 개선하며, 자국의 세계 무대 입장을 촉진하기 위한 폭넓은 외교적 도구로 활용된다.[44]

오늘날 스포츠는 수많은 국가에서 효과적인 외교 도구로 쓰인다. 올림픽 금메달리스트는 경기에서 자국을 대표했던 상징성으로 '운동복 입은 외교관diplomats in tracksuits'[45]이 된다. 이뿐 아니라, 부정적 이미지를 지닌 국가는 자국에 덧씌워진 '부정성'을 스포츠(특히 올림픽이나 월드컵 같은 스포츠메가이벤트)로 희석하려 한다. 인종 차별로 악명 높은 남아공South Africa은 2010년 월드컵을, '폐쇄성' 이미지의 중국은 2008년 올림픽을, 중동 내전과 무슬림으로 점철된 카타르Qatar는 2022년 월드컵을 '연성 권력soft power'(어떤 국가의 정책을 다른 국가가 자발적으로 따라오도록 끌어당기는 힘)으로 활용한다. 그렇다면 국제관계에 있어 스포츠가 할 수 있는 정치적 역할은 무엇일까?

첫째, 적대적 관계의 국가와 관계를 개선한다

1971년 일본에서 세계탁구챔피언십에 참가 중이던 미국 탁구 대표팀은 4월 6일 중국에 갑자기 초청되었다. 아홉 명의 미국 선수들이 홍콩을 거쳐 중국으로 들어가 중국 탁구팀과 친선경기를 가진 것이다. 이후, 미국 농구팀이 중국으로 가 시합을 하며 두 국가 사이의 '스포츠 교류'가 이루어지게 된다. 적대적이던 관계에 변화가 일어났고, 이는 결국 미국의 37대 대통령(1969-1973) 리차드 닉슨Richard. Nixon, 1913-1994의 중국 방문으로 이어졌다. 바로, 70년대 미국과 중국의 핑퐁 외교Ping-pong Diplomacy다. 불편한 관계에 있던 국가들 간에 좋은 관계를 만드는데 스포츠가 역할을 한 사례다.

인도와 파키스탄의 '크리켓 외교Cricket Diplomacy'도 유명하다. 두 나라는 카슈미르Kashmir 지역(인도와 파키스탄 북부에 있는 한반도 면적만한 지역) 영유권을 놓고 꾸준히 싸웠는데, 이로 인해 1947년, 1965년, 1971년, 1999년으로 이어지는 전쟁까지 치렀다. 문제는, 이들이 핵 보유국이라는 사실이다. 계속 전쟁하다간 큰일이 날 수 있다. 이랬던 두 나라

---

[44] Grix, J. & Brannagan, P. M. (2016). Of mechanisms and myths: Conceptualising states' "soft power" strategies through sports mega-events. Diplomacy & Statecraft, 27(2), 251-272, 252쪽.

[45] Holzweissig, G. (1981). Diplomatie im Trainingsanzug. Sport als politisches Instrument der DDR in den innerdeutschen und internationalen Beziehungen. Munich and Vienna: Oldenbourg.

에 화해 분위기를 가져온 것은 바로 '크리켓'이었다. 야구랑 비슷한 게임으로서 영국 연방국가나 서남아시아에서 인기 있는 스포츠다. 양국 정상의 크리켓 게임 초청과 방문이 반복되면서, 두 나라는 차츰 관계 정상화, 국경 개방, 경제교류를 약속할 수 있었다(물론 분쟁은 지속 중이다).

> 스포츠와 외교의 두 문화는 양극단적이다. 스포츠는 선수들이 자기 몸으로 본인을 표현하지만 외교에선 '말'이 수단이다. 스포츠가 스스로를 적극적으로 보여주지만, 외교는 신중하고 조심스럽게 행동해야 한다. 운동선수들의 '아드레날린' 분출과 달리 외교관들의 행동은 차분하다. 경기장의 떠들썩한 분위기는 대사관의 고요한 분위기와 대비된다.[46]

야구 외교도 보자. 미국의 44대 대통령(2009-2017) 버락 오바마[Barack Obama, 1961-]는 2016년 3월, 반 세기 동안 냉전 대립을 이어 오던 쿠바[Cuba]와 야구 외교를 가지며 핑퐁 외교의 전통을 이어갔다. 국빈으로 쿠바를 방문한 오바마는 외교 일정 사흘째에 쿠바 국가평의회 의장인 라울 카스트로[Raul Castro, 1931-]와 함께 야구 친선경기(미국 MLB 탬파베이 레이스와 쿠바 국가 대표팀)를 관람했다. AFP통신은 이 관람 장면에 대해 "국교를 회복한 양국 관계를 굳건히 하는데 야구 외교가 한 몫 했다"고 평가했고, 이후 미국 MLB는 쿠바 야구협회와 협약을 체결, 쿠바 선수들이 미국에서 합법적으로 뛸 수 있게 만들었다. 하지만 그 교류는 2019년에 들어와 도널드 트럼프 전 미국 대통령이 제동을 걸어버리며 다시 막혔다.

오바마의 야구 외교

둘째, 국가 메시지 공표와 프로파간다를 전파한다

국제외교에서의 스포츠는 국가 메시지 공표와 프로파간다[propaganda][47]를 전파하는데 활용되기도 한다. 자국 내 스포츠 행사나 국제스포츠대회를 활용, 지향하는 정치적 메시지나 자국의 우월성을 전 세계에 홍보한다. 독일의 아돌프 히틀러[Adolf Hitler, 1889-1945]가 1936년 베를린올림픽을 독일 국민에 대한 자신의 통치력 강화 및 나치[Nazi] 문화의 세계적 선전에 활용한 사례가 대표적이다.

---

46) Defrance, J. & Chamot, J. M. (2008). The voice of sport: Expressing a foreign policy through a silent cultural activity: The case of sport in French foreign policy after the Second World War. Sport in Society, 11(4), 395-413, 395쪽.

47) 프로파간다란 어떤 사물의 존재나 효능 또는 주장을 남에게 설명하여 동의를 구하는 일 또는 그 활동을 의미하는 정치학 용어로서, 우리 말로는 종종 '선전 활동'으로 번역되어 활용된다.

최근엔 중국과 북한이 이런 시도를 했다. 1977년 시작된 개방 정책과 함께, 중국은 자국의 'Made in China' 브랜드나 공산당 집권 체제의 '폐쇄적' 이미지를 바꾸려 스포츠를 이용했다. 2008베이징올림픽을 개최하며 '하나의 세계, 하나의 꿈'이란 메시지를 전파, 중국의 선진적이고 안전하며 세계적 리더로서의 모습을 강조했다.[48)]

북한의 집단 체조도 스포츠를 이용한 자국 선전의 대표 사례다. 집단 체조는 배경대의 카드섹션, 운동장의 체조와 율동, 배경음악과 합창으로 구성된다. 여기에 빈자리를 찾아볼 수 없을 정도로 많은 관람객이 동원된다. 흥미로운 점은 관람객 중에선 외국 관광객들이 다수 포함된다는 것이다. TV 방송도 빠지지 않는다. 동원된 관중들의 잘 차려입은 모습과 웃으며 즐기는 모습은 영상으로 해외에 송출된다.

> 북한에서 집단 체조(아리랑)는 체육 행사이자 문화 행사이며, 동시에 정치 행사다. 단순한 정치 행사나 체조가 아니다. 혁명 역사와 정책 선전 등이 결합된 종합적 정치 예술장르다. 북한에서는 이를 '체육 예술 작품'으로 규정한다. 하나의 '작품'으로서 자기 생명력을 가진다.[49)]

이 영상은 무엇을 보여줄까? "북한 정치체계의 독특함과 성공을 보여주고, 자국의 독립성과 자립성을 입증하며, 북한이 바깥에서 보는 것과 달리 건강하고 체력이 좋으며 행복한 나라임을 연출하는 것"[50)]이다. 물론, 이 집단 체조는 역으로 북한의 사회가 어떻게 조직되고 그 질서를 유지하는지를 방증한다.

셋째, 국가정책이나 행위에 대한 항의 수단이 된다

1977년 11월, 쿠바[Cuba]는 니카라과[Nicaragua]에서 열리기로 한 국제 아마추어 야구 토너먼트에서 철수하기로 발표했다. 니카라과라는 나라가 생소할 것이다. 지구 상에 몇 안 남은 공산주의 국가다. 1970년대 당시 독재자인 소모자[Anastasio Somoza Debayle, 1925-1980]에 의해 통치받던 나라다. 같은 공산국가였던 쿠바도 여기서 대회를 하는게 싫었던 것 같다. 쿠바 측은 "스포츠가 반드시 유지해야 할 원칙을 가장 심각하고 잔인하게 거스른 개최 장소 결정으로서, 니카라과는 모든 스포츠 경기가 고수해야 할 도덕적 질서[moral order]의

48) Landsberger, S. (2009). Harmony, Olympic manners and morals: Chinese television and the 'new propaganda' of public service advertising. European Journal of East Asian Studies, 8(2), 331-355.

49) 정근식 (2002). 북한의 집단 체조와 문화 정치: 동원된 열광과 신체 규율. 당대비평 19호, 335-358, 336쪽.

50) Merkel, U. (2013). The grand mass gymnastics and artistic performance Arirang (2002–2012): North Korea's socialist–realist response to global sports spectacles. The International Journal of the History of Sport, 30(11), 1247-1258, 1247쪽.

최소 조건조차 충족하지 못한 나라"라고 선언하며 대회에 불참했다.[51] 스포츠 경기에서 빠지는 '부드러운 방법'으로 국가에 대한 불만을 표한 것이다.

공식적 차원에서 국가 대 국가의 양상으로 이루어진 예는 없지만, 스포츠가 이용된 외교적 항의는 우리에게도 종종 발생했다. 지난 2005년 일본의 독도 망언에 격앙된 국민들이 같은 해 3월 23일 서울 장충체육관에서 열렸던 한일여자프로농구 챔프전에서 플래카드 시위를 벌였다. '독도는 우리 땅'이란 플래카드를 들고 관람한 것이다(군인들이 휴가를 나와 우발적으로 한 것이라 전해진다).

또한, 2007년 1월 31일 중국에서 열렸던 동계아시안게임에선 여자쇼트트랙 3000m 계주에서 은메달을 딴 선수들이 시상식에서 '백두산은 우리 땅'이 적힌 종이를 드는 퍼포먼스도 실시했다. 중국이 우리나라의 백두산을 자기 땅이라 주장한 홍보 책자와 함께, 시합 당시 중국선수들의 반칙에 묵인하는 중국심판들에 대항한 일종의 항의였다. 물론 이들 시위(?)는 사전에 체계적으로 계획된 것이 아닌, 우발적 세리머니였다고 한다. 때문에, 양국 간 외교적 혼란은 피하기 어려웠다.

[그림 3-2] 스포츠는 정치적인 목적으로 타국의 정치적 행위를 비난하는 항의의 수단으로 사용되기도 한다. 위 그림은 일본의 독도 망언에 항의하는 의미로 2005년 3월 23일 열린 한일여자프로농구 챔프전에서 나왔던 플래카드 퍼포먼스다. ⓒ연합뉴스

51) Cuba pulls baseball team out of Nicaragua series. New York Times, 1977.11.09.

이처럼 국가는(때론 개인은) 스포츠를 '간접적으로 이루어지는' 외교적 항의도구로 활용한다. 특정 국가가 자국의 이익에 위배되는 행동을 하거나 위협을 가한 국가에게 비교적 부드럽게 항의할 때 이 방법을 쓰는 것이다.[52] 대표적인 것이 보이콧boycott이다. 예를 들어, 1979년 소련이 아프가니스탄을 침공하자, 미국은 이를 인정할 수 없음을 알리기 위해 올림픽 불참을 선언했다. 1980년 2월, 미국 국방장관인 밴스C. Vance는 "우리는 타국을 침공한 국가에서 열리는 경기에는 참가하지 않을 것이며, 이러한 단호한 결정은 미국 의회와 전체 미국인들의 굳은 신념"[53]이라며 모스크바 올림픽 불참을 IOC에 전달했다. 당연히, 1980년 다음의 1984 LA올림픽에는 동구권 공산주의 국가들이 참가하지 않았다. '총성 없는 전쟁war minus the shooting'[54]이 일어난 것이다.

2020도쿄올림픽 보이콧의 정당성?

2021년 6월, 정치권에서 논쟁이 벌어졌다. 일본이 올림픽을 준비하며 만든 지도에 독도를 다케시마로 표기한 것이다. 한국 정부는 강도 높은 비난을 했고, 정치권에서도 이와 관련 '도쿄올림픽 보이콧'을 고민하자는 의견이 나왔다. 당시 여권의 유력 대선주자 중 한 명 역시 보이콧을 주장하며 체육계를 긴장시켰고, 여론도 60% 정도가 보이콧에 찬성하였다. 물론 올림픽 보이콧은 이뤄지지 않았다. 과연 이를 어떻게 봐야 할까? 국가 영토 표기와 관련한 정치적 문제에 있어 우리는 도쿄올림픽에 보이콧을 했었어야 했을까?

정치인과 스포츠의 동일시 정치학

역대 대통령들은 스포츠를 사랑했다. 박정희 전 대통령은 1966년 동대문 운동장 야간 경기조명시설 설치 기념 경기에서 시축했다. 전두환 씨 또한 1982년 프로야구 개막전에서 시구했다. '3S정책(섹스, 스크린, 스포츠)'의 일환이었을 것이다. 이후, 프로야구 한국시리즈 시구는 모든 대통령이 한 번씩 거쳐야 할 정치적 무대가 되었다.

해외도 다르지 않다. 미국 오바마 전 대통령은 농구광이었다. 러시아 대통령 블라디

---

52) Houlihan, B. (2000). Politics and sport. In J. Coakley and E. Dunning(eds.), Handbook of sports studies(pp. 213-227). London: Sage, 217쪽.

53) Belam, M. (2008). A brief history of Olympic dissent (http://www.currybet.net/cbet_blog/2008/08/olympic_dissent_1980.php)

54) 미국의 작가 조지 오웰이 '스포츠 정신(The sporting spirit)'이란 글에서 쓴 표현으로, 친선과 우정이란 스포츠 정신은 표어일 뿐, 치열한 국가 간 경쟁과 올림픽의 정치적 활용이 총 없이 치루는 전쟁과 같다는 내용: Beck, P. J. (2013). 'War minus the shooting': George Orwell on international sport and the Olympics. Sport in History, 33(1), 72-94 참조.

미르 푸틴Vladimir Putin, 1952-은 매년 아이스하키장에서 소위 '나 막으면 어떻게 되는지 알지?' 경기를 즐겼다. 이처럼 정치인들은 스포츠를 사랑했다. 정말 좋아할 수도 있고, '정치적' 이유 때문일 수도 있다. 이유가 무엇이든, 이는 정치인이 행하는 '동일시의 정치'를 보여준다. 한 마디로 스포츠 열기에 '숟가락 얹기'다.[55]

정치인의 성격을 이해하는데 유용할 분류를 보면, 정치인은 크게 네 부류(권력 추구자, 운동가, 전문가, 이익대표자)로 나뉜다.[56] 권력 추구자는 '권력욕'을 이루려 정치를 하는 사람이다. 운동가는 자기 정치 이념을 전파하고자 정치에 입문한다. 전문가는 자기 전공 분야와 관련한 정책을 구현하기 위해 정치인이 되고, 이익대표자는 사회의 공익 및 특정 조직의 이익을 대표(노동자, 의사, 변호사, 스포츠 등)하려 정치를 한다. 물론 성격에 따른 상이한 분류가 가능함에도 불구, 이들의 관심사는 유사하다. 바로 '권력 유지'다. 즉 '표'를 얻어 '재선'을 하는 것이다. 때문에, 권력 유지에 도움이 될 일은 뭐든지 한다. 제 아무리 오랜 세월이 지나도 이 특징은 변하지 않는다.

인지도와 지지도 확보를 위한 정치인의 스포츠 사랑

행사마다 정치인들이 얼굴 도장을 찍는 이유가 여기에 있다. 자신의 권력을 유지시켜줄 사람들에게 인지도(나를 아는가?)와 지지도(나를 지지하는가?)를 획득하기 위해서다. 이런 차원에서 대중의 관심을 한 몸에 받는 스포츠만큼 그들의 이해관계와 맞아떨어지는 활동도 드물다. 정치인은 스포츠와 자신을 '동일시identification' 함으로써 얻을 수 있는 이점 때문에 특히 스포츠를 좋아한다. 그 이점을 세분화하면 우리는 정치인들이 왜 스포츠를 좋아하는지 이해할 수 있다. 일반적으로 세 가지다.

첫째, 스포츠에서의 영광 나눠갖기다. 2018평창동계올림픽 남자 스켈레톤Skeleton에서 대한민국 최초로 금메달을 딴 윤성빈 선수의 기념 사진 속에 박영선 당시 국회의원이 서 있었다. 결승선 근처에 서 있다, 경기 관계자들과 함께 축하해주고 사진도 같이 찍은 것이다. 서울시장 선거를 준비 중이던 당시 상황 때문에 선수의 영광스러운 순간에 얼굴을 내민 것 아니겠냐는 해석이 지배적이었다.[57]

왜 정치인들은 선수들의 영광과 함께 하려 할까? 설득력 높은 설명은 반사된 영광 누

---

55) 황대진 (2006.03.16.). 야구 열기 '숟가락 얹기'. 조선일보, A5면.
56) 김영명 (2007). 정치를 보는 눈. 개마고원, 163쪽.
57) 윤태석 (2018.03.01). 스포츠 축제에 정치인 얼굴 들이밀기…"이젠 블랙코미디". 한국일보, 22면.

리기Basking-In-Reflected Glory; BIRGing와 반사된 실패 차단하기Cutting-Off-Reflected Failure; CORFing라는 심리적 경향성이다.[58] 사람들이 스포츠에서의 '승리'와 자신을 동일시하려는 성향을 이용, 선수들의 승리 뒤에 자신의 헌신적인 도움이 있었다는 메시지를 암묵적으로 전파하여 인지도와 지지도를 높이려는 의도다.

둘째, 이미지 만들기다. 정치인들이 TV 예능 프로에 나오는 이유와도 비슷하다. 양복 차림으로 중무장한 근엄한 모습의 대통령이 야구 국가대표 유니폼을 입고 한국시리즈 시구 후 관중석에서 치맥을 먹으며 응원하면 옆집 아저씨로 변한다. 미국의 42대 대통령(1993-2001) 빌 클린턴Bill Clinton, 1946-은 워싱턴 시내 주변을 조깅한 후 맥도날드 매장에 들려 햄버거를 사먹기도 했다. 농구광이었던 버락 오바마 전 대통령 역시 골치 아픈 정사가 풀리지 않을 때는 참모진들과 농구 게임을 즐겼다. 물론 이처럼 친숙한 이미지뿐 아니라 강인한 이미지를 만들려고도 한다. 북한의 김정은은 종종 말을 타고 등장해 사람을 깜짝 놀라게 한다(뭔가 기세등등하고 전진하는 이미지를 원했던 것 같다). 러시아 푸틴 대통령은 아이스하키나 복싱, 유도를 즐기며(그의 인격 형성에 스포츠가 큰 영향을 끼쳤다) '통치자로서의 강인함'을 보여주려 노력한다.

셋째, 정치적 메시지 던지기다. 아베 신조Shinzo Abe, 1954- 전 일본 총리는 2013년 5월 5일, 자국 내 군국주의 부활을 위한 평화헌법 96조 개정과 관련, 이를 관철시키고자 96번이 새겨진 자이언츠 유니폼을 입고 나와 시구 시 심판 역할을 했다. 이에 대해 "등번호가 헌법 96조와 같은 96번"이란 기자들의 지적이 있자, 아베 총리는 "내가 96대 총리이니까"라며 "96조에 대해 아직 충분히 국민적 논의가 이뤄졌다고 말하긴 힘들다"고 답했다. TV아사히는 "헌법 96조 개정 어필을 위한 것이 아닌지 여당 내에서도 비판이 나온다"고 보도한 바 있다.[59] 이러한 전략이 정말 효과가 있을까? 잘 모르겠지만, 흡수력 높은 스포츠 경기이기에 그 정치적 퍼포먼스의 메시지는 많은 이들에게 자연스럽게 수용될 가능성이 높을 것이다.

이처럼 스포츠는 정치인들에게 '보통 사람의 허울the veneer of the common man'[60]을 제공하는 효과적인 도구가 된다. 스포츠가 지니는 일상성과 건강함, 비정치적 이미지가 대중적 선전에 도움이 되기 때문이다. 한 마디로 표 획득에 도움이 되는 것이다. 그래서 정

---

[58] Wann, D. L. & Branscombe, N. R. (1990). Die-hard and fair-weather fans: Effects of identification on BIRGing and CORFing tendencies. Journal of Sport and Social issues, 14(2), 103-117.

[59] 서승욱 (2013.05.06). 아베, 국민영웅 시상 '야구장 쇼'. 중앙일보, 23면.

[60] Abrams, R. I. (2013). Playing tough: The world of sports and politics. Northeastern Univ Press, 4쪽.

치인들이 각종 경기단체 및 협회장을 맡았던 것이다. 최근 국회의원의 겸직 제한과 관련하여 체육단체를 맡는 정치인은 거의 없어졌고, 지자체장의 체육회 겸직도 금지되면서 2019년(12월 15일부터 2020년 1월 15일까지) '민선 지방체육회장 선거'도 전국적으로 실시되었다. 정치인의 개인적 표 관리를 위해 스포츠를 이용하지 말라는 것인데, '이상'과 '현실'의 괴리가 얼마나 좁혀질지는 살펴봐야 한다. 장담할 수 있는 점 하나는, 아무리 제도적으로 막아도 정치인의 스포츠 사랑은 막을 수 없으리란 사실이다.

스포츠는 사회변화를 위한 저항의 장소인가?

2016년 1월 30일, 그리스 프로축구 2부 경기에서 신기한 일이 일어난다. 경기 시작을 알리는 심판의 휘슬과 함께 킥오프가 되자 운동장에 있던 22명의 선수와 경기장 밖 모든 스태프가 갑자기 경기를 포기한 듯 제자리에 앉는 게 아닌가. 이에 대해 심판 역시 선수들에게 어서 일어나 시합하라 다그치지 않는다. 오히려 관중들은 선수들에게 박수로 화답한다. 결국 2분 여를 계속 앉아 있다 경기는 재개되었다.

축구에서의 정치적 항의

그리스 중부 라리사[Larissa]에서 열렸던 프로축구 2부 AEL 라리사[AEL Larissa]와 아카르나이코스[Acharnaikos]의 경기에서 일어난 사건이다. 이는 유럽연합[EU]과 터키의 무관심으로 매일 목숨을 잃는 난민 어린이들을 추모하고자 벌였던 정치적 항의였다. 시리아, 이라크, 아프가니스탄 등에서 유럽으로 향하는 난민들은 주로 터키에서 에게해[Aegean]를 건너 그리스로 향하는데, 이 과정에서 많은 난민들이 익사했다(약 1천 여명). 조치에 나서야 할 그리스와 터키가 국제적 분쟁을 회피하려 무관심으로 일관했고, 이에 분노한 선수들이 축구 경기에서 항의한 것이다. 이처럼 스포츠는 팀과 선수의 정치적 견해를 표출할 플랫폼이 된다.

> 이 사건은 최소 두 가지를 우리에게 보여준다. 첫째, 비록 포스트모던의 21세기일지라도 사람들은 우리의 삶에서 스포츠보다 더 중요한 무엇인가가 있음을 알고 있다는 사실이고, 둘째, 대중매체에 포섭된 스포츠이긴 하나, 여전히 스포츠는 정치적 항의에 있어 중요한 토론장으로 남아 있다는 것이다. 스포츠에만 국한된 이해관계를 넘어, 바깥 사회의 이슈를 조명하는 플랫폼으로서 스포츠가 사용된 항의인 것이다.[61)]

61) Dart, J. & Wagg, S. (2016). Sport, protest and globalisation: Stopping play. Palgrave Macmillan Springer, 2쪽.

'시상대 퍼포먼스'에서 '시팅맨 현상'까지

스포츠는 '사회변화를 위한 저항protesting 장소'[62]로서 기능할 수 있을까? 1968년 멕시코시티올림픽에서의 시상식 퍼포먼스Black Power Salute는 이 질문에 답을 준다. 당시 육상 세계신기록 수립 가능성으로 큰 관심을 받았던 토미 스미스Tommie Smith, 1944-와 존 카를로스John Carlos, 1945-가 주인공으로 등장했던 퍼포먼스다. 이들은 200m 결승전에서 각각 1위와 3위를 차지하였고, 시상식에서 검은 장갑을 낀 후 국기를 외면한 채 팔을 치켜드는 퍼포먼스를 펼쳤다. '우리는 흑인이다'를 상징하는 검은색 장갑으로 미국 사회에 만연된 인종 차별에 항의를 표한 것이다. 생방송 중에 일어난 일이었다. 미국 사회는 발칵 뒤집혔다. 시상식 이후, 이들은 올림픽 숙소에서 쫓겨나 미국으로 돌아가야 했다. 미국 공항에서는 백인 우파단체들에 의해 토마토 세례를 받았으며, 급기야 미국육상연맹에서도 제명되었다.

당시 미국 사회의 인종 차별이 얼마나 심했기에 선수들이 메달까지 포기하고 그런 퍼포먼스를, 그것도 생방송으로 진행된 시상식에서 펼쳤을까?

> 흑인은 기숙사에서 살지 못했고 들어가 먹을 수 있는 식당도 없었어요. 흑인 여성은 대학에 들어오지 못했습니다. 우리가 파티에 가 춤을 추면 모두 백인여성과 춤을 춰야 했어요. 흑인 여성이 캠퍼스에 없었으니. 심지어 장학금 받고 들어온 흑인선수가 캠퍼스에서 쫓겨나기도 했죠. 백인여성과 데이트한 걸 누가 고소해서. 공부하는 것에서도 차별이 있었죠. 흑인들이 전공하길 강요 받았던 과목이 뭔 줄 아십니까? 사회복지와 체육학, 범죄학이었어요. 사회복지는 흑인이 사회에 나가면 복지혜택에 의존해 살아야만 하기에, 체육학은 선천적으로 타고난 운동선수 기질 때문에, 범죄학은 흑인의 속성상 범죄인이 되기 알맞다고 간주되었기 때문이었죠. 제가 전공한 사회학은 지원조차 힘든 전공이었습니다.[63]

이러한 미국 사회의 인종 차별에 항의하고자 사회학자였던(이 전에는 원반던지기 선수) 해리 에드워즈Harry Edwards, 1942-는 '흑인을 차별하는 국가를 위해 뛰어야 할 이유가 없다'며 변화를 위한 프로젝트(물론 실행에 옮겨지지 못한 프로젝트)를 기획했다. 이뿐 아니라, 흑인들에게 1968년은 또 다른 의미가 있는 해였는데, '나에게는 꿈이 있습니다' 연설로 유명한 마틴 루터 킹Martin Luther King Jr., 1929-1968 목사가 암살당한 해였기 때문이다. 이런 상

---

62) Kaufman, P. & Wolff, E. A. (2010). Playing and protesting: Sport as a vehicle for social change. Journal of Sport and Social Issues, 34(2), 154-175.

63) Leonard, D. (1998.06.10). What happened to the revolt of the black athlete? Colorlines: News for action(Interview with Harry Edwards).

황에서 두 흑인 선수의 시상대 항의는 전 세계적으로 수많은 파장을 불러 일으켰다. 스포츠계에서 가장 상징적인 정치적 항의 사례로서 지금껏 회자 중이다.

미식축구 정치적 항의

2016년 8월 미국프로풋볼[NFL] 샌프란시스코 포티나이너스[49ers] 소속의 콜린 캐퍼닉[Collin Kaepernick]은 일명 '시팅 맨[sitting man]'으로 불리는 퍼포먼스를 펼친다(사진 4-3). 경기 전 국가 연주 시 기립하지 않고 한 쪽 무릎을 꿇고 있었던 것이다. 여전히 멈출 생각을 하지 않는 미국 사회의 흑인에 대한 차별과 경찰 폭력, 그리고 이에 무관심한 국가를 거부하기 위해서 벌인 퍼포먼스였다. 다음날 SNS에선 난리가 났다. 도널드 트럼프 전 대통령은 트위터에다 리그를 겁박하기도 했다. 'NFL 문 닫을래, 그 자식 해고 할래?[he's fired]' 결국 캐퍼닉은 NFL에서 해고되었으나, 그의 팀 동료인 에릭 라이드[Eric Reid]를 비롯, 다른 종목 선수들(축구, 농구 등)도 '시팅 맨'과 '시팅 걸' 운동에 동참하도록 이끌었다.

[그림 4-3] 콜린 캐퍼닉(가운데)과 에릭 라이드(오른쪽)가 경기 전 국가 제창 시 무릎을 꿇은 채 앉아 있다. 미국을 상징하는 '성조기'에 대한 존경을 표하지 않겠다는 의미다. ⓒAssociated Press

흥미로운 건, 이 사건을 향한 언론 프레임 연구다.[64] 많은 미국 언론이 이 사건을 '흑인들의 저항'을 이끈 캐퍼닉의 승리이자 미국 사회에 반향을 일으킨 사건으로 평했지

[64] Boykoff, J., & Carrington, B. (2020). Sporting dissent: Colin Kaepernick, NFL activism, and media framing contests. International Review for the Sociology of Sport, 55(7), 829-849, 845쪽.

만, 번지수를 잘못 짚었다는 것이다. 사건의 사회적 확산과 관련, 기존 미디어는 '흑인 저항black protest'만을 말하지만, 더 중요한 건 미국 사회의 인종 담론을 견고하게 만들면서 동시에 뉴스 미디어의 프레임을 고착화하는 주요 동력인 '백인 분노white rage'라는 주장이다. 사회 변화에 저항하는 기존 '질서'의 작동 구조를 보는 게 핵심 아닐까?

선수들의 정치적 의사 표현을 금지해야 하는가?

에티오피아 육상 선수 페이사 릴레사Feyisa Lilesa, 1990-의 사례도 보자. 2016리우올림픽 마라톤 결승점에 2등으로 들어올 때 그는 두 팔을 머리 위로 올려 팔목을 교차시키며 X자를 만들었다. 이 행위는 에티오피아의 오로미아 주Oromia region 사람들이 반정부 시위의 상징으로 취하던 상징이었다(그는 이 행위를 시상식 때도 했다). "메달 박탈은 물론, 에티오피아로 돌아가면 죽거나 투옥될 것이다." 그는 목숨 걸고 이 행위를 한 것이다. 이유는 하나, 자국 내 오로모 족이 당하는 불평등과 인권 문제를 알리기 위해서였다.

에티오피아 오로모 족은 전체 인구(약 9,900만 명)의 1/3을 차지함에도 오랫동안 정치적 소외와 경제적 차별을 받았다. 암하라 족 때문이다. 인구는 오로모 족보다 적지만(인구 구성비 27%), 국가 권력과 자원을 장악하면서 에티오피아 공용어로 자기들 언어(암하라어)를 쓰게 만든 부족이다. 이들이 차지한 에티오피아 정부가 수도 아디스 아바바Addis Ababa 주변 오로미아 지역을 수도에 강제 편입하려 하자 반정부 시위가 일어났다. 정부는 군과 경찰을 동원하여 시위를 진압했고, 그 결과 140여 명이 목숨을 잃었다(그 이후 더 많은 사상자가 났다). 이후, 수도 편입 계획은 철회되었으나 탄압은 계속됐다. 에티오피아 정부는 반정부 시위를 무력화하려 인터넷 서비스까지 차단시켰다. 릴레사 선수가 위험을 무릅쓰고 정치적 항의를 한 이유였다. 소통 창구가 없었던 것이다.

> 스포츠의 중립성neutrality이란 이데올로기는 스포츠계에서 지배적인 권력자들의 위치를 견고히 한다. FIFA나 IOC가 독려하는 '경기의 선을 위하여'나 '올림픽 식구' 같은 수사적 비유는 결국 비정치적 헤게모니가 세운 현재의 지배적인 스포츠 질서를 지속하도록 만든다.[65]

이런 사정을 보면 올림픽에서 무조건 정치적 표현을 금지하는 것이 과연 옳은가는 좀 더 고민해볼 필요가 있다. 올림픽의 존재 이유는 과연 무엇인가?

---

65) Harvey, J., Horne, J., Safai, P., Darnell, S., & Courchesne-O'Neil, C. (2014). Sport and social movements: From the local to the global. London: Bloomsbury Academic, 2쪽.

결국 우리가 물어야 할 질문은 명료하다. 스포츠는 사회변화를 위한 플랫폼이 될 수 있을까? 장담하기 어렵다. 거의 모든 스포츠 조직이 자신들의 종목과 정치를 분리하려는 장치를 마련했기 때문이다. 스포츠가 본질적으로 '비정치적apolitical'이란 이유에서다. 이런 이유 때문인지, 세계적으로 유명한 선수들이 미디어에서 정치적 발언을 하면 사람들은 불편해한다. 오히려 사람들은 이들이 '비규범적' 행위, 즉 비정치적인 자선 사업이나 정부 캠페인 등에 참여하기를 압박한다.[66]

하지만 이러한 스포츠의 '비정치성 가정'이 다른 사회적 제도보다 스포츠를 사회변화의 기폭제로 기능할 '의외성'을 높인다. 이러한 의외성은 그 스포츠에 몸 담은 선수들이 만들어낼 수 있다. 이들에게 '정치 의식political consciousness'이 필요한 이유다. 스포츠가 반드시 비정치적일 이유는 없다. '정치적'을 보수냐 진보냐(혹은 '넌 어느 편이냐')로 보기 때문에 불편한 것이다. 전술했듯, 정치는 제한된 자원의 세련된 배분 방식일 뿐이다.

결론: 스포츠와 정치의 만남은 불편한가?

스포츠는 대중들이 지닌 정치적 불만을 표현하는 촉매제가 된다. 잉글랜드 선거가 한 예다. 1970년 6월 14일에 열린 멕시코월드컵 8강전에서 잉글랜드는 서독West Germany에게 2-3으로 졌다. 지난번 월드컵(1966년)에선 서독을 4-2로 누르고 우승을 했던 잉글랜드 입장에서는 분노할 일이었다. 잉글랜드 국민들의 불만은 하늘을 찔렀다. 우연이었을까. 4일 후 1970년 6월 18일에 열린 총선에서 영국 노동당은 참패했다(보수당은 77석 늘어난 330석을 차지한 반면, 노동당은 76석 줄은 288석을 차지하며 1당을 뺏겼다). 1969년 선거법 개정으로 선거 연령이 18세로 낮아졌기에(연령이 낮을수록 진보적 성향에 투표), 주요 언론은 이번 선거에서 노동당이 10% 이상 앞서리라 예측했다. 예측은 빗나갔다.

2019년 8월 4일, 미국 축구 경기 중 흥미로운 퍼포먼스가 나왔다. 미국프로축구 필라델피아 유니언Philadelphia Union의 알레한드로 베도야Alejandro Bedoya, 1987-가 DC 유나이티드 팀을 상대로 골을 넣고 경기장 밖에 설치된 마이크에다 뭔가를 외친 것이다. "이봐, 국회의원들! 당장 뭐라도 해! 총기 폭력을 끝내자고!Hey, Congress! Do something now! End gun violence. Let's go!" 미국에서 끊이지 않는 총기 사건에 대한 대책 마련을 촉구한 것이다. 시합 전, 8월

66) Valiente, C. (2019). Sport and social movements: Lilí Álvarez in Franco's Spain. International Review for the Sociology of Sport, 54(5), 622-646, 625쪽.

3일 텍사스주 엘패소 시내의 쇼핑단지에서 20명이 총기 난사로 사망, 다음 날 오하이오주Ohio 데이턴의 오리건 지구에서도 10명이 총기 난사로 사망했다. '진상 조사가 필요하다', '안타깝다', '애도를 표한다' 등, 말만 하는 미국 사회, 정확히는 국회에 행동을 요구한 것이다. 이와 함께, 영향력 있는 스포츠 스타들이 총기 폭력에 반대하는 입장을 표명하기 시작했다. 행동 없는 말은 무의미함을 비판하며 변화의 필요성을 주장한 것이다.

축구장에서의 총기규제 외침

엘리트 스포츠 선수들은 때때로 '스포츠 운동가sport activist'로 변신한다. 스포츠계와 전체 사회의 긍정적 변화에 의식적으로 반응하고 그 변화를 잘 이끌어낼 수 있는 역량이 있기 때문이다. 두 가지 요인이 작용한다. 첫째, 이들은 "자기 일상이나 타인의 삶에 긍적적, 부정적 영향을 미치는 구조적 실재"[67]를 엘리트 스포츠 경험으로 자각한다. 즉, 시합이나 훈련으로 전 세계를 돌아다니며, 이들은 자신의 지엽적 일상 '너머'를 경험한다. 여러 선진 체계와 개선해야 할 문제를 접한다. 비판 의식의 형성이다. 케냐의 더글라스 와키후리Douglas Wakiihuri, 1963-나 루크 키벳Luke Kibet, 1983- 같은 마라톤 선수들이 좋은 예다. '세계'를 보며 '자국'인 케냐의 인종 갈등 문제를 고민하기 시작했고, 이를 개선하려 사회운동에 뛰어들었다.[68]

둘째, 스포츠에서의 성공은 선수들에게 명예와 공적 지위를 부여한다. 세간의 이목을 받았던 선수들은 모국에서 대중들에게 존경을 받는다. 이런 명성은 인종, 사회계층, 정치적 분파 및 다른 사회적 계층의 영역을 뛰어넘는다. '노력해서 성공했으니 사회적으로 대우 받는 게 당연하다'란 평가 때문이다. 이런 평가는 스포츠계에서 획득한 여러 자본을 다른 분야에서의 지지를 이끌어 낼 강력한 리더십과 역량으로 전환한다.[69] 그것이 사회변화의 중추적 역할로 이어지곤 한다.

중요한 건, 우리나라 운동선수들이 사회에서 자기 입장과 역할을 어떻게 인지하고 살아야 할지에 대한 물음이다. 물론 운동선수는 운동만 잘하면 된다. 그런데, 적어도 내가 살아가는 세계의 자원이 어떻게 분배되고, 그것이 정당한지, 그렇지 않다면 뭐가

67) Kaufman, P. & Wolff, E. A. (2010). Playing and protesting: Sport as a vehicle for social change. Journal of Sport and Social Issues, 34(2), 154-175, 159쪽.

68) Wilson, B., Van Luijk, N., & Boit, M. (2015). When celebrity athletes are social movement entrepreneurs: A study of the role of elite runners in run-for-peace events in post-conflict Kenya in 2008. International Review for the Sociology of Sport, 50(8), 929-957.

69) Davis-Delano, L. & Crosset, T. (2008). Using social movement theory to study outcomes in sport-related social movements. International Review for the Sociology of Sport, 43(2), 115-134, 120-121쪽.

문제인지 정도는 알고 있어야 한다. 오늘 하루의 미세먼지 농도는 걱정 되어도, '내 권리는 무엇인가'는 걱정하지 않는게 현실이지만, 그럼에도 한국 스포츠가 올바르게 질서 지어지고 있는가를 내 주변에서부터 생각해보는 기회는 필요하다.

스포츠 그 자체는 좋지도 나쁘지도 않다. 스포츠는 남아프리카공화국에서처럼 인종간 격렬한 다툼과 폭력적인 경찰국가에 민주주의를 보여준다. 반면 스포츠는 1936년 베를린올림픽에서의 히틀러가 이용한 체제 선전 도구나 우리나라의 80년대(3S 정책의 일환인 프로스포츠)나 2000년대(2002년 월드컵 때 사회적 이슈 묻기)에 드러났던 우민화 도구로도 악용된다. 결국 '망치를 누구 손에 쥐어 줄 것인가'의 문제다. 살인자 손에 스포츠라는 망치가 들리면 많은 이들의 머리에 피가 고이게 만들지만, 올바른 이들에게 들리면 '발전과 평화'의 도구로 사용된다. 스포츠를 어떻게 정치적으로 활용할지를 고민해야 할 이유가 여기에 있다.

스포츠사회학이 스포츠계의 질서와 변화, 그 속에서의 개인적, 집단적 행위를 이론화하는 학문이라면, 스포츠와 정치는 가장 적합한 주제가 아닐 수 없다. 정치야말로 국가, 지역사회, 개인의 질서를 유지하는데 필요한 기술이자, 정치를 통해서 기존의 불평등과 폭력적 질서를 변화시킬 수 있기 때문이다. 정부 정책으로 사회의 여러 행위자들도 조절되고 통제된다. 정치적인 것^the political^은 사회적인 것^the social^에 다름 아니다.

지금까지 우리는 스포츠의 정치적 속성, 정부의 정치적 활동이 스포츠에 관여하는 이유, 국제 외교와 스포츠의 관계, 정치인과 스포츠의 관계, 스포츠의 사회변화 촉매제로서의 가능성을 살펴봤다. 잊지 말아야 할 점은, 스포츠가 정치 자체를 개혁하기엔 무리라는 사실이다. 스포츠 스타가 정치인이 되어 사회를 변혁하기도 쉽지 않다. 사회변화는 기존 사회질서를 정확히 그려내고, 질서의 모순을 꾸준히 문제화하며 바람직한 질서를 합의, 그 합의를 실현하려는 정당한 힘이 지속할 때 가능해진다. 결국, 그 과정을 지속하려면 스포츠의 정치적 속성이 필요하고, 그 속성을 계속 활용하려면 동시에 스포츠를 지속할 수 있게 만들어야 한다. 결국 스포츠와 정치는 '불편한' 조합이 아니다. 오히려 스포츠는 정치와 더욱 끈끈하게 만나야 한다.

04장 요약

- 정치란 부족한 사회적 재화를 더 많이 차지하려 경쟁하는 사람들에게 권위 있는 방식으로 사회적 재화에 내재한 가치를 배분하는 행위이자, 사람들이 공동체에서 통치자를 정하고, 그들에게 공동목표 달성에 필요한 결정을 내린 후 행동을 취하며 갈등을 조정할 힘을 위임하는 과정이다.

- 정치를 구성하는 세 가지 축은 첫째, 분배 기술을 발휘하는 자의 힘으로서의 '권력', 둘째, 제한된 자원의 분배가 지향하는 목표로서의 '질서', 셋째, 세련된 자원 분배가 구성원에게 인정되는 '정의'다.

- 정치란 권력, 질서, 정의라는 세 가지 축을 바탕으로 작동하는 통치 기술로서, 이 세 축 중에 어느 하나라도 빠지면 변질된 형태의 정치가 작동한다.

- 스포츠와 정치의 관계를 본 연구가 드문 이유는 첫째, 학문계에 배태된 엘리트주의와 둘째, 스포츠는 정치와 별개라는 환상이 지배적이었기 때문이다. 이를 극복하면, 우리는 스포츠와 정치에 대해 1) 스포츠가 어떻게 정치적 자원으로 이용되고, 2) 스포츠는 정치적 투쟁의 장으로 기능할 수 있는가를 이론화할 수 있다.

- 이상적인 정치가 이루어지기 위해선 권력, 질서, 정의가 조화를 이뤄야 한다. 이들 중 한 가지 요소가 빠지면, '독재로서의 정치'나 '이론으로서의 정치', 혹은 '정의로운 폭력으로서의 정치'가 난무하게 된다.

- 스포츠의 정치적 속성은 첫째, 대표성(스포츠 팀은 학교나 지역, 국가를 대표), 둘째, 조직 간 권력 투쟁(조직화하면서 권력 싸움 시작), 셋째, 사회질서 강화 속성(스포츠는 기존 사회질서 유지 경향), 넷째, 외교적 상징성(국가적 비교 가능), 다섯째, 상호 호혜성(스포츠와 국가는 서로 돕는 관계)이다.

- 국제외교에서의 스포츠는 첫째, 적대적 관계의 국가와 관계를 개선하는 역할, 둘째, 국가 메시지를 알리는 프로파간다 역할, 셋째, 특정 국가 정책 및 행위에 대한 항의가 있다.

- 정치인들이 스포츠와 자신을 동일시하는 이유는, 스포츠에서의 영광을 나눠 갖고(반사된 영광 누리기), 스포츠가 지닌 긍정적 이미지를 자신과 동일시하며, 불편한 정치적 메시지를 부드럽게 던지기 위해서다.

- 스포츠는 정치적으로 중립적이어야 한다는 대중의 믿음은 스포츠 자체를 '비정치성이 가득한 제도'로 만들었다. 하지만 이와 같은 스포츠의 '비정치성 가정'은 다른 사회적 제도보다 스포츠를 사회변화의 기폭제로 기능할 '의외성'을 높인다.

- 스포츠 그 자체는 좋지도 나쁘지도 않다. 인종차별이 난무하는 국가에 민주주의를 보여주는 도구가 되는 반면, 베를린올림픽에서의 히틀러가 이용한 '체제 선전 도구'로도 쓰인다. 결국 누구 손에서 스포츠가 이용되는가의 문제다. 스포츠를 어떻게 정치적으로 활용할지 고민해야 할 이유다.

05
스포츠와 경제

우리는 스스로가 만든 집단적 유희거리에 의해
칭송되고 파괴되는 스포츠계에 산다.
그 세상은 자본과 이윤의 정치경제학에 따라
움직이는 상품화 된 사회의 집합체다.

데이브 지린

2020년 코로나19 사태로 인해 국내 프로스포츠 개막이 연기되다 프로야구가 먼저 무관중으로 개막했다. 스포츠 안 본다고 무슨 큰 문제가 생길까? 이리 생각하는 사람들이 적지 않겠지만, 그게 그렇지가 않다. 돈 문제가 컸다. 이미 전 세계적으로 프로스포츠는 기업이 운영 주체가 된 '기업 스포츠corporate sports' 환경으로 자리 잡았다. 미디어 중계권, 광고 수입, 입장료, 기타 경제 주체가 얽혀 '비즈니스'로 인정받는다. 야구 경기 하나가 창출하는 경제적 효과는 무시할 수 없다. 국내 프로야구 시장가치가 무려 1조 4,000억 원에 달한다.[1] 우리나라 1년 체육 분야 정부 예산보다 많다. 프로야구 한 게임 취소가 치러야 할 대가는 생각보다 크다.

스포츠는 경제적 속성이 배태된 제도다. 이를 이용하여 어떤 도시는 경제적 부wealth를 만들어낸다. 경남이 대표적이다. 2019년 11월 20일부터 2020년 3월 31일까지 1,552개의 전지 훈련팀과 함께 연간 36만여 명이 경상남도를 찾으며 약 271억 원의 직접적

[1] 김영문 (2019.10) 2019 프로야구단 가치 평가. 포브스코리아, 2019(11호).

경제 효과(시설과 숙박, 음식, 기타 부대비용 등)를 창출했다.[2] 경남의 지역적 특성을 이용해 관련 스포츠 시설을 구축하고, 정부와 관련 기업이 자본을 투자하여 고용을 촉발했다. 노동력과 스포츠 시설 사용으로 받는 지대[rent]가 결합, 지역 스포츠로 부를 창출한 것이다. 도시의 스포츠 비즈니스 사례다.

테니스 4대 메이저 대회 중 하나인 US오픈은 2019년 기준 총상금이 5,723만 달러(한화 약 700억 원)에 달한다. 첫 게임에 탈락해도 받는 돈이 7,200만 원이다. 심지어 이 대회는 1만3,000개의 일자리를 창출하며 입장권, 중계권료, 광고 수익 등, 약 7억4,000만 달러(약 9,053억 원)의 경제 효과까지 창출한다. 슈퍼볼(4억3,000만 달러)보다 높다.[3] 골프도 보자. 2019-2020시즌 남자 프로골프[PGA] 투어 총상금(49개 대회)은 약 4억3,000만 달러(약 5,261억 원)였다. PGA 마스터즈대회 하나만으로도 TV 중계권료, 입장료, 기념품 판매로 1,529억 원의 경제 효과를 만들어낸 것이다.[4] 역사적으로 부의 창출 체계가 자본주의로 변하면서 스포츠 역시 상업화되었다.

상업화된 스포츠계에서 선수들은 누굴까? 그들은 팬들에게 사랑받는 '스타'이자, 기업 스포츠 주체인 구단에서 돈을 받는 '임금 노동자'이며, 그 스포츠와 이해관계로 얽힌 여러 조직에 유무형의 이익을 안겨주는 '가치 창조자'다. 한 예로, 미국프로농구[NBA] 스테판 커리[Stephen Curry, 1988-]는 2019-2020 시즌에 521억 원의 연봉(보너스를 제외한 순수 연봉)을 받으며 1위를 차지했는데, 2018년 대한민국 근로자 평균 연봉인 3,634만 원과 비교해보면 엄청난 액수다. 마이클 조던[Michael Jordan, 1963-]은 '에어 조던' 시리즈로 나이키 연 매출 20억 달러(약 2조4,542억 원)을 책임져줬고, 스테판 커리를 후원하는 언더 아머는 '커리 1' 농구화로 년 1억 달러(약 1,227억 원)를 벌어 들였다. 정치계에서 스포츠 스타가 '운동복을 입은 외교관'이라면, 경제계에선 '걸어 다니는 기업'이다.

이처럼 스포츠는 상업화된 자본주의 사회에서의 최고 상품이 되었다. 선수는 스포츠 시장[sport markets]에서 자기 능력에 맞는 대우를 받는다. 그들의 연봉은 '능력의 지표'로 기능한다. 기업은 자기 상품을 홍보하고 기업 이미지를 좋게 만들기 위해 스포츠 팀을 운영한다. 성적이 좋으면 기업 이미지가 좋아지고, 많은 돈을 투자해 우수 선수를 또 영입한다. 여기엔 다른 기업이 후원사로 붙어 자신의 상품을 홍보한다. 이뿐만이 아니다.

---

2) 이민용 (2020.04.22). 코로나에도…1,552팀 경남서 전지훈련. 국제신문, 9면.
3) 최인준 (2015.09.02). US오픈, 총상금 497억 원 '테니스 돈 잔치'. 조선일보, A28면.
4) 전세원 (2020.03.16.). PGA 마스터스 경제 효과는 1,218억 원. 문화일보, 21면.

기업이 운영하는 스포츠 팀은 지역에 연고를 두며 지역도 홍보해준다. '지역 정체성'을 견고히 해준다. 지자체에겐 고마운 존재다. 스포츠 팀에 공적 지원이 이루어지는 이유다. 지역민들은 지역 팀을 보면서 즐거움과 애착심을 느끼고 삶의 활력을 되찾고자 자신의 지갑을 연다. 스포츠는 이렇게 부를 창출한다.

이 장은 스포츠의 경제적 속성을 다룬다. 중요한 점은 경제학자가 보는 경제와 사회학자가 보는 경제가 다르다는 사실이다. "경제학 분석의 출발점은 '개인'이지만, (경제)사회학은 '집단'이나 '제도', '사회'에서 출발"[5]하는 차이이다. 경제학은 개인을 '합리적 이성을 갖춘 경제 행위자'로 보지만, 사회학은 개인을 '집단이나 사회의 영향력에 종속된, 그렇기에 합리적이거나, 전통적이거나, 감정적일 수 있는 경제 행위자'로 간주한다. 사회학 관점에서 개인의 경제적 행위는 사회구조적 맥락 속에 묻어 들어간 '사회적 행위'다. 논의의 결, 특히 출발점 자체부터 다르다.

스포츠사회학 역시 경제사회학의 관점으로 경제 행위와 현상에 접근한다. 경제학이 다루듯 "몇 가지 변수들 사이의 함수 관계로 환원"하며 "그 변수와 파라미터로 이루어진 방정식들의 체계를 수학적으로 재구성하고 또 재구성하여 자본주의를 이해"[6]하지 않는다는 의미다. 스포츠계 경제 현상을 "사회적 분업, 권력 관계, 조직, 문화와 정치 등을 포함한 사회적 배태성social embeddedness으로"[7] 이해한다.

이러한 접근은 우리에게 여러 이야기를 해준다. 먼저 경제와 사회의 관계를 말해준다. 그 관계를 읽으며 우리는 스포츠가 어떻게 개인, 집단, 지역, 국가의 부를 창출하는지 파악한다. 스포츠(선수)는 자본주의 체계에서 어떤 기제에 의해 상품화되고, 상업 스포츠는 어떤 사회적 조건에서 발전하며, 선수의 연봉이 지니는 사회적 의미는 무엇인지 알 수 있게 된다. 또한 스포츠에서의 노동관계는 어떻게 형성되고 기업은 왜 스포츠 팀을 운영하며, 어떤 과정을 거쳐 스포츠가 오늘날의 기업 스포츠 형태로 변했는지, 올림픽이나 월드컵 같은 스포츠메가이벤트sport mega-events의 경제성('황금알을 낳는 거위'인지 '하얀 코끼리'인지)[8]은 사회적으로 어떻게 구성되는지도 엿볼 수 있다. 이를 위해 우리는 먼저 경제가 무엇인지부터 살펴봐야 한다.

---

5) Smelser, N. J. & Swedberg, R. (2010). The handbook of economic sociology. Princeton University Press, 4쪽.

6) 제프리 잉햄 지음, 홍기빈 옮김 (2013). 자본주의 특강. 서울: 삼천리, 394쪽.

7) Granovetter, M. (1985). Economic action and social structure: The problem of embeddedness. American Journal of Sociology, 91(3), 481-510, 481쪽.

8) Horne, J. (2007). The four 'knowns' of sports mega-events. Leisure Studies, 26(1), 81-96.

사회학이 바라보는 경제

사회학은 경제학과 다른 관점으로 경제에 접근한다. 여기에서는 경제사회학의 기본 전제를 바탕으로 정통경제학과는 다른 '경제의 사회학적 논의'를 살펴보고자 한다. 이를 바탕으로 스포츠와 경제라는 주제를 스포츠사회학이 어떻게 다루고 이론화하는지 개괄한다. 먼저 경제economy라는 개념은 무엇이고, 이는 어떤 기능을 하는 사회제도인지부터 살펴보자. 이를 위해 지금껏 경제를 개념화한 작업을 간단히 정리하며, 경제사회학이 경제를 이해하는 방식과 2장에서 소개했던 사회학의 이론적 전통이 경제를 설명하는 방식을 살펴볼 것이다.

경제란 무엇인가?

> 우리가 우리의 저녁 식사를 기대하는 것은 절대로 고깃간, 양조장, 빵집 주인의 자비심 때문이 아니다. 그들 자신의 이익에 대한 그들의 고려 때문이다. 우리는 그들의 인간성이 아니라 그들의 자기애를 다룬다. 그리고 우리는 그들의 이익에 대해 이야기한다.[9]

'경제가 안 좋아!' '문제는 경제란 말이야, 이 바보야!' 이처럼 우리는 일상적으로 경제 개념을 자주 활용한다. 하지만 막상 경제가 뭐냐고 물으면, 정확히 답하기 어려워한다. 경제 기자인 데이비드 필링David Pilling의 지적처럼, "중요하고 또 기본적인 개념임에도, 경제가 정확히 뭘 의미하며 경제 발전을 어찌 측정해야 하는지 아는 사람은 깜짝 놀랄 정도로 드물다."[10] 잘 알려졌듯, 경제란 개념은 '가정 경영household management'을 뜻하는 그리스어 '오이코노미아Oikonomia'에서 나왔다. 일반적으로 '자원을 관리하는 방법'을 총칭한다. 이를 이해하는 방법은 일반적으로 두 가지다.[11]

첫째, 사회 구성원들이 상품과 서비스를 만들어내고(생산), 이를 나누며(분배), 서로 교환하기 위해 행하는 활동의 제도적 총체를 경제로 본다. 경제를 '제도화된 활동'으로 정의하는 방법이다. 경제란 안정적인 규칙과 규범으로 이루어진 여러 제도를 바탕으로 물건과 서비스가 생산 및 배분, 교환되는 활동이다. 사회 구성원인 개인은 이러한 생산-분배-교환(소비) 제도 안에서 활동하며 자신의 필요needs를 충족한다. 이것이 경제사회

9) Smith, A. (1937[1776]). The wealth of nations(I). Wordsworth Classics of World Literature, 14쪽.
10) Pilling, D. (2018). The growth delusion. Tim Duggan Books, 1쪽.
11) Trigilia, C. (2008). Economic sociology: State, market, and society in modern capitalism. Malden, MA: John Wiley & Sons, 2-3쪽.

학의 경제관이다. 경제 행위를 개인보다는 제도 차원에서 이해한다. 때문에, 이들 관점에서 경제는 무엇보다 '제도 설계'가 중요하다.

둘째, 개인이 활용할 수 있는 '수단'에서 최상의 것을 얻기 위해 한정된 자원을 합리적으로 선택 및 할당하는 모든 활동을 경제로 보는 접근이다. '합리적 선택 모델'이라 한다. 정통 경제학이 경제에 접근하는 관점이다. 합리적이라고 가정되는 개개인은 자기 이익을 추구하고자 '수요'와 '공급'이라는 시장 규칙(그걸 조절하는 건 '보이지 않는 손'이다), 즉 개인 간의 상호작용을 조건 짓는 규칙을 참조하며 상품과 서비스를 구매한다. 희소성을 지니는 수단을 활용하여 어떻게 최대 효과를 거둘지를 의도적이고 체계적으로 계산하여 선택을 한다. 바로 '합리성'이다. 초점은 '개인'이다.

두 방식을 종합하면, 우리는 경제를 '사회적 생산social production'으로 볼지, '개인들 간의 교환individual exchange'으로 볼지 선택해야 한다.[12] '사회적 생산 관점'은 사회를 이루는 여러 개인과 집단, 조직이 모여 만들어내는 생산을 경제로 본다. 반면, '개인 간 교환 관점'은 자기만족과 이익을 최대화하려 각자가 개별적으로 실행하는 교환(물건 및 화폐, 상징의 교환)을 경제로 본다. 계량경제학자(수학적으로 경제를 다루는 학자)는 주로 후자인 개인들의 교환 관점으로 경제를 파악한다. 그런 접근만이 경제를 편견 없이 과학적으로 이해할 수 있다고 믿기 때문이다. 하지만 고전 경제학자나 사회학자는 '사회적 생산' 관점을 적용한다. 생산에 개입하는 지주(땅을 가진 자), 자본가(자본을 가진 자), 노동자(노동력만 가진 자) 간의 이해관계가 경제 이해에 중요하기 때문이다. 개인보다는 사회적 관계를 지향하며 '사회적 배태성'을 중점적으로 다룬다.

이처럼 경제는 어떻게 접근하는지에 따라 달리 이해될 수 있는 사회제도지만, 이 책에서의 경제는 다음처럼 정의된다. "돈이나 직업, 기술이나 국제 무역, 세금 등을 비롯하여 우리가 노동으로 재화나 서비스를 생산하고, 그 과정에서 만들어진 수입을 분배하며, 그 결과로 나온 생산물을 소비하는 과정이다."[13] 경제는 우리의 사회적 삶을 유지해 나가는 데 필수적이다. 보거나 만지거나 혹은 느낄 순 없지만, 친구와의 저녁 식사에서, 배우자와 가계부를 펴놓고 나누는 대화에서, YTN 뉴스의 머리기사에서 일상적으로 만나는 '살아있는 현상이자 실재'다.

---

12) Hunt, E. K., & Lautzenheiser, M. (2015). History of economic thought: A critical perspective. New York, NY: Routledge.

13) 장하준 지음, 김희정 옮김 (2016). 장하준의 경제학 강의. 서울: 부키, 33쪽.

사회학의 이론적 전통이 보는 경제

사회학 이론이 경제에 접근하는 방식을 보기 전, 경제학economics부터 보자. 경제학은 가계, 기업, 국가가 부를 생산, 교환, 분배 및 소비하는 과정을 설명하는 학문이다. 설명은 주로 변수 간 공식으로 이루어진다. economy(경제)에 과학을 의미하는 -ics(접미어)를 붙인 걸 보면, 경제학은 경제를 물리학physics이나 수학mathematics처럼 '공식화'하길 열망했던 듯하다. 말로 풀어낼 수 있는 사회 현상마저도 경제학은 언제나 어려운 공식과 수치로 포장, '만만치 않은 학문'으로 보이도록 했기 때문이다. 「맨큐의 경제학」의 저자 하버드 경제학 교수 그레고리 맨큐Gregory Mankiw, 1958-도 이를 인정한다.

> 경제학자들은 과학자인 척하는 걸 좋아한다. 나도 종종 그러기 때문에 잘 안다. 학부생들을 가르칠 때 나는 의식적으로 경제학을 과학의 한 분야로 묘사한다. 내 수업을 듣는 학생들에게 두루뭉술한 학문 분야에 발을 들여놨다는 인상을 주지 않기 위해서다.[14)]

이는 경제학자들이 경제의 사회적 맥락을 무시하고 외부 효과가 차단된 실험실에서 경제를 다룬다는 점을 말해준다. 이는 경제학의 현재 접근 방식이 현실 세계의 경제가 작동하는 방식을 판단하는 데 (어쩌면) 제한적일 수 있음을 의미한다. 이는 자기들만의 독특한 언어로 소통하려는 경제학자들의 전통적 관습 때문이다. 일반인들은 이해할 수 없는 언어로 의사소통하는 전통이다. 미국 경제학자이자 「죽은 경제학자의 살아있는 아이디어」를 쓴 토드 부크홀츠Todd Buchholz 역시 이 점을 지적한다.

> (경제학자들의) 언어의 이름은 모형(model)이다. 복잡한 세상을 설명하려 경제학자들은 어느 경제 현상의 수만 가지의 가능 요인 중 가장 주된 것을 추출, 그 현상의 간략한 축소판을 만든다. 그 모형은 간단하면서도 포괄적이어야 하고 실제 현상을 설명하고 전망할 수 있어야 한다. 최상의 경제학자란 가장 영속적이고 견고한 모형의 설계사를 뜻한다.[15)]

이와는 달리, 비록 엄밀한 숫자와 공식은 없지만, 사회학, 특히 고전 사회학 이론은 경제가 사회 전체 중 일부로 작동한다고 본다. 그러면서 여러 집단과 사회제도(교육, 정치, 스포츠, 종교 등)가 경제와 맺는 관계에 주목한다. 경제가 개인의 합리적 이해관계로

14) Mankiw, N. G. (2006). The macroeconomist as scientist and engineer. Journal of Economic Perspectives, 20(4), 29-46, 29쪽.

15) Buchholz, T. G. (2007). New ideas from dead economists: An introduction to modern economic thought. New York, NY: Plume.

이뤄진다는 가정과 달리, 사회학자는 경제가 사회적인 것과 개인이 맺는 관계 속에서 작동한다고 본다. 즉, 개인이 사회 분업, 권력 관계, 노동 성격 및 변화, 조직 문화 등으로 구성된 '사회적 연결망' 속에 배태되어(묻어 들어가) 경제가 작동한다고 본다('배태성'이란 개념이 중요한 이유다). 바로 여기에서 사회학의 이론적 전통은 시작한다.

기능주의: 사회질서는 경제적 분업으로 가능하다

경제와 관련, 기능주의적 관점이 가장 잘 드러나는 개념은 노동 분업division of labor이다. 경제는 사회질서 유지에 어떠한 역할을 할까? 경제라는 제도 내 다양한 노동 형태가 분업되며 사회질서는 유지된다. 우리가 사는 사회를 보자. 사회에서 개인은 기본적으로 '직업별'로 분류된다. 어떤 이들은 명망 있는 직업에 분류되나, 어떤 이들은 그렇지 않은 직업에 포함된다. 각 직업이 사회질서를 유지하는 데 개입하는 역할은 다르지만, 기능주의는 보통 명망 있는 직업이 사회질서 유지에 좀 더 기능적이라 본다. 더 많은 보상(금전적 혹은 명예적 보상)이 주어지는 이유다.

때문에, 적은 보상을 받는 사람들은 자기 분야에서 일하면서 더 나은 보수를 위해 또 다른 투자(시간과 자본)를 한다. 샐러던드(직장인을 의미하는 '샐러리맨'과 학생을 의미하는 '스튜던트' 개념의 합성어)란 개념이 말해주듯, 더 나은 지위와 보수를 위해 직장인은 학위나 자격증을 따려 계속 투자한다. 이러한 투자, 즉 '소비' 때문에 경제는 성장한다. 그 성장을 견인하는 노동의 양과 질은 '사회적 계층 이동' 기제와 경로로 계속 보충된다. 이처럼 사회 속의 경제 체계는 사람들이 계속 생산과 소비를 촉진하는 과정에서 다른 제도(교육이나 정치 등)와 유기적으로 연결된다.

스포츠 역시 독특한 경제적 속성으로 사회질서 유지에 기여한다. 선수들은 높은 보상을 추구하며(보상에는 금전적인 것뿐 아니라 무형의 상징적인 것도 존재) 열심히 실력을 키운다. 좋은 실력으로 팀 주전이 된다. 이에 높은 연봉을 받는다. 이런 노력으로 좋은 경기력이 나오고, 팬의 관심이 증가한다. 팬은 선수와 팀의 경기를 소비하고자 입장표와 기념품을 구매하고, 기업은 소비자 관심을 많이 받는 경기에 후원사로 참여한다. 후원의 형태로 보상받은 선수는 지금의 경기력을 유지하거나 더 좋게 만들려고 더 노력한다. 이 선순환을 본 다른 선수들(아직 사회적으로 높은 지위에 오르지 못한 선수들)은 좀 더 열심히 노력하라는 자본주의적 동기부여를 따르며 자기 역할을 충실히 해나간다. 사회는 이렇게 안정된다. 스포츠의 경제적 속성이다.

갈등이론: 스포츠는 자본주의적 불평등을 재생산한다

기능주의 설명과 달리, 갈등이론은 경제와 관련한 '불평등' 현상에 주목한다. 자세히 말하자면, 갈등이론은 경제 체계가 어떻게 변하는지, 변화 속에서 개인 간, 조직과 개인 간, 조직 간 어떤 갈등이 발생하는지, 오늘날의 경제 체계, 특히 자본주의 체계는 경제적 불평등을 어떻게 강화하는지 등을 묻는다.

갈등이론의 주된 관심은 '자본주의capitalism'다. 이는 농업혁명에서 산업혁명을 거치며 형성된 경제 체계다. 이 체계는 자유시장 경쟁, 생산 수단 사유화, 이윤 추구를 위한 생산 법칙을 기반으로 작동한다. 이에, 갈등이론은 묻는다. 자본주의는 갈등과 불평등을 어떻게 만들어내는가? 이 과정에서 노동자와 자본가 사이에 어떤 갈등이 발생하는가? 무엇 때문에 사회 불평등이 지금처럼 심화하며 유지되는가?

갈등이론은 스포츠가 경제적으로 공정하지 않다고 본다. 스포츠 분야가 부의 공평한 분배를 막는 내적 구조를 지니고 있기에 그렇다. 예를 들어, 2020년 프로야구 연봉 배분 현황을 보면, 전체 10개 구단 총 연봉은 약 740억 원(정확하게는 739억7,400만 원)이었다. 이 금액이 선수 512명에게 분배되었다. 공평하게 분배되었을까? 그렇지 않다. 자료에 따르면, 상위 3.9%에 해당하는 20명이 263억 원(35%)을 차지했다.

불평등한가? 스포츠계에서 이는 불평등하지 않다. 오히려 자연스럽다. 스포츠가 '능력주의meritocracy'를 기반으로 돌아가는 사회제도이기 때문이다. '1등이 모든 것을 가져간다'가 자연스러운 곳. 스포츠야말로 자본주의 작동 방식을 매우 정확하게 구현하고 영속하는 세계다. 이 지점에서 제기되는 문제는 바로 능력에 따라 부를 많이 획득하는 능력주의 가정이 정당하냐는 것이다. 이 물음은 곧 '실력'과 '운'의 작동 방식에 대한 철학적, 사회적, 경제적 문제와 결부된다.[16] 한 마디로 갈등이론은 스포츠가 사회적으로 만연한 경제적 불평등을 정당화하는 '이데올로기적 국가 장치'라 비판한다.

상호작용이론: 경제는 스포츠계의 상호작용 질서를 강화한다

상호작용이론은 매일 주변에서 벌어지는 대면 상호작용으로 사회가 구성된다고 전제한다. 사람들이 문화적 상징이나 규범 등을 둘러싼 이해 방식을 공유하며 사회가 만들어진다고 보는 이론적 전통이다. 역시, 경제와 관련해서도 개인 및 대인 간 행위에

16) 관련하여 로버트 H. 프랭크가 지은 '실력과 노력으로 성공했다는 당신에게(2018, 글항아리)'와 마이클 모부신의 '운과 실력의 성공 방정식(2019, 에프엔미디어)'을 추천한다.

주목한다. 대표적으로는 구별 짓기 수단으로 활용되는 과시적 소비conspicuous consumption와 직업에 대한 이미지가 사회적으로 어떻게 공유되고 그에 따라 개인의 행위가 어떻게 달라지는지를 본다. 한 예로, '직업 대물림career inheritance'이란 개념을 보자.[17] 아버지가 경찰이면 아들 역시 경찰이 될 가능성이 커진다. 체육교사 자녀 역시 스포츠와 관련한 '사건'이나 '상황'을 자주 접하며 같은 직업을 선택할 확률이 커진다. 왜 그럴까? 부모와의 일상적 상호작용으로 특정 직업이 지닌 규범과 가치를 접하기 때문이다.

상징적 상호작용이 경제와 관련하여 접근하는 또 하나의 대표적인 영역은 노동자의 '직업 만족'이다. 사람들은 자기 일을 하면서 언제 만족감을 느낄까? 월급을 많이 받을 때? 아니면 직장 내 대인관계가 좋을 때? 한 연구에 따르면, 노동자들은 자신의 노동 일부를 자신이 통제하고 있다고 믿을 때, 본인이 자신의 업무와 관련한 의사결정에 일정 부분 개입되었다고 느낄 때, 일에서의 자율성을 느낄 때 행복감을 느낀다고 보고한다.[18] 이에, 상호작용론은 노동 과정에서 발생하는 일상적 현상에도 관심을 가진다.

상품으로 취급되는 스포츠

고전 경제학 이론에 따르면, 스포츠로 부wealth를 만들어내는 데에는 두 가지 접근이 가능하다. 첫째, 중상주의적 접근이다. 국가 중심의 스포츠 관련 정책(스포츠산업 정책)이 활성화되면서 스포츠 관련 부가 만들어진다. 둘째, 스포츠를 즐기는 개인들이 각자 추구하는 이익 동기(야구나 축구, 농구를 즐기려는 개인적 욕구)의 합이 부를 만든다. 애덤 스미스Adam Smith, 1723-1790의 주장을 빌려보면, 스포츠계의 부는 권력을 지닌 국가나 기업이 전략을 세워 창출하기보단, 스포츠를 행하는 여러 개인이 스스로 자기 이익을 추구하며 움직이는 과정에서 만들어진다. 두 접근 모두 맞다. 중요한 건 스포츠가 부를 창출할 수 있게 된 '속성' 즉, 스포츠의 경제적 특성이 뭐냐는 질문이다. 전술했듯, 스포츠의 어떠한 특성이 경제와 연결되고, 어떤 특성으로 인해 자본주의 사회에서 팔릴 수 있는 상품으로 취급되는지 검토해야 한다. 여기에선 스포츠가 지니는 '상품적 속성'을 살펴본다. 과연, 상품이란 무엇일까?

---

17) Antony, J. S. (1998). Personality-career fit and freshman medical career aspirations: A test of Holland's theory. Research in Higher Education, 39(6), 679-698.

18) Kohn, M. L., Naoi, A., Schoenbach, C., Schooler, C., & Slomczynski, K. M. (1990). Position in the class structure and psychological functioning in the United States, Japan, and Poland. American Journal of Sociology, 95(4), 964-1008.

> 다른 산업에선 각 기업이 자기 스스로 상품을 만들어내 수익 극대화란 의지를 가지고 경쟁자를 사업 분야에서 밀쳐냄으로써 수익을 높인다. 하지만 스포츠계에서 이렇게 하는 건 옳지도 않거니와 불가능하다. 공급과 수요의 성격이 특이할 수밖에 없다.[19]

오늘날 스포츠는 하나의 상품이 되었다. 직접 참가하여 즐기거나 미디어를 통해 감각적으로 즐기는 상품이 된 것이다. 상품이란 '사고파는 물품'을 말한다. 스포츠가 상품이 되었다는 건 무엇을 의미할까? 일상적으로 교환 가능하고 전 세계 시장에서 사고팔 수 있는 '물건(상품)'이 되었음을 뜻한다. 그렇다면 스포츠는 '어떤 종류'의 상품일까? 이 질문의 답을 스포츠가 지닌 경제적 속성 세 가지로 설명해보자.[20]

상품으로서의 스포츠가 지닌 경제적 속성

첫째, 스포츠의 비非내구재non-durable consumption goods 속성이다. 경제학에서 재화는 '내구재와 비내구재'로 구분된다. 어떤 상품을 장기간 사용하며 소비자 편익(편리성과 유익성)이 감소하는 재화를 내구재라 한다(예를 들어 냉장고, 자동차, 컴퓨터 등). 반대로, 비내구재는 짧은 시간에 그 편익이 충족된다. 담배나 식료품이 대표적이다. 스포츠는 왜 비내구재일까? 짧은 시간에 소비되며 소비자 만족을 결정하기 때문이다. 프로야구를 보면 약 9개월 동안 총 144경기를 치르는 구조지만, 경기 자체는 3시간 안에 끝난다. 짧은 시간에 종료되는 한 경기의 만족도가 다음 경기의 구매를 결정한다.

둘째, 스포츠의 내구재durable consumption goods 속성이다. 스포츠는 또한 오랜 기간 사용해야 편익이 결정된다. 예를 들어, 우리는 건강한 몸과 이상적인 체형, 그에 따른 만족감 및 행복감을 단기간의 스포츠 활동으로 얻을 수 없다. 이런 편익은 오랜 시간의 스포츠 활동으로 얻게 된다. 중요한 건, 오랜 기간 스포츠에 참여하며 얻게 될 편익의 '다양성'이다. 이는 개인의 건강으로만 국한되지 않는다. 사회적 네트워크, 신뢰, 국가 자긍심 등, 지역과 국가 수준으로까지 확장한다.

셋째, 자본재capital good 속성이다. '자본재'란 다른 재화를 생산하기 위해 토지나 노동

---

19) Rascher, D. A., Maxcy, J. G., & Schwarz, A. (2019). The unique economic aspects of sports. Journal of Global Sport Management, 1-28; https://doi.org/10.1080/24704067.2019.1605302

20) Gratton, C. & Taylor, P. (2000). Economics of sport and recreation. E&FN Spon, 8-11쪽.

을 제외하고 사용되는 재화를 뜻한다. 만약 스포츠가 한 사람을 보다 건강하고 체력적으로 좋게 만들었다면, 이렇게 좋아진 건강 상태는 그 사람이 속한 노동 시장에서 개선된 생산력과 이윤으로 이어진다(건강한 사람이 조직 생산성이 높다). 높은 보상을 받은 그 사람은 다시 자신의 건강뿐 아니라 회사에 도움이 될 다른 '자본재(성과의 향상 등)'를 개발한다. '생산의 선순환 논리'다. 운동선수 역시 체력, 기술, 인성, 사회적 이미지 등, 구단에 이윤을 안길 여러 자본재를 지닌다. 한 마디로, '상품 가치'를 높이려 노력한다. 이러한 선수를 구단은 스포츠 시장에서 재평가, 적절하게 보상한다.

이처럼 스포츠는 개인이 자기 생산력을 높이고자 직접 참가하여 꾸준히 소비하는 '상품'이자, 선수나 기업가에게 이윤을 제공하는 '시장market'이다. 소비자, 선수(노동자), 구단주(자본가)는 호혜성 원칙에 입각하여 스포츠를 중심으로 생산과 소비의 선순환을 유지한다. 사람들은 운동을 하며 건강을 증진하거나 관람으로 즉각적인 만족감을 얻기 위해 스포츠를 소비한다. 이런 소비를 촉진하려 선수는 자기 기량(자본재)을 닦는다. 기업가는 스포츠 활동의 재미를 배가시키고자 마케팅에 집중한다. 이것이 스포츠가 경제적 부를 만들어내는 순환관계다.

스포츠 상품의 구성과 특성

> 스포츠가 보다 상업화되어감에 따라 '비즈니스'로서의 스포츠와 '게임'으로서의 스포츠 간에 갈등이 심화된다. 한 편으로 스포츠는 팬들을 소비자로 상정한 상품이 된 수십억 달러의 비즈니스로 작동하지만, 또 다른 한 편에서는 청소년들의 천진함, 순수한 경쟁의 정신, 게임 자체의 진실성 등과 연결된 게임으로 작동한다.[21]

뉴햄프셔 대학의 스티븐 하디Stephen Hardy, 1948-는 1986년 흥미로운 논문 하나를 스포츠 역사학회지에 출판한다.[22] 스포츠 시장과 기업가 정신, 조직을 다룬 글이었다. 하지만 이는 학계에서 큰 관심을 받지 못했다. 당시 이 분야가 스포츠의 상품화에 별 관심이 없었기 때문이었다. 또한 주제도 학술지 성격과 맞지 않았던 것 같다. 그럼에도, 그는 역사학자들이 스포츠의 경제적 측면에 관심을 가져야 한다고 말하며, 소비자가 스포츠를 소비할 의향을 지니거나, 스포츠 자체에 잠재적 교환 가치exchange value가 형성되면 스

21) Rein, I. J., Kotler, P., & Shields, B. (2006). The elusive fan: Reinventing sports in a crowded marketplace. New York, NY: McGraw-Hill. 14쪽.

22) Hardy, S. (1986). Entrepreneurs, organizations, and the sport marketplace: Subjects in search of historians. Journal of Sport History, 13(1), 14-33.

포츠는 '상품'이 된다고 주장하였다. 그러면서 스포츠 상품의 재료를 게임 형식, 스포츠 서비스, 시설 등 세 가지로 설명하였다.

첫째, '게임 형식game form'이란 게임이 이루어지는 규칙화된 활동 방식을 의미한다. 이 형식 덕분에 사람들은 상품으로서 스포츠를 손쉽게 즐길 수 있다. 둘째, '스포츠 서비스'란 형식은 스포츠가 개인의 지위나 건강, 오락뿐 아니라 사회의 여러 제도(학교나 군대, 정치 등)의 필요를 충족시켜주도록 구조화되었음을 말해준다. 셋째, '시설'은 스포츠가 상품으로서의 기능을 하려면 그 활동(게임)이 이루어질 수 있는 공간, 즉 '물리적 대상'이 갖추어져야 함을 말해준다.[23)]

이후 '스포츠 상품' 논의는 스포츠사회학자 조지 세이지George H. Sage, 1929-2019에 의해 좀 더 발전한다. 그는 1970년대부터 급격히 비대해진 프로스포츠로 인해 관련 시장이 확장되었고, 여기에 대중들의 스포츠 활동 참여까지 늘어나며 상업적 스포츠가 성장하기 시작했다고 주장한다. 그러면서 그는 상업화된 스포츠산업이 세 가지 부문(수행, 홍보, 생산)으로 구분된다고 설명한다.

첫째, '경기력performance'이다. 스포츠에서 이루어지는 모든 수행(움직임 및 기술 등)이 소비자에게 직접 참여나 관람 상품으로 제공됨을 의미한다. 우리는 스포츠를 상품으로 소비할 때 구체적으로 무엇을 구매할까? 바로 '경기력'이다. 선수들의 멋진 경기 기술이나, 내가 직접 할 수 있는 테니스 스트로크 기술 수행이 소비자의 지갑을 연다. 둘째, '홍보'다. 멋진 경기력이 구매되려면 많은 사람이 이런 게 있다는 걸 알아야 한다. 홍보는 스포츠 상품을 알려주는 유인 역할을 한다. 셋째, '생산'이다. 좋은 경기력은 사회적 진공상태에서 나오지 않는다. 질 높은 트레이닝과 코칭 및 좋은 장비, 경기 환경이 갖추어져야 한다. 상품으로서 스포츠가 제 기능을 하려면 이처럼 좋은 경기력을 만들어낼 제반 환경, 즉 '상품 생산체계'가 갖춰져야 한다.[24)]

스포츠 상품 논의는 최근까지 이어진다. 역사학자 레이 벰플류Wray Vamplew는 스포츠 상품을 이전 논의와 유사하게 확장하며 선수, 관객, 연계 상품으로 나눠 설명한다.[25)]

---

23) Rein, I. J., Kotler, P., & Shields, B. (2006). The elusive fan: Reinventing sports in a crowded marketplace. New York, NY: McGraw-Hill. 14쪽.

24) Sage, G. H. (2004). The sporting goods industry: From struggling entrepreneurs to national businesses to transnational corporations. In T. Slack (ed.), The commercialisation of sport (pp. 29-51). New York, NY: Routledge, 36쪽.

25) Vamplew, W. (2018). The commodification of sport: Exploring the nature of the sports product. The International Journal of the History of Sport, 35(7-8), 659-672.

각 상품이 구체적으로 무엇을 의미하는지 정의되지 않아 명확한 이해는 어려우나, 여기엔 스포츠의 직접 실행이 상품이 되는 경우(선수 상품), 스포츠 '관람'이 상품이 되는 경우(관객 상품), 스포츠 참여와 연계된 모든 경우(연계 상품)가 포함된다.

'선수 상품'에는 다섯 가지가 포함되었다. 1) 경기의 규칙화 상태(그럼으로써 참가자는 경기를 실제로 할 줄 알게 된다), 2) 장비와 의복(스포츠를 하려면 구비되어야 할 조건), 3) 지도와 보조(경기 방식 규칙 책, 보조 자료, 코치의 지도 서비스 등), 4) 시설(활동이 실제로 이루어지는 공간), 5) 스포츠클럽(같은 목표를 가진 사람의 집합)이다. '관객 상품'은 소비자가 경기장에서 경기를 관람하거나 TV나 다른 미디어로 스포츠를 보는 일련의 행위를 모두 포함한다. 마지막, '연계 상품'은 실제 스포츠를 하거나 관람을 할 때 수반되는 '서비스' 일체를 의미한다(식음료부터 뉴스 및 잡지 등의 기사, 전통도 여기에 포함).

상품으로서의 프로스포츠가 지닌 독특성

생산과 소비, 공급과 수요 같은 경제 공식을 따르지만, 프로스포츠는 유독 다른 경제 분야와 다른 경제적 특성을 가진다. 예를 들어, 기업들은 대부분 독점을 선호하지만, 프로스포츠에선 독점이 발생하면 가치 창출이 불가능해진다. 리그의 팀들끼리 경쟁이 심해져야 이윤이 만들어지는 구조 때문이다. 경쟁은 철저히 팀 간에 협력해야 가능해진다. 프로스포츠는 확실히 다른 비즈니스와 다르다. 그렇다면 구체적으로 어떻게 다를까? 일곱 가지 차이를 보자.[26]

> 가치 창출, 브랜딩, 새로운 수익원의 자금조달, 제품 혁신 및 시장 확장에 대해 공통적인 관심사를 공유하는 비즈니스계에서, 스포츠는 경쟁 상대를 이기고 트로피를 획득하는 순간에도 그 수익을 독점하기보단 공유하고, 선수(고용인)와 팬(고객) 모두의 열정을 불러일으키는데 훨씬 더 많은 관심을 가진다.[27]

첫째, 비합리적인 열정irrational passions이다. 일반기업은 효율성과 생산성을 추구하며 변화하는 환경으로 발 빠르게 대처하는 것을 중요시한다. 하지만 스포츠는 과거의 향수와 전통에 강하게 연결된 '감정적 애착'을 중시한다. 효율성이나 생산성을 높이기 위해

---

26) Smith, A., & Stewart, B. (1999). Sports management: A guide to professional practice. Allen & Unwin, 13-19쪽에서 일부 발췌.

27) Foster, G., Greyser, P., & Walsh, B. (2006). The business of sports: Texts and cases on strategy and management. New York: Thomson, 64쪽.

스포츠의 기존 요소를 변화시키려 할 때(예를 들어 경기 시간 단축), 그것이 과거 전통과 맞지 않으면 실패한다. 또한 타 분야에서 중시되는 '예측성'과 '확실성'도 스포츠계에선 큰 의미가 없다. 오히려 프로스포츠는 예측이 어려울 때 흥행한다.

둘째, 급에 따른 설계designing a level playing field 특성이다. 20개의 축구팀이 있다고 하자. 실력이 천차만별이다. 하나의 경쟁 리그에 이들 팀을 모두 넣으면 어떻게 될까? 실력 차이 때문에 재미가 없어진다. 프로스포츠가 실력에 따라 급을 나누어(전력 평준화) 경쟁하는 이유다. 급별 승강제를 시행, 꾸준하게 경기의 비예측성을 키운다. 다른 산업 분야와 달리, 한 팀의 리그 내 승리 독점(과거 프로배구에서 삼성화재의 승리 독주나 프로야구에서 삼성라이온스의 독주)이 리그 전체의 손해로 이어진다는 이유로(그렇지 않은 경우도 많지만), 급에 따른 설계는 매우 독특한 경제적 특성이 되었다.

셋째, 변화무쌍한 성질variable quality이다. 프로스포츠의 성공 여부는 경기에 내재한 '비예측도'와 비례한다. 예를 들어, 비슷한 실력임에도 비가 오는지(우천 경기에선 다양한 변수가 발생), 홈이나 원정 경기인지, 부상 선수가 나오는지(상대팀 에이스가 다치면 승부 향방은 변화)에 따라 승패는 달라진다. 혹은, 다른 시합의 결과에 따라 승패가 결정되는 상황도 연출된다. 2019년 한국프로야구 정규리그가 한 사례다. 최종전까지 정규리그 1위 팀을 알 수 없는 상황이었다(두산베어스와 SK와이번즈가 각각 87승1무56패로 동률). 결국 그런 비예측적 성질이 스포츠 시장에서의 부로 이어진다.

프로스포츠 상품은 모순적이다

넷째, 협력과 연합collaboration and cartels이란 특성이다. 가전제품의 경우, LG 입장에선 경쟁사인 삼성이 걸림돌일 것이다. 반대 경우도 마찬가지다. '독점'이야말로 모든 기업이 꿈꾸는 최고의 시장 환경이다(물론 독점은 엄격히 규제된다). 하지만 프로스포츠는 리그에 속한 팀들의 경제적 생존력이 중요하다. 10개 구단 체제인 2021년의 한국프로야구 리그에서 한 팀이 사라지면, 다른 아홉 개 팀은 수입과 경기력에서 피해를 본다. 프로스포츠에서의 협력과 리그 연합은 생존과 번영의 필수 조건이다.

다섯 번째, 브랜드 충성도brand loyalty와 대리 만족이란 특징이다. 스포츠는 일종의 '노스탤지어nostalgia'라는 옛 향수에 의존한다. 어릴 때 유소년 스포츠 팀에 들어간 경험이 전 생애에 걸쳐 팬으로 유지되듯, 기억과 향수가 스포츠 소비에 강하게 작용하는 것이다. 이런 이유로 프로스포츠는 많은 사람이 지닌 도피주의escapism, 자극, 즐거움, 국가적

자부심, 지역 및 개인 정체성 등의 심리적, 사회적, 문화적 욕구를 충족시켜준다.[28] 물론, 이런 욕구 충족을 프로스포츠만이 해주는 건 아니나, 총체적 수준(국가적, 지역적, 조직적, 개인적 수준)에서의 욕구를 모두 충족시켜주는 건 스포츠가 유일하다.

여섯 번째, 수익 창출profit-making과 승리winning 간의 긴장이다. 오늘날 프로스포츠는 구단이나 모기업에 돌아갈 수익보다는 팀의 '승리'나 지더라도 '아름다운 패배'를 좀 더 강조한다. 팬들이 스포츠 경기를 지속하여 소비하게 만들려면 팀과 모기업의 아름다운 전통(더 정확하게는 '이미지적 전통')이 필요하기 때문이다. 이는 또한 스포츠를 돈벌이 수단으로 취급하는 것에 대한 스포츠 팬의 반감 때문이기도 하다. 이런 이유로, 스포츠 구단이나 모기업은 우수 선수에게 돈을 투자하는 것이 승리를 위한 경기력 확보 차원이지, 수익 극대화를 위한 것이라 말하지 않는다.[29] 적자를 감수하면서까지 많은 기업이 스포츠 팀을 운영하는 이유도 여기에 있다.

일곱 번째, 고정된 공급 일정fixed supply schedules이다. 보통은, 수요에 따라 공급이 결정되는 것이 일반적이다. 세탁기 수요가 파악되면 재고를 남기지 않으려 그 수요에 맞는 공급 일정을 짠다. 하지만 스포츠 리그 경기 일정은 고정적이다. 불황이나 호황에서도 에누리 없다(물론 코로나19 전염병 사태로 경기가 줄 때는 있다). 반대로 각 경기가 너무 흥미진진하여 연일 만원 관중이라고, 프로야구협회가 갑자기 올해 경기 일정을 144경기에서 188경기로 늘리지도 않는다. 공급은 고정적이다. 이는 각 팀과 선수의 경기력 향상을 확보함과 동시에 경기 자체의 비예측성을 극대화하기 위해서다.

스포츠 시장에 던지는 스포츠사회학의 질문

스포츠가 상품으로 통용된다면 그것을 사고팔 '장소', 즉 '시장markets'이 필요해진다. 스포츠 시장은 '선수와 팬, 팀 운영 주체가 경기와 관련한 상품을 사고파는 유무형의 장소'다. 중요한 건 이 스포츠 시장을 바라보는 관점의 차이다. 스포츠경제학자와 스포츠사회학자는 시장을 달리 본다.

경제학자들은 스포츠 시장이 스포츠를 향한 소비자 욕구(즉, 수요와 공급 논리)에 의해

---

28) Smith, A. C. T., & Stewart, B. (2010). The special features of sport: A critical revisit. Sport Management Review, 13, 1-13.

29) Syzmanski, S., & Kuypers, T. (1999). Winners and losers: The business strategy of football. Harmondsworth, UK: Viking Press, 7쪽.

자연 발생적으로 형성됐다고 가정한다. 소비자가 직접 스포츠에 참가하는 장소이자, 관람객으로 스포츠를 관람하는 곳, 이들 참가와 관람에 필요한 재화와 서비스가 판매되는 곳이 스포츠 시장이란 가정이다.[30] 반면 스포츠사회학자는 스포츠 시장 형성의 욕구가 사회적으로 이질적이라 본다. 즉, 성별, 계층, 인종, 지역에 따라 시장 형성에 작동하는 욕구가 다르다는 생각이다. 또한, 스포츠 시장은 자연 발생적이라기보단 국가의 정치적 개입과 연관되었다고 본다. 이에 따라, 스포츠사회학은 스포츠 시장과 관련하여 다음과 같은 질문을 던진다.

스포츠 시장과 행위, 조건, 그리고 지구화

첫째, 스포츠 시장을 둘러싼 사회적 조건에 따라 선수와 관객은 어떻게 행위하는가? 스포츠 시장이 정한 규칙에 따라 선수는 자신의 상품 가치를 높이려 어떤 노력을 할까? 이들 행위는 스포츠 시장의 질서를 어떻게 유지하는가? 선수들의 연봉은 사회적으로 어떠한 효과를 보이는가? 관객 상품인 '팬fan'은 스포츠 시장 활성화에 어떤 역할을 하는가? 스포츠 관객이 지닌 정체성은 무엇인가? 그들은 단지 '소비자consumer'로서의 정체성만 지니는가? '다른 정체성'은 어떤 사회적 조건에서 가능한가?

둘째, 스포츠 시장이 활성화되는 사회문화적 조건은 무엇인가? 즉, 이윤 추구가 궁극적 목적인 상업 스포츠commercial sport가 흥하려면 무엇이 갖추어져야 할까? 북한이나 쿠바 같은 사회주의 국가에서 상업스포츠가 부흥하지 못한다는 사실을 염두에 둔다면, 상업 스포츠의 조건은 '자본주의capitalism'라는 체계일 텐데(당연한 말이다), 그렇다면 자본주의 사회에서의 스포츠는 어떻게 발전되어 왔을까?[31]

셋째, 스포츠 시장의 형성은 자연 발생적인가? 경제학이 가정하듯, 시장은 소비자의 수요에 따른 공급자의 공급이 자동으로 조율되며 형성될까? 예를 들어, 우리나라는 정부가 주도적으로 기업에 프로스포츠 팀 운영을 촉구하고 강제로 위탁시켜 스포츠 시장을 형성했다. 다시 말해, 1980년대 중반부터 형성된 프로스포츠 시장은 당시 정부의 뚜렷한 목표(여가 선용이나 정치 무관심 유도 등)를 바탕으로 형성되었다. 또한 88서울올림픽 이후 생활 스포츠에 대한 요구가 커져, 정부는 '동호인 활동'을 장려하며 각 지역에 관련 시설을 세우려 노력했다. 이런 역사적 사실을 고려하며 스포츠사회학은 묻는다.

---

30) Delaney, K. J. (2015). Economic and sociological approaches to sport, In R. Giulianotti (ed.). Routledge handbook of the sociology of sport (pp. 133-141). New York, NY: Routledge, 133쪽.

31) Collins, T. (2013). Sport in capitalist society: A short history. New York, NY: Routledge.

과연 스포츠 시장은 자연적으로 형성되는가?

넷째, 스포츠 시장에서의 상품 교환은 누구에게 이익을 가져다주는가? 스포츠 상품 중 하나인 선수는 스포츠 시장에서 부를 어떻게 창출하는가? 그렇게 창출한 부를 선수는 온전히 자신이 가져가는가? 기업은 스포츠 팀을 운영하며 어떠한 이익을 얻을까? 그 이익은 단지 '경제적'인가? 아니면 그 이외의 다른 형태의 이익이 존재할까? 소비자들은 스포츠 경기를 관람하거나 직접 참여하며 어떤 이점을 얻는가? 내가 경기를 직접 관람하며 낸 입장권 값과 응원 중 구매한 여러 식음료, 좋아하는 선수의 유니폼 구매 비용은 스포츠 시장 구성원들에게 어떻게 분배될까?

다섯째, 스포츠 시장은 전 세계적으로 어떻게 확장하고, 그 과정에서 '지역[local]'과 어떻게 부딪히는가? 이미 스포츠산업[sport industry]은 전 세계적으로 2018년 기준 약 1조3,000억 달러(약 1,473조5,500억 원)에 달하는 막강한 규모를 자랑한다. 우리나라 2021년 1년 국가 예산이 약 555조 원이니, 엄청난 규모다. 이런 규모가 가능했던 이유는 스포츠 시장의 전 지구적 팽창에 있다. 그렇다면 과연 스포츠는 어떻게 하여 세계적인 스포츠 시장을 형성하였을까? 축구나 골프 시장은 어떤 과정을 거쳐 세계적으로 확장되었을까? 그 과정에서 지역과의 문화적 마찰은 없었을까?

> 엘리트 선수들은 오늘날 상호교환이 가능하고 기업화되며 볼거리로 바뀐 스포츠 환경에서 개인적으로는 무관한 존재, 즉 기껏해야 부품(widgets)이 되어간다. 그들은 사업적 투입물이 되었고, 그에 따라 감독이나 코치, 관리자는 가능한 그 투입물을 착취하려 한다. 선수들은 현대 자본주의의 본질적인 착취 노동자들이다.[32)]

여섯째, 스포츠 시장의 자본주의 논리 속에서 선수들은 혹사당하는가? 상업화한 스포츠에서의 핵심은 이윤 추구다. 이는 팀이나 개인이 경기에서 승리할 때 가능해진다. 문제는, 자본주의가 이윤 창출 공식을 따르듯, 스포츠 경기도 승리를 이끌 수 있는 공식, 더 정확하게는 특정 선수에게 의존하는 경향이 강하다는 사실이다. 그러다 보니 선수는 구단의 이윤을 위해(승리를 쟁취) 자기 몸을 혹사하곤 한다. 이를 방지하려 프로스포츠에서는 '선수 노조'가 결성되었다(우리의 경우엔 '선수협회'). 이와 관련, 우리가 물을 질문은, 과연 스포츠는 노동[work]이냐는 것이다. 돈을 받고 자기 노동력을 판매하니 노동이라고 볼 수 있을까? 만약 노동이 아니라면, 왜 노조(노동조합)가 필요할까?

---

32) Connor, J. (2009). The athlete as widget: how exploitation explains elite sport. Sport in Society, 12(10), 1369-1377, 1369쪽.

상업화된 스포츠의 사회학적 이해

"스포츠의 상업화가 걱정된다." 지난 2013년 11월 23일 프란치스코Francesco, 1936- 교황의 말이다. 국제올림픽위원회 9대 회장인 토머스 바흐Thomas Bach, 1953-와 국제축구연맹 8대 회장을 지낸 제프 블래터Sepp Blatter, 1936-를 만난 자리에서 그는 "스포츠의 생명은 단합인데 돈과 승리만이 목표가 되면 이게 깨진다"며 "스포츠가 단지 경제적 관점 그리고 어떤 대가를 치르더라도 승리하는 데만 중점을 두면 선수들은 누가 더 돈을 많이 버느냐가 기준이 되는 하나의 '거래 물품'으로 전락할 수 있다"고 말했다.[33] 스포츠의 상업화를 부정적으로 보며 걱정한 것인데, 과연 '상업스포츠'는 부정적이기만 할까? 우리는 상업스포츠를 어떻게 바라봐야 할까? 혁신을 이끌었던 '상업 문화 예찬'[34] 관점은 불가능할까?

상업스포츠의 형성 조건

> 스포츠는 경제보다 더 중요하나 경제학 역시 스포츠 대다수의 존재(유지)에 필수적이다. 비록 수익보다 게임에서의 승리가 주목표라 할지라도, 오늘날의 전문 스포츠는 스포츠와 비즈니스의 교차점에 있고, 모든 수준의 스포츠는 장비와 장소 접근에 있어 '돈'을 요구한다. 만약 그런 비용이 마련되지 않는다면, 스포츠 탐험은 더 이상 지속되지 못한다.[35]

상업화commercialization란 '상업의 형식으로 변화'하는 과정을 총칭하는 개념이다. 한 마디로 "어떤 사물이(사람도 포함) 돈으로 사고팔 수 있게 되는 과정"[36]인데, 스포츠에서 소비가 중요해짐으로써 이처럼 상품이 돈으로 사고팔 수 있게 조건화한 상업화는 프로스포츠뿐 아니라 생활 스포츠 분야도 외면하기 힘든 상황이 되었다.

'상업'이란 '상품을 사고파는 행위를 통하여 이익을 얻는 일'이다. 개념적 의미로만 보면 중립적이다. 하지만 언제부턴가 이는 자본주의와 맞물리며 세상에 존재하는 모든 것을 이윤 창출 목적의 사물, 재화, 이미지, 서비스로 바꿔버린 성향을 지칭하기 시작했다. 이로 인해, 어떤 단어든 '상업'이란 단어만 붙으면 회피하고 비판해야 할 표현이 되었다. 이는 스포츠도 예외가 아니다.

---

33) 경향신문 (2013.11.24). 프란치스코 교황, 스포츠 상업화 경고.
34) Cowen, T. (1998). In praise of commercial culture. Harvard University Press.
35) Vamplew, W. (2018). Products, promotion, and (possibly) profits: Sports entrepreneurship revisited. Journal of Sport History, 45(2), 183-201, 184쪽.
36) Green, K. (2010). Key themes in youth sport. London: Routledge, 37쪽.

상업스포츠 조건의 핵심은 시간과 돈

스포츠 역시 상업화로 인해 앞서 소개한 교황의 염려처럼 '타락'하기 시작했다고 비판받는다.[37] 상업화하지 않은 스포츠는 사람들에게 소비되지 않으면서 스포츠계의 '빈익빈 부익부' 현상을 심화하기 때문이다. 기업이 스포츠를 운영하면서 이윤 추구 논리에 맞게 스포츠의 본래 모습을 변화시키기 때문이기도 하다. 선수들은 '몸값'으로 거래되고, 쓸모없어진 이들은 버려진다. 물론, 스포츠 상업화의 다른 측면도 존재한다. 스포츠를 좀 더 많은 사람이 즐길 수 있도록 혁신해준다는 점이다. 최상의 운동수행을 보여주어야 할 선수들은 고단할지언정, 팬은 기뻐한다.

그렇다면 양면성을 지닌 상업 스포츠는 어떤 사회적 조건에서 등장하고 성장할까? 일반적으로 다섯 가지 조건이 논의된다.[38] 첫째, 경기력에 대한 합당한 보상을 중요하게 간주하는 시장경제market-economy 마련이다. 둘째, 소비자(관중)가 밀집된 지역 및 장소가 필요하다. 관중이 많아야 소비가 활발해지기 때문이다. 셋째, 소비자를 위한 제반 조건(교통, 시간, 도시 지역 등)도 있어야 한다. 넷째, 막대한 양의 자본이다. 경기장을 짓거나 특정 이벤트를 개최하려면 자본이 필요하다. 마지막으로 소비가 장려되는 문화가 형성되어야 한다. 그래야 '연계 상품'이 팔린다.

이를 풀어서 설명해보자. 테니스를 직접 치거나 윔블던 테니스 경기를 관람하는데 필요한 건 무엇일까? 무엇보다 먼저 노동에서 벗어난 '여가 시간leisure time'이 필요하다. 농경 시대에는 온종일 일을 해야 했기에 스포츠가 상업화되지 못하다가, 산업화 이후부터 사람들은 퇴근 후 '자유 시간'을 만끽할 수 있었다.[39] 여가 시간이 등장한 것이다. 그러면서 여가 시간을 향유할 수 있는 '유한계급leisure class'도 등장했다.

> 산업자본주의는 노동만이 아니라 근대적 의미의 '여가'도 창출했다. 초기 면공업 고용주들은 공장 기계를 가능한 계속 돌리고 노동자에게 아주 긴 노동시간을 강요했다. 노동시간 동안 연속해서 일하라고 요구하는 동시에 노동이 아닌 활동을 배제함으로써 노동과 여가를 분리한 것이다……휴일이든 주말이든, 아니면 저녁이든 뚜렷한 비노동 시간으로의 '여가'가 생긴 것은 자본주의적 생산의 규율되고 한정된 노동시간 때문이었다.[40]

---

[37] Walsh, A. J., & Giulianotti, R. (2001). This sporting mammon: A normative critique of the commodification of sport. Journal of the Philosophy of Sport, 28(1), 53-77.

[38] Coakley, J. (2015). Sports in society: Issues and controversies. McGraw Hill, 352- 353쪽 참조.

[39] Baade, R. A. (1996). Professional sports as catalysts for metropolitan economic development. Journal of Urban Affairs, 18(1), 1-17.

[40] Fulcher, J. (2004). Capitalism: A very short introduction. Oxford University Press, 8-9쪽.

상업 스포츠가 활성화되려면 시간뿐 아니라 돈도 필요했다. 그렇기에 상업스포츠는 시장경제 속에서만 그 꽃을 피울 수 있었다. 이뿐만 아니라, 미디어도 필요해졌다. 사람들이 스포츠를 소비하려면 '스포츠 관심sport interests'이 형성되어야 했는데, 이 관심을 바로 미디어가 형성해준다. 코로나19로 인해 모든 스포츠 활동이 어려워졌을 때도 프로스포츠는 미디어의 힘을 빌려(비록 관중 없이 진행되었으나) 대중의 스포츠 관심을 이어갔다. 여기에 '경기장facilities'도 있어야 한다. 경기장 없이 스포츠가 이루어질 순 없다. 이에 따라, 경기장 건설 기술, 관리 방법 및 필요한 자금 지원 등의 조건들이 따라와 줄 때 비로소 상업스포츠가 형성 및 발전한다.

상업화가 이끈 스포츠 변화

과거, 어찌 사랑이라는 고귀한 감정을 상품화할 수 있냐고 비판하던 사람들은 이제 성sex과 인체 장기, 심지어 감정까지 상품처럼 거래할 수 있게 된 '매매사회trading society'를 겸허히 받아들일 상황에 놓였다. 주변 모든 것이 상품화된 사회가 도래했기 때문이다. "이전까지 그런 식으로 틀 지워지지 않던 사회 현상들이 '팔 수 있는 물건saleable objects'으로 변환하는 과정"[41]인 '상품화'는 상업화의 전제 조건이다. 자본주의 사회의 최상품이 된 스포츠 역시 상업화 물결 속에서 여러 변화를 겪는다. 그 변화의 핵심은 바로 스포츠가 볼거리 형식으로 바뀌며 소비자 지갑을 열게 한다는 것이다.[42]

> 볼거리(spectacles)란 사회의 기본 가치들을 체화하고, 그 가치가 작동하는 삶의 방식을 개개인에게 문화적으로 적응시키며, 사회의 갈등과 갈등 해결 양상을 극적으로 만드는 미디어 문화의 여러 현상을 뜻한다.[43]

첫째, 스포츠의 내적 구조와 목적이 변한다. 상업화 이전 스포츠는 경기에서의 '경기력 발휘'가 주목적이었다. 이때 선수들은 관람객을 의식하지 않아도 됐다. 시합에서 이기는 것만 신경 썼다. 하지만 상업화 이후 스포츠는 관중 취향에 맞는 '구성format'과 '볼

---

41) Slater, D., & Tonkiss, F. (2001). Market society: Markets and modern social theory. Malden, MA: Blackwell Publishers, 24쪽.

42) Coakley, J. (2017). Sports in society: Issues and controversies(12th ed.). McGraw Hill, 347- 351쪽; Robinson, L. (2016). The business of sport, in B. Houlihan & D. Malcolm (eds.), Sport and society(3rd edition) (pp. 273-289). Thousand Oaks, CA: Sage Publications.

43) Kellner, D. (1996). Sports, media culture, and race — Some reflections on Michael Jordan. Sociology of Sport Journal, 13(4), 458-467, 458쪽.

거리spectacle'를 지향하게 되었다. 스포츠가 미디어와 결합해 발생한 변화다. 이를 스포츠-미디어 복합체sport-media complex[44]로의 변화라 부른다(7장 '스포츠와 미디어' 참조). 이 복합체 속에서 스포츠의 관심사는 선수와 감독 등 '내부인'보다, 관객이나 후원사라는 '외부인'을 향한다. 예를 들어, 평균 3시간에 달하는 야구 경기는 젊은 소비자의 입맛에 맞추려 경기 시간 단축에 고심한다.[45] 원시적이고 원초적인 격투 맛을 극대화하고자 이종격투기는 선수들을 철장 안에 집어 넣어 싸우게 한다. BMX나 스케이트보드, 나아가 최근 올림픽 정식 종목이 된 브레이크댄스도 소비자들이 열광하며 기꺼이 지갑을 열도록 '위험하지만 볼만한' 동작 개발과 평가 반영에 몰두한다.

엔터테인먼트화되는 상업 스포츠의 명암

> 스포테인먼트 철학은 '모든 것은 팬이 중심'이라는 서비스 정신에 모아져 있고, 이를 위해 바꿀 수 있는 것은 모두 바꾼다는 것이다. SK구단측은 앞으로 TV중계시 선수들과 감독 코치들이 대기하는 더그아웃도 과감히 노출시킬 방안도 강구 중이라 한다.[46]

둘째, 상업화는 스포츠를 '스포테인먼트sportainment'로 전환한다. 상업화 과정에서 스포츠는 어쩔 수 없이 다른 엔터테인먼트 산업(영화나 음악, 패션 등)과 경쟁한다. 시장 환경이 복잡해지며 경쟁은 치열해진다. 경기는 더욱 흥미진진해져야 한다. 슈퍼스타의 은퇴 이후 인기가 하락하던 NBA의 변화가 좋은 사례다. 산업적 가치가 떨어지던 NBA는 게임 자체를 브랜딩하고("I Love This Game" 슬로건), 경기장을 테마파크Theme Park로 재구조화하며 농구를 '덜 농구스럽게, 그러면서 더욱 쇼처럼' 변화시켰다.[47]

셋째, 상업화는 선수와 지도자, 후원자 성향을 바꾼다. 경기력 중심의 '미적 행위'에서 보여주기 중심의 '영웅적 행위heroic action' 추구로 변화시킨다. 종종 기이한 행동으로 고개를 갸웃거리게 만들던 전 NBA 선수 데니스 로드맨Dennis Rodman, 1961-의 관심사는 농구에만 국한되지 않았다. 경기 중 이목을 끌만한 요소(패션, 헤어스타일, 복장, 과한 제스츄어)를 의도적으로 기획했다. 핵심은, 미디어와 스포츠의 결합에 따른 상업화가 선수들의 관심사를 경기 외적인 것으로 돌린다는 점이다. 자신을 관중에게 팔고, 관중을 다시

---

[44] Jhally, S. (1984). The spectacle of accumulation: Material and cultural factors in the evolution of the sports/media complex. Insurgent Sociologist, 12(3), 41-57.

[45] 김상윤 (2020.02.14). 투수 좀 그만 바꿔…'아재 스포츠' 된 MLB의 몸부림. 조선일보, A27면.

[46] 박병권 (2006.10.20). 스포테인먼트에 거는 기대. 국민일보, 23면.

[47] Andrews, D. L. (2006). Disneyization, Debord, and the integrated NBA spectacle. Social Semiotics, 16(1), 89-102.

후원사에 팔기 위해서다. 이는 선수나 감독에게 위험을 감수하면서 무리한 수행을 하게 만든다. 체조나 피겨스케이팅이 대표적이다. 이들 종목에선 미적 표현이 중요하나, 상업화 영향으로 점점 더 난이도 높은 동작을 요구 받는다(선수 부상의 증가 원인). 결국 관객의 관심을 끌어야 홍보 이점을 얻는 후원기업의 요구(많은 사람이 열광할 경기를 보이라는 요구)에 선수나 지도자, 구단주는 민감해진다.

넷째, 스포츠계 부정부패가 증가한다. 경기 승패가 수익과 연결되는 상업화 속에서 스포츠는 여러 부정부패와 결탁한다. 여기에는, 개인과 조직이 구조적으로 부패를 기획하는 '제도적 부패 systemic corruption'(올림픽 유치 부정투표, 뇌물, 접대, 조직적 범죄 등), 프로스포츠 승부조작이나 불법베팅으로 이루어지는 '도박 부패 gambling corruption', 부정약물 복용 및 불법장비 사용 중심의 '경쟁 부패 competition corruption'가 포함된다.[48]

이 부정부패의 발생 양상은 매우 복잡하다. 특히 세계적으로 수익성이 좋은 프로스포츠계 베팅 sports betting은 독특성을 지닌다. 다른 도박과 달리 스포츠 베팅(도박)은 도박을 하는 사람 스스로가 상당한 정보와 분석을 바탕으로 참여하여 스스로 도박임을 인지하지 못하거나 도박이란 인식을 희미하게 만든다. 이를 스포츠의 도박화 gamblification of sports나 도박의 스포츠화 sportification of gambling라 부른다.[49] 더욱이, 우리나라에서는 이와 같은 스포츠 베팅이 어쩐 일인지, 합법의 탈을 쓰고(정확히는 국가의 암묵적 후원 아래서) 운영된다.

프로스포츠
베팅 문제

스포츠와 판촉문화의 결합

스포츠가 상업주의의 파고 속에 빠져 상품으로 거래되는 상황에서 선수나 구단은 판촉문화 promotional culture의 작동논리와 마주한다. 스포츠계 판촉문화(혹은 홍보문화)란, 유무형의 '부'를 창출하고자 개인이나 기업, 지역, 국가가 스포츠를 '판촉 수단'으로 활용하고, 그런 판촉의 수단화를 장려하는 문화다. 이 문화를 단지 물건이나 언어, 이미지 교환이 활발해지는 상황으로 이해하면 곤란하다. 오히려 우리는 이를 사람들의 일상에서 그들의 행동과 인식을 조형하는 '구조적 영향력'으로 바라봐야 한다.

---

[48] Robinson, L. (2016). The business of sport, in B. Houlihan & D. Malcolm (eds.), Sport and society(3rd edition) (pp. 273-289). Thousand Oaks, CA: Sage Publications, 283쪽.

[49] Gainsbury, S., & Russell, A. (2015). Betting patterns for sports and races: a longitudinal analysis of online wagering in Australia. Journal of Gambling Studies, 31(1), 17-32.

> 스포츠는 다양한 특징을 복합적으로 지니면서 영화나 예술, 패션, 음악, 정치 등이 포함된, 갈수록 복잡해지고 전 세계적으로 시스템이 구축된 여러 판촉문화 속에 위치한다. 다국적 기업 및 이들과 협력하는 광고주들에게 강력한 수단으로 작동하는 것이다.[50]

판촉문화에서의 핵심은 '브랜드brand'다. 브랜드란 선수나 스포츠 조직이 대중, 즉 소비자에게 인식되길 원하는 핵심 이미지나 정체성을 말한다. "특별한 성질을 전 세계적으로 전파하고 호환할 수 있도록 해주는 일반화된 소통 방식"[51]이다. 나이키나 아디다스, 애플 같은 기업은 모두 고유한 브랜드를 지닌다. 선수도 마찬가지다. 마이클 조던, 타이거 우즈, 손흥민, 박찬호 같은 선수는 소비자에게 각인될만한 고유의 브랜드를 지니며 스포츠계에서 '선택될 만한 상품'이 된다.[52]

판촉문화 속에서 발생하는 '소비적 일탈'

스포츠의 상업화로 시작된 '판촉화promotionalization'는 또한 운동선수나 조직의 스포츠 개입을 다른 차원으로 이루어지게 했다. 대표적인 것이 선수의 일탈행위를 '쇼'로 바꾼 변화다. 한 예로, 코치나 선수가 관중에게 유희를 제공하고자 경기규칙을 위반하는 '소비적 일탈consumptive deviance'을 보자. 이는 "선수의 내적인 윤리성이나 심리적 문제가 아닌, 단지 연기 수행performativity의 맥락"으로서 "어떤 누구에게도 부정적인 영향이나 결과를 끼치지 않으면서 '진짜' 일탈행위처럼 보이는 행위나 표현"[53]을 말한다.

이렇게 함으로써 선수는 '못됐지만, 매력 있는 존재'란 공적 페르소나를 브랜딩하고, 이를 스포츠 시장에서 여러 소비자에게 판다. 문신을 하거나 머리를 염색하고 시합에서 기이한 행동을 일삼던 NBA 전 농구선수 데니스 로드맨Dennis Rodman, 1961-이나 앨런 아이버슨Allen Iverson, 1975-이 대표적 사례다. 이들은 심판에게 격하게 항의하거나 스포츠에서 논쟁이 될만한 행위(불문율을 어기거나 과도한 쇼맨십을 하는 행위 등)를 의례적으로 행한다. 물론, 무슨 악의가 있어 행한 건 아니다(책의 13장 '스포츠와 일탈' 참조).

---

50) Jackson, S. J., Andrews, D. L., & Scherer, J. (2005). Introduction: the contemporary landscape of sport advertising. In S. J. Jackson & D. L. Andrews (Eds.), Sport, culture and advertising: Identities, commodities and the politics of representation (pp. 1-23). London, England: Routledge.

51) Arvidsson, A. (2006). Brands: Meaning and value in media culture. London: Routledge, 130쪽.

52) 스포츠계 판촉문화가 비판받는 또 하나의 지점은, 판촉문화가 추구하는 이상향을 스포츠가 가장 효과적으로 재현한다는 데 있다. 한 마디로 스포츠는 경쟁, 성취, 효율성, 능력주의를 자연화하는 자본주의의 이상성을 반영하며, 판촉문화의 가장 이상적인 전달자가 되는 것이다.

53) Blackshaw, T., & Crabble, T. (2004). New perspectives on sport and 'deviance': Consumption, performativity, and social control. Routledge, 77쪽.

[그림 5-1] 97-98년도 당시 NBA 시카고불스 팀의 데니스 로드맨. 그는 언제나 기이한 행동과 장식, 말로 미디어의 관심을 독차지했다. ⓒYahoo Sports

관촉문화 속에선 기업 역시 스포츠 후원과 광고에 적극적으로 개입한다. 예를 들어, 영국의 아스날 축구클럽Arsenal FC 홈구장인 에미레이트 축구장Emirates stadium은 에미레이트 항공이 2028년까지 후원하며 경기장 명칭을 사용한다. 에미레이트 항공사는 UAE로 알려진 아랍에미레이트United Arab Emirates, 즉 아랍에미레이트 연합국(혹은 아랍 토후국 연합)이 운영하는 국영기업이다. 아스날 뿐 아니라 레알마드리드, AC밀란, 파리 생제르맹FC 같은 축구클럽을 후원한다. 왜 이런 천문학적인 자금을 스포츠 팀 후원에 쓸까? 당연히 에미레이트 항공의 상업적 브랜드를 높이려는 의도 때문이겠지만, 더 중요하게는 UAE의 국가적 연성권력soft-power을 높이려는 외교적 전략일 가능성이 크다.[54] 다음의 인용문은 이러한 해석의 타당성을 암시해준다.

> 에미레이트 항공은 단순한 항공사가 아니다. 두바이 정부가 전적으로 소유하며 지원하는 국영기업이다. 이게 뭘 의미할까? 바로, 에미레이트 항공사가 하는 후원 결정은 부분적으로는 상업적이지만, 부분적으로는 국제외교적이라는 것이다.[55]

[54] Krzyzaniak, J. S. (2018). The soft power strategy of soccer sponsorships. Soccer & Society, 19(4), 498-515.

[55] Moore, G. (2015.01.17.). The Asian Cup attracts few headlines but Asia's influence on the European game is big news'. The Independent.

미국 슈퍼볼 광고도 스포츠계 관측문화에서 기업이 스포츠에 개입하는 한 방식을 보여준다. 많은 이들이 관람하는 미국 슈퍼볼의 경우(약 1억 명 이상 관람), 광고 단가가 30초 기준 560만 달러(약 66억 원)다. 2020년엔 경기 종료 후 네 번의 휴식 시간마다 총 55개의 광고가 나갔다. 기업 자체와 기업이 만든 상품을 소비자의 뇌리에 각인시키려 전 지구적 주목도가 가장 높은 슈퍼볼에 거금이 몰린 것이다. 이는 올림픽이나 월드컵도 다르지 않다. 메가스포츠이벤트의 최대 가시성maximum visibility을 활용, 상품의 인지도를 높인다. 광고 60초에 120억 원을 쓴다는 게 언뜻 이해되지는 않지만, 관측문화가 추구하는 논리에서는 이게 당연한 일이 될 수 있다.

판촉문화 속 스포츠로 기업 이미지 세탁하기?

주류나 담배, 패스트푸드처럼 건강에 부정적이라 인식되는 기업이 판촉문화로 스포츠 광고 및 후원에 개입할 수 있게 되었다. 예를 들어, 건강과는 거리가 먼 패스트푸트 기업, 주류(버드바이저), 담배(말보로나 KT&G),[56] 혹은 사회적으로 부정적 이미지를 지닌 대부 업체(러시앤캐시의 프로배구 후원 등) 등이 사회적으로 건강한 이미지를 지닌 스포츠와 손쉽게 결합할 수 있게 된 것이다. 이 지점에서 궁금한 건, 과연 스포츠팀 후원에 있어 기업 이미지가 중요하게 고려될 필요가 있냐는 것이다. 이 문제를 어떻게 생각해야 할까?

기업스포츠의 등장과 폐해

> "(청와대) 수석회의에서 전두환 대통령이, 국민 정서, 국민의 여가 선용 문제와 관련해 '여보 당신들 그러지 말고 프로스포츠 해보시오' 그랬어요. 이상주를 비롯한 수석들이 몇 개월 지났는데 뭔가 보고해야 되잖아요. 제왕인 대통령이 수석회의에서 말을 던졌는데." 결국 이 말이 나오자마자 청와대가 직접 나서 프로야구 구단을 맡을 기업을 선정했다.[57]

국내 10개 프로야구팀, 12개 축구 K리그 1부 팀 중 8개, 프로배구 13개 팀(남자 7개, 여자 6개), 프로농구 16개 팀(남자 10개, 여자 6개) 모두는 '기업'에 의해 운영된다. '기업스포츠corporate sports' 환경이다. 기업 스포츠란, 기업이 선수를 정식 노동자로 고용하여 업무의 일환으로 스포츠 경기를 위한 연습과 경쟁 역할을 부여, 그 대가로 재정적 보상을

---

56) Dewhirst, T., & Sparks, R. (2003). Intertextuality, tobacco sponsorship of sports, and adolescent male smoking culture: A selective review of tobacco industry documents. Journal of Sport and Social Issues, 27(4), 372-398.

57) 강지웅 (2006). 5공의 3S정책, 스포츠로 지배하라. 정길화, 김환균 외, "우리들의 현대침묵사"(pp. 72-88). 도서출판 해냄, 81-82쪽.

제공하는 활동이다.[58] 즉, '자본주의 체계를 기반으로 기업이 이윤 추구 및 여타의 동기에 의해 소비자인 팬에게 스포츠 서비스를 제공하는 제도'다.

기업이 (프로)스포츠 팀을 운영하는 주된 이유는 '수익profit'에 있다. 방송 중계권료, 입장료, 경기장 내 광고료, 기업 스폰서, 선수 유니폼 및 관련 물품 판매 비용 등이 수익의 원천이다. 당연히 수익만큼 지출되는 비용도 많다(선수 연봉이나 팀 운영비). 기업은 나름의 선순환적 수익구조를 형성(연고지 밀착으로 팬 증가→미디어 중계 및 시청률 증가→방송사/경기장 광고 수입 증대 →중계권료 상승 →구단 수입 확대), 수익을 내고자 팀을 운영하거나 후원한다. 문제는 그러한 자생적 수익구조를 만들지 못한 경우다. 기업 지원에 의존하는 국내 프로스포츠팀이 그렇다. 매년 적자다. 가장 많은 팬을 확보한 프로야구도 각 구단 적자가 매년 50-200억 원 사이이다. 기업이 당장 운영에서 손을 떼도 이상하지 않은 상황이다.[59]

기업스포츠의 역설적 상황

또 다른 이유는 기업의 사회적 이미지 만들기image making다. 기업의 존재 이유는 이윤 창출이다. 그러려면 상품뿐 아니라 기업 이미지도 좋아야 한다. 이러한 기업 이미지를 스포츠로 좋게 만든다. KT&G(전 한국담배인삼공사)가 2005년 프로농구단을 인수한 것(스포츠로 건강에 부정적인 담배 판촉을 할 의도인지의 논란)[60]이나 '대부업체'가 프로스포츠 구단(안산 OK저축은행 러시앤캐시 배구단)을 창단해 운영한 사례(대부업체 이미지 쇄신을 위해서라는 논란)[61]가 대표적인 예다. 또한 많은 인권 문제를 안고 있던 사우디아라비아가 공공투자펀드를 구성하여 영국 프리미엄 리그의 뉴캐슬New Castle 팀을 인수한다 했을 때 제기되었던 '스포츠 세탁'[62] 의심도 그렇다. 돈 있다고 아무 기업이나 스포츠팀을 운영할 순 없다. '암묵적 자격 조건'이라는 게 있는 법이다.

> 구단주나 주주들이 돈을 축구에 투자하는 것은 금전적 수입을 기대하는 이유가 아니라 심리적인 이유, 예를 들면 권력이나 명예에 대한 욕구와 집단 동일시 경향, 그리고 집단 충성심과 관련된 감정을 원하는데 있다.[63]

---

58) Sawano, M. (2010). The rise and fall of corporate sports programs. Japanese Research in Business History, 27, 27-45, 28쪽.

59) 김창금 (2017.06.14). 적자는 쌓이고…경기장 수익사업은 못하고. 한겨레, 24면.

60) 김상수 (2005.09.21). 담배회사가 웬 프로농구팀…KT&G 공격적 마케팅 논라. 동아일보, A12면.

61) 송대성 (2019.12.24). 프로스포츠 유일의 '대부업 구단'…러시앤캐시 배구단의 딜레마. 노컷뉴스.

62) 이원홍 (2020.05.01). 프리미어리그의 '스포츠 세탁' 논란. 동아일보, A29면.

63) Sloane, P. J. (1971). The economics of professional football: The football club as a utility maximiser. Scottish Journal of Political Economy, 18(2), 121-146, 134쪽.

스포츠팀 운영과 후원의 이면

프로스포츠 외에도 수익을 기대하기 어려운 종목의 운영 사례도 있다. SK그룹은 국내 핸드볼협회를 후원하며 핸드볼 팀(SK호크스)도 운영한다. 현대자동차는 대한양궁협회 수장을 맡으며 프로화되지 않은 양궁을 지원한다. 기업이 반드시 수익 만을 위해 스포츠를 운영 및 후원하지 않음을 이들 사례가 보여준다. 여기엔 기업 총수의 개인적 욕심(IOC 위원으로의 진출 등)이나, 기업의 사회적 책임Corporate Social Responsibility 역할(사회공헌사업)이 동기로 작동한다. 기업의 사회적 책임과 관련, (사회공헌으로) 지출되는 비용이 적지 않다. 2019년을 기준으로 220개 사가 지출한 사회공헌 금액은 2조9,927억 원(기업당 평균 136억 원을 지출, 그 중 문화예술/체육 분야는 9.2%, 약 2,700억) 가량이다.[64]

기업 지원을 등에 업은 스포츠팀은 상대적으로 재정 걱정이 덜하다. 문제는 팀이 모기업 지원에만 의존할 때 생긴다. 자체적으로 자생 구조를 만들지 않으면 경영 악화 시 구조 조정 1순위가 되기 때문이다. 대표적으로 2015년 3월 삼성증권과 삼성중공업이 운영하던 테니스단과 럭비팀 해체다. 해체 결정 이전, 럭비 관계자들이 럭비팀 해체 중단을 촉구하는 기자회견을 열면서 '꿈과 희망'을 말했으나, 결정은 번복되지 않았다. 또 다른 문제는 기업 지원이 줄면서 성적도 하락, 결국 고난의 행군을 하는 경우다. '삼성스포츠단'의 제일기획 이관이 한 예다. 야구구단인 삼성라이온즈 운영비는 2014년 398억 원에서 2015년 424억 원으로 오르다가 2016년 제일기획 이관 후 329억 원으로 삭감되었다. 결국 삼성은 2016년 시즌 9위로 떨어졌다.[65]

삼성럭비단 해체 뉴스

> 우리나라에서 기업의 스포츠 사랑은 일종의 상징자본(symbolic capital)을 획득하려는 취지 때문으로 볼 수 있다. 삼성이 '민족 기업'으로 오인되는 상황도 이 맥락이다. 만약 상징자본 획득이라는 당근이 사라진다면? 한국 스포츠는 문을 닫을 수도 있다.[66]

여기에서 고민해 볼 문제는 지금과 같은 기업 스포츠 환경에서(기업 지원에 100% 의존하는 환경에서), 조직 사정으로 팀을 해체한다고 할 때 이를 비난할 명분이 뭐냐는 것이다. 스포츠 운영 가치가 떨어져 손해를 감수하지 못하겠다는데, 그런 경우 스포츠계가

---

64) 전국경제인연합회 (2020). 2020 주요 기업의 사회적 가치 보고서.
65) 노재형 (2019.01.02.). 삼성스포츠단 투자, 제일기획 이관 후 얼마나 위축됐다. 스포츠조선.
66) 남상우 (2015). 삼성의 기침? 한국 스포츠의 몸살! 기업스포츠의 명암. 서울스포츠, 301호, 44-45, 45쪽.

취할 수 있는 대응은 무엇이냐는 물음이다. 이런 측면에서 앞선 삼성스포츠단 정리 사례는 눈여겨봐야 한다. 지금껏 기업이 '상징성' 차원에서 운영하던 스포츠를 '상품성' 차원에서 운영하며 소비자들이 찾지 않으면 없애겠다는 의도이기 때문이다.

프로스포츠 선수 연봉의 사회학

상업화된 스포츠계에서 최고의 상품은 바로 선수다. 이들의 질을 판단하는 기준은 당연히 연봉이 된다. 문제는 우리가 연봉을 단순히 경제학적으로만 본다는 사실이다. 스포츠사회학은 연봉을 사회질서 유지 차원에서 본다. 프로스포츠계 연봉은 어떤 사회적 기능을 할까? 주된 기능 세 가지를 살펴보자.[67]

[그림 5-2] 연봉 비교는 우리로 하여금 "저들은 우리보다 강한 팀이기에 우리가 져도 본전"이란 암시를, "이긴다면 우리는 대단하다"란 우월감을 심어줄 수 있다. ⓒ 조선만평

첫째, 국가 간 연봉 비교는 자국의 우월성 극대화 기능을 한다. 이적 전문 사이트 '트랜스퍼마르크트transfermarkt'는 우리나라 축구 대표팀 평균 몸값을 2,603만 유로(한화로 약 349억 원)로 평가했다. 10억9,000만 유로(1조4,620억 원)로 1위를 한 영국 대표팀이나 4위의 독일팀 7억250만 유로(9,423억 원)에 비하면 한참 낮은 수치다.[68] 흥미로운 건, 이러한 비교가 종종 올림픽이나 월드컵 같은 경기 전후에 자주 보도된다는 점이다.

---

[67] 이창섭, 남상우 (2013). 스포츠사회학(3판). 대전: 궁미디어, 150-153쪽.
[68] 김윤일 (2020.05.11). [머니볼] 국가대표 몸값 순위, 잉글랜드 1위 '왜?' 데일리안.

> 러시아 월드컵 조별리그 F조에서 독일은 약 1조2,848억 원인 반면, 한국은 995억 원에 불과하다. (중간 생략) 그러나 축구는 돈으로만 하는 게 아니다. 높은 몸값이 승리를 보장하지도 않는다. 한국은 2012런던올림픽 축구 8강전에서 영국을 만났다. 당시 영국 대표팀의 몸값 총액은 한국의 4배가 넘었다. 그렇지만 '다윗' 한국이 '골리앗' 영국을 잡았다.[69]

이는 승리 시 자국의 우월성을 높이고, 패배 후 자존감을 보호하는 기능을 한다. 연봉 비교로 드러난 우리의 열등한 상황에서도 이겼다면 이는 자국의 우월감을 높일 기회가 된다. 한국야구 대표팀의 전체 연봉이 76억 원인 반면, 일본은 1,315억 원이라는 비교는 열세임에도 일본을 이긴 우리나라의 위대함을 배가시킨다. 반대로, 지더라도 우리는 원래 불리했으니 괜찮다는 '위안' 기능도 가능해진다. 어느 쪽으로든, 이런 비교는 현 상태의 유지[status quo]를 정당화하는 잠재적 기능을 한다.

연봉 보도의 젠더 논리와 성공 이데올로기 강화

둘째, 프로스포츠 연봉은 사회적 '젠더 논리'를 강화한다. 미디어에서 연봉이 소개되는 대상은 거의 남자 선수다(약 9.5대 0.5의 비율). 여자 선수는 연봉보다는 부가 수입과 관련되어 보도될 때가 많다. 그것도 소수다(국내의 LPGA 선수들이나 해외의 마리아 샤라포바 테니스 선수 정도). 이처럼 특정 성에 집중된 연봉 보도는 사회적 젠더 논리[gender logic](남자는 능력, 여자는 외모로 대표되는 사회적 젠더 논리)를 강화한다. 종종 언론에 소개되는 여론조사는, 여성의 남성 평가 기준 첫 번째가 '능력(연봉이 척도)'이고, 남성의 여성 평가 기준을 '미모'라 말한다. 미디어에서 여자 선수를 연봉보다 '외모' 중심으로 보도하는 경향도 이런 젠더 논리를 반영한 게 아닐까?[70]

셋째, 프로스포츠 연봉의 '성공 이데올로기[success ideology]' 강화 기능이다. 2019년 국내 프로스포츠 최고 연봉자는 프로야구 롯데의 이대호(25억 원)였고, 프로축구는 전북의 김진수(14억3,500만 원), 프로농구는 DB의 김종규(12억7,900만 원), 프로배구는 대한항공의 한선수(6억5,000만 원)였다. 이처럼 '승자 중심'의 보도는 어떤 효과를 발휘할까? 많은 사람의 착각을 불러일으킬 수 있다. '운동만 잘해도 이런 고액 연봉을 벌 수 있다.' 하지만 프로스포츠계의 최저 연봉을 생각하면 이야기는 달라진다.[71]

---

69) 박린 (2018.05.29). 독일 선수 1명 1,159억원…한국은 28명 합쳐 995억원. 중앙일보, B10면.

70) 남상우 (2004). 일간신문 스포츠 지면에 나타난 여성 선수 사진의 내용 및 의미 분석. 한국체육학회지, 43(4), 101-114.

71) 2019년 기준으로, 프로야구는 2,700만 원, 프로축구는 2,400만 원, 프로농구 3,500만 원, 프로배구 4,000만 원 선으로 알려져 있다. 대기업 신입사원 평균 연봉이 4,086만 원이니, 고용 안정이 보장되지

> 대개 30대 중반이면 은퇴하고, 20대에 유니폼을 벗기도 한다. 선수 시절엔 많든 적든 연봉을 받기에 어떻게든 생계를 꾸려나가지만 은퇴하면 사정은 달라진다. 코치, 감독 등 경력을 이어갈 자리는 한정돼 있기 때문. 어릴 적부터 운동에 전념해왔기에 은퇴한 뒤 해설자 등 다른 직종에 취업하기란 하늘의 별 따기만큼이나 어렵고 대부분은 실업자가 된다.[72]

문제는, 대부분의 프로스포츠 연봉 보도가 '최고 연봉' 중심으로만 이루어진다는 사실이다. 그러다 보니, 스포츠계의 실제 모습이 최고 연봉의 허울 속에 가려진다. 성공으로 가는 길과 그 과정에서의 최저 연봉은 숨긴 채, 세계의 밝은 면만 부각하면서 결과적으로 스포츠 성공과 부의 이미지만 남는다. '승리 중심의 터널 시야success-oriented tunnel vision' 효과를 불러온다. 결국, 이들 사례는 우리에게 프로스포츠 연봉이 단지 개인의 역량 척도를 보여주는 명시적 기능을 넘어 의도치 않게 기존의 사회질서를 고착화하는 잠재적 기능을 발휘할 수 있음을 보여준다.

메가스포츠이벤트의 경제적 효과 논쟁

"우린 하얀 코끼리를 원치 않는다." 구닐라 린드버그Gunilla Lindberg, 1947- 국제올림픽위원회 조정위원관이 2017년 9월 14일 페루 리마에서 열린 IOC 총회에서 한 말이다. 평창동계올림픽을 앞두고 평창 슬라이딩센터, 강릉 스피드스케이팅 경기장, 강릉 아이스하키장의 올림픽 후 활용 방안이 미흡한 점을 꼬집은 것이다. 평균 유지비용이 20억에 가까운 스피드스케이트장이나 강릉 하키센터 및 슬라이딩센터는 하얀 코끼리가 될 운명에 처했다. 연간 적자만 74억 원이다.[73]

이와 달리 '흑자' 이벤트도 있다. 2019광주세계수영선수권대회다. '저비용 고효율'이라는 국제스포츠대회 성공 모델을 보여줬다. 물론, '종합대회'가 아닌 '단일종목대회'였다는 점은 고려하자. 광주수영대회의 총사업비는 1,265억 원으로서(평창동계올림픽 4조 2,853억 원의 5%, 인천아시안게임 2조376억 원의 11% 수준), 경기장 신축을 최소화했고, 대회 물자와 물품을 임대 및 후원받아 대회 후 처분하거나 기부하였다. 그 결과 대회 운영사업비는 179억 원의 집행 잔액이 발생했다. 기업 후원, 입장권 판매수익, 마스터즈대회 참가자 등록비 등, 자체 수입을 기대 이상으로 확보했기 때문이다.[74]

않은 점을 고려하면 높은 액수라고 보기 힘들다.

72) 정세영 (2020.01.29). 명색이 프로인데 2,700만 원…열정만으론 배고프다. 문화일보, 25면.

73) 오해원 (2019.08.13). 평창동계올림픽 경기장, 연간 적자 74억 원…KDI 추산. 노컷뉴스.

메가스포츠이벤트: 하얀 코끼리인가 황금알을 낳는 거위인가?

> 동남아시아에서 '하얀 코끼리'는 매우 신성한 동물이다. 그런데 옛날 태국 국왕은 꼴보기 싫은 신하에게 이 코끼리를 하사했다. 신하는 이 코끼리를 정성껏 키워야 했다. 일을 시켜선 안됐다. 먹이 값은 많이 드는데 경제적 이득은 하나도 없다. 또 잘 돌보지 못해 코끼리가 죽기라도 하면 선물을 준 국왕을 욕보이는 셈이 되었다. 국왕은 신하를 골탕 먹이고 파산시키려 '하얀 코끼리'를 하사한 것이다. 이후 '하얀 코끼리'는 서양에서도 겉은 번드르르하지만 쓸모없고, 관리나 처분하기 어려운 애물단지를 일컫는 용어가 됐다.[75]

메가스포츠이벤트 효과는 논쟁적이다. 한 잡지는 '메가스포츠이벤트가 경제 발전에 도움을 주는가'라는 주제로 찬반 포럼을 열었다.[76] 경제 발전에 이바지한다는 쪽의 로버트 볼랜드Robert A. Boland는 메가스포츠이벤트가 주최 국가나 지역의 1) 스포츠 및 제반 인프라를 건설함으로써 전 세계의 경제(시장 및 자본가)와 연결되고, 2) 주최 지역에 대한 전 지구적 인식 변화(긍정적 이미지로의 변화), 3) 관광객 대거 유입 및 소비 제고, 4) 자국민에 대한 기분 제고 효과feel-good effects(집단 정체성 및 효능감 증진), 5) 스포츠 행사 준비 및 개최 과정에서의 국민 통합 효과를 주장한다.

반대 관점도 분명하다. 지자인 빅터 매티슨Victor A. Matheson은 메가스포츠이벤트가 여러 차원에서 주최국에 경제적 해를 가져온다고 주장한다. 무엇보다 대회의 성공적 개최를 위해 인프라 건설, 조직(인건비) 비용, 보안 비용 등에 지출할 돈이 비대해졌다는 사실이다. 2004년 그리스는, 108년 만에 다시 올림픽을 개최한다는 자부심으로 올림픽 예산 16억 달러(약 1조8,704억 원)를 초과 지출, 재정 적자뿐 아니라 올림픽 이후 재정위기까지 겪어야 했다. 미국 역시 2024년 올림픽 유치를 위해 보스턴을 공식 유치 후보도시로 선정했으나 중도 포기했다(결국 2028년 올림픽에 LA가 선정되었다). 납세자들에게 위험 부담을 떠안으라고 할 수 없었기 때문이다. 보스턴이 유치전 때 공개한 올림픽 예산 74억 달러(약 8조6,000억 원)는 시 1년 예산의 세 배에 달하는 금액으로서, 감당하기가 어려웠던 것이다.[77] 2020도쿄올림픽 준비에 약 3조700억 엔(약 35조5,000억 원)을 쏟았던 일본 역시 개최 이후 약 25조 원의 경제 손실이 예상된다. 올림픽은 이제 한 도시

---

74) 손상원 (2019.12.22). 광주 세계수영대회 10억9천만명 시청, SNS 7억회 노출. 연합뉴스.

75) 이기환 (2017.09.15). [여적] 하얀 코끼리와 평창. 경향신문, A26면.

76) Boland, R. A. & Matheson, V. A. (2014). Do mega sports events contribute to economic development? Americas Quarterly, 8(2), 22-25.

77) 김민정 (2015.07.19). "내 세금 그렇게 쓰지마" 시민 반대에…보스턴 올림픽 유치 포기. 조선일보, A18면.

가 감당하기 힘든 '기가giga 이벤트'가 된지 오래다.

관광객 증가 효과도 애매하다. 최근 전 세계적인 테러 공포와 전염병으로 사람들은 국가 간 이동을 회피한다(코로나-19 전염병 이후 이는 더욱 심해진다). 관광객 유입 효과를 낙관할 수만은 없다. 또한, 경기장 사후관리도 문제다. 메가스포츠이벤트의 가장 큰 폐해가 바로 이 사후관리비용이다. 국제대회 규격에 맞춘 경기장은 대회 이후 일반인들이 사용하기에 부적합하다. 그래서 대부분 그냥 놀린다. 사용 수익은 없는 반면, 관리비는 계속 나간다. 경기장이 '돈 먹는 하마' 혹은 '하얀 코끼리'가 되는 순간이다.

[그림 5-3] 메가스포츠이벤트는 국민이 알아야 할 중요 정보를 접할 수 없게 만드는 눈 가리기 기능도 한다. 물론 좋은 기능은 아니다. ⓒ 조선만평(2002.06.28., A2면; 2006.05.27., A2면)

메가스포츠이벤트는 또한 '국민 우민화 도구'로도 악용된다. 2002년과 2006년 월드컵을 거치며 우리는 이런 경험을 겪었다. 국민이 알아야 할 민감한 사안과 관련 정보가 월드컵 보도에 묻혀 제대로 공유되지 못한 것이다. 국민 관심을 중요한 사회문제에서 멀어지게 하는 지배 세력의 권력 유지 도구로 이들 대회가 쓰인 것이다. 비판적 지리학자 데이비드 하비David Harvey가 말했듯, 메가스포츠이벤트는 일종의 '연막smokescreens'이나 '축제 가면carnival masks'으로 기능하는 것이다.[78)]

메가스포츠이벤트는 또한 기존 거주민들을 '강제퇴거forced eviction'하는데 가장 효과적인 도구가 된다.[79)] 한 연구의 지적처럼, 올림픽은 자본 축적에 의한 도시재건에 효과적

78) Harvey, D. (1989). The condition of postmodernity. Oxford: Blackwell.

79) 남상우, 권오석 (2008). 올림픽과 거주지의 관계: 도시개발, 강제퇴거 그리고 소수자들의 주변화. 한국스포츠사회학회지, 21(2), 381-400.

일 뿐 아니라, 그곳에 살던 소수 집단을 향한 사회적 통제력을 발휘하는 데도 유용하다.[80] 소수자에게 있어 올림픽은 지자체나 기업의 도시 재개발 기회이자 자신들의 퇴거 빌미일 뿐이다. 1996애틀랜타 올림픽 연구에 따르면, 당시 애틀랜타 저소득층 거주민(대부분이 흑인)에게 올림픽은 평화의 축제가 아니었다. 기업가들에게 도시를 재건해 이윤을 챙겨 줄 '세련된 변명'이었다. 사회적 지속성보단, 준비 과정에서 거주민을 파괴했으며, '불신'이라는 유산을 남겼을 뿐이었다.[81]

결론: 스포츠의 경제적 속성

지난 2018년 지방선거 때 대전에 출마한 후보들이 대전 한화이글스 프로야구팀 전용 구장을 신축하겠단 공약을 발표했다. 대전은 다섯 개의 구로 이루어진 인구 150만 명의 광역시인데, 현재 한화이글스파크는 중구 쪽에 위치한다. 신축 공약에 반대할 시민들은 없었다. 문제는 선거 후였다. 당선된 시장이 "모든 가능성을 열어 놓고 가장 적합한 후보지를 찾아보자"고 말하는 바람에 갈등이 시작되었다. 중구민은 당연히 중구에 새로 지으리라 생각했는데, 당선자의 한 마디로 나머지 네 개 구가 유치선을 벌이기 시작한 것이다. 결국, 용역입체에 최적 부지를 검토하게 했고, 그 결과 기존 중구에 야구장을 리모델링하기로 결정되었다. 중구가 대전 원도심(도시 형성 및 발전 과정에서 최초로 도심지 역할을 한 지역)이었기에 균형 발전을 위해 야구장을 존속시켜야 한다는 게 이유였다. "사람들이 경기 보러 왔다가 여기에(주변 시장에) 쓰는 돈이 어마어마하다니까. 그런데 이걸 어디로 옮겨?" 이 사례는 스포츠가 지역의 경제 활성화에 큰 도움이 됨을 보여준다. 정치적 갈등으로 지역민의 단결(?)을 촉진하는 잠재적 기능은 덤이었다.

2015년 12월 11일, 프로야구단 삼성라이온즈가 제일기획 산하 자회사로 편입되며 삼성그룹 내 모든 프로구단(블루윙즈 프로축구단, 썬더스 남자프로농구단, 블루밍스 여자프로농구단, 블루팡스 남자프로배구단)이 제일기획 아래 모였다. 지금껏 삼성그룹 내 각 계열사가 관리하던 프로스포츠팀을 통합 관리하기 시작한 것이다. 통합 관리의 목표는 명료했다. 승패만 중시하는 스포츠단에서 체계적 마케팅 전략과 팬 서비스로 수익을 창출

[80] Tufts, S. (2004). Building the 'competitive city': Labour and Toronto's bid to host the Olympic Games. Geoforum, 35(1), 47-58.

[81] Newman, H. (1999). Neighborhood impacts of Atlanta's Olympic Games. Community Development Journal, 34, 151-159.

해내는 기업으로 변화"하는 것이다. 프로스포츠를 더 이상 단순 홍보 수단이 아닌, 자생력을 갖춘 기업으로 운영하겠다는 시도였다.[82] 성공했을까? 성적이나 자생력 측면 모두에서 지금까지 이렇다 할 실적은 없다. 성공했다고 보긴 힘들 것 같다.[83] 의문스럽다. 스포츠는 경제 발전에 기여한다고 하지 않았던가? 그런데 어째서 삼성을 포함한 우리나라 모든 프로스포츠 운영 기업은 적자를 면치 못할까? 더 궁금한 건, 그렇게 매년 적자를 보면서도 기업은 왜 스포츠팀을 계속 운영하는가?

2018년에 동계올림픽을 치른 강원도는 경기장 사후 활용 때문에 머리가 아프다. 한국개발연구원KDI에 따르면, 평창동계올림픽 세 개 시설(슬라이딩 센터, 스피드스케이팅장, 하키센터)은 매년 74억4,200만 원 적자를 본다. 세 개 시설의 연간 운영비는 총 102억 9,300만 원이지만, 운영 수입이 28억5,100만 원인 것이다. 이 때문에 올림픽은 유치 때부터 사후활용 계획이 중요했다. 동계올림픽 유치 3수 준비 때부터 지적되었다.[84] 하지만 계획은 불명료했다. 그마저도 막연한 '올림픽 유산Olympic legacy' 담론에 숨었다.

문제는, 강원도가 경기장 운영 적자를 국비에만 의존하려 한다는 점이다. 평창동계올림픽 슬라이딩센터 사후활용 방안이 대표적이다. 전 국민을 대상으로 한 수익형 체험시설 '집와이어zip wire(일명 플라잉 스켈레톤)'를 하겠단 구상을 냈다. 국비 32억5,000만 원과 도비 30억 원을 합쳐 만들 계획이었다. 하지만 사업 전 필수로 점검해야 할 경제 타당성 연구용역을 배제하고 국비부터 따냈다. 용역 결과에 따르면, 자체적으로 계산해보니 연 37억 원 수익이 날 것이란 발표로 대체되었다. 하지만 전에 이뤄졌던 연구용역 결과는 달랐다. 매년 적자는 12억4,800만 원(한국산업전략연구원)과 26억1,400만 원(한국개발연구원)이 예상되었다. 그럼에도 실행하겠다고 발표한 것이다.[85] 적자 발생이 분명해진 메가스포츠이벤트 유치와 관련, 이득을 취하는 자는 누구일까?

프로야구 10개 구단 체제에서 만약 한 구단이 후원기업을 찾지 못하면 어떤 상황이 발생할까? 여기에서 더 나아가, 그런 상황을 피하고자 힘들게 후원기업을 찾았는데, 이 기업이 국내 프로야구 구단 후원 자격이 없다면 어떨까? 프로스포츠 후원사의 '자격'이라는 게 과연 존재할까? '돈'은 다 그냥 '돈' 아닌가? 지금은 '키움히어로즈'로 바뀐 히어

---

82) 오유교 (2015.12.12). 삼성그룹 프로스포츠 모두 제일기획 품으로. 조선일보, A27면.

83) 박재호 (2019.01.02.). 표류하는 삼성스포츠, 성적-자생력 둘다 놓치다. 스포츠조선.

84) 남상우 (2009.05.12). 김진선 지사의 평창 3수를 축하하며: 동계올림픽 유치시 고려해야 할 몇 가지. 미디어스(인터넷), http://www.mediaus.co.kr/news/articleView.html?idxno=6595

85) 주형식 (2020.01.07). [기자의 시각] 강원도가 믿을 건 결국 혈세? 조선일보, A34면.

로즈 프로야구단은 이와 관련한 흥미로운 사례다. 넥센타이어의 서울 히어로즈 메인스폰서십 만료로 새로운 네이밍 스폰서naming sponsor를 찾던 와중, 일본계 기업인 JT그룹이 우선 협상 대상자로 나선 것이다. 일본에서 신용카드업으로 성장하며 23개 계열사를 거느리는 자산 규모 5조 원 대 기업이다. 심지어 서울 히어로즈 팀 후원 금액도 넥센타이어의 두 배 이상인 연 100억 원을 제시했다. 이걸 왜 외면하는가? 심지어 자유계약선수 영입 지원에서 고척돔으로 근거지를 옮기며 불어난 운영비 해결까지 약속했다.

하지만 협상은 무산되었다. 이에, 키움증권이 대타로 나서 2019년부터 2023년까지 메인 스폰서십 계약을 체결하였다. 이 사건에서 JT그룹과 협상이 결렬된 이유는 바로 '돈' 뒤에 있던 '국민 정서'였다. 후원사의 자격이 없었던 거다.

> 히어로즈로선 그만큼 돈이 절박했을 것이다. 하지만 히어로즈는 철저한 비즈니스적인 관점에서만 이 사안을 대했을 뿐, 팬이나 국민적 정서는 전혀 고려하지 않은 것 같다. 팬들이 야구장에서 일본계 기업 이름을 아무 거부감 없이 신나게 외칠 수 있을까.[86]

이들 사례는 스포츠의 경제적 속성이 사회적 배태성social embeddedness, 즉 사회 맥락 속에 묻어 들어가 구성됨을 적확하게 보여준다. 스포츠의 경제적 속성은 사회적 맥락에 따라 달리 해석됨을 말해주는 것이다. 전술된 기업의 스포츠구단 운영, 프로스포츠팀의 지역경제 효과와 이를 둘러싼 사회문화적 갈등, 스포츠가 상품처럼 거래되는 과정, 스포츠가 상업화되면서 발생하는 여러 현상은, 이번 장에서 설명했던 스포츠의 경제적 속성이 지닌 사회성을 여실히 말해주는 사례들이다.

지금껏 우리는 스포츠가 지닌 경제적 속성의 사회적 맥락을 살펴봤다. 개인 수준이나 집단 수준, 나아가 국가 수준에서 특정 스포츠를 여가 수단으로, 국민 단결 수단으로, 국위선양 도구로 소비하고 생산하는 방식 역시 자연적이라고만 볼 수는 없다. 스포츠 시장의 흥망성쇠는 그 스포츠가 처한 사회적 환경에 따라 달라진다. 당연하다. 반복적으로 말하지만, 스포츠는 사회에 묻어 들어가 있기 때문이다.

86) 강호철 (2015.10.27). 팬심은 돈으로 살 수 없다. 조선일보, A34면.

05장 요약 스포츠와 경제

- 경제란, 돈이나 직업, 기술이나 국제 무역, 세금 등을 비롯하여 우리가 노동을 통해 재화나 서비스를 생산하고, 그 과정에서 만들어진 수입을 분배하며, 그 결과로 나온 생산물을 소비하는 과정을 뜻한다.

- 경제는 두 가지 차원으로 이해된다. 첫째, 사회 구성원들이 상품과 서비스를 만들고(생산), 이를 나누며(분배), 서로 교환하기 위해 행하는 활동의 제도적 총체(제도적 모델)이자 둘째, 개인이 활용할 수 있는 '수단'에서 최상의 것을 얻고자 한정된 자원을 합리적으로 선택 및 할당하는 모든 활동이다(합리적 선택 모델).

- 기능주의는 경제 제도 내 여러 노동 형태의 분업으로 사회질서가 유지된다고 보지만, 갈등이론은 경제 체계의 변화 속 개인 간, 조직과 개인 간, 조직 간 어떤 갈등이 발생하는지, 오늘날의 경제 체계, 특히 자본주의 체계는 경제적 불평등을 어떻게 강화하는지를 주로 묻는다.

- 고전 경제학 이론에 따르면, 스포츠로 부를 만들어내는 데는 두 가지 방식이 있다. 첫째, 중상주의적 접근으로, 국가 중심의 스포츠 관련 정책(스포츠산업 정책)이 활성화되면서 스포츠 부가 창출된다. 이와 다르게 두 번째는, 스포츠를 즐기는 개인들이 추구하는 이익 동기(야구나 축구, 농구를 즐기려는 개인적 욕구)의 전체 합이 스포츠계 부로 이어진다는 설명이다.

- 상품으로서의 스포츠가 지닌 경제적 속성에는 첫째, 비 내구재 속성(짧은 시간 사용으로 편익이 충족되는 상품 속성), 둘째, 내구재 속성(긴 시간 사용해야 편익이 충족), 셋째, 자본재 속성 등 세 가지가 논의된다.

- 프로스포츠의 상품적 속성 일곱 개는, 첫째, 비합리적 열정을 기반으로 하고, 둘째, 급에 따른 설계 구조를 지니며, 셋째, 변화무쌍한 성질을 지닌다. 넷째, 협력과 연합이 필수고, 다섯째, 브랜드 충성도와 대리 만족이란 특징을 지니며, 여섯째, 수익 창출과 승리 간 긴장이 항상 존재할 뿐 아니라 고정된 공급 일정을 따라야 한다는 것이다.

- 스포츠 시장과 관련, 스포츠사회학은 이것이 활성화되는 조건, 그것의 형성 맥락과 기제, 시장에서의 상품 교환이 가져올 이윤의 방향, 선수들의 혹사 여부를 묻는다.

- 상업화된 스포츠는 첫째, 스포츠의 내적 구조와 목적을, 둘째, 스포츠를 스포테인먼트 형식으로, 셋째, 선수와 지도자, 후원자 성향을 바꿔 놓았다.

- 스포츠가 판촉문화의 일부가 되면서 선수는 고유 브랜드를 만들려 소비적 일탈을 수행하며 이윤을 만든다. 정치계에서 스포츠 스타가 '운동복 입은 외교관'이라면, 경제계에선 '걸어 다니는 기업'이 되었다.

- 메가스포츠이벤트의 긍정적, 부정적 효과에서 알 수 있듯, 스포츠는 사회적인 것에 배태되어 경제적 속성을 (재)생산한다.

06

스포츠와 교육

스포츠는 단지 지고 이기는 것만 알려주지 않는다.
삶에서 무엇이 중요한지, 그것을 어떻게 성취할지,
나아가 그 중요함을 후대에 어떻게 전수할지를
알려주는 살아있는 교육, 그것이 스포츠다.

존 우든

"교육사회학sociology of education은 사회학의 하위 주제 중 가장 넓은 분야에 속할지도 모른다."[1] 납득할 만한 주장이다. 교육은 인간의 가장 근본적인 욕구를 건드리기 때문이다. 거의 모든 사람이 어떤 식으로든 교육 활동에 참여하는 이유다. 태어나 죽을 때까지 뭔가를 배워야 한다는 사회적 압력이나 분위기 때문이기도 하다. '평생교육'이란 제도가 이를 잘 말해준다. 이러한 교육적 압력은 우리의 일상에서 수많은 교육제도 혹은 교육기관educational institutions을 존재하게 해주는 사회적 기반이 된다.

이러한 사회적 기반 중 하나가 스포츠다. 스포츠는 훌륭한 교육적 기능을 수행한다. 대표적 교육기관인 학교에서 교정기관인 교도소까지, 스포츠는 넓은 교육적 활용 범위를 지닌다. 정치적, 경제적 속성처럼 스포츠는 교육적 속성도 지니는 것이다. 개인의

1) Saha, L. J. (1997). Preface, In L. J. Saha(ed.). International encyclopedia of the sociology of education (pp. 1-8). New York: Elsevier, 1쪽.

긍정적 변화를 이끄는 속성이다. 물론 스포츠가 교육제도에서 꼭 긍정적으로만 활용되진 않는다. 부정적일 때도 있다. 교육기관의 이해관계 때문에 스포츠가 도구화되는 경우가 대표적이다. 스포츠 실행 과정에서 발생하는 차별도 부정적 측면이다. 사회학이 교육을 다루는 관점이 다양한 건 이처럼 교육이 '사회적'이기 때문이다.

장 군은 중학교 1학년 시절 학교에서 소문난 '일짱'이었다. 사소한 일로 시비가 붙어 친구를 때리고, 길 가던 학생에게 '삥'을 뜯다가 학교폭력대책자치위원회에 넘겨졌다. 당연히 징계도 받았다. 그러던 장 군은 2학년 때 송 선생님을 담임으로 만나며 180도 바뀌었다. 방과 후 체육관에서 시작한 복싱이 주요했다. 운동을 시작한 후로 장 군은 단 한 번의 문제도 일으키지 않았다. 심지어 서울시민선수권대회에 출전, 중등부 우수상까지 받았다. 앞으로 복싱뿐 아니라 공부도 열심히 해 경찰이 되겠다는 포부도 밝혔다.[2] 이처럼 스포츠는 개인의 긍정적 발달을 이끌어준다.

미국프로농구 선수들과 코치가 교도소에 갔다. 죄를 지어 간 게 아니다. 농구로 범죄율을 낮출 수 있다는 믿음으로 시작된 프로그램 때문에 갔다. 프로그램 이름은 '정의를 위한 플레이Play for Justice'였다. NBA 팀 중 새크라멘토 킹스Sacramento Kings가 참여했다. 2019년 12월 12일 캘리포니아주 새크라멘토 카운티의 폴섬Folsom 교도소에 선수들이 수감자들과 대화 시간을 갖고 경기를 즐겼다. "우리는 전국의 수감자들에게 희망을 주는 '정의를 위한 플레이' 계획에 첫 번째로 참여하게 되어 매우 기쁘다. 스포츠가 긍정적인 변화를 가져다줄 것이다." 새크라멘토 킹스 구단주의 말이다.[3] 실제로 교도소 내 수감자의 긍정적 변화를 위한 스포츠 프로그램이 전 세계적으로 운영 중이다. 이는 사회학에서 중요하게 다뤄지는 주제다.[4]

잘 알려져 있듯, 학교 스포츠가 본격적으로 제도화된 건 19세기 초 영국 사립학교에서부터다. 학생들의 긍정적 발달을 위해서였다. 신체활동으로 인간의 격, 특히 '남자다운 성격'을 가르치고자 제도화된 것이다. 집단 충성심, 신체적 강인함, 독립성 등, 스포츠는 학생들을 강인하게 만들어준다. 하지만 오늘날 교육기관에서의 스포츠는 이런 목적을 넘어 학교의 이해관계 달성을 위한 도구로 사용되기도 한다. 학교 운동부 이야기다. 오늘날 우리나라 학교 운동부는 대회 입상을 지상 최대의 과제로 여기며 학교 홍보

---

2) 김효인 (2013.06.03). 방황하는 10代, 운동으로 붙잡은 선생님. 조선일보, A12면.

3) 변선구 (2019.12.17). [서소문사진관] NBA가 선수들을 감옥으로 보내는 까닭. 중앙일보, 면?

4) Meek, R. (2013). Sport in prison: Exploring the role of physical activity in correctional settings. New York, NY: Routledge.

수단으로 활용되곤 한다(그래서 무리한 조건을 걸고 유명 선수를 스카우트한다). 모든 학교가 그렇진 않음에도, 학교 운동부가 '비리의 온상'으로 재현되는 이유다.

2012년 2월, 감사원은 A대학을 포함, 아홉 개 대학들이 다섯 개 종목, 72명의 학생을 뽑으려 29억 원을 스카우트 비용에 썼다고 밝혔다.[5] 스카우트 비용 회계 처리와 서류 위조가 이루어졌다. 가짜 매출 전표를 만들고, 하지도 않은 전지훈련을 했다고 꾸몄다. 일부 고등학교는 선수를 데리고 가려면 일반 학생도 함께 입학시키라며 '끼워 넣기'도 했다. 대학 홍보를 위해 만든 운동부에 좋은 성적이 필요하니 기량 좋은 선수를 데려와야 했다. 공급은 적고, 수요는 많기에 '(불법)스카우트 비용'이 개입된다. 대학은 졸업생을 프로팀(과거에는 실업팀)에 보내고 돈을 받아 이걸로 우수 고교생을 데려왔다. 대학팀에게 돈을 받은 고교팀도 중학교 선수 스카우트에 그 돈을 썼다. '학교 운동부의 경제'가 형성된 것이다. 이것이 지금껏 학원스포츠가 유지되어 온 기제였다.[6]

2019년 발표된 국가인권위 체육특별조사단의 운동부 인권실태 전수조사(2019년 7월부터 9월까지 전국 5,274개 초중고등학교 선수 63,211명 대상)에 따르면, 초중고 학생선수는 운동부 활동을 하며 언어폭력(15.7%), 신체폭력(14.7%), 성폭력(3.8%)을 경험했다.[7] 선수들은 본인의 성상이나 발달보다는 지도자에게 실적과 성과만을 강요당했다. 부상에도 불구하고 경기에 나가야 했고, 특정 선수 밀어주기나 승부조작도 눈감아야 했다. 스포츠의 교육적 기능을 최대화하려 만든 운동부가 변질된 것이다. '성장'이 아닌 '성적'이 최고의 가치가 되며 의도치 않은 상황으로 이어진 결과다.

이들 두 가지 큰 주제가 '스포츠와 교육' 관련 내용을 구성한다. 이 장에서의 주요 질문은 '스포츠가 지니는 교육적 속성은 무엇인가'다. 이를 위해 세 가지 내용이 다뤄졌다. 첫째, 교육을 바라보는 사회학적 관점은 무엇이고, 둘째, 교육제도 내 스포츠 활용은 개인적 차원, 교육기관 차원, 지역사회 차원에서 어떻게 이루어지며, 셋째, 대표적인 교육기관인 학교에서의 운동부와 관련한 사회적 논쟁의 성격이다. 특히 학교 운동부가 어떤 사회적 기능을 하는지, 여기에 속한 '특기생'을 우리가 어떻게 이해해야 하는지가 중점적으로 다뤄졌다. 이들 내용을 만나기 전, 먼저 교육이 무엇이고 사회학의 이론적 전통은 교육을 어떻게 다루는지부터 살펴보자.

---

[5] 남윤선 (2012.02.02). 유명대학, 체육특기생 수억 주고 불법 '스카우트' 한국경제, 23면.

[6] 이동윤 (2012.05.23). 학원스포츠 '돈의 악순환' 책상머리에서 해결됩니까. 문화일보, 33면.

[7] 국가인원위원회 (2019.11.07). 인권실태 전수조사와 스포츠 분야 (성)폭력 판례 분석. 결과 발표 토론회 자료집.

교육의 사회학적 이해

교육이란 무엇일까? 다양한 정의가 가능하겠지만, 교육은 기본적으로 '뭔가를 가르쳐 인격을 길러주는 활동 전체'를 뜻한다. 명료한 듯 보이지만 사실 교육만큼 모호한 개념도 없다. 학교에서 이루어지는 활동으로 제한할지, 전 생애적으로 이루어지는 활동으로 봐야 할지 정하기 힘들기 때문이다. 그렇기에 교육을 사회학적으로 보는 작업은 쉽지 않다. 전 생애에 걸쳐 이루어지는 교육을 어떤 틀과 이론으로 정리해야 할지도 막막하다. 여기에선 우선 교육이 무엇인지, 사회학의 이론적 전통은 교육을 어떻게 정리하는지부터 본다. 그 후, 스포츠의 교육적 속성을 드러내고 교육제도 내에서 스포츠와 관련하여 발생하는 사회적 현상을 개괄한다.

교육이란 무엇인가?

> 교육이란 사람들이 존재하는 문명의 가치와 성취를 젊은이들에게 가르치고자 사회가 채택한 공통의 기술(collective techniques)을 뜻한다.[8)]

사람들은 사회적 성공에 교육이 필수라 생각한다. 특히 사회계층 상승에 교육이 가장 중요하다고 믿는다. 교육을 향한 열망과 집착을 강하게 형성해왔던 역사엔 '개천에서 용 난다'는 신념이 있었다. 우리만 그랬을까? 아니다. 이는 세계적 현상이었다. 영국의 사회학자는 이를 '졸업장 열병diploma disease'[9)]이란 개념으로 표현했다. '학위 중심주의degreeism'[10)], 즉 학위 중심의 사회 서열을 비판한 조어도 사용되었다. 살면서 한 번씩 받아봤을 과외도 '그림자 교육shadow education'[11)]이란 이름으로 논의되었다. 소 팔아 대학 등록금을 마련했다 하여 대학을 '우골탑牛骨塔'이라 부르는 우리처럼, 교육에 부여했던 과도한 사회적 관심은 전 세계적 현상이다.

교육이란 무엇일까? 질문이 너무 광범위하다. 답을 하자면, 무엇인가를 가르쳐 기른다는 뜻을 지닌 단어다. 사전적으로는 '가르쳐 인간의 격을 기른다'고 정의된다. 이런 이유로, 교육이란 개념에는 언제나 '긍정성'의 이미지가 내포되었다.

---

8) Marron, H. I. (1964). A history of education in antiquity. Mentor Books, xiii쪽.

9) Dore, R. (1976). The diploma disease: Education, qualification, and development. University of California Press.

10) Fry, G. W. (1981). Degreeism: Disease or cure? Higher Education, 10(5), 517-527.

11) Bray, M. (1999). The shadow education system: Private tutoring and its implications for planners. UNESCO: International Institute for Educational Planning.

사람들이 교육을 이해하는 방식은 두 가지인 듯하다. 첫째, 교육이 이루어지는 구체적 공간인 '학교'와 '학교생활'을 교육과 동일시하는 방식이다. 초등학교부터 대학교 등, 국가가 공식화한 '기관'에서 이루어지는 활동을 교육으로 본다. 둘째, 일상적으로 이루어지는 교훈적 활동 일체를 교육으로 보는 방식이다. 제도적 기관이 아닌, 평생에 걸쳐 일상에서의 교환 행위(타인과의 상호작용, 미디어 소비, 개인적 학습 등)로 깨달음이나 교훈을 얻는 과정 모두를 교육으로 간주한다. 전자가 '제도적 활동 관점'이라면 후자는 '생애적 행위 관점'이 되겠다.

그렇다면 교육이 행해지는 이유, 즉 '목적'은 무엇일까? 교육의 여러 목적 중 가장 중요한 것으로 많은 이들이 '사회화[socialization]'(한 사회의 질서를 유지하는데 필요한 가치, 태도, 행동 양식 등의 문화를 학습하여 체화하는 과정)를 꼽는다. 사회학자의 주장이다. 이 사회화가 공식적이고 제도적으로 형식화될 때(즉 누군가는 가르치고, 누군가는 학습자 역할을 받아들일 때) 우리는 그 과정을 교육이라 부를 수 있다.[12] 한 마디로, 교육은 사람들을 사회화하여 기존 사회질서를 유지하는 임무를 맡는다.

> 교육은 마음의 바람직한 상태가 길러지는 여러 종류의 과정과 관계된다…무엇인가를 '교육적'이라고 부르는 것은 가치 있는 무엇인가에 도움을 주거나 그에 관련한 과정 및 활동을 넌지시 말해준다. 다시 말해, 무엇인가 가치 있는 존재가 되었다는 것은 그것을 교육 일부로 볼 수 있음을 뜻한다.[13]

사회화 외에도 교육은 개인의 미래를 준비시킨다. 미래의 여러 기회에 대비하여 개인을 훈련시키는 것이다. 경제학에선 이를 인적자본[human capital] 축적으로 설명한다.[14] 지식, 기술, 습관처럼 향후 어느 분야에서든 필요한 삶의 방식을 익힌다는 뜻이다. 이런 인적자본 양성에 스포츠가 중요하게 기능한다. 교육적 수단으로서의 스포츠(신체활동)로 우리는 지적자본, 재정자본, 신체자본, 사회자본, 개인자본, 감정자본을 얻고,[15] 여기에 학위 같은 문화자본[cultural capital]까지 더해지면, 교육은 현재보다 더 나은 사회적

---

12) Frankena, W. K. (2010). The concept of education today. In J. F. Doyle(ed.). Educational Judgments (pp. 14-24). New York, NY: Routledge, 14쪽.

13) Peters, S. (1964). Education as initiation. University of London Institute of Education, 15쪽.

14) Fevre, R., Rees, G., & Gorard, S. (1999). Some sociological alternatives to human capital theory and their implications for research on post-compulsory education and training. Journal of Education and Work, 12(2), 117-140.

15) Bailey, R., Hillman, C., Arent, S., & Petitpas, A. (2013). Physical activity: An underestimated investment in human capital? Journal of Physical Activity and Health, 10(3), 289-308.

지위를 확보해줄 미래의 보험이 된다. 문제는, 교육이 보험 수준을 넘어 오늘날 인생 경로를 결정하는 제도로 고착화 되었다는 사실이다. '학벌사회' 형성에 교육이 (잠재적으로) 이바지한다는 비판이 가능한 지점이다.

교육은 학교에서만 이루어질까? 아니다. 졸업 후에도 교육은 계속된다. 여기에 교육의 세 번째 목적, '사회변화 추동과 그 적응'이 논의된다. 사회는 현 질서를 유지하려는 동시에 꾸준히 변하려 한다. 왜 변할까? 사회 구성원의 생각과 행동이 변하기 때문이다. 그 생각과 행동 변화를 다름 아닌 교육이 담당한다. '사회적 변이'가 발생하면, 그것의 평가와 반성이 일상 속 여러 상호작용(학교 수업, 미디어 전파, 주변 사람과의 대화 등)을 거쳐 개인 의식을 변화시키고, 나아가 변화된 사회로의 적응을 이끈다. 사회의 모든 영역에서 교육적 실천이 이루어지며 기술 변화, 문화 변화, 의식 변화로의 적응이 가능해지는 것이다. 평생교육은, 이처럼 변화된 삶으로의 적응과 그에 따라 지역, 세대, 계층별로 나타날 사회적 지체^social lag^ 현상을 최소화, 사회질서를 유지하는 제도다.

사회학의 이론적 전통이 보는 교육

사회질서, 사회변화, 사회적 행위란 세 축을 중심으로 사회학의 이론적 전통은 확립되어왔다.[16] 사회가 어떻게 현 상태를 유지하는가를 설명하고자 기능주의가, 사회변화 발생 기제를 갈등이론이, 이들 상황에서 개인의 행위를 상호작용이론이 설명한다. 지금까지의 사회학 이론은 거의 모두가 이 세 축을 중심으로 발전 및 분화되었다. 교육 역시 이 세 가지 이론적 전통 속에서 파악될 수 있다.

기능주의: 사회질서 유지의 핵심 체계로서의 교육

기능주의란 이론적 전통은 교육을 "한 사회가 긍정적으로 기능하는데 필요한 신체적, 지적, 도덕적 도구를 개인이 획득하게 해주는 과정"[17]으로 본다. 사회질서 유지에 필요한 교육적 기능이 개인과 사회 모두에 작용한다는 것이다. 이는 명시적 기능과 잠재적 기능으로 나눠볼 수 있다. '의도한 기능'으로서의 명시적 기능에는 첫째, 사회화 기능(사회적으로 요구되는 자질과 특성을 길러준다), 둘째, 문화 전파 기능(한 세대의 문화를

---

16) Joas, H., & Knobl, W. (2009). Social theory: Twenty introductory lectures. Cambridge University Press, 18쪽.

17) Ritzer, G. (2013). Introduction to sociology. London: Sage, 664쪽.

다른 세대로 전파한다), 셋째, 취업 준비 기능(사회가 요구하는 여러 지식과 기술을 가르친다), 넷째, 지위 부여(교육 수준에 따라 사회적 지위가 달라진다) 기능이 포함된다. 사회질서를 위한 '지식 전수'에 교육이 핵심적인 역할을 한다.

반면, 사회학이 더 주목해야 할 교육의 잠재적 기능도 보자. 첫째, 사회적 네트워크 형성이다. 어쩌다 보니 동문이라는 '학연'으로 사회적 지위가 나뉜다. 둘째, 사회 통제 기능. 교육이 행해지는(특히 학교에서)동안 학습자를 학교에 모여 있게 함으로써 사회질서를 유지한다. 또한 사회 구성원으로서 필요한 인내, 노력, 시간 엄수, 처벌의 무서움 등을 체험시켜 사회 규범에 순응케 한다. 셋째, 세대 차이의 발생. 교육을 받은 세대와 받지 못한 세대, 새로운 내용을 배운 세대 간의 차이가 나타난다.[18] 넷째, 사회적 배제. 교육 내용이나 수준(학벌) 차이가 학교에서 사회적으로 '끼리끼리 문화'를 형성, 따돌림 같은 사회적 배제 현상을 만들어낸다(향후 직장으로도 확산한다). 다섯 번째, 사회변화의 주체를 길러내기도 한다. 1970-80년대 교육은 군사 정권에 순응적인 인간 양성이 주목적이었지만 그런 의도와 달리 민주화 운동의 열망과 실천을 이끈 개인들을 만들어냈다. '어쩌다 보니' 그런 기능으로 이어진 것이다.

갈등이론: 엘리트 계급의 지배 도구인 교육

기능주의자와 달리 갈등론자는 교육을 '엘리트 지배의 도구'로 본다. 갈등론은 기능주의가 지닌 '교육의 기계적 역량 분배' 관점이 못마땅하다. 갈등론은 학교가 능력별로 학생들을 공정하게 분류하고, 그럼으로써 능력이 좋은 학생은 결국 좋은 자원을 소유하게 된다는 분배 도식allocation theory이 과장되었다고 비판한다. 사회적으로 교육은 인적자원 배분을 공평하게 한다는 기능주의의 주장을 갈등론은 거부하는 것이다. 그들에 따르면, 교육의 혜택은 불평등하게 배분된다.

예를 들어, 지방보다는 수도권 지역이, 서울에서도 강북보다는 강남 출신이 좋은 대학에 들어갈 확률이 높다. 부모 학력 및 소득 수준과 자녀의 성공(수능 고득점 및 고소득 획득) 여부를 측정한 '개천-용 불평등지수(기회불평등지수)'가 대표적이다(1에 가까우면 완전 불평등, 0에 가까워지면 완전 기회 평등이다).[19] 부모의 학력 및 소득 수준과 자녀의 수능

---

[18] Wagenaar, T. (2007). The sociology of education. In C. Bryant, & D. Peck(eds.), 21st century sociology. (pp. 311-319). Thousand Oaks, CA: Sage Publications, 313쪽.

[19] 오성재, 주병기 (2017). 한국의 소득기회불평등에 대한 연구. 재정학연구, 19(3), 1-30.

성적을 비교해보니, 외국어 영역의 경우 지수가 0.7(10명 중 7명이 고득점 획득에 실패), 수학은 0.6, 국어는 0.5로 나왔다. 또한 부모의 학력이 가장 낮은 집단(중졸 이하) 출신자가 소득 상위 10%에 진입하지 못할 확률은 2000년대 초반 20% 안팎이었는데, 2013년엔 30%로 10% 포인트 올랐다. 교육이 재원의 평등한 분배 역할을 하기보다는 기존 불평등을 고착화하는 데 역할을 하고 있음을 보여준다.

그렇다면 갈등론자들은 교육 시스템이 기존의 불평등을 어떤 방식으로 재생산한다고 주장할까? 첫째, 재정 부담이다. 저소득층에 있는 사람들은 대학 등록금이 부담되어 역량이 있어도 대학을 포기하는 경우가 발생한다. 둘째, 문화자본 부족이다. 문화자본이란 "사회문화적 배제에 사용되며 높은 사회계층에 속한 구성원들 사이에서 광범위하게 공유되는 문화적 표식signals(태도, 기호, 지식, 행위, 취미 등)"[20]을 뜻한다. 사립학교 같은 곳일수록, 고소득층의 가정일수록, 향후 사회적으로 높은 위치의 사람과 공유할 수 있는 문화자본 학습 기회가 많다. 셋째, 교육제도 내 획일화된 시험이다. 지능검사나 기존의 시험 및 수행평가는 저소득층보다 고소득층 자녀에게 유리하다. 그래서 시험점수가 높아지고, 동시에 주변 기대를 높여(피그말리온 효과) 졸업 후 높은 사회적 지위 획득에 유리한 조건을 만든다. 사회적 불평등은 교육으로 재생산된다.

상호작용이론: 상호작용 질서를 가르치는 교육

상호작용론은 교육제도에서 이루어지는 여러 유형의 소통 방식과 교육행위에 주목한다. 교사와 학생, 학생 간, 교사 간의 상호작용으로 사회를 어떻게 설명할 수 있을지에 관심을 둔다. 예를 들어, 교사의 성별에 따라 각기 다른 성별의 학생들에게(혹은 다른 인종의 학생들에게) 어떻게 피드백을 얼마나 다르게 주는지, 혹은 무관심으로 일관하는지 등의 '상호작용 질서interaction order'를 파악하는 것이 이 이론의 관심사다.

체육수업과 관련해서도 상호작용은 의미 있게 작동한다. 특히 젠더에 따라 다르게 상호작용이 일어나는 점에 주목한다. 남자 체육교사는 여학생보다 남학생에게 부상에 대하여 더 관대하게 반응한다. '남자가 그깟 아픈 것쯤은 참을 수 있어야지'란 '진짜 사나이 강요하기' 상호작용이 나타나는 것이다.[21] 그뿐 아니라, 학교에서 벌어지는 학생

---

20) Lamont, M. & Lareau, A. (1988). Cultural capital: Allusions, gaps and glissandos in recent theoretical developments. Sociological Theory, 6(2), 153-168, 156쪽.

21) 남상우, 이창섭 (2006). 학교에서의 신체활동과 젠더의 재생산. 한국스포츠사회학회지, 19(3), 441-458.

들 사이의 왕따 문제도 상호작용이론의 주 관심사다.[22] 덧붙여 상호작용이론은 교사가 학생들에게 지니는 기대에 따라 학생들의 성취나 행위가 달라지는가(자기충족적 예언 이론)도 본다. 대표적인 예시가 전형prototype의 형성과 편견stereotype의 위협이라 하겠다. 교사들 대부분은 '학생다움'에 대한 '전형(표준화된 형상)'을 가지며, 이를 위배하는 학생들을 '문제아'로 낙인찍는다. 교사가 그들을 문제아로 대하는 무의식적 행위를 다른 학생들은 어떻게 학습하는가? 상호작용론이 던지는 질문이다.

스포츠사회학은 스포츠와 교육을 어떻게 보는가?

스포츠사회학이 '스포츠와 교육'을 다루는 방식은 사회학의 그것과 크게 다르지 않다. 물론 지금까지의 스포츠사회학은 이 분야의 관점을 주로 학원 스포츠(학교 운동부)에 집중해왔다. 학교 운동부의 순기능과 역기능, 학생 선수 학습권과 인권에 집중한 것이다. 물론 이는 중요한 문제다. 하지만 스포츠와 교육의 관계를 총체적으로 이해하기엔 충분하지 않다. 사회학 이론의 전통이 보는 교육과 유사하게, 스포츠사회학 역시 교육제도에서 스포츠가 활용되며 발생하는 사회적 현상, 즉 사회적 속성에 주목해야 한다. 크게 두 가지 지점에 관심을 가져볼 수 있다.

첫째, 스포츠 활동이 가져오는 발달적 차원, 특히 '긍정적 발달positive development' 논의다. 많은 교육기관이 스포츠가 지닌 교육적 속성을 프로그램화하여 구성원의 '발달 자산'을 기대한다. 즉, 교육이 사회적으로 행해야 하는 사회화 역할을 스포츠가 대리한다는 점에 주목한다. 이런 논리로, 학교와 같은 교육기관에서(체육수업 및 학교스포츠클럽) 교도소 등의 교정 기관에(교화 프로그램) 이르기까지, 스포츠는 사회질서 유지를 위한 훌륭한 제도가 된다. 과연 스포츠의 어떤 특징이 교육적 발달에 기여할까? 교육기관에서 스포츠를 활용한 발달 프로그램과 길러낼 발달 자산은 무엇일까?

둘째, 스포츠가 학교 간 경쟁이나 홍보 수단으로 악용되며 나타나는 문제를 다룬다. 전 세계적으로 스포츠는 학교 간 경쟁의 도구가 되며 일종의 '홍보 수단'이 되었다. 우리의 경우, 특히 대학에서 운동부가 학교 홍보 수단으로 인식되며(물론 어쩔 수 없이 운영되는 곳도 있지만) 우수선수 영입을 위한 불법 스카우트 자금 마련 등, 음성적 활동이 행

22) 이훈구, 홍영오 (2002). 한국인의 왕따 현상의 특징: 학교폭력의 행위결정과정-Fishbein이론의 적용. 피해자학연구, 10(2), 101-122.

해진다. 뿐인가? 중고등학교 내 학교 운동부는 초기의 운영 목표를 벗어나 '대학 진학'의 수단이 된 지 오래다. 이 때문에 요즘은 학교장들이 나서서 기존 운동부를 해체하려 한다. 보람은 없고, 욕만 먹기 때문이다. 학교 운동부는 교육기관에서 어떤 의미를 지닐까? 학교 운동부와 관련하여 발생하는 사회적 논쟁은 무엇일까? 왜 우리는 지역에서의 스포츠클럽이 아닌 학교에서 '운동부' 형식으로 선수를 육성하기 시작했을까? 스포츠사회학이 다루는 질문이다.

긍정적 발달로 이어지는 스포츠

교육제도에서 스포츠가 체육수업이나 스포츠클럽처럼 제도화한 프로그램으로 활용되는 건 무엇보다 스포츠 활동이 개인(또는 집단)의 '긍정적 발달'을 이끌어준다는 믿음 때문이다. 이를 스포츠사회학에선 '긍정적 사회화 효과'나 '긍정성 명령positivity imperative'[23]으로 이해한다. 그렇다면 스포츠 활동은 개인의 어떤 측면을 발달시키고, 스포츠사회학은 이를 어떻게 설명할까? 학교뿐 아니라 교정 기관(감옥)에서의 스포츠 활동은 수감자를 어떻게 변화시킬까? 스포츠 활동이 개인과 집단에 선사하는 '발달 자산'은 무엇일까? 그러한 발달의 결과는 스포츠의 어떤 기제로 인해 가능해질까?

스포츠와 긍정적 발달의 이해

아파트 단지에서는 종종 연출되는 흐뭇한 장면을 보자. 노란색 태권도장 버스가 단지 안으로 들어와 비상등을 켠 채 정차한다. 흰색 도복을 입은 사범이 내리고, 그 뒤를 아이들이 따라 내린다. 아이들은 사범에게 90도로 인사하고('감사합니다!'란 큰 소리와 함께), 인사를 받은 사범은 아이에게 수고했다는 말과 함께 버스에 올라탄다. 멀리서 지켜보던 부모(주로 엄마)는 입가에 미소를 머금고 양팔 벌려 아이들을 맞이한다. '우리 아이들, 잘 크고 있구나!' 태권도는 아이들의 양육 기관 역할을 하는 '긍정성 발달 전도사'다. 전국의 부모들이 아이들을 태권도장에 보내는 이유다.

사회에서 법과 규범을 위반하면 처벌이나 비난을 받게 됨을 학생들은 학교 체육 수업에서 배운다. 규칙을 위반하거나 비신사적인 행위를 했을 때 심판(교사)에게 경고나

23) Sukarieh, M., & Tannock, S. (2011). The positivity imperative: A critical look at the 'new' youth development movement. Journal of Youth Studies, 14(6), 675-691.

퇴장을 당하고(처벌), 그에 따라 팀(공동체)에 해를 끼치게 됨을(팀의 패배) 학습한다. 혼자선 사회에서 살아갈 수 없다는 사실도 배운다. 축구를 잘해도 혼자서는 절대 이길 수 없다. 팀이 승리하려면(사회적으로 살아가려면), 팀 동료들과 함께 협력해야 한다. 학교에서의 신체활동은 이처럼 학생들에게 사회가 요구하는 자질(인성, 사회성, 사회 규범 및 가치 등)을 길러주는 일종의 '긍정성 인큐베이터incubator for the positive'다. 전 세계적으로 스포츠 활동이 학교에서 교과목으로 정착된 이유다.

스포츠와 긍정적 발달: 사회학적 전제

스포츠 활동이 유무형의 긍정적 발달에 도움을 준다는 사실은 지금껏 수많은 문헌이 밝혀왔다.[24] 국가가 스포츠에 정책적으로 개입하는 이유의 핵심이기도 하다. 그렇다면 스포츠의 어떠한 교육적 특성이 개인과 집단의 긍정적 발달을 이끈다고 가정되기에 이처럼 거의 모든 교육기관에서 스포츠가 활용될까? 세 가지 전제를 보자.[25]

첫째, 스포츠의 '비옥화 효과fertilizer effect' 전제다. 이 전제는 위기에 빠져 있거나, 지금보다 더 발전하길 원하는 청소년들이 사회적으로 바람직한 방향으로 성장해 가는데 스포츠 활동이 '비료' 역할을 해준다고 가정한다. 생존을 위해 필수적인 공기나 물, 음식까지는 아니더라도, 최소한 '영양 보조제' 역할은 할 수 있단 전제다. 스포츠 활동이 없다고 청소년들이 반드시 긍정적으로 성장하지 못하는 건 아니나, 적어도 스포츠로 인해 그 성장은 촉진된다. 이 가정을 바탕으로 스포츠는 다음 같은 효과를 증진하고자 할 때 개인적 혹은 정책적으로 채택된다.

> · 신체자본으로 전환될 수 있는 운동 기술 가르치기
> · 건강과 체력을 포함한 신체적 웰빙 증진하기
> · 자신감, 자아 존중감, 긍정적인 신체 이미지 증진하기
> · 규율, 팀워크, 책임감처럼 사회적으로 바람직한 특성 양성하기

두 번째는 스포츠의 '세차효과car-wash effect' 전제다. 스포츠는 또한 사회적으로 취약한 환경에 노출된 사람들을 개선함으로써 긍정적 발달에 도움을 줄 수 있다고 여겨진다.

---

[24] Biddle, S. J. & Asare, M. (2011). Physical activity and mental health in children and adolescents: A review of reviews. British Journal of Sports Medicine, 45(11), 886-895.

[25] Coakley, J. (2011). Youth sports: What counts as "positive development?" Journal of Sport and Social Issues, 35(3), 306-324.

사회적 취약성social vulnerabiliy이란 한 개인이나 집단이 정상적인 삶을 위해 여러 사회제도(가정, 학교, 노동시장, 건강관리 및 법 등)와 제대로 맺어야 할 관계가 왜곡된 상태다.[26] 이 상태에 빠지면 주변은 자동차 겉에 싸인 먼지처럼 위험하고 더러운 요소들로 가득해진다. 자존감과 자신감은 결여되고 무기력한 상황에 빠져든다. 이를 이겨내는 방법은 우선 주변의 부정적 요소를 걷어낸 후 이들을 안정적인 환경으로 끌고 오는 것이다. 스포츠 활동이 이를 가능케 해준다는 게 세차효과의 주장이다.

> · 사회적 주류 가치와 목표 중심으로 삶을 구조화하기
> · 어른이 통제하는 환경으로 취약한 환경 속에 있는 사람들을 이끌기
> · 자기통제, 권위로의 순종, 규칙으로의 복종 가르치기
> · 긍정적인 성인 역할모델 제공하기

셋째, 스포츠의 '수호천사 효과guardian angel effect' 전제다. 수호천사란 모든 사람을 선으로 이끌고 악에서 보호하는 존재로, 가톨릭교에서 쓰인다. 스포츠는 청소년의 성공과 시민의식에 기반을 둔 발달을 위해 필요한 경험과 기회를 제공한다. 그 경험과 기회가 반드시 성공으로 이어지진 않지만, 마치 뒤를 봐주며 든든하게 지원군 역할을 하는 큰 형님처럼, 스포츠가 제공하는 이런 기회가 사회적 취약성에 놓인 아이를 올바른 곳으로 안내한다. 스포츠 활동으로 '사회적 면역력social immunity'이 길러지기 때문이다.

> · 사회자본 및 문화자본을 얻는데 사용될 신체자본 형성하기
> · 교육성취 및 교육 받고자 하는 포부 고양하기
> · 사회적 연결망을 형성하여 다양한 사람들과의 만남 촉진하기
> · 스포츠 활동 그 이상을 추구하려는 사회적, 심리적 포부 촉진하기

이 세 가지 전제를 바탕으로 스포츠사회학은 스포츠와 긍정적 발달 간의 관계를 이해한다. 일종의 '스포츠를 통한 사회화' 관점(스포츠 활동이 사회적으로 필요한 특성을 길러준다는 가정)에 바탕을 둔 전제다. 지금까지 가정, 학교, 지역사회, 나아가 교정기관인 교도소 등에서 여러 스포츠 프로그램이 활용된 배경 뒤에는 바로 이 패러다임이 놓여 있다. 그렇다면 스포츠 활동으로 발달하는 긍정적 속성에는 무엇이 있을까? 이제 우리는 스포츠 경험이 만들어낼 '긍정적 결과'를 만나볼 것이다.

---

26) Vettcnburg, N. (1998). Juvenile delinquency and the cultural characteristics of the family. International Journal of Adolescent Medicine and Health, 10(3), 193-210.

스포츠가 발달시키는 긍정적 요소

미국 심리학자 피터 벤슨Peter L. Benson, 1946-은 저서 「모든 아이가 우리의 아이다All kids are our kids, 2006」에서 사회가 목표로 삼을 청소년의 발달 자산을 제시한다.[27] 외적 자산 20개(관계, 기회, 가족 지지, 다른 성인들과의 긍정적 관계, 긍정적 친구 관계 등)와 내적 자산 20개(성취감, 동기, 청렴성, 책임감, 문화적 역량, 자아효능감 등)가 그것이다. 오늘날 여러 청소년 발달 프로그램의 토대가 된 자산이다. 이를 획득함으로써 아이들은 리더십과 다양성을 인정하는 자세를 기른다. 폭력이나 약물 남용 같은 위험한 행동에서도 멀어진다. 일종의 '인간 발달의 벽돌 쌓기block building of human development'다.

스포츠는 어떠한 긍정적 자질을 길러낼까? 한 연구 결과를 빌리면 'C'로 시작하는 다섯 가지 긍정적 자질이 길러진다. 이를 '5C 모델5-C Model'이라고 한다.[28] '스포츠'를 특정하여 개발된 모델은 아니지만, 이를 바탕으로 우리는 스포츠가 어떠한 긍정성을 길러낼지 유추할 수 있다. 여기에는 1) 사회문화적 규범을 존중하는 인성character, 2) 공감과 감정이입 등의 돌봄caring, 3) 사회적, 학문적, 인지적 기술을 뜻하는 역량competence, 4) 강한 자기효능감과 자아 존중감 등의 자신감confidence, 5) 친구, 가족, 학교, 지역사회와의 긍정적 관계인 연결connection로 구성된다. 여기에 최근, 자신과 가족, 학교, 지역, 사회 전체에 기여할 공헌contribution이 추가되었다. 그래서 '6C'가 되었다.

스포츠클럽에서의 활동은 이런 자질을 극대화한다.[29] 나열하자면, 1) 운동 기술이나 전술, 의사소통 등이 포함된 '역량', 2) 자아효능감과 존중감, 자기 신념(나는 할 수 있다) 등의 '자신감', 3) 동료를 존중하고 신뢰하며 대인관계 기술을 포함하는 '연결', 4) 공감, 스포츠맨십, 심판 존중, 규율을 배움으로 길러내는 '인성', 5) 자기를 통제하고 리더십과 협력을 배우며, 시간 관리 및 목표설정을 배우며 길러낼 '생활 기술life skills', 6) 재미와 성취감, 안전감 및 행복감을 느끼며 키울 수 있는 '긍정적 정서', 7) 회복탄력성이나 힘

---

27) Benson, P. L. (2006). All kids are our kids: What communities must do to raise caring and responsible children and adolescents. San Francisco, CA: Jossey-Bass.

28) Lerner, R. M., Lerner, J. V., Almerigi, J. B., Theokas, C., Phelps, E., Gestsdottir, S., Naudeau, S., Jelicic, H., Alberts, A., Ma, L., Smith, L. M., Bobek, D. L., Richman-Raphael, D., Simpson, I., Christiansen, E. D., & von Eye, A. (2005). Positive youth development, participation in community youth development programs, and community contributions of fifth-grade adolescents: Findings from the first wave of the 4-H study of positive youth development. The Journal of Early Adolescence, 25(1), 17-71.

29) Vella, S., Oades, L., & Crowe, T. (2011). The role of the coach in facilitating positive youth development: Moving from theory to practice. Journal of Applied Sport Psychology, 23(1), 33-48.

들어도 끝까지 해내는 끈기 및 관대함 등이 포함된 '심리적 역량'이 그것이다. 이 결과만 놓고 보면, 스포츠는 삶의 '만병 통치약'에 다름 아니다.

스포츠로 길러낼 긍정적 발달 자산에는 '자본'도 있다.[30] 스포츠 활동으로 몸이 얻을 혜택인 '신체자본physical capital', 행복감과 자기효능감 증진, 불안 제거 같은 정서적 혜택으로서의 '감정자본emotional capital', 집단이나 조직, 시민사회 내 연결망으로 길러지는 신뢰인 '사회자본social capital', 긍정적인 생활기술이나 대인관계 기술 및 가치관으로서의 '개인자본individual capital', IQ나 언어능력, 학업 준비성 등의 '지적자본intellectual capital' 등이 해당한다. 긍정적 발달의 양상을 이렇게 '자본'으로 명명한 이유는, 그 발달된 자산이 또 다른 이익으로 연결된다는 일종의 재생산성을 표현하기 위해서다.

스포츠 활동만 하면 긍정적 발달이 자동적으로 이루어지는가?

긍정적 발달의 자동화 효과(automatic consequence)라는 개념이 있다.[31] 구체적인 방법론 없이, 단순히 스포츠 활동에 참여하는 아이들이 긍정적으로 성장할 것이란 기대만을 갖는 학계의 풍토를 비판한 개념이다. 진정, 스포츠 활동이 자동적으로 청소년의 긍정적 발달로 이어질까? 그것이 가능하게 하려면 프로그램 구성 시 무엇을 고민해야 할까?

제도적으로 활용되는 스포츠의 교육적 속성

스키를 좋아하는 부부는 자신의 활동을 두 아들에게까지 전수했다. 매년 아이와 함께 스키장에 들어간다. 부모는 말한다. "애들은 스키 타며 나중에 재미있게 인생 즐길 것이고, 우리(부모)와도 공유할 수 있잖아." 가정에서의 스포츠 활동은 이처럼 아이에게 특별한 목적에 따라 이루어진다. 주로 세 가지다.[32] 첫째, 아이가 스포츠 활동으로 재미를 느끼고 건강해지길 바라는 목적(건강한 삶을 누릴 수 있는 역량 확보 목적), 둘째, 부모가 즐기지 못했거나 과거에 누렸던 스포츠 혜택을 자식도 누리게 해주려는 생성적 양육 목적generative parenting, 셋째, 부모의 스포츠 문화를 아이와 공유하려는 목적이다.

---

30) Bailey, R., Hillman, C., Arent, S., & Petitpas, A. (2013). Physical activity: An underestimated investment in human capital? Journal of Physical Activity and Health, 10(3), 289-308.

31) Fraser-Thomas, J., & Cote, J. (2009). Understanding adolescents' positive and negative developmental experiences in sport. The Sport Psychologist, 23(1), 3-23.

32) Wheeler, S. (2012). The significance of family culture for sports participation. International Review for the Sociology of Sport, 47(2), 235-252.

> 스포츠를 활용한 프로젝트들은 청소년들에게 건강에 대한 관심사를 가르치고, 지역공동체에 대한 존경심을 높이며, 반사회적 및 범죄행위 의도를 꺾어버리고, 젠더 감수성을 증진할 뿐 아니라 장애를 지닌 이웃의 재활과 갈등을 겪는 공동체의 회복을 돕는다.[33]

학교 내 스포츠 활동도 교육적 역할을 한다. 주로 '사회 규범' 학습과 '가치 전달'이다. 사회의 축소판인 운동장에서 학생들은 체육수업과 스포츠클럽 활동으로 인내(어려운 훈련을 참고 이겨냄으로써), 협력(팀원 간 소통함으로써), 성공과 실패(경쟁에서의 승패를 경험함으로써) 등, 사회적 존재로 살아가는데 필요한 자질 함양의 기회를 접한다. 또한 (운동) 실력에 따라 사회적으로(체육 수업에서) 계층화된다는 '능력주의meritocracy'도 배운다. 여학생이 운동장에서 주변화되는 젠더 불평등도 자연화한다.[34] 남성의 역차별도 체육수업에서 경험한다.[35] 학교야말로 사회적 명암을 미리 경험하는 '모의 실습장'이다.

스포츠 캠프sport camp 역시 스포츠의 교육적 속성을 구현하는 공간이다. 스포츠 캠프는 주로 학교 외부에서 행해진다. 친구들 간의 상호작용, 협력, 경쟁, 캠프 운영자들의 전문 코칭이 병행되기에 학교에서의 체육수업과는 성격이 다르다.[36] 주로 다른 구성원들과 함께 일상과는 전혀 다른 장소에서 짧게는 3박4일, 길게는 4주 동안 긍정적 발달을 위해 구성된 스포츠 프로그램(신체적, 심리적으로 안전한 환경, 소속 경험, 생활 기술 학습, 적절한 상호작용 구조, 긍정적 사회 규범 안착 등)을 경험한다.

지역사회에서의 스포츠와 긍정적 발달

지역사회community에서도 스포츠는 교육적 역할을 한다. 특히 오늘날 지역사회의 '공공장소' 소멸이란 문제와 관련, 중요한 역할을 한다. 공공장소란, 아이부터 어른까지 남녀노소가 함께 지역 문제를 이야기하고 발전의 모습을 구상하려 모일 수 있는 열린 장소를 뜻한다. 스포츠(대표적으로 '스포츠클럽')가 지역에서 기능하는 교육적 기능은 바로 사람들의 자연스러운 참여가 이루어지도록 만드는 공공장소 역할이다.

---

33) Levermore, R., & Beacom, A. (2009). Sport and international development. New York, NY: Palgrave Macmillan, 1쪽.

34) 남상우 (2016). 운동장에서의 젠더 중심화와 주변화: 중학생들의 체화된 젠더 질서 사고방식. 한국스포츠사회학회지, 29(3), 133-151.

35) 여정권, 이창섭, 남상우 (2007). 중학교 혼성체육수업에서 남학생들이 인식하는 역차별 사례 분석. 한국스포츠사회학회지, 20(1), 29-43.

36) Povilaitis, V., & Tamminen, K. A. (2018). Delivering positive youth development at a residential summer sport camp. Journal of Adolescent Research, 33(4), 470-495.

> 민주주의 사회가 해야 하는 최소한의 일은 사람들에게 훌륭한 공공장소를 제공하는 것입니다. 공공장소는 하찮지 않습니다. 병원이나 학교만큼 중요합니다. 소속감을 만들어내고, 이것이 다른 유형의 사회를 만들어냅니다. 모든 소득 구간의 사람들이 공공장소에 만나는 사회가 보다 통합된 사회이며 사회적으로 더욱 건강합니다.37)

무분별한 성관계로 에이즈가 지역사회의 심각한 문제가 된 잠비아Zambia에서 스포츠는 "아이들이 성과 관련한 지식을 토론하고, 적절하고 건강한 성행위가 가능한 환경 구축이란 해결책을 집단적으로 고안해낼 안전 공간이자 플랫폼을 제공"38)해준다. 사람들이 모여 자연스럽게 머리를 맞대고 지역 문제를 고민할 수 있는 장소 제공이 바로 지역사회 내 스포츠가 행하는 교육적 기능이었다.

풋살장 역시 지역의 공공장소다. 단지 축구를 하고 건강을 도모하는 차원을 넘어, 아이가 특정 자질을 획득하고, 사람들과 어울리며, 미래의 삶의 기회를 확보할 수 있게 만들어주는 곳으로 통용된다. 풋살장에서 아이는 건강함과 남성성을 획득, 또래 관계에서 우위를 확보acquirement한다. 학교 적응을 돕고, 또래와 어울릴 결집bond 기능도 한다. 학교에서 충족되지 못한 신체활동 기회를 확보하여 미래에 자녀에게 더 나은 삶의 기회chance도 확보한다. 바로 '풋살 클럽 참여의 ABC모델'이다.39)

교도소에서의 스포츠도 흥미로운 교육적 기능을 수행한다. 스포츠는 수감자들이 사회로 나오기 전 습득해야 할 자질을 배우도록 해준다. 예를 들어, 수감자들은 '규칙화된' 공격적 행위(복싱이나 유도 등)에 참여함으로써 공격성을 안전하게 해소할 수 있고, 폭력의 위험을 감수해볼 기회도 경험해본다. 사회적으로 리더 위치를 경험해보지 못했던 이들에게 팀 스포츠는 포지션 내 '주장'이라는 긍정적 역할 모델을 맡아볼 기회도 제공해준다. 규칙적인 스포츠 활동으로 장기간 수감에 따른 건강 악화도 방지하고, 더 중요하게는 스포츠 활동으로 자신의 '심리적 통제감psychological control'을 길러낼 수 있다.40) 한 마디로, 스포츠는 수감자들의 사회적 역할 수행의 연극 공간이 된다. 이렇게 수감자들은 스포츠 활동으로 재사회화된다.

---

37) 제이 월재스퍼 지엄, 박현주 옮김 (2013). 우리가 공유하는 모든 것: 세상을 바꾸는 새로운 패러다임. 서울: 검둥소, 246쪽.

38) Jeanes, R. (2013). Educating through sport? Examining HIV/AIDS education and sport- for-development through the perspectives of Zambian young people. Sport, Education and Society, 18(3), 388-406, 391쪽.

39) 변상수, 남상우, 오병돈 (2015). 축구클럽을 말하는 모성(母聲): 자녀의 축구클럽 참가에 대한 사회학적 모델화 연구. 한국체육학회지, 54(4), 59-68.

40) Meek, R. (2013). Sport in prison: Exploring the role of physical activity in correctional settings. New York, NY: Routledge.

학교 운동부의 사회학적 이해

스포츠와 교육의 관계 두 번째 주제는 학교 운동부다. 학교 운동부는 학교에서 스포츠 활동으로 학생들을 성장시키고자 시작된 제도다. 그런 곳이 언제부턴가 전문선수elite athletes만을 길러내는 제도로 변질되었다. 학교 홍보와 입시 수단으로의 변질도 따라 왔다. 원래 그런 의도였을까? 아니다. 시작은 순수했다. 스포츠가 주는 유용성(신체적, 교육적, 사회통제적)을 극대화하고자 이를 전파해줄 조직을 찾았고, 그 조직이 학교였다. 하지만 1960-70년대 당시 학교는 개천에서 용이 나올 수 있는 통로였다. 그런 곳에 '체력은 국력'이라는 국가 기조와 함께 국가 홍보를 위한 우수 선수를 육성하는 과정에서 대학 입시는 피할 수 없는 문제였다. 대회에서의 성적이 좋은 대학으로 연결되니, 어쩌면 지금과 같은 변질은 당연했을 것이다. 과연 우리는 학교 운동부란 제도를 어떻게 이해해야 할까? 학교 운동부를 둘러싼 여러 사회적 갈등과 논쟁은 어떠한 양상을 띠는가?

학교 운동부의 문화적 특성

문화culture란 사회 구성원에 의해 습득, 공유, 전달되는 행동 양식이나 생활양식의 총체다. 아침에 드립 커피를 먹는 건 단지 개인의 '커피 습관'일 뿐이다. 집단에서 나만 그러는 걸 문화라 부르진 않는다. 하지만 모든 사람이 아침마다 커피를 그렇게 마시면 행동양식이 '공유'된 상태다. 이처럼, 학교 운동부에도 구성원에게 공유되며 따라야만 할 행동 양식이 존재한다. 세 가지로 요약된다. 첫째, 승리 지상주의 문화. 경기에서의 승리와 메달 색깔이 위계를 결정하는 문화다. 둘째, 집단주의 문화. 상명하복 원칙이 일상이 되면서 예외를 인정하지 않는 규율 문화다. 셋째, 섬 문화. 학교라는 공간에서 자의적/타의적으로 분리된 채 형성된 고립 문화다.[41] 하나씩 살펴보자.

학교 운동부 문화(1): 승리가 최상의 가치

첫째, 승리지상주의win-at-all-costs 문화다. 스포츠가 지니는 왜곡된 문화의 일면인 승리지상주의가 학교 운동부에 배태된 모습이다. 운동부 역시 학교처럼 '교육의 장'으로 기능해야 함에도 불구, 이곳에 개입된 누구도 단지 참가하는 데만 의의를 두진 않는다.

---

41) 이창섭, 남상우 (2013). 스포츠사회학. 대전: 궁미디어, 172-174쪽.

"승리 지상주의로 얼룩진 우리 축구 문화 때문에 어릴 때 이뤄져야 할 축구 기술이 퇴보한다." 유소년 축구 관련 토론회에서 기술 위원장의 한탄이다. '성장'이 아닌 '성적'이 우선시되며 스포츠의 모든 전략과 기술은 승리에 맞춰진다. 승리에 과도한 가치가 주어지는 문화가 조성되면, 아이들은 스포츠를 즐기기보단 이기는 것에만 집중한다. 스포츠에서 다른 의미를 찾지 않는다(혹은 찾지 못한다).

이런 상황에서 학생 선수는 운동하는 '기계widgets'가 되고,[42] 전인적 성장이란 교육적 목적, 선수의 개별적 욕구와 동기, 일상생활은 고려되지 않는다. 선수는 "승리하면 성공이고 패배하면 실패"[43]란 메시지만 기억한다. 이는, 학교 운동부가 '직업'의 결정 장소가 되었고 그 업의 결정은 전국체전 같은 대회 성적 중심으로 고착된 대학 입시 구조 때문이다. 덧붙여, 학교 운동부 지도자의 고용 구조도 문제다. 성적을 못 내면 생계가 막막해지는 구조로 인해 지도자에게도 승리는 모든 의사결정의 중심이 된다. 이런 구조에서 승리 지상주의 문화가 형성되지 않으면, 그게 더 초현실적이다.

학교 운동부 문화(2): 집단을 따르는 것이 규범

두 번째는 집단주의groupism 문화다. 학교 운동부는 기본적으로 집단생활로 유지된다. 합숙소나 전지훈련이 대표적이다. 때문에, 이곳에선 지켜야 할 '규율'이 촘촘하게 형성되었다. 그 규율 속에서 개인은 배제된다. "과도한 규율과 통제로 인간다운 삶을 포기해야 할 상황"[44]에 처한다. '팀보다 위대한 개인은 없다'거나 '팀team이란 단어에 나I라는 글자는 없다'는 말로 상징되는 집단주의 문화의 특징이다. 아프다는 (개인) 사정은 '조직을 위해 참고 뛰어라'로 거부된다. '이건 불합리한데요'란 이의 제기는 '조직이 좌초 중인데 무엇이 더 중요한가'라는 위기 논리로 제거된다.

물론 집단주의도 긍정적인 기능을 한다. 공동체 의식과 희생정신을 길러준다. 나보다 우리를 중시하며 '내 희생이 모두의 생존'이란 태도를 가르친다. 문제는, 자기 집단이 중요하면 다른 집단도 중요시해야 하는데, 그게 반드시 그렇게 이어지진 않는다는 사실이다. 내집단in-group 우선주의는 외집단 배척주의로 연결된다(이 책의 258쪽 참조). 또한 집단 유지를 위해 내부 폭력이 일상화되고 정당화되기까지 한다. 국가인권위원회

---

42) Connor, J. (2009). The athlete as widget: How exploitation explains elite sport. Sport in Society, 12(10), 1369-1377.

43) 이학준 (1999). 스포츠에서 승리와 패배의 함의. 한국체육학회지, 38(2), 68-76, 69쪽.

44) 권지담 (2019.12.16). "전기 파리채로 맞아요" 대학 운동선수 30% 폭력 경험. 한겨레, 22면.

조사(2019년)가 보여준다. 1년에 1-2회 폭력을 경험한 실업팀 선수는 45.6%, 매일 폭력을 경험한 이는 8.2%였다.[45] 훈련장 다음으로 합숙소에서 이런 폭력이 많이 발생했다고 한다. 훈련장과 합숙소야말로 집단주의로 작동하는 공간이다.

학교 운동부 문화(3): 고립된 섬에서

세 번째 문화적 특징은 섬island 문화다. 선수들은 "교실 공간과 떨어져 있는 합숙소와 운동장에서, 수업과는 무관한 연습과 훈련을 통해서, 학생이 아닌 선수로 성장하며 학교 안의 또 다른 공간에서 문화공동체를 만들어"[46]간다. 이러한 섬 문화에서 선수들은 자기만의 독특한 생활을 지속하며 집단 내부의 사회화 과정(가령 집단주의, 상명하복 등의 군사주의)을 체화한다. 자기들끼리는 동질화되나, 일반 학생과는 이질화된다. 섬 문화가 위험한 건, 이처럼 다른 학생들과의 상호작용이 옅어지면서 부정적 사건의 발생 가능성을 높이기 때문이다. 이를 극명하게 보여주는 곳이 합숙소다.

우리나라에서 합숙소는 부정적으로 소비된다. 지난 2003년 천안초등학교 축구부 합숙소 화재 사건 이후부터 우리에게 이곳은 없어져야 할 공간이 되었다. 여기에, 합숙소에서 벌어졌던 여러 사건(사고)이 보도되며 부정적 인식은 더욱 강해졌다. 하지만 합숙소가 문제 있다고 그 자체를 없애는 것만이 답일까? 그곳의 긍정적 기능은 무시하고(원거리 거주 학생의 거주 및 편한 운동 환경 제공 등) 모두 없애라는 건 지나친 행정 편의주의다. 합숙소는 일반 학생과 견주어보면 일종의 기숙사다. 그렇다면 기존 기숙사의 운영 방식처럼 합숙소를 선진화할 수 있는 운영 요소(사감 및 관리 현대화 장치 등)를 보강하는 게 더 합리적이지 않을까?

학교 운동부의 기능적 이해

물건이 '기능적'이라면 쓰임새가 있단 뜻이다. 쓰임새 있는 물건은 버릴 수 없다. 설령 문제가 있어도 고쳐 쓰면 된다. 이 때문에, '기능'이란 말에는 자연스럽게 보수성이 스며들었다. 학교 운동부가 기능적이라는 건 그곳이 유용성을 지녔다는 뜻이다. 그렇다면 운동부가 지닌 기능성은 무엇일까? 이에 대한 답을 긍정적 기능(명시적 기능)과 부정적 기능(잠재적 기능)으로 나눠 살펴보자.

---

[45] 민선희 (2019.11.25). "무릎에 앉아봐" 욕은 다반사 성희롱까지…성인선수도 멍든다. NEWS1.
[46] 이주욱 (2003). 체육특기생의 학교생활과 교육. 고려대학교 대학원 석사학위논문, 79쪽.

학교 운동부의 긍정적 기능

> 학교 운동부 활동은 선수 개인의 체력과 기능, 태도의 발달 측면에서 시민사회에 적합한 경쟁심과 용기, 인내심을 습득하도록 함으로써 사회화의 긍정적인 결과를 보여준다.[47]

먼저 개인적 차원의 대표 기능으로 '후광효과'를 들 수 있다. 뛰어난 운동선수로서의 역량이 또래 간 지위 경쟁에서 우위를 차지하게 하여, 학교 내 '인싸in-crowd'[48]가 될 가능성을 높인다. 이뿐 아니라, 인싸 선수의 친구도 단지 친구라는 이유로 인기의 잉여를 공유하며, 학교 내 배타적 동료 집단에 소속될 가능성을 높인다.[49] 용산고 출신 농구 스타였던 허재와 관련, 그의 친구 박중훈(배우)이 한 말은 이를 암시한다. "당시 학교에서 허재는 No. 2였다. 교장 선생님 다음으로 허재였다."[50]

섬 문화로 특징되는 우리나라의 환경과는 괴리감이 있지만, 운동부 경험은 학교나 친구, 교사와의 연결 기능도 담당한다. 일종의 '접착제' 기능이다.[51] 이는 학생의 일탈 행위를 차단해준다. 범죄학의 '통제 이론control theory'으로 설명되는 범죄 연루 차단 효과다. 어떤 기제로 학교 운동부의 스포츠 활동이 그런 효과를 발휘할까? 이론에 따르면, 학교 운동부 활동을 하며 학생들은 교사나 지도자, 반듯한 선배와 같은 긍정적 '역할 모델', 자기와 학교 내외적으로 교류하는 '또래 집단', 규칙과 규범으로 구성된 학교의 '제도'와 상호작용하며 사회적 기대를 형성, 이를 무의식적으로 지키려 노력하게 된다고 한다. 그것이 일탈적 행위로의 연루를 막는 것이다.[52]

학교 운동부는 인큐베이터sport incubator 기능도 한다. 이 기능은 '선수 육성'과 '실력 수준 유지'라는 두 가지 차원으로 작동한다. 첫째, 국가대표급 선수 육성을 위한 인큐베이터 기능이다. 학교 운동부는 우리나라 스포츠 국가대표의 주요 육성 공간이다. 98%의 국가대표 선수가 학교 운동부를 거친다. 둘째, 프로스포츠 수준 유지 기능이다. 특히 대학 운동부가 프로 수준의 경기력 배양 역할을 한다. 배구가 좋은 예다. 배구 신인 드

---

47) 강신욱 (2005). 학교 운동부의 교육적 순기능에 대한 연구. 한국체육학회지, 44(5), 147-159, 156쪽.

48) Holland, A., & Andre, T. (1994). Athletic participation and the social status of adolescent males and females. Youth & Society, 25(3), 388-407.

49) Eckert, P. (1990). Jocks and burnouts: Social categories and identity in the high school. New York: Teacher College Press.

50) 2020년 6월 MBC 예능프로그램 라디오스타에서 나온 언급.

51) Crosnoe, R. (2001). The social world of male and female athletes in high school. Sociological Studies of Children and Youth, 8, 89-110.

52) Spreitzer, E. (1994). Does participation in interscholastic athletics affect adult development? A longitudinal analysis of an 18-24 age cohort. Youth & Society, 25(3), 368-387.

래프트 선발 선수 입단 시기의 학력을 보면,[53] 여자 선수는 68명 중 67명(99%)이 모두 고교 졸업이지만, 남자 100명 중 고졸 선수는 여섯 명(6%)뿐이다. 여자배구 대학팀은 다섯 개고, 남자배구팀은 15개라는 구조적 문제 때문일 것이다. 하지만 더 큰 이유는 남자 프로배구리그의 높은 수준에 있다. 고등학교 졸업 후 바로 프로로 가면 벤치만 지키게 된다. 여기에 대학 운동부의 필요성이 있다. 인큐베이터 기능이다. 이것이 비단 배구에만 해당될까? 프로스포츠 종목 대부분이 이런 구조를 지닌다.

학교 운동부는 사회 통합social integration 기능도 한다. 학생, 학부모, 교사, 졸업생으로 이루어진 학교 구성원을 묶어 주는 것이다. '시합(대회)'이 핵심이다. 가령, 봉황기 야구대회 4강에 자기 학교가 진출하면, 그 학교 구성원들 모두가 참여한다. 대학 간 정기전 때에도 대학 구성원 모두가 뭉친다. 이 과정에서 학교 외부에 있던 동문도 발 벗고 나선다. 선수 부모들도 지원을 아끼지 않는다. 버스 빌리고, 응원단도 만든다. 대회 중심으로 하나가 된다. 스포츠의 '대표성representativeness' 때문이다. 특히, 야구에는 '지역 학교 우선 선발제도'가 있어 학교와 지역, 그 지역에 연고를 둔 프로스포츠, 지역민을 하나로 모이게 해준다. 사회자본은 증진하고, 사회 통합은 가속화된다.

학교 운동부의 부정적 기능

학교 운동부는 시합에서 1등만 가치 있고(대학 입시에 유리), 이겨야만 지도자 생계와 운동부가 보장되는 구조로 움직인다. 사실, 학교 내에 운동부가 운영되는 것 자체가 모순이다. 사실, 학교에서는 공부를 통해 '학업 성적'을 추구하지만, 운동부에선 운동 활동으로 '시합 성적'을 추구한다. 충돌은 피할 수 없다. 그렇다면 이런 구조적 모순을 지닌 학교 운동부의 부정적 기능에는 구체적으로 무엇이 있을까?

첫째, 예외주의 사고방식의 체화다. 운동부 활동을 하며 학생들은 시합에서 이기기 위해 부정은 잠시 덮을 수 있다는 사고방식을 배우게 된다. 역량이 되지 않음에도 좋은 선수와 함께 대학에 묶여 들어가는 일종의 '입시 끼워팔기'에서, 시합에서 유리한 판정을 얻으려 감독이나 스카우터가 행하는 '심판 매수'[54] 및 '승부 조작', 혹은 한 번만 눈 감으면 된다는 '부정 약물복용' 등이 이들 예외주의 사고방식을 기른다.

---

[53] 박자영 (2018.08.25.). 신인 여자 배구선수 99%가 '고졸'인 까닭은? 여성신문.

[54] 임성수 (2010.04.27). 심판매수 대학 축구감독의 막장 행태…주점서 학부모에 수 천 만원 접대 받아. 국민일보, 8면.

둘째, 폭력의 학습이다. 시합에서의 좋은 성적이 운동부의 존재 이유가 되면서 나타난 문제가 바로 지도자 폭력이다.[55] 덧붙여, 지도자나 선배의 폭력을 자연화하는 선수들의 태도도 길러진다. 폭력을 기강 잡기 문화나, 선수 잘 되라 행하는 '훈육'으로 보는 태도를 기르는 것이다. 이는 선수들을 폭력에 순응하게 만드는 문화적 기제 때문이다. 이 때문에 많은 선수가 지도자가 되었을 때 구타와 폭행은 아니더라도 체벌은 필요하다고 생각한다.[56] 이처럼 폭력을 자연화하는 태도는 지도자의 성폭력도 묵인하게 만든다. 물론 이는 특정 스포츠계의 인적 구조와도 관련된다.[57]

셋째, 운영의 폐쇄성이다. 모두가 그렇지는 않지만, 많은 운동부가 상명하복의 운영 방식, 과도한 훈련, 운동 외의 다른 활동 금지 등을 유지한다. 운영이 폐쇄적으로 이루어지는 형태다. 선수를 운동에만 집중시키기 위해서다. 핸드폰 압수, 자율 활동 강제, 새벽, 아침, 오후, 야간 훈련 등을 지속한다. 물론, 이러한 운영 방식은 논쟁적이다. 한쪽에선 '운동부는 운동을 전문적으로 하려는 집단인데, 이처럼 운영되어야 하지 않는가'란 주장이, 다른 쪽은 '운동부는 교육기관이기에 학생의 교육적 발달을 고려하며 학습과 운동을 병행해야 한다'는 주장이 충돌한다.

학생 선수의 사회학적 이해

학생선수student athlete는 논쟁적인 개념이다. 운동선수에 '학생'이란 정체성을 더해 운동과 학업 모두를 소화해야 할 존재로 만들었기 때문이다. 사실, 이 개념은 외국에서 수입되었다. 외국에서 학생선수 개념은 학생이 운동선수 역할에만 전념하는가, 학업에도 전념하는가와 연관되어 '역할 정체성' 차원에서 주로 논의된다. 그래서 선수 역할과 학업 역할 두 영역에서 높게 헌신하는 유형을 '학구적인 선수scholar-athlete'라 명명한다.[58] 이런 개념이 우리나라로 유입되면서 다소 다른 성격으로 재개념화되었다. 이 개념이 논쟁을 발생하는 지점은 두 가지

---

55) 다시 한번 2019년 국가인권위 체육특별조사단의 운동부 인권실태 전수조사(2019년 7월부터 9월까지 전국 5,274개 초중고등학교 선수 63,211명 대상)을 보자면, 초중고 학생선수들이 운동부 활동을 하며 15.7%가 언어폭력을, 14.7%가 신체폭력을, 3.8%가 성폭력을 경험했다.

56) 안용규 (2008). 대학교육으로서 엘리트스포츠의 방향성 탐색. 한국체육철학회지, 16(3), 15-29, 21쪽.

57) 예를 들어, 2019년 빙상계 성폭행 문제의 경우(쇼트트랙), 여자 선수가 223명으로 남자 선수에 비해 많음에도 여자 지도자는 없었다[오대근 (2019.01.13.). 쇼트트랙 여자 선수 223명, 여자 코치 0명…남성중심 권력구조가 성폭력 키워. 한국일보, 3면]

58) Snyder, E. E. (1985). A theoretical analysis of academic and athletic roles. Sociology of Sport Journal, 2(3), 210-217.

다. 첫째, 학업이 아닌 '운동선수' 진로를 결정한 학생에게 학습권을 강요하는 것은 정당한가? 개인의 (운동)선택권과 학습권 중 무엇이 더 중요한가? 그 중요성은 누가 정하나? 둘째, 운동부 소속 학생에게 '학생선수'란 정체성을 입히는 일이 왜 현장에서 저항을 일으키는가? 지금껏 학교 운동부 정책은 '운동선수' 정체성을 '학생선수(학업과 운동을 병행하는 자)'로 변환하는 과정이었는데, 과연 이는 성공적이었는가?

학생선수: 공부와 운동을 병행해야 하는가?

학교 운동부의 운동선수는 운동에 특기가 있다는 이유로 '(체육) 특기생'으로 불린다. 하지만 우리나라에서 이들은 '학생선수'로 불리도록 유도된다. 학교가 소속이며 학생 신분임에도 학업을 등한시하고 운동만 하게 만든 현재의 운동부 체계를 비판하고자 도입된 용어다. 물론 해외에도 학생선수scholar-athlete 개념이 쓰이지만, 우리와는 그 결이 다르다. 그들에게 학생선수는 과학이나 수학, 예술 등에 능통할 뿐 아니라 농구나 축구, 펜싱과 같은 여러 스포츠에도 몰입하는 학생이다.[59)]

2014년 조선일보는 대한체육회 데이터베이스에 연락처가 등록된 3,895명의 선수 중 연락이 된 66명을 대상으로 설문을 실시했다. 질문은 단순했다. '운동하는 후배들에게 무엇을 조언하고 싶은가?' 설문 결과, 가장 많이 나온 응답은 '운동만 하지 말고 무조건 공부하라(20명)'였다.[60)] 우리나라 학교 운동부 시스템은 오로지 운동만 하는 일종의 운동기계 양산에 최적화되어 있음을 기사는 비판한다. 비판의 요지는 운동선수들에게 학습권을 보장하라는 거다. 타당한 비판이다.

반대 주장도 만만치 않다. 공부보다 운동이 자기 적성에 맞아 운동선수가 되려 선택한 학생에게 공부시키지 않는다고 비판하는 게 과연 정당하냐는 주장이다. 반대쪽 비판의 핵심은, 선수들의 학습권을 이야기하기 전에 그들이 운동선수가 되겠다는 '(운동) 선택권'을 먼저 존중해야 한다는 것이다. 이 주장도 타당해 보인다. 학습권과 선택권 논쟁은 지금까지도 이어지는데, 이는 2009년에 벌어졌던 논쟁 사례가 대표적이다.[61)] 이는 지금까지도 학생 선수를 둘러싼 논쟁의 주요 뼈대를 이룬다.

59) Cross, J. L., & Fouke, B. W. (2019). Redefining the scholar-athlete. Frontiers in Sports and Active Living, 1, 1-9, 1쪽.

60) 최인준 (2014.08.28.). 류현진급 아니면 미래 불투명…운동기계 되지 말고 공부해라. 조선일보, A27면.

61) 박용성 (2009.08.07). 학교 체육과 엘리트 체육. 중앙일보, 35면; 정윤수 (2009.08.13). 박용성 대한체육회장의 시대 역행. 한겨레, 25면.

운동 선수와 학생 선수 논쟁

논쟁은 2009년에 시작했다. 2010년에 발의될 「학교체육법」을 목전에 두고 시작된 것이다. 먼저 문제를 제기한 사람은 박용성 전 대한체육회 회장. 그는 이 법이 국민에게 진한 감동을 준 김연아나 박태환, 박지성의 업적을 가로막을 것이라 말하며 네 가지를 주장한다. 첫째, 전 국민의 생활체육 시간 늘린다고 엘리트 체육은 발전하지 않는다. 둘째, 실업계 학생은 공부 안 하고 자기 전공만 공부한다(그래야 전문성이 획득된다). 셋째, 운동선수의 공부는 중학교 의무 교육으로 충분하다. 넷째, 운동과 공부 중 무엇을 할진 학생 선택에 달렸다(개인의 선택권 존중). 즉, 운동선수 되려고 선택한 이들이 운동 서비스를 잘 받도록 하자는 주장이다. '학업 병행'은 방해일 뿐이다.

이 주장에 반론을 펼친 정윤수는 박용성의 글에서 지나가듯 언급된 '선진국'이 어딘지 의심된다며, 현재 선진국의 체육 시스템이 얼마나 풍성한지 살펴보라 반문한다. 그는 선진국의 수업은 엄격하면서도 유연하다며, 일본의 하은주와 미국의 최진수 선수 사례를 든다. 학업과 운동을 병행하는 시스템이 당연하다는 주장이다. 더불어 박용성이 제시한 실업계 학생과 관련, 그들은 일반과목과 실업 과목을 병행하며 학교생활을 하고 있지, 우리 운동선수처럼 수업을 아예 안 들어오진 않는다고 반박한다. 그러면서 우리나라에도 운동선수가 학업과 운동을 병행할 체계 마련이 중요함을 주장한다. 여러분은 어느 쪽 주장이 더 현실적이라고 생각하는가(혹은 옳다고 보는가)?

운동선수에게 학업과 운동을 병행하려는 조치는 「학교체육진흥법」 이후에도 지속되었다. 학교 성적이 기준에 미달하면 대회 출전을 금지하는 최저학력제(C^0 법), 주말 리그제 및 주중 대회 금지 권고(2019년 '스포츠혁신위원회'가 제시한 권고), 그리고 합숙소 폐지 등이 대표적이다. 이들 노력은 모두 의미가 있기에 관련 조치가 가져온 효과는 세밀히 따져봐야 한다. 이보다 더 중요한 건, 운동선수의 학업과 운동 병행의 타당성을 논의하기 전, 우리가 기본적으로 던져야 할 질문이다.

> 학교 운동부는 구조적으로 운동하기 편하게 구성되었는가? 다시 말해, 운동선수가 되고자 학교 운동부를 선택한 개개인은 자기 선택에 만족할 만한 서비스를 누리는가? 즉, 학교 운동부 내 체계는 개인의 선택권과 자율성이 존중되며 작동하는가?

즉, 현재 우리의 운동부 시스템은 등록하여 전문적인 '운동선수'가 되기도, 때로는 '학생선수'가 될 수 있게 유연하게 구축되었는가를 물어야 한다. 개인이 운동하기 편하도록 제도가 구성되었는가를 묻는 일은 중요하다. 어떤 정책을 생각할 때는 개인과 구조 문제를 명확히 구분해야 하기 때문이다. '이게 개인의 문제인가, 구조의 문제인가?' 학교 운동부 문제의 핵심은 '선수로 성장할 수 있는 체계'로서의 운동부가 너무나 폭력적으로 운영된다는 데 있다(또한 우리가 추구하는 '선수'가 누구인지도 규정해야 한다).

선택권을 제한하는 독점 모델(선수가 될 길은 '학교 운동부'가 유일)이나 경기성적에 학생 진로와 지도자의 생계를 매달아버린 평가 체계, 운동선수가 학교와 지역에 연계되지 않는 구조적 폐쇄성이 학교 운동부 제도를 폭력적으로 만들었다는 점에 주목해야 한다. 현재 운동부 운영 방식에서 나타나는 폭력성은 비단 지도자의 신체적 폭력만 있는 게 아니다. 구조 자체가 주는 폭력도 있다. 가해자는 없는데, 폭력의 피해자가 발생하는 경우, 이를 구조적 폭력structural violence이라 한다(344쪽 참조).

학생선수 정체성 만들기?

"대학교에 체육 특기생으로 들어온 선수들에게 운동과 학업을 병행해야 할까?" 이 질문을 대학생들에게 던져보면 의견은 극단으로 갈린다. 타협되기 힘들 정도다. 수업 때 이 주제를 가지고 토론을 해보면, 운동과 학업 병행은 필수적이란 의견과 그건 시간 낭비라는 입장이 팽팽히 부딪힌다. 어떤 의견이 주로 부딪힐까?

학업과 운동 병행론: 찬반의 입장

학업과 운동을 병행해야 한다는 선수들의 주장은 다음과 같이 요약된다. '우리는 대학 소속의 학생이고, 대학생은 공부하는 존재다(학교 소속론).' '운동하다 언제 부상 등으로 은퇴할지 모른다(불확실성 대비).' '운동선수로 성공하지 못할 가능성도 있기에 공부는 병행해야 한다(희박한 성공 가능성).' '선수 경력이 일찍 끝나기 때문에 이후의 다른 일을 찾기 위해선 공부가 필요하다(미래 보험).' '폭넓은 시야와 밝은 미래를 보장받을 역량을 위해선 운동과 학업이 병행되어야 한다(시야 확장).'

반대로, 운동에만 몰입해야 한다는 주장을 보자. '특기생으로 입학하여 대학에서 혜택을 받기에 그 혜택을 공부가 아닌 운동으로 보답해야 한다(혜택 보답).' '운동도 하나의 교육 수단이기에 운동만으로도 대학이 원하는 학문적 목표를 달성할 수 있다(운동의 교육적 효과).' '100세 시대이기에 30대까지 운동에 전념한 뒤, 은퇴한 후 공부해도 늦지 않다(공부 자원의 풍부함 및 접근 용이성).' '부상을 미리 예견하고 보험 차원에서 공부하는 것은 죽도 밥도 안 되게 만드는 일이다(선택과 집중론).'

과연 여러분은 어느 쪽 주장에 더 공감되는가? 한편, 이 논의는 우리가 '특기생'으로 부르는 운동선수에게 어떤 '정체성identity'을 요구할지와도 연결된다. 정체성은 중요하다. 가장 강력한 행동 촉진제, 즉 '동기'로 작동하기 때문이다. '완벽해지려고 노력하자'보다 '나는 완벽주의자'라는 정체를 지니는 게 훨씬 강력하다. 결국, '난 운동선수'라고 자기를 규정한, 즉 '정체화'한 사람은 공부보단 운동에 더 많은 자원을 투입하게 된다. 반대로, 자신을 '학생 선수'로 규정하면 운동뿐 아니라 공부에도 중요성을 부과하여 한정된 자원 일부를 학업에 할당한다. 이런 논리로, 지금까지의 학교 운동부 정책은 '체육특기생을 학생 선수로 정체화하기'로 귀결된다. 문제는 이게 가능하려면 거시적 정책이 학교나 운동부 환경에서 이루어지는 선수들의 미시적 일상에 스며들어야 한다는 점이다. 과연, 학교 운동부 개선 정책의 효과는 선수들의 일상에 도달했을까?

무엇이 학생선수 정체성 형성을 방해하는가?

이 질문과 관련하여 이루어진 연구는 거시적 정책이 미시적 변화로까지 나아가지 못했다고 주장한다. 정책 후에도, 학교에서의 일상적 실천은 특기생에게 '학생선수'가 아닌 '운동선수'의 정체성을 강화하도록 했다는 주장이다. 세 가지 기제가 주요했다.[62]

첫째, '차별화 사고방식'이다. 학교 운동부의 대표성 지위와 그에 따른 실천(일반 학생과 다른 지위 부여, 차별화한 행동 및 상징, 주변에서 받는 '운동' 관련 긍정적 피드백)이 운동선수 정체성을 강화한다. 둘째, '제도화된 일상 경로'다. 학교 수업이 아닌 학교 운동부 중심으로 고정된 경로가 특기생에게 '운동선수'로서의 정체성을 강화한다. 셋째, '교실 속 섬 문화' 기제다. 교실에서 특기생은 운동부로 호명되고, 팀 수업에서 친절하게 배제되며, 평소 자리 역시 교실 문화에 녹아들지 못하게 배치되었다. 이들 기제 속에서 체육특기생은 좋든 싫든 운동선수로 정체화된다.

한 개인의 정체성을 새롭게 형성하는 일은 쉽지 않다. 하물며, 특정 집단의 정체성을 새롭게 구성하고자 정책을 변화하고 일관되게 실행하는 일은 더더욱 힘들다. 체육특기생 정체성을 기존의 운동선수에서 학생선수로 변화하려는 운동부 관련 정책은 그 의도

---

62) 남상우, 이해령 (2020). 운동선수 대 학생선수: 체육특기생의 정체성 규정 맥락 분석. 한국스포츠사회학회지, 32(3), 77-97.

를 충분히 이해하면서도, 이면에 자리한 구조(문화)와 개인(행위성 혹은 주체성) 간 복잡다단한 상호작용까지 파고 들지 못했다.

더 아쉬운 건, '학생선수 정체성 형성하기' 정책의 방향이 현재 학교 운동부를 둘러싼 구조 문제를 건드리지 못한다는 사실이다. 우리나라 학교 운동부 문제의 핵심은 무엇일까? 그곳이 선수 개인의 행위성(선택권 및 자율성)을 억압하는 '총체적 시설total institutions'로 작동하는 후진성 문제다.[63] 학교 운동부가 후진적으로 운영되는 구조 문제다. 구조가 문제면 구조 중심으로 문제를 풀어야 한다. 핵심은 현재 운동선수로 활동할 수 있는 공간이 학교 운동부밖에 없는 '독점 구조'가 아닐까? 운동부를 다른 서비스 기관과 경쟁할 필요 없는 선수 육성의 독점 기관으로 남겨 놓고(독점 구조를 상수로 놓고), 학업과 운동을 병행시키는 정책만 계속 진행하는 게 과연 올바른 접근일까? 선수들이 학교 운동부 말고 선수로 성장할 수 있는 다른 서비스 기관을 '선택'할 수 있게 현 독점 구조를 다변화하는 게 올바른 정책 방향 아닐까?

학생선수 문제를 사회학적으로 고민하기

우리나라 학교 운동부 개선의 핵심 방향은 '선수'로 성장하려는 한 개인의 선택권을 확보해주는 것이다. 운동선수의 궤적은 다양할 수 있다. 운동만 열심히 하고 싶은 선수, 운동과 공부를 병행하며 성장하고픈 선수, 학교 1년 휴학하고 스포츠클럽에서 운동해보려는 선수 등. 이들 개별 욕구를 현재 학교 운동부 구조가 소화할 수 있을까? 문제의 핵심이 여기에 있다. 결국 선택의 폭을 넓히는 '구조 변화'가 중요해진다. 그런데 이를 자꾸 '학업과 운동 병행하기'로 문제화하면, 모든 문제의 원인을 공부하지 않는 선수 개인에게 환원하는 오류를 범한다.

공부와 운동의 병행 가능성: 사회적 조건의 동등함

그러한 오류는 '공부하는 학생 선수'를 지향한다며 이루어지는 일종의 인식론적 폭력으로 이어진다. 운동선수가 공부하지 않아 머리 나쁘고, 인터뷰 못 한다고 열등감을 느끼게 하며, 그러면서 '인생의 패배자'로 만드는, 학교 운동부 문제의 핵심을 한참 벗어난 일부 지식인들의 공격. 진정, 공부 안 하고 운동만 하는 게 문제의 핵심일까?

---

[63] Hatteberg, S. J. (2018). Under surveillance: Collegiate athletics as a total institution. Sociology of Sport Journal, 35(2), 149-158.

> 가끔 리디아 고(뉴질랜드 골프선수)가 고보경이라는 이름으로 한국에서 골프를 계속했다면 어땠을까 생각해본다. 골프는 잘했을 것 같지만 지금 그의 장점으로 꼽히는 나머지 부분(인터뷰를 잘하는 장점)은 고개를 갸웃하게 된다. 그 반대 상상도 해본다. 훈련 시간은 이미 차고 넘치는 우리 선수들에게 박인비나 리디아 고처럼 중 · 고등학교 생활을 할 수 있게 해준다면 어떨까 하는 것이다. 골프 실력에는 전혀 문제가 없다는 것은 박인비와 리디아 고가 보여줬다. 가능하다면 영어와 운동 생리학, 책 읽기, 세계 지리, 발표력 함양 등, 주니어 골퍼들이 관심 있어 하는 내용으로 하루 6-8시간 수업을 들을 수 있다면 이상적일 것이다.[64]

(학교 수업과 운동을 병행하는) 외국 선수들은 골프도 잘하고 인터뷰도 잘하는데, 우리나라 선수는 골프만 할뿐, 인터뷰는 못 한다, 그게 모두 수업 안 들어가고 운동만 해서 그렇다, 그러니 선수들은 수업과 운동을 병행해야 한다. 글의 요지다.

무심코 읽으면 모두 옳은 주장이다. 사실, 운동과 공부를 병행하게 만들자는 주장에 반대할 명분은 없다. 너무나 '이상적'이기 때문이다. 하지만 이는 관점을 '학교 운동부'에 한정했을 때만 이상적일 수 있다. 수업이 이루어지는 우리의 학교 환경을 함께 고려하면, 이 주장은 순식간에 이상해진다. 당연하다. 앞선 사설이 납득되려면 우선 우리나라 교육제도가 뉴질랜드 수준임이 전제되어야 한다. 과연 그런가? 우리나라 중등학교 수업이 발표 중심으로 이루어질까? 관련제도가 원하는 과목을 선택해 들을 수 있게 되었나? 그런 환경(구조)도 아닌 곳에, 아니, 그런 총체적 구조부터 바꿀 생각은 안 하고, 일반학생들도 견디기 힘든 수업 상황에 운동하겠다고 나선 선수를 앉혀 놓는다고 그들이 리디아 고처럼 되리라 가정하는 것부터가 이상하다.

'모든 (제도적) 조건이 동등한 상황'에서 개인 탓을 해야 한다. 우리의 교육 체계가 선진국처럼 되려면 입시제도부터 바뀌어야 한다. 그러려면 경제(일자리)가 활성화되고, 다른 제도도 동시에 바뀌어야 한다. 무슨 말인가? 학교 운동부는 복잡한 사회구조적 문제란 의미다. 단순히 '수업에 들어가 공부하면 좋아진다'라는 희망적 사고로는 풀리지 않는다. '학교 수업 참가=인터뷰 역량 증진'이란 도식이 가능해지는데 필요한 선행조건(교육제도에서 운동부 육성 공간 다변화에 이르기까지)부터 바뀌어야 한다. 그렇지 않고 선수 개인에게 학교 수업 듣게 하고, 그들이 그렇게 하지 않는다고 비난한다고 문제는 해결되지 않는다. 구조가 문제면, 해결도 구조적이어야 한다.

구조에 집중하자. 먼저 학교라는 공간에서 운동부를 외부화하자. 이미 학교 안에 운동부가 들어가 있는 게 갈등의 출발점이다. 어려운가? 그렇다면 선수가 되려는 개인이

---

[64] 민학수 (2015.11.28.). [동서남북] 리디아 고에게서 본 골프 한류의 미래. 조선일보, A35면.

그 목표를 불편함 없이 달성하도록 현재의 독점 모델인 운동부 외의 다양한 '선택지'를 만들자. 공공스포츠클럽 모델, 교육청 운동부 모델, 프로구단 클럽 모델, 경기단체 운동부 모델 등, 한 개인이 운동선수로서의 성장에 도움이 될 선택지를 다양하게 구성하여 서로 경쟁시키자. 구조 변경이다. 또한 기준을 알 수 없는 주관적 평가로 지도자 고용을 결정하는 평가 체계도 바꾸자. 기존의 불합리한 제도를 '상수'로 놓고, 계속 주변만 바꾸면 문제는 풀리지 않는다. 운동선수 '학습권'을 넘어, 이젠 그들의 '선택권(운동을 편하게 할 수 있는 서비스 선택)'에 주목하는 담론이 필요할 때다.[65)]

결론: 스포츠의 교육적 속성 이해

우리가 스포츠와 관련하여 종종 듣는 이야기 중 하나는, 미국 대통령이 모두 스포츠 활동에 적극적이었다는 내용이다. 물론 이 이야기를 대통령으로서의 자질이 규칙적 스포츠 활동으로 가능해졌다는 식으로 해석하면 곤란해진다. 대통령이 된 사람들을 봤더니, 우연인지는 모르겠지만, 모두가 학창 시절 스포츠팀에서 활약한 것일 수 있고, 미국은 원래 학교 내 스포츠 활동이 활발하기에 그렇게 연결될 수도 있다. 그렇지만 분명한 점은, 스포츠가 개인의 바람직한 성향을 길러주는 데 매우 강력한 힘을 발휘한다는 사실이다. 스포츠는 정치적, 경제적 속성뿐 아니라 교육적 속성도 지닌다.

스포츠가 지닌 교육적 속성은 주로 세 가지 차원에서 논의된다. 첫째, 스포츠의 긍정적 발달 속성이다. 교육이 사회적으로 바람직한 태도나 자세, 지식을 배우듯, 스포츠 역시 사회적으로 인정받는 규칙과 이를 따르게 강제함으로써 '교육적 결과'를 기대하게 해준다. 둘째, 스포츠는 재미뿐 아니라 목표 성취(승리 혹은 극복)를 위한 '인내'와 '안내' 기능을 한다. 즉, 선수와 코치 모두 일정 수준에 도달하기까지 어려움을 참아야 하고, 올바른 방향으로의 안내를 받아야 한다. 이는 스포츠가 인내와 안내라는 교육적 속성을 바탕으로 사회, 특히 '자본주의 사회'가 요구하는 인력 양성에 기능함을 말해준다. 셋째, '자본 축적capital accumulation' 속성이다. 교육이 사회 발전에 도움을 줄 인적 자원 양성에 역할을 하듯, 스포츠 역시 사회자본, 문화자본, 신체자본, 감정자본 같이, 사회적으로 긍정적인 자원을 길러내는 역할을 한다.[66)]

---

65) 이해령 (2021). 학생선수 담론: 계보와 교육적 함의 탐색. 고려대학교 대학원 박사학위논문.

66) Bailey, R. (2018). Sport, physical education and educational worth. Educational Review, 70(1), 51-66.

이 내용을 나는 이번 장에서 개인의 바람직한 성향을 길러내는 '긍정적 발달'과 한국 스포츠계에서 쉽게 풀리기 힘든 '학교 운동부 이슈'를 중심으로 풀어냈다. 충분하지 않은 접근이다. 스포츠가 지닌 교육적 속성의 가치를 생각한다면, 앞으로 스포츠와 교육이란 내용은 확장과 집중이 필요하다. 즉, 망원경과 현미경을 동시에 써야 한다.

서론에서 언급되었지만, 우리는 지금까지 교육이란 걸 이 행위가 이루어지는 구체적 공간, 즉 '학교'나 '학교생활'과 동일시해왔다. 그래서인지, 스포츠사회학도 스포츠와 교육을 '학교 운동부'로 제한하여 논의한다. 물론 학교 운동부는 스포츠의 교육적 속성을 강하게 지닌 제도다. 하지만 전부라고 보긴 어렵다. 생애주기 관점으로 보면, 스포츠는 아동에서 노년기까지, 사회적으로 바람직한 자질을 길러줄 전 생애적 활동으로 우리 사회에서 기능한다. 이 관점을 인정한다면, 당연히 스포츠의 교육적 속성이 적용될 사회제도는 학교라는 울타리를 벗어나야 한다. 그에 따라 스포츠사회학이 학교로 한정했던 관점도 확장되어야 한다. 과연, 스포츠의 교육적 속성은 '사회적인 것'과 어떻게 접목되는가? 망원경이 필요한 지점이다.

관점의 확장과 함께, 학교라는 공간, 특히 학교 운동장에서 이루어지는 교육적 과정 자체에 현미경을 들이댈 필요도 있다. 잘 알려졌듯, 학교 운동장은 사회학적으로 흥미로운 공간이다. "친구들 간의 집단 문화가 형성되고 젠더와 관련된 학생의 사회적 상호작용이 관찰되며, 아이들이 우정이나 리더십, 애정 관계, 외모나 경쟁, 역량, 권력을 향한 규범을 탐색하는 곳[67)]"이기 때문이다. "몸과 관련한 연구에 중요한 장소로서, 피부가 가시화되고 몸이 다양한 방식으로 상호작용하며 신체성이 드러나는 장소[68)]"이자 "신체활동의 모퉁이화(化)[69)]"를 만들어내는 공간이기도 하다.

운동장에서의 여러 사회적 현상(젠더 관계나 신체활동 역량에 따른 차별 및 불평등 현상)은 향후 스포츠의 교육적 속성과 관련, 스포츠사회학이 관심을 더 기울여야 할 주제다. 이런 차원에서 학교 내 "운동 못하는 학생이 운동 잘하는 학생 중심으로 행해지는 학교 체육활동 참여기회 차단(박탈) 및 불이익의 상호작용과 누적화[70)]"가 만들어낸 집단 배

---

67) Boyle, D. E., Marshall, N. L., & Robeson, W. W. (2003). Gender at play fourth-grade girls and boys on the playground. American Behavioral Scientist, 46(10), 1326-1345, 1327쪽.

68) Webb, L., McCaughtry, N., & MacDonald, D. (2004). Surveillance as a technique of power in physical education. Sport, Education and Society, 9(2), 207-222, 209쪽.

69) 남상우, 이창섭 (2006). 학교에서의 신체활동과 젠더의 재생산. 한국스포츠사회학회지, 19(3), 441-458, 443쪽.

70) 강효민 (2016). 운동 못하는 학생에 대한 사회적 배제의 상호작용성. 한국스포츠사회학회지, 29(1), 69-88, 72쪽.

제 현상을 본 연구는 의미가 있다. 덧붙여, 가족의 계층에 따라 학생의 체육 실기 성적이 어떻게 다른지를 살펴보는 작업도 필요하다. 교육을 대하듯, 우리는 스포츠 또한 자기 노력의 여하에 따라 원하는 결과를 얻을 수 있다고 믿기 때문이다. 과연 이러한 인식은 정당할까? 아니면 허구에 불과할까? 불편하지만 따져볼 문제다.

또한, 향후 변화될 법적 제도(2022년 6월부터 시행되는 스포츠클럽법)와 함께 집중해야 할 주제는 '학교와 지역의 만남'이다. 지역사회에 자리를 잡게 될 스포츠클럽과 그 제도가 학교 시설과 어떤 방식으로 연결될지 고민해야 한다는 의미다. 예를 들어, 지역으로 대표되는 체육회나 경기단체는 학교로 어떻게 들어가 어떤 프로그램으로 스포츠의 교육적 속성을 전파할 수 있을까?[71] 학교 체육관은 앞으로 지역사회와 어떻게 만나 활용되면서 그 쓰임새의 확장을 도모할 수 있을까?[72] 이 두 사회적 공간의 만남이 스포츠로 어떻게 기능할지는 향후 스포츠사회학이 고민해봐야 할 스포츠의 교육적 속성과도 밀접히 관련된다. 이렇게 본다면, '교육적'이란 어찌 보면 '전 생애적'이란 속성을 지닌 개념이 아닐까 싶기도 하다.

71) 남상우 (2017). 경기단체여, 학교스포츠클럽으로 들어가라! 스포츠과학, 138(1), 94-99.

72) 남상우 (2020). 학교 체육관의 지역사회 활용을 위한 사회학적 논의 틀 구성. 한국스포츠사회학회지, 33(3), 21-42.

06장 요약

- 사람들이 교육을 이해하는 방식은 크게 두 가지다. 첫째, 교육이 이루어지는 '학교'와 '학교생활'을 교육이라 보는 방식과 둘째, 평생을 걸쳐 일상적으로 이뤄지는 교훈적 활동 일체를 교육으로 보는 방식이다.
- 사회화라는 과정이 공식적이고 제도적으로 형식화될 때(즉 누군가는 가르치고, 누군가는 학습자 역할을 받아들일 때), 우리는 그 과정을 교육이라 부를 수 있다.
- 기능주의는 교육을 사회질서 유지의 핵심 체계로, 갈등이론은 엘리트 계급의 지배 도구로서, 상호작용이론은 상호작용 질서를 체화하게 만드는 제도로 본다.
- 스포츠사회학은 스포츠 활동이 가져오는 발달적 차원과 학교에서 이루어지는 운동부 운영 관련 현상의 두 축을 중심으로 교육적 속성을 이해해 왔다.
- 스포츠 활동과 개인의 긍정적 발달 간의 관계를 보는 스포츠사회학은 세 가지 전제를 기본으로 삼는다. 첫째, 비옥화 효과(스포츠 활동이 발달에 비료 역할을 한다), 둘재, 세차 효과(스포츠가 취약한 환경을 개선해준다), 셋째, 수호천사 효과(스포츠 활동이 사회적 면역력을 길러준다)가 그것이다.
- 스포츠가 발달시키는 긍정적 요소로 인성, 돌봄, 역량, 자신감, 연결, 공헌처럼 여섯 개의 'C'로 시작하는 자질을 말할 수 있다. 이를 '6C 모델'이라고 부른다.
- 학교 운동부의 문화적 특징은 세 가지로 구분될 수 있다. 첫째, '승리 지상주의 문화'다. 경기에서의 승리와 메달 색깔이 위계를 결정하는 문화다. 둘째, '집단주의 문화'다. 상명하복 원칙이 일상이 되면서 '예외'를 인정하지 않는다. 셋째, '섬 문화'다. 학교라는 공간에서 자의적/타의적으로 분리되어 고립된 채 형성된 문화다.
- 학교 운동부는 다양한 기능성을 지닌다. 긍정적 기능으로는 후광효과, 교사 및 동료와의 연결 기능, 우수 선수 및 스포츠 역량 인큐베이터 기능, 사회통합 기능이 대표적이다. 이와 반대로 부정적 기능으로는, 예외주의 사고방식 체화, 폭력의 학습 및 자연화, 운동부 운영의 폐쇄성으로 인한 폭력 및 부정적 사건의 일상화가 거론된다.
- 우리나라 학교 운동부를 향한 논의의 핵심은 '공부와 운동 병행하게 만들기'로 요약되지만, 이는 사회적 구조는 외면한 채, 공부를 병행하지 않는 선수 탓하기로 문제를 개인화한다. 학교 운동부는 복잡다단한 사회구조적 문제로 얽혀 있다.
- 단순히 '수업에 들어가 공부하면 좋아진다'라는 희망적 사고로는 풀리지 않는 것이 학교 운동부 문제다. 이는 우선 학교 운동부의 독점적 위치부터 해체해야 한다. 이를 위해선 교육제도에서 운동부 육성 공간 다변화에 이르기까지, 외부 환경적 조건부터 먼저 변화시켜야 한다. 구조 문제이기 때문이다.

07
스포츠와 미디어

현대사회 스포츠에서 미디어의 역할을
간과하는 것은 중세시대를 논하며 종교를,
르네상스 시대에서 예술을 간과하는 것과 같다.
우리 시대에 미디어의 영향을
받지 않는 사회 영역은 실질적으로 없다.

마이클 R. 리얼

"세상은 그 일이 벌어졌다는 걸 몰라요. 당신이 그 광경을 찍지 않았기 때문이죠…… 당신에게는 싸움에 가담하는 또 다른 한 명이 되기보다 우리가 두들겨 맞는 사진을 찍는 것이 훨씬 더 중요합니다."[1)]

흑인차별 철폐 운동과 관련, 1965년 미국 앨라배마주 셀마에서 벌어진 대규모 결전에서의 일이다. '나에겐 꿈이 있습니다I have a dream' 연설로 유명한 마틴 루터 킹Martin Luther King, Jr, 1929-1968 목사는 미국 사회의 분노를 촉발하고자 의도적으로 아이들을 시위에 참여시켜 경찰관에게 맞도록 유도했고, 이를 「라이프Life」 잡지 사진기자에게 찍도록 했다. 하지만 시위가 벌어지자 그 사진기자는 경찰관에게 맞는 아이를 도우려 카메라를 내려놓았다. 위의 인용문은 이 사실을 알게 된 킹 목사가 나중에 그 사진기자를 질책하며

1) Roberts, G., & Klibanoff, H. (2007). The race beat: The press, the civil rights struggle, and the awakening of a nation. Vintage Books.

했던 말이다. '여기에서 벌어지는 일을 다른 사람들이 알게 해야 한다.' 킹 목사는 미디어의 '대중 전파' 속성을 잘 알고 있었다.

'텔레비전에 내가 나온다면 정말 좋겠네.' 동요 가사의 일부다. 누군가에겐 단지 어린 시절의 동심을 자극하는 노랫말이겠지만, 이는 특정 스포츠의 존폐를 결정짓는 문구가 되기도 한다. "당신이 텔레비전에 나오면, 그건 당신이 존재하는 거죠. 안 나오면 그건 존재하지 않는 거에요. 그것이 지금껏 텔레비전이 스포츠에 해왔던 방식입니다." 1992년 당시 미국 NBC 스포츠 부사장이었던 알렉스 길레디Alex Gilady가 BBC에 출연해 한 말이었다. 미디어는 메시지만 전하지 않는다. 무엇인가 미디어에 매개된 순간, 우리는 그 무엇을 중요하게 생각한다. 미디어는 가치를 결정한다.

지금껏 스포츠의 가치를 결정해 온 것은 텔레비전이었다. 그래서 텔레비전이 누구를 선택하는가는 일종의 인기 척도로 통용되기도 하였다. 제한된 시간과 자원 때문에 방송국은 당연히 가장 인기 있는 스포츠를 선택했다. 축구, 농구, 야구, 미식축구처럼 전 세계적으로 관심사가 높은 스포츠가 미디어의 선택을 받았다. 물론, 인기가 떨어지면 미디어는 시큰둥해졌다. 우리나라의 농구처럼. 2004-2005 첫 시즌 50억 원(4년간 200억 원)이던 프로농구 중계권료는, 2009-2010시즌 때 '에이클라'라는 에이전트와 4년 계약(계약료는 밝히지 않았으나, 이전의 반 수준 예상), 2016년에 다시 MBC플러스로 넘어가며 줄었다(당시 연 30억 원 수준으로 5년 계약했으나 계약 기간을 못 채우고 세 시즌 만에 중계권 반납).[2] 한국 프로농구는 '황금알을 낳지 못하는 거위'가 된 것이다.[3]

이와 정반대의 사례도 있다. 전 세계적으로 가장 비싼 중계권료를 자랑하는 스포츠도 존재하는 것이다. 바로 미국의 미식축구NFL다. 2015-2021년까지 미국 네 개 방송사(CBS, FOX, NBC, ESPN)가 중계권료로 총 49억5,000만 달러(약 5조5,475억 원)을 지출했다. 지출한 만큼 방송국은 막대한 광고료를 거둬들인다. 엄청난 투자를 하는 이유다. 우리나라와 달리, 미국 미식축구는 '황금알을 낳는 거위' 대우를 받는다.

지금도 텔레비전이 스포츠에게 가장 중요할까? 그렇다. 하지만 이 질문은 오늘날 다양해진 미디어 환경을 염두에 두고 다시 생각해야 한다. 특히 인터넷의 등장이 스포츠계에 주는 의미는 사소하지 않다. 과거에는 미디어의 선택만 기다려야 했던 스포츠가

---

2) 송지훈, 박린 (2016.10.12.). 30초 광고에 56억원…황금알 낳는 스포츠 중계권. 중앙일보, 20면.
3) 김인수 (2019.05.28.). 프로농구 중계권 '황금알 낳지 못하는 거위', KBS NEWS https://news.kbs.co.kr/news/view.do?ncd=4210347(2021.05.06.일 검색)

다양해진 미디어 환경 덕분에 능동성을 확보했기 때문이다. 그러한 변화의 중심에 유튜브YouTube가 있다.[4] 유튜브는 인기가 하락해 찬밥 대접을 받던 한국 프로농구의 구세주가 될 수 있을까? 은퇴한 KBL 전설들이 유튜브에 모여 농구를 전파하는 전도사 역할을 하기 시작했다.[5] 앞으로 기대해 볼 만한 지점이다.

유튜브 이야기를 좀 더 해보자. 유튜브로 매개된 농구는 우리의 시각을 바꿔 놓을 수 있다. 우리가 기존 텔레비전 방송 프레임과는 전혀 다른 장면으로 농구가 방송되기 때문이다. 경기를 직접 뛰는 포인트 가드 시각에서, 몸싸움이 치열한 센터 관점에서 '프레임'이 만들어진다. 심지어 '전지적 심판' 관점에서의 중계도 가능해졌다. 새로운 스포츠 세계의 등장. 이게 농구만 가능할까? 축구, 야구, 태권도, 복싱도 된다. 어떠한 미디어가 적용되는지에 따라 스포츠에 대한 관점은 달라진다. 달라진 관점은 스포츠를 다르게 소비하도록 이끈다. 미디어는 대중의 인식 주형틀로도 기능한다.

이처럼 스포츠와 미디어는 끈끈하게 얽혀 있다. 혹자는 이를 '베이컨과 달걀'[6]로 비유한다. 우리에게 그다지 친숙한 비유는 아니다. 라면과 김치, 치킨과 맥주쯤의 관계라면 어떨까. 서로가 필수적인 관계란 뜻이다. 미디어에 노출되지 않으면 존재하지 않게 된 환경에서 스포츠는 그 존재를 입증하려 미디어에 의존한다. 미디어는 제작비가 적게 들며 고정 시청률을 확보해주는 스포츠를 원한다. 이런 관계로 스포츠와 미디어는 독특한 관계를 구성하였다. '스포츠-미디어-문화 복합체sport-media-culture complex'라 부르는 관계다.[7] 스포츠와 미디어가 서로 얽히며 특별한 스포츠 문화를 형성해 간다는 점을 개념화한 것이다. 스포츠와 미디어 관계의 주요 틀이다.

이 장은 스포츠와 미디어가 어떻게 공생 관계를 맺는지 살펴본다. 이를 위해 먼저 미디어를 개념적으로 살핀다. 사회학 이론이 미디어를 다루는 방식도 개괄된다. 그 후 스포츠와 미디어의 관계가 각자의 관점에서 정리되는데, 여기에선 두 제도 간의 '상호의존성'이 집중적으로 다뤄진다. 그 이후 미디어가 스포츠를 그리는 내용물을 소개하고, 최근 급변하는 미디어 지형(뉴미디어) 속에서 새롭게 등장하는 스포츠의 사회학적 이슈를 점검할 것이다.

---

4) 남상우 (2019). 유튜브가 변화시킨 스포츠의 미디어 지형. 서울스포츠, 345호, 20-21.

5) 피주영 (2020.02.12.). 농구 코트의 봄을 찾아 유튜브로 간 아재들. 중앙일보, B6면.

6) Claeys, U., & Van Pelt, H. (1986). Introduction: Sport and the mass media, like bacon and eggs. International Review for the Sociology of Sport, 21(2), 95-102.

7) Rowe, D. (1999). Sport, culture and the media. Philadelphia, PA: Open University Press, 4쪽.

미디어의 사회학적 이해

미디어[media]를 한마디로 정의하기는 힘들다. 학자마다 제시한 정의가 달라서 그렇지만, 무엇보다 이 개념이 지닌 외연이 너무 넓기 때문이다. 돌, 흙, 파피루스, 무기, 바퀴, 전등, 마차, 기차, 비행기, 축음기, 영사기, 타자기, 축구, 선거, 총파업 등, 학자들이 생각하며 다루는 미디어의 범위는 너무 넓다. '뭔가를 중재 혹은 매개하는 것'이란 사전적 정의를 초월한다. 물론 우리는 일반적으로 미디어를 '특정 물질이나 행위자를 매개하는 무엇'으로 이해한다. 매개의 대상은 다양하다. 자연과 인간 사이를 매개하거나, 인간과 인간 사이를 매개한다. 과연 미디어란 무엇일까? 사회학 이론은 미디어를 어떻게 바라볼까? 미디어와 스포츠는 어떤 관계일까? 이들 질문을 여기에서 다룬다. 먼저 미디어를 개념적으로 살펴보자.

미디어의 개념적 이해

미디어 연구에서 항상 언급되는 마셜 맥루한[M. McLuhan, 1911-1980]은 미디어를 '인간의 확장[extension of man]'으로 정의한다. 그에 따르면, 팔과 다리는 인간의 몸통이 확장한 결과다. 옷은 인간의 피부가 확장한 것이고, 자동차는 인간의 다리가 확장한 결과다. 편지나 라디오, 전화는 인간의 말과 언어가 확장한 것이다. 그는 지구에 존재하는 모든 도구와 사물을 인간의 수족과 감각이 연장된 결과로 봤다. 맥루한의 미디어 이해를 따르면 이 세상에 미디어 아닌 게 없어진다. 그는 미디어를 보편적이고 넓게 이해했다.

> 미디어란 노래나 소설, TV쇼, 신문, 영화, 비디오게임, 인터넷 서비스 및 다른 문화적 생산물을 생산하여 배포하는 커뮤니케이션 통로로서의 문화산업을 뜻한다.[8)]

미디어는 사전적으로 "어떤 하나의 작용이나 내용을 다른 한쪽으로 전달하는 수단이나 물체"를 뜻한다. 떨어져 있는 사물이나 사람들 사이를 무엇인가가 어떤 형태로든 중재한다면, 우리는 그 '무엇'을 미디어라 할 수 있다. '중재'란 '가운데에 위치한다'는 뜻의 단어다. 이렇게 보면 이승과 저승을 연결해주는 저승사자도 미디어다. 미디어 연구에 '사회관계[social relations]' 관점이 적용되는 이유가 여기에 있다. 독일의 사회학자 니클라스

---

8) Campbell, R., Martin, C.R., & Fabos, B. (2012). Media and culture: An introduction to mass communication(8th edition). New York: Bedford/St. Martin's, 6쪽.

루만N. Luhmann, 1927-1998이 형태와의 관계를 취할 수 있는 모든 걸 미디어로 본 접근 역시 사회관계 관점을 따른 것이다. 이에 따르면, 공기는 소리의 파동을 받아들여 전달하는 미디어다. 축구에서의 '공'은 선수와 선수, 관중의 열정을 연결하는 미디어다.

미디어를 향한 구체적 관점: 기술, 감각, 의사소통

앞의 두 설명은 미디어를 향한 '보편적 관점'에 해당한다. 하지만 오늘날에는 미디어를 이렇게 넓게 정의하지 않는다. 보통, 세 가지 방식으로 구분한다.[9]

첫째, 미디어를 '기술적 특성'으로 구분하는 방식이다. 독일의 미디어 연구자 해리 프로스H. Pross, 1923-2010는 우리가 메시지를 보낼 때 활용하는 기술적 수단의 정도에 따라 미디어를 구분했다(1차, 2차, 3차 미디어). '1차 미디어'는 메시지를 생산하는 발신자나 받는 수신자 모두 기술적 보조 수단을 쓰지 않는 경우다. 언어나 몸짓, 표정으로 하는 의사소통이다. '2차 미디어'는 메시지를 생산할 때만 기술 수단이 사용되고 수용할 땐 쓰이지 않는다. 불을 피워 메시지를 만든 봉화나 연필로 쓴 문자, 그림이나 사진 등이다. '3차 미디어'는 메시지 생산과 소비 과정 양쪽에 기술적 보조 수단이 쓰인다. 영화, 텔레비전, 인터넷 등이다.[10] 핵심은 기술적 수단의 사용 여부다.

둘째, 인간이 사용하는 '감각 통로'로 미디어를 구분한다. 이는 정보를 수용할 때 주로 사용하는 감각기관에 따라 미디어를 분류하는 방식이다. 청각을 사용하는 미디어는 '청각적 미디어'다. 음악이 대표적이다. 반면, 시각만을 활용한다면 '시각적 미디어'가 된다. 그림이나 책 같은 인쇄 미디어가 포함된다. 물론, 책을 순수하게 시각적 미디어로만 볼 수 없다. 생각해보라. 우리는 책을 읽으면서도 언어와 그 언어의 실현을 청각에 의존한다. 이는 다른 청각적 미디어에서도 마찬가지다. 사실, 순수하게 청각이나 시각만을 사용하는 미디어는 드물다. 오늘날에 존재하는 미디어 대부분은 TV나 영화처럼 '시청각적'으로 통용된다.

셋째, 의사소통 범위에 따른 미디어 구분이다. 이는 미디어로 메시지를 전달받는 사람 수로 결정된다. 개인적personal 커뮤니케이션과 대중적mass 커뮤니케이션으로 나뉜다. 전자는 사람과 사람 사이의 '대칭적 의사소통'에 사용되는 미디어다. 편지와 전화가 여

---

9) 안드레아스 뵌 지음, 이상훈, 황승환 옮김 (2020). 매체의 역사 읽기. 서울: 문학과지성사, 43-52쪽.

10) 기술적 특성으로 미디어를 구분하는 방식에는 또한 '아날로그' 미디어와 '디지털' 미디어가 있다. 하지만 오늘날의 메시지는 그 생산과 소비 방식과 관련하여 아날로그와 디지털, 혹은 다른 기술적 보조 수단의 적용을 명확하게 구분하기 힘들다는 문제가 제기된다.

기에 속한다. 반대로 하나의 송신자가 많은 수신자를 상대하기도 하는데, 즉, SPOTV(스포츠 중계조직)가 불특정 다수의 야구 팬에게 MLB를 중계하거나, 중앙일보(언론사)가 다수의 구독자에게 지면을 이용, 스포츠뉴스를 전달하는 경우가 이에 해당한다. '대중 커뮤니케이션'이다. 이때의 미디어를 대중매체mass media라 한다.

> 대중매체란 전문적인 커뮤니케이터가(누가) 일정한 형태의 내용물을 지속적인 흐름으로(무엇을), 여러 복잡한 도구를 이용하여(어떻게) 다수의 이질적이고 지리적으로 확산하여 분포된 사람들에게(누구에게) 전파하는 도구이자 행위다.[11]

정리하자면, 미디어란 '메시지 송신자가 특정 효과를 위해 특정 수신자를 의사소통(커뮤니케이션) 과정에 참여하게 만드는 모든 중개물'로 정의된다. 여기에서 우리는 '누가 무엇을 어떤 채널을 통해 누구에게 어떤 효과를 내며 말하는가?'라는 질문을 던진다. 예를 들어, 스포츠 기자(송신자)가 유튜브를 이용한 프로농구 활성화 내용(메시지)을 신문 지면을 이용해(미디어) 보도했다면, 이 내용을 읽을 사람들(수신자)은 누가 되고, 이들이 이 기사를 읽음으로써 어떤 영향을 받는가(효과)를 묻는 게 미디어 연구의 기본 골격이다. 이 책에서 미디어는 이런 질문을 바탕으로 인쇄, 영상, 인터넷 미디어로 이해되는 매스 미디어(대중매체)와 스포츠의 관계를 살펴본다.

사회학 이론이 보는 미디어

사회학의 이론적 전통은 미디어를 어떻게 바라볼까? 각 전통에 따라 같은 미디어를 해석하는 방식이 달라진다. 이 책의 2장에서 언급되었듯, 사회학 이론은 주로 세 가지 질문을 구체화하며 발전해왔다. 첫째, 사람들의 '행위'는 무엇이고 어떻게 이루어지는지, 둘째, 사회질서는 어떻게 유지되는지, 셋째, 무엇이 사회 변화를 결정하는지다. 사회학 이론이 밝히려는 궁극적 대상이 바로 여기에 함축된다.[12] 이를 바탕으로 기능주의, 갈등이론, 상호작용이론이란 이론적 전통이 세워졌고, 미디어 역시 이 세 가지 이론적 전통에 따라 해석될 수 있다.

---

11) Engsberg, J. M., Lang, K., & Lang, G. E. (2007). Mass media research, in E. F. Borgatta & R. J. V. Montgomery (eds.). Encyclopedia of Sociology(pp. 1761-1770). New York: Macmillan Reference USA, 1761쪽.

12) Joas, H. & Knobl, W. (2009). Social theory: Twenty introductory lectures. Cambridge University Press, 18쪽.

기능주의: 미디어는 다양한 사회적 기능을 지닌다

'미디어는 어떠한 사회적 기능을 하는가?' 기능주의가 미디어 연구에 던지는 질문이다. 기능주의자들은 미디어의 주요 기능을 현재의 사회질서 유지로 본다. 커뮤니케이션 연구의 선구자 해롤드 라스웰H. Lasswell, 1902-1978의 3대 기능이 대표적이다. 그는 1948년 출판한 글에서 미디어가 지닌 세 가지 기능을 소개한다.[13]

첫째, 정보 수집 및 배포, 환경 감시 기능, 둘째, 해설이나 논평, 사설 등을 활용한 사회 각 부문 및 환경의 상관 조정correlation 기능, 셋째, 교육이나 사회화로 사회적 유산 전달continuity 기능이다. 이후 1960년에 미디어 사회학자 찰스 라이트C. R. Wright, 1927-2017가 이 3대 기능에 '오락 기능entertainment'을 추가하였고,[14] 1984년에 영국 미디어 학자 데니스 맥퀘일D. McQuail, 1935-2017이 '동원mobilization' 기능(미디어가 사람들에게 경제성장에 노력하게 하고, 노력 규칙을 유지하게 하며, 종교나 전쟁 시에 사람을 모이게 하는 기능)을 추가했다.[15] 이것이 오늘날 대중매체가 지닌 다섯 가지 사회적 기능이다.

물론 기능주의가 미디어를 설명하는 방식엔 결정적인 단점이 있다. 바로 수신자를 바라보는 관점이다. 기능주의는 앞서 말한 미디어의 작동 구조(송신자, 메시지, 수신자)에서 수신자를 수동적인 존재로 간주한다. 즉, 송신자의 메시지가 무엇이든, 이를 수신자는 '스펀지 물 빨아들이듯' 흡수한다고 가정하는 것이다. 이 관점은 과거 대부분의 미디어가 한 방향(TV가 일방적으로 내용 전달)으로 형성되었던 상황에서는 옳았다. 하지만 오늘날의 미디어 환경은 많이 달라졌다. 기본적으로 '쌍방향'이다. 이렇게 작동하는 미디어 환경을 '수동적 수용자 관점'은 충분하게 소화하지 못한다. 수신자는 이제 스펀지가 아닌 '여과지'에 가깝기 때문이다.

갈등이론: 미디어는 이데올로기 전파 기구다

갈등이론의 양상은 너무 다양하여 한 마디로 설명하기 힘들다. 하지만 주된 관점은 분명하다. 계층 간 갈등이 심해지면 사회변화가 이루어진다는 관점이다. 당연히, 지배계급은 사회의 현 상태가 변하지 않기를 바랄 것이다. 갈등이, 즉 현재의 불평등한 사

---

13) Lasswell, H. D. (1948), The structure and function of communication in society, in L. Bryson (ed.), The Communication of ideas(pp. 37-51). New York, NY: Harper.

14) Wright, C. R. (1960). Functional analysis and mass communication. Public Opinion Quarterly, 24(4), 605-620.

15) McQuail, D. (1984). With the benefit of hindsight: Reflections on uses and gratifications research. Critical Studies in Media Communication, 1(2), 177-193.

회 조건이 드러나지 않거나, 마치 그렇지 않은 것처럼 보이길 바란다(그래야 못 가진 자들이 불만을 품지 않는다). 갈등이론의 기본 관점이다. 만약 미디어가 사회 변화를 위해 필수적인 '정보(불평등한 점을 알아야 분노하기 때문에)'를 왜곡하거나 은폐하면 어떤 일이 벌어질까? 현 불평등 상황은 유지된다. 미디어의 사회통제다. 그렇다면 이 통제는 어떻게 가능할까? 갈등이론은 이 질문의 답으로 이데올로기ideology(사람들의 신념과 행동에 영향을 끼치는 잘못된 정보 혹은 '생각의 구조')를 제시한다. 때문에 갈등론자에게 미디어는 사회통제를 위한 '이데올로기 전파 장치'로 해석된다.

> 이데올로기는 우리가 태어나 자라고 또 살고 있으면서 항상 우리 주변에 상주하는 이야기, 이미지, 생각들의 흐름을 모두 포함한다. 늘 우리를 둘러싸는 광고 메시지와 같은, 가령 행복한 가족관계에 대한 이미지, 엄마의 역할, 남자와 여자는 어떻게 행동해야 한다는 말, 체중, 헤어스타일, 흥미에 관한 것, 이상적인 의복, 라이프스타일, 식습관, 오락에 관한 것, 우리가 생각하고 보고 원하도록 만드는 방법들에 관한 모든 것이 그 예다.[16]

과거에는 여성의 스포츠 활동을 금지하는 관행이 자연스러웠다. 그 당시 미디어가 전파했던 여성 스포츠에 대한 관념idea 때문이었다. 가령, 스포츠 활동은 여성의 근육을 키워 여성성을 파괴한다, 운동이 임신한 여성의 건강을 해친다, 여성 스포츠는 재미없다, 등이 유포된 것이다. 관념은 당시 사람들의 인식과 행동에 영향을 미쳤다. 그러면서 그 시기 스포츠 활동의 혜택을 누리던 남성들의 스포츠 지배성을 강화했다. 남성들의 스포츠 혜택 독점이 당연하다는 생각을 '정당화'했다. 이런 사례는 많다. 서양 문화가 동양 문화보다 낫다, 사람이라면 당연히 결혼하고 출산해야 한다, 노동자들의 데모는 나쁘다, 등등. 이데올로기는 이상한 걸 정상이라 착각하게 만든다.

상호작용이론: 미디어는 일상적 행위를 조형한다

미디어와 관련하여 상호작용이론이 던지는 질문은 단순하면서도 영향력이 있다. "미디어는 사람들의 일상적 상호작용에 어떠한 영향을 미치는가?" 미시적 관점이다. 과거 우리는 얼굴을 맞대며 정보를 교환했다. 관계는 '면대면 상호작용'으로 형성되었다. 이러한 상호작용의 특징은 시공간의 제약성이다. 한 예로, 약속을 취소할 때도 일단은 약속 장소에 나가 상대를 만나야 한다. 하지만 편지나 전화, 인터넷이 등장하면서 기존

---

16) Ferretter, L. (2006). Louis Althusser. New York, NY: Routledge, 77쪽.

상호작용은 '매개된[mediated]' 방식으로 진화했다. 이제 시공간의 제약은 사라졌다. 미국에 사는 사촌 동생에게 안부를 물으려면 핸드폰만 있으면 된다. 이제 우리는 원거리의 사람과도 관계를 형성할 수 있게 되었다. 사회적 관계의 확장. 상호작용이론은 이처럼 미디어 진화가 우리의 일상적 상호작용을 어떻게 바꾸는지(수동적 수용자에서 적극적 참여자로 변화), 그것의 명암은 무엇인지를 본다.

상호작용론은 스포츠와 미디어 관계에서 특히 스포츠 소비[consumption]에 관심을 둔다. '스포츠 소비'란 스포츠에 직접 참여하거나, TV나 신문, 인터넷 같은 미디어에서 관련 정보를 받아들이는 행위 전체를 지칭하는 개념이다. 1960-70년대 우리나라의 미디어는 종이신문이 전부였다. 스포츠 소비는 주로 학교에서 체육이나 교련 수업, 혹은 지역에서 개최된 대회를 직접 관람하며 이루어졌다. 하지만 오늘날 스포츠 소비 양상은 다양화되었다. 직접 하거나 경기장에서 관람하고, 동시에 TV 같은 영상 미디어나 인터넷 기반의 모바일 미디어 혹은 가상현실(판타지 스포츠나 스크린골프 등)로도 소비한다. 상호작용이론은 묻는다. 스크린골프는 사람들의 '골프 소비'를 어떻게 변화시킬까? 닌텐도 게임 위[wii]는 스포츠 소비 패턴을 어떻게 조형할까?[17)]

사회학이 미디어 연구에 던지는 네 가지 질문

미디어 연구와 달리 사회학은 주로 '미디어 비평'을 한다. 크게 두 가지 차원에 집중한다. 첫째, 다양한 형태의 미디어가 전달하는 메시지 내용[contents]은 무엇인가? 둘째, 그것이 사람들에게 미치는 영향[impacts]은 무엇인가? 첫 번째 질문의 구체적 내용은, 미디어가 우리에게 전달하는 메시지는 어떻게 구성되고 이는 누구의 이해관계를 대변하는가로 채워진다. 두 번째 질문은 그런 메시지가 사람들의 인식과 행위에 어떤 영향을 미치는지 묻는다. 종합하면, 아래의 네 가지 질문 범주가 구성된다.

첫째, 미디어 기업의 소유, 통제, 변화 및 메시지 구성과의 관계
둘째, 미디어로 전달된 메시지의 내용과 그것의 이해관계
셋째, 메시지가 전달되는 미디어 과정의 구조와 그 변화
넷째, 전달된 메시지의 시청자 수용과 그 효과

17) Smith, A. C., & Westerbeek, H. (2010). 'From enhancement to engagement': Reflections on the future of sport consumption. Sport in Society, 13(2), 344-353.

미디어 구조(기업 구조, 메시지, 전달 방식)와 수용성

첫째, 미디어 기업의 소유 형태 및 통제다. 미디어는 전달하는 메시지에 따라 사회 통합social integration이거나, 반대로 사회 통제social control 역할을 한다. 그 역할을 결정짓는 게 바로 '미디어 기업의 형태'다.[18] 이는 미국에서 특히 극적이다. 90년대 미국인들은 50개에 달하는 미디어 기업 채널에서 전체 90% 정도의 메시지를 소비했다. 하지만 이후 기업 간 인수 합병으로 인해 기업의 소수 집중화conglomeratization 양상이 두드러진다. 그 결과 2020년 기준, 미국에서는 여섯 개의 미디어 기업(컴캐스트, 디즈니, CBS, 비아콤, AT&T, 뉴스코퍼레이션)이 전체 90%의 미디어 메시지를 점유한다.[19] 사회학자는 묻는다. '미디어 기업의 소유 형태는 사회적 통제와 어찌 연결되는가?'

둘째, 미디어로 전달되는 메시지 내용과 그 이해관계다. '시위'나 '데모'라는 단어를 들으면 무엇이 생각날까? 아마 다수의 사람은 부정적인 느낌부터 떠올릴 것이다. 지금껏 미디어가 전달한 '시위' 관련 메시지가 부정적이었기 때문이다. 사회적 혼란스러움, 피 흘리는 경찰, 화염병, 싸움, 고통스러워하며 쓰러져 있는 시위대 등등이 대표적이다. 사회학은 묻는다. '미디어에서 시위 관련 메시지는 왜 부정적으로 구성되었나?' 혹시 그것이 대학생이나 노동자의 시위에 거부감을 가진 정부와 대기업의 이해관계에 미디어가 호응한 건 아닐까? 사회학은 미디어가 전달하는 메시지의 성질을 파악하며, 그 이면에 놓인 이해관계를 분석한다.

셋째, 미디어의 구조 변화다. 오늘날 미디어 환경을 보면 몇 가지 주요한 특징이 드러난다. 특정 포털portals로 정보가 집중되거나 영상 대부분이 유튜브로 소비되는 경향이 대표적이다. 과거 TV나 신문처럼 일방향으로 이뤄지던 미디어가 최근 쌍방향으로 변한 특징도 보인다. 인터넷 기술 발달은 미디어 메시지 전달 경로도 다변화했다. 덧붙여, 과거엔 단순 수용자였던 시청자가 이제는 메시지를 직접 만들어 전파한다. 수용자와 송신자 역할이 바뀌었다. 동시에, 그런 미디어를 중심으로 하여 특정 세계(연예계나 스포츠계 등)의 부정적 행위가 진화하기 시작했다(예를 들면, 스포츠 승부조작의 지구화 현상 등). 이 지점에서 사회학은 묻는다. '미디어의 구조적 변화와 그 특징은 무엇인가?' '그 변화를 일으킨 사회적 추동력social forces은 무엇인가?'

---

18) Baran, S. J. (2013). Introduction to mass communication: Media literacy and culture. New York, NY: McGraw-Hill, 33-36쪽.

19) Louise, N. (2020.09.18.). These 6 corporations control 90% of the media outlets in America. The illusion of choice and objectivity. TechStartups(Online Media).

넷째, 미디어 메시지를 소비하는 수용자의 수용성과 그 영향이다. 영화나 드라마에서 담배 피우는 모습은 흐릿하게 처리된다. 끔찍한 살해 장면도 그렇다. 우리에게는 '이종격투기'로 알려진 UFCUltimate Fighting Championship는 지상파 방송이 금지되었다. 시청자에게 부정적 영향을 미치기 때문이다. 이처럼 미디어가 전달하는 메시지는 수용자에게 어떻게든 영향을 미친다. 흥미로운 점은, 같은 메시지라 해도 전달되는 미디어 형태에 따라 영향력이 달라진다는 사실이다. 글보다는 사진이, 사진보다는 영상이 더 영향력 있다(이를 '시각주의'라 한다). 특히 스포츠와 관련해서는, 과거 TV나 라디오, 신문 등으로 소비하던 방식에서, 최근 포털 내 실시간 라이브 스트리밍 방식으로 메시지를 전달받으며, '일방적 수용'을 넘어 관련 콘텐츠를 수집하고 배열하며 편집하는 쪽으로 팬들의 일상적 행위가 변했다.[20]

권력으로서의 미디어 전제: 영향력과 '미디어화'

이처럼, 사회학의 미디어 관련 네 가지 질문에서 우리가 볼 수 있는 건 바로 '미디어는 권력power'이란 공통 전제다. 권력이란 무엇인가? 권력을 향한 여러 설명이 있으나, 이는 '남이 하기 싫은 일을 하게 만드는 힘'으로 요약된다. '강제력'으로 바꿔보면 권력 개념이 훨씬 분명해진다(4장 '스포츠와 정치', 116쪽 참조). 결국, 미디어는 강제력이 된다. 이를 바탕으로 사회학이 미디어와 관련하여 상정하는 두 가지 전제를 보자.

첫째, 미디어는 영향력을 지닌다는 전제다. 미디어 메시지는 좋든 싫든 수용자의 인식과 믿음, 실천에 스며든다. 우리가 지닌 기본 관점이나 믿음 중 상당수가 아마도 생애적으로 소비해 왔던 미디어 메시지에 의하여 형성되었을 것이다. 이는 부정할 수 없는 미디어의 영향력 때문이라 할 수 있다.

둘째, 미디어화mediatization란 사회적 과정의 주류화 전제다. 미디어는 사회 내 거의 모든 제도가 자신에게 의존(혹은 자신들을 변형)하도록 만든다. 정치, 경제, 교육, 종교, 스포츠 등, 오늘날 미디어화 힘에서 자유로운 사회제도는 없다. 모든 사회제도에 '미디어 중계 여부'는 선택이 아닌 필수다(최근 코로나-19로 인해 이는 더욱 가속되었나). 미디어화 과정에서 스포츠는 어떻게 자신의 기존 영역을 확장하고자 대응할까? 즉, 스포츠 종목은 오늘날 다변화된 미디어 환경에서 생존을 위해 무엇을 할 수 있을까?

---

20) Hutchins, B., Li, B., & Rowe, D. (2019). Over-the-top sport: Live streaming services, changing coverage rights markets and the growth of media sport portals. Media, Culture & Society, 41(7), 975-994.

스포츠와 미디어의 공생 관계

우리는 스포츠를 어떻게 소비할까? 이 질문은 스포츠와 미디어의 관계를 이해하는 데 중요하다. 스포츠 소비 방식의 이해가 곧 미디어 활용으로 연결되기 때문이다. 나아가, 미디어 활용을 이해한다는 건 곧 현재 우리가 사는 사회의 구조를 그리는 작업이 되기 때문이기도 하다. 미디어는 과거부터 지금까지 스포츠와 관련한 다양한 담론discourses을 (재)생산하고 증폭하는 데 결정적인 역할을 해왔다. 솔직히 미디어가 없었다면 현재 우리가 즐기는 스포츠의 존재도 장담하기 어려웠을지 모른다. '미디어에 묻어 들어간 스포츠'로 표현하는 이유다. 여기에서는 스포츠가 미디어로 매개되면서 어떠한 사회적 현상이 발생하는지 살펴본다. 이를 위해 먼저 스포츠와 미디어의 관계부터 보자.

스포츠와 미디어는 상호의존적인가?

> 미디어는 스포츠를 아마추어 형식에서 과도하게 상업화된 산업으로 바꿨다. 반면 스포츠는 엄청난 관중과 광고 수익을 미디어에 전달해 왔다. 특히 TV에서의 스포츠 보도는 여러 청중에게 소비되고, 스포츠클럽과 리그에 의해 판매되며, 미디어 기업과 광고주에 의해 판매되고 다루어지는 상품을 만들어왔다.[21]

미디어는 스포츠를 변화시킨다. 규칙 변화, 경기 일정, 텔레비전 광고 수익 중심의 사업모델, 그리고 새로운 스포츠 스타 육성이 그 예다. 스포츠 역시 미디어를 변화시킨다. 경기의 흥미진진함과 선수들의 놀라운 경기력이 시청자들에게 생생하게 전달되도록 꾸준한 기술 발전을 요구하는 것이다. 새로운 규칙(한 예로, 야구의 챌린지)을 소화할 수 있는 보도 방식이나 정책 변화에 적응할 유연성, 나아가 다변화하는 팬들의 기호를 충족할 '볼거리 개발'도 요구한다. 스포츠와 미디어 연구에서 중요한 관점이 바로 이러한 두 제도 간의 '상호 얽힘interconnectedness'이다.[22]

제도 간의 관계를 보기 전, 스포츠와 미디어 관계에서 먼저 이해할 필수 개념부터 짚어보자. 먼저 '스포츠 미디어sports media'와 '미디어 스포츠media sports'란 개념이다. 이는 뒤에 놓인 단어를 중심으로 이해하면 된다. '스포츠 미디어'란 '스포츠를 (중점적으로) 다루

---

21) Nicholson, M. (2007). Sport and the media: Managing the nexus. Burlington, MA: Elsevier, 10쪽.

22) Frandsen, K. (2016). Sports organizations in a new wave of mediatization. Communication & Sport, 4, 385-400.

는 미디어'를 말한다. 신문(스포츠서울 등) 혹은 잡지와 같은 '인쇄 미디어'나 영화, 텔레비전(SPOTV 등) 같은 '시청각 미디어', 최근 포털 등의 '인터넷 미디어'가 있다. 반면, '미디어 스포츠'는 '미디어로 매개된 스포츠mediated sports'를 뜻한다. 이는 우리가 스포츠를 일상에서 경험하게 해주는 오늘날의 미디어 환경을 총칭하는 보편 개념이다. 스포츠 대부분이 미디어로 매개되는 오늘날의 환경을 보면 미디어 스포츠란 다른 의미로 일종의 '사회구조'와 같은 의미를 지닌다.

이들 두 개념과 함께, 1980년대부터 스포츠와 미디어 연구에서 주도적으로 쓰이기 시작한 '미디어-스포츠 생산 복합체media-sports production complex' 개념도 살펴보자.[23] 후에 더 자세히 설명하겠지만, 이는 스포츠와 미디어가 복잡한 연결망을 형성했음을 말해준다. 이 개념은 두 가지 주장을 다룬다. 첫째, 많은 사람이 접하는 스포츠 볼거리는 주로 미디어(특히 '텔레비전')로 매개된다는 주장. 둘째, 경제적 관점에 따라, 프로스포츠의 생존과 발전은 미디어 자본이 좌우한다는 주장. 결국, 이 개념은 스포츠와 관련한 여러 상품을 미디어가 어떻게 매개하는지에 따라 한 사회의 문화가 달리 형성됨을 보여준다.[24] 최근 들어 몇몇 연구를 중심으로 '미디어화mediatization'란 개념이 스포츠 분야에 적용되는 추세지만,[25] 미디어-스포츠 생산 복합체 개념은 아직도 스포츠사회학과 스포츠 미디어 연구에서 주요하게 사용된다. 이들 개념을 염두에 두고, 지금부터 스포츠와 미디어의 상호의존 관계를 살펴보자.

스포츠는 미디어에 의존한다

이 관계에서의 핵심은 스포츠가 'TV 방송 적합성'을 지니고 있냐는 점이다. 스포츠는 미디어 보도에 자기 자신을 맞춰야 했다. 방송의 힘을 빌려 스포츠를 널리 알리려면 미디어 요구를 외면할 수 없었기 때문이다. 야구 중계 시간이 한 예다. 지금은 케이블 채널 방송이라 상관없겠지만, 과거 프로야구는 지상파 9시 뉴스 시간을 맞춰야 했기에 오후 6시부터 경기를 시작했다. 선수들 편의는 고려 대상이 아니었다.

TV로 대표되는 미디어가 가장 염두에 두는 건, '시청자'가 가지고 있는 스포츠 관심

---

23) Jhally, S. (1984). The spectacle of accumulation: Material and cultural factors in the evolution of the sports/media complex. Insurgent Sociologist, 12(3), 41-57.

24) Maguire, J. A. (2011). The global media sports complex: Key issues and concerns. Sport in Society, 14(7-8), 965-977.

25) Skey, M., Stone, C., Jenzen, O., & Mangan, A. (2018). Mediatization and sport: A bottom-up perspective. Communication & Sport, 6(5), 588-604.

도다. 한 마디로, '시청율'이다. 시청자 관심도가 낮은 스포츠를 TV는 외면한다. 이 때문에 스포츠는 미디어의 관심을 얻으려 종목 규칙을 박진감 넘치게 바꾼다. 대표적인 사례가 양궁이다. 오늘날 양궁 시합은 1대 1 경쟁으로 치러진다. 하지만 양궁은 원래 대인 간의 경쟁 스포츠가 아닌 '기록 경기'였다. 기록 경기 방식에서의 핵심은 '더블 라운드double round'였다. 여자는 30, 50, 60, 70m, 남자는 30, 50, 70, 90m 네 구간마다 36발씩 두 번, 총 288발의 합산 점수(2,880점 만점)로 순위를 가렸다. 경기 승패의 이변은 거의 일어나지 않았다. 실력 좋은 선수는 언제나 금메달을 차지했다. 문제는, 그런 규칙 때문에 게임이 지루해졌다는 사실이다.

이랬던 양궁 시합 방식은 1992년 바르셀로나 올림픽부터 바뀐다. TV 중계에 적합하도록 '박진감' 요소를 가미한 것이다. 한 발마다 손에 땀을 쥐고 관람하게 한다. '올림픽 라운드Olympic round' 방식이었다. 이 방식에선 한 발이 승부를 가른다. 70m에서 1대 1로 번갈아 12발을 쏘아 승부를 가리기 때문이다. 288발을 쏘는 경쟁과 12발을 쏴 승부를 가리는 경쟁과는 한 발의 무게감이 다르다. 경쟁의 압박 때문에 강력한 우승 후보도 무너지는 이변이 속출했다. 경기는 더욱 재미있어졌다. 현재에는 여섯 발씩 총 5세트까지 치르면서 세트 스코어 5점을 먼저 획득한 자가 이기는 방식이다. 진행 속도는 더 빨라졌다. TV 방송이 스포츠의 생존을 결정하는 미디어 스포츠 시대에 이처럼 스포츠는 미디어 논리에 종속적일 수밖에 없다.[26]

미디어는 왜 스포츠에 규칙 변화를 요구할까? '수익 추구 성향' 때문이다. 중계권료와 광고료가 대표적이다. 그 중, 중계권료는 스포츠가 미디어에 의존하는 핵심 이유다. 예를 들어, 올림픽이나 월드컵 같은 메가스포츠이벤트 중계권료를 보면 기본적으로 금액이 '조' 단위다. 실제로, 국제올림픽위원회IOC 수입의 73%가 올림픽 중계권료로 충당되는데, 2020 도쿄올림픽만 해도 미국 NBC 방송국이 중계권료로 1조4,180억 원을 지불했다. 코로나-19 전염병이 심해지는 가운데 IOC가 일본에서 올림픽을 강행한 건 이 때문이다. 취소하면 IOC는 중계권료를 NBC에 되돌려 줘야 했다. 관중 없이도 경기는 진행되어야 했다. 관중들의 입장료는 별 게 아니다.

---

26) 이와 같은 경기 규칙 사례는 다양하다. 농구의 공격 제한시간 단축, 전후반 제도에서 쿼터제로 변화, 3점슛 거리 확대, 배구경기의 랠리 포인트제 및 마지막 5세트를 15점으로 단축시킨 것, 축구의 승부차기, 골프나 아이스하키에서의 서든데스 제도, 유도에서 도복 색깔의 차이 등 무수하다. 뿐인가? 시청률에 따른 프로스포츠 포스트시즌 경기도 변했다. 프로야구의 경우 2008년부터 플레이오프 경기는 총 17번 치러야 하고, 미국프로농구의 경우 포스트시즌 경기만 최대 105경기를 치른다. 거의 죽음의 게임이다.

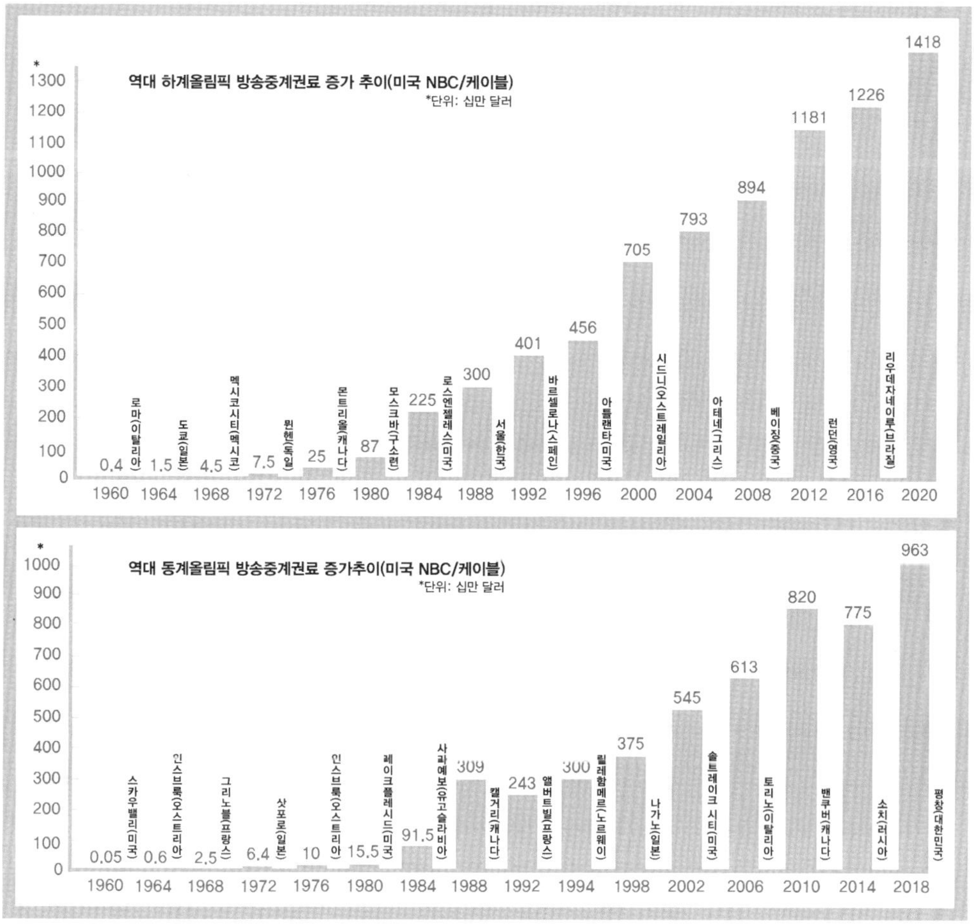

[그림 7-1] 역대 올림픽 방송중계권료 증가 추이(미국 NBC 사례)

반대로, 미디어 조직이 막대한 중계권료를 스포츠 조직에 주는 이유는 광고 때문이다. 2020년 2월, 한국야구위원회KBO가 지상파 3사와 국내 프로스포츠 역대 최대 규모의 중계 방송권 계약을 맺었다. 2020년부터 4년 동안 총 2,160억 원으로, 연평균 540억 원이다. 인터넷 포털의 '뉴미디어 중계권'까지 합하면 연간 760억 원 이상의 중계권료를 KBO가 챙겼다(2015년엔 지상파 3사와 5년 기간으로 연 360억 원 계약). 이후 방송사는 자사 상품을 홍보하려는 기업을 대상으로 광고 시간을 되판다. '시청자'를 '소비자'로 끌어들인 것이다. 그런 시간이 한 시즌에 144경기다. 프로야구 한 경기 당 광고 수입이 약 8,000만 원쯤이니까(서울팀 이외의 팀), 미디어 조직에는 남는 장사다.[27]

27) 이용균 (2020.03.05.). 프로야구, 경기 수 10%만 줄어도 -300억 원. 경향신문, A26면.

미디어는 스포츠에 의존한다

미디어 입장에서도 스포츠는 매력적이다. 이유는 분명하다. 무엇보다 '제작비'가 적게 든다.[28] 프로야구의 경우, 1회 방송에 약 2,000-3,000만 원 정도가 소요된다는데, 들어오는 광고비(약 8,000만 원)를 생각하면 미디어 조직 입장에선 이득이다. 또한, 드라마나 예능과 같은 장르에서 염려되는 불안 요소가 스포츠 경기에서는 작동하지 않는다. 더욱 중요한 강점은, 스포츠 경기 자체에 '예측 불가능성'이 강하게 배태되었기에, 실시간 시청의 집중도와 몰입력이 다른 장르보다 높다는 점이다(야구의 경우 144번의 불확실성을 만난다). 광고 효과를 극대화할 수 있는 조건이다.

이 때문에 스포츠 경기에는 광고가 많이 붙는다. 특히 슈퍼볼이나 월드컵, 올림픽 같은 메가스포츠이벤트는 세계적 관심을 끌기 때문에 높은 광고료가 붙는다. 슈퍼볼은 중간 광고 1초당 단가가 약 2억 원이다(2021년에 30초 광고 단가는 61억 원이었다). 그렇기에 미디어 조직은 광고를 자주 내보낼 수 있는 스포츠 종목을 선호한다. 당연히, 축구보단 야구가 좋다. 축구는 경기 전, 하프타임, 경기 후에 광고 송출이 가능하나, 야구는 이닝이 바뀌거나 투수교체 때마다 광고가 나간다. 광고 시간만 최소 18번이 확보된다. 미디어가 스포츠에 의존하는 이유는 바로 광고주와 스포츠 시청자의 연결에 있다. 시청률이 낮은 스포츠는 외면될 수밖에 없는 구조다.

미디어는 또한 스포츠를 자신의 주요 콘텐츠로 삼는다. 신문을 보자. 초창기 스포츠는 기사articles에서 시작하여, 지면 전체를 차지하는 면page으로 발전하였다. 그리고 이는 다시 신문의 한 몫을 구성하는 섹션section으로 성장했다. 정치, 경제, 사회, 의료, 문화 등과 함께 하나의 사회적 제도로 인정받은 것이다. 우리나라의 경우, 보도될 수 있는 스포츠 종류가 그다지 많지 않아 총 26면(물론 신문사마다 다르다)으로 된 일간신문에서 한두 개의 지면 만이 스포츠에 할애된다. 반면, 미국에선 전체 60페이지 중 25% 수준인 10-15면이 스포츠 내용으로 채워진다.[29]

이뿐 아니라, 미디어 기업은 자사 발전을 위해 스포츠를 이용하기도 한다. 특정 스포츠 리그나 이벤트를 독점 중계하는 방식이 대표적이다. 과거부터 국내의 대표적 지상파 방송사(KBS, MBC, SBS)는 국제 스포츠 경기와 관련한 국민의 보편적 시청권을 확보

---

28) 이세민 (1999). 미디어가 재구성하는 스포츠. 이동연 엮음, '스포츠, 어떻게 읽을 것인가'(pp. 155-179). 도서출판: 삼인, 159쪽.

29) 강준호, 조성식 (2003). 스포츠산업을 말한다: 스포츠미디어. 국민체육진흥공단, 54-55쪽.

하고자 '코리안 풀Korean Pool'을 형성, 방송중계권 협상에 참여했다. 저렴한 가격에 중계권을 구매하여 방송 3사가 나누는 식이었다. 하지만 그동안 각 방송사는 자사의 이해관계에 의해 이 규칙을 깨고 특정 경기를 독점하곤 하였다. 96년 AFC아시안컵 중계권 계약 및 98년 프랑스 월드컵 아시아지역 최종예선 단독 중계(KBS), 2001-2004년 메이저리그 중계권 독점(MBC), 2006벤쿠버동계올림픽 중계권 독점(SBS), 그리고 최근 JTBC의 2026-2032년 동·하계 올림픽 한국 중계권 독점이 그 예다. 그렇다면 왜 미디어 기업들은 엄청난 출혈과 욕을 먹으면서 왜 특정 스포츠 경기를 독점할까? 바로, 스포츠 경기(토너먼트 혹은 리그)에 새겨진 상징자본symbolic capital을 미디어 기업에 덧씌워 유무형의 이점을 얻으려는 의도 때문이다.

"미국에서 스포츠와 대중매체는 공생적인 관계를 즐긴다."[30] 미국 만의 일은 아니다. 전 세계적으로 이미 둘은 공생적 상호의존symbiotic interdependence 관계를 맺어왔다. 최근, 이들 관계는 새로운 미디어 형식이 등장함에 따라 새 국면을 맞이하기 시작했다. 하지만 그럼에도 스포츠와 미디어의 공생 관계는 변치 않을 본질을 지닌다. 즉, '이윤 추구' 관점에서 유지되는 관계다. 스포츠는 상품적 가치를 높이려 미디어에 의존하고, 미디어는 그런 스포츠를 방송하여 자사의 이윤(광고비 및 두사)을 쌓는다.

미디어-스포츠 생산 복합체

> 오늘날 광범위하고 역동적인 스포츠 문화를 창조하는 과정에는 모든 종류의 미디어와 스포츠 조직, 과정, 인력, 서비스, 상품, 텍스트 등이 상호의존적 관계를 맺는다.[31]

미디어-스포츠 생산 복합체란 개념이 어려울 수 있다. 군산 복합체military-industrial complex란 개념으로 이해해보자. 군산복합체란, 군대(군부)와 대규모 방위 산업체가 맺은 상호의존체제를 지칭한다. 군부와 방위 관련 기업체가 각자의 이익을 극대화하려 서로 손잡고 '사업 관계'를 형성했다는 뜻이다. 이들은 군부와 정부를 압박, 전쟁을 종용한다. 미국의 34대 대통령 드와이트 아이젠하워Dwight, D. Eisenhower, 1890-1969는 본인이 군인 출신임에도 불구하고, 1961년 퇴임 연설에서 군산복합체가 미국의 자유와 민주주의 절차를

30) McChesney, R. (1989). Media made sport: A history of sports coverage. In L. A. Wenner (ed.), Media, sports, and society (pp. 49-69). Newbury Park, CA: Sage, 49쪽.

31) Rowe, D. (2004). Sport, culture and the media: The unruly trinity(2nd edition). Maidenhead: Open University Press, xx쪽.

위협한다고 말한 바 있다. 둘 사이의 부정적 관계를 지적한 것이다. 물론 '복합체' 개념 자체는 부정적이지 않다. 사회제도 간 관계를 표현한 중립적 개념일 뿐이다.

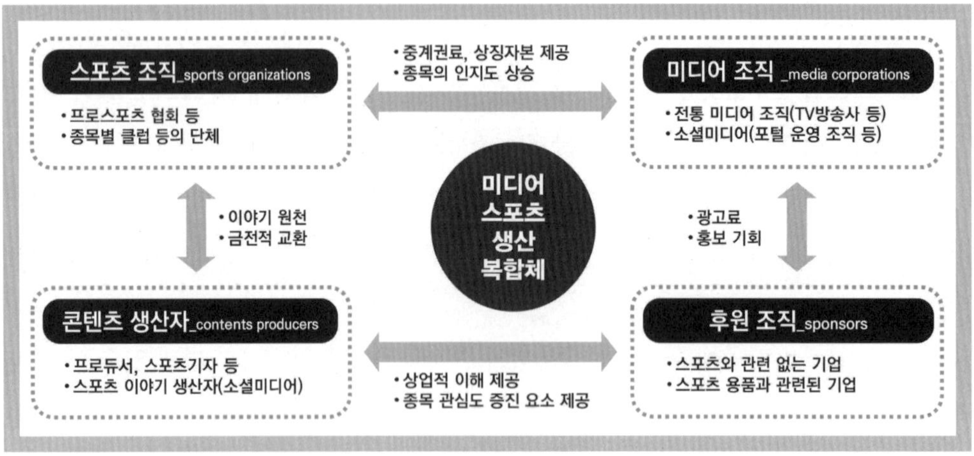

[그림 7-2] '미디어-스포츠-생산-문화 복합체' 모형도

미디어-스포츠 생산 복합체media-sports production complex 개념도 이런 차원에서 이해할 수 있겠다. 이는 1) 스포츠 조직, 2) 미디어 조직, 그리고 3) 스포츠 콘텐츠를 생산하는 주체(대표적으로 기자나 앵커, 해설자 등)가 서로 얽혀 있음을 표현한다.[32] 최근, 이 모델에 또 하나의 핵심 조직인 '후원사', 즉 상업조직이 첨가되며 위의 〈그림 7-2〉와 같은 관계 모형이 만들어졌다. 모형의 핵심은 이들 조직체가 각자의 이해관계를 가지고 나름의 복합적 영향 체계를 구성했다는 점이다. 상세히 살펴보자.

미디어-스포츠-상업조직 간 역학 관계

이 모델은 스포츠 조직과 미디어 조직, 생산자와 상업조직이 스포츠 '수용자(팬과 대중)'와 이들을 둘러싼 '사회(구조)'가 어떻게 상호작용하는지를 보여준다. 세 가지 내용이 핵심이다. 1) 이들 조직은 각자 영향력을 달리 형성하고(상황별 영향력 변화), 2) 상황별로 미디어 스포츠콘텐츠 성격과 모양새를 변형하며(맥락 중심적 콘텐츠 변화), 3) 동시에 스포츠와 미디어 관계는 계속 진화한다(변화 적응성). 그렇다면 이 복합체 속 네 개의 조직들은 각각 어떠한 이해관계를 지닐까?

32) Maguire, J. (1991). The media-sport production complex: The case of American football in Western European societies. European Journal of Communication, 6(3), 315-335.

첫째, '스포츠 조직'이다. 스포츠 조직들이 이 관계에서 얻는 혜택은 세 가지다. 먼저, 재정 수입. 미디어 조직과 후원 업체가 내는 중계권료와 후원금이 대표적이다. 과거, 관중 입장료가 주 수입원이었던 스포츠 조직 입장에선 고무적인 일이다. 둘째, 종목의 인지도 상승. 미디어로 매개되는 스포츠는 대중에게 각인되며 존재성을 확보한다. 셋째, 종목의 지속가능성 확보. 인지도 상승에 따른 미디어 중계로 해당 스포츠 종목은 향후 생존 기반을 지속할 수 있게 된다.

둘째, '미디어 조직'이다. 복합체에서 미디어 조직은 특정 스포츠 종목 팬을 자신의 잠재적 소비자(수입원)로 만든다. 특정 미디어 조직에 우호적인 시청자가 많아지면 자연스럽게 광고와 투자가 따르고, 이는 수익으로 연결된다. 특정 미디어 기업이 스포츠 경기를 독점 중계하는 이유가 여기에 있다. 2021년의 경우, 미국프로야구MLB와 미국프로농구NBA 중계권을 SPOTV가 독점했는데, 이 역시 미디어 기업의 인지도와 수익성 때문이라 봐도 무방하다. 다수의 팬을 확보한 인기 스포츠는 중계권에 많은 돈이 들지만, 그만큼 해당 스포츠 팬을 미디어 조직의 잠재적 수익원으로 끌어들이며 동시에 광고도 따낼 수 있기 때문이다. 물론 이는 "비싼 광고로 스포츠 관중을 광고주들에게 파는 도박행위를 하는 것"[33]이란 비판도 받는다.

셋째, 후원 업체다. '스폰서sponsor'로 불리는 후원사는 인기 있는 스포츠 종목이나 선수에게 후원금을 주고 그들을 따르는 팬(과 잠재적 팬)을 자사 이미지나 제품에 연결한다. 특정 스포츠 팬들이 그 스포츠에 지니는 (긍정적) 이미지와 후원 기업 상품 이미지와의 동일시를 노리는 전략이다. 특정 제품과 특정 스포츠 및 유명 선수의 일체화로서, '나이키=마이클 조던=농구', '아디다스=럭비=올블랙All Black', '아식스=마라톤=러닝화', 혹은 '코카콜라=올림픽' 같은 도식은 이렇게 만들어진다.

넷째, 콘텐츠 생산자다. 여기에는 프로듀서(PD), 스포츠 기자, 캐스터나 해설자(아나운서 등), 논평자(신문 사설 등)가 포함된다. 이들은 TV나 신문, 트위터 같은 미디어를 활용, 스포츠 기사나 경기 내용 해설, 논평, 프로그램 구성 등의 '스포츠 이야기sports narratives'를 만든다. 이 이야기는 중요하다. 이것이 그 스포츠와 관련한 '관점(때로는 편견)'을 형성하기 때문이다. 이와 관련해서는 다음과 같은 질문이 가능할 것이다. 스포츠 해설자의 인종이나 성별은 어떠한가? 야구 아나운서는 왜 '섹시한' 여성으로만 채워져야

33) Wenner, L. A. (1989). Media, sports, and society: The research agenda, In L. A. Wenner (ed.), Media, sports, and society (pp. 13-48). Thousand Oaks, CA: Sage Publications, 00쪽.

하는가?[34] 스포츠 기자는 기사 작성 시 팬과 언론인 입장 사이에서 갈등을 느낄까?[35] 미디어 조직이 방송 제작 및 관련 기사 작성 과정에서 스포츠 조직에게 압력을 받을까?[36] 이런 질문은, 스포츠 콘텐츠 생산자가 미디어와 스포츠 조직과의 관계에서 사회구조 변화와 소비자(팬 혹은 시청자)를 고려할 수밖에 없음을 말해준다.

지금껏 설명한 미디어-스포츠 생산 복합체가 우리에게 던져주는 메시지는 명료하다. 우리가 TV나 핸드폰으로 늘 소비하던 스포츠 경기가 스포츠 조직과 미디어 기업, 후원 업체, 콘텐츠 생산자의 복잡다단한 상호관계로 만들어진다는 사실이다. 이 상호관계는 복합체를 둘러싼 사회 환경과 소비자인 시청자(팬과 대중)의 변화가 밀접하게 연결되며 만들어진다. 사회구조가 변하면 미디어-스포츠 생산 복합체는 어떻게 변할까? 시청자를 이루는 세대 구조generation structure가 변하면 복합체는 또 어떻게 바뀔까? 이 관계 모형에서 스포츠사회학이 던지는 질문이다.

미디어의 스포츠 구성

우리는 축구라는 스포츠를 동일하게 소비하지 않는다. 나의 경우, 축구는 '2002년 한일월드컵'으로 대표된다. 당시 방송에서 봤던 축구는 내 인식 속에서 '축구=2002년'을 동일시하도록 만들었다. 내게 '축구'라는 단어는 '2002년 월드컵'으로 다시 나타난다(再-現). 재현representation의 논리다. 하지만 지금 중고등학생들이나 대학생들에게 축구는 '손흥민'이나 'FIFA게임'으로 재현된다. 이들이 축구를 매개하는 방식이 그랬기 때문이다. 미디어는 스포츠라는 '실재reality'에 특정 프레임을 적용한 후 미디어로 매개, 우리에게 '다시-드러낸다.' 그래서 재현은 '다시 드러난다'의 뜻을 지닌다. 구성한다는 의미다. 과연 미디어는 스포츠를 어떻게 구성할까? 여기에서는 크게 세 가지 주제를 중심으로 이 질문을 다룬다.

---

34) 민주언론시민연합이 2015년 8월 26일 스포츠채널 방송3사 '야구 리뷰 프로그램' 모니터보고서(KBS N SPORTS의 〈아이러브 베이스볼〉, MBC SPORTS+의 〈베이스볼 투나잇〉, SBS SPORTS의 〈베이스볼 S〉와 〈야구남녀〉 4개 프로그램 대상)를 발간했다. 이들 프로그램의 공통점으로 △여성 아나운서 한명과 남성 해설위원 두 명으로 구성, △여성 아나운서의 몸에 달라붙는 의상 혹은 짧은 치마 착용, △여성 아나운서의 신체를 조명하는 화면구성 및 카메라워크 등이 발견됐다. 보고서는 비판한다. 결국 이들 프로그램은 여성 아나운서를 응시의 대상으로 두고, 남성 시청자의 시각적 쾌락을 공략하는 데 초점을 맞추고 있었던 것이라고. 과연 이런 경향성 이면에는 어떤 논리가 놓여 있을까?

35) Reed, S. (2018). "I'm not a fan. I'm a journalist": Measuring American sports journalists' sports enthusiasm. Journal of Sports Media, 13(1), 27-47.

36) Suggs Jr, D. W. (2016). Tensions in the press box: Understanding relationships among sports media and source organizations. Communication & Sport, 4(3), 261-281.

미디어의 스포츠 구성(1): 승리지상주의

"우리는 환상적인 순간을 공유해야 한다. 승리하는 것을 멈추고 싶지 않다. 승리에 중독돼야 한다."[37] 2020년 6월 잉글랜드 FA컵 64강전을 앞둔 미켈 아르테타Mikel Arteta, 1982- 아스널 감독이 강조한 승리주의다. 물론 이 승리주의를 단지 감독 한 명의 독특한 성향으로 한정해서는 안된다. 오히려 이는 스포츠계가 지금껏 미디어에 의해 강조되며 구성되었던 특징이라 봐야 한다. 미디어는 스포츠를 살 떨리는 경쟁과 이를 위해 고된 준비 과정을 극복하여 승리한 개인, 즉 시상대 가장 높은 곳에 오른 사람만 기억되는 세계로 재현하였다. '1등만 기억하는 곳'으로 구성한 것이다.

'일단 이겨야 한다.' '패자는 말이 없다.' '2등은 기억나지 않는다.' 미디어는 '승리'를 스포츠계에서 추앙된 가치로 담론화discoursing한다. 담론화란 '특정 말에 힘이 실리도록 사회적 소통 구조를 만드는 과정'이다. 이 과정으로 형성된 (담론) 구조에 들어서면, 그게 누구일지라도 그 구조가 강제하는 말을 듣고 그 말만 해야 한다. 승리지상주의 담론이 들어선 스포츠계에선 '과정'이 가치 있고, 4등도 대단한 결과라 말해도, 이미 형성된 언어적 강제력을 넘어서지 못한다. 이 구조에선 '승리'만 말해야 한다. 미디어는 이런 승리 지상주의 담론을 두 가지 기제로 구성한다.

스포츠에서의 승리지상주의는 어떠한 사회적 흐름을 반영하는가?

'스포츠는 사회 축소판'이라는 대전제를 생각해보자. 결국, 스포츠계에서 볼 수 있는 특정 현상은 사회적인 것을 반영한다. 과연 미디어가 그토록 강조하는 스포츠계에서의 승리는 어떠한 사회적 흐름을 반영할까? 그 사회적 흐름은 어떠한 긍정적, 부정적 기능을 할까? 왜 그렇다고 생각하는가?

첫째, 1등만 강조하기focusing the winner 방식이다. 1등만 집중 보도하며 그 외의 것은 기억나지 않게 하는 기제다. 2등과 3등, 더욱이 4등은 미디어 수용자 인식 속에서 사라진다. '1등 외엔 의미가 없다'는 인식을 자연화한다. 당연히, 공정한 경쟁에서 1등 자리에 오른 결과를 강조하는 건 권장할 일이다. 문제는, '승리'를 '1위'와만 동일시하며 그 1위를 달성하지 못한 다른 이들의 노력 과정, 그 과정에 개입되었던 다양한 외적 환경 요

[37] 김가을 (2020.01.06.). FA컵 앞둔 미켈 아르테타의 강조 "승리에 중독돼야 한다". 조선일보.

인을 삭제시키는 관행이다. 나아가 1등만을 진정한 승자로 강조하며, 2등과 3등의 가치를 사소화trivializing하고 동시에 실패로 인식하게 만든다.[38)]

둘째, 보상 가치화하기valuing high-reward다. 승자에게 부여된 보상에 지나친 가치를 부여하며 승리 지상주의를 강화하는 방식이다. 물론, 고된 노력을 향한 정당한 보상 자체를 문제시할 순 없다. 스포츠에서의 노력이란 가치를 사회적으로 선순환하기 때문이다. 문제는, 미디어가 승자의 보상에만 지나치게 높은 가치를 부여하며 나타나게 되는 '신데렐라 신화Cinderella myth'다. '한 방에 인생 역전이 가능하다'란 신념. '거지에서 부자로rags to riches' 내러티브다. '금메달로 인생 역전', '1등으로 그동안의 서러움 날려', '자고 나니 일확천금' 등, 버전은 다양하다. 이는 스포츠에서의 승리를 '돈'이란 가치로 환원시킨다. 가치가 돈에만 있을까?

특히 승리 지상주의라는 미디어 스포츠 담론은 능력주의로 통용되는 경쟁의 가치를 신성시한다. 능력주의란, 개인이 공평한 기회를 바탕으로 노력하여 최대 능력을 발휘, 성과를 얻는다는 자유주의 이념의 핵심이다. 경쟁에서 승자만을 강조하며 스포츠는 공정한 경쟁 조건을 바탕으로 누구라도 노력하면 성공할 수 있는 곳으로 재현된다. 문제는, 이것이 의도치 않게 경쟁에서의 외부 조건을 삭제한다는 것이다. 즉, 결과만 중시하는 '결과주의'와, 스포츠계에 존재하는 현재의 불공정 및 불평등 문제를 전적으로 한 개인의 능력으로 환원시키는 '네 능력을 탓해' 분위기를 강화한다.

미디어의 스포츠 구성(2): 성차별

'43세 엄마의 투혼, 수술 아픔 딛고 3연패.' 2016년 6월 11일, 서울방송 8시 뉴스는 리우올림픽 여자사이클 올림픽 3연패를 한 크리스틴 암스트롱Kristin Armstrong, 1973-, (미국) 선수의 금메달 소식을 전하며 이 제목을 달았다. '남편만 보면 힘이 솟는 엄마 역사(力士).'[39)] 같은 올림픽, 역도 여자 53kg에서 동메달을 딴 윤진희 선수 역시 일간신문 기사에서 이렇게 보도됐다. 무엇이 문제일까? 중국의 야오밍Yao Ming, 1980- 과 결혼한 190cm의 중국 여자농구 국가대표선수 예리를 '야오밍 애인'으로 표현하거나, 여자수영 세계 신기록을

38) 비단 미디어의 구성에서만 이런 1등 강조하기가 나타나진 않는다. 우리의 일상에서도 1등 이외엔 가치 없다는 실천이 빈번하다. 예를 들어, 전부는 아닐지언정, 몇몇 체고에서 전국체전 '동메달'을 '똥메달'로 부르는 관습이나(금메달 외엔 별 효용이 없음을 표현), 대학입시에서 금메달이나 1등 성적만 중요하게 평가하는 제도도 스포츠계에서의 승리지상주의를 강조하는 실천이다.

39) 유재영, 황규인 (2016.08.09.). 남편만 보면 힘이 솟는 '엄마 力士'. 동아일보, A26면.

12번 경신한 케이티 러데키Katie Ledecky, 1997- 선수를 '여자 펠프스'로 보도하는 방식은 또 왜 문제일까? 여성 선수를 향한 미디어 구성 방식에 우리는 무엇을 문제화할까?

스포츠계에서 남성은 '강하고, 공격적이며, 미사일 같고, 기계 같다'고 묘사된다.[40] '남성다움 강화하기' 보도다. 지금 당장 '남자 테니스'를 생각하며 떠오른 이미지를 말해 보라. 아마도 강력한 스트로크를 구사하는 역동적인 선수상일 것이다. 미디어가 그동안 남성 스포츠를 그렇게 묘사했기 때문이다. 뿐만 아니라, 남자 선수는 그 스포츠를 대표하는 식으로도 보도된다. 김연아 선수의 피겨스케이팅계 영향력에도 불구, 미디어는 남자 피겨 기대주 차준환(2001년생)를 '김연아 후배'로 묘사하지 않는다. '세계 톱 10'이자 '남자 피겨'를 대표하고 그 '역사를 새로 쓰는' 존재로 그린다. 미디어는 스포츠 텍스트를 어떻게 차별화하며 구성하는가?

미디어의 스포츠 구성이 성차별적이라 할 때, 차별은 차이를 근거로 사회적 위계화를 하는 행위가 된다. 때문에, 스포츠 재현이 지닌 성차별 양상을 이해하기 위해선 먼저 남성과 여성 스포츠 관련 보도 방식에 어떤 차이가 있는지 봐야 한다. 두 가지 측면을 보자. 첫째, 양적 보도 차이다. 미디어는 남성과 여성 스포츠를 동등하게 보도할까? 아니다. 여성을 다룬 스포츠 미디어 콘텐츠는 약 10% 수준이다. 둘째, 질적 보도 차이다. 남성과 여성 스포츠는 질적으로 다르게 묘사될까? 만약 다르다면, 이런 보도 방식이 사회적으로 미치는 영향은 어떠할까?

여성 스포츠 보도량이 적은 건 당연한가?

스포츠계에서 여성 스포츠는 10% 미만으로 보도된다. 문제는 그 차이로 여성 스포츠 지원이나 관심이 차등화된다는 사실이다. 관련하여, 현재 스포츠 구조상, 남성 스포츠가 여성 스포츠보다 리그나 인원이 많고, 더 재밌으며, 더 많은 광고가 붙기에 더 많이, 자주 보도되는 게 당연하지 않냐는 반론이 가능하다. 어떤 논의가 가능할까?

양적 차원보단 질적 차원이 더 중요할 수 있다. 은밀하기 때문이다. 미디어가 스포츠를 젠더 차원에서 구성하는 방식은 대략 네 가지로 요약된다.

첫째, 젠더 구분하기sexing/gendering'다. 한 마디로, 남자 경기는 '경기'로, 여자는 '여자 경기'로 명명하는 전략이다. '남성 대표화하기'다. 남자 감독은 그냥 '감독'으로 호명되며

40) Trujillo, N. (1995). Machines, missiles, and men: Images of the male body on ABC's Monday Night Football. Sociology of Sport Journal, 12, 403-423.

대표성을 부여받지만, 여성 감독에겐 반드시 '여성'이란 수식어가 붙는 식이다. '판사'가 아닌 '여성 판사' 같은 식이다. 이는 어떤 문제로 이어질까? 미디어 수용자가 여성의 스포츠 참여를 남성의 그것보다 열등한 것으로 느끼는 문제를 만든다.[41]

둘째, 여성 선수의 성적 대상화sexual objectification다. 여성 선수를 '선수'가 아닌 성적 대상(타자), 즉 엄마나 부인, 애인 같은 이성애異性愛로 대상화하는 방식이다.[42] "야오밍 애인도 '바스켓 걸'"[43]이나, "어! 모두 아줌마네"[44] 같은 신문의 표제, 방송에서 "예, 두 아이의 어머니죠"라든가, "여자는 약하지만, 엄마는 강합니다, 우리 핸드볼 선수들 대단해요"와 같은 방송 해설에서의 언급이 대표적이다. 여성의 종속화를 야기한다.

러시아 육상, 바비인형만 살아남았다

멀리뛰기 선수 클리시나, 리우 출전 예외적으로 허용… 러시아 국기 대신 오륜기 달고 뛰기로

리우올림픽 D-14

국가대표 멀리뛰기 선수는 나라를 뛰어넘어선 안 되는 걸까.

러시아 국기 대신 오륜기를 달고 리우 올림픽에 출전하게 된 다리야 클리시나(25)가 곤혹스러운 처지에 몰렸다. 21일 CAS(국제스포츠중재재판소)가 올림픽 출전 금지 처분을 철회해달라는 러시아 육상 대표팀의 중재 요청을 기각하면서 혼자 올림픽에 나가는 신세가 됐기 때문이다. 클리시나는 러시아 육상팀이 국가 주도 도핑 혐의를 받게 되자, IOC에 '국제대회 참가 신청서'를 제출해 개인 자격으로 올림픽 출전권을 확보했다. IOC는 클리시나가 지난 3년간 미국에서 훈련해 국가 차원의 도핑과 관련이 없다는 이유로 출전을 허락했다. 대신 클리시나는 러시아 국기 대신 IOC 표시를 가슴에 달아야 하며, 입장할 때 러시아 국기도 앞세울 수 없다.

클리시나는 '트랙 위의 바비 인형'이라 불리는 러시아의 멀리뛰기 스타다. 최고 미녀 선수로 국민적인 사랑을 받았지만 지금은 조국을 배신한 '마녀' 신세다.

러시아 육상팀 전체의 출전 금지가 확정된 지금, 클리시나는 자신에게 쏟아지는 비난과 성원 사이에서 더욱 난감한 처지가 됐다. 클리시나에겐 "자기 욕심에 나라를 버리고 혼자 올림픽에 나간다" "동료들이 못 가게 됐는데, 혼자 가니 좋으냐"는 식의 비난이 봇물처럼 쏟아지고 있다. 동시에 그를 성원하는 목소리도 커지고 있다. 러시아 깃발 없이 올림픽에 나가기로 한 클리시나를 지지하는 사람들은 "스포츠는 국적이나 정치와 관련이 없다"거나 "그를 비판하는 건 러시아의 낡은 애국주의에 불과하다"는 격려의 글을 그의

국가적 약물파동 비껴간 그녀, 왜?
3년 美서 훈련… 러 도핑과 무관
IOC, 개인 자격으로 올림픽 허락

바비인형이라 불리던 그녀가…
출전 허용에 기뻐하던 클리시나
SNS에 비키니 사진까지 올리자
러시아에선 배신자·마녀 취급
나치에 협력한 반역자 빗대기도

SNS에 남기고 있다. 올림픽에 가지 못하게 된 러시아 육상 총감독 유리 보르자코브스키는 "클리시나의 성공을 기원한다"고 했고, 2004 아테네올림픽 높이뛰기 금메달리스트인 옐레나 슬레사렌코 역시 "클리시나가 올림픽에서 우승하기를 바란다"고 했다.

클리시나는 개인 자격 올림픽 출전이 허락되자 SNS에 "올림픽에 나가게 돼 정말로 행복하다. IAAF에 감사한다"고 썼다가 뭇매를 맞았다. "동료 선수들의 출전을 막은 IAAF에게 감사하다며 머리를 조아리다니, 부끄러운 줄 알라"는 질타가 쏟아졌다. 러시아 언론은 클리시나를 향해 "모두를 배신한 한명" "인민의 적"이라고 몰아세웠다. 러시아의 친정부 언론인으로 알려진 드미트리 스미르노프는 트위터에서 클리시나를 2차 세계대전 당시 독일 나치에 협력한 반역자에 비유했다. 클리시나는 CAS 결정이 나오기 나흘 전 해변에서 찍은 비키니 사진을 인스타그램에 올렸다가 다시 비난을 자초하기도 했다.

클리시나는 "조국을 배반하거나 나치에 공모하지도 않았는데 나를 모욕하는 건 옳지 않다"며 "조용히 올림픽 준비에 전념하고 싶다"는 입장이다. 그는 현재 미국 플로리다주에 머물며 훈련 중인 것으로 알려졌다.

2010년에 러시아의 한 설문조사에서 '올해의 가장 섹시한 육상 선수'로 선정된 그는 인스타그램 팔로어만 7만8000여 명을 거느리고 있다. 2007년 세계청소년 육상선수권에서 6m47의 기록으로 정상을 차지하며 두각을 나타냈고, 2011년 7월에는 개인 최고 기록(7m5)을 달성했지만 아직 올림픽에는 나간 일이 없다.

클리시나는 한국과도 인연이 있다. 2011년 8월 대구에서 열린 세계육상선수권대회가 그의 첫 메이저(세계선수권, 올림픽) 데뷔전이었다. 당시 발목 부상으로 7위에 그쳤지만 한국 육상 팬들의 관심을 한몸에 받으며 인기를 끌었다.

김승재 기자

세이코 홈페이지

미녀가 마녀로? 미녀가 마녀로 바뀌는 건 한순간이었다. 멀리뛰기 선수 다리야 클리시나는 '트랙 위의 바비 인형'으로 불리며 러시아 국민의 사랑을 독차지했지만, '개인 자격'으로 리우올림픽 출전을 선택한 뒤 매국노 취급을 받았다. 시계 브랜드 세이코의 모델로 등장한 클리시나의 모습.

조선일보 DB

지난 2011년 3월 프랑스 파리에서 열린 유럽실내육상선수권대회에 출전한 클리시나.

클리시나 인스타그램

클리시나는 CAS가 러시아 육상 올림픽 출전 금지 결정을 내리기 나흘 전 해변에서 비키니를 입고 찍은 사진을 SNS에 올렸다가 비난을 받았다.

[그림 7-3] 여성 선수는 모든 이슈에서 외모로 재현되는가? (조선일보, 2016.07.23, A26면)

셋째, 여성성 강조하기highlighting femininity다. 여자는 잘 울고, 소심하며, 약하다면서 정서적으로 취약한 존재로 서술하는 방식이다. 실제 보도에선 여성의 우는 사진이나 부상 후 고통스러워하는 모습이 강조되며, 감정적으로 불안정하게 묘사된다. 자연스럽

---

41) Weiller, K. H., & Higgs, C. T.(1999). Television coverage of professional golf: A focus on gender, Women in Sport and Physical Activity Journal, 8(1), 83-100.

42) Daddario, G. (1994). Chilly scenes of the 1992 Winter Games: The mass media and the marginalization of female athletes, Sociology of Sport Journal, 11, 275-288.

43) 조정훈 (2004.01.16). 야오밍 애인도 '바스켓 걸'. 조선일보, C2면.

44) 김종석 (2000.09.27). "어! 모두 아줌마네". 동아일보, C5면.

게, 여성은 약하고 불완전하기에 강인한 정신력이 필요한 스포츠—특히, 리더십 위치—에 어울리지 않는다는 인식을 강화한다.[45)]

여성 선수의 미디어 묘사

넷째, 경기 외적 측면 강조하기[focusing on marginality]다. 선수 외모나 전직[前職], 개인적 삶, 가족관계 등, 스포츠 경기력과 그다지 상관없는 부차적 요소가 강조되는 방식이다. 예를 들어, 1) 선수 미모 강조하기, 2) 이전에 잡지 모델이었던 직업 부각하기, 3) 경기력보다는 복장 강조하기, 4) 선수의 특정 신체 부위 강조하기 등이 대표적이다.[46)] 결국, 지금까지의 스포츠계 성차별적 미디어 구성은 '사소화[trivialization]'와 '한계화[marginalization]' 기법으로 요약될 수 있다.[47)]

미디어의 스포츠 구성(3): 군사주의

축구 한일전. 경기 시작 전 애국가 제창이 이뤄진다. 모든 사람이 일어나 국기를 바라보며 엄숙한 자세를 취한다. 순간, 경기장은 정적과 함께 고요한 결기가 흘러 넘친다. 카메라는 두 눈을 감은 선수들의 굳은 의지를 차례로 확인해주며 스포츠 경기의 '전쟁' 양상을 극대화한다. 마침내 끝난 애국가, 터져 나오는 함성. "준비 완료, 출격!" 관중은 엄청난 함성을 보내며 전쟁에서의 승리를 염원한다. 미디어 스포츠 텍스트가 구성되는 또 다른 양상은 바로 이처럼 '군사주의[militarism]'로 연결된다.

스포츠의 군사주의적 담론은 병영국가 특성이 강한 우리에게 특히 심하다. "한 선수의 국외 스포츠 활동이 마치 군 복무의 동격으로 인식되며, 전쟁을 쉽게 연상시키는 근대 스포츠는 물론이고, 우리 일상 전체는 군사주의적 어휘로 물든 상태다."[48)] 미디어에서 스포츠 묘사 때 사용되는 어휘 대부분은 이미 군사용어로 이루어졌다는 지적이다. '파워풀 토종, 용병 비켜!', '라울이 골에어리어 왼쪽 사각[死角]지대에서 왼발 발리슛', '그라운드 대포 전쟁 시작됐다' 같은 표현이 대표적이다.

---

45) Pirinen, R. (1997). Catching up with men: Finnish newspaper coverage of women's entry into traditionally male sports. International Review for the Sociology of Sport, 32, 239-249.

46) Biscomb, K., & Matheson, H. (2019). Are the times changing enough? Print media trends across four decades. International Review for the Sociology of Sport, 54(3), 259-281.

47) 사소화 기법이란 "매체의 보도 대상이 가지는 중요속성보다는 그 대상의 언어, 복장, 나이, 스타일, 신체 부위와 같은 주변 속성을 강조하는 기법"이다. 한계화 기법은 "한 대상이 지니는 속성 중 그리 중요하지 않고 대표성 없는 걸 부각하면서 그 대상의 발전 가능성에 한계를 치는 방법"을 의미한다. 전자가 스포츠에서 여성 선수의 엉덩이나 다른 부위의 외모를 특별히 강조하는 식으로 재현된다면, 후자는 여성 선수의 우는 모습이나 미모에 그들의 속성을 모두 제한시키는 방식으로 발현된다.

48) 박노자 (2003). 체력이 국력이다? 아웃사이더, 13, 149-159, 151쪽.

보도내용	주제영역	대표적 어휘
지 도 자	장군	사령관, 사령탑, 장군, 지휘관, 지휘봉, 선봉장
한국대표팀	병사	군단, 돌격대, 무장, 병사, 아군, 위장전술, 육탄전, 전사
선수개인	병기	무기, 복병, 폭격기, 비밀병기, 저격수, 전사, 요격기, 조타수
상 대 팀	적군	숙적, 용병, 적, 적군, 아군, 제압, 침몰, 작전대상, 거함
경 기	전쟁	격침, 격돌, 격파, 공중전, 지상전, 수중전, 선전포고, 전쟁

[표 7-1] 2006독일월드컵 당시 신문에 보도된 내용 및 하위범주[49)]

스포츠 경기에서 외국인 선수를 '용병mercenary'으로 칭하는 관습을 보자. 무엇이 문제일까? 용병이란 단어에는 돈을 주면 어떤 살상이라도 기꺼이 행하는 비윤리성이 내재한다. 돈만 밝히는 전문 군인이란 비하적 뉘앙스가 담긴 개념인 것이다. 물론 프로 스포츠 리그에 외국인 선수가 온 건 주로 돈 때문이다. 그렇다고 그 선수를 차별적 편견이 담긴 언어로 표현하는 게 정치적으로 옳을까? MLB에서 활약 중인 류현진 선수를 미국 언론들이 '한국 용병'이라 부르면 과연 좋을까?

> 용병은 결코 중립적인 용어가 아닙니다. 마치 인생의 종착역에 이른 폐인이라는 황량한 느낌마저 느끼게 합니다. 이런 의미가 스포츠에 투영되면 난폭하고 막 나가는 선수로 받아들여지게 마련입니다…편견이 전제된 표현입니다.[50)]

스포츠를 군사주의로 재현하는 미디어 관습은 세 가지 이유 때문에 견제되어야 한다. 첫째, 스포츠 콘텐츠에서 군사주의적 성격을 강화하는 관습은 스포츠 가치를 승리로 한계화한다. 군사주의는 스포츠를 전쟁으로 재현한다. 전쟁에서 중요한 건 무조건적 승리다. 패배는 '죽음'이니까. 둘째, 스포츠의 군사주의적 재현은 수용자를 폭력에 둔감하게 만든다. 언어는 인식과 행위를 규정한다. 폭력적 용어가 스포츠를 계속 설명하면, 미디어 수용자는 그 언행을 자연스럽게 내재화한다. 청소년들이 학교 운동장에서 축구를 하며 '적을 궤멸시켜라!'고 외치는 모습이 일상화될 수 있다. 셋째, 스포츠에서 과격함만 강조되면, 그것으로 평가되지 않는 다른 스포츠(미적 스포츠)는 소외된다. 가치화 작업이 강인함과 폭력성 등에 집중되면, 그 외의 것은 관심에서 멀어진다.

---

49) 배승호, 김영구, 김무영, 최덕묵 (2007). 2006년 독일월드컵 신문보도에 사용된 군사용어의 비판적 고찰. 한국스포츠리서치, 18(2), 621-630.

50) 김종하 (2007.06.28.). '흑인 용병' 등 인종차별 용어 피해야. 동아일보, A33면.

미디어 지형 변화와 스포츠 수용자 이해

최근 미디어 지형은 급변하는 중이다. 우리에게 전통적 미디어로 알려진 TV나 라디오, 신문은 위기지만, 인터넷을 기반으로 한 포털, 유튜브, 트위터 등은 그 영향력을 꾸준히 확장 중이다. 영향력이 어디까지 커질지 모를 '뉴미디어 시대new media century'다. 이런 시대를 접하며 스포츠사회학은 어떤 질문을 던져야 할까? 스포츠계의 기존 질서는 뉴미디어의 영향력에도 불구하고 현 상태를 유지할 수 있을까? 기존 스포츠 지형에서 소수자 위치에 있던 개인과 조직은 뉴미디어를 이용하여 변화를 기대할 수 있을까? 사람들은 뉴미디어를 중심으로 스포츠를 소비하며 기존과 다른 스포츠 실천/행위를 할까, 아니면 기존과 같은 행위를 고수할까? 이들 질문이 뉴미디어와 스포츠사회학자 사이를 매개한다. 뉴미디어란 무엇이고, 스포츠와는 어떤 관계인지 살펴보자.

뉴미디어 속 스포츠의 특징

> 트위터와 페이스북과 함께 살며, 이제 그 누구도 스포츠를 관람하러 저녁 6시 30분까지 기다리지 않는다. 지형이 바뀌었다. NFL 팀 정보나 내가 원하는 다른 정보 모두 5분 안에 내 핸드폰에서 얻는다. 이젠 지역 스포츠 채널을 볼 필요가 없어졌다.[51)]

지금의 스포츠 미디어 시스템이 없었을 땐, 그날의 스포츠 소식을 두 가지 경로로만 접할 수 있었다. 9시 저녁 뉴스 후 약 15분간 방송하는 '스포츠뉴스'를 보거나, 다음날 스포츠신문 결과를 들춰보는 것이었다. 요즘은 아니다. 핸드폰에서 포털 앱만 켜면 모든 스포츠 소식을 바로 접할 수 있다. 실시간 경기 관람도 가능하다. 댓글로 의견 달고, 활동을 영상으로 찍어 방송도 한다. 뿐인가? 스포츠를 반드시 밖에서 즐길 필요도 없어졌다. 집에서 가상현실 프로그램을 이용하거나, 위wii를 사용하면 된다. 오늘날 새로운 미디어 시스템은 스포츠와 개인을 이렇게 매개한다.

뉴미디어란 이런 환경을 총칭하는 개념이다. 인터넷, 이커머스e-commerce, 블로그, 비디오게임, 가상현실virtual reality, 소셜미디어social media 등을 포함하는 '포괄적 개념'이 뉴미디어다. 사람들의 접근성, 유동성, 상호작용성을 증폭시키며 기존의 경험 방식과 반경

51) Knox, M. (2011.11.03.). WRKN's Joe Dubin resigns, says he doesn't see a need for local sports; Hull, K., & Lewis, N. P. (2014). Why Twitter displaces broadcast sports media: A model. International Journal of Sport Communication, 7(1), 16-33, 16쪽에서 인용.

을 확장한 미디어 기술을 총칭한다.[52] 뉴미디어의 중요 특징은 전통적 미디어인 라디오, TV, 전화가 인터넷 기술을 중심으로 지구적 네트워크를 형성했다는 점이다. 이전에 없던 무엇이 뜬금없이 등장했기에 '뉴'미디어가 아니다. 기존 미디어가 변형, 확장, 그리고 연결되어 진화했다는 차원에서 '뉴' 미디어다.

뉴미디어 환경과 스포츠계에 닥친 문제

한국에서 마이클 조던의 농구 경기를 보려면, 80년대 초반엔 비행기를 타고 미국에 가야 했다. 1980년대 후반에 와서는 녹화된 비디오테이프로 경기를 볼 수 있게 되었다. 1990년대에는 드디어 실시간 TV 방송으로 조던을 만나게 된다. 시차 문제는 있으나 안방에서 편히 볼 수 있게 된 것이다(모두 지구화 덕이다). 그 후 2000년대 초반엔 인터넷 발달로 컴퓨터 시청이 가능해졌고, 후반부터는 걸어 다니며 조던의 덩크슛에 환호하는 '모바일스포츠mobile sports' 시대를 경험하기 시작했다. 2020년대인 오늘날, 수많은 마이클 조던 영상이 편집되어 유튜브에 저장되기에 이른다. 보고 싶은 영상을 취사선택해 편집할 수도 있다. 우리는 지금 이런 미디어 세상에 산다.

> 통신, 컴퓨터, 방송 융합으로 지원되는 뉴미디어 기술은 문화 생산의 가능성을 '소비' 영역으로까지 확장하였다. 그에 따라 과거 수동적이었던 팬은 공급된 원자료로부터 맞춤형 텍스트 제작이 가능해졌다. 수동적인 스포츠 미디어 소비자는 이제 '미디어 작가(auteur)'이자 운동선수 '복제자(replicant)'가 된다.[53]

물론 뉴미디어 환경이 축복인 것만은 아니다. 스포츠(조직)는 해결해야 할 중요한 문제에 직면했다. 그 문제를 요약해보면 대략 다섯 가지로 정리된다.

첫째, 기존에 텔레비전 기업과 맺었던 방송중계권 관련, 온라인 미디어의 개입에 어떻게 대응할지의 문제다. 둘째, 급증하는 뉴미디어에서 통용되는 스포츠콘텐츠 저작권 보호 문제다. 셋째, 전통적 미디어 환경에선 수동적일 수밖에 없었던 팬과 소비자들의 피드백과 비판을 어떻게 수용하고 활용할 것인가다(이는 종목의 생존과 발전에 있어 중요하다). 넷째, 기존 미디어 환경에서 소외되던 '비인기 종목minor sports'[54]이 뉴미디어 환경에

---

52) Fidler, R. F. (1997). Mediamorphosis: Understanding new media. Pine Forge Press 참조.

53) Rowe, D. (1999). Sport, culture and the media: The unholy trinity. Buckingham: Open University Press, 168쪽.

54) 직접 참여하는 것에서 소외된 것이 아닌, '방송 중계'에서 소외되었다는 의미에서의 '비인기 종목'이다.

서 어떠한 기회를 확보할지의 문제다. 마지막으로, 기존 스포츠 소비자가 인터넷 게임 분야로 유출되는 문제와 함께, 인터넷 스포츠게임을 즐기던 고객을 실제 스포츠 실천으로 어떻게 연결할지의 문제다. 이들 문제를 염두에 두고, 지금부턴 뉴미디어 환경을 구성하는 핵심 플랫폼 중심으로 과연 스포츠가 어떻게 생산되고 소비되는지를 검토해 보자. 스포츠사회학은 뉴미디어에 어떤 질문을 던질까?

뉴미디어 스포츠 지형의 개괄

뉴미디어 환경은 다양한 측면에서 이해될 수 있는 개념이지만, 여기에서는 세 가지 경향을 중심으로 설명된다. 첫째, 포털[portals]로 대표되는 '플랫폼화'와 둘째, 소셜미디어 중심의 '정보 네트워크화', 그리고 셋째, 3) 가상참여와 데이터가 결합한 '판타지화'가 그 경향성이다. 첫 번째 특징인 플랫폼화로 우리는 스포츠를 특정 포털 중심으로 소비하기 시작했다. 또한 소셜미디어 중심의 정보 교환은 기존 매스미디어 중심의 정보 독점 구조를 파괴하며 스포츠 정보의 민주화를 이뤄냈다. 나아가 판타지 스포츠[fantasy sports]는 미디어 중심의 가상 참여형 스포츠 세계를 창출했다.

뉴미디어 스포츠 지형(1): 포털로 소비되는 스포츠

뉴미디어 스포츠 지형의 첫 번째 특징은 포털 형식의 미디어가 오늘날 스포츠 소비의 주류를 차지했다는 점이다. 대략 소비의 95%를 차지한다. 이런 경향을 '텔레비전의 플랫폼화[platformisation of television]'[55]라 부른다(각종 텔레비전 방송국이 정거장에 모인 그림을 생각해보라). 포털이란 한 마디로 '입구가 되는 (웹)사이트'다. 여러 사이트를 특정 분류에 따라 정리한 후, 주소를 링크시켜 사용자가 원하는 곳을 쉽게 찾아가게 한 사이트다. 넷플릭스나 네이버가 대표적이다. '텔레비전 프로그램의 도서관[library of television programs]'[56]으로도 불린다. 네이버를 보면 모든 스포츠 프로그램이 마치 도서관의 책처럼 정렬되어 있음을 쉽게 확인할 수 있다.

이처럼 포털에서 스포츠를 소비하게 된 변화는 여러 의미를 지닌다. 첫째, TV와 같

---

55) Evens, T., & Donders, K. (2018). Platform power and policy in transforming television markets. Cham: Palgrave Macmillan, 1쪽.

56) Lotz, A. D. (2017). Portals: A treatise on internet-distributed television. Ann Arbor, MI: Maize Books, 85쪽.

은 전통미디어의 한계였던 고정성을 극복했다는 의미다. 즉, 과거 TV가 설치된 거실에서 스포츠를 소비하던 방식을 넘어, 어디서든 스포츠를 즐길 수 있는 환경을 맞이했다. 모바일스포츠mobile sports 시대다. 둘째, 시청 행위의 개인화individualization다. 예전의 영화 소비는 정해진 장소(영화관)와 시간을 따르는 '집단화' 방식으로 소비되었다. 하지만 최근엔 넥플릭스에서 개인 중심으로 소비된다. 스포츠 역시 그러한 경향성을 띤다. 셋째, 스포츠콘텐츠가 가공되어 재확산한다.[57] 동영상으로 포털에 올라온 영상 데이터는 자신의 기호에 맞게 편집되어 유튜브에서 재생(산)된다. 이렇게 개인 취향이 반영되어 편집된 영상은 좋아하는 사람들끼리 공유되며, 일종의 '스포츠 시청의 취향 부족주의taste tribalism'로 이어지게 된다. 스포츠 취향은 충돌한다.

뉴미디어 스포츠 지형(2): 매스미디어에서 소셜미디어로

뉴미디어 스포츠 지형 두 번째 특징은 스포츠 생산과 소비가 '매스미디어mass media'에서 '소셜미디어social media' 중심으로 이루어지기 시작했다는 점이다. 매스미디어는 방송모델을 기반으로 정보 제공이 한 방향(미디어 생산자→수용자)으로 이루어진다. 이 때문에 무엇보다 국가 정체성 함양에 효과적이었다. 특히 독재 정부가 수월하게 선전하기가 좋았다. 하지만 소셜미디어는 다르다. 이는 사회적 연결망을 이용하여 사람에서 사람으로 정보를 전달한다. 논의를 분산시키고, 정보 커뮤니티를 형성한다. 대화는 쌍방향이다. 정보는 '수직적 하달'이 아닌 '수평적 전달'로 공유된다.[58] 페이스북, 트위터, 인스타그램, 유튜브, 블로그 등이 대표적이다.

소셜미디어가 사회 주류가 되면서 스포츠 조직은 바빠졌다. 프로스포츠 구단뿐 아니라 비영리 스포츠 조직(IOC나 각국의 체육회 등)은 자신을 홍보하고 관련 스포츠 소식을 업데이트하려 소셜미디어 활용에 집중하기 때문이다.[59] 대회 정보, 기관 홍보, 선수 소개 및 일상 공유, 구단 마케팅에 소셜미디어는 이제 빠져선 안 될 창구가 되었다.[60] 또

---

57) Hutchins, B., Li, B., & Rowe, D. (2019). Over-the-top sport: live streaming services, changing coverage rights markets and the growth of media sport portals. Media, Culture & Society, 41(7), 975-994.

58) Mangold, W. G., & Faulds, D. J. (2009). Social media: The new hybrid element of the promotion mix. Business Horizons, 52, 357-365.

59) Naraine, M. L., & Parent, M. M. (2017). This is how we do it: A qualitative approach to national sport organizations' social-media implementation. International Journal of Sport Communication, 10(2), 196-217.

60) Abeza, G., O'Reilly, N., & Seguin, B. (2019). Social media in relationship marketing: The perspective of professional sport managers in the MLB, NBA, NFL, and NHL. Communication & Sport, 7(1), 80-109.

한, 선수들 역시 개인화된 소셜미디어를 이용하여 자신을 표현하기 시작한다. 물론 이와 같은 미디어의 개인화는 선수 일탈로 이어지곤 한다. 하지만 기본적으로 소셜미디어는 기존 신문이나 텔레비전의 선택을 기다리던 선수들이 적극적으로 자신을 브랜드화self-branding하도록 이끄는데 지대한 역할을 한다. 특히 기존 미디어가 여성 선수들을 외모 중심적이고 성차별적으로 보도하던 관음증적 경향성을 전복시킬 기회도 마련해주었다(물론 이런 가능성에 회의적 시선도 많다).[61]

유튜브는 스포츠 미디어 지형을 어떻게 바꿀 수 있을까?

과거, 운동선수가 어떤 이슈로 기자회견 하려면 특정 미디어 조직에 사정해야 했다. 지금은 어떨까? 핸드폰 하나 놓고 영상을 찍어 유튜브에 올린 후 SNS에 업로드만 하면 끝난다. 스포츠 미디어 환경이 바뀐 것이다. 유튜브는 기존 스포츠 미디어 지형을 어떻게 바꿀까? 이는 스포츠계에 축복인가, 아니면 생각지 못한 위협이 될까?[62]

뉴미디어 스포츠 지형(3): 스포츠의 도박화 혹은 판타지화

뉴미디어 스포츠 지형의 마지막 특징은 '판타지 스포츠'다. 가상 환경에서 팀을 만들어 경쟁하는 온라인 게임이다. 한 예로, 판타지 미식축구를 보자. 게임 이용자는 가상의 구단주가 되어 드래프트 제도를 활용하며 직접 선수를 선발 및 트레이드한다. 여기에서의 핵심은 가상의 선수 기록에 실제 미국 미식축구NFL 게임의 선수 기록이 반영된다는 사실이다. 현실 스포츠 데이터가 실제 게임에 동기화되는 것이다. 당연히, 게임 참가자는 현실에서의 실제 경기도 챙겨봐야 한다.

그렇다면 세계적으로 약 21조 원의 시장을 형성한 판타지 스포츠와 관련하여 사회학적으로 가능한 질문은 무엇일까?[63] 미시적 수준에서, 판타지 스포츠 참여 동기와 그것이 참가자의 일상과 어떤 관계를 맺고, 나아가 게임 경험이 실제 스포츠 관람 및 참여 양상에 영향을 미치는가? 중시적 수준에서, 판타지 스포츠 참가자들만의 하위문화 모습, 그 판타지 스포츠가 형성하는 참가자의 상호작용, 팀 구단주라는 가상의 정체성이

---

61) Toffoletti, K., & Thorpe, H. (2018). Female athletes' self-representation on social media: A feminist analysis of neoliberal marketing strategies in "economies of visibility". Feminism & Psychology, 28(1), 11-31.

62) 남상우 (2019). 유튜브가 변화시킨 스포츠의 미디어 지형. 서울스포츠(345호), 20-21.

63) Tacon, R., & Vainker, S. (2017). Fantasy sport: A systematic review and new research directions. European sport management quarterly, 17(5), 558-589.

일상에서의 상호작용에 어떤 영향을 미치는가? 거시적 차원에서, 판타지 스포츠가 형성한 산업 규모, 이 산업이 지닌 정치경제적 기능, 판타지 스포츠가 실제 스포츠 리그 산업에 미치는 영향, 그리고 최근 문제가 되는 국가의 도박 관련 법률과는 어떻게 충돌하고 그에 따라 파생되는 문제는 무엇인가? 이런 질문이 가능할 것이다.

뉴미디어 스포츠 지형을 향한 사회학적 논의

뉴미디어 스포츠 지형과 관련, 스포츠사회학이 던져야 할 질문은 무엇일까? 무엇보다, 뉴미디어 기술의 발전이 스포츠계의 민주화에 도움을 주는지 물어봐야 하지 않을까?[64] 즉, 기존의 자본주의 논리에 따라 구조화된 스포츠 지형(수익성 높은 스포츠만이 미디어의 선택을 받는 논리)을 뉴미디어 구조로 극복할 수 있을 것인가? 스포츠사회학은 이 핵심적인 질문을 포함, 뉴미디어 스포츠 지형과 관련한 다섯 가지 물음을 던진다.

첫째, 뉴미디어에서 스포츠 텍스트는 어떻게 구성되는가?

전통적 미디어는 스포츠를 몇 가지 굵직한 이슈 중심으로 구성했다. 성차별, 군사주의, 승리주의 같은 '이야기narratives'를 만들어 유포한 것이다. 과거엔 스포츠나 선수가 미디어의 선택에 의존해야 했으니, 이처럼 미디어 조직의 의도대로 이야기가 생산되는 것이 당연했다. 그렇기에, 스포츠계에 대한 사회학적 비판은 대부분이 '미디어 조직 탓'으로 귀결되었다. 건전하고 깨끗한 스포츠계를 미디어 조직이 이상하게 만들었다는 비판이다. 수동적인 스포츠는 미디어의 안타까운 희생자였다.

하지만 뉴미디어 환경에서도 그와 같은 수동성에 의지한 비판이 허용될까? 유튜브, 페이스북, 인스타그램과 같은 소셜미디어 환경은 스포츠 조직과 선수에게 엄청난 '자율성'을 선물했다. 이제 이와 같은 뉴미디어 환경에서 구성되는 스포츠 텍스트를 온전히 미디어 조직 탓으로 돌리기 힘들어졌다.

예를 들어, 과거 매스미디어 환경에선 여성 선수가 주로 예쁘고 섹시한 이미지로 담론화되었다. 이는 여성선수를 상품화하고 성적 대상화하는 미디어의 악습이었다. '외모가 아닌 경기력' 중심으로 묘사되어야 한다. 그걸 여성 선수가 원하기 때문이다. 그

64) 스포츠계의 민주화란, 모든 사람이 차별 없이 스포츠 참여에의 공정성 확보, 모든 스포츠의 동등한 매개 기회 확보, 스포츠와 관련한 다른 의견의 인정이 가능한 상태를 의미한다.

럼에도 미디어 조직은 여성 선수의 외모만 강조하며 그들을 '성적 대상화'한다. 미디어는 이런 식으로 비판받았다. 하지만 자신만의 스포츠 텍스트를 매개(재현)할 수 있는 뉴미디어 환경에서도 과거 방식의 미디어 비판이 가능할까? 지금은 여성 선수가 원하는 경기력 중심의 '이상적' 재현 방식이 자리 잡았을까? 아니면 지금도 많은 선수가 경기력이 아닌 외모 중심으로 자신만의 스포츠 텍스트를 구성할까?

과연 뉴미디어 스포츠 환경에 들어오면서 스포츠 텍스트 구성은 어떤 양상으로 변화했을까? 쌍방향 의사소통 체계로 인해 과거 매스미디어 형식의 스포츠 텍스트 구성은 교정되었을까, 아니면 좀 더 상업화된 방향으로 기울어졌을까? 스포츠사회학이 뉴미디어 스포츠 지형에 던지는 첫 번째 질문이다.

둘째, 소셜미디어 환경에서의 '스포츠 전문가'는 누구인가?

'위키피디아'는 대중 지성이 결집되어 만들어진 온라인 백과사전이다. 확장된 접근성과 편집 용이성이 많은 사람에게 정보의 집적 기회를 제공해줬다. 물론 정보에 오류는 많다. 하지만 그 역시 대중 지성이 관리한다. 삭제하고 편집하며 바로 잡는다. 이런 환경에선 과거부터 유시되던 시식의 소수 독점이 정보의 수평적 진파 및 공유 논리를 지닌 소셜미디어에 의해 해체된다. 그리고 정보의 민주화는 곧 전문가 소멸로 이어진다. 이젠 마음만 먹으면 어떤 정보도 쉽게 얻을 수 있게 되었다.

이런 환경에서 우리 사회 내 '스포츠 전문가'라 불리던 사람들은 지금껏 본인들이 고수해왔던 지위를 계속 유지할 수 있을까? 경기장 내외부의 정보가 특정 플랫폼에 집적되어 누구라도 공유할 수 있게 되고, '스타급' 유명 선수와 소셜미디어 상에서 직접 대화를 나눌 수 있는 시대다. 정보의 진위 확인이 필요하면 직접 선수에게 메신저를 보내 소통할 수 있는 시대인 것이다. 반드시 '엘리트계'의 '선출(선수출신)'이 되어야만 그 분야의 전문가로 인정받던 시대는 사라져간다. 오히려 스포츠에 대한 강한 애착, 지식 수집 능력, 편집 능력, 약간의 말주변이 스포츠 전문가를 만든다.

이런 상황에서 스포츠 및 미디어 조직은 자신의 스포츠를 담론화하기 위한 '이데올로그ideologue(특정 이데올로기를 만들어 전파하는 사람)'를 누구로 상정하여 자신들의 조직을 위해 전면에 내세울까? 기존과 같이 상징자본을 획득한 '선수 출신'이나 특정 영역의 '지식인'만을 고수할까? 뉴미디어 환경은 스포츠계 전문가 경계를 어떻게 달리 구성할까? 스포츠사회학이 던지는 두 번째 질문이다.

셋째, 뉴미디어 환경에서의 '스포츠 소비' 양상은 어떠한가?

우리는 매일 스포츠를 소비한다. 스포츠 소비란, 특정 스포츠에 직접 참가하거나 경기장 관람 및 대중매체를 이용한 스포츠 콘텐츠를 구매하는 행위를 의미한다. 매스미디어 중심의 스포츠 소비에는 특징이 존재한다. 첫째, 휘발성이다. 재방송을 제외하고, 경기 중계는 기본적으로 '라이브live'다. 그래서 한 번 방송이 되면 경기의 가치는 소멸한다. 둘째, 장소 제약적이다. TV 시청이 주된 소비 방식이었기에 거실이나 안방 등, 정해진 장소에서만 소비되었다. 셋째, 프레임 동일화다. 미디어 중계가 한 방향으로 형성한 '프레임(스포츠 화면)'을 모든 시청자가 똑같이 소비한다. 같은 장면을 기억하며 스포츠 종목이 지닌 이미지는 동질화된다.

하지만 뉴미디어 환경에서의 스포츠 소비는 다르게 이루어진다. 뉴미디어에서의 스포츠 소비 양상은 어떠할까? 중요한 특징 중 하나는 스포츠 경기의 '매개 양상'이 달라진다는 사실이다. 우선, 포털 중심의 실시간 방송이 소비된다. 거실에 모여 TV를 보기보단 핸드폰과 같은 모바일 기기가 활용된다. 이뿐 아니라, 스포츠 방송 장면도 각기 달라진다. 선수, 감독, 심판, 심지어 관중 관점에서 방송이 가능해진다. 하나의 경기가 다양한 장면으로 재현되는 것이다(과연 특정 스포츠 이미지는 어떻게 형성될까?). 나아가, 녹화된 경기 장면이 재편집되어 유튜브로 소비된다. 이런 환경이 주류가 되면서 스포츠 팬의 소비는 어떻게 변할까(이제 스포츠 팬은 '프로슈머'가 될까)?

넷째, 소셜미디어는 스포츠 참여에 어떤 영향을 미치는가?

소셜미디어는 '사회적social'일까? 많은 이들이 소셜미디어가 대중의 현실 참여를 촉진, 세계 변화에 도움이 되리라 예상한다. 지구촌 반대편의 부조리를 알게 됨으로써 문제 해결을 위한 참여를 촉진하리라 본 것이다. 하지만 그런 일은 쉽게 벌어지지 않는다. 소셜미디어는 '반(反)사회적anti-social'일 수 있다. 많은 사람이 직접 참여가 아닌 '좋아요-참여'로 본인의 시민적 의무를 다했다고 착각하기 때문이다. 현실계 직접 참여가 아닌, 온라인에서 손가락만으로 '좋아요'를 클릭함으로써 제 역할을 다 했다고(물론 그런 관념마저도 없을 수 있지만) 생각하는 것이다.

이 문제는 스포츠계에 어떻게 적용될까? 두 가지 차원에서의 적용이 가능하다. 첫째, 그동안 미디어의 방송 선택을 받지 못한 '소외 스포츠(비인기 스포츠)'의 소셜미디어 활용성이다. 소셜미디어를 활용하여, 지금껏 잘 알려지지 않았던 스포츠를 '알려줌으로써' 직접 참여와 관람 참여 모두를 활성화할 수 있지 않을까? 이런 변화는 과연 실현될 수 있을까, 아니면 단순히 '좋아요-참여'로만 머물게 될까? 둘째, 스포츠계 변화를 위한 실제 '사회운동' 참여로의 연결 문제다. 누군가 스포츠계의 여러 제도적 문제를 소셜미디어로 알려주는 일과, 그것의 해결을 위한 직접 참여와는 다른 차원의 문제다. 행여, 많은 사람이 소셜미디어에 올라온 관련 내용에 '좋아요'를 누른 후, 직접적인 개입을 외면한 채 자기 할 일을 다 했다고 생각하진 않을까? 과연 소셜미디어로 매개된 스포츠는 현실계에 어떠한 변화를 가져올까? 네 번째 물음이다.

다섯째, 판타지 스포츠는 스포츠계의 구세주인가?

"e스포츠, 관전만 하시나요? 드림팀 만들어 우승 도전하세요!" 한 블로그에 판타지 스포츠와 관련하여 올라온 글의 제목이다. 앞서 설명했듯, 판타지 스포츠는 실제 스포츠 리그 성적을 반영한 가상 스포츠게임이다. 실제로 경기 몰입감을 높인다. 내가 원하는 선수를 직접 선발, 팀을 구성한다. 가상의 구단주가 되어 실제와 가장 가까운 경기 운영을 할 수 있다. 핵심은 '실제 스포츠 리그' 성적의 반영. 이런 구조로 인해 판타지 스포츠 사용자는 리그 승리를 위해 실제 경기가 열리는 날 각종 스포츠 관련 데이터를 분석하는 열의를 쏟는다. 이는 현실계의 스포츠 활성화에 기여할까?

문제는, 이 판타지 스포츠가 '도박'을 바탕으로 한다는 사실이다. 실제, 스포츠 도박 행위를 금지하는 모든 규정(법)의 빈틈을 이용하여 허가를 따낸 것이 판타지 스포츠다(물론 판타지 스포츠 회사는 이것이 도박이 아니라고 주장한다). 돈을 내고 제한된 연봉으로 선수를 영입한 후 리그에 참여한다. 이기면 돈을 받고, 지면 돈을 잃는다. 실제 경기에서 다친 선수가 있다면, 판타지 리그에서도 그 선수는 부상자가 된다. 현실에 집중하지 못하면 사이버상에서 돈을 잃는다. 그렇다고 이것이 '사행(요행을 바라다)'적 요소를 완전히 배제했을까? 아니다. 운도 상당히 작용한다.

과연 판타지 스포츠는 도박인가, 스포츠 전략 게임인가? 최근(2021.06.27.) 국회에서는 「스포츠산업진흥법」 일부개정법률안을 발의, 체육과 스포츠 정의에 '두뇌 활동'을 포함하겠다 했는데, 전 세계적으로 유행 중인 판타지 스포츠(e-스포츠)를 국내에 도입하려는 의도 때문이다. 상당한 쟁점이 될 이 내용은, 향후 '스포츠산업의 혁신자'가 될지, '도박공화국 조성자'가 될지에 대한 진중한 논의를 요구한다. 어쩌면 이 문제는 향후 우리나라 스포츠 산업의 근간을 뒤흔들 수 있는 이슈가 될 수도 있다.

결론: 미디어는 스포츠 변화의 핵심이다

'이제 선수들은 손가락을 조심해야 한다.' 미디어가 과할 정도로 풍성해진 오늘날 스포츠계에 떠도는 말이다. 2011년 5월 잉글랜드 축구클럽인 맨체스터 유나이티드의 웨인 루니Wayne Rooney가 트위터에 악성 글을 남기는 팬에게 메시지 하나를 남겼다. "이 계집애 같은 놈, 널 10초 안에 때려 눕혀 주마. 지킬 수 없는 말 뱉는 거 아니다. 내 너를 기다리마." 선수를 향한 팬들의 선 넘는 악성 댓글은 오늘날 심각한 사회 문제다. 안타까운 점은, 여기에 선수가 개인적으로 대응해봤자 득 볼 게 없음에도 대응을 하다 문제를 키운다는 사실이다. 웨인 루니 역시 그런 상황이었다. 그러자 알렉스 퍼거슨Alex Ferguson 당시 감독이 기자회견에서 명언을 남긴다. 'SNS는 인생의 낭비다.' 전문을 보자.

> "이건 책임에 관한 문제에요. 난 선수들이 자기 행동에 대해, 그리고 트위터에 올린 내용에 대하여 책임이 있다고 생각합니다. 솔직히, 이해가 안 되는데, 왜 사람들이 그딴 일(트위터로 악플 달기 등)을 하는지 모르겠어요. 그런 시간이 어떻게 날 수 있죠? 인생에서 그런 거 안 해도 할 수 있는 일은 백만 가지나 되는데. 차라리 도서관에 가서 책을 한 권 읽으세요."

퍼거슨 감독은 SNS가 인생의 낭비라고 말했으나, 그걸 꼭 그리 볼 일은 아니다. 이미 우리 사회는 수많은 종류의 미디어가 포화 상태로 차 있기 때문이다. 미디어 없는 사회생활은 불가능해졌다. 유아기부터 스마트폰을 자기 신체 일부처럼 가지고 노는 '포노 사피엔스Phono Sapiens(최재붕)'는 앞으로 계속 늘어난다. 이들은 '대면'보다는 '매개된' 형식의 일상적 상호작용에 친숙한 세대다. 이들이 이젠 스포츠계 주류가 된다. 소셜미디어를 인생의 낭비로만 치부할 일이 아니다. 과거엔 책을 보며 '사색'을 해야 했지만, 지금은 폰으로 '검색'을 해야 한다. 선수들에게 미디어는 중요한 만남의 수단이다.

미디어 다변화는 스포츠계에 축복이다. 예를 들어, 억울한 일을 당해 기자회견을 해야 할 선수를 보자. 과거 매스미디어 시대엔 기존 미디어에 읍소해야 했다. 소셜미디어 시대엔 자신이 언제든지 주도적으로 말을 할 수 있다. 지도자들은 어떨까? 대면 활동이 금지되었다고 손을 놓고 있는 게 아니라 유튜브로 들어갔다. 김 모 국가대표 수영선수의 유튜브를 보면 다양한 수영 강습 영상이 올라와 있다. 조회 수만 해도 약 12만 회다. 뿐인가. 대중미디어 선택에서 소외되었던 비인기 종목들은 다양한 미디어를 이용, 자신들만의 독특한 중계 환경을 구축할 수 있게 되었다.[65] 나아가 기존 스포츠 중계도 여러 각도에서 중계가 가능해졌다. 복싱 선수의 헤드기어에 카메라가 달려 중계된다면 얼마나 박진감이 넘칠까? 제대로 앉아 화면을 볼 수 있는 사람은 드물 것이다.

물론, 다변화된 스포츠 미디어 환경은 문제도 만들어낸다. 저작권 문제에서 중계권 문제, 선수 개인의 일탈 등에 이르는 문제들. 그런 문제는 대부분이 스포츠 조직(협회 및 종목단체)이 대응해야 할 것이다. 특히 이처럼 예상되는 여러 문제 중 주목할 건, 미디어로 이루어진 스포츠를 어떻게 '직접 참여'로 연결할지다. TV로 접한 손흥민의 축구에 반하여 인터넷으로 축구공과 축구화를 주문, 나가서 볼을 차려는데 시설도, 리그도, 접촉할 수 있는 애플리케이션도 없다면? 이는 중요한 문제다. 미디어 환경은 무한대로 확장하며 발전하지만, 미디어로 접한 스포츠를 내 주변에서 직접 할 기회가 제한적이면 결국 스포츠는 사이버 공간에서만 소비된다.

스포츠와 미디어를 다룬 이 장은, 결론적으로 스포츠 변화를 위한 미디어의 역할로 마무리된다. 아무리 많은 수식어를 가져다 붙여도, 스포츠의 본질은 경쟁과 재미다. 건강, 교육, 도덕성, 성격 형성, 사교성 증진 모두는 이런 경쟁과 재미의 활동에 몰입한 이후 나타나는 부수적 결과물일 뿐이다. 더 중요한 건, 그런 경쟁과 재미를 직접 몸으로 즐길 수 있도록 구조를 만들어주는 일이다. 이런 과정에서 미디어는 스포츠의 경쟁과 재미를 느낄 수 있는 '유인책'이 된다. 이를 위해 스포츠 조직과 학계는 어떤 노력을 해야 하는가? 지금처럼 다변화된 스포츠 미디어 환경을 적극적으로 활용하여, 어떤 방향으로의 변화를 추구해야 하는가? 이 장의 마무리로 던지는 질문이다.

[65] 예를 들어, 대한수영연맹이 추진했던 2019년 코리아 마스터즈는 유튜브로 생중계되었다. 이후 조회수 약 7,000회를 찍은 이 시도는 기존 매스미디어 시대엔 생각할 수 없었던 변화다.

07장 요약 스포츠와 미디어

- 미디어란 노래나 소설, TV쇼, 신문, 영화, 비디오게임, 인터넷 서비스 및 다른 문화적 생산물을 생산하여 배포하는 커뮤니케이션 통로로서의 문화산업이다.
- 미디어의 주요한 다섯 가지 기능엔 첫째, 정보 수집 및 배포, 환경 감시 기능, 둘째, 해설이나 논평, 사설을 활용한 사회 각 부문 및 환경의 상관 조정 기능, 셋째, 사회적 유산 전달 기능, 넷째, 오락 기능, 다섯째, 동원 기능이 논의된다.
- 갈등이론 관점에서 미디어는 사회변화를 막는 여러 이데올로기를 전파하여 현 불평등 상황을 관리하는 일종의 사회통제기구로 기능한다.
- 상호작용론은 미디어가 사람들의 일상적 상호작용에 어떤 영향을 미치는지 물으며 미디어 진화가 우리의 일상 속 상호작용을 수동적 수용자에서 적극적 참여자로 변화시키는지 본다.
- 사회학은 미디어와 관련하여 첫째, 미디어 기업의 소유 형태 및 통제, 둘째, 미디어로 전달되는 메시지 내용과 그 이해관계, 셋째, 미디어의 구조 변화, 넷째, 미디어 메시지를 소비하는 수용자의 수용성과 그 영향을 중점적으로 묻는다.
- '스포츠 미디어'란 '스포츠를 다루는 미디어'를 의미한다. 반면에 '미디어 스포츠'는 '미디어로 매개된 스포츠'를 뜻하는데, 스포츠계의 사회구조로 이해할 수 있는 매우 보편적 개념이라 하겠다.
- 스포츠는 미디어에 의존한다. 이에 따라 스포츠는 TV방송 환경에 맞게 종목 내 기존 규칙을 바꿔야만 했다. 이처럼 미디어가 스포츠에 규칙 변화를 요구하는 건 '수익 추구 성향(중계권료와 광고료)' 때문이다.
- 미디어는 스포츠에 의존한다. 제작비가 적게 들 뿐 아니라 스포츠 경기 자체의 예측 불가능성 때문이다. 이는 실시간 시청의 집중도와 몰입력을 높여 광고 효과를 극대화할 최적의 조건을 제공해준다.
- 미디어-스포츠 생산 복합체란 1) 스포츠 조직, 2) 미디어 조직, 그리고 3) 스포츠 콘텐츠 생산자의 상호얽힘을 표현한 개념이다.
- 미디어가 스포츠를 구성하는 첫 번째 방식은 승리지상주의다. 이는 '1등만 강조하기 방식'과 '보상 가치화하기' 기제로 구성된다. 두 번째 방식은 성차별로서, 젠더 구분하기, 여성 선수의 성적 대상화, 여성성 강조하기, 경기 외적 측면 강조하기가 포함된다. 세 번째는 군사주의 구성으로서, 스포츠를 대리전쟁으로 비유하며 이루어진다.
- '뉴미디어 환경'이란 1) 포털로 대표되는 '플랫폼화', 2) 소셜미디어 중심의 '정보 네트워크화', 3) 가상참여와 데이터가 결합한 '판타지화'로 구성된다.
- 뉴미디어 스포츠 지형을 향한 스포츠사회학의 질문은 새로운 뉴미디어 환경이 기존 대중매체 중심으로 구축된 스포츠계 질서를 어떻게 변화시킬지를 개념화하고 이론화하는 것을 핵심으로 한다.

08

스포츠와 조직화

조직을 보며 우리는 개인을 이해하고,
집단 형성과정을 알며, 조직 그 자체도 분석함으로써
사회구조의 모양새를 알 수 있다.
조직사회학을 배우는 이유다.

윌리엄 스콧

'사장님 귀는 당나귀 귀'라는 TV 예능 프로그램을 보는 중 '근조직'이란 개념이 들렸다. 피트니스 클럽 사장이 따로 키우는 팀이라 한다. 신기했다. 근조직은 몸의 세포들로 이루어진 바로 그 근 조직muscle tissue인데, 여기에서는 '근육을 키우려는 사람들의 모임'으로 사용되었기 때문이다. 보디빌딩을 하는 몇몇 사람들의 집단을 그렇게 표현한 것이다. '예능'하자고 지은 이름에 '다큐'하듯 덤벼들 생각은 없지만, 이 근조직이란 표현에 궁금증이 생긴다. 고작 네 명에서 다섯 명이 모인 집단을 우리는 '조직'이라 부를 수 있을까? 과연 무엇을 '조직organization'이라 부를까?

우리는 대부분 병원에서 태어난다. 그 후 가족에 소속되어 지내다 유치원, 중등학교, 대학교 같은 교육기관에 몸 담는다. '집단 생활'의 시작이다. 졸업 후엔 여러 팀과 부서로 이루어진 기업에 들어가 '조직인'이 된다. 기업은 복잡한 조직이다. 내적으로는 다양한 개인과 집단(팀이나 부)이 기업에 설정된 목표와 위계로 얽힌다. 외적으로는 경쟁기업과 협력기업, 공공조직(정부)과 네트워크를 이룬다. 그물망처럼 얽히고설킨 '사회적 생명체social organisms'다. 고된 조직 생활을 견디며 은퇴 후, 우리는 남은 생을 보내다 다시 병원으로 돌아가 죽는다. 이처럼 우리의 전 생애는 다양한 집단과 조직으로 채워졌다. 조직은 사회학적으로 중요하다. 개인의 생애를 담기 때문이다.

"스포츠는 사회적으로 존재하는 가치, 사회화, 계층화, 관료주의 같은 사회구조와 사회과정을 검토할 편리한 실험실을 연구자에게 제공한다. 스포츠계에서 일어나는 현상(경쟁 수준, 규칙 유형, 참가, 소외, 조직 변화, 보상체계 등)은 스포츠가 사회 속에 배태된 하나의 축소판microcosm of society임을 말해준다."[1)]

이 주장은 스포츠가 조직연구에 유용함을 말해준다. 스포츠계는 프로스포츠 협회 같은 영리조직, IOC나 FIFA 등 국제스포츠조직, 문화체육관광부나 대한체육회와 같은 체육 관련 (준)정부 조직, 스포츠클럽, 동호인 조직, 학교 운동부의 사교 조직 등, 각양각색의 집단과 조직으로 구성되어 작동한다. 사회를 인간 몸에 비유한 유기체론을 보면, 집단과 조직은 사회 작동에 필수적인 '혈관'이다. 스포츠는 그 자체가 조직적으로 움직이는 세계다. "스포츠계는 노동 세계를 반영하고, 게임 자체의 구조도 노동 구조와 상당히 유사하다."[2)] 스포츠 활동과 조직에서의 일work은 비슷하다.

조직이 없다면 어떻게 될까? 사회는 혼돈에 빠질 것이다. 조직 이해가 중요한 또 다른 이유는 조직을 만드는 과정, 즉 '조직화organizing' 덕분에 우리 개개인이 추구하는 본능적 활동을 사회적으로 조정할 수 있다는 데 있다. 사회질서는 무엇보다 조직 덕분이다. 공동 목표, 적절하게 세분화된 역할과 지위, 그 역할 간 조정 기제 등, 활동 조직화에 필요한 요소에 힘입어 세계는 질서를 유지하고 이를 바탕으로 발전한다. 그렇게 조직화된 결과가 가족, 학교, 병원, 교도소, 정부, 기업, 양로원, 시장처럼 우리 삶에 절대적인 영향을 미친다. 이들 조직 속에서 우리는 '사회화'를 경험한다. 스포츠를 조직화 결과로 작동하는 사회화 기구로 볼 수 있는 이유다.

"야구 연구는 조직화된 사회적 실체에서 작동하는 리더십과 팔로워십, 의사결정, 관리 등을 효과적으로 학습할 수 있도록 해준다."[3)]

---

1) Eitzen, D. S., & Sage, G. H. (1997). Sociology of North American sport. Dubuque, IA: Brown and Benchmark, 14쪽.

2) Keidel, R. W. (1987). Team sports models as a generic organizational framework. Human Relations, 40, 591-612, 597쪽.

3) Hawkins, K., & Tolzin, A. (2002). Examining the team/leader interface: Baseball teams as exemplars of postmodern organizations. Group & Organization Management, 27(1), 97-112, 98쪽.

야구팀 연구로 우리는 무엇을 알 수 있을까? 생각보다 많은 걸 알 수 있다. 팀은 어떻게 성과를 내는가? 성과를 낼 때 리더와 팔로워는 어떻게 행동하는가? 팀 목표가 팀 구성원들을 뭉치게 해주는가? 갈등은 언제 발생하는가? 목표를 어떻게 정해야 하는가? 어떤 조건에서 팀원들은 협력하는가? 이들 질문에 답할 수 있다. 더 중요한 건, 야구팀이라는 조직화된 사회적 실체를 보며 우리는 세상을 혼자 살아갈 수 없음을 깨닫는다는 점이다. 다같이 모여 각자의 역할을 가지고 목표한 바를 향해 특정한 일을 해나가는 과정에서 사람들은 스스로가 '사회적 동물'임을 깨닫는다. 스포츠가 지닌 조직적 특성을 살펴야 하는 또 다른 중요한 이유다.

"(사)한국프로야구선수협회(KPBPA; Korea Professional Baseball Players Association)는 故최동원 선수의 정신을 이어받아 한국 프로야구선수들을 대표하는 단체로서, 선수를 대변하고 권익을 보호하며 복지증진을 목표로 설립된 단체입니다."

2000년, '한국 프로야구에서 선수 기본권은 없는가?'란 심포지엄을 시작으로 만들어진 한국프로야구선수협회의 조직 목적이다. 선수 개인이 구단이란 거대 조직과 상대하며 발생했던 권력의 불균형을 개선하기 위해 조직된 결과물이다. 이 사례는 우리에게 명료한 사회학적 의미를 던진다. 조직화 과정에서 야구협회와 구단, 선수 각자는 어떤 방식으로 상호작용하며 권력 다툼을 했을까? 개개인은 어떠한 과정을 거쳐 집단을 형성하고 조직화했을까? 이러한 조직화가 특정 세계(야구계)를 어떻게 변화할까? 이 질문은 우리에게 스포츠계에서 조직이 형성되는 사회 과정social process을 이해하게 해준다. 스포츠계에서의 조직화는 특정 문제의 해결을 위해 시작된다.

이 장은 스포츠와 조직이 어떻게 사회학적으로 이해될 수 있는지 설명한다. 이를 위해 먼저 조직을 개념적으로 살펴본다. 과연 우리는 무엇을 조직으로 명명할 수 있는가? 그후, 스포츠 조직의 유형과 함께 오늘날 우리가 접하는 여러 스포츠 조직이 어떤 스포츠 가치를 바탕으로 현재의 모습에 이르렀는지를 설명하면서 스포츠 자체가 지닌 조직적 특성을 동질성, 위계성, 순응성 차원에서 볼 것이다. 스포츠는 기존에 우리가 접하며 일상을 보내는 조직과 매우 유사한 성격을 지니고 있음을 이 설명으로 이해할 수 있을 것이다. 이 과정을 거친 후, 최종적으로 스포츠 조직과 관련되어 논의될 사회학적 문제를 본다. 대표적으로, 스포츠계에서의 거버넌스 문제와 모든 조직에서 중요한 리더십 이슈다. 그럼 먼저 조직이란 개념을 어떻게 이해할 수 있을지부터 살펴보자. 우리는 스포츠 조직을 어떻게 정의할 수 있을까?

조직의 사회학적 이해

누구도 '조직'을 경험하지 않고는 세상을 살아갈 수 없다. 그 조직이 구체적으로 어떻게 정의되는지는 모를 수 있다. 분명한 사실은, 우리가 조직 속에서 길러진다는 점이다. 조직이야말로 우리를 사회적 동물로 길러내는 중요한 '인큐베이터'다. 그렇다면 과연 조직이란 무엇일까? 집단과 조직은 어떤 개념적 차이가 있을까? 사회학은 '조직화'란 과정을 어떻게 이해할까? 조직이 조직으로 불리려면 어떤 조건이 필요할까? 조직의 모습은 단일할까 다양할까? 사회학의 이론적 전통은 조직을 각기 어떻게 설명할까? 조직을 개념적, 이론적으로 이해해보자.

조직이란 무엇인가?

> 조직은 경제에서 정치, 종교, 미디어에 이르기까지 여러 사회의 하위 분야에 영향을 미치는 고유 특성을 지닌다. 그 결과, 조직은 이들 분야에서 발생하는 여러 문제를 분석하는 강력한 도구가 된다. 여러 사회적 문제는 조직을 고려할 때 비로소 그 이해가 수월해진다.[4)]

가족은 조직일까? 단순한 질문 같지만 쉽게 답하기 힘들다. 기껏해야 네 명 쯤으로 구성된 곳을 조직이라 할 수 있을까? 그래도 조직이라 부를 수 있으려면 검찰이나 기업처럼 뭔가 거대한 걸 갖추고 있어야 하지 않을까? 실제로 우리는 일상에서 조직 개념을 자주 사용함에도, 그것이 어떤 요건을 갖추어야 하는지 정확히 알지 못한다. 우리에게 조직은 '상식으로 장식된 개념'이다. 조직은 어떻게 정의될까?

조직의 개념적 이해

"조직이란 일정한 환경에서 특정한 목표를 추구하며, 이를 위한 특정 구조를 지닌 사회적 단위다."[5)] 컬럼비아대 사회학과 교수 아미타이 에치오니[A. Etzioni, 1929-]의 조직 개념 정의다. 조직 개념으로 가장 많이 인용된다. 그는 조직을 특별한 목표를 추구하는 집합체로 이해했다. 당연히 목표는 조직이 속한 환경에 따라 바뀐다. 그렇기에, 조직을 이해하려면 사회 환경과의 지속적인 상호작용에 집중해야 한다.

---

4) Besio, C., Du Gay, P., & Serrano Velarde, K. (2020). Disappearing organization? Reshaping the sociology of organizations. Current Sociology Monograph, 68(4), 411-418, 414쪽.

5) Etzioni, A. (1961). A comparative analysis of complex organizations: On power, involvement, and their correlates. New York: Free Press, 4쪽.

> 조직이란 공유된 목적과 목표를 달성하고자 노동과 기능을 세분화하고, 권한과 책임을 위계화하여 사람들의 활동을 합리적으로 협력하게 만든 구성체를 뜻한다.[6]

"조직은 어느 한정된 목표를 일차적으로 달성하고자 협력적 관계로 구성된 사회 체계다."[7] 사회학자 탈콧 파슨스Talcott Parsons, 1902-1979가 제시한 조직의 정의다. 여기에 '(한정된) 목표'란 문구가 또 등장한다. 조직이 구성되려면 '목표'가 필수적이다. 그 목표는 어떤 문제를 해결하거나, 구성원 복지를 증진하는 일이 될 수 있다. 목표는 조직화에 동참한 구성원 모두가 동의해야 한다. 동의가 있어야 체계system 구축이 가능하기 때문이다. 체계는 어찌 형성될까? 파슨스의 설명에 따르면, 체계는 행위자들이 맺은 '관계'가 '네트워크network'로 구성되며 형성된다.

이처럼 조직이란 사람들이 모여 만든 협력 체계를 뜻한다. 협력하는 건 공동 목표 달성과 업무 효율성 추구 때문이다. '목표'란 도달해야 할 곳을 말하는데, 그것이 공유된 것이 공동목표다. 핸드폰 제작이 목표인 사람들이 모여 그것을 함께 할 때 우리는 그것을 '조직화organizing'라 부른다. 당연히 함께 일하면서 효율성이 확보될 수 있다. 혼자 10시간 걸릴 일도 여럿이 모여 역할을 분담하면 30분 만에 끝난다. 인류가 그동안 꾸준히 조직화를 해 온 이유다. 인간의 역사는 조직화의 반복이었다.

그렇다면 공동목표와 상호 협력 체계만 갖추면 모두 조직이 될까? 가령, 현 정부가 추구하는 어떤 정책을 철회시키려는 '공동 목표'를 가지고 200명의 사람들이 일종의 '협력 체계(시위 업무 분담 등)'를 구성한 후 광화문에 모인다면, 이를 조직으로 볼 수 있을까? 고령자들에게 편리한 스포츠 서비스를 제공하려는 목표를 달성하고자 체육학과 학생 30명이 모여, '찾아가는 스포츠 서비스팀'을 만들었다면 이는 조직일까? 조직을 '조직'으로 명명해 줄 구성요소는 무엇일까?

조직을 구성하는 네 가지 요소

단순 집단과 조직을 차별화하는 요소와 관련, 미국의 심리학자 다니엘 카츠Daniel Katz, 1903-1998와 로버트 칸Rober L. Kahn, 1918-2019은 구조적 속성 네 가지를 제시한다.[8] 첫째, 유기

---

6) Bowman, C., & Jarrett, M.G. (1996). Management in practice: A framework for managing organizational change (3rd edition.). Oxford, U.K.: Butterworth-Heinemann, 5쪽.

7) Parsons, T. (1951). The social system. New York, NY: The Free Press, 72쪽.

8) Katz, D., & Kahn, R. L. (1978). The social psychology of organizations. New York: Wiley, 17-35쪽.

적 구조를 지녔다. 둘째, 공식적 역할구조를 지녔다. 셋째, 뚜렷한 권한 구조가 존재한다. 넷째, 발달한 규제장치와 적응구조가 작동한다. 조직의 '사회구조' 속성을 설명한 것인데, 쉽게 이해되지는 않는다. 이 설명만으로는 조직과 다른 단순 집단을 구별할 수 없다. 여러 조직 관련 문헌을 살펴보면, 우리가 조직이라 부르는 사회적 실체가 어떤 요소를 지녔는지 네 가지 차원에서 읽을 수 있다.

첫째, 공통 목적common purpose이다. 조직은 특정 목적을 공유하는 사람들이 모여 형성된다는 특성을 지닌다. 잘 알겠지만, '목적'과 '목표'는 다르다. 목적은 '존재 이유'다. '우리 조직은 왜 존재하는가?' 목적은 주로 조직이 지향하는 '미션mission'으로 표현된다. 제대로 된 조직은 존재 이유가 분명하다. 대한민국 체육 재정의 90%을 담당하는 국민체육진흥공단KSPO은 "모든 국민이 체육으로 건강하고 행복한 삶을 누리는 대한민국 만들기"를 목적으로 한다. 그들의 존재 이유다. 이에, KSPO가 해야 할 사업은 명징해진다. '재정 확보 사업'이다. 경륜, 경정, 스포츠토토 사업을 하는 이유다.

둘째, 2인 이상으로 구성되는 '집단 속성'이다. 혼자서는 조직을 만들 수 없다. 그래도 2인 이상이 모여야 한다. 조직은 일차적으로 집단(집합)을 구성해야 한다. 이렇게 모인 사람들의 집합에 '위계'가 삽입되면 비로소 조직 성격을 띤다. 집단group이란 무엇일까? 사회학적으로 '유사한 규범, 가치, 기대를 지니며 규칙적으로 교류하는 사람의 모임'을 의미한다(258쪽 참조). 여자농구팀, 병원 원무과, 방송국 아나운서팀, 심포니 오케스트라 단원 구성원이 그 예다. 집단은 사회구조에서 핵심적이다. 꾸준한 교류를 바탕으로, 사람들이 서로 규범을 확인하고 제재하며 사회질서 유지에 도움을 주기 때문이다. 일시적으로 모여도 집단이 된다(물론, 조직은 일시적 모임과 다르다).

셋째, 체계성이다. 단지, 공통 목적을 지닌 2인 이상이 집단을 이뤘다고 자동적으로 조직이 되진 않는다. 학생 교육을 목적으로 하는 교사 네 명이 모였다고 그 모임을 조직으로 부르지 않는 것과 같다. 조직의 모습을 갖추려면 '시스템(체계)'이 갖춰져야 한다. 체계, 즉 시스템system에는 역할과 지위, 그리고 이들 간 위계가 포함된다.

시스템은 '일정 원리에 따라 각 부분이 짜임새 있게 조직되어 통일된 전체'를 뜻한다. 정보통신 분야에선 '필요 기능을 실현하고자 관련 요소를 특정 법칙에 따라 조합한 집합체'로 정의된다. 스포츠사회학에서는 "사회가 작동하는데 필요한 구성요소가 비계처럼 연결되어 전체로서 그 존재를 유지하고 기능하는 독립체 성격의 상태"[9]로 이해한

[9] 남상우 (2017). 한국스포츠사회학에서 사용되는 사회구조 개념의 다차원적 의미 속성. 한국스포츠사회

다. 목적 달성을 위해 구성원 각자가 개별적인 '지위status'와 '역할roles'을 '위계적'으로 지니며 일하는 상태다(기업체 홈페이지에 나온 '조직도'를 보라). 시스템이 갖추어져야 비로소 집단은 조직의 모습을 갖춘다.

넷째, 조직문화organizational culture다. 앞서 조직심리학자가 언급했던 '규제장치와 적응구조'가 바로 이 '문화'다. 문화란 무엇일까? 한 마디로 단정하기 힘들다. 문화연구 대가인 레이먼드 윌리엄스Raymond Williams, 1921-1988조차 "그 지랄 맞은 단어를 안 들었으면 좋겠다고 몇 번이나 생각했던지…"[10]라고 푸념할 정도였다. 그만큼 어렵다는 말이다. 그나마 문화유물론자 마빈 해리스M. Harris, 1927-2001의 문화 정의가 인용될 만하다.

> 문화란 집단을 이룬 사람들이 사회적으로 획득한 삶의 방식이자 생활 스타일의 총체로서, 특정 사회의 집단 구성원이 지니는 특별한 성질, 즉 생각, 감정, 행동방식이 반복적으로 유형화된 결과물이다.[11]

결국 조직문화란 "조직 구성원들이 공통으로 지니는 특성이 반복적으로 유형화되어 형성된 (조직) 생활 스타일의 총체"로 이해된다. 조직에 만들어진 제도나 정체성identity으로도 이해할 수 있다. 구성원 각각은 조직에 형성된 제도와 정체성을 체화한다. 삼성이나 현대 같은 기업을 보면, 각 조직은 자신만의 독특한 문화를 구축했다. 어떤 구성원들이 '삼성맨' 같거나 '현대맨' 같다면, 그 구성원은 이미 기업에 형성된 조직문화를 자기 몸에 새겨 놓은 것이다. 조직 적응 상태다(심지어 문화는 개별 구성원의 행위를 조형하거나 처벌한다). 조직문화를 '적응구조'라 표현하는 이유다.

이처럼, 우리가 어떤 무리나 집단이 조직인지를 구분하려면 앞서 설명한 네 가지 요소를 확인해야 한다. 이 무리는 공통 목적(존재 이유)을 지니는가? 이 무리엔 2인 이상의 구성원이 속하며 집단을 형성했는가? 이들 구성원은 어떤 지위와 역할을 설정해 놓았는가?(즉, 체계화했는가?) 이 무리는 오랜 기간을 걸쳐 나름의 독특한 문화를 형성했는가? 이를 확인해야 한다. 이 질문은 앞으로 스포츠 조직을 이해하는 데 유용하다. 예를 들어, 'SSG 랜더스 야구팀'이 조직인지를 구분하도록 도와줄 수 있고, 특정 문제를 해결하고자 발생한 스포츠계의 조직화 평가를 가능하게 해주기 때문이다.

학회지, 30(2), 111-132, 119쪽.

10) Williams, R. (1979). Politics and letters: Interview with new left review. New Left Books, 154쪽.

11) Harris, M. (1975). Culture, people, nature: An introduction to general anthropology. New York: Crowell, 144쪽.

사회학이 이해하는 집단
집단은 어떻게 구분될 수 있는가?

'집단(group)'이란 무엇일까? 넓은 의미로 보자면 집단이란 '서로에게 영향을 미치는 두 명 이상의 개인으로 구성된 무리'를 뜻한다. 이 기준에 따르면, 버스를 타려고 버스 정류장에 모인 사람들도 집단이다. 반값 할인하는 TV 구매를 목표로 백화점 앞에 모인 사람들도 집단이다. 이와 달리, '일시적'이지 않고 특정 목표와 정체성을 공유한 사람들의 모임을 진정한 집단으로 보기도 한다. 배드민턴을 치기 위해 스포츠클럽에 등록하고 모인 사람들이 대표적이다. 목표 지향적으로 모인 무리다. 일시적이든, 목표 지향적이든, 여기에서의 핵심은 집단이 개인의 인식과 행동에 영향을 미친다는 점이다.

집단은 사회의 구조적 기능에 중요한 역할을 한다. 사회의 '구조적 기능'이란 사회질서를 유지하기 위해 개인의 행위에 영향을 미치는 제도나 문화적 역할(적응 및 융화)을 의미한다. 특히 우리는 대부분의 상호작용을 특정 집단 속에서 한다. 그러면서 어떤 행동에 대해서는 집단적 승인 혹은 지지를 받거나, 또 다른 행동과 관련해선 강력한 제재를 받는다. 사회적으로 허용되거나 허용되지 않는 행위의 기준을 학습하는 곳이 바로 집단이다. 집단에서의 상호작용으로 우리는 우리에게 주어진 지위에 어울릴 역할과 사회적 기대를 학습하고 변화시킨다.

1차 집단과 2차 집단

미국의 사회학자 찰스 호튼 쿨리(C. H. Cooley)는 집단이 단일하지 않다고 주장하며 '1차 집단(primary group)'이란 개념을 고안했다.[1] 이 집단은 얼굴을 맞대고 일을 함께할 수 있을 정도로 친근하고 가까운 사람들의 모임을 의미한다. 대표적으로 가족, 대학 동아리에서의 (친한) 친구 집단, 조폭 집단 구성원이 여기에 속한다. 지금 본인 스스로와 동일시하는 집단이 있는가? 그것이 1차 집단이다.

이 집단뿐 아니라 인간은 성장 과정에서 여러 사람과 교류하며 삶의 영역을 확장한다. 확장의 본질은 바로 '2차 집단(secondary group)'의 확장이다. 1차 집단과 달리, 2차 집단은 단단한 결속력이나 대면을 할 정도의 친근감이 작동하지 않는다. 예를 들어, 대학에서 듣는 교양 수업이 그렇다. 수업이라는 집단에 소속되었으나 그 집단을 자신과 동일시하진 않는다. 2차 집단은 대개 형식적이고 사무적 성격을 지녔거나, 일종의 '수단적' 특징을 지닌다. 물론 1차와 2차 집단을 명료히 구분하기 힘들 때도 발생한다. 예를 들어, 가족이긴 하지만 부모나 형제와 완전히 남처럼 지내는 어떤 아들에게 가족은 1차 집단이 아닐 수 있다. 인간미 넘치는 교류 없인 1차 집단으로 명명될 수 없기 때문이다.

내집단과 외집단

집단이 형성되면 내부적으로 특정한 의미가 형성되곤 한다. 그것이 너무 강해지면서 형성되는 것이 바로 내집단(in-group) 현상이다.[2] 내가 속한 집단이 내집단인지를 알아볼 수 있는 명료한 방식은 '우리'와 '그들'이란 구분적 느낌이다. 타 집단에 대해 어떠한 적대감 등을 가지고 형성되었다면, 내집단이 형성되었다고 봐도 무방하다. '우리가 남인가?'나 '우리는 저들보다 우월하다!' 등의 인식이 만연되었다면 내집단 감정이 형성된 것이다.

이와 달리 외집단(out-group)은 내집단에 속하지 않은 사람들의 무리를 지칭한다. 외집단은 내집단에 의해 상정된다. 내집단이 볼 때 자신을 제외한 나머지는 모두 외집단이다. 내집단은 기본적으로 본인이 외집단보다 우월하다고 인식한다. '도덕적 우월감'이다. 그래서 내집단에서 볼 때 정당한 행위가 외집단에게는 때때로 이상하게 보인다. 물론 내집단이 보기에 외집단이 하는 행동도 모두 이상하다. 이런 '이중 기준(double standard)'이 내집단 우월감을 강화한다. 뿐인가? 내집단 결속력도 높인다. 대표적인 사례가 바로 테러 집단이다. 이들은 자신을 제외한 외집단 모두를 '악'으로 치부한다.

1) Cooley, C. H. (1909). Social organization: A study of the larger mind. New York, NY: Routledge, 23쪽.
2) Sumner, W. G. (1906). Folkways: A study of the sociological importance of usages, manners, customs, mores, and morals. New York, NY: Ginn and Company.

조직을 바라보는 사회학 이론

> 조직이란 사회적 요구를 충족하거나 특정 목표를 추구하고자 내적으로 구조화된 사회집단 혹은 집합적 실체를 지칭한다.[12)]

사회 내 여러 제도를 실행하고자 조직이 만들어졌다. 교육 제도는 '학교'로, 종교 제도는 '교회'로, 경제 제도는 '기업'에 의해 사회적으로 실현된다. 사회가 원활하게 작동하도록 만드는 혈관, 그게 조직이다. 사회학의 이론적 전통은 조직을 어떻게 설명할까? 기능주의는 조직이 어떤 기능을 수행한다고 말할까? 갈등이론은 조직이 사회의 어떤 면을 불평등하게 만든다고 볼까? 상호작용이론은 조직에서의 사회적 행위를 어떻게 설명할까? 사회학 이론이 조직을 바라보는 방식을 살펴보자.

기능주의: 사회적 윤활유로서의 조직

통제 불능이던 조카는 초등학교 입학 후 달라진다. 일단, 시간관념이 생겼다. 40분 수업, 10분 휴식이라는 수업 시간이 몸에 각인되었기 때문이다. 대학 입학 후 놀기만 하던 친구 동생은 해병대 제대 후 다른 사람이 되었다. 충성심, 애국심, 리더십이 장착된 것이다. 자기만 알던 후배는 대기업 입사 후 사람 대하는 태도가 180도 바뀌었다. 술을 사면서 평소 하지 않던 아부까지 한다. 경제 관념까지 변했는지, 입만 열면 재테크 얘기다. 조직이 '사회적 인간'을 만든 것이다.

조직은 개인을 정상적인 사회 구성원으로 길러내는 '사회화 주관자socialization agents' 역할을 한다. 가족, 학교, 교회, 기업, 군대 같은 조직은 생애주기별로 적합한 사회성을 개인에게 제공한다. 학교는 시간관념 없는 아이가 시간에 맞춰 등교하도록 교육한다. 교회는 사후 세계에서의 삶이라는 종교적 믿음을 몸에 새기기 위해 현세에서의 충실한 삶을 살라고 가르친다. 기업은 윤택한 경제적 삶을 위해 각자 맡은 위치에서 최선을 다해야 한다는 '사회적 문법social grammar'을 강화한다. 조직은 다양한 개인을 획일적인 '조직인'으로 만든다. 이게 다 사회질서 유지를 위해서다.

"우리는 조직에서 태어나고, 조직에 의해 교육되며, 우리 중 대부분은 조직을 위해 일하는 데 삶의 많은 시간을 보낸다."[13)]

---

12) Giddens, A., & Sutton, P. W. (2021). Essential concepts in sociology(3rd edition). Medford, MA: Polity Press, 91쪽.

스포츠팀(클럽)도 개인을 사회화하는 조직이다. 사회구성원으로서 제 역할을 할 수 있도록 개인에게 사회적 적합성social fitness를 길러준다. 헌신, 끈기, 협력, 리더십, 목표 달성을 위한 희생, 전략적 사고, 분석력, 건강한 신체, 자기관리 요령이 그것이다. 기능주의자들의 관심은 명료하다. 조직이 사회질서를 유지하는데 필요한 요소를 개인에게 어떻게 제공하는가? 이는 바꿔 말해, 어떤 사회적 필요를 충족하기 위하여 이전엔 존재하지 않던 조직이 만들어졌을까? 이런 관점에서 보면, 사회에서 사라지는 조직은 한 마디로 사회적 필요가 소멸되었기 때문이다.

갈등이론: 사회적 불평등을 고착화하는 조직

'종교는 대중의 아편'이라 주장했던 칼 마르크스Karl Marx, 1818-1883에게 '교회'는 어떤 조직이었을까? 현실을 제대로 보지 못하게 만드는 조직이었다. 사후 세계에서의 삶을 위해 현재 주어진 삶에 최선을 다하라 가르치는 곳이 교회다. 갈등론자에겐 못마땅한 곳이었을 것이다. 억압적이고 불평등한 현실을 '깨닫고' '연대하여' '전복해야' 하는데, 교회는 사후 세계만 강조하니까. 이런 관점에서 보면, 갈등론자에게 특정 대학의 명성은 그것의 긍정적 기능보다는 사회적으로 고착된 특권 구조를 지속하는 장치다. 이처럼 갈등론은 사회의 불평등을 유지하는 조건 중심으로 조직을 본다. 무엇이 사회구성원들에게 현실을 '그릇되게 이해(허위의식)'하도록 만들어 변화를 막는가? 이들에게 조직은 한 마디로 '이데올로기적 장치ideological apparutus'[14]다.

대부분의 스포츠 조직에는 여성보다 남성이 많다. 이러한 인적 구조 때문에 조직 내부에서는 성차별이 발생한다. 이 과정에서 여성은 리더십이 부족하다, 책임감이 없다, 희생하지 않는다, 그래서 리더 위치에 어울리지 않는다는 식의 그릇된 이해를 정당화 및 강화하는 이데올로기적 장치가 작동한다.[15] 나아가, 스포츠 조직에 여성의 부족 현상은 사회적으로 '스포츠는 여성에게 어울리지 않는다'란 인식을 강화하는 기능까지 한다. 이런 상황을 극복하려면 여성들끼리 연대해야 하는데, 이를 '여자의 적은 여자'란 조직 담론으로 막는다. 유리 천장glass ceiling을 만드는 것이다.

이뿐 아니라 갈등이론은 노동자와 고용자 간 이해관계 충돌에 따른 권력 투쟁에도

---

13) Etzioni, A. (1964). Modern organizations. Englewood Cliffs, NJ: Prentice Hall, 3쪽.

14) Althusser, L. (2006). Ideology and ideological state apparatuses. The anthropology of the state: A reader, 9(1), 86-98.

15) 남상우 (2019). 체육행정조직 내 성차별 양상 분석. 한국체육학회지, 58(2), 65-75.

주목한다. 이에 따르면, 고용자는 노동자에게 제공하는 임금 대비 더 많은 일을 시킨다. 반면에, 노동자는 고용자에게 합당한 노동 조건을 요구한다. 이 충돌은 노동자 연대(노동조합으로 대표되는 연대)로 해결된다. 고용자와 노동자가 1대 1로 싸우면 노동자가 지니까. 뭉쳐야 하는 이유다. 스포츠팀도 마찬가지다. 한국 프로야구계에 선수협의회가 결성된 이유는 조직에 존재하는 고용주(구단주)와 노동자(프로야구선수) 간 불평등 위치를 개선하기 위해서라는 게 갈등이론의 시각이다.[16)]

상호작용이론: 사람들의 행위 조형자로서의 조직

조직은 내적으로 구축된 '상호작용 질서interaction order'로 인간 행위를 조형한다. 공무원 조직에 몇십 년 몸 담았던 사람(관료제)과 사기업에서 일했던 사람은 인식이나 행위가 다르다. 오랜 기간 특전사에서 생활했던 트로트 가수는 제대 후에도 새벽 일찍 일어나 체력 단련으로 하루를 시작하는 루틴을 지킨다. 남성과 여성의 운동 공간이 구획되어 작동하는 피트니스클럽은 개인의 성별에 따른 행위도 구조화한다(남성은 근육 운동을 위한 공간과 여성은 유산소 운동 공간). 이처럼 특정 조직은 조직의 유지 및 발전에 필요한 방향으로 구성원의 행위를 조형한다. 조형 기준은 무엇일까?

조형의 기준은 '상징'일 수도(우리는 귀신 잡는 해병대!), '담론'이 될 수도 있다(역사성이나 주류 가치). 그러나 상호작용이론이 주목하는 건 조직에서의 역할과 지위다. 역할role이란 집단이나 조직 내 특정 지위status(사회적으로 규정된 조직 내 위치)에 위치한 사람에게 주어지는 '기대'다. 대학이란 조직에서 교수와 조교에게 요구되는 기대는 다르다. 역할이 다르단 뜻이다. 의사와 간호사 또한 다른 역할을 요구받으며 달리 행위한다. 야구계의 심판과 감독, 선수에게는 각기 다른 역할, 즉 '사회적 기대'가 주어진다. 우리는 그러한 사회적 기대에 어긋나는 행위를 경계한다. 일탈 행위이기 때문이다.

이처럼 다양한 역할 체계는 조직구조의 주요 구성요소로 작동한다. 조직구조는 구성원의 행위를 조형한다. 예를 들면, 역할을 다하지 못한 개인을 처벌하거나(출전 정지 및 영구 제명 등) '낙인stigma'을 찍는 식이다(학폭 가해자 등). 조직 유지를 위한 상호작용 질서는 이렇게 구축된다. 조직 구성원들은 일상에서 여러 유형의 교환 행위inter-actions를 하며 이 질서를 몸에 새긴다. 질서는 신체화된다(몸의 각 세포에 기억된다).

---

16) 김지선, 이근모 (2011). 한국프로야구 선수협회 활동의 마르크스주의적 이해. 한국스포츠사회학회지, 24(2), 199-216.

스포츠 조직의 사회학적 이해

스포츠계는 다양한 스포츠 조직으로 구성되어 움직인다. 우리 주변에 많은 학교 운동부, 지역에서 스포츠 행정서비스를 담당하는 지역 체육회와 스포츠클럽 모두는 스포츠 조직이다. 스포츠는 수많은 조직이 혈관처럼 얽히고설켜 작동하는 사회적 제도다. 이뿐 아니라, 스포츠는 태생적으로 조직화하는 특성도 지닌다. 스포츠 조직을 이해하는 또 다른 방식은 스포츠가 지닌 다양한 가치가 어떻게 조직화하는지를 살펴보는 것이다. 스포츠 조직은 어떠한 개념적, 유형별 특성을 보일까? 또한 스포츠는 어떤 조직적 특성을 지니고 있을까? 이를 위해 우리는 우선 스포츠 조직이란 개념이 무엇인지부터 살펴봐야 한다.

스포츠 조직이란 무엇인가

> 스포츠 조직이란 의식적으로 구조화된 활동체계와 상대적으로 구별 가능한 경계, 목적 지향적인 초점을 가지면서 스포츠 산업에 개입하는 사회적 실체다.[17)]

'국제올림픽위원회IOC'나 '대한체육회'가 스포츠 조직일까? 이 질문에 다수의 사람들이 그렇다고 쉽게 답한다. 하지만 '체육동호회'가 스포츠 조직이냐 물으면 머뭇거린다. '(생활)체육 동호인 조직'이란 법적 명시에도(「국민체육진흥법」 제2조7항), 우리는 동호회를 조직으로 명명하는 데 주저한다. 물론 운동장에 축구하려고 모인 학생들이 조직이 아니라고 말하는 데에는 망설임이 없다. 단순 모임에 불과하다는 것이다. 과연 무엇이 이런 구분을 결정할까? 스포츠 조직 개념은 어떻게 이해해야 할까?

스포츠 조직은 '인공물artifice'이다. 자연적으로 발생하지 않는다. 사회적으로 어떤 목적을 위해 인위적으로 구성된다. 목적은 기본적으로 '스포츠 관련 이슈issue 해결'이다. 스포츠 상품을 만들어 팔려는 '상업적 목적'이나, 많은 사람이 스포츠 활동을 편하게 즐기게 하려는 '공익적 목적'까지, 목적의 폭은 넓다. 목적을 위해 여러 사람이 모여 '집단'을 형성하고 업무를 분류하며 각 업무에 역할을 부여한다. 역할 간 위계적, 수평적 관계도 수립한다. '체계system'가 형성된다. 스포츠 조직은 이렇게 틀을 갖춘다. 사람만 모인다고 자연적으로 스포츠 조직이 되지는 않는다.

---

17) Slack, T., & Parent, M.M. (2020). Understanding sport organizations: The application of organizational theory. Champaign, IL: Human Kinetics, 5쪽.

당연한 말이지만, 스포츠 조직은 다른 무엇도 아닌 '스포츠 활동'을 다룬다. 음악이나 미술은 다루지 않는다. 이것이 바로 스포츠 조직이 지닌 '구별 가능한 경계'다. 대한체육회는 미술진흥회나 대한음악협회와 확실히 구별된 일을 한다. 조직 구성원membership도 명료하게 구별된다. 대회 참가를 위해 광장에 모인 사람들을 우리가 스포츠 조직이라 부르지 않는 건 '누가 어디의 구성원인지 명확히 구분할 수 없기' 때문이다. 이런 이유로, 집단이 스포츠 조직으로 기능하려면 업무와 구성원에 구별 가능한 경계가 설정되어야 한다. 결국, 조직의 성장이란 그 경계 범위의 확장이다.

"스포츠 팀은 태생적으로 분업화를 지향하며 모든 조직이 추구하는 '과학적 관리주의scientific management'(기계처럼 엄격하고 반복적이며 체계적인 관리 방식으로 조직 효율성을 높이려는 경영 방식)를 적용한다."[18] 스포츠 조직은 이를 위해 '위계화된 역할 구조'를 지닌다. 특정 스포츠 이슈를 최대한 효율적으로 달성하기 위해서다. 이 역할 구조는 일반적으로 부서department와 팀team으로 형성된다. 이들은 조직의 '과업'에 따라 달라지는데, 추구하는 목표가 공적인가 사적인가, 과업 대상은 일반인인가 장애인인가, 업종은 제조업인가 서비스업인가에 따라 조직구조가 수평적 혹은 수직적으로 형성된다.

> 조직문화란, 한 집단이 외부적응과 내부통합 문제를 해결해가는 과정을 학습하며 만들어지거나 발전하는 조직의 기본가정이다. 이는 조직 구성원에게 합리적이고 타당하게 인식된다. 그 조직에 들어오는 신규 구성원들이 문제해결과 관련하여 인식하거나 느끼며 생각하고 배워야 할 방식을 총칭한다.[19]

조직문화organizational culture 또한 스포츠 조직을 설명하는 핵심 요소다. 이 역시 '과업 성격'에 따라 달리 형성된다. 공적 업무를 맡는 공공스포츠조직은 '혁신'이나 구성원 간 '관계'보다 관리 중심의 규칙과 절차, 안정성과 예측 가능성을 강조한다. 이런 특징으로 '위계 문화hierarchy culture'가 형성된다.[20] 반대로, 민간 스포츠 조직은 혁신이나 시장market을 지향하는 문화가 강하다. 한 마디로, 조직문화는 경기단체(유도협회나 축구협회 등), 공공 체육조직(문화체육관광부 등), 민간 체육조직(대한체육회나 스포츠클럽 등) 별로 다르게 형성된다. 달리 형성된 문화에 따라 개인 행위도 달라진다.

---

18) Slack, T., & Parent, M.M. (2020). Understanding sport organizations: The application of organizational theory. Champaign, IL: Human Kinetics, 6쪽.

19) Schein, E.H. (1985). Organizational culture and leadership. San Francisco: Jossey-Bass, 9쪽.

20) 김태희, 장경로 (2007). 공공스포츠조직의 지각된 조직문화와 조직유효성: 조직문화 프로필 탐색. 한국스포츠사회학회지, 20(3), 425-438.

스포츠 조직에서의 위계적 문화는 언제나 부정적인가?

우리는 수평적인 것을 긍정적으로 생각하는 반면, 위계적인 건 나쁘다고 본다. 이런 생각은 조직문화와 관련해서도 동일하게 적용될까? '경쟁가치모형'[21]에 따른 조직문화의 4가지 유형을 보면, 공동체형 문화, 유기체형 문화, 시장형 문화, 위계형 조직문화가 구분되는데, 이들 문화가 스포츠 조직과 관련하여 발휘되는 장단점은 무엇일까?

결론적으로 스포츠 조직은 이렇게 재정의될 수 있다. "스포츠와 연관된 이슈를 효과적으로 다루고자, 2인 이상의 사람들이 집단을 이루어, 위계화된 업무 체계와 구성원에게 합리적으로 수용된 문화를 바탕으로 형성된 사회적 실체." 이처럼 개념적으로 정의될 스포츠 조직은 또한 '유형별'로도 이해된다.

스포츠 조직의 유형별 이해

조직 형태는 단일하지 않다. 특정 조건에 따라 달리 분류된다. 당연히 특징, 기능, 성격 등, 모양새도 달라진다. 조직을 유형에 따라 분류해보면 개념적 설명이 다루지 못했던 속살이 드러난다. 예를 들어, 어떤 조직에 어떤 유형의 리더십이 필요할까? 특정 유형의 조직은 어떤 방식으로 관리해야 하는가? 각기 다른 조직끼리 협력 관계는 어떻게 맺을까? 스포츠 조직 유형 탐색은 이러한 질문에 답할 수 있도록 도와준다.

조직 유형의 일반론적 이해

우리 주변에 존재하는 조직 대부분은 '공식적formal' 성격을 띤다. 기본 목적과 임무가 공식적으로 정해졌기 때문이다. 이를 중심으로 하여 의식적으로 만들어진 집단을 공식적 조직이라 부른다. 이들 조직에서는 기본적으로 업무가 분화되어 있다. 상호작용이 기능적이고, 공식적 조직 도표(조직을 구성하는 뼈대)도 명료하게 드러난다.

하지만 조직은 공식적 요소로만 작동하지 않는다. '비공식적informal'으로도 작동한다. 비공식적 조직은 공식적 조직 내에서 자연적으로 발생한 소집단을 의미한다. 조직 구성원의 일상적인 사회관계로 형성된 집단이다. 기업 내 '총무부'가 공식적 조직이라면, 총무부 내 '소백산맥'이란 술 모임은 비공식적 조직이다. 이들은 공식적 조직보다 구성

21) Quinn, R. E., & Cameron, K. S. (1983). Organizational life cycles and shifting criteria of effectiveness: Some preliminary evidence. Management Science, 9, 33-51.

원들에게 더 큰 영향을 미친다. 특히 공식적으로 해결하지 못하는 정서적 문제를 해결한다. 조직을 관리할 땐 공식적 조직뿐 아니라 비공식적 조직까지 다뤄야 한다.

그렇다면 공식과 비공식 구분 외에 조직은 어떻게 구분되어 유형화될까? 대표적인 조직 유형 세 가지만 짚어보자.

먼저 사회학자 탈콧 파슨스Talcott Parsons, 1902-1979는 조직이란 본래 사회적 필요를 충족하려고 만들어졌다며, '기능'을 기준으로 네 가지 유형의 조직을 구분하였다.[22] 첫째, 경제 생산과 배분이란 적응 기능을 수행하는 '경제적 생산조직(민간기업 및 공기업)', 둘째, 사회적 목표를 지향하고 권력 형성 및 배분의 목표달성기능을 위한 '정치조직(행정기관 및 정당 등)', 셋째, 사회구성원의 안정된 관계 유지를 수행하는 '통합조직(사법기관, 경찰서, 정신병원 등)', 그리고 넷째, 사회의 문화적 가치를 창출하고 전승하는 '형상유지조직(교회나 학교 등)'이다(전통 전수기능). 기능주의 이론가답게 파슨스는 조직을 그들이 수행하는 사회적 '기능functions' 중심으로 이해했다(66쪽 참조).

기능이 아닌 '혜택을 받는 대상(수혜자)'에 따른 조직 분류도 살펴보자. 미국의 사회학자 피터 블라우P. M. Blau, 1918-2002와 윌리엄 R. 스콧W. R. Scott, 1931-은 조직 수혜자(조직 구성원, 조직 소유자 혹은 관리자, 고객, 일반 대중)를 기준으로 네 가지 조직을 구분했다.[23] 첫째, '호혜조직'이다. 조직을 구성하는 사람들이 주요 수혜자다. 정당, 노동조합, 클럽, 재향군인단체가 있다. 둘째, '사업조직'이다. 조직 소유자나 관리자가 수혜를 받는다. 공장, 은행, 보험회사 등의 민간기업이 해당한다. 셋째, '서비스조직'이다. 조직과 직접 접촉하는 고객이 수혜자로서, 병원이나 학교가 대표적이다. 넷째, '공공복지조직'이다. 경찰서나 소방서, 정부조직 등, 일반 국민을 주요 고객으로 한다.

'위계hierarchy'의 종류에 따른 조직 분류도 있다.[24] 모든 조직이 지닌 공식적 위계를 중심으로, 그것을 형성한 원천이 무엇인가에 따라 구분한 것이다. 다섯 가지로 구분된다. 첫째, '관료bureaucratic조직'이다. 명령과 통제, 하향식 의사결정, 수직적 지위 중심으로 위계화한 조직이다. 공무원이 대표적이다. 둘째, '전문professional조직'이다. 전문 지식 중심으로 위계화한 컨설팅이나 회계사 조직이 여기에 속한다. 셋째, '민주적democratic조직'이

22) Parsons, T. (1951). The social system. New York, NY: The Free Press, 45쪽 참조.

23) Blau, P. M., & Scott, W. R. (2003). Formal organizations: A comparative approach. California, CA: Stanford University Press, 42-58쪽.

24) Diefenbach, T., & Sillince, J. A. (2011). Formal and informal hierarchy in different types of organization. Organization Studies, 32(11), 1515-1537.

다. 참여 구성원들 사이에 동등한 권력으로 위계가 형성되는데, 오늘날 당근 마켓이 대표적이겠다. 넷째, '혼성hybrid조직'이다. 위계가 발견되지 않으면서 구성원이 프로젝트나 팀 단위로 그 모양새를 바꿔가며 일한다. 미국의 '홀 푸드Whole Foods'를 보라. 다섯째, '네트워크network조직'이다. 조직 간 신뢰를 바탕으로 하여 자원을 공유하며 연결된 조직이다. 자신들에게 없는 자원을 다른 조직에서 빌리며 거래비용을 절약한다. 신뢰가 없으면 불가능하다. '전략적 기술 제휴'를 특징으로 한다.

이와 같은 조직 유형은 우리에게 세 가지 통찰을 준다. 첫째, 어떤 목적을 가지고 조직화할 것인가? 목적에 따른 조직 유형을 안다면, 이 질문에 답할 수 있다. 둘째, 조직 유형에 따른 장단점은 무엇인가? 조직관리를 도와주는 핵심이다. 셋째, 향후 등장할 조직 형태는 무엇일까? 미래 예측을 가능하게 해준다.

스포츠 조직 유형: 스포츠 목적에 따른 조직화 결과

모르는 사람이 많을 수도 있겠으나, 2005년부터 정부 주도로 특별한 시범사업, 즉 조직화가 이루어졌다. '한국형 스포츠클럽 구축 (시범)사업'이다. 우리나라의 폐쇄적인 스포츠 시스템을 개선하기 위해 중앙 정부 중심으로 시작된 사업이다. 기본적으로 스포츠클럽은 생활체육 동호인이나, 지역체육회, 학교 운동부 같은 조직과 다른 성격을 지닌다. 개방적이고 회원 중심으로 수준별 참여가 가능한 플랫폼이다. 지자체와 국가가 지원하는 공익성까지 지닌다. 그래서 '공공스포츠클럽'으로 불린다.

이 사업과 관련, 혹자는 '공공스포츠클럽이란 조직이 무엇인가'를 궁금해할 수 있다. 하지만 우리가 주목할 점은 이처럼 특정한 '조직화(기존에 없던 조직 구성 과정)'가 새롭게 시작된 이유다. 즉, 특정 스포츠 조직이 새롭게 등장하거나 현재 존재하는 것이 어떠한 스포츠 이슈(즉, '존재 이유') 때문인지를 이해하는 작업이 더 중요하다는 뜻이다. 국가가 공공스포츠클럽을 조직화한 이유는 무엇일까? 공공스포츠클럽은 어떠한 스포츠 가치values를 사회적으로 전파하고자 조직화되기 시작했고, 실행의 책임은 누구일까? 스포츠 조직 유형을 이해하는 작업은 무엇보다 이런 조직화 과정의 두 축(스포츠 가치와 행위 주체)을 중심으로 이루어져야 한다.

먼저 스포츠가 지닌 가치를 살펴보자. 관점마다 표현이 다르지만, 우선 정책적으로 볼 때 스포츠 가치는 세 가지로 나뉜다. 개인적 가치(신체적, 심리적 건강), 조직적 가치(구성원 간 단결 및 건강 경영), 사회적 가치(사회통합 및 질서 유지)가 그것이다. 혹자는 '자본[capital] 관점으로 이들을 표현한다.[25] 신체자본(건강), 감정자본(심리적 혜택), 개인자본(인성 및 대인관계 기술), 사회자본(신뢰와 네트워크), 지적자본(인지력 향상), 재정자본(수입 증대)이 대표적이다. 혹은, 그것을 '스포츠 자본[sporting capital]'로 종합한다.[26] 스포츠 자본은 세 가지 영역 — 1) 심리적 영역(자신감, 자기효능감, 정체성), 2) 생리적 영역(신체건강 및 신체적 역량), 3) 사회적 영역(연결, 신뢰, 통합) — 으로 구성된다. 종합하면, 스포츠에 내재한 가치는 두 가지 차원, 즉 '개인적 가치'와 '사회적 가치'로 분류된다.

가치와 함께, 조직화의 '주체'도 보자. 가령, '개인적 가치' 중 건강 및 유희 증진을 위해 피트니스 클럽을 조직화한다면, 이는 누가 운영해야 할까? 혹은 사회통합이란 '사회적 가치' 중 세대 간 통합을 위해 공공스포츠클럽을 조직한다면, 이를 운영할 주체는 누가 되어야 할까? 개인(민간)인가 정부(공공)인가? 운영 주체 설정은 조직화 이후 특정 스포츠 조직이 완성되었을 때 그 조직의 성격과 구조를 결정하는 데 중요하다. 보편적으로 이 조직화 주체도 두 가지 차원('민간'과 '공공')으로 구분된다.

		스포츠 가치	
		사회적(social domain)	개인적(individual domain)
조직주체	공공 (public)	• 문화체육관광부 • 국민체육진흥공단 • 지자체 체육국	• 아마추어 경기단체 • 학교 운동부 • 공공스포츠클럽
	민간 (private)	• 프로스포츠구단 • 대한체육회 • 공공스포츠클럽	• 피트니스 클럽 • 민간스포츠클럽 • 스포츠 교실

[그림 8-1] 스포츠 '가치'와 조직화 '주체'로 구분한 스포츠 조직 유형

이렇게 두 축의 구분을 명료화했다면, 우리는 〈그림 8-1〉에서 보는 것과 같이 사분면에 해당하는 스포츠 조직 유형을 구분할 수 있다.

---

25) Bailey, R., Hillman, C., Arent, S., & Petitpas, A. (2013). Physical activity: an underestimated investment in human capital?. Journal of Physical Activity and Health, 10(3), 289-308.

26) Rowe, N. F. (2015). Sporting capital: a theoretical and empirical analysis of sport participation determinants and its application to sports development policy and practice. International Journal of Sport Policy and Politics, 7(1), 43-61.

첫째, 사회적-공공 스포츠 조직social-public organization이다. 세대 간 어울림이나 신뢰 같은 스포츠의 사회적 가치를 공적 영역에서 조직화하는 유형이다. 달리 표현하자면, '공공복지조직' 혹은 '공리적 조직'이다. 많은 국민이 스포츠 서비스 혜택을 받도록 제도나 관련 정책에 개입하고 공적 재정을 바탕으로 운영된다. 이 조직은 스포츠 가치를 정치적(제한된 자원을 구성원들에게 가장 합리적인 방식으로 배분하는 식)으로 다룬다. 문화체육관광부나 국민체육진흥공단이 대표적이다.

둘째, 사회적-민간 스포츠 조직social-private organization이다. 스포츠가 지닌 사회적 가치를 민간 분야에서 조직화한 결과다. 일종의 공공사업조직 성격을 지닌다. 서비스 조직과도 성격이 비슷하다. 지역민이나 국민 대상으로 사회적 유희나 통합의 장을 스포츠 서비스로 제공하지만, 운영의 주체는 '민간'이다. 흥미롭게도 우리의 경우, 이런 역할을 주로 프로스포츠구단이 맡는다. 분명 민간기업이 운영 주체이지만, 지역 기반으로 프로스포츠라는 (공적 유희) 서비스를 지역민에게 제공한다. 법인 형태의 대한체육회(지역체육회)나 공공스포츠클럽 역시 이 유형에 포함된다.

셋째, 개인적-공공 스포츠 조직individual-public organization이다. 개인적 가치를 증진하고자 공적 영역이 조직화를 이끄는 유형이다. 이 유형은 '서비스 조직'이나 '호혜 조직' 성격을 중복적으로 지닌다. 스포츠의 개인적 가치인 인성 발달, 건강 체력 증진, 심리적 정화 효과를 학교나 정부와 같은 공공 영역으로 증진하는 형태다. 학교 운동부나 지자체가 운영하는 공공스포츠클럽, 아마추어 경기단체(국비 및 기금 지원)가 이 유형에 속하는 대표적 스포츠 조직이다.

넷째, 개인적-민간 스포츠 조직individual-private organization이다. 스포츠로 얻을 수 있는 개인적 혜택을 민간 영역이 제공하며 이익을 취하는 일종의 '자영업' 조직이다. 앞선 유형과 비교해볼 때, 우리나라 스포츠 조직 중 가장 높은 비율을 차지한다. 스포츠계에서의 '호혜적 서비스 조직'으로 불릴 수 있겠다. 대표적으로, 지역 내 태권도 학원을 포함하여, 민간 스포츠학원, 회원제로 운영되는 피트니스 클럽, 스포츠 교실 등이 여기에 해당한다. 한 마디로 '스포츠 개인 사업체'다.

주의할 점은, 이 스포츠 조직 분류가 자의적이란 사실이다. 면밀한 검증이 이루어지지 않은 저자의 단순 의견이다. 그럼에도 이렇게 스포츠 조직을 새롭게 유형화한 이유는, 지금껏 우리가 스포츠 조직을 이론화하는 데 있어 나름의 기준 설정이나 유형별 특징을 종합하려는 노력 없이, 기존 설명에 단순 대입해 왔던 경향이 강했다는 데 있다.

나름의 스포츠 조직 유형 분류 기준을 이야기해보고 싶었다. 이런 가설적 모형을 바탕으로 향후 관련 연구가 이루어진다면, 스포츠 조직만의 특성을 더 명확하게 구축할 수 있을 것이다.

스포츠의 조직적 속성

미국 스포츠사회학자 조지 세이지George, H. Sage, 1929-2019는 1979년 글에서 스포츠가 지닌 일곱 가지 기능을 소개한다.[27] 이 중 하나가 '사회적 통제social control'다. 1932년에 제기된 주장, 즉 "운동경기는 학교에서 통제 문제를 단순화할 수 있는데…선수들의 행동은 운동 경험으로 통제된다"[28]라는 기능을 소개하며, 세이지는 스포츠가 사람들을 마취제로 마비시키듯 대중을 통제한다고 주장했다. 스포츠가 사람들의 의사 결정 및 창의성 발휘 역량을 갈취한다는 의미다. 다소 과격한 주장이긴 하지만, 이 주장에서 고민해볼 질문은 분명하다. 스포츠가 행한다는 통제적 기능은 스포츠의 어떤 '속성' 때문에 나타났는가? 지금부터는 그 속성을 살펴보자.

사회 조직화가 만들어낸 관료제 이해

앞선 질문은 '스포츠와 조직' 장이 다루는 핵심 내용이다. 개괄해 보자면, 스포츠가 지닌 속성(집단적 목표 지향성에 따른 획일화한 규칙 준수)은 의도치 않게 스포츠 자체의 조직화 속성으로 기능하며(비인격적 규칙 중심의 활동 강제), 이 속성을 체화한 개인이 사회질서 유지에 복무할 사회구성원, 즉 '조직인'이 되도록 제도화되었다. 이 주장이 맞다면, 결국 스포츠 조직은 그러한 조직인 생산을 활성화하는 '공장'이 된다.

이를 명확히 이해하려면 우선 우리 주변의 수많은 사회조직이 어떤 개인을 길러내는지부터 살펴봐야 한다. 조직은 창의적인 개인을 길러낼까? 그럴 수 있다. 하지만 역사적으로 조직은 사회에 가장 적합하게 조형된 순응적 인간, 즉 '조직인organization man'[29]을 길러내 왔다. 조직이 지닌 관료제적bureaucracy 특성 때문이었다. 관료제란, 19세기 독일 사회학자 막스 베버Marx Weber, 1864-1920가 '철창에서의 삶life in an iron cage'으로 묘사했던 조직

27) Sage, G. H. (1979). Sport and the social sciences. The Annals of the American Academy of Political and Social Science, 445(1), 1-14.

28) Waller, W. (1932). The sociology of teaching. New York, NY: Wiley, p. 116.

29) Whyte, W. H. (1956). Organization man. New York: Simon and Schuster.

형태다.[30] 산업사회 등장과 함께 널리 채택된 문서화 된 규칙, 계약, 위계 중심의 조직을 말한다. 오늘날에는 거의 예외 없이 부정적 의미로 사용된다.

하지만 오늘날 관료제가 부정적으로 취급되던 것과 달리, 당시 베버는 관료제가 지금껏 고안된 조직 형태 중 가장 효율적인 사회조직 양식이라 믿었다. 백화점을 보자. 백화점은 층 간, 층 내 같은 종류의 제품끼리 '부분화' 되었다. 때문에, 백화점에 들어간 개인은 자율적으로 층 내, 층 간을 움직이지만, 기본적으로 규격화된 경로 안에서의 자유만 허락된다. 예측가능성이 확보된 자유다. 시간은 절약되고 합리성은 증가한다. 이런 백화점 특징이 관료제의 대표적인 그림이다. 관료제는 명확한 규칙(위반하면 제재당한다), 업무별로 나뉜 부서, 그 업무에 특화된 지식(그래서 다른 부서 일을 모르거나 상관하지 않는다), 조직 상층부에서의 명령과 매뉴얼에 따른 활동(수동적 인간의 탄생을 돕는다) 중심으로 이루어진다. 한 마디로 '효율성'을 지향한다.

관료제가 지닌 여덟 가지 특징[31]

첫째, 모든 사무기능은 규칙에 의해 작동된다; 둘째, 개인이나 각 사무에는 책임져야 할 권한의 영역이 세분화되었다; 셋째, 가시적인 위계가 존재한다; 넷째, 노동 영역이 정확하게 구분되었다; 다섯째, 모든 활동에 대한 전문화된 훈련과정이 있다; 여섯째, 기업소유와 경영의 분리가 확실하다; 일곱째, 조직임무 수행에 필요한 모든 지원이 이루어진다; 여덟째, 모든 활동과 결정, 규칙이 문서화되었다.

관료제를 왜 이해해야 할까? 조직은 기본적으로 관료제 성향을 지니기 때문이다. 그렇기에, 자율적이고 개성 넘치는 개인도 조직화된 조직에 들어가는 순간부터 제도적 영향에서 벗어날 수 없다. 이 곳에서는 사회질서 유지에 필요한 순응 규범^conformity norms^ 이나 규칙 중심의 마음가짐이 '감시와 처벌' 기제로 길러진다. 단 한 번이라도 조직 생활을 경험해 본 사람이라면 이 말의 뜻을 알 수 있다. 한 마디로 '조직의 쓴 맛'을 본 사람들은 순응적 기제가 몸에 자연스럽게 새겨진다는 뜻이다.

---

30) '철창'이란 무엇일까? 현대 사회, 특히 자본주의 사회는 전문화된 업무, 기술적 역량, 비인격성, 개인의 규율을 엄하게 다루는 대규모 조직과 제도를 만들어냈다. 이들 조직과 제도의 핵심은 '합리성'이다. 합리적이라 결정된 기준을 바탕으로 모든 새로운 구성원은 조직에서 규격화된다. 즉, 모든 사람들에게 유연하지 않은 표준 규칙이 적용된다. 이에 따라 사회적으로 '소외'가 발생한고 '비인간화' 현상이 벌어진다. 막스 베버는 이와 같은 자본주의 사회에서의 조직적 삶을 '철창에서의 삶'으로 비유했다.

31) Luhman, J.T., & Cunliffe, A.L. (2013). Key concepts in organization theory. New York, NY: Sage Publications, 15쪽.

흥미롭게도, 스포츠는 이처럼 관료제로 대표되는 조직적 특성을 내재화한 사회제도로 기능한다. 구체적으로 어떠한 조직적 특성을 지닐까? 일반적으로 세 가지를 말해볼 수 있다. 첫째, 엄밀한 규칙과 기록 체계를 따르며 형성되는 '동질성homogeneity', 둘째, 역할과 기능 세분화에 따른 '위계성hierarchy', 셋째, 집단 활동과 소속감 강조로 만들어지는 '순응성conformity'이 그것이다. 조직에 내재한 관료적 특성 중, 중요한 몇가지 속성이 스포츠 활동으로 형성되는 것이다. 상세히 살펴보자.

동질성: 규칙 중심의 획일화된 행위

> 규칙은 상징적 도구다. 규칙은 통상적으로는 "X라는 조건 아래에서는 Y이다"라는 형태를 취하는, 언어로 부호화된 '가르침'이다. 규칙은 특정한 행동 양식('당신은 이걸 해야만 한다')을 지시하거나 금지하거나, 아니면 허용하기도 한다.[32]

박지성 선수는 EPL에서 축구 규칙을 몰라 헤매지 않았다. 한국과 잉글랜드 축구 규칙이 같았기 때문이다. 터키 배구리그에서 김연경 선수가 다른 배구 경기 규칙으로 인해 당황했다는 기사는 찾기 힘들다. 류현진 선수가 한국과 미국 프로야구 사이의 규칙이 달라 난감했다는 얘기는 듣지 못했다. 물론 내셔널 리그에선 투수가 나석에 서야 하는 규칙은 예외였다. 이처럼 스포츠는 규칙rules으로 행위를 동질화한다.

특정 스포츠를 처음 접할 때 사람들이 배우는 건 무엇일까? 규칙이다. 규칙에는 경기 시 지켜야 할 '행위 규칙'과 특정 스포츠를 수행하는데 필요한 '기술 규칙'이 포함된다. 규칙은 기본적으로 조정적regulatory이고 안정적인stable 성향을 지닌다. 소득 수준, 피부색, 거주 지역 및 계층에 상관없이 (스포츠에 참여하는) 모든 사람은 동질화된 규칙을 따른다. 지도교수와 석사생의 '지위' 차이가 있더라도, 골프 첫 수업 때 이 둘이 접할 스윙 규칙은 동일하다. 행여, 자기 지위가 높다고 골프 연습 시 다른 스윙 규칙을 적용 받지 않는다. 규칙은 몸에 동일하게 각인된다.

동일한 규칙을 장기간 따르는 행위는 사회 구조화 효과로 이어진다. 특히 '누적된 고착성cumulative rootedness' 효과로 연결된다. 이는 "특정 규칙, 제도, 규범이 오랜 시간 반복적으로 이루어지며 의심 없이 따라야 할 행동 원칙으로 굳어진 상태"[33]를 뜻한다. 이 효

32) Rigney, D. (2001). The metaphorical society: An invitation to social theory. New York, NY: Rowman & Littlefield Publishers, 85쪽.

33) 남상우 (2017). 한국스포츠사회학에서 사용되는 사회구조 개념의 다차원적 의미 속성. 한국스포츠사회학회지, 30(2), 111-132, 120쪽.

과의 핵심은 행위성agency 배제다. 행위성이란 무엇인가? 구조적 강제력에 종속되지 않고 한 개인이 자신의 주체성을 발휘할 수 있는 역량을 뜻한다. 규칙 중심의 사고방식은 이를 제거한다. 규칙만 따르면 된다는 스포츠에서의 합리적 행위가 의도치 않게(즉, 잠재적 기능처럼) '행위의 기계화'로 이어지는 것이다. 이를 막스 베버Max Weber, 1864-1920는 '합리성의 비합리성irationality of rationalization'으로, 미국 사회학자 조지 리처George Ritzer, 1944-는 '맥도날드화McDonaldization'(맥도날드 매장에서 작동하는 체계적 규칙 중심의 운영방식이 전 사회적 기제로 자리 잡는 과정)로 설명했다(12장 '스포츠와 지구화' 431쪽 참조).[34]

위계성: 세분화된 역할 위계가 만든 불평등 체계

프로든 아마추어 수준이든, 거의 모든 스포츠는 다양한 '지위'와 '역할'을 중심으로 작동한다. 개인종목까지도 팀 단위로 움직인다. 감독, 코치, 선수라는 지위position와 각 지위에 부여된 역할roles이 중심이 되어 작동하는 것이다. 스포츠에서의 지위와 역할은 보통 '수평'이 아닌 '위계'로 형성된다. 위계의 하층부 사람은 상층부의 지시와 명령을 따라야 한다. 개인적 발전, 팀 성공, 스포츠계 질서 유지 때문이다. 스포츠의 위계적 특성은 이처럼 역할 간의 조화를 강조한 적응적 기능주의 멘탈리티를 강화한다. 이 사고방식을 체화한 개인은 사회에 나가 조직 활동에 친화적이게 된다.

이 지점에서 조직 구조organizational structure의 특성 중 하나인 '복잡성complexity' 개념을 참조해봐야 한다. 복잡성이란 조직 내 직무(업무)와 계층의 분화 정도를 뜻한다. '업무'의 분화를 '수평적 분화(다양한 업무로 확장)'라 부르고, '계층(조직 위계)' 분화 정도를 '수직적 분화(직급이 위아래로 확장)'로 표현한다. 당연히, 수직적 분화가 강한 조직은 (경직된) 위계적 조직문화가 형성된다. 공공기관을 포함, 우리나라 조직 대부분이 수직적 분화를 특징으로 한다(군대가 대표적이다). 반면, 수평적 분화가 강한 조직일수록 같은 권한의 업무 부서 간 갈등이 빈번해진다(교사 집단을 예로 들 수 있다).

스포츠, 특히 단체 종목은 수평적 분화를 특징으로 한다. 종목별로 분화된 '포지션'이 그것이다. 때문에, 스포츠팀은 기본적으로 갈등이 심하다. 하지만 의외로 그 갈등이 심각한 수준으로 발전하진 않는다. 왜 그럴까? 수직적 분화로 형성된 감독과 코치의 절대적 권한(권위) 때문이다. 팀은 절대 권한을 향한 선수의 순응적 태로로 안정성을 유지한

---

[34] Ritzer, G. (2021). The McDonaldization of society: Into the digital age. Thousand Oaks, CA: Sage Publications.

다. 감독과 코치는 포지션 간 갈등을 '기록'과 '지도 전문성'으로 통제한다. 그 갈등 통제를 잘 수행하지 못한 팀은 나쁜 성적을 결과로 받게 된다.

결국, 스포츠는 이처럼 지위와 역할로 분화된 활동을 바탕으로 일종의 '조직적 억압성organized oppressiveness'(조직 구성원이나 조직 자체의 위계성이 구성원들의 개별적 의지와는 상관없이 강제적으로 그 위계를 따르도록 한 상태[35])을 개인에게 자연화하고 체화하는 사회적 제도로 기능한다. 우리가 스포츠 폭력과 관련해 접하는 이해되지 않는 현상 역시, 이러한 조직적 위계성과 무관하지 않다.

순응성: 집권화한 체계와 성공 공식이 만들어낸 성향

스포츠가 지닌 또 하나의 흥미로운 조직적 특성은 '순응성'이다. 스포츠가 행위자에게 조직(권위)에 동조하고, 더 나아가 (파잉) 충성하도록 만드는 속성이다. 스포츠가 팀이나 집단 수준에서 이루어질 때 가장 자주, 그리고 쉽게 만들어지는 속성이다. 과연 스포츠의 무엇이 순응성이란 속성을 만들어낼까? 우선, 전술된 '공식적 규칙'이다. 지도자(수직적 분화의 정점에 위치)에게 모든 권한이 집중되어 이를 전적으로 따라야 하는 '집중화/집권화centralization' 속성 또한 비슷한 기능을 한다. 집권화가 심해지면 모든 구성원은 권력이 집중된 곳만 바라보게 된다. 하지만 이들 요소보다 더 결정적인 건, 특정 스포츠계에서 거부할 수 없는 '성공 공식success formula'이다.

스포츠에서의 성공 공식을 따라야 한다는 '당위성', 이 공식을 제대로 따르려면 기존 규칙과 지도자의 코칭에 절대적으로 의존해야 한다는 '위계성'이 결합됨으로써 행위자는 자연스럽게 순응성이란 조직적 특성을 길러낸다. 순응성의 특징은 위계적 질서와 명령을 비판 없이 수용하는 태도다. 혁신적인 반항아가 나오지 않는 이상, 스포츠계 성공 공식이나 규칙을 따르는 행위는 불변하면서 지속되기 마련이다.

대표적인 사례가 높이뛰기다. 지금이야 배면뛰기(배가 하늘을 향하는 방식)가 정설처럼 행해지지만, 그 전까진 모두 가위뛰기 방식을 사용했다. 그게 정상이었기 때문이다. 하지만 어느날 키 193cm의 딕 포스베리Dick Fosbury, 1947-에 의해 이 정상 기준은 바뀐다. 큰 키 때문에 가위뛰기가 불편했던 포스베리는 오랜 연구 끝에 배면뛰기를 고안하여 1968년 멕시코시티올림픽 때 실행, 금메달을 땄다. 혁신을 이뤄낸 것이다. 이후부터 가위뛰

---

[35] 남상우 (2017). 한국스포츠사회학에서 사용되는 사회구조 개념의 다차원적 의미 속성. 한국스포츠사회학회지, 30(2), 111-132, 124쪽.

기는 과학계에서 사라진 '천동설(우주의 중심이 지구이며, 모든 천체가 지구의 둘레를 돈다는 학설)'처럼 체육계에서 사라졌다. 오늘날 가위뛰기로 높이뛰기를 하는 사람은 없다. 배면뛰기는 또 다른 성공 공식이 되었다.

조직은 기본적으로 규칙이나 규범을 잘 따르는 사람을 선호한다. 그런 사람이 많아야 조직의 현 질서가 유지되기 때문이다. 이들은 조직의 생존을 유지하는 인적 토양이다. 스포츠가 '획일화된 다양성'을 길러주는 규칙과 성공 공식, 나아가 지도자의 코칭에 맞추도록 규격화하고 '과동조overconformity'하게 하는 독특한 사회적 제도로 기능하다 보니, 스포츠계에 오래 몸 담았던 사람은 순응성이란 조직 생존에 필수적인 속성을 체화한다. 이와 관련, 우리는 물어야 한다. 과연, 스포츠의 이런 조직적 특성은 부정적이기에 변화시켜야 할까? 아니면, 이것이야말로 스포츠를 독특한 사회적 제도로 만들어주는 자산이기에 없애지 말고 좀 더 강화하는 방향으로 노력해야 할까?

스포츠 조직과 거버넌스

'조직'은 사회학적으로 개인과 사회를 연결해주는 징검다리 역할을 한다. 때문에, 사회학은 기업이나 여러 집단 같은 조직을 '중시 관점macro perspectives'의 분석 대상으로 삼는다. 조직이라는 공간에서 여러 사회적 현상이 발생하기 때문이다. 그 현상은 개인과 연관되어 나타나기도 하고, 사회적 변화와 조직 변화 사이의 연계 지점에서 파생되기도 한다. 특히 스포츠계를 유지하기 위해 활동 중인 다양한 종류의 조직은 그들이 지닌 숙명으로 인해 여러 가지 이해관계의 충돌을 경험한다. 또한, 과거 '정부'라는 단일 통치체governmental body로도 운영이 가능했던 스포츠계가 이젠 매우 다양해지면서 정부 외의 다른 영역의 조직과도 협력해야 할 상황에 이르렀다. 이런 상황에 등장한 개념이 바로 '거버넌스governance'다.

스포츠계의 거버넌스 중요성

정부government는 왜 존재할까? 국민을 잘 살게 하려고 존재한다. 잘 산다는 건 다양한 의미를 지닌다. 일단 굶지 않아야 하고, 안전도 보장받아야 하며, 건강하게 살아야 한다. 하루하루 재미있게 사는 것도 잘 사는 범주에 속한다. 분명한 건, 국민 모두는 행복하게 자신의 삶을 영위해나가고 싶어한다는 사실이다. 모두가 행복하고 건강하고 안전한 삶을 원한다. 정부는 이처럼 국민의 행복 욕구를 충족시키기 위해 존재한다. 이런 이유로 국가(지방)정부는 '통치'라 불리는 정치적 행위를 한다.

통치란 합법적 강제력으로 사회를 유지하는 모든 행위를 말한다. 법과 제도, 재정과 공권력으로 사회질서를 유지한다. 외부 환경 변화의 충격을 최소화한다(코로나-19에서 국민의 안정과 번영을 보장한다). 의료보험 제도로 국민 건강을 책임지고, 경찰이나 군대 같은 치안 제도로 안전을 확보한다. 법은 권리를 지키고, 경제는 개인의 부를 증진할 기회를 제공한다. 효과적인 통치를 위해 국민총조사 같은 것도 한다. 국가가 통계를 이용하여 국민을 이해하는 행위다(statistics는 단순히 통계학이 아니다. 문자 그대로 국가의 통치 기술, 즉 state+ics다). 이처럼 모든 통치는 국민을 향한다.

문제는 오늘날 통치 범위가 확장되었다는 사실이다. 사회가 복잡하지 않고 인구도 많지 않을 때 정부는 권력을 독점하며 홀로 모든 통치를 담당했다. 하지만 오늘날 그러한 방식은 가능하지 않다. 담당해야 할 제도, 국민의 희망 사항 다변화 등, 처리할 일은 광범위해졌다. 사회 변화 속도까지 빨라졌다. 안정성을 중시하는 정부가 그 변화 속도를 따라가기 벅차게 되었다. 그러다 보니 지체 현상이 발생했다(사회변화에 법이 따라가지 못하는 상황 등). 해결책은, '나 홀로 통치'에서 '나 같이 협치'로의 전환이다. '시장'과 '시민 사회'가 협치 파트너로 등장했다. 그들에게 일부 권한을 주고, 국가는 자신의 업무에 집중한다. '거번먼트'에서 '거버넌스[governance]'로의 전환이다.

거버넌스의 간략한 이해

> '소프트한 통치 구조'로서, 세계화 시대를 맞이하며 국가 중심적인 경성 통치 구조가 초국가, 국가, 시민사회, 기업, 지방자치제라는 다수와 통치 행위자에 의한 지배, 교환, 네트워킹, 규범으로 이루어지는 다층적이고 다원적인 통치 구조로 바뀌었다. 그에 따라 유동적이고 국제화되었으며, 다층적이고 다원적인 통치 구조가 등장, 전통적인 정부(government) 개념으로는 이 변화된 통치를 담아낼 수 없기에 새로운 거버넌스라는 개념이 등장…[36]

거버넌스란 무엇인가? "국가에게서 자율성을 확보하며 게임 규칙, 자원 교환, 상호 의존성이란 특징을 지닌 자기 조직적이고 조직 상호 간 연결 네트워크."[37] 이 정의에선 일단 '조직 간 네트워크'만 기억하자. "통치와 정부 개념을 확장, 게임 규칙과 조정에 관

[36] 임혁백 (2000). 세계화 시대의 민주주의: 현상, 이론, 성찰. 서울: 나남출판, 68쪽.
[37] Rhodes, R.A.W. (1997). Understanding Governance. Milton Keynes: Open University Press, 15쪽.

한 것을 말해주는 개념."[38] 여기에선 기존의 정부 중심의 '통치'를 넘어선다는 아이디어만 보자. "사회 내 다양한 기관이 자율성을 지니며 함께 국정 운영에 참여하는 변화된 통치방식이자 다양한 행위자가 통치에 참여 및 협력하는 점을 강조한 협치."[39] 이제 그림이 그려진다. '변화된 통치 방식'이자 그 변화의 방향은 '협력'이란 뜻이다. 핵심은, 정부를 포함하여 여러 이해관계자가 모여 협력하는 그림이다.[40]

스포츠 역시 이와 같은 거버넌스 체계를 지닌다. '스포츠 거버넌스sports governance'란 '스포츠로 국민들 삶의 질을 높여주고자 여러 이해관계자가 협력하여 정책을 만들고 실행해나가는 협력 네트워크'다. 중앙 정부(문체부) 홀로 힘쓰며 모든 스포츠 업무를 해나가지 않고 지자체, 국민체육진흥공단, 대한체육회, 각 경기단체, 스포츠 관련 기업, 대학, 시민단체가 한 테이블에 앉아 일하는 모습, 그게 바로 '스포츠 거버넌스'다.

> (특정) 스포츠의 본질적 목표를 위해 관련 조직/이해당사자 간에 네트워크를 형성하고, 논의 과정을 거쳐 최적의 전략을 도출함으로써 상생의 결과를 끌어내는 업무 구조.[41]

1970년대부터 우리나라의 스포츠 통치는 엘리트 스포츠 중심으로 이루어져 왔다. 당시의 정부는 국가 아마추어리즘state amateurism을 기조로 엘리트 스포츠만 관리했다. 우수 선수를 육성, 올림픽에 보내 금메달을 따면 국민들은 TV 앞에서 그 성과를 즐겼다. 여기에, 선수 개인의 성취가 곧 국가의 성공이란 동일시 이데올로기만 얹으면 스포츠계는 잘 다스려졌다. 80년대 들어와 이 역할은 프로스포츠도 수행하기 시작했다. 국가는 적극적으로 프로스포츠를 출범시켜 국민들 볼거리를 늘렸다. 동일시 대상은 국가에서 지역으로 바뀌었다. 과거의 통치 모습이었다.

이러한 통치방식이 요즘도 가능할까? 이제 국민은 국가대표가 출전하는 국제스포츠에 큰 의미를 부여하지 않는다.[42] 무엇보다 놀거리와 볼거리가 다양해졌고, 관심사도 '국가'에서 '선수 개인'으로 옮겨졌기 때문이다. 개인 건강의 관심사가 증가하며 직접 참여가 가능한 운동 환경이 중요해졌다. 1997년에 발생한 IMF 경제가 우리 사회를 '각자

---

38) Kjaer, A.M. (2004). Governance: Key concepts. London: Polity, 7쪽.

39) 강원택 (2005.05.25). 반기업정서? 국민 다수는 친기업. 중앙일보, 5면.

40) 물론, 이는 광의의 거버넌스 개념이다. 거버넌스란 기업 내부의 운영 체계를 의미하는 협의적 개념으로도 사용된다. 제대로 된 조직은 내부적으로 나름의 거버넌스 체계를 갖추고 있다.

41) 남상우 (2014). 시민사회와 스포츠 거버넌스의 이론화. 한국스포츠사회학회지, 27(1), 1-25, 9쪽.

42) 2020도쿄올림픽과 관련, 갤럽의 조사는 의미가 있다. 전국 성인 1003명을 대상으로 '도쿄올림픽에 관심이 있냐'고 물은 결과 '관심 있다'는 응답은 32%, '관심 없다'는 66%였다. 2016리우올림픽 때에는 각각 60%(관심 있다)와 41%(관심 없다)였다. 1992년 바르셀로나 올림픽 때부터 꾸준히 떨어지는 중이다.

도생 사회'로 바꿨기 때문이다(믿을 건 내 몸밖에 없다). 여기에 스포츠의 지구화 물결까지 밀려오며 NBA, MLB, EPL 등, 화려한 경기도 숨쉬듯 즐길 수 있게 되었다. 당연히, 국민 눈높이는 올라갔고, 직접 스포츠를 하게 해달라는 요구도 덩달아 거세졌다. 이 변화를 정부 홀로 감당할 수 있을까? 정책 다양화와 민첩한 실행, 법 마련, 재정 확보 등, 중앙 정부 혼자 스포츠를 통치하는 패러다임은 이제 불가능해졌다.

스포츠계에서 나 홀로 통치를 넘어 협력적 거버넌스가 중요해진 이유가 여기에 있다. 세계의 변화와 스포츠를 향한 국민 수요의 확장 및 다변화. 이 변화를 충족하려면 분업해야 한다. 중앙 정부와 지자체는 자기 권한의 일부를 이양하며 다양한 스포츠 조직체와 협력한다. 재정은 국민체육진흥공단이, 프로그램 구성과 인력 관리는 대한체육회와 지방체육회가, 선수 육성에 각 경기단체와 학교가, 스포츠 구단 운영 및 유소년 육성엔 기업들이, 정책 연구 및 비판에 대학과 시민단체가 파트너로 참여한다. 스포츠계의 복잡성이 증가하며 그 질서 유지를 위해 거버넌스는 필수가 되었다.

스포츠 거버넌스 성공의 핵심 요소

성공적인 거버넌스는 권력power과 방향direction 그리고 통제control와 규정regulation이 조화를 이룰 때 가능해진다.[43] 스포츠 거버넌스의 성공도 유사하다. 중앙 정부(문화체육관광부)가 다른 스포츠 조직과 성공적인 거버넌스를 구성할 때 필요한 요소는 세 가지다. 권력 분배(권한 위임), 공동 목표(방향성), 그리고 통제와 규정(상호 견제).

첫째, 권한 위임이다. 각 스포츠 조직체가 지닌 권한(재정 권한, 정책결정 권한, 실행 권한)을 최적의 형태로 분배하는 내용이다. 그 권한을 위임받은 각 조직체는 자신들이 맡은 일을 자율적으로 수행한다. '파트너십partnership'이다. 시키는 것만 하라는 식으로 중앙 정부 수족만 늘리면 이는 '통치를 가장한 거버넌스'가 된다. 문제는, 권한 위임이 쉽지 않다는 데 있다. 권한은 한 번 주면 다시 가져오기 어렵다. 대부분의 조직(이러한 권한 위임의 어려움은 조직 내 리더에게도 해당하는 문제다)이 권한 위임을 꺼리는 이유다. 특히 조직 간 권력 다툼을 하는 경우엔 권한 위임이 사실상 불가능하다. '권한 배분만 잘 이루어져도 거버넌스의 9할은 성공적이다.' 이런 말이 괜히 나오는 게 아니다.

[43] Yeh, C.M., & Taylor, T. (2008). Issues of governance in sport organizations: A question of board size, structure and roles. World Leisure, 50(1), 33-45, 34쪽.

국가 스포츠 거버넌스 모형
어떠한 모형이 스포츠 거버넌스에서 가장 이상적일까?

첫째, 자치 모델(self-governance model). 조직 간 상호의존성과 호혜성을 증진한다. 목표는 스포츠계의 지속적 안정 추구다. 이 모델에서는 시민사회 역할이 중요하다. 정부가 중심이 되면 단기 목표 중심의 성과 평가와 업무 관계자의 변경으로 지속적인 안정이 힘들어지기 때문이다. 이 모델의 대표 사례는 마을 단위의 스포츠클럽이다(생활체육 동호인 조직도 일종의 자치 모델이다). 지역민들의 회비로 운영되고, 지자체는 시설과 조례로 도움을 준다. 시장(기업)도 지원하며 대회를 연다. 당연히, 지원했다고 간섭하진 않는다. 이렇게 체계를 갖춰 시민과 가족의 공동체 가치를 높이며 마을의 지속적이고 안정적인 발전을 목표로 해나간다. 우리에게 매우 필요하지만, 제대로 이루어지지 못하는 모델이다. ▶

둘째, 열린 체계 모델(oepn system model). '변화'를 목표로 조직 간 권력을 공유한다. 이 모델의 가장 큰 특징은 '수평적 상호작용' 중심의 운영이다. 각 조직의 행위자들 간에 상호의존적이고 공동목표를 달성하기 위해 자원을 공유한다. 현재 이루어지는 '산학연 모델'이 대표적이다. 여기에서 정부는 방향 제시나 조정 역할은 해도 직접적 통제나 강압은 하지 않는다. 일시적 프로젝트 형식의 사업 운영이 대표적이다. 스포츠 분야에선 3대 3 농구 부활 프로젝트 같은 것이 가능하다. 대한농구협회가 3대 3 농구 대회를 부활시키기 위해 시장(여러 기업들의 스폰서)과 손을 잡고, 지자체 협조로 전국 투어 프로젝트를 연다. 여러 조직은 수평적 권력을 갖는다. 추구하는 것은 '농구계의 혁신적 변화'다.

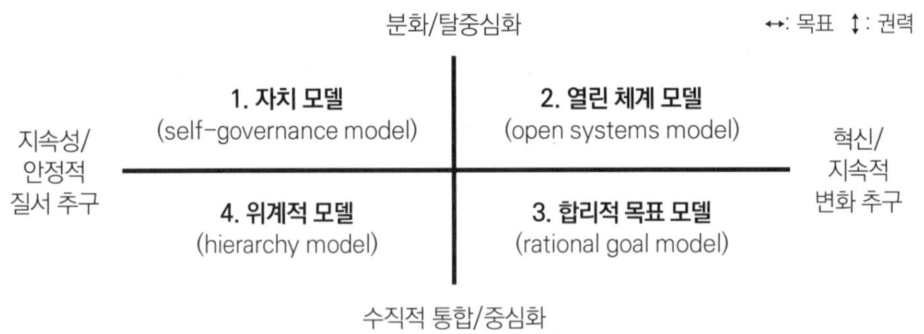

셋째, 합리적 목표 모델(rational goal model). 짧은 기간에 최대 효과, 특히 시스템 변화와 혁신을 추구하는 모델이다. 지방 분권제가 대표적이다. 중앙 통제 시스템을 두고, 권한이 사방으로 퍼지는 유형이다. 예를 들어, 초고령 사회를 대비하기 위해 중앙 정부(문체부)가 기존 스포츠 정책 및 인프라의 효율화라는 변화를 목표로, 권한을 대한체육회, 각 대학 연구소, 시민사회에 배분하고, 이상적 시스템 형태를 구축하는 사례가 대표적이다. 현재 우리나라 스포츠계에 가장 요구되는 모델일 것이다. 이 모델의 성공여부에서 가장 중요한 것은 모든 거버넌스 참여 조직이 동의할 '공동 목표(합리적 목표)'다. ▶

넷째, 위계적 모델(hierarchy model). 시스템의 지속성 및 안정 추구를 목표로, 권력을 독점한 조직이 주도한다. 우리나라의 각종 스포츠협회가 이 모델로 움직인다. 예를 들어, 대한축구협회는 자신들의 축구 리그 및 체계의 지속적이고 안정적인 운영을 위해 모든 권력을 쥐고 다른 조직체를 관리 및 통제한다. 현재 대한체육회가 운영하는 공공스포츠클럽 사업 모델도 여기에 해당한다. 모든 통제권을 대한체육회가 쥐고(예산 배분 및 평가권, 클럽 선정권), 스포츠클럽 수를 늘려 나간다. 이 모델의 가장 이상적 조건은, 1) 사회 변화가 예측 가능하고 안정적일 때, 2) 권력을 집중적으로 보유한 조직이 건전할 때다.

1) 남상우(2020). 스포츠 거버넌스의 지속가능성. 한국체육학회 스포츠정책포럼 자료집.

둘째, 스포츠 조직체들이 공통으로 성취할 목표와 방향 설정이다. 권한을 주고 나름의 역량을 발휘하게 하려면 공동 목표가 있어야 한다. 함께 무엇을 추구할지 조직 간에 논의하고 합의해야 한다. 만약 이 목표가 어긋나면 어떻게 될까? 문체부는 '일상에서의 스포츠 활동 활성화'지만, 대한체육회는 '엘리트 스포츠로 국위선양'을 목표로 삼는다면? 지자체는 '지역민의 건강한 삶'이 목표인데, 지역체육회는 '체전 4위'가 목표가 된다면? 불협화음이 발생하면서 결국 힘을 가진 조직이 자신과 추구하는 방향이 다른 조직의 권한을 뺏는다. 권한 위임을 바탕으로 한 성공적인 거버넌스는 와해될 수밖에 없다. 권한 위임은 반드시 공동 목표와 병행되어야 한다.[44]

셋째, 다른 이해관계를 지닌 조직 간의 '서로 견제'다. 여기에서는 공동 목표를 추구하기 위한 견제 장치뿐 아니라, 정해진 노선에서 벗어났을 때 제재할 규범과 규칙 만들기가 핵심이다. 이는 권한을 지닌 스포츠 조직체의 책무성을 완수하게 하는데 결정적이다. 예산은 투명하게 사용하는가? 의사 결정은 정당하게 이루어지는가? 실행 과정에서 발생하는 문제는 없는가? 서로 견제해야 한다. 일반적으로 거버넌스 구조에서 이러한 상호견제 방식은 명징하다. 정부는 시장을 통제하고, 시민사회는 정부를 견제한다(물론, 시민사회는 견제하는 곳이 없어 난감한 상황이 발생하기도 한다).

스포츠 조직과 리더십

"자본이 부족한 기업은 돈을 빌리면 된다. 나쁜 장소에 자리 잡은 기업은 옮기면 그만이다. 하지만 리더십이 부족한 기업은 생존 가능성이 희박해진다."[45] 조직 리더십 전문가이자 경영학자인 개리 유클Gary, A. Yukl의 진단이다. 그만큼 모든 조직의 유지와 발전에 있어 리더십은 핵심이다. 스포츠팀이나 협회를 포함하는 스포츠 조직에도 이 진단은 유효하다. 당장 스포츠팀만 봐도, 성과(좋은 성적)가 나지 않으면 리더인 감독부터 바꾸지 않는가. "감독은 운동장에서 죽거나 자신이 구단주가 아니면 언젠가는 쫓겨나는 자리다." 1930년대부터 60년대까지 30여 년 동안 메이저리그 유명 팀(보스턴 레드삭스와 뉴욕 양키스 등)에서 감독을 지낸 명장 케이시 스텐겔Casey Stengel, 1890-1975의

---

[44] 문제는, 그 목표를 어떻게 만들 것인가, 나아가 추구하려는 목표가 과연 적절한지를 어떻게 판단할지다. 안타깝게도, 공동 목표 설정과 관련하여 대부분의 국가 거버넌스에서 나타나는 문제는 유사하다. 힘 있는 조직이 목표를 설정, '이렇게 갈거니 따라와'라고 강요한다. 답은 정해져 있고, 논의 과정은 형식일 뿐이다. 따라오지 않으면 그 조직이 문제 있다고 혼내기까지 한다.

[45] Bennis, W., & Nanus, B. (1985). Leaders: The strategies for taking charge. New York: Harper & Row, 20쪽.

말이다. 좋게 표현하여 그렇지, 심하게 말하면 감독은 그저 '파리 목숨'인 것이다.[46] 물론 이는 조직 성과에 있어 그만큼 리더십이 중요함을 말해주는 근거가 된다. 그렇다면 과연 리더십이란 무엇일까? 스포츠사회학은 이를 어떻게 이해할까?

리더십이란 무엇인가?

"리더십은 승리하는 군대를 지휘하고, 기업을 생산성 높은 마천루의 위상으로 이끌며, 국가의 방향과 정체성을 형성하는 강력하고 역동적인 과정이다."[47] 리더십이 가장 심도 있게 다뤄져 왔던 '군사학'이 그린 개념 정의다. 이런 개념화로 인해 리더십에는 이끄는 자와 따르는 자, 경쟁(투쟁), 승리와 패배(생존과 죽음)란 핵심 특징이 담겼다.

> 리더십이란 공유하는 목표를 달성하고자 구성원들에게 무엇을 어떻게 할지 이해시켜 동의를 구함으로써 그들의 집단적 노력을 끌어내는 영향력 발휘 과정이다.[48]
>
> 리더십은 집단적 노력을 끌어낼 의미 있는 방향, 즉 목표를 제시하고 그 목표를 성취하는데 쏟아야 할 자발적인 노력의 촉발 과정이다.[49]
>
> 리더십이란 사람들에게 목표와 방향, 동기를 부여함으로써 조직 미션을 완수하고 그 조직을 발전시키는 영향력의 행사 과정이다.[50]

단어에서 쉽게 알 수 있듯, 리더십은 '지도자' 혹은 '이끄는 자'를 의미하는 리더leader와 어떤 '상태나 특질, 기술'을 뜻하는 접미사-ship가 결합한 단어다. 때문에, 리더십에는 1) 리더가 지닌 특징(어떤 자질 및 특성을 가져야 리더가 되는가), 2) 리더의 신분이나 직책(리더는 어떤 위치에 있는 사람인가), 3) 리더가 지닌 기술과 능력(리더는 어떤 특별한 능력과 기술을 가지나)의 내용이 담긴다. 리더란 무엇을 하는 사람이고, 그 무엇을 잘하기 위해 어떤 요소가 필요한지를 포함한 개념. 그것이 리더십이다.

---

46) 문화체육관광부가 2019년 9월 작성한 '프로스포츠 감독 교체현황'에 따르면, 2016년부터 3년 동안 야구, 축구, 농구, 배구 4대 프로스포츠 감독 84명이 사임했다. 사임의 주된 이유는 '자진사퇴 및 성적부진(75%)'. 평균 재임 기간은 축구가 1년6개 월, 여자농구 1년9개 월, 남자배구 3년, 남자농구 3년2개 월, 야구 3년5개 월, 여자배구 5년이었다. 국내 30대 그룹 전문경영인이 3년4개 월, 미국 포춘 500대 기업 전문경영인이 4년11개 월인 것과 비교하면 분명 평안한 곳은 아니다.

47) Yukl, G. A. (2002). Leadership in organization. Upper Saddle River, NJ: Prentice Hall, 1쪽.

48) Yukl, G. A. (2012). Leadership in organizations. Upper Saddle River, NJ: Prentice Hall, 8쪽.

49) Jacobs, T. O., & Jaques, E. (1990). Military executive leadership. In Kenneth, E. C., & Clark, M. B(eds.). Measures of leadership (pp. 281-295). West Orange, NJ: Leadership Library of America, 281쪽.

50) Department of the Army. (1999). Army leadership: Be, know, do. Washington, DC: Author, 1-2쪽.

리더십을 구성하는 네 가지 공통 요소

> 리더십이란 집단의 공동 목표를 달성하기 위해 한 개인이 여러 사람(집단)에게 영향력을 행사하는 과정을 의미한다.[51)]

지금껏 제시된 리더십 개념 정의를 보면 위 인용문에 포함된 네 가지 핵심 요소를 발견할 수 있다. 과정과 영향력, 집단과 공동 목표가 그것이다. 이들 요소는 구체적으로 리더십의 어떤 측면을 설명해줄 수 있을까?

첫째, 리더십은 '과정[process]'이다. 이 말에 담긴 의미는 세 가지다. 첫째, 리더십은 '자격증'이 아니란 뜻이다. 즉, 완성된 결과물이 아니라 꾸준히 발전시켜야 할 그 무엇이란 의미다. 둘째, 리더십은 상호작용으로 만들어진다. 리더 위치의 사람과 따르는 사람, 즉 팔로워[follower]가 영향을 교환한다는 뜻이다. 리더가 팔로워에 영향을 미치고, 반대로 팔로워가 리더에 영향을 미친다. 셋째, 그렇기에 리더십은 모든 사람이 발휘할 수 있다. 스포츠 조직의 수장에게만 적용되는 게 아니다. 선수도 리더십을 발휘한다. '선수 리더십[athlete leadership]'이란 개념이 만들어진 이유다.

둘째, 리더십은 '영향력[influence]'을 발휘하는 과정이다. 리더십은 사람들끼리 특정 힘을 주고받는 과정이다. 그 힘은 특히 리더가 조직 구성원들에게 미치는데, 어떤 종류의 영향을 미칠지가 리더십을 결정한다. 선한 영향을 미칠 것인가, 악한 영향을 미칠 것인가? 다른 사람에게 영향을 미치는 요소는 다양하다. 외모, 지능, 성격, 커뮤니케이션 방식, 카리스마 등의 특성이 영향을 미친다(리더의 '특성'을 중심으로 영향력을 설명한 이론이 '리더십 특성론'이다). 그렇다면 리더십에서 '영향력'은 왜 중요할까? 팔로워의 자발성을 끌어내기 때문이다. 리더십은 '팔로워의 자발성을 끌어내는 힘'이다.[52)]

셋째, 리더십은 '집단[group]'에서 영향력을 발휘하는 과정이다. 무인도에서 나 홀로 리더십을 발휘하는 건 불가능하다. 리더십은 집단에 속한 사람들과의 상호작용 과정에서 작동한다. 일정 규모의 집단이 형성되면 반드시 '무질서'가 나타난다. 집단의 숙명이다. 이 때문에 집단은 무질서를 관리할 사람을 선택한다.[53)] 그게 리더다. 리더로 선택된 사

---

51) Northouse, P.G. (2013). Leadership: Theory and practice(6th). London: Sage Publications, 5쪽.

52) 어떤 프로야구선수는 계속되는 부진으로 인해 은퇴를 결심했으나, 마지막 전지훈련에 들어가기 전 감독이 건네준 쪽지 하나로 마음을 바꿨다. 이번 전지훈련에서 고쳐야 할 10가지가 적힌 쪽지였다. 쪽지 말미엔 '이것만 고치면 넌 다시 일어설 수 있다. 난 믿는다.'란 문구가 적혀 있었다. 이후, 그 선수는 타격코치가 짜준 연습 계획 외에도 개별적으로 혹독한 훈련을 소화했다. 결국, 다음 시즌에 들어가 주전 자리를 꿰찼다. 이 선수의 자발성을 끌어낸 영향력은 어디에서 왔을까? 감독의 '관심'과 '신뢰'였다.

람의 과업은 명료하다. 집단에 할당된 과제를 다루고, 관련 정보를 전달하며, 구성원 간 협력을 촉진하고, 갈등을 해결한다. 이 집단의 질서를 잡기 위해 리더는 말 그대로 '리더십'을 발휘한다(더 정확하게는, 무질서를 관리하는 과정에서 리더십이 작동한다).

넷째, 리더십은 집단의 '공동 목표common goals'를 달성하기 위해 영향력을 발휘하는 과정이다. 리더란 한 마디로, 구성원이 공동 목표를 향해 나아가도록 영향력을 발휘하는 사람이다. 집단에서 나타나는 무질서는 결국 이 공동 목표(구성원들이 합의한 목표)를 명료하게 함으로써 잡힌다. 목표는 여러 기능을 한다. 집단에 질서를 부여하고, 리더의 영향력에 정당성을 부여한다. 구성원이 매일 해야 할 활동의 이유와 구체적 방법도 알려준다. 목표에서 중요한 건 그것이 '공동', 즉 구성원 모두가 동의한 채 설정되어야 한다는 사실이다. 예를 들어, 감독은 우승이 목표인데, 선수들은 자기 개인 기록 향상이 목표가 되면 리더십은 발휘되지 않는다. 그러니 리더는 여러 목표 중 하나를 선택하고 결정해야 한다. 그 결정을 구성원이 신뢰하고 따르면, 그게 바로 리더십이다.

사회적 맥락에서 구성되는 스포츠 리더십

> 스포츠 리더십이란 스포츠 활동으로 얻을 수 있는 여러 보상을 극대화하기 위하여 코치(리더)와 선수 및 참가자(팔로워) 간에 다양한 경쟁 상황에서 상호작용하며 그 활동을 좀 더 목표 지향적으로 이끄는 역동적 과정이다.[54]

스포츠계에 존재하는 여러 집단과 조직에는 리더와 구성원 간의 상호작용이 상존한다. 이와 함께 중요한 건, 스포츠가 하나의 세계, 즉 '사회의 축소판'이란 사실이다. 그렇기에 스포츠 조직에서의 리더십도 그 조직이 위치한 사회적 맥락에 영향을 받으며 구성된다. 이를 '사회적 구성물로서의 스포츠 리더십' 패러다임이라 말한다. 여기엔 스포츠계 리더십이 단지 리더의 개인적 역량이나 특성이 아닌, 여러 '구성원'과 그 집단 및 조직이 위치한 '맥락' 간의 꾸준한 상호작용으로 구성된다는 전제가 포함된다. 스포츠사회학이 리더십을 바라보는 기본 관점인데, 이 관점에는 구체적으로 어떤 내용이 포함될까? 먼저 '스포츠계 리더십 구성의 삼각관계 모형'을 보자.

---

53) Van Vugt, M. (2006). Evolutionary origins of leadership and followership. Personality and Social Psychology Review, 10(4), 354-371.

54) 남상우 (2019). 스포츠 리더십 연구의 종합과 사회학적 연구 문제 도출. 한국스포츠사회학회지, 32(1), 20-34, 30쪽.

스포츠 리더십의 이해: 구성의 삼각관계 모형

이 책의 1장에서 간단히 소개했듯, 김성근 전 한화이글스 감독의 '신드롬'은 단지 그의 개인적 특성에서만 비롯되지 않았다. 당시 사회적 맥락이 크게 작용했다. 야구계에서 사라진 기본기, 그로 인한 경기의 흥미 저하, 선수에 대한 구단의 갑질, 신뢰가 떨어진 한국 사회, 한 번 실패로 인생이 끝나는 절벽사회라는 당시 환경적 상황은, 김성근 전 감독이 지녔던 '구시대적 지시자(기본기를 강조하는 야구 스타일, 조직과 싸우는 스타일, 선수를 고집스럽게 챙기는 스타일 등)'를 '구원자적 지도자'로 바꿨다(24쪽 참조).[55]

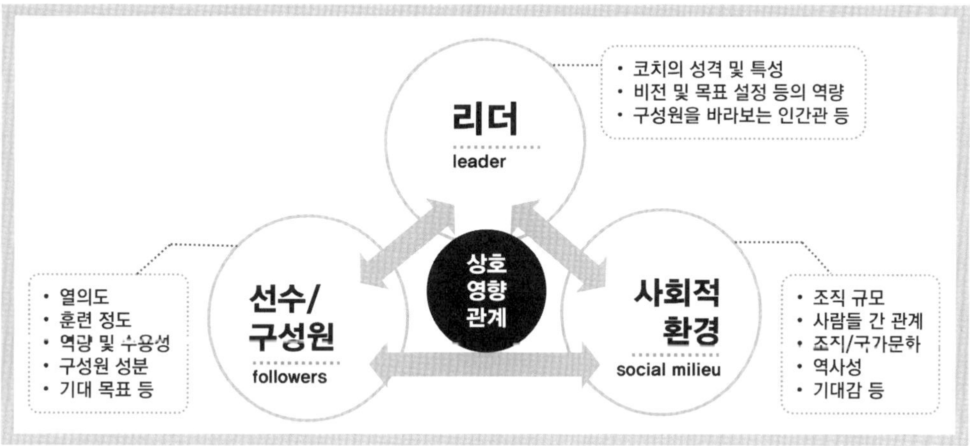

[그림 8-2] 스포츠계 리더십 구성의 삼각관계 모형[56]

인구 1억의 베트남 국민은 한국에서 온 박항서 감독에 열광하기 시작했다. 베트남 축구에 내재한 국제무대에서의 열등감을 해소해 줬기 때문이다. 부임 후(2017년), 2018년 아시아축구연맹 U-23 대회 준우승, 같은 해 9월 아시안게임 4강, 12월 스즈키컵을 우승시키며 박 감독은 베트남의 영웅이 되었다. 어떻게 가능했을까? 그의 지도 역량이 급변했기 때문일까? 사실, 박 감독은 그 전에도 전남 드래곤즈 감독(2008리그컵 준우승), 상주 상무(2013, 2015 K리그 챌린지 우승), 창원시청(2017내셔널축구선수권대회 우승) 감독을 하며 좋은 성적을 냈다. 지도력은 원래 좋았다고 봐야 한다. 하지만 베트남이란 축구

---

55) 여정권, 남상우 (2015). 구시대적 지시자와 구원자적 지도자: 김성근 리더십 신드롬과 한국 사회 읽기. 한국스포츠사회학회지, 28(2), 137-159.

56) Padilla, A., Hogan, R., & Kaiser, R. B. (2007). The toxic triangle: Destructive leaders, susceptible followers, and conducive environments. The leadership quarterly, 18(3), 176-194에서 모형 수정

변방, 그동안 이렇다 할 관심과 인정을 받지 못했던 베트남 선수들에게 자신의 리더십을 발휘하며 국내와 정반대의 평가를 받게 된 것이다. 무슨 요술을 부린 게 아닌, 베트남 환경이 그의 리더십을 달리 소비하게 한 것이다.

스포츠계를 '사회의 축소판'으로 놓고 본다면, 우리는 스포츠에서의 리더십이 단지 리더만을 놓고 발현될 수 없음을 인정할 수 있다. 특정 팀이나, 거대한 스포츠 관련 기업 및 협회든(더 나아가 국가적으로), 어느 조직에서 리더십이 발현되려면 리더의 행위(역량 및 스타일)와 함께, 구성원의 특징(팔로워의 상황), 팀이나 조직이 처한 환경(사회 맥락)이 동시에 고려되어야 한다. 바로 '스포츠 리더십 구성의 삼각관계 모형constructive triangle model'이란 개념틀이다. 전술된 김성근 전 감독이나 박항서 감독의 리더십 현상 역시 그들의 독특한 역량이나 스타일만이 아닌, 당시 선수들이나 팀 혹은 국가의 상황이 함께 고려될 때 정확하게 읽힐 수 있다.

미디어로 구성되는 스포츠 리더십 이슈

> 언론에서는 박미희 흥국생명 감독에게 '엄마 리더십'이라는 수식어를 붙였다. 박 감독은 '엄마 리더십'을 "단순한 엄마가 아닌 강인한 엄마"라고 정의했다. 그는 "여성이라는 부드러움과 따뜻함도 있겠지만 사실은 냉정해야 한다"며 "여성도 터프할 수 있다. 여성이라고 해서 꼭 '엄마 리더십'이라고 할 필요는 없다고 생각한다"고 했다.[57]

미디어는 리더십 개념을 구성한다. 이런 미디어의 구성 작업은 양면성을 지닌다. 긍정적인 측면은, 스포츠계 특정 리더의 리더십 특성을 압축하여 그려준다는 점이다. 예를 들어, '형님 리더십(축구의 최진철 감독)', '언니 리더십(골프의 박세리 감독)', '계단 리더십(전 LG트윈스 양상문 감독)' 등, 리더십 특징을 대중들이 쉽게 이해하게 해준다. 반면에, 부정적 측면은 스포츠계 리더십이란 현상을 학문적으로 사소화하는 것이다.[58] 리더십을 구성하는 요소 및 특성을 느낌적인 작명으로 처리하면서, 단순히 휘발적으로 소비하고 말 '조어(새롭게 만들어진 말)'로 인식하게 만드는 것이다. 사람들은 어떤 이유로 특정 팀에서 리더십이 발휘되었는지 이해하지 못한다.

앞서 인용된 '엄마 리더십'도 문제다. 스포츠팀(특히 프로스포츠팀)이나 조직의 장을 맡은 여성에게 미디어가 관습적으로 부여하는 리더십 조어다. 엄마처럼 선수를 잘 챙기

---

57) 김진수 (2019.04.26.). 꼭 엄마 리더십이어야 할 필요는 없어요. 여성신문.
58) 남상우 (2016). 리더십의 본질은 하나다. 서울스포츠, 303호, 42-43쪽.

고 따뜻하게 보살피니 엄마 리더십이라 명명하는 것이다(느낌적으로). 이는 문제다. 리더를 준비하는 사람이 특정 리더십을 발휘하기 위해 준비(학습)해야 할 요소를 알려주지 못하기 때문이다. 엄마 리더십은 무엇으로 구성되었을까? 답하지 못한다. 형님 리더십, 언니 리더십, 계단 리더십도 마찬가지 문제에 봉착한다. 심지어 '소통 리더십'이란 작명도 있다. 리더십 발휘는 구성원과의 소통으로 가능하다. 기본이다. 리더십을 발휘한다며 구성원들과 소통하지 않는 감독을 본 적 있는가? 그러면서 '소통 리더십'이라 말한다. '역전 앞'과 다를 바 없는 표현이다.

이뿐 아니라, 엄마 리더십 같은 미디어의 조어엔 '젠더 이슈'도 담겼다. 여성 감독을 단지 '엄마 리더십' 개념으로 담론화(모든 여성 감독을 엄마 리더십 틀 안에서 말하도록 강제하는 언어의 구조적 망 형성) 하는 건 문제란 뜻이다. 두 가지 문제가 있다. 첫째, 우리나라에서 '엄마'란 이미지가 '여성' 감독과 중첩되는 문제다.[59] '엄마'는 가정이란 사적 공간에서 주로 쓰이는 용어로서, 이를 여성 감독에게 씌우는 관습은 자칫 여성은 스포츠란 공적 공간에 어울리지 않는다는 관념(이데올로기)을 만든다. 둘째, (여자는 약하나 엄마는 강하다는 관념에 기대며) 여성 감독의 리더십을 '엄마'로 포장하는 건, 여성 감독이 남성과 달리 전술은 없고 단지 선수를 사랑과 배려로 챙겨준다는 식의 '한계화marginalization'로 이어진다.[60] 특히 가부장주의 사회에서 이러한 담론은 여성 감독이 지닌 전술적 역량과 카리스마를 희미하게 만들며, 그들을 리더십 위치에 어울리지 않는 존재로 오인케 한다. 결국 스포츠계 리더십 위치에서 여성은 낯설게 된다.

중요한 건, 이런 미디어의 스포츠계 리더십 구성을 향한 비판이다. 무엇을 어떻게 비판해야 할까? 제대로 된 비판을 위해선 먼저 리더십을 정확히 이해해야 한다. 어떤 감독의 리더십이 좋다는 건 무엇을 근거로 평가할 수 있을까? 단지 '성적'일까? 리더십은 한 마디로 '추종자(따르는 자, 구성원)의 자발성을 끌어내는 힘'이다. 그럼, 특정 팀 구성원의 자발성은 무엇으로 입증될까? 여기에 집중하며 감독의 리더십을 설명해야 한다. 그런 후, 구성원의 자발성을 끌어낸 리더십 요소를 밝혀야 한다(그것은 비전, 명료한 목표, 솔선수범, 카리스마, 관심 등이 될 수 있다). 그래야 특정 스포츠 리더십의 작동방식이 정확히 이해되며, 향후 학술적 이론화로 이어질 수 있다.

---

[59] 서재철, 문민권, 박찬우 (2018). 여성 감독의 탄생: 미디어가 박미희/이도희 감독을 재현하는 양상에 대한 젠더 및 여성주의 관점의 비판적 논의. 한국스포츠사회학회지, 31(4), 43-64.

[60] 남상우 (2019). 스포츠에서의 엄마 리더십 맥락화: 엄마 리더십 개념의 계보와 용법, 구성요소 탐색. 한국체육학회지, 58(5), 61-70.

결론: 사회 속 스포츠 조직의 이해

"스포츠는 조직연구에 있어 '살아 숨 쉬는 통제된 실험실'을 제공해 준다."[61] 리더십과 조직 성과와의 관계를 명확히 볼 수 있고, 구성원들이 지닌 동기의 여러 측면이 쉽게 파악되며, 시간이 흐르며 나타나는 개인과 팀(집단) 성과를 정확하게 분석할 수 있기 때문이다. 스포츠계가 여러 개인과 집단으로 조직화된 하나의 거대한 사회적 제도임을 인정한다면, 스포츠와 조직연구는 지금보다 더 풍성해질 필요가 있다. 하지만 이런 필요성에도 불구하고, 스포츠사회학 지식 내용의 구조를 잘 보면, '스포츠와 조직(화)' 내용은 그 양과 질에서 매우 빈약하다. 수행된 연구 대부분도 조직문화 측면에 집중된 상태다. 물론 그것도 특정 스포츠협회 간 조직문화의 단순 비교에 머문다.

조직을 이해하는 건 사회학적으로 중요하다. 세 가지 이유가 있다. 첫째, 오늘날 세계는 다양한 조직으로 구성되어 있다는 사실 때문이다. 이들은 여러 방식으로 자기 존재를 유지한다. 그 유지 방식을 이해하는 작업은 역으로 우리 사회의 질서와 변화가 어떻게 작동하는지 알려준다. 둘째, 조직 간 상호의존성 때문이다. 모든 자원과 권력을 갖춘 조직은 드물다. 그래서 각 조직은 생명 유지를 위해 타 조직과 협력 혹은 연대(때론 갈등)해야 한다. 그러한 관계를 이해하면, 사회적 동학(사회변화의 기제)도 이해할 수 있다. 셋째, 조직에 배태된 규범의 다양성 때문이다. 규칙과 규범으로 조직은 질서를 유지한다. 사회도 마찬가지다. 결국, 조직에서 작동하는 규범을 이해하면, 곧 사회질서 유지에 개입하는 규범의 이해도 가능해진다.[62]

스포츠 조직은 사회변화와도 궤를 함께 한다. '지방체육회'라는 스포츠 조직의 변화는 사회변화와 관련, 우리에게 중요한 시사점을 제공한다. 지난 2020년 12월 지방체육회의 조직 성격을 기존 '임의 단체'에서 '법정 법인'으로 바꾸는 법안(「국민체육진흥법」 일부 개정)이 국회를 통과했다. 100년에 가까운 기간 동안 유지되던 조직 성격이 바뀐 것이다. 그동안 지방체육회는 지자체 지원에 의존하며 정해진 재정으로 정해진 사업(목적사업)을 주로 하는 조직이었다(물론 그렇다 하여 지방체육회가 공무원 조직이었던 건 아니

---

[61] Day, D.V., Gordon, S., & Fink, C. (2012). The sporting life: Exploring organizations through the lens of sport. The Academy of Management Annals, 6(1), 397-433, 399쪽.

[62] Hannan, M. T., & Carroll, G. R. (1995). An introduction to organizational ecology, in G. R. Carroll & M. T. Hannan (eds.), Organizations in industry: Strategy, structure and selection (pp. 17-31). New York: Oxford University Press.

다). 이런 구조 때문에 지역민의 다양한 스포츠 서비스 수요를 제때 따라가지 못했다. 더구나, 체육회는 지자체장 선거를 위한 정치적 목적에도 휘둘렸다. 이런 상황을 벗어나라는 의미가 이번 법 개정에 담겼다. 선진적인 스포츠 환경을 요구하는 사회적 변화에 따라, 결국 지방체육회도 과거의 조직 정체성을 벗고 새로운 '법인'으로 조직화하라는 의미다. 이 변화가 보여주는 '사회적인 것'은 무엇일까?

사회가 변화하며 기존 조직은 그 태를 바꾼다. 바꾸지 못하면 소멸한다. 조직화가 사회학적으로 지니는 의미다. 사회적응을 위한 조직 변태가 그것이다. 즉, 스포츠계에서 새로운 조직이 만들어진다는 건(조직화하는 건), 사회적으로 요구되는 가치에 어떠한 변화가 발생한 것이다. 여기에는 예측되는 변화(예를 들어, 인구구조 변화로 스포츠 조직의 공동목표 변화)와 급작스러운 변화(코로나-19로 인해 스포츠대회나 조직의 운영방식의 변화)가 작동한다. 급작스러운 변화는 스포츠 조직에게 일종의 강요된 변화forced change다. 싫어도 변해야 한다. 안 그러면 소멸한다. 자연환경의 변화(기후위기 변화에 대응한 스포츠조직의 탄소발자국 감소 정책 실시)나 사회 제도적 변화(법 개정에 따른 스포츠 조직 성격 변화)에 스포츠 조직은 어떻게 대응하는가? 스포츠사회학이 스포츠 조직화에서 눈여겨보며 이론화해야 할 질문이다.

이 장은 스포츠와 조직화를 다뤘다. 조직의 개념이 무엇인지, 그것을 사회학의 이론적 전통은 어떻게 이해하는지를 먼저 살펴봤다. 그후, 우리가 무엇을 조직으로 부를 수 있는가를 네 가지 요소로 살피며 스포츠 조직의 유형을 스포츠 가치(공공적 가치와 개인적 가치)와 운영 주체(민간과 공공)에 따라 4유형으로 구분하였다. 더불어, 스포츠 조직이 지닌 사회적 속성을 세 가지, 즉 동질성, 위계성, 순응성으로 나눠 살피면서 관료제라는 조직의 기본 속성과 비교했다. 마지막으로 스포츠계에서 조직화와 관련한 여러 이슈 중 거버넌스와 리더십 문제를 간단하게 검토했다.

이들 내용은 서로 얽혀 있다. 스포츠 조직의 등장은 사회적 가치의 변화와 궤를 함께한다. 그렇게 등장한 스포츠 조직의 유형에 따라(그리고 각자가 지닌 속성에 따라), 조직 간 관계인 거버넌스 체계도 달리 요구하게 된다. 조직화 과정과 조직 간의 만남에 따른 다른 체계를 형성하며 리더십은 작동하고, 그것의 올바른 이해는 결국 스포츠 조직의 유형에 따라 달라질 수밖에 없다. 결국 스포츠 조직을 총체적으로 이해하면서, 우리는 개인과 사회가 어떻게 연결되는지, 그리고 사회적 변화에 어떻게 적응하는지를 이해할 수 있게 된다. 스포츠와 조직화를 살펴야 할 핵심 이유다.

- 조직 이해가 중요한 이유는 조직을 만드는 과정, 즉 '조직화[organizing]' 덕분에 우리 개개인이 추구하는 본능적 활동을 사회적으로 조정할 수 있다는 데 있다.

- 스포츠가 지닌 조직적 특성을 살펴야 하는 또 다른 중요한 이유는 다같이 조직을 형성하여 각자의 역할을 가지고 목표한 바를 향해 특정 일을 해나가는 과정에서 사람들 스스로가 '사회적 동물'임을 깨닫는다는데 있다. 스포츠 조직은 또 다른 교육기관이다.

- 조직은 경제에서 정치, 종교, 미디어에 이르기까지 여러 사회적 하위 분야에 영향을 미치는 고유한 특성을 지닌다. 그렇기에 조직은 이들 분야에서 발생하는 여러 문제를 분석하는 강력한 도구가 된다.

- 조직이란 일정한 환경에서 특정 목표를 추구하고자 특정 구조를 지닌 사회적 단위다.

- 조직이 되려면 공통 목적(우리는 왜 존재하는가?), 집단 속성(2인 이상이 존재하는가?), 체계성(역할과 지위는 위계적으로 구성되었나?), 조직문화(모든 사람들이 공유하고 따르는 행동 및 인식 구조가 있는가?)라는 네 가지 속성을 갖춰야 한다.

- 기능주의는 조직을 사회적 윤활유로, 갈등이론은 사회적 불평등을 고착화하는 제도적 장치로, 상호작용이론은 사람들의 행위를 조형하는 장치로 파악한다.

- 스포츠 조직은, 스포츠와 연관된 이슈를 효과적으로 다루고자 2인 이상의 사람들이 집단을 이루어, 위계화된 업무 체계와 구성원에게 합리적으로 수용된 문화 위에서 형성된 사회적 실체다.

- 스포츠조직은 추구하는 가치의 종류(사회적 혹은 개인적 가치)와 가치 실현을 위해 개입되는 조직 주체의 종류(공공 혹은 민간)에 따라 크게 네 가지 형태로 구분될 수 있다.

- 스포츠 조직은 개인을 사회질서 유지에 복무할 사회 구성원, 즉 '조직인'으로 만든다. 결국, 스포츠 조직은 그러한 조직인을 대량 생산하는 공장이기도 하다.

- 스포츠는 규칙과 기록 체계를 따르도록 강제하는 '동질성(homogeneity)', 역할과 기능 세분화에 따른 '위계성(hierarchy)', 집단 활동과 소속감 강조로 형성 및 작동하는 '순응성(conformity)'이란 조직적 특성을 지닌다.

- 스포츠계의 복잡성이 증가하면서 스포츠 조직 간에는 거버넌스가 필요해졌다. 성공적인 거버넌스 구성에는 권력 분배(권한 위임), 공동 목표(방향성), 그리고 통제와 규정(상호 견제)이 필요하다.

- 스포츠 조직에서 발생하는 무질서를 다스리고자 리더가 필요하고, 이 리더는 리더십(조직의 공동 목표를 달성하고자 구성원 집단에 영향력을 발휘하는 과정)을 발휘하며 스포츠 조직이 달성할 목표로 나아간다.

09

스포츠와 사회 계층화

스포츠는 흑인들에겐 독이다.
지금 우리가 사는 이 사회는
모든 흑인 아이들이 운동선수가 됨으로써
성공할 수 있다고 믿는 그런 암울한 사회다.

찰스 바클리(전 미국 농구선수)

'상류층의 고급 스포츠란 인식이 강하던 골프가 최근 대중적인 스포츠로 자리 잡기 시작했다.' TV에서 골프 예능이 급증하면서 몇몇 언론이 내놓은 진단이다. 이 진단에 쉽게 수긍할 수 있을까? 아직도 우리나라에서 필드에 나가 골프를 치려면 적지 않은 비용을 내야 한다. 단지 경제적 비용만의 문제가 아니다. 문화적, 사회 관계적 비용도 필요하다. 그렇기에 위의 기사에서 주목해야 할 표현은 '골프'보단 오히려 '상류층'이란 개념이다. 우리는 특정 사람들을 어떤 '범주'로 나눠 설명하는 데 익숙하다. 젠더, 인종, 민족 등이 대표적인 (사회적) 범주다. 여기에 또 하나의 강력한 사회적 범주가 존재한다. 바로 '계층'이다. 스포츠사회학은 사회 계층(화)을 어떻게 다룰까? 오늘날 계층을 이해하는 일은 왜 중요한가?

지금은 그렇지 않지만, 1970-80년대에 스포츠는 우리나라에서 배고픈 사람들이 참가하여 신분 상승의 길을 열어준 대표적 통로였다. 저 멀리 타지에서 때리고 맞으며 어렵게 따낸 챔피언 타이틀이 '국위선양'으로 인정되며 여러 혜택이 주어졌기 때문이다.

스포츠는 우리 사회의 대표적인 사회적 계층 상승 도구가 된 것이다. 무명 선수가 올림픽에서 금메달을 따면서 국가에서 제공하는 여러 혜택(병역면제에서 포상금, 연금 등에 이르는 혜택)과 사회적 명성을 얻고, 그 이후엔 광고 출연을 포함하여 여러 기업의 혜택을 얻기 때문이다. 과연 스포츠의 계층상승 기능은 보편적일까? 흔히 통용되는 '거지에서 부자로rags to riches' 논리는 얼마나 타당할까?

이제 엘리트 스포츠를 제대로 하려면 어느 정도의 소득이 뒷받침되어야 한다. 스포츠 사교육 때문이다. 프로 출신 코치의 개인 지도가 1회 한 시간에 10만 원쯤이다. 프로 출신이 아니면 레슨비는 5만 원 정도지만, '이름값'이 붙으면 가격은 시간당 20만 원까지 오른다.[1] 야구만 그럴까? 축구선수 사이에선 이른바 '(사교육) 3종 세트'가 유행이다. 주중엔 스포츠 마사지를 1~2회 받고, 주말엔 다른 코치에게 기술과 밸런스 훈련을 받는다. 마사지는 회당 5만~6만 원, 기술과 밸런스 훈련은 각각 회당 8만~10만 원 정도다.[2] 엘리트 스포츠가 하류층의 계층상승 출구였던 과거와 달리, 오늘날에는 경기력이 계층 수준과 비례하게 되는 상황에 처했다.

80년대 중반에는 테니스 라켓이 특정 계층을 상징하곤 했다. 하지만 오늘날 테니스는 서민 운동으로 취급될 정도로 보편화되었다. 이후, 특정 계층을 상징하는 스포츠는 골프로 넘어갔다. 아파트 출근길에 골프 백을 메고 엘리베이터를 타는 사람을 볼 때 우리는 너무나 당연하게도 그 사람을 '부유층'으로 생각한다. 그 사람의 자동차가 검은색 중대형 세단급이라 쉽게 가정된다. 이처럼, 모든 사회에는 특정 계층의 특정 스포츠 선호 현상이나, 특정 스포츠가 특정 계층을 상징하는 양상이 자리 잡았다. 일반적으로 상류층의 사람들은 골프나 승마, 요트처럼 다른 사람들이 쉽게 접하지 못하는 스포츠를 즐긴다(사람 많은 곳에서 스포츠를 즐기길 꺼린다). 반면, 중하류층 사람들은 활동에 돈이 많이 들지 않는 종목에 참가한다. 이것이 우리가 지닌 보편적 생각이다. 그렇지만 과연 그럴까? 스포츠는 사회적 구별 짓기의 수단일까?

올림픽에서의 금메달은 개인의 사회적 위치를 상승시켜 줄 수 있을까? 2012런던올림픽에서 금메달을 딴 한 체조 선수는 '인생 역전'의 기회를 맞이한 바 있다. 한국 체조 사상 첫 금메달을 땄다는 의미나, 그가 어려운 훈련 환경을 이겨내며 국민적 본보기가

---

1) 이원주, 임우철 (2019.07.13.). 학교훈련 줄어들자...학생선수들은 사설강습소로 달려갔다. 동아일보, A8면.

2) 송지훈 (2020.01.06.). 돈 있어야 운동시킨다…일주일 과외비 수십만 원. 중앙일보, 6면.

되었다는 '상징성' 때문이었다. 여러 기업에서 이 선수를 후원하겠다고 나섰다. 특히 한 기업의 회장은 그에게 5억 원의 격려금을 전달했고, 어떤 기업은 아파트를 제공해주기도 했다. 2008베이징올림픽 수영 8관왕을 차지한 미국의 마이클 펠프스Michael Phelps 역시 수영복 후원 업체였던 스피도Speedo에서 100만 달러(약 11억4천만 원)를 받았다. 이 때문일까? 스포츠로 삶의 배경을 바꿀 수 있다는 믿음은 사회적으로 집단화되었다. 과연 스포츠는 신분 상승의 훌륭한 도구일까?

농구나 축구에서 관중은 항상 큰 소리로 응원한다. 종종 북 치고, 음악 틀며, 소리를 지른다. 심지어 농구 시합에서 자유투 때는 관중들이 옷을 벗거나 슛을 방해하려 레이저까지 쏜다. 이들 스포츠 관람의 특징은 '왁자지껄'이다. 대중가요 콘서트장과 비슷하다. 하지만 눈을 돌려 골프와 테니스를 보면 정반대의 관람 문화를 볼 수 있다. 마치 클래식 음악을 관람하듯, 이 스포츠에서의 관람 문화는 '고요함'을 특징으로 한다. 테니스 심판이 경기 중 가장 많이 하는 말은 '조용히 해주세요'다. 골프 티 샷 때 갤러리에서는 그 어떤 소리도 나면 안 된다. 왜 관람(참여) 문화가 이처럼 스포츠마다 다를까? 이런 차이에 대해 우리는 무엇을 물을 수 있을까? 어떤 계층이 주로 참여하며 발전했는가에 따라 스포츠에서의 응원 방식(진행 방식을 포함한)이 다르게 형성되었다는 주장은 가능할까? 우리는 이와 관련하여 어떤 논의를 할 수 있을까?

이 장은 스포츠 세계를 이해하는 또 다른 관점으로서의 '계층stratification'을 다룬다. 우리는 일상적으로 중산층이나 상류층, 빈민층, 차상위계층과 같은 개념을 쓴다. 계층은 젠더나 인종, 연령처럼, 우리 사회를 구성하는 범주로 기능한다. 과연 계층 관점을 적용할 때, 우리는 스포츠계를 어떻게 달리 이해할 수 있을까? 상류층과 하류층 사람들이 스포츠를 대하는 태도는 다를까? 다르다면, 그건 무슨 의미일까?

계층과 관련하여 궁금한 건 과연 '계급class'이 계층과 어떻게 다르냐는 질문이다. 사회과학자 다수는 계급과 계층의 차이를 쉽게 구분하지 못한다. '자본계급'이나 '노동계급'이란 말은 잘 쓰이지만, '자본(가) 계층'이나 '노동(자) 계층'이란 표현이 어색한 건 왜 그럴까? 반대로 '빈민(계)층'이 아닌 '빈민 계급'으로 표현하면 고개가 갸웃거려지는 건 왜일까? 과연 두 개념은 어떻게 다를까? 이런 질문을 포함하여, 이 장에서는 스포츠계에서 작동하는 계층/계급의 모습을 상세히 다룬다. 물론 주로 사용되는 용어는 계층이 될 것이다. 먼저 계층이 무엇인지부터 살펴보자.

사회 계층의 이해

2020년 도쿄올림픽에서 처음 정식 종목이 되며 관심을 받았던 '서핑surfing'의 최초 금메달은 브라질 태생의 이탈로 페레이라Italo Ferreira, 1994-에게 돌아갔다. 계층 개념을 설명하는 곳에 갑자기 서핑 이야기를 하는 건 그의 출신 때문이다. 페레이라는 브라질 동북부 인구 8,000여 명이 사는 작은 어촌에서 가난한 어부의 아들로 태어났다. 여덟 살 때 생선 상자 뚜껑을 들고 바다로 나간 것이 그의 첫 서핑이었다고 한다. 스티로폼 뚜껑은 여덟 살 아이가 파도를 즐기기에 충분했다. 페레이라는 매일 바다로 나갔고, 그걸 본 동네 이웃들이 그에게 보드를 처음 사주면서 오늘에 이르렀다고 한다. 국내에서 처음으로 시도된 서핑 중계방송에서 해설자는 그가 금메달을 따자 이렇게 말했다. "인생의 가장 밑바닥에서 세상 정점까지 올라간 거죠." 이 표현에서 우리는 스포츠로 이룬 계층 상승을 상상할 수 있다. 과연 계층이란 무엇일까?

사회 계층의 개념적 이해

> 특정 층의 구성원임을 의식하든 말든, 또는 구성원들과 어떤 것을 공유하고 있다는 것을 의식하든 말든, 어떤 객관적 속성을 공유하고 있는 '(객관적) 사회 범주'를 계층이라 한다.[3]

계층이 정확히 무엇인지 몰라도, 상류층과 하류층의 차이를 묻는 질문에는 쉽게 답할 수 있다. 적어도 상류층 사람들이 하류층 사람들보다 사회적으로 성공할 가능성, 더 정확하게는 사회에 존재하는 제한된 자원에 더 쉽게 접근할 수 있다. 이를 인정한다면, 여러분은 개념적 실재로서의 '사회'가 여러 층위로 이루어진 위계hierarchy로 구성되었다는 사실에 동의한 것이다. 그리고 위계의 상층부가 하층부보다 더 많은 자원을 획득하고 풍족한 혜택을 누릴 수 있다는 사실도 인정한 것이다. 결국, 계층이란 일종의 '사회적 불평등social inequality'을 의미하는 개념이다.[4]

그렇다면, 이처럼 사회를 층으로 구분, 즉 '층화stratification'하는 이유는 무엇일까? 앞서 언급했던 '제한된 자원'의 세련된 배분 때문만일까? 다른 분야를 예로 들자면, 왜 군대에서는 '계급'이라는 것으로 군인들의 위계를 나눌까? 그냥 모든 군인을 같은 층 혹은

---

3) 김채윤 (1995). 사회계층이란 무엇인가: 사회계층논고. 민음사, 32쪽.

4) 영국 사회학자 앤서니 기든스(Anthony Giddens)은 일반적으로 사회학자들이 사회에서 개인이나 집단 사이에 존재하는 '불평등'을 사회계층(social stratification)이라는 말로 표현한다고 주장한다.

급에 배치하면 안 될까? 왜 스포츠계엔 1부 리그와 2부 리그라는 위계가 설정되었을까? 왜 주전 선수와 후보 선수로 위계화하며, 선수들의 실력에 따라 연봉으로 불평등을 만들었을까? 질문을 발전시켜, 이렇게 층으로 위계를 구분 짓는 건 어떤 효과를 발휘할까? 그렇다면, 그 층을 나누는 기준은 무엇일까? 단지 '소득 수준'일까? 소득으로만 층을 나누면, 즉 계층화하면 어떤 문제가 발생할까?

계층과 계급의 개념적 차이

사회에 편재하는 불평등이 보편적 현상으로 구조화된 체계를 사회 계층social stratification이라 한다.[5] '불평등'이란, "특권이나 기회, 상당한 보상이 사회 내 특정 지위 사람들에게만 주어지는 사회적 상태"를 뜻한다. 다시 말해, "누군가가 잘 살기 위해 필요한 것 이상을 누릴 때, 다른 이들은 잘 살기 위해 필요한 것들을 얻지 못한다면, 불평등 문제가 제기"[6]된다. 계층은 언제 형성될까? 사람들이 불평등 상황을 인정하며(즉, 교수나 의사가 교사나 간호사보다 많은 자원을 받는 걸 당연시하며), 일상 생활에서 사회적 관계를 지속할 때 형성된다. 결국, 계층이란 사회를 구성하는 개인이나 집단에 존재하는 불평등을 사회학적으로 표현한 것이다.

> 우리는 계층 외에도 계급이란 말을 많이 듣는다. 이 둘은 다를까? 사회학자들은 계층과 계급을 명확히 구분해 사용하지만, 대부분은 큰 구분 없이 혼용하여 사용하기도 한다. 사실상 같은 개념으로 본다. 사회 불평등을 어떤 관점에서 보느냐에 따라 달라지기 때문이다.[7]

지금껏 많은 연구자가 '사회 불평등의 구조화된 체계'란 현상을 두 가지 개념으로 분석하였다. 하나는 '계층', 또 다른 하나가 '계급'이었다. 두 개념은 많은 측면에서 비슷하나, 분명한 차이도 있다. 이 차이는 특정 수식어를 붙여 보면 명료해진다. 바로 '소득'이다. 소득과 관련하여 가장 어울리는 개념은 '소득 계층'이다. 이를 '소득 계급'으로 말하면 뭔가 어색해진다. 왜 어색해질까?

정확히 말해, 계층은 일종의 '분류적' 혹은 '조작적' 구성물이다. 자의적 기준을 가지고 연속되는 상하 구조로 수직적 위계를 세운 것이다. 기준으로 삼기 좋은 게(더 정확하

---

5) Crompton, R. (2008). Class and stratification. Cambridge: Polity.

6) 마이클 슈월비 지음, 노정태 옮김 (2019). 야바위 게임: 불평등은 일상 속에서 어떻게 재생산되는가. 서울: 문예출판사, 26쪽.

7) 홍두승 (2010). 높은 사람, 낮은 사람: 한국사회의 계층을 말한다. 서울: 동아시아, 29쪽.

게는 '편한게') 무엇일까? 소득income이다. 가령, 월 소득 600만 원 이상인 사람과 300만 원 이하인 사람은 다른 층으로 구분된다. 300만 원의 월 소득자가 노력하여 지위 상승(승진)을 이루면, 600만 원 층으로 옮겨진다. 소득 같은 편의적 기준에 따라 조작적으로 구분했기에 계층 개념엔 같은 층 구성원 간의 '공통된 집합의식'이 없다(계층을 명목적 집단이라고 부르는 이유다). 소득 600만 원 이상으로 구성된 층에는 젠더, 인종, 지역, 학력, 나이가 모두 다르니까. 이것이 계층의 특징이다. 하지만 계급은 다르다.

> 계급이란 하나의 범주다. 이 범주에 있는 사람들끼리는 유사한 기회, 유사한 경제적, 직업 지위, 유사한 생활양식, 유사한 태도와 행동을 공유한다. 다양한 종류의 사회적 계급이 장착된 사회는 계층화라는 계급체계를 바탕으로 사회적 층 간 이동이 발생한다.[8)]

계급class이란 '유사한 자원을 공유한 사람들이 형성한 사회구조적 지위'로 정의된다. '유사 자원을 공유'한다는 표현이 핵심이다. 소득 수준이 같지 않아도(600만 원 이상 vs. 300만 원 이하) 취미, 사는 지역, 학력이 유사한가에 따라 계급은 형성될 수 있다. "계급은 돈으로만 규정되는 것이 아니라 학력, 태도, 거주지 등으로도 규정된다. 경제 수준뿐 아니라 삶의 방식에서도 차이가 난다."[9)] 즉, 유사한 경제적, 사회적, 문화적 자원을 공유한 사람들끼리 형성한 사회구조적 지위를 뜻하는 것이다. 당연히, 이 구조 안에서 사람들은 유사한 언어, 매너, 취향을 즐긴다.[10)]

계급 개념이 계층 개념과 결정적으로 다른 지점이 '귀속 의식belongingness'이다. 귀속 의식이란 개인이 특정 계급에 속했다고 느끼는 '주관적 생각'을 뜻한다. 유사한 속성을 공유하며 자신이 어떤 계급인지 명료하게 인지, 그럼으로써 강한 소속감이 형성된다. 이런 이유로, 계급은 집단 간 경계가 뚜렷하다는 특징을 지닌다. 경계가 뚜렷하니 당연히 집단 간 갈등도 두드러진다. 계급 개념이 주로 갈등이론 차원에서 다뤄지는 이유다. 계급을 바탕으로 구별 짓기(다른 집단과 차별화)가 가능해지는 논리다.

> 계급은, 어떤 집단이 공통의 경험을 통해 자신들끼리는 이해관계가 같지만, 다른 집단과는 이해관계가 다르다(대개 상반된다)고 느끼고 그것을 분명히 표현할 때 나타난다.[11)]

---

8) Tischler, H. L. (2011). Introduction to sociology. Wadsworth Cengage learning. 175쪽.
9) 리처드 리브스 (2019). 20 vs 80의 사회: 상위 20퍼센트는 어떻게 불평등을 유지하는가. 서울: 민음사, 23쪽.
10) Andersen, M. L., & Tayler, H. F. (2013). Sociology: An essential. Wadsworth, 172쪽.
11) 린지 저먼 지음, 최명헌 옮김 (2021). 계급이란 무엇인가? 서울: 책갈피, 35쪽.

정리해보면, 계층이란 개인이나 집단이 사회적으로 가치 있는 자원으로의 접근성과 소유에 따른 사회적 위치를 말해준다. '등급' 기반의 구분이다. 명목적(겉으로 내세우는 이름 같은) 성격이다. 층간 구분이 편의적(자의적)으로 이루어져, 관계는 연속적이다(그리 복잡하지 않다). 구분 자체도 대부분 수직적 차원의 상하 구조다. 가장 중요한 건, 같은 층에 속한 구성원 간에 공유할만한 공통 요인이 빈약한다. 내가 어떤 층에 소속되었다는 일종의 귀속 의식(집합의식 또는 결속력)이 희박한 분류 체계다.

사회학 이론의 계급 이해

계급 특성은 다르다. 계층이 '기능적'이라면, 계급은 '갈등적'이다. 전술했듯이, 계급은 집단 내 유사 자원을 공유하며 형성되었기에 집단 간 '경계'를 명료하게 한다. 집단끼리 충돌하는 갈등이 종종 발생한다. 대표적인 갈등이 칼 마르크스Karl Marx, 1818-1883의 주장처럼, '자본가계급(부르주아지)'과 '노동자계급(프롤레타리아)' 관계로 나타난다. 두 계급의 구분은 '생산수단'을 소유했는지다(자본가계급은 공장이나 자본 소유, 노동자계급은 몸과 지식 소유). 당연히 화해가 어렵다. 뉴스에서 자주 접하는 기업(자본가)과 노조(노동자) 간 다툼은 이들이 공유하는 자원 차이에 따른 이해관계 때문이다.

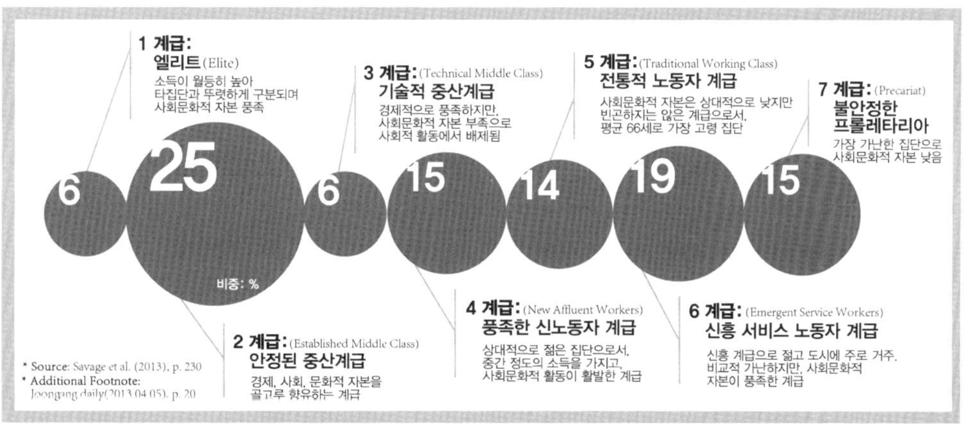

[그림 9-1] 영국 사회의 계급 구분이다. 계급은 소득뿐 아니라 문화적, 사회적 자본도 포함한다.[12)]

12) Savage, M., Devine, F., Cunningham, N., Taylor, M., Li, Y., Hjellbrekke, J., Le Roux, B., Friedman, S., & Miles, A. (2013). A new model of social class? Findings from the BBC's great british class survey experiment. Sociology, 47(2), 219-250.

사회계급은 어떤 특징을 지니고 있는가?

계급이 지닌 대표적 특징 네 가지를 보자. 첫째, 유사한 경제적 위치(지위)를 공유하는 사람들의 집합이다. 그래서 다른 계급과 갈등적이다. 둘째, 유사한 삶의 기회(life chance)를 공유한다. 셋째, 유사한 태도를 공유한다. 가끔 '격이 안 맞아 못 놀겠다'라는 말을 들을 때가 있는데, 그게 바로 문화자본으로 대표되는 취향이나 스타일로 구성된 '급'이 맞지 않음을 표현한다. 넷째, 같은 목적을 지향하는 집합행동에 가담할 가능성을 지닌 사람들로 구성된다. 자본가계급과 노동계급을 생각해보면 쉽다. 자신이 노동자 계급의식을 가지고 있으면, 자본가들의 집단행동에는 참여하지 않는다.

사회적 불평등은 왜 발생할까? 어떤 사람은 상류층의 삶을 살지만, 왜 다른 이는 하류층의 삶을 살까? 사회적으로 제한된 자원이 특정 속성을 지닌 사람들에게 배분되는 현실을 '불평등'이라고 한다면, 그 '특정 속성'을 우리는 어떻게 이해해야 할까? 계층 개념의 한계가 여기에 있다. 계층 개념은 'A가 상류층(월 소득 600만 원 이상)이다'라는 현상만 말해줄 뿐, 그것이 어떻게 이루어졌고, 다른 층과 어떤 관계를 맺는가에 대한 사회학적 설명을 해주지 못한다. 불평등한 집단으로 구분되는 과정(계층화)에는 소득뿐 아니라 성, 인종, 지역, 학력, 언어, 출신, 지위, 자본도 포함되기 때문이다.

계층과 계급을 향한 기능주의 관점

사회 계층화의 여러 문제(계급 갈등과 양극화 현상)에도 불구하고 이는 왜 발생할까? 기능주의는 계층화에 따른 불평등이 사회를 부드럽게 작동하게 만들면서 사회질서 유지에 도움을 준다고 주장한다. 직업 다양성과 그 다양한 직업에 각기 다른 보상을 제공하는 체계가 사회를 기능적으로 움직이게 한다고 보는 것이다. 예를 들어, 기업 CEO에겐 많은 돈을 주지만, 경비원에게는 그렇지 않다. 대신 CEO가 되려면 지식과 경험을 쌓기 위해 많은 시간과 돈을 들여야 한다(높은 진입장벽). 각기 다른 지위에 차등적 보상을 함으로써 사회는 유기적으로 돌아간다고 보는 게 기능주의의 설명이다.

계층화가 이루어지려면, 즉 '위계에 따른 불평등 체계가 구성되려면' 몇 가지 전제 조건이 있어야 한다.[13] 첫째, 특정 유형의 재화goods가 더 가치 있고 귀한 것이라 정의하는 제도적 과정이다. 즉, 아시안게임 금메달보다 올림픽 금메달이 더 가치 있고, 아이비리

13) Davis, K., & Moore, W. (1945). Some principles of stratification. American Sociological Review. 10(2), 242-249.

그 학위가 전문대 학위보다 더 가치 있다는 인식에 동의하게 만드는 과정이다. 둘째, 이렇게 가치가 부여된 재화가 분업화된(나눠진) 노동 체계에서 서로 다른 직업 혹은 직책(사장 대 부장) 별로 배분되는 '할당 규칙'이다(예를 들어, 의사, 농부, 가정주부에 따른 재화의 차별적 배분).[14] 셋째, 이동mobility 기제다. 다시 말해, 경비원이 CEO가 될 수 있는 직업 경로(개인을 직업에 연결하는 이동 기제)가 체계화되어야 한다는 의미다. 그래야 자원의 순환이 이루어져 사회가 기능적으로 움직인다.

갈등이론이 바라본 계급 특성

갈등이론은 생산수단 소유 여부에 따른 계급으로 계층화(불평등)가 이루어진다고 보았다. 다시 말해, 생산 수단을 소유한 자본가 계급과 그렇지 못한 노동자 계급 간의 '어떤 기제' 때문에 불평등이 지속된다고 본 것이다. 갈등이론의 주장을 축약하면, 자본가 계급은 노동자 계급의 노동으로 파생된 잉여가치surplus value를 가져가며 부를 늘린다. 반대로, 노동자 계급은 자신의 정당한 노동 대가를 받지 못하며 꾸준히 가난해진다(부를 늘리지 못한다). 자본가 계급은 단지 생산 수단을 소유했다는 이유만으로 부를 축적할 수 있게 된 것이다. 마르크스는 이를 '착취exploitation'라 불렀다.

잉여가치란 무엇인가?

축구공 공장에서 노동자 10명이 축구공 30개를 만들었다. 노동자는 자기 노동의 대가로 얼마를 가져갈까? 축구공을 만들려면 원자재나 공장 가동에 필요한 자원이 필요하다. 이건 자본가가 낸다. 공이 나오면, 공 제작 투입비용(원자재 값과 기타 비용)을 뺀다. 투입비용을 공 10개라 가정하면 이건 자본가가 가져간다. 그럼, 나머지 20개는 노동자 10명이 나눠 가져갈 '가치'가 된다. 개인당 두 개씩. 하지만 현실은 이리 작동하지 않는다. 자본가는 회사에 투자했던 주주에게 배당금 주고, 은행에서 빌린 돈 이자도 낸다. 새 기계를 사려면 또 얼마를 더 남겨놔야 한다. 뿐인가. 자기 이익도 챙겨야 한다. 결국 20개 중 10개에 해당하는 값을 자본가가 더 갖는다. 원래 노동자 1인이 노동 대가로 공 2개가 할당되는게 맞는데, 결국 1개만 가져간다. 자본가가 가져간 10개는 노동자가 만들었으나 소유하지 못한 '가치'다. 이렇게 '남는' 가치를 잉여가치라 한다. 자본가가 가져간 몫이다.[15] 생산수단을 소유했다는 이유로 노동자의 잉여가치는 자본가가 갖는다. 이것이 '착취의 메커니즘'이다.

---

14) 예를 들어, 최근 의대생 3학년이 음주 운전자에 의해 교통사고를 당했다. 대법원은 이 대학생에게 피해 보상액을 주는 데 있어 다른 일반 대학생보다 더 높은 금액을 책정하도록 판결했다. 왜 그랬을까? 사회적으로 '의사'라는 노동 영역이 다른 영역보다 더 가치 있는 재화를 받을만하다 동의되었기 때문이다.

15) 강상구 (2009). Hi, 마르크스 Bye, 자본주의. 레디앙, 88-89에서 응용.

마르크스는 사회가 두 집단 간 착취 관계로 유지된다고 주장했다. 그리고 언젠가 이에 반발한 노동자들이 뭉쳐(만국의 노동자들이여, 단결하라!) 자본주의 체제를 전복, 사회주의 시대를 건설하리라 예측했다(물론 예측은 빗나갔다). 여러 이유가 있겠으나, 계급 형성을 '생산 수단 소유'만으로 파악하며 계급 형성 요소의 다양성을 간과했기 때문이다. 반면에, 독일의 사회학자 막스 베버Max Weber, 1864-1920는 사회 계층화를 계급, 지위, 권력의 조합으로 좀 더 세분화한다. 계층이 단지 생산수단 소유뿐 아니라(경제적 계급을 포함하여), 사회적 지위, 정치적 영향력을 중심으로 형성된다고 이해한 것이다.[16)]

그런데 과연 경제적 소득으로만 계급이 나눠질까? 다른 요인도 작동한다. 예를 들어, 사회 지위social status에 따라서도 계급은 형성된다. 지위란 개인의 사회적 신분에 따르는 위치나 자리를 뜻한다. 다른 사람과의 대화나 행동이 타인에게 인정받으면서 얻는 명예나 위신을 가리킨다. 돈은 없지만 가난한 사람들을 위해 봉사하고 기부하는 할머니, 돈은 없지만 남을 잘 웃기고 배려하며 외모가 준수한 사람들 역시 다른 이들로부터 인정을 받으며 나름의 '사회적 지위'가 형성된다(그 지위를 공유한 사람들은 유사한 정체성을 지닌 공동체를 구성하고, 그것이 계급이 된다).

권력에 따른 정치적 영향력, 더 정확하게 말해 정당으로도 계급을 형성할 수 있다. 공통의 배경, 목적, 이해관계가 공유되며 생겨난 것이 바로 정당이기 때문이다. 예를 들어, 진보 계열의 당은 중산층이나 노동자들의 시선에서 사회를 바라보고, 보수 계열의 당은 사회 내 보수층, 즉 마르크스의 표현을 빌리자면 '유산자' 관점으로 사회를 판단한다. 결국 이들 간에 형성된 정당이나 파벌이 권력을 얻으면서 나름의 계급을 구성하는 것, 이것이 바로 막스 베버가 계급을 설명하는 방식이다.

상호작용이론과 계급

앞선 두 이론이 계급을 거시적으로 파악했다면, 상호작용이론은 이를 미시적 수준, 특히 개인의 대면 상황으로 이해한다. 이 이론은 기본적으로 계급이 우리의 일상생활에서 사람들의 상호작용을 안내하는 이정표로 작동한다고 본다. 우리가 일상에서 특정 물건(옷이나 자동차, 음식 등)을 소비하는 건, 자기 계급 위치를 상징화하는 행위란 설명이다. 부유층 여성들이 명품 가방을 가지고 다니는 건, 한 마디로 자기가 현재 속한 계급을 '과시하기 위함'이다. 남들이 쉽게 하기 어려운 스포츠를 하는 행위(예를 들어, 억 단

16) 막스 베버 지음, 박성환 옮김 (2009). 경제와 사회: 공동체들. 나남출판, 395쪽.

위 회원권을 내야하는 골프장에서의 골프) 역시 계급 표식 행위다. 이를 미국 경제학자 소스타인 베블렌Thorstein Veblen, 1857-1929은 '과시적 소비conspicuous consumption'라 칭했다.

그가 이론화한 과시적 소비 행위에 따르면, 사회 계급은 두 가지로 분류된다.[17] 생산을 위해 노동에 몰두하는 '노동(자)계급'과, 여가를 즐기며 소비하는 '유한계급leisure class'이다. 유한(有閑), 즉 '시간이나 재물이 많아 생활에 여유가 있어 여가(일이 없어 남는 시간)가 많다'는 뜻이다. 이 계급에 속한 사람들은 자기 지위를 무턱대고 돈으로 표시하지 않고, 명품이나 특정 희귀품(한정판 등)을 구매하여 '은근히' 과시한다. 즉, 상호작용론에 따르면 개인의 사회 계급은 그가 행하는 과시적 소비로 상징화된다.

계급의 구별: 부르디외의 구별 짓기 이론

프랑스 사회학자 피에르 부르디외는 계급을 설명하며 '구별짓기(distinction)' 개념을 소개한다. 이 개념은 특정 계급 사람들이 다른 계급과 자신을 구분 짓고자 자본을 전략적으로 구사한다는 내용을 중심으로 한다. 이에 따르면, 명품 자동차나 가방을 사는 이유는 그게 안전하고 수명이 오래 가기 때문이 아니라 '티 내기'란 주장이다. 스포츠로 보면, 일반 사람들은 엄두도 못 낼 수억 원의 골프장 회원권을 구매, 거기에서 자신과 취향이 비슷한 사람과 골프를 즐긴다. 그에 따르면, 높은 계급으로 올라서려면, 즉 계급의 사다리 꼭대기에 오르려면, 그에 필요한 자본을 획득해야 한다. 그 자본이 반드시 '돈'으로 대표되는 경제 자본일 필요는 없다. 학위 같은 '문화자본', 인맥으로 대표되는 '사회자본', 식스팩이나 S라인으로 상징화하는 '신체자본'도 계급 상승에 도움을 준다.[18]

계층화와 계급이 중요한 건, 어떤 계급인가에 따라 사회 문제를 달리 보기 때문이다. 지배층의 계급관과 피지배층의 계급관 중 무엇으로 사회를 볼 것인가? 골프를 보자. 우리나라에서 골프는 운동 효과가 있을까? 어느 위치에 있는가에 따라 답은 달라진다. 지배 계급 사람들은 골프의 운동 효과가 좋다고 말한다. 반면, 피지배 계급 사람은 골프가 환경을 파괴하고 계층 간 위계 의식만 높일 뿐 운동 효과는 없다고 답한다. "중산층에 속하며 제법 진보적인 척하는 사람들이 골프를 치며 느끼는 불편한 마음을 해소하려 '운동 효과'를 과장한다"[19]는 해석에 각각의 계급관은 어떻게 반응할까?

---

17) Veblen, T. (1994). Theory of the leisure class. New York: Penguin.

18) 자본과 스포츠의 관계에 대해선, '남상우 (2019). 분화된 '자본'개념의 이해: 스포츠사회학의 이론적 확장을 위한 자본 개념 설명서. 한국스포츠사회학회지, 32(4), 35-60.'를 참조하라.

19) 강준만 (2006.03.28). 골프공화국의 거지와 접대부. 한겨레21, 602호. 72쪽.

사회 계층화 체계의 다섯 가지 속성
우리가 스포츠계의 사회 계층화를 연구하는 이유

사회계층화체계는 크게 다섯 가지 특징을 지닌다. 그 특징은 1) 사회성, 2) 고래성, 3) 편재성 4) 다양성, 그리고 5) 연속성이다. 이는 1967년에 미국 사회학자 멜빈 튜민(Melvin Tumin, 1919-1994)이 '사회계층화 연구가 중요한 이유'와 관련하여 제시한 특징이다.[1] 이 다섯 가지 특징을 참고하여 스포츠계에서의 사회계층화 체계가 왜 중요한지 살펴볼 수 있을 것이다.

사회계층화는 사회적 관계의 산물이다

똑같이 운동을 시작했지만, 누군가는 국가대표가 되고, 누군가는 중도에 탈락한다. 어떤 이는 프로선수가 되고, 어떤 선수는 빈곤한 삶을 산다. 이처럼 제한된 자원의 불평등한 배분, 즉 계층화 현상은 스포츠계에서 적어도 '사회적 관계' 때문에 발생한다. 사회적 관계에는 젠더, 인종, 사는 지역, 출신, 가정배경, 개인 특성, 타자와의 상호작용(어떤 코치를 만나는가?) 등의 복잡한 요소가 개입된다. 개인적 '능력'이라는 생득적 요소가 아닌, 사회관계 속에서의 역학 작용으로 계층화가 발생하는 것이다. 스포츠계에서의 계층화가 중요한 사회학적 이유다.

사회계층화는 역사적 유래를 지닌다

스포츠계 계층화는 '역사적 발자취'를 지닌다는 차원에서 중요하다. '스포츠'가 대중이 즐기는 오늘날의 프로 스포츠나 소수가 즐기는 고급 스포츠로 분류되면서, 계층이나 계급에 따른 상이한 참가경로가 이루어진 데에는 역사적 배경이 있다. 대표적으로, 노예제, 신분제, 능력제 시대로의 변천 과정에서 스포츠에 대한 인식(선수의 사회적 지위나 운동의 필요성 인식 등)이 변해왔음을 알 수 있다. 또한 계급 형성에 따라 참가하는 스포츠 종류 역시 바뀌었다(과거 '테니스'가 고급스포츠였다가, '골프'로 바뀌는 등의 과정).

사회계층화는 보편성을 띤다

스포츠에서의 계층화 현상은 어느 곳에서나 존재하고 발견되는 보편적 사회 현상이기에 중요하다. 즉, 가장 보편적인 계층화 형태는 '가진자와 가지지 못한 자'의 구분이다. 이런 형태의 계층화는 전 세계 모든 국가에서 발견된다. 스포츠 역시 이런 보편적 특성으로서의 계층화가 발생하는 사회제도다. 주전과 후보, 고연봉자와 저연봉자, 1부리그와 2부리그, 인기스포츠와 비인기스포츠 등, 자원의 불평등이 이루어지는 계층화는 모든 나라의 스포츠에서 보편적으로 나타나는 현상이다.

사회계층화는 다양한 형태로 이루어진다

이제까지 모든 사회에서의 계층화는 여러 형태로 나타났다. 예를 들어, 계급, 카스트제도, 신분제도 등의 형태가 대표적이다. 각각의 유형은 그 구분의 명확성이나 계층 이동 간 개방성이 다르다(카스트 제도는 계층 간 이동이 불가능하나 계급은 개방적이다). 하지만 스포츠의 경우엔 '능력 중심'으로 그 계층화가 이루어지는 개방적 층화 특성을 지니고 있다. 일부 스포츠 종목의 경우, 리그 내 팀 간에는 '평등'을 추구하려 하고(모든 팀의 전력 평준화), 팀 내에서는 '불평등'을 추구하는 경향을 보인다(모든 선수의 능력별 분배 차별화). 즉, 특정 제도 내에서의 계층화는 단일한 형태가 아닌, 다양성을 띨 수밖에 없다.

사회계층화는 영향력을 지닌다

한 개인의 수입 혹은 권력에 따라 발생하는 사회계층화는 일반적으로 두 가지 차원에서 그 결과의 차이를 가져온다. 바로 삶의 기회(life-chances)와 생활양식(life-styles)이다. 수명, 질병, 결혼 등, 살면서 얻게 되는 기회와, 어떤 곳에서 살면서 누구와 교류하고, 어떤 문화를 즐기는가의 양식에 있어 차이를 가져오는 것이다. 이는 당연히 스포츠 참가 유형과 빈도에서도 차이를 가져온다. 높은 계층에 속한 사람들은 번잡하지 않고 한가로이 즐길 수 있는 스포츠에 참여할 기회를 더 많이 얻는다. 그에 따라 남과는 다른 생활을 즐기면서 타인과 구별짓는 방식으로서 그 스포츠를 이용하기도 한다.

1) Tumin, M. (1967). Social stratification. Prentice-Hall: Englewood Cliffs, 12-18쪽.

스포츠와 계층: 사회학적 논의

상류층에서 태어난 아이는 좋은 음식, 교육, 여가 활동 기회를 많이 얻는다. 반면, 빈곤층에서 태어난 아이는 그런 기회를 얻지 못한다. 이들이 향후 사회적으로 위치할 '층'은 어딜까? 자신이 사회적 계층 체계 중 어디에 위치하는지를 아는 게 중요한 건, 그 위치에 따라 삶에서 활용 가능한 기회나 결정 폭이 달라지기 때문이다. 삶의 격차가 만들어지기 때문인 것이다. 이와 같은 계층론 전제를 염두에 두며, 스포츠의 계층 속성을 살펴보도록 하자. 스포츠의 계층 속성 중 하나는 기존의 사회적 불평등을 옮게 만든다는 것이다. 스포츠야말로 능력에 따른 공평한 자원 배분이 이루어지는 세계로 인식되기 때문이다. 그렇기에, 나는 스포츠를 능력주의, 순위 기반 체계rank-based system, 기회와 조건 평등(급에 따른 설계)이 기저에 깔리며 사회적 계층화를 정당화하는 사회제도로 본다.

스포츠와 사회 계층: 개괄적 명제 설명

'모두를 위한 스포츠Sports for All'란 표어는 일상에서 스포츠를 즐기는 일에 차별과 장벽이 없어야 함을 말한다. 우리나라에선 '생활체육' 저변 정책과 관련해 자주 사용되었다. 스포츠사회학은 주로 두 가지 명제를 가지고 스포츠 참가 과정에서 작동하는 차별(혹은 차이)을 보려 한다. 물론, 이 명제는 계층과 계급에 따른 스포츠 참가에도 사용된다. 그 명제는, 첫째, 스포츠 참가와 비참가는 무엇 때문에 발생하는가? 둘째, 스포츠 소비와 실천 유형은 계층 간에 이질적으로 나타나는가?

명제(1): 스포츠 참가와 비참가의 이해

어떤 사람들은 스포츠에 적극적으로 참여하지만, 어떤 이들은 소극적이다. 이 차이는 어디에서 발생할까? 스포츠 참여 과정에서 발생하는 불평등 관련 질문은, 이처럼 스포츠 향유 격차disparities가 어떤 환경이나 기제 때문에 일어나는지 궁금해한다. 이에 답하기 위해 일반적으로 채택되었던 접근은 두 가지였다. 첫 번째는 역학적epidemiological 접근이고, 또 다른 하나는 사회학적sociological 접근이었다.

역학적 접근은 신체적 비활동성이 다양한 사회적 결정요인으로 기능한다는 점에 주목한다. 다시 말해, 특정 계층(특히 사회적 소외계층)의 건강에 영향을 미치는 주된 원인으로 신체적 비활동성physical inactivity에 주목한다는 의미다. 비참가를 야기하는 환경적 요인을 밝히지만, 더 주목하는 건 그 비참가가 끼치는 건강 효과란 뜻이다. 반면, 사회학적 접근은 스포츠 참가에서의 불평등 요인에 주목한다. 소득, 여가 시간, 젠더, 거주지역 등, 어떤 변수가 스포츠 참여와 향유 (계층 간) 격차를 만들어내는가?

사회 계층 관점에서 스포츠 참가와 비참가는 중요하다. 어떤 계층의 사람들이 스포츠 참가에 적극적이고(현황 파악), 그것이 향후 어떤 결과로 이어질지(영향 예측)가 이해되기 때문이다. 역학적 및 사회학적 접근 모두가 공통되게 말하는 바는, 계층에 따른 소득이 높을수록 스포츠 참가 및 향유 기회를 좀 더 많이 갖는다는 점이다(소득뿐 아니라 교육 수준도 의미 있는 영향 요인이다). 당연한 결과라 생각하겠지만, 이는 사회 개선을 위한 정책 수립에 있어 중요한 메시지를 던져준다. 스포츠가 제공할 여러 혜택에서 소외 계층이 누구이고, 그들의 소외가 왜 발생하며, 그 격차를 줄이는데 필요한 조치는 무엇인지에 대해 말해줄 수 있기 때문이다.

명제(2): 계층에 따른 스포츠 소비의 이질성

돈이 많은 사람과 그렇지 않은 사람이 즐기는 스포츠는 다를까? 일반적으로 소득이 높은 사람은 '골프'를 친다고 생각된다. 하지만 높은 소득에도 골프를 외면하는 사람도 많다. 오히려 등산이나 걷기와 같은 소박한(?) 운동을 즐긴다. 이를 어떻게 이해해야 할까? 박사학위 소지자 집단은 중학교 졸업 집단과 스포츠 소비 행태가 다를까? 만약 그렇다면 그건 또 왜 그럴까? 이처럼 스포츠로의 직접 참여, 관련 물품 구매 및 경기 관람 등의 행위를 모두 포함하는 '스포츠 소비sports consumption'는 사회 계층과 관련된 여러 변수(계급을 결정짓는 여러 자본 및 사회적 지위 등)를 중심으로 논의된다.

여기엔 두 가지 주요 관점이 존재한다. 첫째, 상동성homology 관점이다(서로 유사하다는 의미). 같은 계급(유사 취향이나 교육 수준, 지역 등)에 속한 사람은 비슷한 스포츠를 즐긴다는 가정이다. 둘째, 잡식성 관점이다. 계급의 높고 낮음에 상관 없이, 스포츠를 소비하는 형태는 잡식적이란 가정이다(최상위층이지만 연령 때문에 걷기를 주로 한다 등). 이 관점은, 상류층이라 해서 골프나 승마 같은 운동으로 다른 계급과 차별화하기보단, 오히려 '계급을 드러내지 않으려' 스포츠를 잡식성으로 소비한다고 본다. 스포츠 소비를 일종의 문화 소비, 특히 문화의 잡식적 소비cultural omnivorousness 차원에서 본다.[20)]

경제 자본에 따른 스포츠 참가

어떤 계층이 필라테스를 소비할까? 내 경우, 무릎 수술 후 병원 추천으로 필라테스를 처음 접했다. 재활 때문이었다. 하지만 망설여졌다. 필라테스가 1대 1 강습 형태에, 강습 때마다 적지 않은 비용을 지불해야 했기 때문이다. 그래도 좋다니 해보자 생각하고 한 달 네 번 강습을 신청했다. 그 후 몸이 극적으로 좋아지는 걸 느꼈고, 이후로도 꾸준히 하는 중이다. 특히 책상에 앉아 종일 책 보고, 모니터 보고, 키보드 치는 직종의 경우, 몸의 기능성을 회복하고 개선해주는 필라테스는 잘 맞는 운동이다. 하지만 강습을 받으며 흥미로웠던 건 함께 강습 받는 회원들의 속성이었다. 대부분이 나와 유사 직종(교수, 의사, 변호사 등)의 사람이었기 때문이다.

"특정 스포츠 향유가 특정 계급을 표시한다." 소득별 스포츠 참가는 사회 계층 분석에 있어 핵심적이다. 스포츠계 사회구조를 잘 이해할 수 있도록 안내해주기 때문이다. 즉, 사회구조(특히 소득 수준으로 형성된 구조) 관련 자료[21] 분석에 있어 견고하게 확립된 접근이 가능한 것이다. 특히 경제 자본으로 상정되는 월 소득에 따라 어떤 스포츠에 참가하고 몇 개의 스포츠를 향유하는지는, 계층 별 사회 문제(예를 들어, 체력 불평등이나 건강 불평등)와도 연관되기에 중요하다. 여기에서는 이 문제를 자세히 볼 것이다. 사회계층과 스포츠 참가 사이의 관계를 검토하며, 이 책은 오늘날 가장 영향력이 큰 프랑스 사회학자 피에르 부르디외Pierre Bourdieu, 1930-2002의 관점을 차용한다.

경제 자본에 따른 스포츠 참가의 세 가지 경향성

'경제 자본(소득)'은 계층별 스포츠 참가 지형을 어떻게 형성할까? 즉, 고소득층(월 600만 원 이상 소득계층)은 저소득층(월 100만 원 이하)과 다른 형태의 스포츠 참가(참가 스포츠 종류 및 참가 빈도) 양상을 보일까? 이를 우리는 어떻게 논의할 수 있을까? 먼저 경제 자본에 따른 스포츠 참가 양상을 세 가지 차원에서 요약해보자.

첫째, 경제 자본이 높은 층은 더 많은 스포츠 활동을 즐긴다. 이는 당연한 경향이다. 자금을 투자할 여력이 되기에 자신이 선호하는 스포츠를 선택할 여유도 많아지기 때문

---

20) Gemar, A. (2020). Sport as culture: Social class, styles of cultural consumption and sports participation in Canada. International Review for the Sociology of Sport, 55(2), 186-208.

21) 사회구조를 파악하는 데 있어 유용하게 활용되는 지표로는 '소득'을 중심으로 한 '계층 구조'뿐 아니라, '나이'를 중심으로 한 '인구 구조(생애주기)'도 포함된다. 이를 사회학에서는 '세대론'으로 다룬다.

이다. 2020년 국민생활체육조사 항목 중 '최근 1년간 참여 경험이 있는 체육활동 종목 수'를 보면, 아래 표와 같이 소득에 따른 종목 향유의 비율이 극명하게 나뉜다. 소득 수준이 높을수록 당연히(?) 경험하는 종목 수도 늘어난다.

	구분	경험율(%)	1종목	2종목	3종목	4종목
	전체	86.8	38.0	22.6	12.3	13.9
소득별	100만 원 미만	67.9	39.5	21.2	4.3	2.9
	350-400만 원	85.7	40.1	21.6	11.7	12.3
	600만 원 이상	93.8	33.6	24.5	13.2	22.4

[표 9-1] 국민생활체육조사 중 '최근 1년간 참여 경험이 있는 체육활동'의 소득별 차이[22)]

둘째, 소득에 따라 개인종목이나 단체종목 참여 양상은 달라진다. 고소득층은 주로 요트나 테니스, 골프, 승마처럼 소수 인원이 접촉이나 방해 없이 즐기는 개인 스포츠에 참여한다. 반대로, 그런 여력이 부족한 집단은 축구나 농구, 혹은 등산이나 걷기처럼 비용이 들지 않거나 다른 사람과 함께할 집단 스포츠에 참가한다. 이는 통계 조사에서도 나타난다. '체육 동호인 가입 종목(2020년 국민생활체육조사)'을 보면, 100만 원 미만은 축구/풋살(19%)에 주로 가입했고, 고소득층(600만 원 이상)은 골프(30.3%)나 수영(9.9%) 종목에 많이 가입했다. 이에 대한 사회학적 해석은 어떨까?

> 지배적 취향이 인지 및 평가하는 특징이 골프, 테니스, 요트, 승마, 스키, 펜싱 등의 스포츠에 집약된다. 이들 스포츠는 전용 장소에서 본인이 선택한 시간에 혼자서(혹은 파트너와 함께) 한다(이 모든 특징은 단체운동의 집단적 규율, 강제된 리듬, 강요된 노력과 대립한다). 이 스포츠에 소모되는 체력은 비교적 적으며, 소모량도 자유롭게 결정되나, 그 특수한 기법을 습득하려면 상대적으로 많은 시간과 노력을 투자해야 한다.[23)]

셋째, 경제 자본은 직접 스포츠 참가와 관람 스포츠 참가에도 영향을 미친다. 다시 말해, 직접 스포츠에 참가하려면 기본적으로 '여가(일이 없어 남는 시간)'가 있어야 한다. 여가에 맞춰 일정 비용을 내고 사람을 만나 장소도 섭외할 수 있어야 한다. 어느 정도의 인간 관계, 장소 접근성(비용과 정보), 구매력 등이 뒷받침되어야 가능하다. 높은 소득

22) 문화체육관광부 (2020). 국민생활체육조사. 문화체육관광부, 264쪽.
23) 피에르 부르디외 지음, 최종철 옮김 (2006). 구별 짓기: 문화와 취향의 사회학(上). 서울: 새물결, 388쪽.

수준을 요구하는 것이다. 하지만 하위계층은 비록 여가는 있을지 몰라도, 그들이 선택할 수 있는 건 관람 스포츠, 더 정확하게 말해, 소파에 앉아 TV가 방영해주는 스포츠 중계를 시청하는 일로 제한된다.

소득에 따라 달리 형성된 스포츠 참가 경향의 사회적 여파

소득계층에 따른 스포츠 참가 경향은 계층 간 건강 불평등으로 이어질 수 있다. 이는 주로 세 가지 기제, 즉 '심리적 통제감 결핍', '체력 불평등', '부상' 때문이다.

첫째, 삶의 통제감 문제다. 중상류층에 있는 사람들은 일반적으로 자신의 작업환경과 조건을 통제할 수 있다. 쉴 때 쉬고, 일할 때 일할 수 있는 조건이다. 필요할 때 운동하러 클럽에 가고, 때론 사람들과의 관계 형성을 위해 주말에 골프장을 찾기도 한다. 그렇지만 하류층이나 노동자계급 사람들은 삶의 통제성 결핍으로 정기적 참여가 거의 불가능하다. 참여하더라도 공공장소(다른 사람들이 함께 사용하는 곳)을 이용해야 한다(코로나-19로 인한 공공체육시설 폐쇄조치는 저소득층에게 큰 타격이 된다). 그렇기에 이들에겐 운동 참여의 불규칙성과 참여 과정에서의 스트레스가 작동한다.

둘째, 체력 불평등 문제다. 2020년 국민생활체육조사 중 '체력에 대한 인식' 결과에 따르면, 자기 체력이 '좋은 편'이라 응답한 비율은 평균 63.1%, '보통'은 28.8%, '좋지 않은 편'이라는 사람은 8.2%였다. 이 인식은 소득 수준별로 달랐다. '체력이 전혀 좋지 않은 편'이라 답한 비율은 100만 원 미만 층에서 8.5%였지만, 600 만 원 이상 고소득층에선 0.5%로 차이를 보였다. 반대로, '체력이 매우 좋은 편'은 2.5%(하위층)와 11.6%(고소득층)로 그 격차가 컸다. 전체적으로 체력을 긍정적으로 인식한 합계는 하위층 19.5%였고, 고소득층 73.6%였다. '체력 불평등'[24]이 의심되는 지점이다.

셋째, 단체종목으로의 참여는 부상 위험을 수반한다. 반면에 개인 스포츠, 특히 거친 몸싸움이나 접촉이 없는 스포츠는 부상 위험이 상대적으로 덜하다. 앞서 저소득층 사람들은 단체 종목에 주로 참가하고, 고소득층은 개인 종목 참여가 두드러진다고 밝혔는데, 결국 부상의 비률 차이가 나올 것이고, 이는 결국 건강 불평등으로 이어진다.

---

[24] 이 개념이 처음 등장한 건 2016년 한국스포츠개발원(현 한국스포츠정책과학원)에서 수행된 '한국 체육 중장기 계획 수립을 위한 기초연구'에서다. 보고서 내 '중장기 연구 과제 15가지' 중 국민체력100 센터의 쓰임새와 관련하여, 향후 국가가 지역별 체력 불평등을 해소할 지표 개발 및 정책 수립이 필요하다는 차원에서 제시된 개념이다(남상우, 2016, 한국 체육 중장기 계획 수립을 위한 기초연구. 한국스포츠개발원 보고서, 77쪽 참조).

중산층과 마라톤
특정 계층의 특정 스포츠 선호를 어떻게 이해할까?

사회 내 특정 계층에 따라 특정 스포츠가 선호되는 현상은 존재할까? 존재한다면, 이를 어떻게 이해할 수 있을까? 여기에서는 이 책의 1장에서 잠깐 소개된 마라톤 종목을 선택, 이것이 어떻게 하여 중산층과 연계될 수 있는지 사례를 중심으로 설명해보자.

2000년 초중반쯤, 우리나라에서 갑자기 마라톤 열풍이 불기 시작했다. 열렸던 대회나 지역 동호회 등을 모두 합하면 약 10만 명이 마라톤에 참가한 것이다.[1] 왜 이런 현상이 벌어졌을까? 비단, 참가 이유를 넘어서 많은 운동 중 오랜 시간 지루하게 뛰어야 하는 마라톤이 왜 이런 유행을 탔을까? 나아가, 참가했던 사람들 대부분은 왜 우리 사회의 중산층이었을까? ▶

이 의문에 답하기 위해 사회학자 정준영은 마라톤 유행과 당시 사회적 환경을 연결한다. IMF 경제 위기라는 상황이었다. 그의 주장을 정리하면,[2] IMF 경제 위기가 중산층의 안정성에 치명적인 타격을 가함으로써 90년대 중반 급격히 달아올랐던 우리 사회의 자신감을 떨어트렸고, 이는 이제까지 비교적 예측 가능한 삶을 설계할 수 있었던 중산층의 소득 하락과 고용 안정성을 뒤흔드는 일에 큰 영향을 줬다. 흥미로운 점은, 일반적으로 사회적 혼란이 급격하게 일어나는 시기에는 동시에 그에 위협을 느낀 중산층에게서 일종이 '보수적 움직임'이 싹터 오르는 경향이 있다는 사실이다. 당시도 그랬다. 이와 같은 분석에

기대면서,[3] 정준영은 한국 사회에서도 그러한 움직임이 형성되었다고 예측할 수 있지 않을까라는 질문을 던졌다. 즉, 1980년대 중산층이 사회 전반의 민주화 과정에서 상대적인 진보성을 보여준 시기였다면, 90년대 말은 급격한 경제적 혼란으로 인해 사회 전체적으로 보수성이 싹 틀 적절한 기반이 조성되었던 시기란 주장이다. 그에 따라 사회적 위기를 타파하려는 개인적 노력이 이루어졌으리란 추측이다. 중산층의 그러한 개인적 노력과 함께 경제적, 도덕적 측면에서 적합한 운동이 고민되었을텐데, 그게 바로 마라톤이었다(마라톤은 중산층의 경제적, 도덕적 불안을 해소할 최적의 대안). 동의한다. 일반적으로 사회적 위기 때 사람들은 보통 자기 몸부터 챙긴다. 어려울 때 믿을 건 몸뿐이라고 생각하기 때문이다.

1) 허윤주(2000.10.18.). 보통 사람들 '마라톤 열풍'. 서울신문, 20면.
2) 정준영(2020). 열광하는 스포츠 은폐된 이데올로기. 책세상, 189-192쪽.
3) Beisel, N.(1993). Morals versus art: Censorship, the politics of interpretation and the Victorian nude. American Sociological Review, 58(2), 145-162, 147쪽 참조.

> 골프, 스키, 요트, 심지어 승마나 테니스의 경우, 아무리 경제적 장애가 중요하더라도 이것만으로 이들 활동의 계급별 분포상황을 설명하기는 부족하다. 가문 전통, 스포츠의 조기 습득, 엄격한 사교 기술, 품위처럼 한층 '은폐된 입장권'이 있어야 한다. 바로 이것이 민중 계급, 또는 중간 계급에서 상승 중인 개인들이 이 스포츠에 접근할 수 없게 만든다.[25)]

부르디외가 말한 '은폐된 입장권'은 무엇일까? 그게 바로 '문화자본'이다. 지금껏 소득(경제 자본)에 따라 스포츠 참가 경향을 보던 방식은, 최근 문화자본이나 사회자본과 같은 일종의 '비경제적 자본'과의 관계에서 논의된다. 과연 문화자본은 무엇이고, 이는 계급에 따른 스포츠 참가에 어떻게 작동할까?

문화자본이란 무엇인가?

65년 동안 서울에서만 지내시던 할머니께서 홀로 되신 후 아들들이 사는 지방으로 거처를 옮기셨다. 그 후 몇 달을 우울증으로 고생하셨다. 당연했다. 아는 사람도 없고, 특별한 취미도 없었으니. 어쩔 수 없이 아들과 손자들이 노력해야 했다. 다섯 명의 손자 중 내가 할머니께 해드릴 수 있던 건 효도 고스톱이었다. 나름 예쁜 손자였다(내가 돈을 따도 모두 할머니께 드렸으니까). 하루는 아버지와 함께 세 명이 고스톱을 치던 중, 할머니께 여쭤봤다. "아니, 근처 노인정이나 모임 같은 곳에 나가셔서 친구 좀 사귀어 보시지 그러세요?" 판을 유심히 보시던 할머니께서 패를 내시며 답하신다.

"됐다. 뭐, 격이 맞아야 놀거나 하지."

여기에서의 '격'이 바로 '클래스(급)'다. 클래스가 안 맞아 어울릴 수 없다는 게 할머니 답이었다. 그 격을 문화자본[cultural capital]이 결정한다. '자본[capital]'이란 (피에르 부르디외 설명에 따르면) '권력의 사회적 관계'로 기능하는 자원을 말한다.[26)] 와인 종류와 맛에 대해, 혹은 클래식 음악 역사를 논할 수 있는가? 이런 지식과 관련 경험(와인 시음 및 클래식 음악 연주회 참가)은 어느 정도의 계층 수준(경제 자본의 뒷받침)과 오랜 시간의 교육이 이루어질 때 획득된다. 이걸 획득해야 격조 높은(?) 무리나 집단에 낄 수 있다. 이처럼 개인이

---

25) 피에르 부르디외 지음, 최종철 옮김 (2006). 구별 짓기: 문화와 취향의 사회학(上). 서울: 새물결, 389쪽.

26) 한 번에 와닿지 않을 수 있는 설명이다. 습관, 교양지식, 고급스러운 취향, 좋은 몸과 잘생긴 외모, 학력, 인맥, 사회적 지위 등, 한 사람이 '개인적'으로 지니는 '자원'이 다른 사람들과 '사회적' 일상을 보내면서 형성하게 되는 관계에서 '위계'를 결정하는데 힘(권력)을 발휘한다면, 그 개인적 자원은 '자본'이 된다.

지니는 지적 능력이나 여러 자격(문화예술 작품을 즐길 수 있는 유무형의 자격)의 총합을 문화 자본이라 부른다. 사회적 관계에서 권력(힘)을 발휘하게 해준다. 결국, 할머니는 '서울(생활) 자본'이 '지방(생활) 자본'과 어울리지 않는다고 생각하신 거다.

문화자본은 세 가지 형태로 존재한다(체화된, 객관화된, 제도화된 형태).[27] 첫째, 체화된embodied 문화자본은 '개인이 일관되게 보여주는 기질이나 태도'를 의미한다. 식사할 때의 행위(소리를 내는가, 밥그릇을 들고 먹는가 등)나 몸가짐, 예의, 말하는 방식, 몸짓 등, 한마디로 '한 개인의 몸에 새겨진 교양'을 말한다. 부르디외가 가장 중요하게 생각했던 문화자본이다(이는 경제 자본처럼 다른 사람에게 증여, 상속, 판매처럼 단기간 내 타인에게 양도할 수 없다). 둘째, 객관화된objectified 문화자본. 책이나 그림, 기념물, 도구처럼 물질적 형태로 존재하는 자본이다. 오래된 고서나 70년대 지폐, 고인이 된 유명 화가의 유작 등이 이에 속한다(양도 가능). 셋째, 제도화된institutionalized 문화자본으로서, 졸업장이나 학위처럼 사회적으로 공인된 자본이다.

'유사 자원을 공유한 사람들의 집합'이란 계급 정의를 보면, 이 문화자본이 사람들을 어떻게 계급화(층으로 분류화)할지를 알 수 있다. 특정 대학 학위를 중심으로 하거나(ㅇㅇ대 동문회), 고문서 수집 및 품평을 함께 하는 모임, 아니면 문화예술 관련 동호회를 만들며 계급화된다. 집안 분위기(가풍)와 특별 교육, 여러 문화 경험으로 체화된 교양이 같은 사람들이 소득과는 별개의 '취향 공동체taste community'를 구성하는 것이다. 이곳에서 취향을 교환하고 평가하며 상호 인정한다. 골프나 승마가 그렇다. 경기 지식, 예의, 규칙, 규범을 체화한 사람들끼리 함께 무리 지으며 이루어지는 스포츠다.

문화자본 차이와 스포츠 참가의 부르디외 설명

이 문화자본을 중심으로 부르디외는 스포츠 참가 경향을 교수, 자유업(의사나 관리직), 경영자로 구분해 설명한다. 잘 알겠지만, 이들 직종은 '소득' 수준만 보면 사회적으로 고소득층이다. 경제자본 관점에서 보면, 이들이 즐기는 스포츠는 비슷해야 한다. 하지만 부르디외는 그것이 다른 요인, 특히 문화자본에 의해 달리 형성된다고 판단한다.[28] 약간은 고개를 갸웃거리게 할 설명도 있으나 설명 상의 '차이'에 집중해보자.

---

27) Bourdieu, P. (1986). The forms of capital, in J. Richardson(ed). Handbook of theory and research for the sociology of education (pp. 241-258). Westport, CT: Greenwood.

28) 피에르 부르디외 지음, 최종철 옮김 (2006). 구별 짓기: 문화와 취향의 사회학(上). 서울: 새물결, 393쪽.

먼저 교수층이다. 이들은 기본적으로 '귀족적 금욕주의'[29]를 지닌다. 이에 따라 등산이라는 스포츠가 이들 집단에서 전형적으로 드러난다. 등산은 자기 신체와 보통 사람은 쉽게 접근할 수 없는 자연을 동시에 정복한다는 느낌을 제공해준다. 이뿐 아니라, 최소(경제) 비용으로 최대의 차별화, 타자와의 거리, 고상함, 정신적 고지(高地)를 얻게끔 하기도 한다(사실, 우리나라 상황과는 잘 맞지 않는 분석이다).[30]

다음은 의사나 관리직이다. 이들 역시 품위 있는 스포츠에 접근할 수 있는 물질적 수단을 지녔다. 특히 이들은 '건강한 쾌락주의'를 지향한다. 그래서 주로 즐기는 스포츠 활동은 일반(속물적인) 대중들과 멀리 떨어진 곳에서 진행되는 요트, 바다 한복판에서의 해수욕, 크로스컨트리, 스키, 잠수 낚시 등이다.

마지막으로 경영자다. 이들이 주로 참여하는 스포츠는 '골프'다. 이 계급의 문화적 특징을 말하자면, 자기 사업에 필요한 '외재적 이익 추구 성향(사업 확장 및 실현을 도울 사업 파트너 찾기)'을 들 수 있다. 골프가 선택된 건 아마도 이러한 '차별화 이익' 때문일 것이다. 골프에 따라 붙는 귀족적 예의(에티켓), 영어에서 차용된 (골프)용어, 넓고 배타적인 공간 등이 그런 이익을 가져다 준다. 골프에 익숙해지며, 경영자 계급 사람들은 스포츠와는 별도로 외재적인 여분의 이익, 예를 들어 사회(관계)자본을 축적할 수 있게 된다. 경제 자본과 골프에서의 예의 같은 문화자본은 사회자본social capital으로 전이된다.

부르디외의 설명에서 중요한 건, 계급에 따라 자기 몸을 바라보는 관점이다. 그는, 상류층 계급의 사람들은 자기 몸을 계발하고 가꿔야 할 자산으로 생각한다. 한 마디로 '목적'으로 취급하는 것이다. 그래서 아낀다. 반면에, 하류층 계급 사람들은 그 몸이 생존수단이기에 몸을 수단화한다. 즉, '도구'로 인식한다. 이 관점에 비춘다면, 상류 계급 사람들은 특정 도구를 사용하거나(테니스, 골프 등), 몸 자체의 발달을 위한 운동(요가나 필라테스 등)에 참여할 가능성이 커지지만, 하류층 사람들은 몸 자체가 경쟁의 도구가 되는(격투 스포츠나 접촉 스포츠 등) 활동을 선호하게 된다.

이는 한 개인이 특정 문화 속에서 오랜 시간 생활하면서 자신에게 '체화된(습관처럼 굳어진) 사회구조' 때문이다. 특정 계급 환경에서 계속 생활하면, 그곳의 다양한 규범이나 인식, 말하는 방법, 행동양식 등, 그곳을 질서 있게 작동시키는 다양한 기준들에 익

---

29) 학자 집단으로서, 돈을 밝히지 않고 도덕적이며 절제적인 삶의 자세를 취한다는 의미다.

30) 교수 집단이 등산을 선호한다는 부르디외의 분석은 프랑스 맥락에서 나온 것이다. 우리와는 이질적이다. 우리나라에서 등산은 모든 소득층 사람들이 잡식성으로 소비하는 활동이기 때문이다. 오히려 우리에게 등산은 '소득계층'이나 '문화자본' 문제라기보단, '세대' 요인이 큰 영향을 미친다.

숙해진다. 그것이 몸에 습관으로 자리 잡는다. 그리고 그런 습관을 모든 구성원이 공유하며 '습속', 즉 개인이 계급을 기반으로 몸에 형성한 기질이나 성향이 된다. 부르디외는 이를 '아비투스habitus'라 말한다. '습관'과는 다른, 의식적이면서도(내가 속한 계급을 의식하며 형성했기에), 무의식적이다(그 성향을 다른 사람들에게 숨쉬듯 자연스럽게 보여준다). 결국, 부르디외에게 있어 스포츠 참가는 개인의 아비투스로 결정된다.

잡식적 문화 소비론과 스포츠: 부르디외 이론을 향한 반론

상류층 사람이 하류층과 구별하고자 그들이 범접하지 못할 스포츠를 의도적이고 전략적으로 선택한다는 주장은 타당할까? 이는 '상징적 지위 경계symbolic status boundary' 이론으로 불린다.[31] 타인과 다르다는 걸 특별한 문화적 소비, 예를 들면 명품 옷이나 자동차로 보여주며 사회적 지위의 경계를 (대놓고 혹은 은근히) 구분하는 행위다. 부르디외의 문화자본론은 스포츠도 이 상징적 지위 경계 기능을 한다고 주장한다. 하지만 '잡식적 문화 소비론'에 따르면 그런 현상은 뚜렷하게 나타나지 않는다.

사회 계급과 문화 소비의 관계를 이론화한 부르디외 주장에 덧붙여, 미국 사회학자 리차드 피터슨Richard Peterson, 1932-2010과 동료들은 '잡식 이론omnivore thesis'을 주장한다.[32] 여기에서의 '잡식'은 상류층 및 하류층 사람들의 문화 소비가 특정 경계로 구분되지 않고 오히려 전방위적으로 이루어짐을 말해준다(이 이론이 '음악'이라는 영역을 중심으로 고안되었음을 염두에 두자). 즉, 상류층이라고 '클래식'만 듣지 않는다. 트로트도 듣고, 락도 듣는다. 이는 하류층도 마찬가지다. 문화자본이 적다고 고급문화를 향유하지 못하는 게 아니다. 문화 소비는 계층에 따라 잡식적으로 이루어진다.

특히 사회적 생활양식 자체가 다양하게 형성되고, 이동성 환경 자체가 다변화되면서 스포츠를 포함한 문화 소비 역시 계급이라는 사회구조적 영향력보다 개인 선택에 따라 이루어진다(이를 '개인화 이론'이라 부른다[33]). 여기엔 개인 정체성에 영향을 미치는 요인이 개입된다. 젠더, 인종, 직업, 몸 상태 등. 결국, 잡식적 문화 소비론과 문화 소비의 개인

---

31) Lamont, M. (1992). Money, morals, and manners: The culture of the French and the American upper-middle class. University of Chicago Press.

32) Peterson, R. A. (1992). Understanding audience segmentation: From elite and mass to omnivore and univore. Poetics 21(4), 243-258; Peterson, R. A., & Kern, R. M. (1996). Changing highbrow taste: From snob to omnivore. American Sociological Review, 61(5), 900-907.

33) Chan, T. W., & Goldthorpe, J. H. (2007). Social stratification and cultural consumption: Music in England. European Sociological Review, 23(1), 1-19.

화 이론이 말해주는 바는 명료하다. '스포츠 참여 선택의 구조화(규격화)에 있어 계급의 영향력은 점점 감소하고 있다.' 정말 그럴까? 지금부터는 스포츠 참여에 있어 계급 영향과 잡식성 영향 중 무엇이 더 크게 작동하는지를 본 연구를 만나본다.

문화자본, 잡식적 소비, 그리고 스포츠 참가

미국에서의 한 연구는 스포츠 종목(15개)으로의 참가 관련 조사자료(1998년 미국전국건강면담자료) 중 성인의 스포츠 참가 정도를 소득과 문화자본에 따라 분석했다.[34] 연구에서 제시된 질문은 명료했다. 오늘날 스포츠 참가유형은 단순히 노동계급과 지배계급의 이분법에 따라 이루어지는가, 잡식적으로 이루어지는가? 결과에 따르면, 계급 간 구분이 희미해진 오늘날에도 지배계급(상류층)이 자신을 다른 계급 사람들과 구분하려는 '문화적 거리두기cultural distancing' 선택 경향이 드러났다.

즉, 지배계급은 활기찬 유산소 운동, 중간 수준의 웨이트 트레이닝, 폭력 성향이나 직접적 신체 접촉이 제한된 경쟁 스포츠를 애용하였다. 이들 종목은 바로 그 운동자체가 참여자의 건강을 증진시켜주고(몸의 계발), 이 운동을 선택하면서 하위계급 사람들이 가지는 '게으르고, 몸을 관리하지 않는' 무책임한 생활양식을 자신들의 것과 구분시킬 수 있게 된 것이다. 이러한 해석은 앞서 언급되었던 지배계급의 상징적 지위 경계와 연결된다. 즉, 건강한 몸을 바탕으로 긍정적인 정체성을 형성하려는 의식이 스포츠 종목 선택에 드러났다는 해석이다.

연구 결과는 두 번째 특징도 잡아낸다. 경쟁성이나 승리에 대한 의지 표현 역시 지배계급이 스포츠를 활용한 구별짓기 수단이 되었다는 해석이다. 즉, 사회가 지배계급 위치에 있는 사람들에게 요구하는 '경쟁력 있는 사람'이나 '승리에 대한 의지' 등의 가치를 특정 스포츠를 선택함으로써 적극 추구, 사회 내 지배 이데올로기를 체현하고, 이를 이용해 하위계급 사람들과 문화적 거리를 두려는 전략을 읽은 것이다.

하지만 이와 다른 연구결과도 보고된다. 2005년도 캐나다 사회조사 결과를 바탕으로 개인화 이론, 잡식소비 이론, 구별짓기 이론을 살펴본 연구다.[35] 연구결과에 따르면, 개인화 이론(개별적 선택에 의해 스포츠 참여가 이루어진다)은 큰 영향을 미치지 못한 반

[34] Stempel, C. (2005). Adult participation sports as cultural capital: A test of Bourdieu's theory of the field sports. International Review for the Sociology of Sport, 40(4), 411-432.

[35] Gemar, A. (2020). Sport as culture: Social class, styles of cultural consumption and sports participation in Canada. International Review for the Sociology of Sport, 55(2), 186-208.

면, 계급(문화자본에 따른)이 주는 참가의 구조적 효과는 명확하게 드러났다. 즉, 상류계급의 사람들은 캐나다의 대표적인 대중 스포츠인 아이스하키 등의 팀 스포츠 관람에 소극적이었으나, 다른 계급 사람들(대중문화 소비 집단)은 가장 많은 관람을 한 것이다. 연구의 해석에 따르면, 아이스하키가 지닌 '폭력성'이 그것을 '노동계급 스포츠'로 인식했기 때문이었다. 이와 함께, 잡식적 문화 소비 이론도 캐나다의 스포츠 참여를 잘 설명해주었다. 문화자본이나 소득 수준의 차이와 상관 없이 거의 모든 스포츠에서 고른 참여 양상을 보여주었기 때문이다.

이런 경향은 우리나라에서도 드러난다. 즉, 고소득층이거나 학력이 높다고 하여 반드시 '구별짓기'에 해당하는 고급 스포츠로의 쏠림 현상이 나타나지 않는 것이다. 매년 이루어지는 '국민생활체육조사'에서 가장 많이 참여하는 스포츠로 꼽힌 종목은 걷기, 등산, 체조, 보디빌딩, 볼링 순이었다. 흥미로운 건, 소득 수준과 교육 수준의 효과가 중첩되어 나타난다는 사실이다. 예를 들어, 교육 수준이 높을수록 축구나 농구 같은 팀 스포츠엔 적게 참여하는 반면(초졸 이하 및 중졸 집단은 축구 참여율이 가장 높게 나타났다), 골프나 요가, 필라테스, 수영처럼 개인 스포츠엔 가장 높은 비율로 참여한다. 하지만 이런 경향은 소득 수준에선 나타나지 않았다. 즉, 월 400만원 이상 소득 집단에서도 축구나 농구 참가 경향이 두드러지게 높았기 때문이다.[36]

계급이나 문화자본보다는 지역과 나이?

통계자료를 보면, '특정 스포츠의 특정 계층 표출 전제'에 의구심이 들 때가 많다. 즉, 고소득층이나 지배계급(문화자본 기반)이 골프로 대표되는 몇몇 '고급 스포츠' 참여에 몰리는 것은 맞지만(당연히 비용이 많이 들기 때문에), 그렇다고 나머지 스포츠에서 그처럼 특정 계급의 쏠림을 보긴 어렵다. 이렇게 보면, 스포츠의 잡식적 소비 이론이 잘 맞아떨어진다. 오히려, 최근 경향성을 보면 이런 계급이나 문화자본보다는 스포츠 시설의 구축 여부를 결정짓는 '지역'이나, 생리적 및 심리적 변화를 가져오는 '나이' 같은 변수가 특정 스포츠의 참여 경로를 결정짓는 주요 변수가 되지 않을까 싶다. 어떤 논의가 가능할까?

'문화자본'이 특정 계급을 형성하는 건 분명하다. 문제는, 그런 계급이 특정 스포츠 참가로 이어지냐는 질문이다. 이에 대해선 아직도 수많은 논쟁이 진행 중이다. 과연 우리는 특정 스포츠가 지배계급의 '은밀한 구별짓기' 수단이라고 주장할 수 있을까?

---

[36] 문화체육관광부 (2020). 2020 국민생활체육조사 결과보고서. 문화체육관광부, 265쪽 참조.

사회자본과 스포츠 참가와의 관계

어떤 마을에 사는 사람들은 서로를 잘 안다. 서로 경조사를 챙겨줄 정도로 이웃끼리 친근하게 생활한다. 이 마을에는 일종의 '공동체 연결망[community networks]'이라는 (보이지 않지만, 우리의 삶에 영향을 미치는) 사회구조가 형성되어 있다. 이 구조 덕에 마을 사람들은 늦은 시간에도 산책을 즐긴다. 아이들은 감시망이 없이도 마을 이곳저곳을 뛰어다니며 놀 수 있다. 서로를 신뢰하기에 잠시 집을 비워도 문제가 없다. 사람들은 마을 환경 탓에 스트레스를 받지 않는다. 공동체 연결망이 형성된 곳에 개인이 소속됨으로써 (소속되지 못한 다른 이들이 얻지 못할) 이점을 얻는 것, 바로 '사회자본[social capital]'이다.

사회자본이란 무엇인가?

사회자본은 '구조적 관계망'이자 그 관계망에 속함으로써 개인이 얻는 '유무형의 이점'을 의미한다. 개인에게 부여되거나 개별 노력으로 획득하는 자원이 아니다('소유된 자본'이 아니다). "직간접적 유대를 통해 접근 가능한 (상존하는) 자원"[37)]으로서, 사회과학(정책학, 행정학, 사회학 등) 분야에서 많이 사용된다. 문제는, 그 개념의 정의가 명확히 합의되지 않았다는 것이다. 이를 정의한 학자들 관점은 제각기 다르다.

> 사회자본이란 서로 아는 사람들, 즉 한 집단의 성원(회원)들끼리 어느 정도 제도화된 관계의 지속적 네트워크로부터 얻는 자원, 나아가, 각 구성원에게 집단 소유의 자본, 즉 여러 세계에서 신뢰할 수 있는 '신용(credential)'을 제공해주는 실제적 혹은 잠재적 자원의 총합이다.[38)]
>
> 사회자본은 그것이 부재할 때 가능하지 않을 특정 목표를 성취할 수 있게 만들어주는 생산적 자원이다. 이 역시 완전한 대체물은 아니지만, 특정 형태의 사회자본은 어떤 행위를 촉진하는 데 있어 매우 유용하게 작동한다.[39)]
>
> 사회자본은 구성원들의 상호 호혜를 위해 협조와 협력을 촉진하는 네트워크나 규범, 사회적 신뢰 같은 사회적 조직 원리의 특징이다[40)]

---

37) Lin, N. (2001). Social capital: A theory of social structure and action. New York, NY: Cambridge University Press, 56쪽.

38) Bourdieu, P. (1986). The forms of capital, in J. Richardson(ed). Handbook of theory and research for the sociology of education (pp. 241-258). Westport, CT: Greenwood, 248-249쪽.

39) Coleman, J. S. (1988). Social capital in the creation of human capital. American Journal of Sociology, 94, S95-S120, S98쪽.

40) Putnam, R. D. (1995). Bowling alone: America's declining social capital. Journal of Democracy, 6, 65-78. 67쪽.

안타깝게도 이들 정의는 우리에게 사회자본에 대한 명확한 그림을 보여주지 못한다. 좀 더 자세한 설명이 필요하다. 무엇보다 먼저 이해해야 할 점은 이 사회자본이 학위나 취향(문화자본), 돈(경제자본) 같이 '개인이 소유하는 자본'이 아니라는 사실이다. 즉, 개인 각자가 체화하여 사회적 관계에서 특별한 힘으로 사용하는 자원이 아니라, 개인 외부에 네트워크(연결망) 형태로 존재한다. 그 네트워크에 개인이 연결되면서 특별한 힘(이점)이 생길 때, '개인은 사회자본을 획득했다'고 말한다.

가령, 상류층 인사들로 구성된 골프 모임(네트워크가 형성된 집단)에 어쩌다 자격을 얻어 회원이 되었다. 어느날 골프 라운딩을 하다 그 회원 중 내 골프 실력을 좋게 본 한 기업 회장이 다른 자리(보수가 꽤 높은 자리)를 소개해줬다. 내가 모임의 회원 자격이 없었다면 얻지 못했을 이점을 얻은 것이다. 이때, '나는 골프 모임의 회원이 됨으로써 사회자본을 획득했다'고 표현한다(물론, 이 설명은 앞선 세 개의 개념 정의 중 피에르 부르디외의 것을 기반으로 한다). "한 개인에게 재정 및 인적자본을 사용할 기회를 제공해줄 친구, 동료, 좀 더 일반적인 차원에서 형성된 연줄contacts"[41]인 것이다.

교량형 사회자본과 결속형 사회자본: 어떤 특징을 지니는가?

사회자본과 관련, 「나 홀로 볼링(2000)」이란 책으로 유명한 미국 정치학자 로버트 퍼트남(Robert Putnam, 1941-)은 사회자본을 두 가지 유형으로 구분하였다. 첫 번째는 교량형 사회자본이다(bridge). '연결형' 사회자본이라고 번역되기도 한다. 개방형 네트워크를 의미하는데, 이질적인 인종이나 지역 사람들 간에 형성되는 사회자본이다. 두 번째는 결속형 사회자본이다(bonding). 이는 같은 민족, 인종, 젠더, 종교 등, 동일한 특성 중심으로 뭉치는 네트워크를 뜻한다. 폐쇄적 네트워크다. 이 두 사회자본 유형에 비추어 볼 때, 우리나라 생활체육 동호인 조직은 어떤 형태에 가까울까?

이처럼 개인 인맥 차원으로 볼 수 있으나, 사회자본은 사회 환경 설계와 관련해 그 정책적 시사점이 강한 개념이다. 사람들간의 상호작용으로 '연결되었단 느낌'과 자신이 어딘가 속했다는 '소속감'을 증진시키기 때문이다. 당연히, 자신이 혼자가 아니라 어려울 때 누군가 도와줄 사람들이 있다고 믿을 때 건강해진다(신뢰, 안정감, 소속감 등). 문제는, 그런 사회적 네트워크가 계급화(유사 자원을 공유한 집단화)할 때 발생한다. 이를 우리는 생활체육 동호인에서 발견할 수 있다.

---

41) Burt, R. S. (1992). Structural holes: The social structure of competition. Cambridge, MA: Harvard University Press, 9쪽.

생활체육 동호인 조직은 사회자본을 증진하는가?

> 스포츠는 집단 활동(group activity) 중 가장 대중적이고 인기가 있는 유형이다. 이에 따라, 스포츠 조직은 다른 어떤 유형의 조직보다 친구들 간의 돈독한 관계(friendship)와 네트워크를 세우고 유지하는 일을 더 잘 해낸다.[42]

동호회를 세 개 가입하여 활동하는 입장에서, 나는 우리나라 생활체육 동호인 조직에 매우 독특한 문화가 배태되어 있음을 항상 느낀다. 그 중 가장 독특한 건 '문화적 배타성[exclusivity]'이다. '자기들끼리' 문화가 강해서인지, 기존 회원 간엔 끈끈한 관계를 맺지만, 새롭게 진입하려는 사람들에겐 배타적이 된다. 이는 조직 자체의 확장성을 떨어트리고, 운영의 영세성으로 이어진다. 심지어 같이 운동하고 싶어 회원으로 가입시키려는 사람도 검증하려고 한다. "얼마나 잘 해?"

배드민턴 클럽을 대상으로 신입회원이 인식하는 사회구조적 장벽을 분석한 연구는 이런 문제를 잘 보여준다.[43] 연구에 따르면, 신입회원들이 기존 회원 중심으로 구축된 문화 속으로 들어가지 못해 활동을 포기하는 경우가 많다고 한다. 부르디외의 표현을 빌리자면, "집단 구성원끼리 어느 정도 제도화된 관계의 지속적 네트워크로부터 얻을 수 있는 자원"[44]에 다가가지 못해 탈퇴하거나 중도 탈락하는 것이다(이걸 극복하려면 '실력'이 좋아야 한다).[45] 이런 배타적 문화는 '결집하는 사회자본[bonding social capital]'이 강하기 때문이다. 자기들만의 경계를 형성하는 '울타리 문화'를 형성한 네트워크다. 역설적인 점은, 그 울타리 안으로 입장하려면 정작 핵심적인 스포츠 활동 외의 다른 추가적 활동이 필요하다는 사실이다(함께 술 마시기 등).

배드민턴뿐 아니라 우리나라 생활체육 동호인 조직 대부분은 이처럼 배타적 네트워크로 형성되었다. 그 형성 구조의 근원에는 이들 조직에 배태된 계급적 구성 특성이 자리한다. 즉, 이들이 공유하는 유사 자원이 '좋은 운동 능력(체화된 문화자본)과 경제력(경

---

42) Widdop, P., Cutts, D., & Jarvie, G. (2016). Omnivorousness in sport: The importance of social capital and networks. International Review for the Sociology of Sport, 51(5), 596-616, 600쪽.

43) 권헌수, 이종영 (2016). 신입회원이 경험하는 스포츠클럽의 사회구조적 장벽. 한국스포츠사회학회지, 29(4), 115-136.

44) Bourdieu, P. (1986). The forms of capital, in J. Richardson(ed). Handbook of theory and research for the sociology of education (pp. 241-258). Westport, CT: Greenwood, 248쪽.

45) "배드민턴 승급제에 내재된 계급성이 집단 경계를 더욱 명료히 해줄뿐 아니라 동호인들이 동호회의 심리적 귀속의식, 즉 집단정체성을 형성하는 근원이 된다"는 분석은 이들 동호인 조직의 네트워크에 포함되려면 무엇이 필요한지를 잘 보여준다(신석민, 최원석, 2017, 배드민턴 동호인 승급제도의 특성과 기능. 한국스포츠학회지, 15(2), 589-598, 592쪽).

제자본)을 갖춘 성인 남성(젠더자본[46])'으로 설정된 것이다. 능력있는 성인 남성 중심의 '사회적 폐쇄(닫힘)성social closure'이 계급 형성의 토대가 됨으로써, 이와 유사한 자원을 획득하지 못한 다른 사람(여성, 장애인, 청소년, 노인 등)이 기존 동호인 네트워크가 줄 수 있는 사회문화적 보상과 혜택에서 멀어지게 한다.

> 생활체육 동호인 조직의 또 다른 특성은 '성인 중심의 문화'다……학생 때는 학교 중심의 활동이 이루어지면서 지역과 만나지 못하고, 그에 따라서 지역에서는 성인, 그것도 운동 활동으로의 접근이 용이한 성인 남성으로만 동호인 조직이 형성된 것이다. 생활체육 동호인 조직이 자연스럽게 '음주문화'와 연결된 이유이기도 하다.[47]

이와 같은 네트워크 구성은 향후 어떠한 문제와 연결될까? 사회자본 개념이 지금껏 사회학뿐 아니라 정책학, 행정학 분야에서 많은 관심을 받아온 이유는 그것이 지닌 정책적 가능성에 있었다. "사회문제 해결, 사회발전의 촉진, 전 지구적 연결에 대한 자각, 유용한 정보의 흐름 촉진, 건강증진과 트라우마 극복, 시민적 의무감 증진 및 소외와 범죄 예방, 공중보건 체계 개선처럼, 모든 이슈의 완화책"[48]으로 기능할 수 있다는 가능성이 컸기 때문이다. 하지만 이런 가능성을 지금의 생활체육 동호인 조직에서 찾을 수 있을까(이는 학교 운동부도 마찬가지다)? 과연, 이들 동호인 조직은 조선족을 비롯한 타민족 계급에게도 사회자본의 혜택을 제공해줄까?[49]

계층이동과 스포츠

"배관 고치던 남자, 주먹으로 466억 원 거머쥐다."[50] 아일랜드 출신의 코너 맥그리거Connor McGregor, 1988-는 고교 졸업 후 배관공을 일했던 빈곤층 출신의 선수였다. 그랬던 28세 청년은 2016년 한 해 동안만 UFC 대전료로 총 4,000만 달러(약 466억 원)를 벌어들이

46) '젠더자본(gender capital)'과 관련해서는 '남상우 (2019). 분화된 '자본' 개념의 이해: 스포츠사회학의 이론적 확장을 위한 자본 개념 설명서. 한국스포츠사회학회지, 32(4), 35-60.'을 참조하라.

47) 남상우 (2018). 생활체육 동호인 조직의 공공스포츠클럽 전환을 위한 제도적 지원 방안 연구. 국민체육진흥공단 한국스포츠정책과학원 연구보고서, 21쪽.

48) Smart, A. (2008). Social capital. Anthropologica, 50, 409-428, 409쪽.

49) 오기성, 조욱연 (2018). 조선족 스포츠동호인의 아비투스에 따른 격리적 형태의 문화적응. 한국체육학회지, 57(4), 69-82. 상식적으로, 조선족 사람들은 스포츠동호회에서 '한국 사람들'과 적극적으로 교류하며 나름의 사회관계를 형성, 한국에 적응해야 할 것이다. 하지만 연구에 따르면 그러한 현상과는 다른 상황이 연출된다고 한다. 과연 어떤 문제가 작동하고 있을까?

50) 김식 (2016.11.16.). 배관 고치던 남자, 주먹으로 466억원 거머쥐다. 중앙일보, 26면.

면서 데뷔 3년 만에 스포츠 재벌이 되었다. "노숙자 소년, NBA 스타로"[51] 미국 텍사스 주 휴스턴의 외곽 지역에서 태어난 후 부모에게 버림받고 암울한 인생을 보냈던 지미 버틀러[Jimmy Butler, 1989-]는 2011년 NBA 신인 드래프트 전체 30번째로 시카고 불스 팀에 들어갔다. 그리고 2021-2022년 연봉 3,600만 달러(약 416억 원)를 받게 된다. 노숙자란 인생의 가장 밑바닥에서 NBA 연봉 10위권 선수가 된 것이다.

사회적 이동의 이해: 수직적 이동과 수평적 이동

사회적 이동성[social mobility]은 위계적 계층 체계에서 자기 위치를 변화시킬 능력(혹은 무능력)으로 정의된다.[52] 논의되는 차원은 크게 두 가지다. 첫째, 계층 위계의 상위 단계로 올라가는 상향[upward] 이동과 둘째, 하위 단계로 내려가는 하향[downward] 이동이다. 전자는 대부분의 사람들이 가지는 '열망'인 반면, 후자는 거의 모든 사람들이 경험하길 원치 않는 '절망'스러운 상황이다.

상향 및 하향 이동성은 '종적'인 이동을 특징으로 한다(위아래의 수직적 이동). 하지만 계층 이동엔 종적 형태뿐 아니라 횡적 형태도 존재한다. 같은 층 내에서의 이동이 일어나는 것이다. 이를 수평저[horizontal] 이동이라 부른다. 가령, 중견회사 CEO가 보다 많은 혜택을 줄 다른 중견회사 CEO로 이동할 수 있다. 또한 한 농구팀에서 같은 포지션의 다른 농구팀으로도 이동할 수 있다.

개인적 이동과 구조적 이동은 어떻게 작동하는가?

앞서 설명된 대부분의 이동성은 모두 개인적 측면을 말한다. 즉, 개인 노력 여하에 따라 계층 간, 계층 내 이동이 이루어지는 사례다. 하지만 이와 달리 구조적으로 발생하는 이동도 존재한다. 대표적인 예가 중국이다. 과거의 중국은 인민들에게 어떤 종류의 사회적 이동 기회를 제공하지 않는 것이 일반적이었다. 폐쇄적 계층이동성을 지녔던 것이다. 하지만 자본주의가 도입되며 보다 많은 고위직 업종과 지위가 많이 생기면서 사람들의 이동이 활발해지기 시작했다.[53] 이처럼 사회의 변화에 따라 발생하는 이동 기회를 사회학에서는 구조적 이동성(structural mobility)이라 부른다.

---

51) 장민석 (2020.10.11.). 텍사스 노숙자에서 NBA 결승전 영웅으로. 조선일보, 24면.

52) van Leeuwen, M.H.D., & Maas, I. (2010). Historical studies of social mobility and stratification. Annual Review of Sociology, 36, 429-451.

53) Vogel, E.F. (2011). Deng Xiaoping and the transformation of China. Belknap Press of Harvard University Press.

사회적 이동성에는 또한 세대 간intergenerational 이동과 (동일)세대 내intragenerational 이동도 있다. 한 기업의 CEO였던 아버지 밑에서 자란 아들이 나중에 더 좋은 기업의 회장이 된다면 이를 '세대간 상향 이동'이라 부른다. 하지만 일반 회사원이 되거나 더 낮은 직급의 다른 직종을 가지게 되면 하향적 세대간 하향 이동으로 간주된다. 세대 내 이동의 예는, 40대 때엔 부장이었다가 60대에 사장이 되는 경우가 대표적이다. 그렇다면, 이와 같은 사회적 이동성이 스포츠계에서는 어떻게 형성될까?

계층 이동 기제로서의 스포츠

스포츠 참가는 보다 높은 사회계층으로 올라가는데 디딤돌 역할을 할까? 경쟁적인 스포츠에서 성공을 한 선수들은 다른 직업 영역에서도 잘 적응하여 성공할 수 있을까? 지금까지 이에 답하고자 몇몇 연구가 수행되었지만, 명확한 답은 내리지 못했다. 물론 몇몇 연구는 만약 스포츠 참가 경험이 다른 직업에서의 성공이나 보다 높은 계층으로의 이동과 관련된다면, 그 이유는 아마 다음 요인 때문이라고 말한다.

> 첫째, 특정 환경에서의 스포츠 경험은 그들이 그 스포츠에서 은퇴하고 난 후 좋은 직장을 얻게끔 도와줄 수 있는 다른 사람들과 관계를 맺게 해줄 것이다.[54]
>
> 둘째, 스포츠 참가는 많은 사람들이 사회생활을 하는데 있어 가치 있다고 믿는 여러 사회적 기준이나 태도를 발달시켜줄 수 있다. 즉, 리더십이나 팔로워십, 팀워크나 극기심 등은 스포츠에 참가함으로써 암묵적으로 학습할 수 있는 훌륭한 자질이다. 이는 실제로 선수 생활 후 은퇴하여 다른 직종(가령, 해설자나 캐스터 혹은 저널리스트)에서 좋은 평가를 받는 많은 사례를 통해서도 입증된다.
>
> 셋째, 특정 환경에서 스포츠를 하는 것은 아마도 어린아이에게 대인관계 기술을 가르쳐 주고, 이는 다른 직종으로까지 전이되어 그 직종에서 성공할 수 있는 기반을 마련해줄 것이다. 즉, 어린 시절부터 조직적인 스포츠에 참가함으로써, 최소한의 교육을 통한 전문 직종의 기술을 습득할 수 있는 능력을 얻을 수 있다는 의미다.
>
> 넷째, 조직적인 스포츠에 참가하는 것은 직접적이든 간접적이든 교육적 성취도를 향상시키기 때문이다. 가령, 운동선수들의 학업성적이 우수하지 않더라도 전국 규모 대회에서 우수한 성적을 거두면 상급학교로 특기자 진학을 할 수 있는 혜택이 주어지고, 프로팀에서 거액의 계약금과 연봉을 받으며 입단할 수도 있다. 또한 대학 교수나 프로구단 감독으로도 채용될 기회가 확보된다.[55]

---

54) Coakley, J. (2007). Sports in society: Issues and controversies(9th). McGraw Hill, 352쪽.

55) Leonard, W. M. (1998). A sociological perspective of sport. Allyn and Bacon, 183쪽.

이처럼 스포츠 참가 경험은 오늘날 사회적 계층 이동에 효과적인 수단이다. 이런 특징을 바탕으로, 한 연구는 1957년에 17세 남자 고등학생 340명을 대상으로 하여 운동선수와 비운동선수의 15년 후 직업을 비교한 결과, 스포츠 참가가 교육적 열망과 성취뿐 아닌, 직업적 열망과 성취 그리고 수입 등에 긍정적인 영향을 미치고 있음을 발견했다.[56] 반면, 또 다른 연구에서는 1966년 당시 고등학교 2학년이던 남학생 1,628명을 대상으로 8년 후의 교육 및 직업 성취도를 비교한 결과 대내 스포츠에 참가한 사람이 비슷한 사회적 배경을 지닌 비참가자보다 교육적 열망이 더 높은 반면 직업 연봉, 시간, 수당에 있어서는 차이가 없었음을 보고하기도 하였다.[57]

운동선수로서의 경력중단은 어떤 점이 특이한가?

운동선수로서의 은퇴와 일반적인 직업 은퇴는 다르다. 가장 큰 차이는 운동선수는 흔히 자신의 운동경력을 어린 나이에 시작해서 (상대적으로) 어린 나이에 끝낸다. 보통 선수로서의 경력을 끝낼 때, 다른 직종은 한창 탄력이 붙어 승진을 위해 매진할 때다. 운동선수를 그만 둔 사람들과 다른 직종을 그만 둔 사람들이 겪는 상실감은 다르다. 어린 나이에 운동을 시작했다는 것은 다른 직종이나 흥미를 생각할 겨를 없이 그 한 분야만을 보고 달려오게 해서, 운동을 그만 두고 난 후 다른 분야로의 진출에 막막함을 많이 느낀다. 때문에 선수들은 앞으로의 가능성이 배세된 정체성(foreclosed identity)[58]을 가질 수 있다.

하지만 일각에서는 이처럼 스포츠의 계층 상승 효과가 그렇게 긍정적이지 않다고 주장하기도 한다. 몇몇 소수의 성공 사례가 지나치게 일반화된 것일뿐이라는 것이다. 스포츠 참가가 더 높은 직종 및 계층으로의 이동에 긍정적인 영향을 준다는 점은 결과적으로 논쟁적일 수밖에 없다. 오히려 최근엔 스포츠 참가가 신분상승을 도모하는 도구라기보단, 오히려 그럴 것이란 막연한 믿음만을 심어주는 하나의 '이데올로기'라는 비판이 제기된다.[59] 과연 어떠한 주장이 사실에 가까울까?

올림픽 금메달이라는 최고 위치까지 오른 사람들의 끈기와 노력, 역량을 보면 스포

56) Otto, L., & Alwin, D. (1977). Athletics, aspirations and attainment. Sociology of Education, 42, 102-113.

57) Howell, F., Miracle, A., & Rees, R. (1984). Do highschool athletics pay?: The effects of varsity participation on socioeconomic attainment. Sociology of Sport Journal, 1(1), 15-25.

58) Brewer, B.W., Van Raalte, J.L., & Linder, D.E. (1993). Athletic identity: Hercules' muscles or Achilles heel?. International Journal of Sport Psychology, 24, 237-254.

59) Eitzen, D.S. (2007). Fair and foul: Beyond the myths and paradoxes of sport. Rowman & Littlefield Publisher.

Gettyimages 멀티비츠

MLB(미 프로야구) 내셔널리그 '4월의 신인' 에반 게티스(애틀랜타 브레이브스)가 지난달 17일 캔자스시티 로열스와의 홈경기에서 방망이를 휘두르고 있다. 우울증을 극복하고 재기에 성공한 그는 장갑을 끼지 않고 '맨손 타법' 으로 스윙을 한다.

바닥 쓸던 청소부… 홈런·타점 쓸어담다

MLB 애틀랜타의 게티스, 류현진 제치고 '4월의 신인' 선정

바닥을 쓸던 청소부가 메이저리거가 되어 홈런, 타점을 쓸어담고 있다.

MLB(미 프로야구) 내셔널리그 '4월의 신인' 에 뽑힌 에반 게티스(27·애틀랜타 브레이브스)가 주인공이다. 게티스는 지난 한 달 동안 타율 0.250, 16타점, 6홈런을 기록했다. 3승1패(평균 자책점 3.35)를 거둔 류현진(26·LA 다저스) 등 경쟁자들을 따돌렸다.

게티스는 특이한 인생 드라마로 화제를 모으고 있다. 텍사스주 포니 출신인 그는 여섯 살 때 야구를 시작했다. 고등학교는 세 군데를 다녔다. 자신이 원하는 코치가 있는 곳을 찾아 두 번 전학했을 만큼 야구에 대한 열의가 높았다. 강타자로 지역에서 이름을 날렸던 그는 고교 졸업반이던 2004년에 프로구단으로부터 지명을 받지 못하자 실의에 빠졌다. 텍사스 A&M대학에 야구 장학금을 받고 들어가기로 했지만 시간이 지날수록 장래에 대한 불안감이 커졌다. 게티스는 우울증을 가라앉히려고 술과 마리화나(대마초)를 가까이했다. 약물 테스트에 걸릴까 봐 대학 진학도 사실상 포기했다. 자살 충동까지 생겼을 만큼 상태가 심각했다. 게티스는 고교 졸업 후 어머니의 뜻에 따라 한 달간 병원에 들어가 몸과 마음을 치료했다. 긴 재활을 마치고 2006년 오클라호마주에 있는 세미놀 주니어 칼리지(주정부가 운영하는 2년제 커뮤니티 대학)에 들어갔다. 그런데 무릎을 다치는 바람에 한 시즌도 채 뛰지 못하고 스스로 야구부를 나왔다. 야구 선수로서의 경력은 끝난 듯했다.

에반 게티스 페이스북

에반 게티스가 청소부로 일하던 당시 신분증 사진.

프로 지명 못 받고 2년간 방황 가까스로 마이너리그서 뛰다 올 스프링캠프 초청 받아 猛打 재활 중인 주전 포수 자리 꿰차

이후 게티스는 여러 직업을 전전했다. 댈러스에선 발레 파킹(주차 대행) 일을 했고, 볼더(콜로라도 주)에선 피자 가게와 스키 리조트에서 일했다. 다시 댈러스로 돌아와선 청소 회사에 취직했다. 뉴멕시코주에선 호스텔(청소년, 여행객을 위한 저가 숙박 시설)에서 살기도 했다.

다시 야구에 대한 열정이 살아난 건 2009년 가을이었다. 텍사스대의 분교(퍼미안 베이신 캠퍼스)에서 야구 선수로 뛰던 이복동생의 권유를 받아들였다. 그 시즌에 타율 0.403을 올린 게티스는 2010년 애틀랜타 브레이브스의 23라운드 지명을 받았다.

그는 2년간 브레이브스의 마이너리그 무대에서 두각을 나타내면서 올해 메이저리그 스프링캠프에 초청받았다. 시범경기 땐 타율 0.368에 홈런 6개를 터뜨렸다. 게티스는 어깨 수술 후 재활 중이던 주전 포수 브라이언 맥켄 대신 개막전 명단에 이름을 올리는 행운을 잡았다.

키 193㎝, 몸무게 104㎏인 게티스는 팬들 사이에서 '엘 오소 블랑코(El Oso Blanco·백곰)' 로 통한다. 작년 마이너리그 시즌을 마치고 베네수엘라로 건너가 겨울리그에 참가했을 때 홈런 16개를 치며 얻은 별명이다. 얼굴을 뒤덮은 수염과 거구의 체격, 강력한 힘이 곰을 떠올리게 한다. 그는 타격할 때 장갑을 끼지 않고 맨손으로 배트를 잡는다. 거포치곤 방망이도 길게 잡지 않는 편이다. 두 다리를 넓게 벌리고 무릎을 구부린 자세에서 빠르게 스윙을 하며 타구에 힘을 싣는다.

게티스는 3일 워싱턴 내셔널스전에 5번 타자로 나와 4타수 2안타를 쳤다. 브레이브스는 1대3으로 졌지만 여전히 내셔널리그 동부지구 1위(17승11패)를 달린다.

게티스는 최근 USA투데이에 "우울증을 겪는 많은 청소년이 내 경험담을 통해 길을 찾았으면 좋겠다"고 말했다.

성진혁 기자

[그림 9-2] 거지에서 부자로(Rags-to-Riches) 논리는 스포츠 영역에서 상당히 당연한 것으로 자리 잡은 듯하다. 해외 뿐만 아니라 우리 역시 이에 대한 강한 믿음이 있다. 하지만 이는 소수의 사례가 일반화 된 오류에 불과할 수 있다. ⓒ 조선일보(2013.05.04., A24면)

츠에서의 경험이 다른 직종, 혹은 다른 분야로의 사회이동에 긍정적으로 기능할 수 있다고 충분히 예상된다. 하지만 마냥 그런 것만은 아니다. 모든 일엔 명암이 존재한다. 그렇기에, 이 문제와 관련해선 이것이 개인적 사례로 이해되어야 하는지, 아니면 구조적 문제나 경향으로 이해되어야 하는지를 명확히 구분할 필요가 있다. 이런 문제에 접근할 때 우리가 가장 흔하게 범하는 오류 중 하나가 바로 과도하고 성급한 일반화이기 때문이다. 과연 스포츠를 통한 계층 상승은 '이데올로기'일까?

신분상승과 스포츠: 실재 혹은 이데올로기?

미국 NBA를 보자. 미국 전역에 고등학교 농구팀이 약 2만 여개가 있다. 여기에서 뛰는 날고 기는 선수들만 해도 54만 명이다. NBA에 들어가 프로농구선수로서 (계층 상승을 이룰만큼의) 돈을 벌기 위해서는 대학 농구팀에 들어가야 한다(NCAA 진출). 미국 대학 농구팀 총 학생 수는 18,000명. 결국, 54만 명의 고등학교 농구 선수 중 3%만이 대학에 갈 수 있다. 그렇게 괴물 같은 선수들만 모인 대학 농구 선수들 중, 또 1.2%에 해당하는 약 200명 정도만이 NBA의 선택을 받게 된다. 미국 농구로만 보자면, 운동선수로서 신분상승을 할 수 있는 기회는 1.2%가 된다.

우리의 경우는 어떨까? 2020년 기준, 대한체육회에 등록된 전국 초중고 및 대학 운동선수(학교 운동부만)는 총 8만4,470명이었다(남자 6만5,846명, 여자 1만8,624명). 이들이 향후 진출하게 될 대학, 실업팀, 프로스포츠팀은 극적으로 줄어들게 된다. 같은 해 기준으로 대학팀의 선수는 총 1만2,786명, 실업팀은 8,556명, 프로스포츠팀은 전체 2,333명이다. 다소 극단적인 비교이지만, 84,470명(초중고)는 10,889명(실업+프로)을 향하게 된다. 확률적으로 보면 12.8%다. 물론, 이는 프로스포츠로만 한정할 때, 나아가 실업팀 중에서도 어느 정도 벌이가 가능한 숫자로 좁히면 6-7%까지 떨어진다. 다시 말해, 100명 중 6-7명 만이 계층의 이동이 가능할 만큼의 부를 누릴 수 있게 된다다.

스포츠로 신분상승이 가능할 것인가? 많은 학자가 몇몇 선수의 성공 사례만을 보고 일반 대중들이 일반화의 함정에 빠져 '운동 하나만 잘 시키면 부자 될 수 있다'라는 이데올로기의 덫에 빠질 수 있다고 우려한다.[60] 물론 기우다. 운동선수로서 성공할 수 있다는 인식은 생애주기로 볼 때, 어린아이 시절 때만 잠깐 나타나고, 그 이후부터는 일종의 '현실 감각'을 되찾기 때문이다. 이는 매년 학생들을 대상으로 이뤄지는 '장래희망 조사' 결과에서 엿볼 수 있다. 최근 자료를 살펴보자.

2020년 7월, 교육부와 한국직업능력개발원이 함께 초등학생 2만3,223명을 대상으로 온라인 설문조사를 실시했다. "장래 희망하는 직업은 무엇입니까?" 1순위가 무엇이었을까? '운동선수'다. 2018년과 2019년에도 1위는 운동선수였다. 하지만 이 인식은 중학생으로 가면 5위로 떨어진다(1위는 교사다). 고등학교로 가면 17위까지 떨어진다. 이는 아마도 초등학생 시절, 운동부를 비롯한 한국 스포츠계 구조에 대한 인식이 없는 상태

---

60) 안민석 (2002.07.18). 극소수 사례가 환상 심어줘. 주간조선(1712호), B스포츠면.

에서 미디어에 비춰진 운동스타 이미지만이 판단의 잣대가 되었기 때문일 것이다. 그렇지만, 중고등학교로 성장해가면서 주변 운동선수 및 운동부의 운영 방식을 인식, 현실이 미디어 이미지와 다름을 깨닫게 된다. 이런 인식 변화의 추이만 놓고 보자면, 사람들이 스포츠로 신분 상승(계층 이동)이 가능하다는 '생각(이데올로기)의 정도'는 그리 왜곡되지 않음을 알 수 있다.

외면당한 그들, 이젠 어디로…

내년 대학야구 졸업예정자 179명 중 13명만 프로진출
20대에 벌써 '제2 인생' 시작… "나오는 건 한숨뿐"

최근 3년간 대졸 선수 프로 진출 현황(괄호안은 비율)

	졸업예정자	프로 지명 선수
2004년 (9.8%)	173명	17
2005 (8.0)	162	13
2006 (7.3)	179	13

"공부 소홀히 한 책임 이제야 느껴"

실업팀도 없어져… 취업 분야 제한적

[그림 9-3] 프로야구 신인 드래프트에선 110명을 뽑는다. 2020년 기준, 신인 드래프트에 참여한 인원은 고등학교 졸업 예정자 794명, 대학교 졸업 예정자 276명, 기타 선수 8명 등, 총 1,078명이었다. 약 10%만이 프로야구에 입문하는 것이다. (ⓒ 조선일보, 2006.08.17, A25면)

스포츠는 계층 상승에 도움을 줄까? 사실, 이 질문의 답은 '그렇다'가 된다. 이 세상에 존재하는 사회제도 중 계층 상승에 도움을 주지 않는 것은 없다. 만약 그렇다면 그 제도는 이미 사라졌다. 문제는, 그 어떤 제도라 하더라도 그 내부에서 작동하는 기제(메커니즘)를 정확히 인지하냐는 점이다. 아이돌만 되면 돈을 많이 벌어 계층 상승을 이룰 수 있을까? CF나 주식 등으로 부모에게 집을 장만해줬다는 이야기를 미디어에서 쉽게 접할 수 있는 것을 보니, 아마 가능할 것이다. 하지만 그 가능성은, 엔터테인먼트 시장이 어떻게 돌아가고, 아이돌로 계층의 사다리 위를 오를 수 있는 확률이 얼마나 되는지에 대한 명확한 인식을 바탕으로 이해되어야 한다. 스포츠계 역시 마찬가지다. 스포츠는 계층상승에 도움을 준다. 단, 희소하게.

결론: 스포츠로 계급 표현하기

"정정용 감독의 성공 신화는 이땅의 수많은 '흙수저들'에게 희망찬 메시지를 던져준다. 가난한 집안에 태어나, 학벌이 시원찮아서, 사업 밑천이 없어 절망에 빠진 대학생, 취업준비생, 자영업자에게 '감동의 슈팅'을 날리고 있다."[61] 스포츠계의 수저계급론이다. 계급론적인 수사는 이외에도 많다. "호주오픈 '이변'…흙수저도 금수저도 4강행"이라는 기사는 불우한 환경에서 자란 선수와 유복한 가정에서 성장한 선수 모두가 좋은 성적을 냈음을 비교한다. "저는 흙수저…영플레이어상에 김병수 감독님 지분 있다"는 기사는 2019년 K리그에서 좋은 성적을 낸 김지현(24세, 강원) 선수의 성공기를 표현한다(물론 기사 내용에서 본인을 흙수저라 표현한 건 가난해서가 아닌 화려한 경력이 없어서다).[62] 미디어에서 소개되는 스포츠계의 수저계급론은 우리가 아는 것과 다르다 '비주류'를 '흙수저'로 표현한다.

물론, '흙수저 키움히어로즈(국내 프로야구팀 중 가장 후원이 열악한 팀)'나 '금수저 LA다저스(미국 프로야구팀 중 가장 돈이 많은 팀)'처럼, 실제 경제적 측면에서 수저계급론이 표현되기도 한다. 사회적으로 이런 금수저 및 흙수저 표현은 불평등을 의미하며 개선되어야 할 문제지만, 스포츠계에선 이게 반드시 문제로 연결되진 않는다. 오히려 특정 스포츠계의 관심도를 높이는 흥행요소로 표현되는 경우도 많다. 가난한 구단이 부자 구단을 물리칠 때 발생하는 '언더독 효과underdog effects(사람들이 약자라 믿는 주체를 응원하는 효과)'가 시청률 증가로 이어지기 때문이다.

스포츠계에서의 계급론과 관련한 표현 문제를 언급한 건, 다른 사회제도와 달리 스포츠가 일부 측면에서 계급 문제를 숨기는 일종의 '장막' 역할을 하기 때문이다. 스포츠계에선 계급 표현이 조금 달리 해석되어야 함을 말하고 싶어서다. 이유는 명료하다. 스포츠계는 불평등(특권이나 기회, 상당한 보상이 사회 내 특정 지위 사람들에게만 주어지는 사회적 상태)을 정당화하며 움직이는 세계이기 때문이다. 평등은 스포츠 발전을 막는다. 생각해보라. 타율 3할 후반대를 치는 26세 야구선수와 타율 1할 초반을 치는 34세 선수를 놓고, 실력이 중요하긴 하지만 연장자 우대도 중요하니 둘 모두 평등하게 연봉을 지급한다면 누가 발전하려 할까? 불평등해야 발전한다. 이런 차원에서 스포츠계는 '자연'과 그 작동 기제가 닮았다. 스포츠에서의 불평등은 자연스럽다.

---

61) 김수인 (2019.06.12.). [스포츠 창으로 경제보기] 스포츠계 '흙수저' U-20 축구팀 정정용 감독. 아주경제.
62) 정다워 (2019.12.14.). 김지현 "저는 흙수저…영플레이어상에 김병수 감독님 지분 있다". 스포츠서울.

스포츠 자체적으론 불평등이 자연스럽지만, 그게 사회화될 땐 그렇지 않다. 사회적으로도 스포츠가 불평등하게 향유되는 걸 자연스럽게 보면 문제가 생긴다. 특히 사회 내 유한계급(재물이 많아 생활과 시간 여유가 있는 계급)과 무한계급(시간에 쫓기며 통제력을 상실한 계급) 사이에 발생할 수밖에 없는 '스포츠 향유권'과 관련해서는 특히 그렇다. 체력불평등이나 나아가 건강불평등과 연결되기 때문이다. 물론, 이를 말해보려면 우리는 먼저 스포츠가 '공공재(비경합성과 비배제성을 갖춘 재화)'인가 '사유재(배제성과 경합성을 모두 갖춘 재화)'인가를 물어야 한다. 그에 대한 합의에 따라 계급 차이에 따른 스포츠 혜택을 평등하게 갖출 방안이 고민되기 때문이다.

이런 차원에서 본다면, 2005년부터 국가 중심으로 진행되어 지금껏 이어지는 '한국형 스포츠클럽 정책'도 계급 관점에서 봐야 한다. 지역에서의 생활스포츠, 학교에서의 운동부가 특정 계급과 상류층 기반으로 기울어졌기 때문에 이를 해결하고자 클럽 정책이 개입되었다고 봐야 하기 때문이다. 앞서 언급했듯, 지역 내 생활체육 동호인 조직은 운동 능력과 경제력을 갖춘 성인 남성 중심으로 계급화되었고, 운동부도 경제력이 뒷받침되어야 스포츠 성공의 사다리를 타도록 계층화되었다. 이런 특성으로 인해 사회적 폐쇄성을 강하게 띤 기존 스포츠 조직체를 개방적으로 변화, 모든 계급 구성원들에게 동등한 스포츠 기회를 제공해주려는 정책적 기획. 그것이 현재 우리나라에서 펼쳐지는 스포츠클럽 정책의 핵심 아닐까, 라는 해석이다.

이와 함께, 향후 스포츠계에서의 계급 혹은 계층 문제는 불평등 문제 해결과 함께 흥미롭게 지켜봐야 할 측면도 지닌다. 즉, 스포츠 활동의 계급 표식 기능이다. 옷이나 장신구, 자동차에서의 명품이 나의 사회적 지위와 재산, 선호도로 구성되는 계층과 계급 표식으로 기능하듯, 오늘날 스포츠가 그런 기능을 맡기 시작했기 때문이다. 어떤 스포츠를 즐기는가, 어떤 여가 생활을 즐기는가가 그 사람이 누군지 표현하는 수단으로 통용된 지 꽤 오래되었다. 미국 사회학자 소스타인 베블렌Thorstein Veblen, 1857-1929이 명명했던 '과시적 소비conspicuous consumption 현상, 그 너머'를 고민해볼 중요한 사회제도가 이제 스포츠계인 것은 쉽게 부정하기 어렵게 되었다. 계급 정체성의 은근한 표현은 스포츠 활동으로 어떻게 이루어질까? 앞으로 스포츠와 사회 계층화 현상과 관련하여 좀 더 관심을 가져봐야 할 질문이 아닐까.

09장 요약 스포츠와 사회 계층화

- 어떤 객관적 속성을 공유하고 있는 '객관적 사회 범주'를 계층이라 한다. 계층이란 사회를 구성하는 개인이나 집단에 존재하는 불평등을 사회학적으로 표현한 것이다.
- 계급이란 '유사한 자원을 공유한 사람들이 형성한 사회구조적 지위'로서, 소득 수준이 같지 않아도 취미나 사는 지역, 학력이 유사하면 형성된다. 때문에, 단지 돈으로만 규정되는 것이 아니라 학력, 태도, 거주지 등으로도 규정되기에 경제 수준뿐 아니라 삶의 방식에서도 차이가 난다.
- 계층 개념은 'A가 상류층이다'라는 현상만 말해줄 뿐, 그것이 어떻게 이루어졌고, 다른 층과 어떤 관계를 맺는가에 대한 사회학적 설명을 해주지 못한다.
- 기능주의는 계층화에 따른 불평등이 사회를 부드럽게 작동하게 만들면서 사회질서 유지를 돕는다고 보고, 갈등이론은 생산수단 소유 여부에 따른 계급으로 계층화(불평등)가 이루어진다고 보았으며, 상호작용이론은 기본적으로 계급이 우리의 일상생활에서 사람들의 상호작용을 안내하는 이정표로 작동한다고 본다.
- 스포츠사회학에서 계층과 계급에 따른 스포츠 참가와 관련, 두 가지 명제를 채택하는데, 이는 첫째, 스포츠 참가자와 비참가자는 무엇 때문에 발생하는가, 둘째, 스포츠 소비와 실천 유형은 계층 간에 이질적으로 나타나는가로 구분된다.
- 경제 자본에 따른 스포츠 참가 경향은, 첫째, 경제 자본이 높으면 더 많은 스포츠 활동을 즐기고, 둘째, 경제 자본에 따라 개인종목이나 단체종목 참여 양상이 달라지며, 셋째, 직접 스포츠 참가와 관람 스포츠 참가에 영향을 미치는 것으로 나타난다.
- 소득에 따른 스포츠 참가는 계층 간 '건강' 불평등으로 이어질 수 있다. 이는 주로 심리적 통제감 결핍, 체력 불평등, 부상 때문에 나타난다.
- 피에르 부르디외는 상류계급이 자기 몸을 가꿔야 할 자산으로 보는 반면, 하류계급은 몸을 수단화한다고 보았다. 때문에, 상류층 사람은 특정 도구를 사용하거나(테니스, 골프 등), 몸 자체의 발달을 위한 운동(요가나 필라테스 등)을 할 가능성이 크지만, 하류층은 몸이 경쟁 도구가 되는(격투 스포츠나 접촉 스포츠 등) 활동을 선호할 수 있다.
- 스포츠는 집단 활동 중 가장 대중적이고 인기가 있는 유형이다. 이에 따라, 스포츠 조직은 다른 어떤 유형의 조직보다 친구들 간의 돈독한 관계와 네트워크를 세우고 유지하는 일을 더 잘 해낸다. 우리가 사회자본 관점에서 스포츠와 계층화를 보는 이유다.
- 스포츠로 신분상승이 가능할 것인가? 많은 학자들은 사람들이 몇몇 선수의 성공 사례만을 보고 일반화의 함정에 빠져 '운동 하나만 잘 시키면 부자 될 수 있다'라는 이데올로기의 덫에 빠져 있다고 우려한 바 있다.

10
스포츠와 젠더화

생물학적인 것이
사회적인 것으로 구성된 것이 젠더다.
젠더는 하나의 사회구조로서,
이 구조 속에서 우리는 다른 성으로 재생산된다.

바바라 리스만

"남자들은 축구나 권투, 레슬링을 하는 거야. 빌어먹을 발레는 안 해!"

"아빠, 미워요. 거지 같아요!"

"당장 꺼져! 이 집에서 나가!"

2000년에 개봉한 영화 『빌리 엘리엇 Billy Elliot』에서 빌리와 그의 아버지가 나눈 대화 중 일부다. 탄광촌에서 노동자로 지내던 주인공 빌리의 아버지는 권투가 아닌 발레를 하려는 아들이 너무 못마땅했다. 남자라면 축구나 권투를 해야 한다는 믿음으로 아버지는 빌리를 몰아붙인다. 물론 나중엔 적극적인 지지자로 돌아서지만. 영화가 전달하려는 메시지는 다양했지만, 그중 스포츠사회학이 주목할 건 스포츠를 구성하는 사회적 속성 중 특히 젠더 구조가 우리의 스포츠 행위와 사회관계에 영향을 미친다는 사실이다. 오늘날의 스포츠는 견고한 '젠더 논리gender logics'로 채워져 있다.

1982년 프로야구 출범에 맞춰 발족한 한국야구위원회[KBO] 직원 대다수는 남자였다. 2000년대 후반, 여자 아나운서가 야구장에 등장하고, 2006년 (사)한국여자야구연맹이 세워지기 전까지 프로야구계는 감독, 코치, 선수, 직원 (거의) 모두가 남자로 채워졌다. 자연스럽게 경기장 더그아웃이나 라커룸 근처는 '금녀 구역'이 되었다. 야구장은 모든 행동 양식과 문화가 남성적으로 구축된 남초계(남성이 지배적인 세계)로 구성되었다. 이런 곳에서는 여성의 진입 자체가 놀라운 사건이 된다. 한국야구위원회 홍보팀장이 여성이라는 것이 언론에서 화제가 된 이유다.[1] 젠더는 특정 스포츠계에서의 행위를 촉진하는 '촉매제' 혹은 방해하는 '장벽'이 된다.

골프를 할 때 가장 전장이 짧은 티잉 그라운드를 우리나라에선 '레이디 티[lady tee]'라 부른다. 주로 여성 골퍼가 이용하기 때문이다. "GOLF는 '남성 전용, 여성 금지[Gentleman Only, Ladies Forbidden]'의 약자다." 미국 동부의 남성 전용 사설 골프장 코스 회원들 사이에 떠도는 농담이다.[2] 이처럼, 골프장은 우리 사회의 성차별 관행이 연출되는 무대다. 비단 골프장뿐일까? 스포츠계 자체가 남자다운 스포츠과 여성스러운 스포츠라는 젠더 이분법이 만연된 곳이다. 모든 기준은 남성이다. 여성이 스포츠에 참가하려면 그 기준에 맞춰야 한다. 스포츠는 '젠더 불평등[gender inequality]'이 자연화된 세계다.

보디빌딩계에서 여성과 남성의 근육은 달라야 한다. 남성은 벌크업(근육 키우기)이 기본이나, 여성은 더 복잡하다. '가냘프지만 굴곡 있고, 매력 있으면서 볼륨 있는 근육'이 요구된다. 단지 크기만 큰 근육은 필요 없다. 근육의 정상성[normalty], 즉 근육 기준의 정상적 이미지에 대한 규범[norm]이 존재하기 때문이다.[3] 그걸 지켜야 정상[normal]이다. 만약 어떤 여성이 보디빌딩계의 그 기준을 어기고 거대한 근육을 기르며 자랑한다면, 그는 '공간 침입자[space invaders]'[4]로 낙인찍힌다. '남자다운 근육'과 '여성스러운 근육'이 존재한다는 관념. 젠더 이데올로기다.

"수영 선수의 폐는 남들과 다르고, 우사인 볼트[Usain Bolt, 1986-]는 환상적인 근섬유를 가지고 있는데, 협회는 이들마저 막아 세울 건가요?"[5] 남아프리카공화국 여자 육상선수

---

1) 박소영 (2018.03.22.). 땡땡이치고 야구장 간 소녀, KBO 얼굴 되다. 중앙일보, 23면.

2) 성호준 (2020.09.05.). '레이디 티'가 아닌 '레드 티'…여성 골퍼 천국 맞아? 중앙선데이, 25면.

3) 남상우 (2019). 여성보디빌딩 연구의 지형 분석: 정당성, 정상성, 정치성의 절합. 한국체육학회지, 58(4), 101-111, 106쪽.

4) Puwar, N. (2004). Space invaders: Race, gender and bodies out of place. New York, NY: Berg.

5) Brenner, S. (2021.04.23.). Interview: Caster Semenya: 'They're killing sport. People want extraordinary performances' The Guardian.

캐스터 세메냐Caster Semenya, 1991-가 언론에 밝힌 내용이다. 이 선수, 여성임에도 남성호르몬(테스토스테론) 수치가 높아 여성스럽지 않은(?) 경기력으로 유명하다. 항상 성별 논란을 몰고 다닌다. 이에, 국제육상경기연맹IAAF이 2018년 4월, 여성 종목에 참가한 선수들의 남성 호르몬 수치를 제한하는 규정을 발표했다. 수치가 일반 선수보다 현저히 높으면 대회 출전을 막는 규정이다. 출전하고 싶다면 호르몬 수치를 낮추는 '의학적 처치'를 받아야 한다. 공정성을 위해서라고 한다. 왜 스포츠계에서 '남자 같은 여성'은 언제나 조직과 대중의 검증 대상으로 낙인찍혀야 할까?

요가와 필라테스를 좋아한다. 내 몸에 잘 맞기 때문이다. 특히 추운 겨울에 뜨끈한 방에서 땀내며 하는 핫 요가는 나의 최애 운동이다. 필라테스는 무릎 수술 후 재활 때문에 접했는데, 몸에 너무 잘 맞았다. 하지만 무슨 이유 때문인지 모르겠으나, 남자로서 요가를 하기가 그리 쉽지만은 않다. 여성스러운 운동이라는 관념 때문인지, 학원에 가서는 남자도 가능한지 물어야 한다. 물론 등록한 후에도 난관은 남았다. 수업 들을 때 맨 앞줄 구석에 서야 한다(지정석이다). 시선의 불편함 혹은 배려 때문이다. '신체 활동의 모퉁이화'[6]는 흘러넘치는 남성성으로 인해 여성만 겪는 문제가 아니었다. 남성도 여성 중심적 요가 공간에선 '이방인'이 된다.[7]

이 장은 스포츠계에서 작동하는 다양한 젠더 담론을 다룬다. 이를 위해 '젠더'가 무엇인지부터 살펴본다. 특히 '구조로서의 젠더gender as structure'란 개념이 소개된다. 중요한 사실은, 그동안 스포츠사회학에서 다뤄진 스포츠와 젠더 내용 모두가 여성과 관련하여 채워졌다는 점이다. 그 이유도 말해본다. 그런 후, 젠더 관점을 스포츠계에 적용, 몇몇 주제를 설명할 것이다. 여기에선 특히 제도적 관점을 바탕으로 우리가 구조화한 젠더 논리를 어떻게 신체에 각인하는지 설명한다. 젠더 사회화gender socializaton다. 이는 젠더 이데올로기의 체화(몸으로 경험하며 기억하게 만드는 과정)를 달리 표현한 것이다. 이들을 다룬 후, 최종적으로는 스포츠계에서의 젠더 불평등 현상을 각종 사례와 연구 결과를 바탕으로 전개할 것이다. 여기에서는 어떠한 젠더 논리가 오늘날 스포츠계에서 나타나는 다양한 차별적 관습과 양상을 만들었는지를 다룬다. 그렇다면 먼저, 젠더가 사회학적으로 이해되는 방식부터 만나보자.

---

6) 남상우, 이창섭 (2006). 학교에서의 신체활동과 젠더 재생산. 한국스포츠사회학회지, 19(3), 441-458, 443쪽.

7) 배재윤 (2017). 요가 하는 중장년 남성의 운동 경험과 의미: 젠더수행을 거스르며 요가 하는 남자들. 체육과학연구, 28(1), 60-80, 74쪽.

젠더의 사회학적 이해

엘리베이터에 탔다. 아이를 안은 여성이 서 있었다. 두 살쯤으로 보이는 아이다. 아이 엄마와 눈이 마주쳤다. "안녕하세요?" 어색한 미소를 주고받은 후, 아이에 대한 피드백도 좀 줘야 할 것 같다. 그런데 난감하다. 남아인지 여자인지를 구분하기 어려워서다. 피드백 주기가 곤란했다. 성별 구분 표식(특정 색의 옷이나 머리핀 등)이 없었다. 내가 쭈뼛거리는 게 느껴졌나 보다. 아이 엄마가 웃으며 말한다. "딸이에요, 두 살이고요." 이제 됐다. 성별이 밝혀지면 우리는 그에 어울린다고 생각하는 피드백을 줄 수 있다. 과연 딸 아이에게 어울리는 피드백은 무엇일까? 더 중요하게는, 나처럼 성별에 따라 다른 피드백을 생각하는 이유는 무엇인가?

젠더란 무엇인가?

> 젠더란 남성다움과 여성다움의 심리적, 사회적, 문화적 측면으로 정의된다. 다시 말해, 사회화를 경험하면서 남자와 여자가 자신들의 사회문화적 상황에서 마주치며 채택하는 다양한 특징을 의미하는 용어다.[8)]

남녀 합반으로 운영되는 남녀공학 고등학교에서 체육수업이 시작되었다. 오늘은 자율체육이다. 학기 초나 학기 말, 일선 학교에선 종종 자율체육이 이루어진다. 자기가 하고 싶은 운동을 자유롭게 하는 시간이다. 자율체육이 주어지자 아이들은 환호하며 운동장 사방으로 흩어진다. 남학생은 축구공과 농구공을 가지고 각자 편을 먹기 시작한다. 그러자 한 여학생이 체육실 앞에 있던 체육 교사에게 뛰어와 말한다. "선생님, 저희도 축구 할래요!" 교사는 난감한 표정으로 답한다. "여자애들이 무슨 축구야, 여기 배드민턴 라켓 있으니 저기 그늘 가서 배드민턴 쳐."

물론 최근에는 많이 바뀌고 있음에도, 우리는 왜 남학생은 축구를, 여학생은 배드민턴을 쳐야 한다고 생각할까? 그런 생각은 어떻게 형성되었고, 성별에 따른 스포츠 활동에 어떤 영향을 미칠까? 젠더gender 개념이 이 질문에 답을 준다. 여성과 남성의 관계(사람들과의 관계뿐 아니라 특정 활동과의 관계)가 사회적으로 조직되는 방식이기 때문이다.

남성은 스포츠와 어떻게 관계를 맺는가? 더 나아가, 어떻게 관계를 맺는 게 '정상'인

---

8) Kessler, S.J., & McKenna, W. (1978). Gender: An ethnomethodological approach. University of Chicago Press, 7쪽.

가? 남성이 리듬체조와 관계를 맺거나, 여성이 보디빌딩을 하면 이상한가? 여학생은 축구와 관계를 맺는 과정에서 왜 제재를 당할까? 남성은 피트니스 클럽에서 역기를 드는 장소와 쉽게 만나지만, 여성은 그게 왜 어려울까?[9] 우리는 이러한 현상을 '젠더'란 인식 틀로 이해한다. 젠더는 한 마디로 '사회구조'다.

> 젠더는 생물학적 성에 대한 지각된 차이를 기반으로 한 사회적 관계의 구성요소다. 더불어 이는 권력관계를 보여주는 주요 방식이기도 하다. 때문에, 젠더는 다양한 표상을 불러일으키는 문화적 상징체계, 그 상징의 의미를 해석하는 데 사용되는 규범적 개념, 여러 사회제도와 조직, 그리고 주관적인 정체성처럼 다면적인 장소에서 작동한다.[10]

태어날 때 자기 성을 선택한 사람은 없다. 하지만 우리는 태어난 후 사회생활을 하며 여러 선택을 한다. 그런 선택에는 성적 취향도 포함된다. 이러한 성의 문제는 삶에 큰 영향을 미친다. 예를 들어, 여자로 주어진 '생물학적 사실'이 '복싱(국내에 여자 선수가 다섯 명인 종목)' 선택에 영향을 미치고,[11] 남자로 태어났다는 생물학적 사실은 '무용수' 선택을 주저하게 한다.[12] 성에 따라 직업 선택(소방수 또는 간호사)이 기대되고, 생물학적 차이가 사회 현실에 영향을 받으며 '금녀禁女 혹은 금남禁男의 벽'이 만들어진다. 주어진 성은 사회적 현실을 피해 갈 수 없다.

일상에서 젠더를 나타내는 표현은 많다. '남자가 남자다워야 남자지!' 코미디 프로그램에서의 유행어였다. '여자한테 위험한 운동 아냐?' 여자 태권도 선수가 자주 듣는 말이다(QR코드 참조). '남자도 간호사를 하네?' 병원에서 대기 중이시던 할머니가 남자 간호사에게 던지신 말이다. '남자애들 사내답게 키우려면 남자 교사가 필요하지.' 대학원생이던 초등학교 남교사에게 수업 때 교수가 던진 말이다. '엄마, 남자 같아.' 안방에서 옷을 갈아입던 여성 보디빌더 엄마에게 딸이 던진 말이다. 이들 표현을 가능케 하는 '관념적 기준'은 타고나지 않는다. 주어진 성에 따라 사회생활을 하면서 학습된다.

여자답게
행동해라

---

[9] Dworkin, S. L. (2003). A woman's place is in the…cardiovascular room? Gender relations, the body and the gym. In E. Bolin, & J. Granskog (eds.). Athletic intruders: Ethnographic research on women, culture, and exercise(pp. 131-158). Albany, NY: State University of New York Press.

[10] Scott, J. (1986). Gender: A useful category for historical analysis. American Historical Review 91, 1053-1075, 1067-1068쪽.

[11] 최인준, 하재영 (2015.01.28.). 내 얼굴 아닌, 주먹을 보라. 조선일보, A25면.

[12] Christofidou, A. (2018). Men of dance: Negotiating gender and sexuality in dance institutions. Journal of Gender Studies, 27(8), 943-956.

> 젠더는 사회생활의 상호작용으로 얻으며 시간에 따라 변한다. 우리는 여성이나 남성으로 태어나, 여성적이거나 남성적으로 되게끔 배운다. 젠더는 문화 따라 다르고, 같은 문화에서도 시간이 흐르며 달리 구성되며, 다른 젠더와의 관계 속에서 변한다. 사회적 구성물이다.[13)]

결국, 젠더는 '주어진 성의 사회적 정상성을 규율하는 인지 도식'이다. 염색체 XX의 여성이 주어진 성에 걸맞게 말하고 행동하면 우리는 그걸 '여성스럽다'라고 표현한다. 반대로는 '남성답다(혹은 남자같다)'고 한다. 젠더를 '여성다움/여성성[femininity]'으로, '남성다움/남성성[masculinity]'으로 표현하는 이유다. 남자다운 남자는 어때야 한다거나, 여성스러운 여자는 어떠하다는 식의 규범[norms](사회구성원들이 일상에서 정상적이라 합의한 문화적 기대)이 바로 젠더다.[14)] 그래서 젠더를 '사회적(으로 구성된) 성'이라 부른다.

젠더 정체성과 젠더 사회화

2014년 개봉한 영화『하이힐』은 젠더와 관련해 흥미로운 내용을 보여준다. 범인을 제압하는 능력과 완벽한 남성적 외모를 갖춘 강력계 형사 지욱(주인공, 차승원 씨 역할). 하지만 그의 내면에서는 여자가 되려는 욕망이 충돌한다. 생물학적으로는 남자고, 사회적으로도 모든 조폭이 두려워하는 전설적인 강력계 형사로 인정받지만, 내면에선 '나는 여자'라는 정체성 욕구가 분출하는 모순된 상황. 그걸 억누르고자 거친 남자의 모습(강력계 형사에게 요구되는 젠더 대본을 따르는 모습)을 '연기[performing]'한다.

젠더 정체성과 스포츠계에서의 논의

분명 외모는 내 아내인데, 하는 행동과 말투가 너무 이상하다. 그럴 경우, 우리는 그 사람에게 정체를 요구한다. 정체를 밝히라 요구한다. '정체[正體]'란 참된 근본의 모양새를 뜻한다. 그렇기에 '자기 정체성[self-identity]'은 자신의 참된 모양새를 말해주는 특성이고, '젠더 정체성[gender identity]'은 내적으로 참되다고 생각하는 성적인 특성을 말한다. 외모는 분명 여자인데, 하는 행동이나 입은 옷이 남자 같을 때, 우리는 그 사람의 젠더 정체성을 의심한다. 여자인가, 남자인가? 그리고 그처럼 젠더 정체성이 혼란스러운 사람이 많을 때, 우리는 무질서함을 느낀다(그래서 싫어하고 급기야 혐오한다).

---

13) Wood, J. T. (2009). Gendered lives: Communication, gender, and culture. Boston, MA: Wadsworth, 24쪽.

14) Risman, B. J. (2004). Gender as a social structure: Theory wrestling with activism. Gender & Society, 18(4), 429-450.

한 개인이 출생과 함께 부여받은 성(남성 또는 여성)이 자아 정체성이나 젠더 행위와 일치할 때 그걸 '시스젠더cisgender'라 한다('cis'는 '같다'를 뜻하는 접두사). 반면, 젠더 정체성과 태어날 때 부여받는 자기 (생물학적) 성이 일치하지 않으면 '트랜스 젠더transgender'다. 여성성이나 남성성 중 자신을 인식하는 자아 정체성과 실제 주어진 몸 사이에 괴리가 발생한 상태다. 권투 시합 프로모터이자 매니저였다가, 이후 여성으로 성전환한 영국인 프랭크 멀로니Frank Maloney, 1953-가 대표적 사례다.[15]

> 남성 프랭크 멀로니로서 나는 거친 말투, 비아냥 섞인 농담, 빈민 하류층 출신 프로모터이자 매니저로 살아왔다…그러나 이런 공식적 얼굴 이면엔 또 다른 인간이 감춰진 채 머무르고 있었다. 바로 여성 '켈리'의 모습이었다. 진실은, 남성의 몸속에 갇혀 여성으로 지금껏 살아왔다는 것이다. 지금까지 나는 그 진실을 감추고 보호하고자 거짓 인생을 살아왔다.[16]

젠더 정체성은 중요한 문제다. 젠더 분류 기준이 남성성이나 여성성의 이분법으로 고착된 현실에서, 그 범주에 속하지 못한 사람은 배제되고 주변화되기 때문이다. 사회 주류(젠더 이분법에 속한 사람들)는 비주류, 예를 들어 레즈비언, 게이, 양성애자, 트렌스 젠더, 퀴어LGBTQ에 대한 편견을 가지고 낙인찍으며 사회적 스트레스를 준다. 오죽하면 '소수자 스트레스 모델Minority Stress Model'[17]이란 개념까지 만들어졌을까. 결국, 이러한 사회적 스트레스는 소수자들의 정신적 황폐화를 가져온다.

스포츠에서도 젠더 정체성 문제는 민감하다. 특히 공정한 경쟁의 가치를 강조하는 엘리트 스포츠계에서 그렇다. 그래서 트렌스 젠더에게는 호르몬 처치를 강요한다. 대회 출전과 관련, 사춘기 이전perpubertal에 성 전환한 경우엔 최종 성에 속한 대회에 참가할 수 있으나, 사춘기 이후postpubertal의 경우엔 최종적으로 전환한 성에 상관 없이 2년간 호르몬 처치를 받아야 하는 규정이다(테스토스테론 수치를 낮추는 약물 처치).[18] 이뿐 아니라, 젠더 정체성 문제와 관련, 동성애 공포증homophobia도 성 소수자의 스포츠 참여에 장벽이 된다. 이성애자 선수들이 지닌 이질감 때문이다.

---

15) 프랭크 멀로니는 2014년 8월 여성으로 성전환을 공식 발표하고 2015년 중반에 수술을 마쳐 여성이 되었다. 이름도 기존의 프랭크 멀로니에서 '켈리(Kellie) 멀로니'로 바꿨다.

16) Maloney, K. (2015). Frankly Kellie: Becoming a woman in a man's world. London, Blink Publishing, 12-13쪽.

17) Meyer, I. H. (2003). Prejudice, social stress, and mental health in lesbian, gay, and bisexual populations: conceptual issues and research evidence. Psychological Bulletin, 129(5), 674-697.

18) Reeser, J. C. (2005). Gender identity and sport: Is the playing field level? British Journal of Sports Medicine, 39(10), 695-699.

젠더 사회화와 스포츠의 역할

우리는 젠더를 어떻게 몸에 각인할까? 사회적으로 규범화된 젠더는 남성이나 여성이 해야 할 역할로 형성된다. 이를 '젠더 역할gender roles'이라 부른다. 우리는 어릴 때부터 가족, 학교, 친구, 미디어 및 다른 사회적 제도를 경험하며 그 역할을 학습한다. 남자로 태어나면 남성 정체감(남성성)을, 여자로 태어나면 여성 정체감(여성성)을 사회적 기대에 맞춰 체득한다. '젠더 사회화gender socialization'다.

남아는 씩씩하고 주도적인 사내가 되어야 한다. 옷은 어두운 계열로 입고, 어릴 땐 축구공이나 트럭, 군인 장난감을 갖고 놀아야 한다. 활동적이고 공격적이며, 맞고 들어오기보단 때리고 들어와야 한다. 하지만 여아는 얌전하고 상냥해야 한다. 옷은 핑크색 계열이고, 가정적 역할을 미리 경험할 부엌 관련 장난감이나 돌봄 성향을 길러 줄 인형을 갖고 놀아야 한다. '공주님 같네요'라고 말해주고, 남자처럼 길러질 활동은 삼가야 한다. 우리는 이러한 젠더 역할 규범을 일상에서 쉽게 접한다.

> 놀이 활동은 젠더 사회화에 있어 중요한 맥락이다. 특정 행동을 연습할 기회를 제공하기 때문이다. 반복적으로 놀이 활동을 하면서 아이들은 서로에 대한 기대감이나 선호도, 역량에 대한 관점과 기준 형성에 영향을 받게 된다.[19]

젠더 역할 사회화에서 중요한 사람은 누굴까? 일차적으로 부모다. 가장 먼저 관계를 맺기 때문이다. 부모가 어떤 젠더 규범을 지니는가가 중요한 이유다. 부모는 본인의 젠더 역할 기준으로 아이들을 처벌하거나 보상한다(사회화한다). 그 후, 학교에 들어간 아이는 교사나 또래, 교육과정이 강제하는 젠더 역할과 상호작용한다. '보상과 처벌' 기제는 여기서도 작동한다. 미디어도 중요하다. 특히 전 생애 동안 접할 젠더 역할 기준을 전파한다. 예를 들어, 성 소수자가 고통받는 드라마는 사람들에게 젠더 역할을 거부하면 어떠한 고난을 경험하는지 영상적으로 보여준다.

그렇다면 젠더 사회화에서 스포츠는 어떤 역할을 할까? 경쟁적인 스포츠뿐 아니라, 모든 종류의 놀이나 여가 활동, 체육수업에서의 활동이 여기에 영향을 미친다. "남학생은 자신의 발달한 남성성을 과시하고자 더 많은 활동량을 보이지만, 여학생은 성숙해

---

19) Leaper, C. (2000). The social construction and socialization of gender. In P. H. Miller & E. K. Scholnick (eds.), Towards a feminist developmental psychology (pp. 127-152). New York: Routledge Press, 136쪽.

진 자기의 여성성을 지키고자 활동량을 줄인다."[20] 스포츠의 남성적 활동 속성이 남성성과 여성성을 길러내는데 작동한다는 의미다. 스피드, 체격, 힘을 강조함으로써 남아는 스포츠를 수용하고, 여아는 스포츠를 외면하며 여성성을 극대화한다. 그 과정에서 참여는 분리된다. 분리된 경로를 따르며 남성과 여성은 어떤 스포츠가 남성적, 여성적인지 판단한다. 이런 판단이 반복되며 규범이 형성되고, 규범은 제재 효과로 이어져(여성스러운 스포츠에 참여하는 남아에게 '게이'라는 딱지를 붙이며), 궁극적으로는 젠더로 구획된 스포츠 참여 경로gender-segregated sport involving pathway를 구축한다.

젠더를 바라보는 사회학 이론

그렇다면 젠더라는 사회적 규범을 사회학 이론은 어떻게 개념화하고 이해할까? 사회질서가 유지되고 변화하는 과정에서 발생하는 여러 행위를 사회학 이론이 설명하는 기본적 방식은 무엇일까? 사회학의 이론적 전통인 기능주의와 갈등이론, 그리고 상호작용이론을 중심으로 이들 질문에 답해보자.

기능주의: 젠더는 사회적 분업을 용이하게 한나

사회안정은 어떤 기제로 가능해질까? 기능주의가 자주 던지는 질문이다. 사실상, 답도 정해졌다. 개인이 시스템 내 부품으로서의 톱니바퀴 역할에 충실하면 된다. 즉, 사회에서 개인에게 부여된 각 역할에 최선을 다하면 사회는 안정을 유지한다. 이 역할 부여를 젠더 규범이 해준다. 남성성과 여성성을 강제하며 현 질서를 유지하는 것이다. 한 예로, 가정family이란 조직이 잘 돌아가려면 젠더 규범이 강제한 특정 업무의 능숙도에 따라 업무를 나누면 된다. 여성은 집안일에 능숙하고('집사람' 논리), 남성은 바깥 일에 능숙하다는('바깥양반' 논리) 젠더 규범이 노동 분업division of labor 기능을 한다.[21] 물론 이는 1950년대 후반에 제기되었던 주장으로서, 지금은 거의 쓰이지 않는다.

사회는 어떤 때 불안정해질까? 기존 시스템에 균열이 발생할 요소가 등장하면 불안정해진다. 예를 들어, 남자다운 남자로 지도자와 선수가 모두 채워진 스포츠계를 생각

20) 이창섭, 김재운, 남상우 (2001). 청소년의 연령별 체격 발달에 관한 연구. 체육과학연구지, 18(1), 23-29, 27쪽.

21) Parsons, T., & Bales, R. F. (1955). Family, socialization and interaction process. Glencoe, IL: Free Press.

해보자. 이곳은 남성 중심의 시스템이 이미 구축되었다. 규칙, 훈련 방법, 프로그램, 미디어 보도, 심지어 시설까지. 모두 남성 중심으로 질서 잡혔다. 그러다가 어느 순간 여자도 스포츠를 즐길 수 있다며 소수의 여성이 이 질서 잡힌 체계로 들어온다. 어떤 일이 벌어질까? 이걸 허용하면 기존 (질서 잡힌) 기존 시스템을 고쳐야 한다. 전지훈련 때도 '소수'인 여자 선수나 지도자를 위해 방을 하나 따로 마련해야 한다. 기능주의자는 이런 변화가 전체 시스템을 불안정하게 만들다 결국엔 기존 시스템을 변화시킨다고 주장한다. 그런 변화를 막는 데 사용되는 장치가 바로 사회구성원들에게 정당성을 부여받은 젠더 규범gender norm(여성은 스포츠에 적합하지 않다는 규범)이다. 이 규범을 이용하면 말에 힘이 생긴다. 기능주의자에게 젠더란 기존 사회질서 유지를 위한 '기능적 수사'다.

갈등이론: 지배와 피지배 관계로 바라보는 젠더

갈등이론은 남자가 직장에 다니고 여성이 가정에서 아이를 보는 성별 분업이 남성의 여성 지배를 영속한다고 본다. 경제적 자원 소유에 따라 사회적인 지배와 피지배(종속)가 결정된다는 갈등이론의 관점에선, 가정 내 여성과 나머지 구성원(자녀)은 아버지로 대표되는 남성의 자원 독점에 따라 가족을 통제, 지배, 대표하는 게 당연하단 신념을 내면화한다. 이데올로기의 사회화다(정당화 효과). 그리고 그처럼 가정에서 체득한 젠더 이데올로기는 사회적으로 제도화되어 젠더 불평등을 고착한다. 결국, 사회 내 성별에 따른 차별은 가정 내 경제권 획득에 달려 있다. 갈등론의 설명이다.

가정에서뿐만 아니라, 이러한 차별은 사회적으로도 힘을 발휘한다. 그 힘은, 특히 젠더 이데올로기에 따라 유지된다. 갈등이론에 따르면, 가정 내 여성의 경제권이 획득될 수 있다면, 기존 지배/피지배 관계는 역전될 수 있다. 그렇기에 무엇보다 중요한 건 여성의 경제력 회복이다. 문제는 여기에서 발생한다. 직장에서도 성차별이 존재한다는 문제. 사회 내 여러 경제조직에선 여성이 남성보다 역량이 떨어지고(리더십 결핍), 조직을 위해 열성을 다하지 않으며(희생정신 부족), 출산 후 경력 단절로 인해 일의 연속성을 확보하기 어려운 존재로 인식된다.[22]

여기에 더해, 변치 않는 기존의 문화적 인식이 여성의 경제권 획득을 위한 노동 활동

---

22) 이와 같은 젠더 이데올로기가 불합리한 제도로 고착된 현상의 대표적 사례가 바로 '유리 천장'이다. 여성은 어떤 이유에서인지 조직 내에서 번번이 승진의 벽에 막히며 좌절감을 겪고, 그에 따라 종국에 가서는 발전을 포기하게 된다. 사회적으로 특정 리더십 위치에 '여성 최초'란 타이틀이 붙고, 그것이 대중들에게 '대단한 업적'으로 인식되는 데에는 바로 이러한 젠더 이데올로기가 놓여 있다.

을 방해한다. 예를 들어, 노동 후 집에 와서 집안일도 여성이 해야 한다. 맞벌이 가정에서 출산 후엔 '여성이 집에 있어야 한다'는 문화적 압력도 작동한다. 결국 여성은 직업을 포기한다. 다시, 여성은 가정에서(그리고 사회적으로) 피지배자의 위치로 돌아간다. 해결 방법은 없을까? 사회적 변화를 위한 국가의 역할을 요청해야 한다. 육아의 사회적 책임, 여성의 노동계 차별을 방지할 제도 마련, 여성의 노동에 대한 사회 차별적 인식 변화를 위한 캠페인 등, 국가가 할 일은 꽤 많다.

상호작용이론: 젠더 적합성은 상호작용으로 만들어진다

우리가 일상을 살아가며 남자로서 혹은 여자로서 행해야 한다고 믿는 행동 규칙(혹은 규범)이 있을까? 상호작용이론은 여기에 주목한다. 아무리 제도적으로 남성적, 여성적 직업 및 활동의 구분을 없앴더라도, 일상에서 개인 간(혹은 집단 간)에 이루어지는 차별적 상호작용이 그런 제도적 구분을 무력화한다. 그 누구도 제도적으로 초등학교에 여교사가 남교사보다 더 많게끔 설계하지 않았다. 또한 어떤 법이나 정책도 무용계에 남자보다 여자가 더 많이 활동하도록 유도하지 않았다. 문화적으로 형성된 '젠더 규범 gender norm'이 개인과의 상호작용으로 파생되며 나타난 결과다.

상호작용이론이 바라보는 젠더는 일상에서 행위자 간에 반복되어 이뤄지는 교환 행위로 구성된다(사회적 구성주의). 예를 들어, 가정에서 여아가 장난감 총을 가지고 놀면 엄마가 그걸 빼앗으며, '안돼! 인형 가지고 놀아'라 꾸짖는다. 총을 뺏긴 아이가 아무리 울어도 엄마는 단호하다(가끔 '맴매'라는 상징적 처벌도 한다). 여아는 이러한 엄마와의 상호작용에서 자신은 총이 아닌 인형이 어울리는 존재라는 '의미'를 교환한다. 이후, 이런 의미 교환이 반복되며, 결국 여아는 젠더로서의 여성스러움과 어울리는 물건을 구분할 '감각'을 형성한다. 그 구분 감각은 향후 학교나 기타 또래 집단에서 비슷한 사회화를 거친 아이들과 교환하며 집단을 이룬다. 이렇게 형성된 또래 집단에 들어오려는 또 다른 아이는 그 집단에 존재하는 '규범 적합적 행위'를 의례적으로 '연기'하며(관리하며) 집단 구성원들의 동의를 받는다.

이런 논리를 바탕으로, 상호작용이론에 입각한 연구는 젠더와 관련하여 '젠더 행하기 doing gender'라는 독특한 개념을 활용한다. 자신이 속한 환경의 문화적 대본 cultural script에 맞춰 적절한(다시 말해, 구성원에게 처벌받지 않게 할) 행위를 시의적절하게 바꿔가며 수행한다는 점을 압축적으로 표현한 개념이다.

스포츠는 젠더와 어떻게 연결되나?

"남성을 논하지 않고 여성을 논하는 건 한 손으로 손뼉을 치는 것과 같다."[23] 지금껏 스포츠와 젠더 관련 논의는 주로 여성이 스포츠계에서 받는 불평등 현상을 중심으로 이루어져 왔다. 혹자의 지적처럼, "인종 연구에서 백인스러움whiteness은 인종 정체성이 아니듯(즉, 백인스러움은 당연한 기준으로 존재하기에 관심사가 아니듯)"[24], 젠더에서 남성성masculinity 도 특별히 논의할 어떤 정체성이 아닌 '당연한 기준'으로 통용되었기 때문이다. 이 논리로 보면, 스포츠사회학에서 여성 중심의 젠더 논의가 지배적이었던 이유는, 기준 자체가 '남자'이자 '남성성'이었기 때문이다. '여성=젠더'란 인식이 지식체 내에 자연스레 자리 잡은 이유다. 과연 스포츠에서의 젠더 논의는 어떻게 이루어질까?

스포츠계의 기준이 된 남성성

> 남자처럼 여자도 스포츠에서 어렵고 극적인 힘과 팀워크, 역량을 발휘할 수 있음에도 우리는 이를 경기장에서 볼 수 없을 것이다. 여자들은 경기장에서 안 보이거나 주변에서 응원 리더 같은 성적 대상으로만 이용될 것이기 때문이다. 경기장에서 여자들을 선수로 바라보는 남자들은 스포츠가 가져다주는 이런 특권과 여성의 '상징적 소멸'을 즐긴다.[25]

'남자의 스포츠, 여자의 환호 갈채.' 1896년 첫 번째 대회를 연 아테네 올림픽 공식 구호다. 스포츠는 남자가 하고, 여자는 옆에서 응원하라는 구호다. 스포츠가 남자만을 위한 활동임을 표현해준다. 근대 올림픽 창시자 피에르 드 쿠베르탱Pierre de Coubertin, 1863-1937의 말이다. "올림픽에서 여자는 우승자에게 월계관을 씌워주는 일을 해야 한다." 올림픽에서 여자들이 참여하였을 때는 2회 파리 올림픽(골프와 테니스만)이었다. 물론, 스포츠가 남자들에게 어울린다는 시각 자체는 올림픽 이전부터 형성되어 있었다.

"쿠베르탱 같은 혁신가, 조직가, 창조적 홍보가는 의식적으로 스포츠를 교육적인 것으로 간주했다. 그러면서 신체적, 정신적 강인함이나 권위에 대한 복종, '팀' 충성심을 심어주려 했다. 어린 소년과 청년들이 기업이나 정부, 군대에서 제대로 일을 할 역량

---

23) Yuval-Davis, N. (1997). Gender and nation. London: Sage Publications, 1쪽.

24) Ware, V., & Back, L. (2002). Out of whiteness: Color, politics, and culture. University of Chicago Press, 6쪽.

25) Kidd, B. (2013). Sports and masculinity. Sport in Society, 16(4), 553-564, 557쪽.

준비 차원에서였다."[26] 19세기 영국 공립학교는 스포츠에 흥미로운 역할을 부여했다. 교실 밖으로 넘쳐 흐르는 남학생의 남성성을 이상적으로 안내해주는 역할이었다. 청소년기 남학생의 에너지가 적절히 통제되지 않으면 어떤 문제가 생길지는 자명했다. 방탕한 성인으로 자라나 사회적으로 문제를 만들어낸다. 때문에, 넘치는 남성성은 사회적으로 통제되어야 했다. 공립학교가 스포츠를 교과목으로 채택한 이유다. 스포츠는 남자다운 남자, 즉 용맹하지만 (규칙 기반의) 통제력을 지닌 남자를 길러내는 교육적 도구였다. 지금의 체육수업이 이루어지는 맥락도 크게 다르지 않다.

> 스포츠는 남성 동질적으로 만들어진 문화 영역(male-created homosocial cultural sphere)이다. 남자에게 사회가 '여성화'된다는 지각으로부터 심리적으로 분리하고, 남성이 여성보다 우월하다는 상징적 '증거'를 자연화한다(정당화한다).[27]

스포츠는 남성성이 가장 인정받고 추앙받는 세계다. 어떤 남성성일까? 건장하고, 희생을 두려워하지 않으며, 리더 말에 절대 복종할 뿐 아니라 용맹하고 강한 체력, 나아가 집단 중심의 사고를 받아들이는 성향이다. 스포츠는 건장한 군인에게나 적용될 성향을 적극적으로 껴안은 사회적 제도다. 팀 동료를 위해 기꺼이 주먹다짐에 나시고(아이스하키), 팬들의 비난과 가해질 싸움의 두려움을 이겨내며 타자에게 빈볼을 던질 수 있으며(야구), 쿼터백을 보호하려 자기 몸을 던져야 한다(미식축구).

이처럼 스포츠의 기저엔 사회적으로 합의된 남성성 논리가 견고하게 자리 잡는다. 스포츠계에서의 젠더 작동 기제를 논의하는 첫 출발점은, 스포츠가 남성성을 중심으로 그 질서가 형성되었음을 먼저 인정하는 것이다.

그런 후, 한쪽 성이 우월하게 자리 잡은 공간이 다른 소수자에게 어떠한 현상(스트레스, 참여 장벽, 차별, 불평등)을 만들어내는지 물어야 한다. 특정 성의 지배는 그 성에 적합한 성향(젠더)을 어떻게 강화하는가? 혹은, 적합하지 않은 다른 성향을 어떻게 약화하고 배제하는가? 그 과정에서 발생하는 심리적, 사회적 문제는 무엇인가? 즉, 남성성이 우월하게 덧씌워진 종합격투기에 여성이 참여하면 어떤 문제가 생기나? 여성성이 넘치는 요가는 남성의 참여를 어떻게 방해하는가? 이런 현상은 왜 발생하는가?

---

[26] Mangan, J.A. (1981) Athleticism in the Victorian and Edwardian public schools. Cambridge: Cambridge University Press, 38쪽.

[27] Messner, M. A. (1990). When bodies are weapons: Masculinity and violence in sport. International Review for the Sociology of Sport, 25(3), 203-220, 204쪽.

지배적 남성성 이해하기

젠더관계를 이해하기 위한 남성성/들의 명제

남성성이란 무엇인가? 지금까지 젠더 연구가 주로 페미니즘의 입장에서 기술되면서, 남성다움을 향한 관심은 사회과학 분야에서 다소 소홀히 다뤄져 왔다. 과연 남성성은 사회학적으로 어찌 다뤄졌을까? 관련 연구를 검토하면서 나는 남성성에 관한 세 가지의 기본적 정의를 도출해낼 수 있었다.

첫째, 남성성이란 옛날부터 남자에게 적절하다고 인정된 성격이나 특징을 말한다. 둘째, 남성성은 남자에게 전형적이라 생각되는 방식으로서 요구되는 행동방식이다. 셋째, 남성성은 남자가 지녀야 할 자질을 말한다. 남자라면 마땅히 가지고 태어나야 할 기질이다. 남성성은 이렇게 이해된다.

중요한 점은 이 남성성이 어떻게 습득되는가이다. 또한 남성성을 어찌 바라볼지도 문제다. 고정 불변의 성질인가, 아니면 환경에 따라 가변적인 속성인가? 실제로 이와 같은 질문이 남성성 연구 초기부터 제기되었던 고민이었다. 그래서인지 모르겠지만, 사회학 분야에서 남성성 연구는 시간의 흐름에 따라 그 경향성에 있어 약간씩 차이를 보여주었다.

1960년대 이전의 남성성은 주로 심리적 관점에서 분석되었다. 이후, 70년대에 들어와 '사회화 주관자'에 의해 학습/습득되어 문화적 가치를 반영하는 '내면화된 정체성' 관점으로 다뤄지기 시작했다. 그러던 연구 경향은 80년대부터 남성과 여성이 지닌 특징은 이미 결정되었다는 '결정주의적 접근'으로 대체된다. 이후, 90년대에 들어와 남성성의 모습이 단일하지 않고 다면적이라는 점이 논의되며, 그 이론적 경향이 지금까지 이어진다. 남성성이 다양하다면 남자들 사이에서의 '위계'가 있다는 게 아닐까? 그래서 나온 개념이 '남성성/들(masculinities)'이다.[1)]

그렇다면 남성성/들은 어떻게 구성되었을까? 이 남성다움의 다양성을 말한 코넬(Connell)은 "서로 다른 유형의 남성성이 상호작용 및 서로 엮이는 것은 가부장적 사회질서가 작동하는 방식에서 중요한 부분"[2)]이라며, 남성성을 네 가지 종류로 나눈다.

먼저 위계의 가장 상층부에는 '지배적 남성성'이 자리한다. 다른 남성성과 여성성을 지배하고 통제하는 일종의 '왕초'다. 둘째, '종속적 남성성'이다. 지배적 남성성의 지배에 종속되어 억압받는 남성성이다(게이나 여자 같은 남성이 여기에 포함된다). 셋째, '공모적 남성성'이다. 비록 지배적 남성성을 획득하지는 못했지만, 그들의 행위를 따라 하며, '가부장적 배당금'을 얻는다. 넷째, '주변적 남성성'이다. 이는 지배적 남성성에 권위를 부여하는 남성성이다. 한 예로, 미국에서 흑인 운동선수는 지배적 남성성의 모범이지만 '흑인 강간범'은 지배적 남성으로서의 흑인 선수를 더 돋보이게 만들어 준다. 거울 반사 효과다.

이 남성성/들 이론은 다양한 명제를 가진다. 정리하면 다섯 가지다. 1) 남성성 표현은 사회적 권력의 표출이다. 남성적 행동 이면에는 자기 권력을 표출하려는 의지가 담겼다. 2) 남성성은 사회적 진공 상태에서 존재하지 않는, 특정 제도영역에서 구성되는 사회적 구성물이다. 3) 지배적 남성성은 그동안 꾸준히 눈에 보이지 않았고, '정상'처럼 보였기에 우리에게는 자연스럽게 수용되었다. 4) 지배적 남성성은 '연극(performance)'이다. 즉, 남자에게 요구되는 (문화적) 대본에 따라 행해진다. 5) 지배적 남성성은 그 시대의 사회문화적 지배 규범(dominant norm)과 연관된다. 당연히 한 사회에서 권력을 지닌 남성적 이미지(기준)와 연결될 수밖에 없다.

그렇다면 이러한 개념과 명제를 바탕으로 우리는 어떤 연구 문제를 던져볼 수 있을까? 우리에게 지배적 남성성은 어떤 모습으로 나타날까? 학교 운동장에서의 '남성성/들'은 어떤 위계를 형성할까? 부르디외(Bourdieu)의 자본론을 빌려보자면, 과연 어떤 자본을 획득해야만 한국 사회에서, 혹은 한국 스포츠계에서 지배적 남성성을 획득할 수 있을까? 여자 선수 역시 지배적 남성성을 획득하여 젠더 위계의 상층부에 위치할 수 있을까? 그것이 가능하다면, 여성이 획득해야 할 젠더 속성은 무엇일까?

1) R.W. 코넬 지음, 안상욱, 현민 옮김 (2013). 남성성/들. 도서출판 이매진.
2) Connell, R.W. (1987). Gender and power. Stanford, CA: Stanford University Press, 183쪽.

스포츠계 젠더 문제를 향한 사회학의 방향은 명료하다. 특정 젠더가 지배적이 된 스포츠는 어떠한 사회적 문제를 만들어내는지 밝히는 것이다. 이를 위해 특정 스포츠에 구축된 젠더 규범이 그 스포츠를 행하는 개인에게 어떠한 영향을 미치는지를 분석한다. 어떤 스포츠는 왜 특정 성을 배제하도록 작동하는지 이론화한다. 그럼으로써, 스포츠가 젠더화 되었을 때(어떤 활동이 한쪽 성에 고착되었을 때)gendered, 그것이 단지 반대편 젠더 성향의 사람만이 아닌, 결국 우리 모두를 불편하게 할 것임을 설득한다.

젠더규범은 스포츠계에서 어떻게 작동하는가?

> 남자들이 그동안 갈고 닦았던 엄청난 스포츠 기량은 결국 우월성과 지배할 권리가 당연히 남자에게 있다는 상징적 증거가 되었다.[28)]

체조는 남자와 여자 중 누구에게 더 어울릴까? 답하기 애매할 수 있다. 선뜻 답하기 어렵다면 우리는 이를 '젠더-중립적gender-neutral 스포츠'라 부른다. 그렇다면 럭비는 누구에게 더 잘 어울릴까? '남성'이라고 주저 없이 말한다면, 이는 '남성적 스포츠'다. 반대의 경우는 '여성적 스포츠'다. 리듬체조나 피겨스케이팅이 대표적이다. 물론, 이런 구분은 고정적이지 않다. 문화마다 차이가 있다. 이런 차이는, 어떤 스포츠가 남자와 여자에게 가장 적합한지가 사회적으로 구성됨을 말해준다.

이를 '젠더 규범gender norm'이라 한다. 젠더규범이란, 주어진 성에 따라 어떻게 행동해야 하는지와 관련하여 형성된 문화적 기대를 말한다. 사람들은 남아에게는 무엇보다 축구나 복싱이 어울린다고 믿는다. 여아에겐 무용을 추천한다. 이처럼 믿고 말하게 만드는 비가시적 영향력이 젠더 규범이다. 이는 강력한 힘을 지녔다. '정상성normality'이란 기준적 형태가 함축되었기 때문이다. 젠더 규범이 지시한 걸 따르지 않을 때, 그 사람은 비정상으로 인식된다. 이를 '정상화' 혹은 '규격화normalization'라 부른다. 남자라면 권투를 해야 한다는 규격에 어긋나면, 그 순간부터 삶은 피곤해진다. 서론에 소개되었던 『빌리 엘리엇』 이 그 피곤한 삶을 영화화한 것이다.

젠더 규범은 스포츠계에서 통용되는 사회적 고정관념도 만들었다. 그 고정관념을 인정한 사회는 관념을 위반한 자에게 '낙인stigma'을 찍는다. 여자는 축구를 잘하지 못한다

28) Connell, R. W. (1995). Masculinities. Cambridge, England: Polity Press, 54쪽.

는 고정관념은 축구 잘하는 여성에게 '남자 아니냐'며 '성별 검증 대상gender verification'이란 낙인을 찍는다. 낙인은 주로 미디어의 몫이다(합리적 의심이란 이름으로). 혹은 여성성이 강한 리듬체조에 남자 선수가 입문하는 순간, 동성애자일 수 있다는 꼬리표가 따른다. 젠더 규범은 개인의 스포츠 참여 경로를 성별에 따라 고착화한다.

젠더규범에 따른 스포츠 종목의 젠더 유형화

남자다운 남자와 여성스러운 여자를 결정하는 젠더 규범은 스포츠 종목 자체를 유형화한다. 젠더 유형화gendertyping다. 이는 어떤 물체나 특성, 활동을 남성적, 여성적, 중성적, 무성적으로 정의 및 구성하는 인지 과정이다. 야구, 농구, 체조, 수영 같은 스포츠 종목에 어떤 젠더가 덧씌워졌는지를 판단한다.

당연하겠지만, 남자답다고 인지되는 스포츠에는 격렬한 신체 접촉, 대면 경쟁, 힘, 스피드, 공격성 같은 특성이 녹아있다. 반면, 여성스러운 스포츠에는 표현성, 우아함, 미적 강조 등의 특성이 포함된다.[29] 미식축구는? 남성적 스포츠다. 반면, 싱크로나이즈 수영은 여성적 스포츠로 유형화된다. 이 유형은 주로 설문지를 이용하여 파악된다. 예를 들어, 점수를 매기거나(이 스포츠가 얼마나 남성적/여성적이라 생각하나요?), 범주화한다(축구는 남성적, 여성적, 양성적 중 어디에 속한다고 생각하나요?). 이 작업은 전 세계적으로 1980년대부터 시작되었고, 그 결과는 대부분 국가에서 유사하게 나타난다.

국내 대학생들은 스포츠 종목의 젠더 유형을 어떻게 인식할까? 509명(남자 232명과 여자 277명)이 참여하여 77개 종목을 평가한 연구에 따르면, '여성적 스포츠'에는 댄스스포츠나 수중발레, 체조 등, 총 여덟 개 종목이, '중립적 스포츠'엔 수상스키, 양궁, 배구, 테니스 등 총 38개 종목이, '남성적 스포츠'로는 레슬링, 럭비, 축구, 아이스하키, 보디빌딩 등 31개 종목이 유형화되었다.[30] 이 결과를 따르자면, 남성적으로 유형화된 31개 스포츠에 여성이 참여하면 여러 유형의 제약이 작동한다.

미국 대학생들은 어떨까? 생물학 개론 수업을 듣는 학생 중 313명이 참여해 스포츠 종목 젠더 유형 설문을 한 결과, '여성적 스포츠'로 많이 나온 종목은 체조(15%), 필드하키(14.6%), 소프트볼(12.1%), 배구(12.1%), 치어리딩(8.5%), 싱크로나이즈수영(4.8%), 아이

---

29) Hardin, M., & Greer, J. D. (2009). The influence of gender-role socialization, media use and sports participation on perceptions of gender-appropriate sports. Journal of Sport Behavior, 32, 207-226.

30) 홍지은, 이병찬 (2020). 젠더 유형에 따른 스포츠 종목의 구분: 대학생의 스포츠 젠더 고정관념에 대한 인식. 한국체육과학회지, 29(6), 71-82.

스스케이팅(4.1%) 순으로, '남성적 스포츠'는 미식축구(33.7%), 아이스하키(13.8%), 레슬링(12.4%), 야구(12.1%), 럭비(9.5%), 복싱(2.4%) 순으로 나타났다.[31] 자세한 내용은 연구를 참조하면 되겠지만, 결국 이는 우리에게 일관된 메시지를 던져준다. '스포츠 종목에는 특정한 젠더가 스며들어있다.' 그리고 그렇게 인지된 스포츠의 젠더 적합성은 각각의 성별에 따른 스포츠 참여를 결정한다(구조화한다).

스포츠 종목의 젠더 유형 중 중립적 범주를 늘리려면?

여성적 스포츠 종목엔 남자가 참가하지 않는다. 하고 싶어도 제약이 많이 걸린다. 반대로, 남성적 스포츠에 여자가 들어가려면 굳은 결심이 필요하다. 중요한 건, 양 극단에 배치된 스포츠 종목을 '젠더 중립적'으로 인지되게 하는 일이다. 그래야 모든 성에게 스포츠 참가 제약이라는 장애물이 완화된다. 어떻게 가능할까?

스포츠 종목의 젠더 유형화 연구를 보면, 영화『빌리 엘리엇』에서 주인공이 겪었던 갈등이 쉽게 이해된다. 여성적 스포츠인 무용에 남자인 빌리가 참가하면 사회적 처벌(빌리 아버지와의 심한 갈등)이 발생한다. 반면, 남성 스포츠인 미식축구에 여자가 참여하면, 보호장비가 아닌 여성용 속옷[lingerie]을 입어야 뛸 수 있다는 차별적 요구(여성을 성적으로 상품화려는 요구)를 감내해야 한다.[32] 요구를 수용하자니 눈요기로 전락한다. 수용하지 않으면 미식축구를 할 수 없다. 결국, 스포츠 종목의 젠더 유형은 젠더 규범이 참가 경로를 규격화함으로써 구성된 사회구조다.

'사회구조'로서의 스포츠계 젠더 규범

젠더 규범은 특정 공간을 구획한다. 대표적인 공간이 피트니스 클럽이다. 여성 전용 피트니스 클럽을 제외하고, 일반적으로 모든 클럽은 여자 공간, 남자 공간이 따로 구획되지 않았다. 그럼에도, 비가시적 젠더 규범(남자는 근육을 기르고, 여자는 살 빼는 행위가 어울린다는 규범)이 자연스레 피트니스 클럽 공간을 남성 영역과 여성 영역으로 구획한다.[33] 이에 따라 남자는 덤벨 공간(근육 키우기 공간)을, 여자는 살을 빼는 유산소 운동

---

31) Sobal, J., & Milgrim, M. (2019). Gendertyping sports: Social representations of masculine, feminine, and neither-gendered sports among US university students. Journal of Gender Studies, 28(1), 29-44.

32) Weaving, C. (2014). It is okay to play as long as you wear lingerie: A moral evaluation of the Lingerie Football League and its rebranding. Sport in Society, 17(6), 757-772.

공간을 점유한다. 그래서일까. 여성이 덤벨을 들으려 하면, 마치 남성들(공간 점유자)의 '승인'이 필요할 것 같은 분위기가 형성되곤 한다. '젠더(차별)주의genderism' 즉, 남자와 여자, 남성과 여성이란 엄격한 범주에 대한 비순응/비동조자 차별[34]이 피트니스 클럽에 작동하는 것이다. 이런 젠더 구획화는 어떤 문제를 만들어낼까?

젠더 규범는 스포츠 종목의 젠더 유형화 및 피트니스 클럽 공간 구획뿐 아니라, 행위에 영향을 미치는 (사회)구조도 만든다. 그 구조는 스포츠계에서 폭력이 된다. 이를 '구조적 폭력structural violence'이라 부른다. 구조적 폭력이란 직접적 가해자가 없음에도 폭력의 피해자가 존재하는 현상을 뜻한다. "한 남편이 자기 아내를 때리면 명백히 직접 폭력이지만, 백만 명의 남편이 백만 명의 아내에게 교육을 못 받도록 방해한다면"[35] 그게 구조적 폭력이다. 우리 주변에 이런 유형의 폭력이 꽤 많다.

구조적 폭력의 대표적 사례가 댄스스포츠다. 이는 주로 여성적 스포츠로 인지되는 종목이다. 남자보다 여자가 더 많다. 그래서인지, 여자 선수 10명 중 두세 명은 남자 파트너를 구하지 못한다(댄스스포츠는 남녀 파트너로만 대회 참가가 가능하다).[36] 구하는 과정에서도 불편이 발생한다. 예를 들어, 남자 파트너를 구하려 현재 자신의 지도자와 결별해야 한다. 파트너의 지도자에게 가야 하기 때문이다. 또한 남자 파트너를 경제적으로 지원하기도 한다. 파트너 폭력도 참아야 하고, 작품 선정에서도 남자 쪽 의견을 따른다(비록 남자가 여자보다 실력이 떨어지더라도).[37] 이런 상황에서 남자 선수는 가해자일까? 애매하다. 젠더규범이 댄스스포츠 세계의 구조를 그렇게 만들었기 때문에 남자 선수를 가해자로 보기 어렵다. 여자 선수는 여자로 태어난 죄(?) 밖에 없다.

보디빌딩계도 구조적 폭력이 작동한다. 인간의 근육에 스며 들어간 젠더 규범이 보디빌딩계의 구조적 폭력이다. 남자와 여자 모두 자기 몸을 근육질로 만들 자유가 존재함에도, 젠더규범은 남성적 근육과 여성적 근육의 정상적 기준을 다르게 규격화했다.

---

33) Coen, S. E., Rosenberg, M. W., & Davidson, J. (2018). "It's gym, like g-y-m not J-i-m": Exploring the role of place in the gendering of physical activity. Social Science & Medicine, 196, 29-36.

34) Browne, K. (2004). Genderism and the bathroom problem: (Re)materialising sexed sites, (re)creating sexed bodies. Gender, Place & Culture, 11(3), 331-346, 343쪽.

35) Galtung, J. (1969). Violence, peace, and peace research. Journal of Peace Research, 6(3), 167-191, 171쪽.

36) 2005년 등록선수는 여성이 461명(68.6%), 남성이 211명(31.4%), 2017년에는 여성 353명(56.7%), 남성 270명(43.3%), 2021년은 여성이 215명(55.7%), 남성이 171명(44.3%)으로 집계된다.

37) 김대희, 남상우 (2018). 댄스스포츠 연구 분야에 대한 종합적 정리 및 사회학적 주제 도출. 한국스포츠사회학회지, 31(3), 43-66.

> 여성 보디빌더는 근육질이면서도 여성다움(섹시함)을 갖춘 근육을 요구받는다. 몸에 대한 모순된 메시지를 경험하는 것이다. 이를 소화하고자 많은 여성이 나름의 전략을 활용하는데, 성형수술이나 여성스러운 헤어스타일 연출, 각종 여성스러운 장신구 착용이 대표적이다. '근육질임에도 나는 매력적인 여성'이란 메시지를 보여줘야 하기 때문이다.[38]

남성 보디빌더와 달리 여성은 근육을 만드는 과정에서 '이중 구속double bind'을 경험하는 것이다. 예를 들어, 남성과 달리 여성 보디빌더는 섹시한 근육질의 몸매를 중심으로 평가받는(평가 기준이 애매한) '보디 피트니스Body Fitness' 대회 참여를 강요받는다. 이유가 무엇일까? 남성과 유사한 근육을 기준으로 여성 대회를 열면 그 대회에 후원이 들어오지 않기 때문이란다. 결국, 젠더에 따라 달리 형성된 근육의 정상성muscle normality이 남성다운 근육을 바라는 소수의 여성에게는 구조적 폭력으로 작동한다. 과연, 이 사례에서 여성 보디빌더를 향한 폭력 가해자는 누구인가?

스포츠계 구조적 폭력은 여성에게만 가해지는가?

젠더규범이 형성한 스포츠 종목 젠더 유형이나 공간 구획화, 나아가 구조적 폭력은 반드시 여성에게만 해당하는 문제일까? 남성에게 작동하는 구조적 폭력은 존재하지 않을까? 서론에서 간략하게 소개했던 무용이나 요가 사례를 본다면 어떤 논의가 가능할까? 이와 관련하여 무용계[39]와 요가 공간[40]을 중심으로 이루어진 사례 연구와 함께 논의해보자.

젠더는 남성이나 여성이 어떤 가산점을 받고 말고를 따지는 문제가 아니다. 우리의 일상을 조형하는 하나의 사회구조 차원에서 논의될 개념이다. 사회구조로서의 젠더는 한 마디로, 이해와 변화의 대상이다. 이를 위해서는 먼저 그 구조가 어떤 모양새인지를 알아야 한다. 그 후, 이것이 누구에게 유리하게 만들어졌는지를 따져야 한다. 그래야 향후 어떻게 이 구조를 변화시킬 수 있을지 논의할 수 있다. 또 다시, 결론적으로 말할 수 있는 건 젠더는 스포츠계를 구조화한다는 사실이다. 그리고 그렇게 구조화되며 작동하는 것이 바로 '젠더 이데올로기'다.

---

38) 남상우 (2019). 여성보디빌딩 연구의 지형 분석: 정당성, 정상성, 정치성의 절합. 한국체육학회지, 58(4), 101-111, 106쪽.

39) 남상우, 이해령, 김대희 (2020). 무대 위로 이어진 유리 에스컬레이터: 남자 무용수를 향한 무용계의 숨겨진 젠더 이점. 한국스포츠사회학회지, 33(2), 19-40.

40) 배재윤 (2017). 요가 하는 중장년 남성의 운동 경험과 의미: 젠더수행을 거스르며 요가 하는 남자들. 체육과학연구, 28(1), 60-80.

"왜 아빠가 설거지 해?" 앞치마를 두르고 간만에 저녁 식사 설거지를 하던 아빠에게 다섯 살 아들이 와 묻는다. 지금껏 주방에서 설거지하던 사람은 엄마였기에 아이에게 이 장면이 어색하게 다가왔던 것이다. "어? 여자다!" 초등학교 2학년생 대상의 소방 관련 홍보를 위해 방문한 여러 소방수 중 여자 소방수를 보고 한 여학생이 신기해하며 외친다. 이 아이에겐 '소방수=남자'란 도식이 자리 잡고 있었다. 이처럼 남자나 여자로 채워져야 할 역할과 관련, 사회적으로 적절한 질서가 형성되었다는 '믿음'을 젠더 이데올로기gender ideology라 한다.[41] 일종의 사회화된 인식틀이다.

> 이데올로기는 환경에 대한 해석과 그 환경이 어떻게 구조화되어야 하는가에 대한 '처방'을 제공하는데, 이는 개개인이 소유하는 정신 모델이 공유된 인식 틀이다.[42]

젠더 이데올로기는 젠더규범과 비슷한 기능과 영향력을 지닌다. 다만, 이데올로기가 각 개개인이 지닌 관념이라면(개인적 수준), 규범은 사회적으로 형성된 문화라는 차이가 있다(사회구조적 수준). 인과관계 설정이 가능할 것이다. 규범이 이데올로기에 영향을 미치고, 그에 따라 형성된 이데올로기를 따라 행동이 이루어진다. 행동이 누적되면 습관으로 자리 잡고, 습관은 집단화되어 '습속'이 된다. 습속은 문화가 되고, 다시 규범으로 작동한다. 결국 이 둘은 순환 관계다(아니, 악순환일 수 있다).

'여자애처럼 던지기'라는 젠더 이데올로기

사람들은 여자가 남자보다 운동을 못 한다는 관념을 당연시한다. 이 관념은 스포츠계에 남자프로농구보다 열등한 여자프로농구, 남자 축구심판보다 부정확한 여자 축구심판과 같은 여성의 '약함/열등 신화frailty myth'를 구축했다. 이 규범을 따라 사회구성원들은 사회화된다. 결국, 규범은 '여성 스포츠에서의 경기력(기술이나 전략 및 박진감의 총체)이 남성의 그것에 비해 한참 뒤떨어진다'란 관념의 합으로 정당화된다.[43]

---

41) Saguy, T., Reifen-Tagar, M., & Joel, D. (2021). The gender-binary cycle: The perpetual relations between a biological-essentialist view of gender, gender ideology, and gender-labelling and sorting. Philosophical Transactions of the Royal Society B, 376(1822), 1-9, 1쪽.

42) Jost, J. T., Federico, C. M., & Napier, J. L. (2009). Political ideology: Its structure, functions, and elective affinities. Annual Review of Psychology, 60, 307-337, 309쪽.

43) Hardin, M., & Whiteside, E. E. (2009). The power of "small stories": Narratives and notions of gender

그렇다면 여자가 남자보다 스포츠에서 약하다는 말은 어떻게 정설처럼 수용될까? 이런 약함은 선천적일까? 혹시 사회화 때문은 아닐까? 여성주의 정치학자 아이리스 마리온 영Iris Marion Young, 1949-2006은 이와 관련한 흥미로운 실험을 소개한다.[44] 스포츠에서 여성의 약함 혹은 수동성은 타고난(자연적) 것이 아닌, 학습되거나 사회화된 것임을 말해주는 실험이다. 과연, 실험 과정에서 어떤 일이 벌어졌을까?

여자애처럼 던지기 신화

실험에서 연구자는 남녀 중학생들에게 일정 거리를 두고 설치된 표적과 공을 주고 다음처럼 요청했다. "자신이 주로 사용하는 팔dominant arm을 써서 공을 표적에 던져보세요." 각자 어떻게 던졌을까? 여학생보다 남학생이 몸 전체를 이용해 공을 더 멀리, 빠르고 정확하게 던졌다. 신체적 동작을 더 훌륭히 수행한 것이다. 하지만 평소 잘 사용하지 않는 팔로(오른손잡이는 왼손으로) 던져보라는 다음 요청에서는 반대 결과가 나왔다. 남녀 모두 던지는 자세엔 별 차이가 없었다(모두 어설펐다). 오히려 정확성과 빠르기에선 여학생이 더 나았다.

이 결과는 무엇을 의미할까? 여러 해석이 가능하겠지만, 스포츠에서 여성은 약함을 학습한다는 점 아닐까? '학습된 유약함learned weakness'이 작동한다는 의미다. 젠더 규범(젠더와 관련한 문화적 기대감)이 중요한 이유다. 아이들이 성별 구분 없이 던지기 놀이를 많이 하는 호주의 경우, 그렇지 않은 다른 문화권 아이들보다 던지기 동작이나 공 속도에서 차이가 거의 없었다.[45] 잘 알다시피, 이런 문화에서는 어릴 때부터 여아에게 던지기 놀이가 적극적으로 요청된다. 약함은 선천적이지 않다. 반복적 훈련의 결과다.

"그래도 남자가 여자보다 힘이 센 건 사실이지 않나요?" 앞선 설명에 자주 제기되는 반론이다. 물론 그럴 수 있다. 남자와 여자는 생물학적으로 다르니까. 물론 이런 주장도 주의해야 한다. 남자인 나는 장미란 선수가 올림픽에서 들어 올린 무게의 역기를 절대 들어 올릴 수 없다(여자인 장미란 선수가 남자인 나보다 약한가?). 이보다 더 중요한 질문은 '왜 여자애처럼 던진다는 표현은 약함을 상징하게 되었나?'이다. 과연 남성성과 여성성에 본질이라는 것이 존재할까?

---

equality in conversations about sport. Sociology of Sport Journal, 26(2), 255-276, 267-268쪽.

44) Young, I. M. (1980). Throwing like a girl: A phenomenology of feminine body comportment motility and spatiality. Human Studies, 3(1), 137-156.

45) Thomas, J. R., Alderson, J. A., Thomas, K. T., Campbell, A. C., & Elliott, B. C. (2010). Developmental gender differences for overhand throwing in aboriginal Australian children. Research Quarterly for Exercise and Sport, 81(4), 432-441.

> 증명 과정이 성공하려면 필수적으로 '남자보다 더 남자답게 가르치기'라는 젠더 수행전략이 필요하다. 여성성을 버리고 남성성을 적극적으로 취하는 방식이다. 단순한 남성성이 아니다. 지배적 남성성을 표현해야 한다. 남자 지도자나 남자 선수보다 더 강하게 보이게 자신의 감정과 행위를 연기해야 한다.[46)]

남자 정비공이 나올 것 같은 자동차 정비소에 여자 정비공이 새로 들어왔다. 이 정비소에서 여자 정비공에게는 어떤 행동이 기대될까? 남자 고등학교 태권도 선수로 가득 찬 운동부에 여자 지도자가 부임했다. 이 지도자에게 요구되는 행동은 무엇일까? 남고생들이 서 있는 운동장에서 여자 체육교사가 수업을 하려고 한다. 어떤 행동을 고민할까? 남자들만 있는 축구 심판계에 여자 심판이 들어왔다. 어떤 행동을 해야 할까? 여성이 다수인 초등학교에 부임한 남자 교사, 여성 중심의 간호대학에서의 남학생, 여성 회원이 지배적인 요가 클래스에서의 남성은 어떤 행동을 요구받을까?

젠더 수행: 문화적 대본을 따르는 젠더 연기

배우는 주어진 대본에 따라 '연기'를 한다. 이 사회를 연극 무대라 가정한다면, 우리 각자는 무대 위의 배우다. 미국 사회학자 어빙 고프먼Erving Goffman, 1922-1982이 그의 '인상관리론'에서 주장한 내용이다. 사회질서는 어떻게 유지될까? 개인이 맺는 수많은 대인관계에서 상황에 맞는 연기를 하며 유지된다. 이에 따르면, 여자 정비공은 자기가 속한 상황(정비소)이 요구하는 행동 규칙을 파악(젠더 규범), 그에 맞는 연기를 해야 한다. 그래야 정비소 질서가 유지된다. 이처럼 젠더 규범을 따라 연기하는 행위를 상호작용이론가들은 '젠더 수행gender performance'이라 부른다(젠더 연극으로도 이해된다).

남녀공학 고등학교에서 체육수업을 하는 여자 체육교사 사례는 젠더 수행의 모습이 어떤 양상으로 나타나는지 잘 보여준다.[47)] 이 연구는 두 가지를 보여준다.

첫째, 여자 체육교사가 속한 사회적 장(고등학교 및 체육수업이 이루어지는 운동장)은 운동능력이 우대받는 남성성 중심으로 위계화되었다는 점이다. 여자 체육교사는 위계의

---

46) 남상우 (2014). 운동부 여성 감독의 갈등 경험과 젠더 수행. 한국스포츠사회학회지, 27(3), 47-65, 55쪽.

47) 남상우, 이해령 (2019). 초(超)남성적 학교 체육 문화 내 여자 체육교사의 젠더 수행 이론화. 한국스포츠사회학회지, 32(1), 1-19.

중간부에 위치한다. 최상층엔 남자 체육교사, 그 밑으로 운동 잘하는 남학생과 그냥 남학생이 차례로 위치된다. 중간에는 여자 체육교사가, 그 밑으로 운동 잘하는 여학생, 여자 무용 교사, 그냥 여학생 순으로 배치된다. 학교 체육이 이루어지는 공간은 뛰어난 운동능력과 남성성이 지배적 힘을 발휘하는 곳이다.

> 우리 사회가 여성과 남성을 '본질적인' 차이로 분절하는 한, 또한 성 범주에서의 위치 짓기를 꾸준히 강화하는 한, 젠더 수행하기는 피할 수 없다.[48]

둘째, 위계적인 남성적 문화에서 여성은 자신의 여성성을 다양하게 '연기'해야 했다. 남성성의 가면을 쓸까, 아니면 여성성을 보여줄까? 혹은 아예 다른 모습이 필요한가? 본인의 위치를 정한다. 연구는 세 가지 젠더 수행을 보여준다. 1) 기존 젠더 규범doing gender(전통적으로 여자같은 체육교사) 따르기다. 순종적 젠더 행하기 혹은 종속적 젠더 따르기다. 자신이 여자라 남자만큼 운동을 잘 하지 못함을 인정하고 수업에 임한다. 2) '젠더 바꾸기redoing gender' 즉, 전통적 젠더 규범(여자 체육교사는 운동 못한다)과는 다른 모습의 젠더 유형을 수행한다. 의상을 남성스럽게 바꾸거나, 자신이 잘 하는 종목으로 수업하며 운동능력의 우위를 증명한다. 3) '젠더 지우기undoing gender'는 여성 혹은 남성이 아닌 '교사' 정체성을 내세우며(지금은 개인 운동이 중요한 게 아냐, 협력해서 교육 목표를 달성해야지!) 젠더 중립적 수업(예를 들면 뉴스포츠)을 선택하는 수행전략이다.

특정 성이 우세한 곳에서 소수의 성은 어떤 연기를 할까?

거친 자동차 정비소에서 여자 정비공은 다른 남자들과 상호작용할 때 어떤 연기를 할까? 여자들이 많은 요가 수업에서 남자는 그 공간에 어울릴만한 어떤 행동을 연기할까? 골프 라운딩에서 고객들이 보내는 미소와 관련, 골프 캐디들(남성/여성)은 어떤 식으로 응대하며 표정연기를 수행할까?

젠더 수행이 중요한 것은 이것이 개개인의 삶을 피곤하게 만들기 때문이다. 자신과 맞지 않는 젠더의 가면을 쓰고 사회생활을 하는 건 마치 정장 차림으로 배드민턴을 치는 것과 같은 어색함을 느끼게 한다. 이는 결국 한 인간의 자존감과 자기 유능성을 떨어트리고, 지속적인 스트레스를 불러일으킨다. 중요한 또 다른 사실은, 실제로 젠더 수

---

48) West, C., & Zimmerman, D. H. (1987). Doing gender. Gender and Society, 1(2), 125-151, 127쪽.

행을 하는 사람들의 사회적 위치다. 즉, 상층인가 하층인가? 주류인가 소수자인가? 젠더 수행의 압박을 경험하는 이들 대부분은 그 사회적 위치가 불리한 쪽이다. 남자 체육 교사는 체육수업에서 어떤 젠더를 수행할지 고민하지 않는다. 물고기가 물에서 어떻게 숨을 쉴지 고민하지 않는 것과 같다. 그래서 '불평등'한 것이다.

젠더 자본: 특정한 사회적 장에서의 내기물

프랑스 사회학자 피에르 부르디외Pierre Bourdieu, 1930-2002는 그의 영향력 있는 『구별짓기distinction(1979)』에서 '젠더 자본'을 암시한다. "일부 여성은 자신의 매력에서 직업상 이익을 얻고, 따라서 아름다움이 노동시장에서 가치를 얻게 되는 사실은 의심할 바 없이 복장이나 화장 등에 대한 규범을 변화시킨다."[49] 쉽게 말해, 여성이 여성스러운 젠더 속성을 지님으로써 본인이 속한 장에서 특정 이점을 얻을 수 있다는 의미다.

> 젠더 자본은 특정 체계 및 사회적 장에서 가치 있다고 인정받으며 기꺼이 성 정체성 일부로 받아들일만 한 지식, 기술, 자원 등을 가리키는 개념이다.[50]

'엔지니어'를 보자. 엔지니어로 일하는 여자는 여성성보다는 남성성을 보일 때 그 장에서 필요한 이점을 얻게 된다. 엔지니어 작업장이야말로 남성성이 흘러넘치는 곳이기 때문이다. 그리고 자본으로서의 남성성은 자동차 지식, 손님을 허물없이 대하는 개방된 자세, 무거운 물건을 잘 나르는 힘 등으로 구성된다. 그런 자질을 갖지 못하면(젠더 자본을 습득하지 못하면), 결국 그 여성 엔지니어는 자신이 속한 장에서 도태된다.

그럼, '보디빌더'는 어떨까? 보디빌딩을 위한 피트니스 클럽에서도 역시 여성은 자신의 여성스러운 성향을 지우고 남성성을 행한다. 남성 중심으로 이루어진 공간의 작동방식 때문이다. 여자라는 이질적 존재가 들어오면 불편해지기에, 여성 보디빌더는 최대한 남성적 연기를 하게끔 강제된다. 반대로, 남성미 넘치는 여성이라도 자신이 간호사라면 그 간호사가 활동하는 장field에서 필요한 여성성(보살핌, 미소, 친절함)을 표현할 수 있어야 한다. 다른 간호사가 하는 여자다운 행동을 모방하고 그걸 연습하여 다른 환자들 앞에서 여성스러운 간호사를 연출한다.[51]

---

49) Bourdieu, P. (1984). Distinction: A social critique of the judgement of taste(translated by Richard Nice). Cambridege, MA: Harvard University Press, 321쪽.

50) Bridges, T. S. (2009). Gender capital and male bodybuilders. Body & Society, 15(1), 83-107, 92쪽.

핵심은, 젠더 규범이 우리가 일상에서 경험하는 다양한 사회적 장(학교, 병원, 군대, 피트니스 클럽, 골프장 등)에서 '내기물stakes'로 작동한다는 사실이다. '우리 내기할까?'의 그 내기물이다. 금품을 거는 등, 일정한 규칙 아래서 승부를 다투는 걸 말한다. 규칙을 잘 지키면 그 장에서 유리한 무언가를 얻는다. 중요한 건 내기에서의 규칙(약속)이다. 무엇을 획득해야 유리한 이점을 제공할 것이라 약속했는가? 구성원 간 합의가 중요하다. 군대에선 건장한 체격과 체력, 애국심, 희생정신 등이 약속되었다. 그 모든 걸 획득한 이는 높은 계급을 단다. 보디 피트니스body fitness에서는 '두껍지 않고 섹시함이 묻어나는' 근육질 획득이 약속된 내기다. 그걸 획득해야 그(녀)는 보디빌딩계가 약속한 상금과 지위를 보상받는다. 물론, 실패하면 주변화된다.

젠더 자본과 관련, 스포츠사회학이 제기하는 주요 질문은 무엇일까? 특정 사회적 장에서 다뤄지는 내기물이 왜 그렇게 결정되었는지를 묻는 것이다.

잘 알려져 있다시피, 헤비메탈 록heavy-metal rock 세계에선 무엇보다 '긴 머리카락'이 남자다운 로커rocker로 칭송받는데 필요한 내기물, 즉 젠더 자본이다. 공연 중 이를 격하게 흔들어줘야 진짜 로커로 인정받는다. 어쩌다 이 세계에선 다른 것도 아닌 긴 머리카락이 주요 젠더 자본이 되었을까? '여자들이 마시는 맥주(딸기맛 첨가 등)'는 (진정한) 수제 맥주를 마시는 공간에선 정당성을 잃는다. '진짜 맥주'가 아니니까. 그리하여 이 공간에 온 여성에겐 '여자들이 마시는 맥주'가 권해지는데, 그걸 수용하면 수제 맥주 공간에서의 자본을 잃는다. 반면, 이를 거부하고 남자들이 마시는 '진짜' 맥주를 마시며 그 맛을 논할 수 있다면, 그녀는 수제 맥주 공간에서 칭송받는 젠더 자본을 획득한다(이곳에 어울리네!).[52] 이런 경향은 어떻게 만들어졌을까?

스포츠계 대부분은 이와 같은 내기물로서의 주요 자본이 이미 준비되어 있다. 구성원들은 특정 스포츠 장에서 높은 위치를 차지하고자 그 내기물을 획득하려 한다. 문제는, 대부분의 내기물이 '남성성'(남자들이 획득하기에 좀 더 유리한 성향) 중심으로 형성되었단 사실이다. 심지어 모든 사람이 어떠한 불편함 없이 참가할 수 있는 스포츠에서조차 젠더, 연령, 지역, 계층에 따른 내기물이 차별적으로 구성되었다.

---

51) Huppatz, K., & Goodwin, S. (2013). Masculinised jobs, feminised jobs and men's gender capital experiences: Understanding occupational segregation in Australia. Journal of Sociology, 49(2-3), 291-308.

52) Darwin, H. (2018). Omnivorous masculinity: Gender capital and cultural legitimacy in craft beer culture. Social Currents, 5(3), 301-316.

스포츠계 젠더 불평등의 사회학적 이해

2019년 FIFA 여자 월드컵 후 '공정 보상' 논란이 일어났다. 논란은 대회 우승팀(미국) 주장 메간 라피노Megan Rapinoe, 1985-의 말에서 시작했다. "남녀 월드컵 상금 격차가 너무나 크다. FIFA는 여자 선수를 존중하지 않는다." 상금 차이가 얼마나 났을까? 2018 러시아 월드컵 총상금은 약 4,700억 원이었고, 2019 프랑스 여자 월드컵 총상금은 약 354억 원이었다. 약 13배 차이다. 중계권료 때문이지만, 차이가 꽤 크다. 특히 미국 여자 축구대표팀은 더 억울했을 것이다. 미국 남자 월드컵 대표팀은 2014브라질월드컵 16강에서 탈락하며 64억 원의 상금을 받았지만, 여자팀은 2015 캐나다 여자 월드컵을 우승하고도 겨우 20억 원만 받았기 때문이다. 이 차이를 어떻게 봐야 할까? 남녀 선수 간 경기력과 인기 차이에 따른 수입(중계권료 및 광고료) 때문이니 자연스럽다고 봐야 할까?

스포츠계 젠더 불평등 지형의 개괄적 이해

"여자 샐러리캡은 14억(향후 2년간 동결), 남자 샐러리캡은 25억(1년에 1억 원씩 인상)이다. 여자배구 샐러리캡과 남자배구 샐러리캡 차이가 너무 난다. 또, 여자 선수만 1인 연봉 최고액이 샐러리캡 총액의 25%를 초과할 수 없다는 조항까지 추가되었다. 왜 점점 좋아지는 게 아니고 뒤처질까? 이런 제도라면 나는 한국 리그에서 못 뛰고 해외에서 은퇴해야 할 것 같다." 2018년 3월 18일, 김연경 선수는 자기 SNS 페이지에 이 글을 올렸다. 프로배구에서 시행하는 샐러리캡salary cap 제도(한 팀 선수들의 연봉 총액이 일정액을 넘지 못하게 제한한 제도) 문제를 지적한 내용이었다.

김연경 샐러리캡

이후 2020년 12월 한국배구연맹은 2022-2023년 시즌까지 여자 배구팀 보수 총 상한액을 23억 원으로 의결했다(18억 원 샐러리캡, 5억 원 옵션 캡). 물론, 남자 프로배구 샐러리캡(2022-2023년 시즌까지 최대 41억5000만 원까지 증액)과는 꽤 차이 난다. 여자 프로배구 쪽에서 보면 불평등이다. 차이를 정당화했던 시청률이 여자배구가 더 좋았기 때문이다(2020-2021년 시즌 평균 시청률 1.29%, 남자 리그 평균 0.81%).[53] 인기는 우리가 더 많은데(광고가 많이 붙는데) 왜 돈은 적게 받는가?

"여자 (테니스) 선수들은 로저 페더러Roger Federer와 라파엘 나달Rafael Nadal이 태어난 것에

---

[53] 김경윤 (2021.04.23.). '김연경 효과' 여자배구 시청률 1.29%, 남녀부 역대 최고 신기록. 연합뉴스.

대해 날마다 무릎 꿇고 감사기도를 해야 한다." 1974년 데이비스컵 우승자 이자 권위 있는 대회인 BNP Paribas Open(인디언웰스 마스터스, 총상금 약 63억 원)의 디렉터 레이먼드 무어[Raymond Moore, 1946-]가 2016년 이 대회 직후, 여자 선수들이 남자 선수들의 인기에 편승하여 높은 상금을 받고 있다며 한 말이었다. 이후, 남자 테니스 세계 1위 노박 조코비치[Novak Djokovic, 1987-] 역시 남자 테니스 경기가 인기가 더 높기에 여자 선수보다 더 많은 상금을 받아야 한다고 주장하기도 했다. 이에 격렬한 비판이 일어났고, 결국 무어와 조코비치 모두 자신의 발언을 사과했다. 스포츠계 보상 불평등 문제는 여러 종목에 편재되어 있다.

조코비치
성차별 발언

스포츠계 젠더 불평등의 세 가지 차원

앞선 사례는 스포츠계에 만연된 여러 젠더 불평등 현상의 일면을 보여준다. 물론 이들 대부분은 '경제적 불평등'에 관한 것이다(임금 포함). 하지만 불평등 현상은 시청률을 중심으로 한 경제적 차원에서만 발생하지 않는다. 그 차원은 다양하다. 정리해보면 다음의 〈그림 10-1〉처럼 세 가지 층위로 요약된다(규범적, 제도적, 미시적 불평등).

[그림 10-1] 사회적 구성물로서의 스포츠계 젠더 불평등: 상호 강화 모형

첫 번째 '규범적 불평등[normative inequality]'은 사회문화적으로 형성된 불평등 관련 기대감이 종합되어 나타난 현상이다. 이는 '여자(선수)는 어떠해야 한다'처럼, 사람들 사이에서 암묵적으로 합의된 여성성과 남성성에 대한 문화적 기대가 스포츠계 불평등을 만드는 사

회구조로 기능함을 포착한다. 여기에는 사회적으로 만연된 '엄마다움' 담론과 여성 리더를 향한 편향된 기대가 포함된다. 둘째, '제도적 불평등institutional inequality'이다. 이는 사회의 여러 제도에서 남성과 여성 선수에 대해 차별적으로 작동하는 제도를 말한다. 미디어에서의 차별적 묘사나, 각종 스포츠계 제도에서의 불평등, 성별 검증 잣대와 협회의 편향된 방침이 대표 사례다. 셋째, '미시적 불평등micro-practical inequality'은 규범과 제도로 인해 사람들의 일상 속 스포츠 실천이 불평등하게 이뤄지는 양상을 포착한다. 이 미시적 불평등에는 스포츠로의 동등한 참여가 보장되지 못하거나, 운동장에서 벌어지는 차별적 현상 등의 사례가 포함된다.

결국, 〈그림 10-1〉에 나타난 세 가지 차원의 불평등은 한 문장으로 요약된다. 즉, 스포츠가 '남성성을 증명하는 장'으로 자리 잡았다는 사회문화적 규범이, 스포츠를 유지하는 사회적 규칙 대부분을 남성에게 유리하게 제도화institutionalization하고, 이렇게 형성된 제도 속에서 우리는 미시적 차원의 스포츠 활동을 하며 또다시 스포츠가 남성성을 위한 장이란 규범을 경험하고 인정한다. '악순환'을 지속한다. 결국, 젠더 불평등은 이처럼 규범, 제도, 실천이 서로를 강화하며 지속하는 사회구조다.

스포츠계 젠더 불평등 (1): 규범적 편향성의 이해

"영국 여자축구선수들은 오늘부로 엄마, 아내, 그리고 딸로 돌아간다. 하지만 그들은 '영웅'이라는 또 다른 타이틀을 얻었다."[54] 2015 캐나다 여자 월드컵에서 3위를 차지한 잉글랜드 여자축구 대표팀을 축하하기 위해 잉글랜드축구협회가 트위터에 남긴 메시지다. 나름 의미 있는 메시지를 남기려 했지만, 이는 축구 대표팀을 선수가 아닌 엄마, 아내, 딸이라는 여성의 성역할로 제한한 게 아니냐는 비판을 받았다. 같은 상황에서 '선수들은 이제 아빠로 돌아간다'라는 기사를 본 적 있는가?

엄마다움에 의한 규범적 갈등

규범이란 '어떤 행위를 타인이 어떻게 평가할 것이라는 문화적 기대'를 말한다. 즉, 사람들의 행위에 대한 집단 수준의 평가로 정의된다.[55] 이에 따르면, 규범은 어떤 행위

54) 김원진 (2015.07.10.). 당당한 여풍, 달릴수록 '서러운 그라운드'. 경향신문, 27면.

55) Horne, C., & Mollborn, S. (2020). Norms: An integrated framework. Annual Review of Sociology, 46, 467-487, 468쪽.

를 촉진하거나 제재할 수 있다. 집단적으로 어떤 행위가 좋은 것이라 평가하면, 당연히 그 행위는 향후 촉진된다. 반대로 나쁘다고 평가하면 그 행위는 처벌되고, 변화를 위한 제도 설계로 연결된다(학교 앞 과속운전에 대한 규범이 민식이법으로 연결). 중요한 점은, 앞선 인용문에서처럼, 많은 사람이 여자 선수들에 대해 가지는 규범이 편향되었다는 사실이다. 즉, 여자 선수의 스포츠 활동을 촉진하기보단, 오히려 제재(더 정확하게는 권장하지 않는 방향으로의 강화)하는 경향을 보이는 것이다. 좋은 예가 '엄마다움motherhood' 규범이다. 여자 선수는 '선수'와 '엄마' 중 엄마에 더 어울린다는 평가다.[56)]

엄마다움이 여자 선수와 관련하여 만들어내는 문제는 '좋은 엄마' 혹은 '모성애'라는 문화적 압력이 궁극적으로 여자 선수들의 지속적 활동(발전)에 장벽이 된다는 것이다. 여자 '선수'를 좋은 '엄마'란 역할 속에 종속시키는 압력.[57)] 반면, 남자 선수의 경우, 그런 부성애 갈등이 덜하다. 이는 스포츠계가 남성성(남자가 중심이 되어 형성된 성격) 중심으로 구축되며 여성에겐 역할의 이중 구속double bind(선수와 엄마로의 정체성 갈등)을 부여하기 때문이다. 가정-직장 양립 불가능성 문제의 스포츠계 버전이다.

남성 지도자의 '아버지다움'은 젠더 불평등으로 볼 수 있는가?

"명색이 아빠인데, 이것 밖에 못 벌어서야…" 이 말을 끝으로 인터뷰는 끝났다. 12년차 생활체육지도자였다. 연차에 따라 임금인상이 이루어지지 않는 업의 특성 때문에 다른 직업을 알아본다고 했다. 가장으로 가족을 부양하려면 더 나은 벌이가 필요했다. 이 지도자는 앞선 엄마다움과는 다른 차원의 불평등 논의가 가능하지 않을까. 가부장은 항상 비판받지만, 생계의 모든 책임을 져야 하는 상황에선 다른 이야기가 가능하지 않을까?

리더십 편견과 스포츠계 지도자 위치로의 진출 장벽

젠더 불평등과 관련한 규범적 편향성은 '리더십에 대한 편향된 가정'에서도 나타난다. 지난 2007년 5월에 있었던 우리은행 농구단 감독 공모 관련 사건을 보자.[58)] 이 공모에서 특별한 이유 없이 떨어진 박찬숙 당시 한국여자농구연맹 경기기술위원은 "우리

---

56) Sherry, E., Osborne, A., & Nicholson, M. (2016). Images of sports women: A review. Sex Roles, 74 (7-8), 299-309.

57) Palmer, F. R., & Leberman, S. I. (2009). Elite athletes as mothers: Managing multiple identities. Sport Management Review, 12(4), 241-254.

58) 이는 지난 2007년 우리은행 여자농구팀 감독 박 모씨가 소속팀 선수에 대한 성추행 혐의로 구속되며 이루어진 새로운 감독 공모 과정에서 발생한 사건이다.

은행 구단의 새 감독 1차 면접을 봤으나, 구단에서 이해할만한 근거를 제시하지 않고 탈락시켰다…내가 경쟁 후보들보다 실력이나 경력에서 뒤진다고 생각하진 않는다"면서 "내가 감독직에서 탈락한 이유는 성차별" 때문이라 주장했다.[59] 달리 말해, 능력에 대한 불평등한 가정을 가지고 여성의 리더십 진출을 막았다는 주장이다.

공모 탈락의 문제는 엄밀히 따져볼 문제지만, 그런 능력에 대한 편향된 인식이 존재하는 건 사실이다. 조직의 인사결정권자에서 중고등학교 운동선수에게까지, 이런 인식은 만연되었다. 예를 들어, 남성 지도자는 여성 지도자보다 더 전문적이어서 기술을 잘 알려주고, 엄격함으로 팀 기강을 잡아주며, 인맥이 좋아 본인을 대학에 잘 보내줄 수 있으리라 '믿어진다.'[60] 이런 이유로 성이 다르고 다소 과격하다는 불편함에도, 남녀 운동선수 모두는 남자 지도자를 더 선호한다.[61]

그렇다면 여성의 리더십 위치로의 진출에 영향을 미치는 사회문화적 요인은 '편향적 규범' 뿐일까? 그렇지 않다. 사회학적으로 구분하면, 다음의 〈그림 10-2〉처럼 개인적, 대인적, 조직적, 사회문화적 맥락에 따라 다양한 요인이 작용한다.[62]

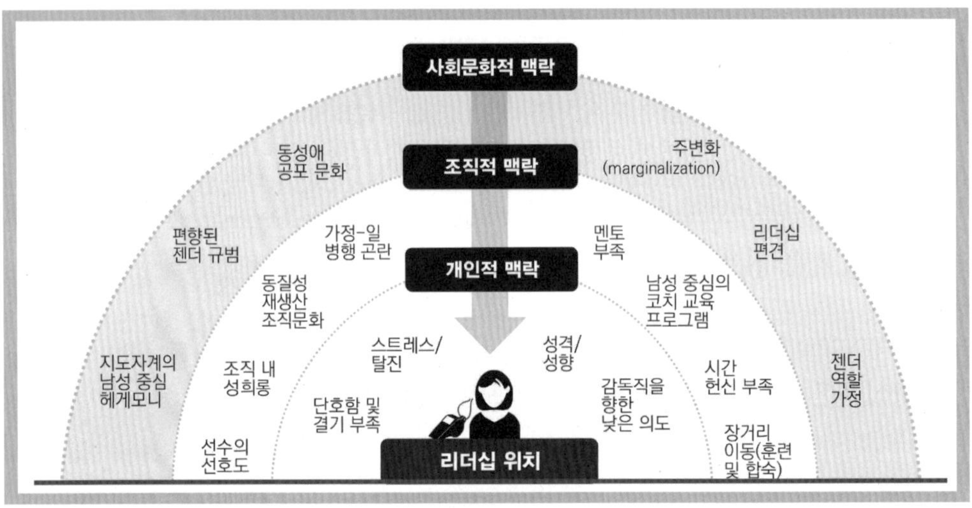

[그림 10-2] 여성의 스포츠계 리더십 진출 방해 요인의 사회학적 모형화

---

59) 이윤주(2007.06.11.). "농구 감독 공모 탈락 性차별" 박찬숙 씨 인권위 진정키로. 경향신문, 14면.

60) 이창섭, 이정흔, 남상우, 여정권 (2008). 지도자의 지도요인에 대한 운동선수의 태도 분석. 한국체육학회지, 47(4), 63-75. 이 연구는 고등학교 선수들을 대상으로 한 인식조사다.

61) 지도자 비율을 보면, 2019년 기준 초중고등학교는 남자 지도자(80.8%) 대 여자 지도자(19.2%)의 비율, 대학은 남자(88.5%) 대 여자(11.5%), 일반부는 남자(83.4%) 대 여자(16.6%)로, 평균 84: 16을 보인다.

62) LaVoi, N.M., & Dutove, J.K. (2012) Barriers and supports for female coaches: An ecological model. Sports Coaching Review, 1(1), 17-37, 20쪽.

스포츠계 젠더 불평등 (2): 제도적 불공정의 이해

2020 도쿄올림픽 대회에 독일 체조 대표팀은 전신수영복 형태의 유니타드unitard를 착용하고 출전했다. 이유는 두 가지, 경기력 향상과 성적 대상화 방지였다. 즉, 여성 선수의 몸을 소위 눈요기로 전락시키는 복장에 반대함을 실천한 것이다. 또한, 같은 대회 여자 비치 핸드볼에서는 하의가 10cm 이상을 넘지 않는 비키니 착용 원칙을 어긴 노르웨이 팀에 벌금이 부과되기도 했다. 그들도 협회의 '성적 대상화'에 반대하여 반바지를 착용한 후 시합에 출전했고, 그에 따라 벌금 200만 원을 부과 받았다(이 소식을 들은 미국의 팝가수 핑크가 벌금을 대신 내겠다고 밝혔다). 스포츠계의 젠더 불평등 두 번째는 이처럼 의복 관련 규정을 포함한 여러 측면의 제도적 차원에서 작동한다.

여성선수
유니폼 착용

여성 선수의 미디어 묘사에서 대회 운영의 불평등까지

스포츠계에 작동하는 제도적 불평등은 1) 미디어의 차별적 보도, 2) 불합리한 성별 검증 방침, 3) 대회 운영의 불공정성으로 구분된다.

먼저, 미디어의 차별적 보도에 있어 핵심은, 남자 선수가 경기적 요소에 집중되는 데 반해, 여자 선수는 경기력보단 외모와 여성성에 집중된다는 문제다(원래 여성 스포츠 보도량도 적은데, 보도되는 것 마저도 미적 측면에 맞춰지는 문제). 특히 '이성애성heterosexuality'(이성의 관심을 끌만한 특성 강조)과 '섹시함'을 극단적으로 강조하는 방식이 문제다. 이를 위해 여성성을 부각하고자 신체 특정 부위를 집중하거나, 그 선수의 과거 경력을 강조하곤 한다(과거에 모델 출신이어서 예쁘다는 등).[63] 때로는 '코끼리는 생각하지 마' 전략도 쓰인다(거론하고 싶지 않은 주제를 더 생각하게 만드는 프레임 기법). 어떤 신문에 따르면, 데뷔를 앞둔 여성 파이터 소개 기사의 제목이 '내 얼굴 아닌, 주먹을 보라'였다.[64] 사실, 이 선수 외모는 궁금하지 않았는데, 제목을 보는 순간 얼굴을 확인하고 싶어졌다. 이런 관행이 지속되면, 여성 스포츠는 성적 볼거리로 대상화된다.

둘째, 불합리한 성별 검증의 잣대가 유독 여자 선수에게만 적용되는 문제다. 미국 수영 선수 마이클 펠프스Michael Phelps가 뛰어난 수영 기록을 세웠을 때 미디어나 협회가 분

63) Bruce, T. (2016). New rules for new times: Sportswomen and media representation in the third wave. Sex Roles, 74(7-8), 361-376.

64) 최인준, 하재영 (2015.01.28.). 내 얼굴 아닌, 주먹을 보라. 조선일보, A25면.

캐스터세메냐 법정 다툼

노하며, '저 선수의 성별을 검증해야 한다'고 말하진 않는다. 축구선수 리오넬 메시Lionel Messi의 환상적인 드리블이 짜증난다고 '저 선수의 염색체가 의심된다'고 말하는 상대팀 감독도 없다. 이렇듯, 남성성이 기본값인 스포츠계에서 남자 선수의 뛰어난 경기력은 의심하여 '추적'할 게 아닌 경외하며 '추앙'해야 할 대상이 된다. 하지만 여자 선수는 잘하면 의심 받는다.

대표적인 선수가 남아프리카 공화국 육상 선수 캐스터 세메냐Caster Semnya, 1991-다. 다른 선수와는 너무 차이 나는 경기력에, 남다른 골격, 저음의 목소리로 인해 꽤 오랜 기간 성별 검증gender verification의 대상이 되어 왔다. 이런 경우는 우리나라의 여자축구선수 박은선에게도 일어났는데, 뛰어난 축구 실력과 남자 같은 골격 및 목소리로 인해 다른 축구팀 감독들에게 수많은 검증 요구를 받아야만 했다. 참으로 반(反) 인권적이다. 유독 여자 선수들의 뛰어난 경기력과, 표출되는 남성성은 왜 사회적 검열의 대상이 되어야 하나? 그리고 그에 대한 반인권 문제 제기는 왜 쉽게 수용되지 않는가?

> 힘이 세고, 빠르고, '남성적'인 외모의 여성들. 그들의 능력은 여성에게 부여되는 한계를 넘어섰다. 바로 이 때문에 여성이 아니라는 의혹과 맞서 싸워야 했다. '여성적' 굴레를 적당히 쓰고, 남성에게 크게 뒤떨어지는 운동능력을 보여줘야 '자연스럽게' 여성으로 '인정'된다.[65]

세 번째 제도적 불평등은 스포츠 대회 운영의 불공정성으로 표현된다. 대표적 사례를 여자 보디빌딩과 여자 테니스대회에서 찾아볼 수 있다. 여자 보디빌딩 대회에서의 문제는 한 마디로 여성의 근육을 제한하는 규정이다. "여자 스프린터에게 달리기를 제한하지 않고, 여자 높이뛰기 선수에게 점프 높이를 제한하지 않지만, 여자 보디빌더에겐 근육을 제한"[66]하는 문제다. 즉, 대회 심사 규정에서 남성적 근육에는 좋지 않은 평가가 이루어지는 문제다. 여자 보디빌더는 남자의 근육을 따를 게 아니라 여성스러운 근육(성적이면서 굴곡 있고, 여자다움을 뽐낼 수 있는 근육)을 추구하며 그걸로 평가받아야 한다는 것이다.[67] 남성적 근육과 여성적 근육은 달라야 한다.

여자 테니스대회에서도 제도적으로 여자 선수에게 불합리한 일이 벌어진다. 여자 테

---

65) 신한슬 (2019). 살 빼려고 운동하는 거 아닌데요. 서울: 휴머니스트, 77쪽.

66) Choi, P. Y. (2003). Muscle matters: Maintaining visible differences between women and men. Sexualities, Evolution & Gender, 5(2), 71-81, 73쪽.

67) 남상우 (2019). 여성보디빌딩 연구의 지형 분석: 정당성, 정상성, 정치성의 절합. 한국체육학회지, 58(4), 101-111.

니스 세계 랭킹 1위 세레나 윌리암스Serena Williams는 출산 후 복귀하면서 랭킹이 491위로 떨어졌다. 출산 후 쉬는 동안 지금까지의 포인트가 사라졌기 때문이다. 반발은 엄청났다. 가뜩이나 임신과 출산 이후 여자 선수들의 경기력 회복이 주된 문제가 되는 상황에 이런 일이 벌어진 걸 이해할 수 없었서다. 결국 여자프로테니스협회WTA도 관련 규정을 고치겠다고 밝히긴 했지만, 사건의 핵심은 스포츠계가 출산을 포함한 여성 고유의 특성을 사소화하며(혹은 무시하며) 제도를 만든다는 점이다.

결국, 관심과 존중의 결핍이다. 영국의 여자골퍼 멜리사 리드Melissa Reid, 1987-의 말처럼, "우리는 정확히 남성들과 같은 활동을 하면서, 관심과 존경은 10분의 1만 받는다."[68]

스포츠계 젠더 불평등 (3): 미시적 차원의 차별

> 대상화되는 여성과 대상화를 일삼는 남성 간 인식 차이가 너무 크다. 좁혀지지 않는 인식 차이 때문에 여성들은 '시선 강간'이란 신조어까지 내세우며 이를 공론화한다. 특히 몸을 드러내고 움직이는 공간인 체육관은 다른 어떤 장소보다 변화가 절실하고 시급하다.[69]

처음엔 여성 전용 피트니스 클럽의 필요성을 알지 못했다. 피트니스 클럽에서 운동하는 몇몇 여성과 면담하며 알게 되었다. 그 공간에서 벌어지는 미시적(상호작용적) 차별과 폭력 때문이었다. 운동하러 갈 때 화장을 해야 할 것 같은 압력, 특정 운동 자세를 취할 때 느껴지는 시선의 불편함, 전문적으로 운동하고 싶어도 여자 트레이너를 찾기 쉽지 않은 문제 등등. 피트니스 클럽은 제한된 운동 자원이 기울어지게 배분된 공간이었다. 요가를 하며 내가 느꼈던 여성들의 불편한 시선 같은 폭력이, 지금의 피트니스 클럽에 존재하고 있었다. 여성 전용 공간이 필요한 이유다.

'가정'은 스포츠와 젠더 불평등의 미시적 실천이 분명하게 나타나는 공간이다. 이른바, '젠더화된 양육gendered nurturing(성별에 고착된 양육 활동)'이 시작되는 곳이다. 남아와 여아는 가정에서 어떻게 차별적으로 양육될까? 남자의 양육 형태를 다섯 가지로 구분한 내용을 보자.[70] 첫째, 여성스럽게 되지 마라, 둘째, 남자는 능력이다(성공 이데올로기), 셋째, 공격적이 되라(사내다움 코드), 넷째, 성적인 관심을 가져라, 다섯째, 자립적이어야

68) Crouse, K. (2013). Why female athletes remain on sport's periphery. Communication & Sport, 1(3), 237-240, 239쪽.

69) 양민영 (2019). 운동하는 여자:체육관에서 만난 페미니즘. 서울 호밀밭, 21쪽.

70) Doyle, J. A. (1995). The male experience. Brown & Benchmark.

한다. 거친 스포츠 활동이야말로 이들 다섯 가지 남성적 경향을 길러줄 수단이다.

여아는 전혀 다르게 길러진다. 가정에서 여아를 양육하는 유형을 밝혀보자면, 세 가지로 구분된다. 첫째, 예쁘고 날씬해져라(시대가 바뀌어도 이런 피드백은 유달리 여아에게 많이 가해진다).[71] 둘째, 섬세해지고 남을 돌볼 줄 알아야 한다(남들에게 친절하고 친근하게 대하라).[72] 셋째, 슈퍼우먼이 되어라. 가정뿐 아니라 직장에서도 일을 잘 해내야 한다. 남자는 실수해도 되나, 여자가 실수하면 조직적, 사회적으로 더 비난받는다는 메시지를 암묵적으로 강요한다.[73] 결국, 이런 양육 경향에 맞춰 여아에게 권유되는 신체활동은 무용이나 리듬체조와 같은 '미적 운동'이다.

'학교'에서의 스포츠 역시 학생들 간, 교사와 학생 간, 교육과정과의 여러 미시적 상호작용으로 젠더 불평등을 재생산한다.[74] 특히 학교 운동장에서는 남학생에게 스포츠 활동과 관련한 상징자본symbolic capital이 부여된다. 스포츠에 배태된 능력주의(실력이 좋은 사람에게 자원이 배분되는 게 정당하다)를 기본으로, 스포츠를 더 잘하는 남자가 운동장의 '주인'임이 인정되고, 그 운동장을 운동능력이 상대적으로 부족한 여학생이 쓰려면 당연히 '허락'이 필요하다는 도식이 구성된다. 이 도식에 '그게 왜 남자애들 거죠?'라는 반발 대신, '(운동장을 쓰도록) 허락해 줄까요?'란 체육교사 및 여학생의 집단적 동의(인정)가 개입되며, 남학생과 여학생의 스포츠 활동은 운동장에서 중심화되고 주변화된다.[75] '여성은 영향력 없고 열등한 자신의 사회적 위치를 체화'[76]한다.

미시적 차별은 스포츠 조직에서도 발생한다. 여자(선수)를 향한 편향된 능력 가정이란 오인 구조(잘못된 인식 경향성이 조직 내 규칙처럼 형성된 상태)가 구성원으로서의 남자와 여자의 능력 차이를 위계화한다. 이와 함께, 남자와 달리 여자 직원에겐 이중적인 구속이 가해진다. 예를 들면, 야근과 같은 고된 일을 하지 않으면 희생정신이 약하다고 말하면서, 야근하면 가정일에 소홀해서 괜찮겠냐는 식이다. '배려를 가장한 차별'이다.

---

71) Greenfield, L. (2002). Girl culture. San Francisco: Chronicle Books.

72) Aronson, J. (1992). Women's sense of responsibility for the care of old people: "But who else is going to do it?" Gender and Society, 6, 8-29.

73) Orenstein, P. (2000). Flux: Women on sex, work, love, kids and life in a half-changed world. New York: Doubleday.

74) 남상우, 이창섭 (2006). 학교에서의 신체활동과 젠더의 재생산. 한국스포츠사회학회지, 19(3), 441-458.

75) 남상우 (2016). 운동장에서의 젠더 중심화와 주변화: 중학생들의 체화된 젠더 질서 사고방식. 한국스포츠사회학회지, 29(3), 133-151, 144-145쪽.

76) Wedgewood, N. (2004). Kicking like a boy: Schoolgirl Australian rules football and bi-gendered female embodiment. Sociology of Sport Journal, 21(2), 140-162, 140쪽.

조직 내 리더십 위치에 진출한 여성에게도 이중 구속은 작동한다. 팀장, 부장하려면 적극성을 띠고 리더십을 보이라 하더니, 그 위치에 올라가 적극성을 띠면 좀 여성스럽게 행동하라고 말이 바뀐다. 전통적으로 "남성 중심적 조직에서 여성들은 남성적 기준의 행동유형과 여성적인 행동을 동시에 요구받는 이중 구속에 직면"[77]하는 모양새다. 이렇게 스포츠 조직은 남성과 여성을 구분하여 위계화한다.

> 스포츠 조직에서는 크게 세 가지의 차별 기제가 작동한다. 첫째, 남성이 여성보다 조직 발전에 더 도움을 준다는 암묵적 동의로 작동하는 '구조적 성차별', 둘째, 여성에게 남성다움과 여성다움을 동시에 요구하는 '이중 구속'으로 나타나는 '모순적 성차별', 셋째, 남성 관점에선 배려한다고 한 행위나 말이 여성에게 차별로 작동하는 '호의적 성차별'이다.[78]

결국 스포츠계에서의 젠더 불평등은 '기준점' 문제다. 스포츠가 단지 남성만을 위해 만들어진 사회제도가 아님을 인정한다면, 그 기준점 문제는 고민해봐야 한다. 더 근본적으로 생각해봐야 할 건, 과연 이 불평등이 왜 생기냐는 질문이다.

불평등이란, "특권, 기회, 보상이 사회 내 특정 지위의 사람에게 돌아가는 동시에, 다른 사람들에게 거부되는 사회적 상태"[79]다. 이게 발생하는 이유는 기본적으로 특권이나 기회, 보상의 제한성에 있다. 제한된 자원을 서로가 나눠 가지려 할 때, 불평등 기제가 작동한다. 경쟁하는 상대 집단이 이 자원을 가질 자격이 되지 않는다는 차별이 발생한다. 그럼으로써 내가 이 자원을 가져야 할 정당성이 만들어진다.

이처럼 스포츠계에서는 남성다움이란 기준점을 중심으로 자원 획득의 정당성과 차별이 구성된다(반대로 여성스러움은 특정 스포츠 종목에서의 정당성과 차별을 구성한다). 스포츠는 기본적으로 남성적 활동이니, 그 기준점을 가장 잘 재현한 사람이나 집단에 자원이 배분되는 게 정당하다는 논리가 잘 통한다. 그런 남성다움은 남자가 가장 잘 보여줄 수 있다. 여자가 그런 남성다움을 획득하여 보여주려 하면 안 된다(그래서 검증하고 배제한다). 그럼으로써 정당성과 차별의 도식이 완성된다. 이것이, 지금껏 많은 사람이 스포츠계의 젠더 불평등과 관련하여 제도적 차원을 넘어 근본적으로 스포츠의 존재론적 지향점과 이미지 자체를 바꿔야 한다고 주장하는 이유다.

---

77) Gherardi, S., & Poggio, B. (2001). Creating and recreating gender order in organizations. Journal of World Business, 36, 245-259, 257쪽.

78) 남상우 (2019). 체육행정조직 내 성차별 양상 분석. 한국체육학회지, 58(2), 65-75, 73쪽.

79) Ballantine, J. H., Roberts, K. A., & Korgen, K. O. (2020). Our social world: Introduction to sociology. Thousand Oaks, CA: Sage Publications, 183쪽.

결론: 무지의 장막 뒤에 서보라

성과 지향적이고 공격성을 극명하게 보여주는 경기장은 남성성과 스포츠가 '찰떡궁합'이라는 이념을 재생산하는 일종의 '문화공장cultural factory'이 되었다. 할리우드의 히어로 영화가 미국의 헤게모니 지위를 지속해 나가듯(외계인이 침공하면 어벤져스가 방어한다), 스포츠 역시 남성의 헤게모니[80]를 견고히 유지해 나가도록 해주는 문화산업이다. 경기장에서 남자는 자신의 공격성과 경기력을 맘껏 뽐낸다(때론 경기장에서 폭력도 행사한다). 미디어는 이를 '칭송'한다. 사회적으로 전파한다. 사람들은 그런 역동성과 남자다움이 바로 스포츠다운 것임에 동의한다. '저게 스포츠지!' 스포츠에서의 남성다움은 이렇게 '사회적인 것'으로 인식된다. 반대로, 여성 스포츠는 남성적 역동성이 부재하다는 이유로(즉, 상업적 가치가 떨어진다는 이유로) 사회적인 것이 되지 못한다. 물론, 상업적 가치가 부여된 여성 선수의 외모나 몸매는 예외다. 이처럼, 스포츠계는 젠더를 중심으로 구분되고gendering 남성다움이란 한쪽 젠더로 고착, 즉 기울어져gendered 소비된다.

문화 지체cultural lag 가설에 따르면, 집단의 태도는 사회 변화에 항상 뒤처진다. 오늘날 사회적으로 여성의 사회 진출은 남성의 그걸 넘어서는 중이다. 이미 학교를 포함, 여러 공무원 집단에는 여성의 진출이 절반 이상이 되었다. 당연히, 젠더 이슈에 대한 관점도 세대 간 상당한 격차를 보인다. 조직 내 성차별에 대한 제도적 보완도 나아진다. 사회적으로 요구되는 젠더는 또 어떤가? '남자다운 남자'나 '여성스러운 여성'을 강요하는가? 아니다. '펭수에게 성별을 물어보지 말라'는 사회가 요즘이다.[81] '성 중립성gender neutrality'이자 '유니섹스uni-sex 시대다. 성은 가변적이다.

하지만 이런 시대적 변화 속 스포츠계는 전통적으로 확립된 젠더 이분법을 고수한다. 스포츠계에서 젠더 중립 개념이 가능할까? 대회 출전은 꿈도 꿀 수 없다. 젠더 유동성 시대에 유니섹스이니 내 맘대로 남자 경기나 여자 경기 중 하나를 선택하는 건 어떨까? 간-섹스inter-sex로 판명된 캐스터 세메야(남성성과 여성성을 모두 포함)는 대회 출전을 위해 호르몬 치료를 받으라는 제도적 처벌을 받았다. 앞서 언급했듯, 스포츠는 명확한 성별 구분을 기준으로 성립된 세계다. 이 체계 자체가 젠더의 사회적 변화 속 스포츠의

80) 헤게모니(hegemony)란 특정 사회의 지배계급이 자신의 세계관을 사회 전체의 상식으로 상정함으로써 그 지배를 피지배 계급에게 자연스러운 것으로 보이게 만드는 정치적 과정을 의미한다. 이탈리아 정치인 안토니오 그람시(Antonio Gramsci, 1891-1937)가 파시즘을 분석하며 제시한 개념이다.

81) 양성희 (2019.12.05.). 펭수에게 성별을 물어보지 말라: 성 중립성의 진화. 중앙일보, 27면.

문화적 지체 현상을 가속한다. 그렇다고 그렇게 태어난 스포츠를 탓할 수도 없는 일이다. 결국, 남성다움이 기본값으로 설정된 스포츠계에서 여성은 가해자 없는 폭력의 환경을 살아가야 한다. 이는 과연 정당한가?

스포츠와 젠더를 이야기하며 마치 '남성은 가해자, 여성은 피해자'라 단정 짓는 듯한 글의 논조가 불편했던 사람이 있을 수 있다. 수업 때 어떤 학생이 '남성을 스포츠계에서 일종의 잠재적 가해자로 설정하신 듯 한데, 성급한 결론 아닌가요?'라고 묻기도 했으니까(물론 당시의 질문은 이리 세련되지 않았다). 그런 불편함을 느끼게 할 수 있다는 점은 충분히 이해한다. 그러나 역으로 "스포츠계에서 남성이 받는 불평등한 처우 사례를 말해달라"고 물으면, 여러분은 어떤 사례를 제시할 수 있을까? 나 역시 이 장을 쓰며 남성의 스포츠계 불평등 사례를 찾아보려 애를 썼지만 찾기 힘들었다. 있는데 못 찾은 것인지, 현실적으로 그런 일이 벌어지지 않는지는 알 수 없다.

이처럼, 오늘날 남성다움이 기본값으로 설정된 스포츠계의 구조적 문제와 관련하여 스포츠사회학자로서 하고 싶은 말은 '무지의 장막 뒤에 서 보라'이다. 사회제도와 그 제도 속 개인의 실천을 변화시키고 싶다면, 자신의 성별, 나이, 소득, 인종, 지역성을 배제하고 가장 이상적인 스포츠 환경을 고민하라는 주문이다. 내가 남성이나 여성으로 태어날지 모르는 상황, 결혼 후 내 자식이 아들일지 딸일지 모르는 상황에서, 모두에게 가장 이상적인 스포츠 환경은 무엇일까? 적어도, 출산 후 복귀했더니 기존 포인트가 그대로 사라져 버린 이상한 제도 속에서 내 딸을 운동하게 만들지는 않을 것이다. 과도한 남성다움을 강요하는 바람에, 무리해서 태클하다 다리가 부러지는 부상에 괴로워할 아들도 바라지 않을 것이다. 여자애처럼 던진다고 또래에게 놀림 받는 문화는 더더욱 바라지 않을 것이다. 그런 게 없는 스포츠 환경이 이상적이지 않을까?

인종을 대표하는 게 백인이 아니듯, 스포츠를 대표하는 것 역시 남성이 아니다. 스포츠는 남자다운 남자만이 환영받는 곳이 아닌, 남자 같은 여자, 여자 같은 남자, 여성스러운 여자, 성 소수자 모두를 환영하는 곳이다. 스포츠가 주는 수많은 혜택과 이점을 단지 남성성이란 잣대만으로 분배하는 일은 정당하지 않다. 이 장을 마무리하며 생각해볼 질문으로 남긴다.

10장 요약 　　스포츠와 젠더화

- 젠더란 남성성과 여성성의 심리적, 사회적, 문화적 측면으로 정의된다. 즉, 사회화를 경험하며 남자와 여자가 자신들의 사회문화적 상황에서 마주치며 채택하는 다양한 특징을 의미하는 용어다.
- 주어진 '생물학적 사실'은 성에 따른 직업 선택을 기대하게 한다. 생물학적 차이는 사회 현실에 영향을 받으며 '금녀 혹은 금남의 벽'을 만든다. 주어진 성은 사회적 현실을 빗겨갈 수 없다.
- 젠더는 '주어진 성의 사회적 정상성을 규율하는 인지 도식'이다. 염색체 XX의 여성이 주어진 성에 맞게 말하고 행동하면 우리는 그걸 '여성스럽다'라고 표현한다. 반대는 '남성답다'라 한다.
- 젠더 정체성은 중요한데, 젠더 분류 기준이 남성성이나 여성성의 이분법으로 고착된 현실 세계에서, 그 범주에 속하지 못한 사람은 배제되고 주변화되기 때문이다.
- 남자로 태어나면 남성 정체감(남성성)을, 여자로 태어나면 여성 정체감(여성성)을 사회적 기대에 따라 체화하는 과정이 젠더 사회화다.
- 기능주의는 젠더가 사회질서 유지를 위한 '기능적 수사'라 본다. 갈등이론은 남자가 직장에 다니고 여성은 가정에서 아이를 보는 성별 분업이 남성의 여성 지배를 영속한다고 본다. 상호작용이론은 일상에서 개인 간(혹은 집단 간)에 이뤄지는 차별적 상호작용이 젠더를 구축한다고 주장한다.
- 스포츠사회학의 스포츠와 젠더 영역에서 여성 중심의 젠더 논의만 이루어졌던 건 젠더의 기준 자체가 남자이자 남성성이었기 때문이다. '여성=젠더'란 인식이 고착된 이유다.
- 남아에게는 축구나 복싱이 어울린다고 믿고, 여아에겐 무용을 적극 추천한다. 주어진 성에 따라 어떻게 행동해야 하는지와 관련해 형성된 문화적 기대가 바로 '젠더 규범'이다.
- 젠더 규범은 개인의 스포츠 참여 경로를 성별에 따라 고착화하고, 이에 따라 젠더에 따라 달리 인식되는 스포츠 종목이 구성된다.
- 이데올로기는 환경에 대한 해석과 그 환경이 어떻게 구조화되어야 하는지의 '처방'으로서, 이는 개인이 지닌 정신 모델이 공유된 인식 틀이다. 특히 남자나 여자로 채워져야 할 역할과 관련, 사회적으로 적절한 질서가 형성되었다는 믿음을 젠더 이데올로기라고 부른다.
- 젠더 규범을 따라 연기하는 행위를 젠더 수행(gender performance)이라 하고, 이 수행으로 젠더 자본, 즉 특정 장에서 가치 있다고 인정받으며 기꺼이 성 정체성 일부로 받아들일만한 지식, 기술, 자원이 획득된다.
- 스포츠계에서의 젠더 불평등은, 스포츠가 '남성성을 증명하는 장'으로 자리 잡았다는 사회문화적 규범이 스포츠를 유지하는 사회적 규칙 대부분을 남성에게 유리하게 제도화했고, 이 제도 속에서 스포츠 활동을 하며 우리는 또다시 스포츠가 남성성을 위한 장이란 규범을 강화한다고 인정하며 지속된다.

11 스포츠와 사회화

스포츠 참가로 무엇이 좋아지는지
보는 작업은 중요하다. 하지만 더 중요한 작업은 그것이
어떤 과정에 의해 좋아지는가를 보는 것이다.

베리 D. 맥퍼슨

여러분은 자신이 운동을 잘한다고 생각하는가? 만약 그렇다면 그건 선천적으로 타고난 자질 때문일까, 후천적으로 길러진 능력 때문일까? 이도 저도 아니라면, 다른 외적 요소 때문일까? 이와 비슷한 질문을 수학 과목에 빗대어 물어봤다. 국가별로 인식 차이가 나타났다. 세계수학경기대회에서 높은 점수을 받은 학생이 많은 타이완Taiwan의 경우, 학생들이 수학을 잘하는데 작용한 요소는 학생들의 부모로 인식됐다. 반면, 미국인들은 수학에서의 특출함이 지능에 좌우된다고 믿었다. 한 마디로, 타고 난다고 생각하는 것이었다.[1] 우리나라 여자골프가 강한 이유 역시 이 논리로 생각해볼 수 있지 않을까? 부모의 열정적인 뒷받침 혹은 그들만의 능력?

특별한 장애가 없는 한, 사람은 누구나 달리고 점프할 수 있다. 축구공을 찰 수 있고, 야구공을 던질 수도 있다. 이는 인간의 타고난 자질이다. 하지만 손흥민처럼 축구공을

1) Eisenhart, C. (2011.09). "Why do Taiwanese children excel at math?" Phi Delta Kappan. http://www.academia.edu/987689/Why_do_Taiwanese_Children_Excel_at_Math.

차고, 류현진처럼 야구공을 보더라인에 걸칠 수 있게 던지려면 어릴 때 '특별한 환경', 즉 성인들에 의해 사회적으로 구조화된 환경을 경험해야 한다. 손흥민이나 류현진 모두 아버지가 만든 훈련 환경 덕분에 그런 능력을 지니게 되었다. 스포츠에서의 우수성은 타고난 유전으로만 결정되지 않는다. 사회적 과정의 결과다.

낯을 가리는 일곱 살 조카는 명절 때 집안 어른들에게 인사를 하지 않아 부모 속을 태웠다. 세뱃돈을 받지 못했기 때문이다. 애보다는 부모가 더 애를 태웠다. 그랬던 아이가 언젠가부터 변했다. 인사도 잘하고 애교까지 떨기 시작한다. 비결은 태권도장. 태권도를 하며 성격이 많이 바뀌었다고 한다. 전에는 신발을 아무렇게나 벗어 던졌지만, 태권도장을 다니면서는 자기 신발뿐 아니라 가족 신발까지 정리하기 시작했다. 처제는 연신 신나는 목소리로 아들 자랑을 한다. 이번 새해에는 평소보다 더 많은 세뱃돈을 챙길 수 있을 것이란 기대감도 숨기지 않는다. 아이에게 요구되는 '규범'을 태권도가 길러준 것이다. 규범을 잘 지키면 사회적 보상이 따른다.

얌전했던 아들이었다. 그러던 아이가 언제부턴가 집에 와 평소와 다른 언어와 행동을 보이기 시작했다. 염려스럽다. 학교에서 뭔가 잘못된 건 아닐까. 학령기 전에는 가족이 사회 규범 및 규칙의 주요 전달자였다면, 이후엔 학교가 그 역할을 한다. 가족과는 전혀 다른 환경과 상호 작용자가 존재하는 곳이 학교다. 또래peer의 영향력은 지대하다. 집단 무리에서 배제되거나 도태되는 걸 두려워하는 인간은 또래 압력에 민감할 수밖에 없다. 학교에 형성된 또래 관계망 속에서 남학생은 자신들만의 집단 규범을 스포츠 활동으로 공유하며 체화하는 일이 의례적으로 이루어진다.[2] 자신만의 은어와 비속어, 과격한 공격적 행위도 적극 체화한다.

특정 집단은 자신들만의 독특한 규범norms을 지닌다. 집단은 그 규범을 구성원들이 학습하여 내면화하도록 강제한다. 규범이란 정상적normal이라고 사회 구성원들이 합의한 생각과 행위 양식의 비(非)문서화된 규칙이다. '법'과 같이 문서화된 규칙과는 다르다. 관찰과 모방, 감시와 처벌의 과정으로 배울 수 있다. 규범을 위반하면 비정상이 된다(꼬리표가 붙는다). 한 예로, 대학 미식축구팀에서 남자 선수는 '남자다움'이란 규범을 습득해야 한다. 코치는 선수들이 미식축구를 하며 남자다운 행동 양식을 기르도록 상호작용한다. 그러면서 남자답다는 것은 자기 플레이에 책임을 지고, 감정을 적절히 조

[2] Kreager, D. A. (2007). Unnecessary roughness? School sports, peer networks, and male adolescent violence. American Sociological Review, 72(5), 705-724.

절하며, 부상을 두려워하지 않고 수용해야 한다는 점을 주입한다.[3)]

앞선 사례는 스포츠계에서 이루어지는 사회화socialization의 일부를 보여준다. 사회화란 사람들이 살아가는 특정 사회계의 작동 방식을 배우는 전 생애적 과정이다. 우리의 생애는 다양한 문화와 규범으로 장식되어 있다. 유아기, 아동기, 청소년기, 성인기, 노년기로 구분되는 이들 각 생애에는 습득할 게 다양하게 준비되었다. 우리는 생애에 따라(아들일 때와 아버지일 때), 직업에 따라(교사일 때와 연구원일 때), 젠더에 따라(남성일 때와 여성일 때) 각각 필요한 것을 학습한다. 이처럼 평생동안 사회화를 경험해야만 비로소 우리는 생존할 수 있다. 사회화는 생존의 영역이다.

동시에 사람들은 자기 정체성identity을 획득하고 사회적 인간으로서 필요한 역량도 기른다. 정체성이란 '내가 누구인가'에 대한 답이다. 나는 운동선수인가? 만약 운동선수라면 내가 속한 사회(운동부 등)에서 어떻게 행동해야 하나? 내가 선수로서 속한 사회는 내게 어떤 행동을 '기대'하는가? 우리는 이런 질문의 답을 사회화 과정을 거치며 얻는다. 사회적으로 공유된 문화 양식cultural styles도 학습한다. 사람들이 기대하는 행동을 알아 그에 맞춰야만 생존할 수 있기 때문이다. 사회화는 사회 질서 유지에 필수적이다. 사회화에 '감시와 처벌'이란 사회적 기제가 수순히 작동하는 이유다.

이 장은 이러한 사회화가 스포츠와 연계되어 어떻게 이루어지는지를 본다. 사회화란 '사회에서 다른 사람들과 함께 살아갈 수 있도록 개인을 준비시키는 상호작용 과정'을 뜻한다. 이 과정을 이해하는 일은 단지 개인의 사회성 이해를 넘어, 그 개인이 속한 사회를 이해하도록 도와주기에 중요하다.

이를 위해 먼저 사회화 개념과 이론을 볼 것이다. 그 후, 사회화가 이루어지는 한 개인의 '생애주기life cycle' 개념을 개괄한 후 스포츠 사회화 주관자(사회적으로 적합한 가치 및 행위를 체화하도록 해주는 사회제도 및 타자)를 가족, 학교, 또래, 미디어 순으로 살펴본다. 사회화의 '과정'도 중요한 주제다. 여기에서는 그 과정을 1) 스포츠로의 사회화, 2) 스포츠를 통한 사회화, 3) 스포츠 탈사회화와 재사회화 순으로 검토한다. 그런 후, 결론적으로 지금까지 스포츠사회학 분야에서 소홀히 다뤄왔던 몇몇 주요 개념(특히 '자본')을 간략히 소개한다. 그럼 사회화가 무엇인지부터 알아보자.

---

3) Steinfeldt, J. A., Foltz, B. D., Mungro, J., Speight, Q. L., Wong, Y. J., & Blumberg, J. (2011). Masculinity socialization in sports: Influence of college football coaches. Psychology of Men & Masculinity, 12(3), 247-259.

사회화의 사회학적 이해

"걔는 사회화가 안 됐어. 아웃이야." 대학교 복도를 지나가는데 화장실 입구 쪽에서 한 학생이 통화를 한다. 그러면서 그 친구 욕을 계속하면서 복도 저편으로 사라졌다. 사회화가 안 되면 사회 유지에 문제가 있으니 아웃시켜야 한다는 의미인지는 모르겠다. 사회화가 안 됐다는 건 무엇을 의미할까? 이런 의문으로 1920년대 이후부터 사회학자와 심리학자, 교육학자는 사회화를 다뤄왔다. 핵심은 한 개인과 사회가 관계를 맺는 '방법'이었다. 이 과정에서 만들어진 게 사회화 개념이다. 한 인간이 전 생애를 걸쳐 이루어가는 발달을 사회적 상호작용 차원에서 밝히는 노력의 근간이다. 사회화란 구체적으로 무엇을 뜻할까?

사회화란 무엇인가?

1795년 프랑스 남부 아베롱Aveyron 숲속에서 열 살쯤으로 보이는 소년이 발견되었다. 가냘프고 헐벗었으며, 말이란 걸 하지 못했다. 아이는 파리로 옮겨져 보호받기 시작했다. 하지만 옷 입기를 거부하며 탈출하려고만 했다. 외모는 사람이었으나 행동과 인식은 동물이었다. 물론 의학 검사 결과는 소년을 완벽한 '사람'이라 말한다. 그럼에도 사람들은 아이를 사람이 아닌 '동물'로 간주했다. 인간 외형을 갖추고 신체나 정신적으로도 인간이었음에도 불구하고, 사람들은 왜 이 소년을 동물로 인식했을까?

사회화의 개념적 이해

"사회화란 세대를 거듭하며 개인들에게 문화를 전수하는 과정이자 특별한 기술이 훈련되는 과정이고, 나아가 사회적 기술과 이해, 정서적 성숙 등, 사회에서 살아남는데 필요한 요소를 배우는 과정이다."[4]

박찬호 선수에 이어 류현진 선수가 소속되며 유명해진 미국프로야구팀 LA다저스에 쿠바에서 온 야시엘 푸이그Yasiel Puig란 선수가 입단했다. 이 선수, 한 마디로 '야생마'다. 야구계의 금지 행동이 체화되지 않은, '날 것' 그대로의 선수였기 때문이다. 홈런 치고 배트를 던지는 '빠던bat flip'은 기본이고, 경기장 돌며 투수를 노려보거나, 심지어 홈을 밟을 땐 슬라이딩 태클까지 했다. 야구계에서 하지 말라는 행동만 했다. 빈볼bean-ball은 이

4) Maccoby, E. E. (2007). Historical overview of socialization research and theory. In J.E. Grusec & P.D. Hastings(eds.), Handbook of socialization(pp.13-41). The Guilford Press, 13쪽.

런 선수에게 던지라고 만들어진 게 아닐까. 그는 야구계 사회화가 안 된 선수였다. 사회화란, 사회가 요구하는 조건을 갖춰가는 과정이다. 개인이 속한 환경에서 통용되는 행위 규칙, 즉 '문서로 작성되지 않은 규칙unwritten rules'을 내면화하는 과정이다.

> 사회화란 사람들이 사회에서 올바르게 기능하는데 필요한 문화와 역할, 규범을 학습하는 과정이다. 그렇기에 '문화 사회화'란 언어와 신념을, '역할 사회화'란 사회생활을 하며 어떻게 행동해야 할지, 일종의 팁을 제공해주는 과정이라 볼 수 있다.[5)]

사람들은 사회화를 거치며 자신이 속한 문화에서 필요한 기술, 행동유형, 가치를 학습한다. 사회화 기제의 정상적인 작동이 사회의 세대 연속성을 확보한다. 사회질서의 유지가 가능해진다. 사회화로 "개인은 자신이 속한 집단의 규범, 가치, 신념, 태도, 언어 특성을 획득하고, 한 세대에서 다른 세대로의 사회적 연속성과 인간 발달을 지속할 수 있다."[6)] 사회화가 중요한 이유가 여기에 있다.

"사회화는 청년들에게 특정 사회가 오랫동안 만든 사회적 재생산social reproduction 기제에 적응하며 이를 좀 더 포괄적으로 수행하게 만드는 과정이다."[7)]

'사회적 재생산 기제'란 표현을 보자. 학교나 기업 같은 조식, 혹은 야구계나 축구계 같은 세계가 유지되려면, 그 세계에서 작동하는 사회적 재생산 기제(야구계에 구축된 언어습관, 심판을 대하는 방법, 루에 나갔을 때 인사하기, 빈볼 던지지 않기 등)에 개인이 적응해야 한다. 뿐인가? 새롭게 스포츠계에 진입하는 선수들에게도 이 기제를 전수해야 한다. 전수 방법은 다양하다. 사회학이 관심을 쏟는 것이 바로 이 '전수 방식'이다.

자전거를 탈 때 헬멧을 써야 한다는 규칙은 한 개인의 행동을 그렇게 조형한다. 장례식장에서 애도의 표현을 해야 한다는 사회규범 역시 우리에게 애도를 표하는데 가장 적합한 행위와 의상을 강제한다. 사회화는 '백지상태의 저장고tabula rasa repository'인 개인의 몸과 마음에 문화적 대본cultural script으로서의 규칙과 규범을 채운다. '우리는 네가 이렇게 생각하고 행동하며 말을 하길 기대한다.' 사회화란 사회적으로 형성된 문화, 규칙, 규범을 '빈 서판blank slates'으로서의 개인의 몸과 머리에 새기는 과정이다.

---

5) Hoy, M.B. (2007). Socialization. In W.A. Darity(ed.), International encyclopedia of the social sciences (2nd), 7권 (pp.646-649). MacMillan Library Reference, 646쪽.

6) Gecas, V. (2000). Socialization. In E.F. Borgatta, & R.J.V. Montgomery (eds.), Encyclopedia of sociology (pp. 2855-2864). Macmillan Reference USA, 2855쪽.

7) 앤서니 기든스, 필립 서튼 지음. (2018). 현대사회학. 서울: 을유문화사, 363쪽.

'사회화 되었다'는 표현의 구체적 의미

누군가 사회화되었다는 건 정확히 무엇을 뜻할까? 변화나 발달을 뜻할까? 그렇다면, 사회화되지 못한 상태와 사회화된 상태는 무엇이 다를까? 이는 사회화 과정을 거치며 얻게 될 궁극적인 결과물이 무엇인지를 묻는다. 여러 주장에 따르면, 그 결과물은 네 가지(자아개념, 역량, 행동 기대, 내면화)로 요약된다.

첫째, 자아개념sense of self 획득이다. '자아개념 획득'이란 자기 자신을 타자(다른 사람) 관점에서 볼 수 있는 능력을 의미한다. 그리하여 자기의 외모나 자신이 쓰는 언어 및 행동이 다른 사람이나 집단, 사회에 어떤 영향을 미칠지를 깨달을 수 있다. '아들'이란 자아개념이 형성되면 부모 관점에서 자신을 본다. '고등학생'이란 자아개념에 따라 반 친구나 담임교사, 학교 차원에 자신을 위치시킨다. 사회화의 정상적인 결과물은 '선명한 자아개념'으로 드러난다. 중요한 건 생애주기에 따라 자아개념이 달라진다는 사실이다. 생애별로 적절한 자아개념이 형성되어야 '성공적인 사회화'다.

둘째, 역량 발달capacity development이다. 대학 졸업 후 바로 기업에 입사한 사회초년생의 역량은 부족할 가능성이 크다. 대학에서 통했던 역량(발표력이나 리포트를 쓰는 기술, 교수 상대하기 등)은 훌륭했겠으나, 기업에서 요구하는 역량은 그와 다르다. 그렇기에 이 사원은 기업이 요구하는 역량 발달 과정을 거쳐야 한다. 그 과정을 성공적으로 거침으로써 기업은 유용한 인재, 즉 '성공적인 조직 사회화 결과물'을 얻게 된다(이 역량에는 기술적 역량뿐 아니라 조직 문화 적응도 포함). 이처럼 누군가가 사회화되었다는 건 사회(집단이나 조직)가 요구하는 역량을 기대 수준으로 발달시켰다는 의미다.

셋째, 행동 기대expectations for behavior 학습이다. 적절히 사회화되었다는 건, 주변 사람이 자기에게 어떤 행동을 기대하는지 안다는 뜻이다. 나아가, 자기가 위치한 사회(자본주의 사회 혹은 공산주의 사회 등)에서 구성원이 무엇을 기대하고, 그에 따라 마땅히 취해야 할 행동 규범이 무엇인지도 이해한 상태다. 북한에서 적절하게 사회화된 사람은 국무위원장을 향한 무조건적인 충성심을 보인다. 북한 사회에선 그리 기대되기 때문이다. 이처럼 사회화 결과물은 사회 구성원과의 (비)공식적 상호작용 결과, 타인(조직이나 사회)이 자신에게 기대하는 걸 정확히 인지했음을 뜻한다.

넷째, 내면화internalization다. 한 마디로, 특정 사회의 규범이 몸에 스며든 상태다. 어린 아이는 웃는 얼굴의 정확한 의미를 잘 모른다. 하지만 사회화 과정을 거치며 웃는 얼굴

이 의미하는 바를 여러 측면에서 이해하게 된다. '웃음'의 의미를 몸에 각인하는 것이다. 내면화란 다른 사람의 생각이나 가치, 행위를 수용, 자기 몸과 마음에 새기는 과정으로 정의된다. 자기가 속한 사회의 문화적 기대와 기준(규범)을 체계적으로 통합하여 자신만의 것으로 만드는 과정. 이 과정에서 개인은 허용되는 행위와 불허되는 행위의 기준을 어떻게 수용할지 고민한다. 그러면서 나름의 기준을 내적으로 정립한다. 이 과정을 사회학에서는 '타협[negotiations]'이라 부른다.

사회화는 왜 중요한가?

"사회화는 사회의 유지와 개인의 삶의 질 향상을 위한 일종의 주춧돌 역할을 한다."[8] 사회화가 중요한 이유를 다음의 세 가지로 요약해볼 수 있다.

첫째, 사회화는 인간의 '발달[development]'에 결정적이다. 여기에서는 '습관 형성으로서의 사회화[socialization as habit-building]' 관점을 고려해야 한다. 즉, 사회화가 잘 된 아이는 '좋은 습관'을 가진 존재와 같은 뜻이다.[9] 사회적으로 수용할만한 행동과 적절한 기술이 몸에 습관처럼 스며 들어간 존재. 이런 아이는 자기 정체성이 명확하고, 타인을 향한 공감능력도 뛰어나다. 여러 타자와의 상호작용 덕에 인지능력도 발달했다. 어떤 상황에서 갈등이 생겨도 원만히 해결한다. 이미 그런 상황을 체득했기 때문이다. 결국, 정상적인 사회화를 경험한 사람은 사회 구성원들에게 환영받는다. 이는 결국, 개인의 전 생애주기 동안 필요한 심리적, 사회적 발달에 도움을 준다.

둘째, 관계[relationship] 때문에 중요하다. 인간은 전 생애에 걸쳐 사회화라는 (비)공식적 과정을 거치며 다른 사람과 관계를 맺는다. 인간에게 관계란 생존의 영역이다. 만약 유아기에 누구와도 관계를 맺지 않으면(즉, 사회적으로 고립된다면) 아이는 어떻게 될까? 사회화는 사람들에게 타인과의 관계를 맺게 해주는 필수 과정이다. 관계가 중요한 건, 인간이란 존재가 타인과의 관계에서 내가 누군지를 자각하고, 나아가 여러 사회적 상황에서 타인이 내게 뭘 기대하는지 깨달을 수 있기 때문이다. '나'와 '타인'을 알게 해주는 관계 형성. 그것을 사회화가 제공해준다.

셋째, 사회질서 유지에 필수적이다. 만약 사람들이 사회적으로 요구되는 규범이나

---

[8] Bush, D. M., & Simmons, R. (1981). Socialization processes over the life course, in M. Rosenberg & R. H. Turner (eds.), Social psychology: Sociological perspectives(pp. 133-164). New York, NY: Basic, 133쪽.

[9] Grusec, J. E., & Hastings, P. D. (2015). Handbook of socialization: Theory and research(2nd). New York, NY: Guilford Press, 5쪽.

행동 방식을 지키지 않으면 어떻게 될까? 사회는 혼란에 빠진다. 무법천지가 된다. 반대로, 사회 각 구성원이 자신이 속한 곳에서 요구되는 바를 잘 사회화하면, 즉 몸에 잘 새겨 넣으면, 사회는 안정성을 확보한다. 사회가 전복되기를 바라는 사람이 아닌 이상 대부분은 사회가 안정적으로 현 질서를 유지하길 바란다. 그리고 그 믿음이 집단적으로 공유될 때 사회가 가능해진다.

사회학 이론이 다루는 사회화

'사회화는 어떤 역할을 하는가?' 사회 질서 유지를 돕는가, 아니면 사회 변화를 초래할 갈등을 만드는가? 개인은 전 생애에 걸쳐 마주할 여러 사회제도나 문화적 힘과의 상호작용에서 얼마나 자유로울까? 개인은 사회화 틀 속에서 자기 행위를 어떻게 조정할까? 우리는 개인을 사회화의 선택자(사회화 영향력을 선택적으로 받아들이는 개인)로 봐야 할까, 사회화의 희생양(물을 빨아들이는 스펀지와 같은 존재)으로 가정해야 할까? 사회학 이론의 전통이 사회화에 던지는 질문이다. 간략히 살펴보자.

기능주의: 사회 유지에 필요한 사회화와 사회제도

기능주의 이론가에게 사회화란 개인이 사회 규범과 가치를 '내면화'하는 과정이다. 내면화internalization란 개인 외부의 여러 비가시적 요소를 몸 (내부)에 넣는 과정이다. 추석이 되면 교통 체증에도 불구하고 고향을 찾는다. '추석 때는 고향에 가 가족들과 보낸다'란 '전통tradition'을 어릴 때부터 경험하며 몸에 새겼기 때문이다. 그걸 경험하지 못한 사람은 추석 때 몇 시간을 고속도로 위에서 보내야 하는 상황을 이해하지 못한다.

"사회를 떠받치는 여러 제도(조직 및 집단)는 사회의 생존을 위해 반드시 유지되고 보존되어야 하고, 이를 위해 개인은 자기에게 부여된 역할을 충실히 수행해야 한다."

기능주의가 사회화와 관련해 확고히 정립한 명제functional proposition다. 이 명제에 따르면, 사회란 '개인이 각 조직 내 규범과 규칙에 순응토록 만들 장치를 고민하는 개념적 실재'가 된다. 역기능적 행동의 기준과 이를 방지할 방안이 무엇인지? 전 생애주기에 맞춰 가정은 어떤 역할을 해야 하는지? 학교는 어떤 기능으로 개인을 사회화하는지? 또래 집단에서 사회화하는데 필요한 건 무엇인지? 미디어가 한 개인의 제대로 된 사회화를 위해 필요한 정책(제재 및 포상)은 무엇인지? 사회는 이런 고민을 한다.

기능주의에 따르면 사회화는 세 단계로 나뉜다. 1차primary 사회화는 개인이 태어나 가정에서의 교류로 이루어진다. 초기 사회화다. 사회화 단계에서 가장 중요하다. 다음이 2차secondary 사회화다. 학교나 종교, 직장에서 타자others와 교류하며 집단 규범을 익힌다. 1차 사회화에서 기본적인 말하기나 공감의 기초를 닦았다면, 2차 사회화는 여러 상황에서 어찌 행동하고 말해야 할지를 알려준다. 이후, 사람들은 3차tertiary 사회화를 경험하기도 한다.[10] 2차 사회화에 익숙했던 성인이 새로운 환경으로 진입하며 겪는 과정이다. 예를 들어, 20년 간 교수 생활을 하다 은퇴 후 정치계에 입문하여 대학과는 다른 정치계에서의 규범과 규칙을 다시 습득하는 경우다.

갈등이론: 현존하는 불평등을 지속하는 사회화

갈등이론은 갈등을 중심으로 사회화를 본다. 즉, 이 이론적 전통은 사회 내 여러 집단과 조직이 부족한 자원을 놓고 꾸준히 권력 다툼을 한다는 기본 전제를 지닌다. 이 관점에 따르면, 사회화란 사회 구성원들에게 허위의식false consciousness(사회생활 전반에 영향을 미치는 잘못된 이해로서, 현실에 대한 정확한 인식이 부족하고 심지어 왜곡된 관점을 지닌 상태)을 길러주는 과정이다. 특히 계급 불평등에 대한 잘못된 이해를 강조한다. 내가 가난한 건 다 내가 못난 탓이라 생각하게 만든다. 이걸 이데올로기ideology라 한다.

갈등이론 관점에서 가정과 학교, 직장에서 이루어지는 사회화는 기존 계급 불평등을 지속하는데 필요한 잘못된 이해를 강화한다. 즉, 다음 세대로까지 기존 불평등 상황이 유지되게 만든다. 예를 들어, 빈민층 지역 학교의 교육과정과 상류층 지역 학교 교육과정은 차이가 있을까? 빈민층 학교에서는 현 사회질서와 조건이 자연스러운 것이라고, 그래서 현 상황을 수용하여 이대로 살라는 내용이 전수될 것이다. 상류층 학교에서는 사회적 성공과 이를 위한 노력이 중요하다고 가르칠 것이다. 이처럼 계층에 따른 학교 교육과정 편차는 어떤 조직이나 집단의 '이해관계'를 반영할까? 기존 사회적 우위를 지속하려는 엘리트 집단의 이해관계가 반영되었을까?

자신이 어떤 사회 계층에 속했는지에 대한 '자아 감각sense of the self'은 중요하다. 그 감각에 따라 행동이 달라지기 때문이다. 예를 들어 자신이 빈민층이고, 이 계층은 아무리 노력해도 개선되기 어렵다고 믿는 사람은 자기 자녀에게도 비슷한 생활양식을 강요한

---

10) Parsons, T., & Bales, R. (1956). Family, socialization and interaction process. London: Routledge and Kegan Paul.

다. 주로 무의식적으로. 이 때문에 갈등론자는 현 사회적 불평등의 변화를 위해 이런 잘못된 이해(허위의식)를 교정해 줄 '이념적 대변인ideological spokespeople'이 필요하다고 말한다. "그건 잘못된 생각이야! 우리는 지금과는 다른 삶을 추구해야 해!" 이렇게 외쳐줄 계몽가가 필요하다.

상호작용론: 타자와의 상호작용으로 이루어지는 사회화

우리는 태어나 다양한 사람들과의 상호작용을 거친다. 초기에 부모와 주로 상호작용하고, 그 이후 학교에서의 또래와 직장에서의 동료와 교류한다. 상호작용이론은 이처럼 한 개인이 사회 맥락 속에서 경험하는 여러 상호작용 행위를 본다. 특히, 어떤 집단이나 사회에 형성되어 개인에게 작동하는 상호작용 질서에 관심을 둔다. 그것이 개인 행위뿐 아니라 정체성에 어떤 영향을 미치는지 보는 것이다.

인간은 자기가 속한 사회의 여러 상황에 놓이며 타인과 상호작용을 하는데, 그 과정에서 '자아the self'가 만들어진다. '자아'나 '자기'로 불리는 이 개념은 '자기 자신을 사물(대상)처럼 취하는 능력'을 의미한다. 핵심은, 타인의 위치에 자신을 위치시키는 상상력이다(심리학에선 이를 '자기 객관화'라 부른다). '내가 저 상황에서 저렇게 행동하면 다른 사람이 어떻게 볼까?' 이런 생각이 가능할 때 자아는 발달한다.

자아에 대한 감각을 지니면 자아개념self-concept이 형성되었다고 말한다. 자아개념이란 자신에 대하여 (자신이) 형성한 믿음과 느낌의 총체다. 일반적으로 네 가지 요소가 이를 형성한다.[11] 첫째, 신체적physical 자아. '나는 키가 크다' 같은 인식이다. 둘째, 활동적active 자아. '나는 축구를 잘한다'처럼 어떤 행위에서의 능력이 자아로 표현된다. 셋째, 사회적social 자아. '나는 타인에게 친절하다'처럼 사회관계 속 위치로 표현된다. 넷째, 심리적psychological 자아. '나는 통일이 되어야 한다고 믿는다'처럼 자기 신념으로 대표된다. 이런 자아개념은 생애주기별(유아기에서 성인) 환경 요소 변화에 따라 달라진다. 핵심은 누구와 어떤 상황에서 어떤 상호작용 과정을 거치는가다.

이 과정을 거치며 개인은 개성이나 성격, 독특함으로 구성된 '자아정체성self-identity'을 형성한다. 다른 사람이 나를 어떻게 보는지에 대한 감각이 자아정체성이다. 이게 형성됨과 동시에 개인은 자신이 속한 사회의 특징과 그곳에서 자신의 지위status 및 역할roles을 꾸준히 인지하며 사회적으로 기대되는 여러 규칙과 규범을 조율한다.

---

11) Gecas, V. (1982). The self-concept. Annual Review of Sociology, 8(1), 1-33.

사회화 주관자와 스포츠

이제 막 태어난 아기는 가정에서 부모의 보호 없이 생존할 수 없다. 인간은 이미 엄마 뱃속에서 프로그래밍이 되어 나오는 다른 동물과 달리, 사회적 환경 속에서 여러 양육 과정을 거쳐 완성된다. 이 양육 과정을 사회학에선 '사회화'라 부른다. 중요한 건, 그 양육이 단순히 부모에 의해서만 이루어지지 않는다는 점이다. 태어난 후 가정에서 부모에게 1차 사회화를 경험하고, 그 이후 미디어나 학교생활, 졸업 후 직장에 들어가 2차 사회화를 겪는다. 이처럼 인간을 사회적 동물로 만들어주는 데 개입하는 존재를 통칭하여 '사회화 주관자agents of socialization'라 한다. 여기에서는 사회화 논의에서 빼놓을 수 없는 사회화 주관자를 스포츠 맥락에서 살펴본다.

사회화 주관자란 무엇인가?

> 사회화에 대한 초기 사회학적 개념화는 '사회에 처음 진입하는 초심자를 사회적 기대에 적합하게 조형하는 주관자'로 특징지어졌다. 사회화 주관자란 한 마디로 사회적 기대를 전달해주는 사람, 자원, 구조로 총칭될 수 있다.[12)]

사람은 스스로 사회화할 수 없다. 주변 도움이 필요하다. 사회화를 상호작용의 결과물로 보는 이유다. 한 사람이 태어나 평생에 걸친 상호작용을 중개해주는 유무형의 존재를 '사회화 주관자'라 한다. 주관자라 하니, 사회화를 일방적으로 주관(어떤 일을 책임지고 맡아 관리함)하는 듯 느껴질 수 있다. 주관자보단 '중개인agents'으로 생각하자. 집주인과 세입자를 매개(중개)해주는 '부동산', 프로선수와 구단 사이를 매개해주는 '에이전트'처럼, 개인과 사회를 매개해주는 존재다.

사회화 주관자 개념이 가장 처음 언급되었다고 판단되는 곳은 1950년대 미국에서 농사를 지으려 거처를 옮기는 청년 이주민 관련 문헌에서다. "1947년에 가정이나 학교, 혹은 청년들의 사회화 주관자 역할을 했던 지역사회에 대해 자유주의 및 보수주의 차원의 여러 논의가 있었다."[13)] 이 문헌에서 저자는 사회화 주관자로서의 지역 사회가 청년들이 농사를 업으로 삼도록 영향력을 발휘했다고 표현한다.

---

12) Cogswell, B. E. (1968). Some structural properties influencing socialization. Administrative Science Quarterly, 417-440, 423쪽.

13) Buck, R. C., & Brown, C. H. (1959). The implications of rural youth migration and occupational mobility for agriculture. Journal of Farm Economics, 41(5), 1155-1168, 1159쪽.

그렇다면 사회화 주관자가 하는 역할은 무엇일까? 무엇보다 세 가지 역할이 주요하다. 정보 원천과 사회적 지지, 사회적 기대감의 상징화다.

첫째, 정보 원천source of information 역할. 갓 입대한 이등병은 군대에 어떻게 적응(사회화)할까? 병장이나 상병처럼, 이미 군대 문화에 익숙한 유사 타자similar others를 모방하며 사회화한다. 그들의 행동과 말은 일종의 사회화 자원으로 기능한다. "대부분의 학습은 타자, 즉 사회화 주관자에게 다양한 식으로 의존하며 이루어진다."[14] 군대뿐 아니라 가정에선 부모, 학교에선 교사나 동년배, 직장에선 앞 기수(사수라 불리는)가 그 역할을 한다. 사회화는 이들의 행동을 모방하며 이루어진다.

둘째, 사회적 지지social support 제공자 역할이다. 사회적 지지란 개인을 둘러싼 중요타자에게서 얻는 여러 종류의 원조를 뜻한다. 예를 들어, 직장에 입사한 사람이 그곳에 잘 적응하는 데 있어 무엇보다 중요한 것이 상사의 지지다. "잘하고 있어! 믿음이 가네!" "그렇지, 그렇게 하는 거야!" 등처럼, 개인이 지닌 '인정감의 통'을 채워주는 상사의 지지가 조직 적응 및 사회화에 필수다. 사회화 주관자의 지지를 충분하고 필요한 만큼 받지 못한 개인은 사회 적응에 실패할 가능성이 크다.

셋째, 사회적 기대social expectation를 상징화한다. 사회화 주관자는 그들이 속한 사회에서 다수의 구성원이 기대하는 바를 특정 방식으로 상징화(모두가 쉽게 받아들일 수 있도록 공론화)한다. 그러한 상징화 방식 중 가장 대표적인 것이 '처벌'이다. 다른 표현으로는 모니터링monitoring과 제재sanction다. 학교에서 교사라는 사회화 주관자를 예로 들면, 교실에서 학생들을 지속적으로 관찰하며(감시 및 모니터링) 교사는 학생이 사회적 기준을 위반할 때 적절한 제재를 가하며 개입한다(처벌한다). 부모 역시 아이를 보살피다가 먹지 말아야 할 것을 입에 넣으려 할 때 '때찌'하며 제재한다. 학생이나 아이에게 '주변 사람들이 내가 이걸 하지 않길 기대하는구나'를 깨닫게 해준다.

생애주기에 따른 사회화 주관자와 사회화 유형

개인이 전 생애적으로 경험하는 사회화를 어떻게 모형화할까? 사회화 유형과 각 유형에 개입하는 사회화 주관자를 정리한다면 어떤 도식이 가능할까? 일반적으로 사회화는 개인의 생애주기life cycle를 중심으로 이해된다. 주기별로 이루어지는 사회화 성격의

14) Fisher, C. D. (1986), Organizational socialization: An integrative review. In K. M. Rowland & G. R. Ferris (eds.). Research in personnel and human resources management (Vol. 4, pp. 101-145). Greenwich, CT: JAI Press, 132쪽.

차이 때문이다. 다음 〈그림 11-1〉은 생애주기별 사회화 유형과 그에 개입하는 사회화 주관자를 도식화한 내용이다. 물론, 각 유형 및 그에 관여하는 사회화 주관자를 무 자르듯 나눌 수는 없다. 개괄적 이해를 위한 구분일 뿐이다.

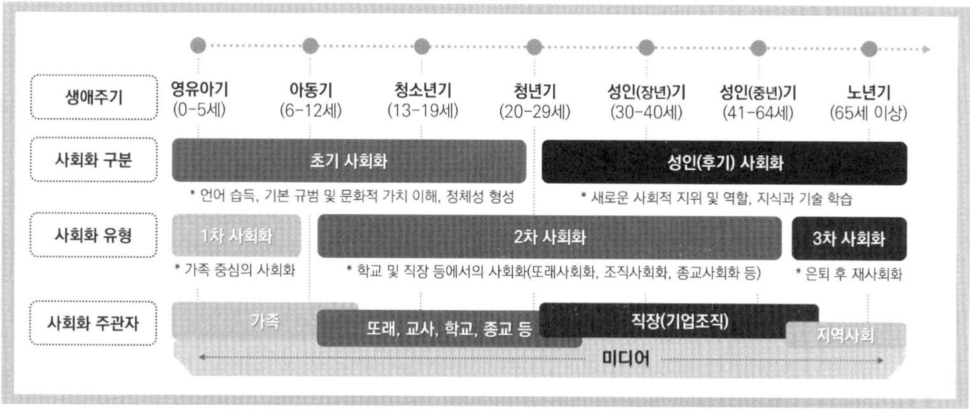

[그림 11-1] 생애주기에 따른 사회화 유형 및 사회화 주관자 도식

사회화는 보통 어떻게 구분될까? 사회에 진출하기 이전까지와 이후로 그 시점을 구분하는 방식이 보편적이다. 이 때문에 생애주기에 따라 청년기(25세 이전까지)를 대개 '초기사회화early socialization'라 부른다(혹자는 고등학교까지를 그 기간으로 보기도 한다). 학교 졸업 후 기업 등의 조직에 몸 담으면서 일종의 '성인 사회화adult socialization' 과정으로 들어간다. 이 단계에서는 새로운 사회적 지위와 역할을 접하며 다른 유형의 문화적 가치나 규범을 학습하는 등의 사회화를 경험한다.

이런 구분에 따라 사회화 유형 역시 달리 명명된다. 이 유형은 학교 전까지 가족 중심으로 이루어지는 유형을 '1차primary 사회화'로, 학교에 들어가서 은퇴 전까지를 '2차secondary 사회화'로 구분한다. 1차 사회화에선 부모나 형제자매 등 '가족'이 핵심적인 사회화 주관자였다면, 2차 사회화로 나오면서 그 주관자의 폭은 확대된다. 학교(교사와 또래, 교육과정 등), 종교(종교 지도자 등), 조직(기업에서의 동료 및 상사 등) 등이 사회화에 주된 영향을 미치는 주관자로 자리 잡는다. 물론, 은퇴 후 또 한 번의 사회화를 경험할 수 있는데, 이를 '3차retired/tertiary 사회화'라 한다.

앞으로 상세하게 다룰 사회화 주관자 역시 생애주기별로 달리 작동한다. 1차 사회화 때는 주로 가족이, 2차부터 3차까지 학교에서부터 또래, 교사, 상사, 동료, 교육과정, 결혼, 이혼, 군대, 기업(입사) 등에 이르는 광범위한 주관자가 사회화 과정에 개입한다. 각각의 사회화 주관자는 특정 생애에 결정적인 영향을 미친다. 흥미로운 점은, 오늘날 미디어가 유아기부터 노년기까지 전 생애에 걸쳐 영향력을 행사한다는 사실이다. 뉴스 메시지, 광고, 드라마, 스포츠 중계 등이 개인의 가치관, 세계관, 철학, 사회적 관점 등에 관여하며 사회적 적응과 동화[assimilation]에 중요한 역할을 한다. 그렇다면 이제부터 이들 사회화 주관자를 자세히 살펴보자.

사회화 주관자(1): 가족

일반적으로 가족은 (조)부모와 형제자매로 이루어진다. 이들 중 자녀의 스포츠 참여에 있어 절대적 영향은 부모에게 받는다. 아이가 태어나 유아기와 아동기를 지날 때까지 언어 습득, 정체성 형성, 문화적 규칙 학습, 규범과 가치 획득에 있어 부모는 핵심적이다. 가족, 특히 부모에 의한 사회화를 '주요 사회화' 혹은 '1차 사회화'라 부르는 이유다. 이는 다음 단계의 사회화를 위한 초석이 된다. 그림으로 비유해보자면 일종의 밑그림 그리기다. 사회에 적합해질 수 있는 여러 필수 요소 장착이 이 시기에 부모에 의해 이루어진다.

'가족 스포츠 문화[family sport culture]'란 개념이 있다. '스포츠와 강한 친밀감을 지니며 그것이 아동의 스포츠 참여와 연결되는 가족 문화'[15]를 뜻한다. 이 문화에서 양육되는 아이는 좋든 싫든 스포츠와 관계를 쉽게 맺는다. 체육교사 부부가 있다. 아버지는 지역 라디오에서 야구 해설을 한다. 이들의 자녀는 스포츠에 전혀 거부감이 없을 것이다. 매일 보는 것이 야구고, 야구장도 집 드나들 듯 왕래한다. 야구를 포함, 다른 스포츠 활동에도 쉽게 접근한다. 이와 함께, 기존 스포츠계 중심으로 형성된 부모 인맥에 이들 자녀도 자연스럽게 녹아든다. 스포츠로의 친화성은 더욱 강해진다.

부모가 자녀의 스포츠 참여에 미치는 영향 기제

그렇다면 가족 스포츠 문화에서 부모는 자녀의 스포츠 활동에 어떻게 영향을 미칠까? 크게 세 가지 방식을 이야기해볼 수 있다.[16]

---

15) Strandbu, A., Bakken, A., & Stefansen, K. (2020). The continued importance of family sport culture for sport participation during the teenage years. Sport, Education and Society, 25(8), 931-945, 931쪽.

16) Dixon, M.A., Warner, S.M., & Bruening, J.E. (2008). More than just letting them play: Parental influence on women's lifetime sport involvement. Sociology of Sport Journal, 25(4), 538-559.

첫째, 역할모델 방식이다. 부모가 스포츠 활동의 역할모델을 하며 자녀의 스포츠 활동에 영향을 미친다.[17] 미국 골프선수 타이거 우즈Tiger Woods, 1975-는 자신의 아버지가 역할모델이었다. "아버지가 자기 인생에서 이룩한 위대한 일들을 생각하면 깊은 감명을 받는다. 그는 훌륭한 아버지이자 코치였고, 멘토이자 친구였다. 아버지가 없었다면 오늘의 나는 없었을 것이다."[18] 자녀에게 부모가 커 보이는 어린 시절, 부모의 스포츠 활동은 따르고 싶은 모델로 작동한다.

둘째, 스포츠 자원 제공 역할이다. 부모는 자신이 경험하여 좋다고 느끼는 스포츠 활동을 자녀에게 소개하고 관련 자원을 지원한다.[19] 평소 테니스와 골프, 스키를 즐기는 선배 부부는 1남 2녀 자식들 모두에게 이들 종목을 접하게 했다. 겨울엔 시즌방을 얻어 아이와 함께 스키를 즐겼고, 아이가 초등학생이 되자 시즌권도 사줬다. 테니스 개인교습을 받도록 부모 인맥을 동원해주고, 아버지가 쓰던 골프 클럽을 물려주기도 했다. 자원을 지원받으며 자녀는 스포츠에 좀 더 깊게 개입한다.

셋째, 스포츠의 가치 해석자 역할이다. 단순 소개 역할에 멈추지 않고, 그 스포츠가 아이의 삶에서 어떤 가치가 있는지 꾸준히 해석해준다. 해석interpretation이란 한 마디로 '의미 말해주기'다. 부모는 아이에게 특정 스포츠를 함으로써 느낄 수 있는 가치와 다른 사람들이 그 스포츠를 어떻게 바라보고 어떤 기대감을 지니는지, 나아가 이런 스포츠 활동이 아이의 미래 삶에 어떤 영향을 미칠지를 규범적으로 설명한다. 아이에게 특정 스포츠를 계속하도록 의미를 부여하는 것이다.

그렇다면 자녀의 스포츠 참가 및 지속에 미치는 부모의 영향력은 일관될까? 구분이 필요하다. 주요한 영향을 미치는 시기와 그렇지 않은 시기의 구분이다. 연구에 따르면, 초기 아동기(5-12세까지) 때까지는 부모가 주요한 영향을 미친다. 그 이후(13세 이상)부턴 영향력이 감소한다. 아이들이 성장하면서 부모와 보내는 시간이 상대적으로 줄어들기 때문이다. 전자를 '부모 사회화의 중심적 영향력 시기proximal impact'로, 후자를 '원거리 영향력 시기distal impact'라 부른다.[20]

---

17) Smoll, F. L., Cumming, S. P., & Smith, R. E. (2011). Enhancing coach-parent relationships in youth sports: Increasing harmony and minimizing hassle. International Journal of Sports Science & Coaching, 6(1), 13-26.

18) 이성용 (2007.02.02.). '골프 황제' 타이거 우즈 아버지의 리더십이 키웠다. 조선비즈, 12면.

19) Wheeler, S. (2012). The significance of family culture for sports participation. International Review for the Sociology of Sport, 47(2), 235-252.

20) Woolger, C., & Power, T. G. (1993). Parent and sport socialization: Views from the achievement literature. Journal of Sport Behavior, 16(3), 171-189.

스포츠 참가지속에 미치는 부모의 영향

기대-가치 모델과 생애과정론으로 본 여성의 스포츠 참가지속

다섯 가지로 구분되는 사회화 주관자는 일반적으로 '1차'와 '2차' 주관자로 구분되곤 한다. 외국 문헌에서 1차 사회화 주관자로 거론되는 대표적 사례는 가족인데, 한 사람의 사회화 과정에서 가장 주요한 역할을 하기 때문이다. 이는 우리와도 유사하다. 하지만 우리나라 학생들은 초등학교에서 고등학교까지 12년을 학교에서 보내기에 학교와 친구들이 가족보다 더 중요한 역할을 하는 경향이 있다. 가족과 학교도 1차 사회화 주관자로 포함될 정도다.

가족의 역할은 스포츠 참가와 관련하여 무시할 수 없을 영향력을 지닌다. 운동선수 대부분이 그 초기 개입의 이유를 부모(특히 아버지)에게서 찾는데, 가부장제가 견고한 우리의 문화적 구조를 본다면 당연한 결과다. 흥미로운 사실은, 외국에서도 스포츠 참가와 지속에 있어 부모의 영향력이 매우 지대하다는 점이다. 한 연구는 이 지점을 파고들며, 부모의 영향력이 스포츠 참가(특히 여성의 스포츠 참가 지속)에 어떤 방식으로 기여하는지를 질적으로 밝혔다.

NCAA(Division 1)에서 활약 중인 17명의 여성 코치를 대상으로 한 연구 결과에 따르면,[1] 이들이 지금껏 스포츠를 지속하는 데 결정적인 영향을 미친 주관자로는 바로 부모가 꼽혔다. 하지만 연구에서의 문제는 '누구'가 아니라 '어떻게'였다. 어떤 방식으로 활동 지속을 유지하도록 그 영향을 미쳤을까?

이 연구는 두 가지 이론을 적용했다. 첫째, 기대-가치(expectancy-value)모델이다.[2] 단기간의 영향력을 해석할 세 가지 틀 – 1) 역할모델 역할, 2) 경험 제공자 역할, 3) 경험 해석자 역할 – 을 제시한 모델이다. 둘째, 생애경로이론(life course theory)이다.[3] 앞선 세 가지 역할이 생애를 거치며 어떻게 영향력을 행사하는지를 설명해 준다.

첫째, 역할모델로서의 부모다. 연구 결과에 따르면, 역할모델화에 따라 여성 코치들은 스포츠를 1) 삶의 일부로 받아들이고, 2) 스포츠 참가 자체에 가치를 부여하며 그 활동을 지속하였다. 중요한 점은 이러한 행위가 궁극적으로 운동 참가의 정상성(normalcy; 운동을 하는 게 정상적인 삶이다)을 전 생애 동안 형성, 스포츠 활동을 유지해나가도록 도왔다는 사실이다. 즉, 정상화(normalization) 과정이 부모의 역할모델에 의해 발생한 것이다.

둘째, 경험 제공자로서의 부모다. 부모는 이들에게 참가 기회를 제공해주며 스포츠로의 진입을 도와준다. 예를 들어 1) 게임에 계속 참가하면서 독려해줬고, 2) 코치 역할이나 게임을 관리해주는 행정가로도 그 역할을 수행했으며, 3) 교통수단을 제공하며 일상적으로 스포츠 활동이 지속되게끔 영향을 미쳤다는 설명이다. 이러한 스포츠 경험을 꾸준하게 제공해주는 행위는 앞서 '역할모델'의 기능을 보완하고 지지해주는 설명이라 하겠다. 더불어, 이러한 부모의 지원이 가족으로서 해야 할 가치 있는 일로 해석되도록 이끌었는데, 참가자에서 코치로서의 스포츠 참가 지속에는 이러한 '가치'의 경험이 중요한 역할을 했다는 게 연구자의 해석이다.

셋째, 경험 해석자로서의 부모다. 가장 큰 영향력을 발휘한 역할이다. 어린 나이에 참가했던 스포츠 경험에 대해 부모는 "너한테 참 잘 어울린다"라는 식의 젠더 적절성 해석과 "부담 갖지 말고 즐겨라"는 압박 없는 격려를 제공해줬다. 일반적으로 아동은 부모와의 동일시 과정을 거치는데, 그 과정에서 부모가 가치를 부여하는 행동에 아동도 같은 가치를 부여하곤 한다. 이것이 바로 '사회학습'이다. 이 연구에서 나타난 참가의 지속도 같은 메커니즘을 따른다.

1) Dixon, M.A., Warner, S.M., & Bruening, J.E. (2008). More than just letting them play: Parental influence on women's lifetime sport involvement. Sociology of Sport Journal, 25(4), 538-559.
2) Eccles, J., Adler, T., Futterman, R., Goff, S., Kaczala, C., Meece, J. (1983). Expectancies, values and academic behaviors. In J.T. Spence(ed.), Achievement and achievement motivation (pp. 75-146). San Francisco: W.H. Freeman.
3) Giele, J., & Elder, G. (1998). Life course research: Development of a field. In J. Giele & G. Elder(eds.), Methods of life course research: Qualitative and quantitative approaches(pp. 5-27). Thousand Oak: Sage.

부모의 영향력이 줄어드는 원거리 영향력 시기를 보자. 부모보단 학교에서의 또래가 더 큰 영향을 미치는 시기다. 이 시기가 흥미로운 건 사회화 방향이 바뀌기 때문이다. 자녀의 (스포츠) 경험이 반대로 부모에게 영향을 준다. '역-사회화reverse socialization', 즉 자녀가 부모의 행위, 신념, 욕망, 가치에 영향을 미치는 과정이다.[21] 이런 경우는 주변에서 쉽게 발견된다. 부모의 관심사는 확장되지 않지만, 자녀의 경험과 관심사는 무한 팽창하기 때문이다. 영향력의 방향이 바뀐다.

사회화 주관자(2): 학교

기능주의자는 학교가 한 개인의 사회화와 관련, 네 가지 역할을 한다고 본다. 첫째, 사회의 구성원으로서 요구되는 자질 가르치기, 둘째, 사회적으로 가치 있는 문화적 자산의 전수, 셋째, 사회 통제 및 개인적 발달, 넷째, 사회 각 조직으로의 적절한 인력 배치 및 분배다.[22] 과연 학교는 구체적으로 개인의 사회화와 어떻게 연결될까?

학교에서 이루어지는 사회화 기제

학교에 간 아이는 가정과는 전혀 다른 세계를 접한다. 그 세계는 다양성과 규율, 경쟁으로 작동한다. 부모에게 모든 관심과 자원을 독점했던 가족과는 다른 곳이다. 아이에게 학교는 낯선 공간으로 다가온다. 가정에서와는 상이한 사회화를 경험할 수밖에 없다. 학교에서 작동하는 사회화 기제는 무엇일까?

첫째, 영향을 주고받는 사람들의 '다양성' 기제다. 교환관계의 다양성diverse systems이라고도 부른다. 학교에서는 교사, 친구, 선후배 등이 한 아이의 사회화 과정에 개입된다. 부모만이 영향력을 발휘하던 가정과 달리, 학교에선 중요타자significant others(사회화에 의미 있는 영향을 미치는 사람들)가 확장된다. 이들은 각기 다른 관점과 경험으로 아이에 대한 '다른 기대'를 갖는다. 교사는 기본적으로 아이가 학교생활 잘하고 공부 열심히 하며 친구들과 싸우지 않길 기대한다. 친구들도 다른 기대감을 갖는다. 아이는 이러한 기대의 스펙트럼 속에서 자기를 인지하고 그에 걸맞게 행동한다.

둘째, '제도'와의 만남이다. 규율 체계disciplinary systems의 존재다. 시간표와 시험, 교사와

---

21) Brim, O. G. (1968). Adult socialization. In J. A., Clause(ed.), Socialization and society (pp. 182-226). Boston, MA: Little, Brwon and Company, 213쪽.

22) Boronski, T., & Hassan, N. (2020). Sociology of education(2nd). Thousand Oaks, CA: Sage Publications.

의 위계적 관계로 형성된 시스템이 작동한다. 가정과 달리, 학교에선 일종의 '모의시험' 체계, 즉 아이가 사회적 존재가 되도록 도와줄 시스템이 있다. 8시 등교, 50분 수업, 10분 휴식, 정해진 수업, 평가와 시험, 등급화 및 보상. 아이는 이런 체계와 마주하며 적응한다. 이 체계에선 부모 앞에서 언제나 통했던 '떼쓰고 울기' 행동 양식이 통하지 않는다. 그런 행동은 처벌된다. '미숙한 학생'이란 낙인, 친구들의 배척, 교사의 훈계가 가해진다. 학교는 이렇게 한 개인을 사회화한다.

셋째, 자원 획득을 위한 경쟁 체계competitive systems다. 가족에서 아이는 부모가 제공하는 자원(애정, 관심, 자본 등)을 독점한다. 자원 배분이라 해봐야 형제자매와의 경쟁이 전부다. 그마저도 부모가 질서 있게 정리해준다. 학교는 그렇지 않다. 다양한 사회화 자원, 즉 교사의 관심, 또래와의 친밀한 관계, 상장 같은 보상이 특정 개인에게 집중되지 않는다. '분배'가 아닌 '쟁취'에 의존해야 한다. 아이는 이처럼 학교에서의 사회화 자원 획득 경쟁에 참여하며 깨닫는다. 젠더, 인종, 능력, 외모, 사는 지역, 계층에 따라 다르게 작동하는 중요타자의 기대를 이해한다. 자원이 반드시 공평하게 배분되지 않는다는 사실도 알게 된다. 사회는 순진하지 않음을 경험하는 것이다.

학교에서의 스포츠 활동과 사회화 양상

> 남학생들의 경쟁적이고 공격적이며 기꺼이 부상을 감수하려는 행위는 우리 사회에서 가장 높은 가치를 지니는 문화자본으로서의 남성성을 획득하는 방법이다. 이는 체육이나 스포츠계에서 매우 빈번히 발생하고, 유용하게 먹히는 전략 중 하나이기도 하다.[23]

운동장에서 학생들끼리 행하는 스포츠 활동은 '자조적self-organizing'이라는 특징을 지닌다. 자기들끼리 조직하며 이루어지는 활동이 다수란 뜻이다.

자조적으로 이루어지는 스포츠 활동에서 우리가 알 수 있는 건 무엇일까? 무엇보다 스포츠 활동 조직에서 중요한 게 무엇이고, 편 나누는데 어떤 기준이 작동하는가를 보여준다는 점을 알 수 있다. 그들만의 리그에서 형성되는 '권력관계'를 알 수 있다.[24] 또한, 친구를 사귀는 과정도 알게 된다.[25] 이는 학교 운동장에서의 여러 활동으로 가능해

23) Wellard, I. (2002). Men, sport, body performance and the maintenance of 'exclusive masculinity'. Leisure studies, 21(3-4), 235-247, 235쪽.
24) 권민혁 (2003). 또래의 신체활동 게임에서의 권력관계. 서울대학교 대학원 박사학위논문.
25) 박창선 (2010). 초등학교 체육수업에서의 친한 친구 형성과정. 충남대학교 대학원 박사학위논문.

진다. 운동장은 "친구들 간의 집단 문화가 형성되고 젠더와 관련된 학생들의 사회적 상호작용이 관찰되는 장소일 뿐 아니라 아이들이 우정이나 리더십, 애정 관계, 외모나 경쟁, 역량, 권력을 향한 개인적 감각 등의 규범을 탐색하는 곳"[26]이다.

학교에서의 자조적 스포츠 활동에서 아이들은 무엇을 배울까? 거주 지역, 인종, 계층 같은 인구사회학적 배경에 따른 학습을 한다. 여기에서는 그 양상을 '젠더[gender](주어진 성에 적합한 사회적 실천을 구성하는 원리)를 중심으로 본다. 학교에서 스포츠 활동을 스스로 조직하며 학생들이 체득하는 젠더 사회화는 무엇일까? 운동장에서의 스포츠 활동을 본 연구를 종합하면, 세 가지의 주요 사회화 내용을 볼 수 있다.

첫째, 능력주의 체화다. 능력주의[meritocracy]란 '능력이 있으면 지금 소유한 것이 당연하다고 믿는 생각의 집합'으로 요약된다. 예를 들어, 학교에서의 자생적 스포츠 활동을 보면 거의 모든 경우, 운동 능력이 좋은 아이가 그 조직하의 중심 역할을 한다. 편을 나누고, 운동장 공간을 확보하고, 나아가 심판까지 한다. 다른 학생들은 능력 있는 친구의 이런 역할을 긍정하며 '상징자본'을 부여한다. 그럼으로써 운동 능력이 뛰어난 자가 운동장 주인이 되어 '중심'을 차지하는 게 당연하다는 규범을 학습한다.[27]

둘째, 남성성과 여성성의 학습이다. 체육수업이나 자율체육에서의 쉬는 시간 때 이루어지는 스포츠 활동에서 학생들은 어떤 행동이 남자답고 여성스러운지 학습한다. 예를 들어, 체조 뜀틀 수업을 보자. 교사가 남학생에게 시범을 보이라 주문했다. 학생들이 보는 앞에서 뜀틀을 넘어야 한다. 하지만 뜀틀이 무서웠던지 학생은 중간에 멈춰 서 버렸다. 그때 교사가 한 마디 던진다. "남자 놈이 그런 걸 무서워하냐." 이 장면을 접한 아이들은 '남자라면 두려움 따위는 잊고 어려운 동작을 해내야' 함을 남성성의 구성요소로 해석하며 수용한다. '이게 남자다운 거야'라고 특정하지 않아도 아이들은 앞선 상호작용으로 그 메시지를 학습한다. 이는 운동 중 발생하는 '부상'과 관련해서도 이루어진다. 즉, 교사가 남학생과 여학생의 부상에 차별적으로 상호작용하며 아이들에게 남성다움과 여성스러움의 모습을 그려주는 것이다.[28]

셋째, 사회적 배제와 포함 기제를 학습한다. 어떤 조건을 갖추어야 스포츠 활동 집단

---

26) Boyle, D. E., Marshall, N. L., & Robeson, W. W. (2003). Gender at play fourth-grade girls and boys on the playground. American Behavioral Scientist, 46(10), 1326-1345, 1327쪽.

27) 남상우 (2016). 운동장에서의 젠더 중심화와 주변화: 중학생들의 체화된 젠더 질서 사고방식. 한국스포츠사회학회지, 29(3), 133-151.

28) 남상우, 이창섭 (2006). 학교에서의 신체활동과 젠더의 재생산. 한국스포츠사회학회지, 19(3), 441-458.

에 포함될까? 어떻게 행동하면 스포츠 활동에서 배제되나? 나아가, 어떤 조건을 갖추면 자생적으로 이루어지는 스포츠 활동에서 밀려나게 되는가?[29] 뚱뚱한 몸을 가지면 집단에서 배제될까? 집단에서 배제되지 않으려면 무엇을 해야 할까? 이처럼 우리가 향후 사회에서 적절히 경험할 사회적 행위가 학습되는 곳이 바로 학교(운동장)다. 학교는 그야말로 청소년들의 사회화를 미리 체험하며 깨닫게 해주는 일종의 '모의 학습장'으로 기능한다. 학교가 사회화에서 중요한 이유다.

사회화 주관자(3): 또래 집단

또래 집단peer group은 한 개인의 사회화에 큰 영향을 미친다. 또래는 같은 나이, 같은 활동 참여, 비슷한 사회적 지위의 사람들이 모인 집단이다. 이는 초등학교 때나 은퇴한 중장년층 사람들 중심으로 구성된다. 한 마디로, 전 생애적이다. 이들이 하는 사회화 역할은 협동과 경쟁의 상호작용이다. 개인적 목표를 달성하거나, 집단적 목표를 위해 어떻게 행동해야 할지를 또래 집단에서의 상호작용으로 학습한다.

> 가정과 학교에서 아이들은 권위 있는 인물(부모, 교사, 교장)보다 사회적으로 열등한 위치에 있다. 어린 나이 때문에 이러한 사회적 열등감은 당연해 보인다. 하지만 청소년기에 이르러서는 이와 같은 권위로의 복종이 스스로 쉽게 허용되지 않는다. 그에 따라 청소년들은 자신들과 동등한 또래들로 구성된 사회 집단들의 안락함에 의존하기 시작한다.[30]

또래는 사회화 주관자로서 왜 중요할까? 관계에 있어 사회적 승인이나 비승인, 혹은 지지를 해주는 주요 원천이기 때문이다. 스포츠팀 구성원, 학교의 같은 반 학생, 직장 동료, 친한 친구 모두가 또래다. 이들은 지지나 제재의 방식으로 상호작용하며 관계를 맺는다. 이 관계는 무엇보다 세 가지 공통요인을 중심으로 형성된다. 첫째, '우리는 동일한가?'를 묻는 정체성identity과 둘째, '우리는 어떤 자원을 공유하는가'의 자원resources, 셋째, '나는(너는) 무엇을 알려줄 수 있는가?'를 말해주는 지식knowledge이다.[31]

또래 관계 형성은 달리 보면 '파벌 형성clique-formation', 즉 특정 기준으로 편을 나누는 행위이기도 하다. 편 나누기의 기준은 다양하다. 여중생에겐 '짧은 교복 치마'가 기준이

---

29) 강효민 (2016). 운동 못하는 학생에 대한 사회적 배제의 상호작용성. 한국스포츠사회학회지, 29(1), 69-88.
30) Tischler, H. L. (2007). Introduction to sociology. Belmont, CA: Thomson Wadsworth, 97쪽.
31) Carton, A. M., & Cummings, N. J. (2012). A theory of subgroups in work teams. Academy of Management Review, 37, 441-470.

되곤 한다. 입은 아이와 입지 않은 아이는 파가 다르다. 스포츠도 기준이다. 운동 잘하는 아이와 못하는 아이, 혹은 축구파와 농구파가 나뉜다. 특정 파벌에 들어가려면 '증명'이 필요하다. 축구파라면 축구 실력이 또래에게 승인되어야 한다. 이 과정에서 스포츠는 '사회적 통화social currency'로 기능한다.[32] 아이들은 그 또래 집단에 들어갈 통화를 얻으려 투자를 한다. 파벌에 소속되려 풋살장에 등록하는 것이다.[33]

또래 집단과 관련, 주목할 또 하나는 '또래 압력peer pressure'이다. 체육수업 때마다 체육복을 입지 않고 나오던 고집불통 고2 남학생(체육교사의 온갖 압박이 통하지 않던 학생) 사례는 또래 압력의 힘을 잘 보여준다. 자신은 저녁에 밴드에서 기타를 쳐야 하기에 체육수업 때 힘을 빼면 안 된다는 게 체육복을 안 입고 나오는 이유였다. 심지어 교장선생님과도 합의 봤단다(믿거나 말거나). 이 학생을 움직일 방법은 없어 보였다. 화가 난 교사는 축구 시합을 하려고 모여 있던 반 아이들(축구를 심하게 좋아하는 2학년 문과반이다)에게 "반에서 한 명이라도 체육복 안 입으면 오늘 너희들 자유시간이 없다고 말한 거 같은데, 저 친구가 안 입고 왔네"라며, 자율 시간을 철회하려 했다. 반 아이들은 분노하며 유무형의 압력을 가하기 시작했다. 순간, 고집불통이던 그 학생은 급하게 다른 반 학생에게 체육복을 빌려 입고 나왔나. 부모와 교사 말은 안 들어도 또래 말은 듣는다. 또래 압력은 청소년의 위험 행위 참여를 예측하는 가장 주요한 변수다.[34]

사회화 주관자(4): 미디어

NBA의 마이클 조던Michael Jordan이 소속팀을 3연패로 이끌던 1998년, 우리나라에서 농구를 하던 학생들은 흥미롭게도 두 가지 특이한 버릇을 집단적으로 공유했다. 첫째, 농구 시합에서 껌 씹기. 조던이 시합 때 껌을 씹었기 때문이다. 둘째, 왼쪽 팔꿈치에 검은색 밴드 착용하기. 특이하게도 조던은 팔목이 아닌 왼쪽 팔꿈치에 밴드를 꼈다. 미디어 속 마이클 조던의 '스타일'은 전 세계의 청소년들이 따라야 할 '모델'이었다.

문신한 연예인이 방송에 나올 땐 살색 반창고를 붙인다. 영화나 드라마에서 담배 피

[32] Smith, A. L., & Ullrich-French, S. (2020). Peers and the sport experience. In G. Tenenbaum, & R. C. Eklund (eds), Handbook of Sport Psychology(pp. 410-428). Hoboken, NJ: Wiley, 413쪽.

[33] 변상수, 남상우, 오병돈 (2015). 축구클럽을 말하는 모성(母聲): 자녀의 축구클럽 참가에 대한 사회학적 모델화 연구. 한국체육학회지, 54(4), 59-68.

[34] Bradley, G., & Wildman, K. (2002). Psychosocial predictors of emerging adults' risk and reckless behaviors. Journal of Youth and Adolescence, 31(4) 253-265.

우는 장면은 흐릿하게 처리된다. 살색 반창고 뒤에 문신이 있고, 흐릿한 처리가 담배 피우는 장면임을 모를 사람은 없다. 그럼에도 미디어는 이를 금지한다. 시청자들, 특히 아동이나 청소년에게 부정적 영향을 미치기 때문이다. 더 정확히는, 문신이나 흡연을 부정화하여 사람들이 이를 회피하게 만들기 위해서다. 또한, 미국 드라마에선 여성과 아이 살해 장면은 금지된다. 국내 언론이나 뉴스에서 연예인의 자살 사건은 단신으로 처리하거나 보도하지 않는 게 원칙이다. 베르테르 효과[Werther effect] 때문이다. 미디어는 사회적으로 해로운 것을 멀리하도록 한다.

미디어는 몸의 기준도 정해준다. 마른 몸이 사회적 기준이 된 건 의학적 지식이 아닌 미디어 때문이다. 이는 광고 같은 '이미지' 중심으로 이루어지지만, 드라마나 영화 같은 '스토리' 중심의 미디어로도 형성된다. 영화『미녀는 괴로워(2006)』를 보자. 뚱뚱한 몸으로 무시당하며 살던 주인공은 전신 성형 후 마른 몸과 예쁜 얼굴로 재탄생한다. 이전과는 180도 다른 삶이 펼쳐진다. 이러한 이야기는 '뚱뚱한 몸은 죄악'이란 메시지를 사회화한다(사회적으로 공론화). 동시에 '마른 몸=금욕과 절제=자기 관리=성공'이란 도식도 강화한다. 미디어의 역할은 사회적 기준을 규범화하는 것이다.

사회화 주관자로서의 미디어는 명사[celebrities]의 사회적 영향력을 전파하는 플랫폼 역할도 한다. 1990년대 국내 프로야구계에서 '바람의 아들'로 불렸던 이종범 선수 아들 이정후(키움히어로즈) 선수는 언론사와의 인터뷰에서 자기 야구 인생의 역할모델을 일본 야구선수 '스즈키 이치로'라 말한 바 있다.[35] 슈퍼스타였던 아버지에겐 서운한 일이지만, 이런 일이 가능한 건 미디어 때문이다. 만약 미디어가 없었다면, 일본과 미국에서 활약하는 이치로 대신, 이정후의 역할모델은 아버지인 이종범이 되었을 것이다. 이처럼 미디어는 '사회화의 지구화 역할'도 한다.

미디어는 어떤 기제로 사회화 주관자 역할을 할까? 정리하면 다섯 가지 기제로 요약된다. 첫째, '이슈 정보 제공[information]'이다. 어떤 이슈가 등장했는지 알려줌으로써 세계가 어떻게 돌아가는지 파악하게 해준다. 둘째, 타자의 삶을 '대리'한다[vicariousness]. '대리 효과'다. 다른 사람의 삶을 보여줌으로써 현재의 자기 삶과 비교하게 해준다. 셋째, 이슈와 관련한 '관점 제공[perspectives]'이다. 뉴스 토론이나 여론조사 결과를 제공하면서, 특정 이슈를 향한 자기 생각의 현 위치를 확인하게 해준다. 넷째, 경향성[tendency] 보여주기

35) 김식 (2018.09.12.). [김식의 야구노트] 이종범 아들 이정후 롤모델은 이치로. 중앙일보, 6면.

다. 상품이나 서비스, 이슈 관련 사회적 경향성을 알 수 있게 해준다. 다섯째, 권선징악 강화다. 범죄자의 처벌과 선행자의 보상 소식을 전파한다. 어떤 행동이 바람직한지의 사회적 기준을 공론화하며 그것을 개개인에게 체화한다.

스포츠 사회화 단계의 이해

한 아이는 초등학교 때 아버지를 따라 풋살장에 갔다가 축구에 재미를 느껴 축구선수의 길을 걷게 되었다. 축구를 전문적으로 하며 페어플레이나 사교성처럼 운동을 접하지 않았다면 얻지 못했을 자질을 배울 수 있게 되었다. 이후, 프로구단에 입단하여 활동하다가 30대 후반에 은퇴하여 결혼 후 두 명의 아들과 함께 단란한 가족을 이루었다. 행정가가 되고자 늦은 나이에 대학원에서 공부를 시작, 학문의 세계에 다시 입문하였다. 학자와 행정가 자질은 다시 배우기 시작한 것이다. 이 사례는, 스포츠 활동으로 겪게 되는 사회화 양상을 압축해 보여준다. 스포츠 사회화는 어떤 계단으로 이루어졌을까? 각 계단에는 어떤 특징이 있을까? 여기에서는 스포츠 사회화의 단계를 개괄해본다. 먼저, '스포츠로의 사회화'다.

스포츠로의 사회화: 스포츠에 진입하기

'스포츠로의 사회화socialization into sport'란 스포츠 세계에 들어가는 과정을 의미한다. 이 개념이 묻는 질문은 명료하다. 스포츠와 전혀 관계를 맺지 않던 상태는 어떤 계기로 스포츠와 관련되는가? 스포츠 참가에 이르기 전까지 어떤 환경에서 누구와 상호작용을 경험했는가? 최근 이 개념은 '스포츠로 진입하기'나 '스포츠로 들어가기' 같은 용어로 바뀌어 사용된다. 과연 개인은 어떻게 스포츠계로 진입할까?

이 질문에 답하려면 세 가지를 고민해봐야 한다. 첫째, 개인적 요인(심리적, 신체적 특성)이다. 여기에선 성별이나 나이, 유전적 요인이 중요하다. 둘째, 대인관계 요인이다. 사회화 연구에선 이를 '중요타자significant others'로 표현한다. 셋째, 환경 요인(소식석, 사회문화적 특성)이다. 어떤 지역에 어떤 계층으로 사는가를 대표적으로 고민한다. 이들이 어떻게 상호작용하여 스포츠계 진입과 관련되는지를 따져보는 것이다. 이 세 가지 고민 지점은 1973년 이루어진 연구에서 제시된 내용이다. 이 연구는 이를 '사회적 역할과 체계social role-social system'로 표현한다.[36] 개인이 속해 있는 환경(체계)에서 어떤 계기에 의해 어떤 역할을 받아 스포츠로 진입하는지 파악한 개념이다.

이후, 스포츠로의 사회화가 개인적 특성뿐 아니라 그 개인을 둘러싼 사회구조적 영향요인도 개입한다는 주장이 제기되며, 관련 연구가 진행되었다.[37] 이런 관점의 변화는 중요하다. 사회체계와 개인 간 상호작용을 봐야 할 명분을 만들어주기 때문이다. 이뿐 아니라, 이 개념은 스포츠로의 사회화에서 사회 환경 내 '중요타자'의 지지와 강화가 사람들의 스포츠 참가에 어떤 영향을 미치는가도 묻게 한다. 그런 질문 덕분에 지금까지 수많은 연구가 이루어졌고, 다음은 이들 연구의 잠정적 결론이다.

> 첫째, 스포츠로의 참가는 중요타자의 사회적 지지와 긍정적인 상관관계가 있다. 즉, 중요타자에 의해 대부분의 스포츠 참가가 이루어졌다는 뜻이다.
>
> 둘째, 다양한 중요타자들의 영향력과 특별한 사회체계 내에서 받게 되는 격려의 정도와 종류는 선수와 비(非)선수에게 있어 젠더, 사회경제적 지위, 인종, 나이, 거주 지역, 스포츠 프로그램 종류 그리고 문화에 따라 다르다.
>
> 셋째, 사회화는 상호성의 영향력을 포함한다. 아이들의 스포츠 참가는 그것을 독려했던 어른이나 기타 주변 환경에서의 적극적 반응과 밀접하게 관련된다는 의미다.[38]

계층, 젠더, 인종, 민족 같은 사회 배경이나 특정 지위도 스포츠로의 사회화에 각기 다른 영향을 미친다. 젠더gender 관점에서, 여성은 남성보다 스포츠 참가 기회나 운동 능력에 대한 피드백이 상대적으로 적다.[39] 일반적으로 스포츠는 남성에게 좀 더 권장되곤 한다. 인종race이나 계층class 차원에서도 스포츠 진입 요인은 달리 작동한다. 예를 들면, 백인이나 상류층 사람들이 흑인이나 하류층 사람들보다 고급스포츠(골프나 스키)에 참여할 사회적 기회가 더 제공된다.[40] 지역region 관점에서, 지리적 위치 역시 스포츠 학습이나 운동 기회에 영향을 미친다. 연구 결과에 따르면, 도시지역의 사람들이 다른 지

---

36) Kenyon, G., & McPherson, B. D. (1973). Becoming involved in physical activity and sport: A process of socialization. In G.L. Rarick(ed.). Physical activity: Human growth and development (pp. 303-332). New York: Academic Press.

37) Therberge, N. (1984). On the need for a more adequate theory of sport participation. Sociology of Sport Journal, 1, 26-35.

38) Coakley, J. (1993). Socialization and sport. In R. N. Singer, M. Murphy & L. K. Tennant(eds.), Handbook of research on sport psychology(pp. 571-586). New York: Macmillan, 574쪽.

39) Greendorfer, S.L. (1987). Gender bias in theoretical perspectives: The case of female socialization into sport. Psychology of Women Quarterly, 11, 327-347.

40) Hasbrook, C.A. (1987). The sport participation-social class relationship among a selected sample of female adolescents. Sociology of Sport Journal, 4(1), 37-47.

역 사람들보다 더 많은 참가 기회에 노출된다.[41] 당연히 소득 수준도 의미 있는 영향을 미친다. 소득 수준(경제 자본)이 높은 사람들이 그렇지 않은 사람들보다 스포츠 참가 기회가 높을 것이다(9장 '스포츠와 사회 계층화' 303쪽 참조).

해외에서 이루어진 연구와 달리, 국내에서 이루어진 스포츠로의 사회화 관련 연구는 스포츠로 진입하는 과정에 대해 몇 가지 흥미로운 사실을 보여준다.[42]

> 첫째, 스포츠로의 사회화 과정에 있어 지역사회와 매체의 영향력은 다른 중요타자(특히 가족이나 학교, 또래)의 영향력에 비해 매우 약한 것으로 나타났다.
>
> 둘째, 선수가 되는 과정이나 다른 운동 참가에 있어 가장 큰 역할을 한 중요타자는 가족과 학교, 또래였고, 가족 중에선 '아버지'가 가장 영향력이 컸다.
>
> 셋째, 외국과는 달리 우리의 경우 선수가 되는 과정에 있어 학교에서의 운동부 감독 및 코치의 권유가 큰 영향을 미치면서 소위 학교 수관자의 영향력도 보여주었다.

이처럼 특정 운동에 참여하거나 전문 선수가 되는 초기 단계엔 몇몇 중요타자와 사회적 환경 요인의 영향을 받게 된다. 문제는, 누가 혹은 무엇이 영향을 미쳤는지보다, 그 과정에서 어떤 상호작용이 이루어졌는가다. 자극(운동해라!)-반응(네!)$^{S\text{-}R}$ 도식을 넘어, 스포츠로의 진입이란 개인적 행위^{action}가 중요타자 및 사회체계와 어떤 관계$^{inter\text{-}actions}$를 형성하는지 봐야 한다는 뜻이다. 캐나다 맥락의 한 연구는 이와 관련하여 선수가 되는 과정은 우연한 계기로 포장되었다는 결과를 보여준다.

경력우연성모델$^{career\ contingency\ model}$을 바탕으로, 이 연구는 국제적 선수가 되는 과정에서의 초기 개입 경로를 분석한다. 그 경로에서는 세 가지 '권유(꼬드기기)'가 이루어졌다. '후원적' 권유와 '강압적' 권유, '간청에 의한' 권유가 그것이다.[43] 사회화 주관자의 권유가 한 개인에게 전해졌을 때, 그것을 어찌 수용할지를 이해하는 일은 흥미로운 사회학적 주제다. 사회문화적 특징에 따라, 예를 들면 집단주의가 강한 사회나 개인주의가 강한 사회에 따라 선수들이 특정 권유를 수용하는 형태가 달라지기 때문이다. 스포츠계에서의 권유가 수용되는 형태는 사회적 속성을 드러낸다.

---

41) Carlson, R. (1988). The socialization of elite tennis players in sweden: An analysis of the players' backgrounds and development. Sociology of Sport Journal, 5(3), 241-256.

42) 남상우, 이창섭 (2007). 스포츠 사회화 연구의 종합적 이해: 스포츠로의 사회화 연구의 체계적 분석. 한국스포츠사회학회지, 20(2), 127-146, 140쪽.

43) Stevenson, C. L. (1990). The athletic career: Some contingencies of sport specialization. Journal of Sport Behavior, 13, 103-113.

엄마 손을 잡고 등록한 태권도장에서의 여러 경험으로 일곱 살 조카는 이전과 달라졌다. 일단 성격이 달라졌다. 가족 모임에서 노래 좀 부르라 하면 엄마 뒤로 숨던 아이였다. 그런데 태권도장 이후부턴 적극적으로 행동하기 시작했다. 어설픈 발차기에도 '훌륭해!'라고 무한 칭찬해주는 도장 사범의 사회적 지지 때문이었을 것이다. 뿐인가. 조카는 또 틈만 나면 윗옷을 벗기 시작했다. 남성다움을 과시하려는 의도다. 토실토실하게 올라온 뱃살만 보이는데, 조카는 자꾸 근육이 있지 않냐고 우긴다(이런 버릇, 초장에 잡아야 한다). 가장 극적인 변화는 '인사성'이다. 처제 말에 따르면, 아이가 길거리에서 모르는 사람에게도 그렇게 인사를 한단다. 태권도장은 아이에게 '예의'도 체화시켰다. 이렇게 보면, 우리나라에서 태권도장이 지역사회에 뿌리를 내릴 수 있었던 건 두 가지, 즉 방과 후 보육 기능과 인사성의 내면화가 아닐까.

스포츠계에 들어온 후 개인은 그곳에서의 여러 경험과 상호작용으로 특정 자질을 학습한다. 이를 '스포츠를 통한 사회화socialization through sports'라 부른다. 스포츠 경험으로 개인이 발달하거나 체화하는 '사회적인 것the social'은 무엇인가를 묻는다. 일반인들이 스포츠 활동에 기대하는 핵심이 바로 사회화 효과이기에[44] 이 내용은 중요하다. 그렇다면 스포츠 경험으로 우리가 얻는 '사회적인 것'은 무엇일까? 이 질문의 답을 몇몇 내용 중심으로 정리한 후, 최근 논의되는 '자본' 관점을 살펴본다.

스포츠를 통해 사회화하는 요소는 무엇인가?

> 놀이, 게임, 스포츠를 하면서 많은 아동은 사회에 내재한 사회질서 및 가치와 접촉할 기회를 얻고, 바람직한 사회적 행위가 발달할 수 있는 여러 맥락을 접한다.[45]

국가대표까지 했으나, 또래 친구들이 사회생활을 시작할 서른 즈음 '반퇴(반강제 은퇴)' 위기에 몰린 운동선수가 있었다. 그는 어린 나이에 과감히 '영업맨'으로 변신했다. 20년 후, 쉰을 바라보는 나이에 친구들은 반퇴 위기에 처했지만, 그는 여전히 회사에서

44) 곽은창, 오문례, 권순정(2006). 중학생의 학부모가 인식하는 체육교사의 역할과 개선점. 한국체육학회지, 45(1), 317-327.

45) Roberts, G. C., Treasure, D. C., & Hall, H. K. (1994). Parental goal orientations and beliefs about the competitive-sport experience of their child. Journal of Applied Social Psychology, 24(7), 631-645, 631쪽.

'1등 지점장'으로 불린다. '마낙길(배구선수)' 씨 이야기다. 스포츠계에서의 경험으로 얻은 긍정적 자산 때문에 그는 다른 세계에서도 1등을 할 수 있었다. 배구로 다져온 승부근성, 운동선수 특유의 적극성, 사회성, 강한 체력이 차별화의 원동력이었다.[46)]

스포츠 활동은 개인에게 사회적으로 바람직한 성향을 길러줄까? 이 질문을 검토한 연구의 결과는 다섯 가지의 긍정적 성향을 밝힌다.[47)] 첫째, 스포츠 참가에 따른 사회화 과정으로 사회적 주류가치를 습득한다. 둘째, 스포츠 경험으로 사회의 규범적 남성성과 여성성을 체화한다. 셋째, 교육적 성취감과 포부가 향상되며 사회적 지위 상승의 가능성을 키운다. 넷째, 스포츠 경험으로 자기 정체성을 형성한다. 다섯째, 페어플레이와 승리에 대한 태도가 발달한다. 이들 성향 중 몇 가지만 보자.

먼저 스포츠 참가와 교육적 성취의 관계다. 연구에 따르면, 스포츠 참가가 몇 가지 조건을 충족할 때 학교 내 운동선수의 교육적 성취는 높아진다. 즉, 경기에 '주전 선발'로 나갈 때 평균 학점과 교육적 포부가 높다.[48)] 또래 사이에서 높은 지위에 있는 그 무엇(외모, 신체 조건, 운동능력 등)을 가진다고 인식될 때 높다.[49)] 스포츠 참가가 중요타자로부터의 학문적 지원이나 독려와 함께 이루어질 때 학업 성취와 포부는 더 높아진다.[50)] 이들은 모두 국외 사례지만, 우리에게 시사하는 바가 크다.

스포츠 참가는 다른 직업으로의 이동(이직)에 필요한 자질도 사회화한다. 물론 과학적으로 입증된 주장은 아니다. 단지 씨름선수에서 연예인으로의 변신(강호동 씨 사례)이나, 전술된 마낙길 선수 사례로 추측할 뿐이다(최근 안정환이나 허재처럼 '스포테이너' 현상도 유사 사례다). 성공적 이직에 작용하는 요인은 꽤 다양하기에 스포츠를 통한 사회화가 이직에 결정적이라 일반화하긴 어렵다. 중요한 건, 성공적 이직에 필요한 요소다. 세 가지다. 첫째, 개인적 요인(명확한 선호도나 자질 등), 둘째, 대인관계 요인(지인 추천과 같은 주변 도움 등), 셋째, 환경적 요인(사회적 조건 적합성이나 우연적인 운 등). 이들 요소 중 스포츠 경험은 주로 개인적 요인(끈기나 창의성, 체력 등)과 관련된다. 물론, 좋은 실력으로 성

---

46) 김영민 (2015.07.30.). 코트서 다진 뚝심, 체력으로 1등 지점장…지금도 펄펄 날지요. 중앙일보, 24면.

47) Loy, J., & Ingham, A. (1973). Play, games, and sport in the psychosocial development of children and youth. In G.L. Rarick(ed.), Physical activity: Human growth and potential(pp. 257-302). New York: Academic Press 참조.

48) Schafer, W. E., & Armer, J. M. (1968). Athletes are not inferior students. Trans-action, 6(1), 21-26.

49) Spady, W. G. (1970). Lament for the letterman: Effects of peer status and extra curricular activities on goals and achievement. American Journal of Sociology, 75, 680-702.

50) McElroy, M. (1979). Sport participation and educational aspirations: An explicit consideration of academic and sport value climates. Research Quarterly, 40, 241-248.

적을 냈다면, 높은 인지도가 대인관계나 운으로 연결될 수도 있겠다.

스포츠 참가는 정치적 성향과도 연결된다. 스포츠 참가 경험이 참가자의 정치적 지각력을 무감각하게 하거나 기존 사회적 권위에 순응하게 한다는(사회적 통제기능) 논의가 대표적이다.[51] 해외의 경우, 1960-70년대(국내의 경우 80-90년대)에 유행했던 주제다. 이 시기의 연구에 따르면, 미국 대학 선수들은 스포츠에 참가하지 않는 사람들에 비해 보수적 성향이 높고, 정치적 의식은 낮았다고 한다.[52] 스포츠 활동의 보수성 효과다.

스포츠가 긍정적 혹은 부정적으로 강화하는 자질은 무엇일까?

스포츠가 지닌 '양면적 속성'에 집중해보자. 스포츠는 페어플레이 정신을 길러주기도 하지만, 반대로 승리주의를 강화하여 이기적인 성향도 길러줄 수 있다. 과연 스포츠를 경험하면서 사회화하는 자질은 앞서 설명된 요인 외에도 어떤 것들이 있을까? 그런 것들이 길러지는 기제(메커니즘)는 또 무엇일까?

스포츠 활동은 대인관계 성향과도 관련된다. 대인관계 성향이란 개인이 타인에 대해 생각하고, 느끼고, 자각하고, 행동하는 심리적 지향성이다. 스포츠는 이러한 대인관계 성향을 긍정적으로 만들어준다. 이 주장은 두 가지 측면에서 살펴봐야 한다. 첫째, 우리 사회에서 바람직한 대인관계 성향이란 무엇일까? 기준을 따져야 한다. 둘째, 스포츠 종류(대인, 개인, 단체 종목 등)와 기간 문제다. 스포츠는 모순적 성향을 지니기에 인간의 긍정적 측면뿐 아니라 이기적 성향과도 연결된다. 스포츠가 마냥 좋은 성향만 길러준다고 믿는 것은 위험할 수 있다(책의 2장 '스포츠와 사회이론' 51쪽 참조).

스포츠를 경험하며 습득하는 '자본'

인생에서 쉽게 경험하기 힘든 곳, 예를 들면, 조직 폭력배 세계에 들어간다고 가정해보자. 어떤 과정을 겪을까? 처음엔 여기가 어디인가 싶을 것이다. 누굴 믿고 무엇을 목표로 삼고, 뭘 해야 하지? 한동안은 어리바리한 상태로 머물게 된다. 이런 상태로 그 신입은 여러 경험을 시작한다. 그 과정에서 성공도 하고 실패도 하며 때론 죽을 고비도 넘긴다. 이들 경험으로 한 개인은 조폭 세계의 생리를 이해한다. 최소한 '생존'을 위해,

---

[51] Edwards, H. (1973). Sociology of sport. Homewood, IL: The Dorsey Press.

[52] Ogilvie, B.C., & Tutko, T.A. (1971). Sport: if you want to build character, try something else. Psychology Today, 5, 60-63.

최대한으로는 '인정'을 받는데 필요한 자질을 습득한다. 개인은 특정 세계에서의 존재와 지속에 필요한 특정 자질 혹은 성향을 상호작용으로 획득한다. 이 자질과 특성을 사회학에선 '자본capital'으로 개념화한다.

> 자본은 주어진 장 안에서 무기이자 투쟁의 내기물로서 효능이 있는 것이며, 그 소유자가 권력이나 영향력을 행사하도록, 그리하여 장 안에서 하찮은 사람으로 여겨지는 대신 존재할 수 있도록 해준다.[53]

자본이란 사회적 소우주(흔히 세계로 명명되는)인 '장field'에서 구성원끼리 다투며 획득하려는 내기물이다. 농구계에서의 슛 감각, 모델계에서 큰 키나 마른 몸매, 학문계에서의 뛰어난 글쓰기 역량 등이 각 장의 대표적 '내기물'이다. 이 개념을 고안한 프랑스 사회학자 피에르 부르디외Pierre Bourdieu, 1930-2002에 따르면, 이 내기물에는 경제 자본(생산요소와 재화)만이 아닌, 개인이 계발한 지식(학위), 취향(습관), 교양이나 지식, 자격의 총합인 문화자본cultural capital(가풍이나 교육으로 형성), 연줄이나 인맥처럼 개인이나 집단이 동원해 쓸 수 있는 관계망으로서의 사회자본social capital, 이들 자본이 구성원의 오인으로 정당성을 획득 및 인정되며 기능하는 상징자본symbolic capital도 있다.[54] 박찬호의 '메이저리그 100승'은 야구계에서 가치있게 통용되고 인정되며, 같은 선발투수들 간의 차별화에 기여한다. 더 카리스마 있는 존재로 소비되는 것이다.

그럼 스포츠 활동으로 기를 수 있는 자본은 무엇일까? 연구에 따르면, 우리는 스포츠 활동으로 여섯 가지 자본을 획득할 수 있다(물론 부르디외의 자본과는 결이 다르다).[55] 신체 건강으로 얻는 이득으로서의 신체자본physical captial, 행복감이나 자기 효능감, 삶의 만족, 불안 제거, 긍정적 신체상 같은 감정자본emotional capital, 사람들과의 교류나 인맥 형성, 소속감 증진, 사회적 네트워크 발전을 포함하는 사회자본social capital, 생활 기술(문제해결역량 등), 대인관계 기술(팀워크 및 의사소통) 같은 개인자본individual capital, IQ, 언어능력, 학업 준비성 증진이 포함된 지적자본intellectual capital, 의료 비용 절감이나 직장 내 업무수행력 증진 등의 재정자본financial capital이 대표적이다.

---

53) Bourdieu, P., & Wacquant, L. (1992). An invitation to reflexive sociology. Chicago: University of Chicago press, 99쪽.

54) Bourdieu, P. (1986). The forms of capital, in J. Richardson (ed). Handbook of theory and research for the sociology of education (pp. 241-258). Westport, CT: Greenwood.

55) Bailey, R., Hillman, C., Arent, S., & Petitpas, A. (2013). Physical activity: An underestimated investment in human capital. Journal of Physical Activity and Health, 10(3), 289-308.

스포츠 활동으로 획득하는 자본
자본의 특징과 종류에 대한 개괄적 설명

피에르 부르디외는 사회에는 여러 가지 '장(field)'이 존재한다고 보았다. 그러면서, 각각의 장에는 그 장이 작동하게 '구조화(질서를 잡고)'하고, 구성원 각자가 획득하기로 합의한 내기물인 '자본(capital)'이 존재한다고 주장했다. 그는 자본을 경제 자본(돈이나 재화로 대표되는)으로만 한정하지 않았다. 돈과 재물만으로 특정 장의 내기물이 상정되진 않는다는 생각 때문이었다. 한 예로, 모델계에선 돈과 재물보단 모델로서 요구되는 이상적 몸(즉, '신체자본')이 내기물이 된다. 자본은 다양하다.

부르디외의 네 가지 자본과 그 특징

첫째, 경제 자본. 경제적 재화의 총합이다. 둘째, 문화 자본(cultural capital). 개인이 지니는 지적 능력이나 자격(교양 및 취향)의 총합으로, 타인 양도가 어렵다. 이는 다시 세 가지, 체화된, 객관화된, 제도화된 문화자본으로 구성된다(이 책의 '스포츠와 계층화' 참조). 셋째, 사회 자본(social capital). 개인이나 집단이 소유한 사회적 책무나 관계의 총합을 말한다. 한 마디로 '인맥'이다. 특정 네트워크에 개인 및 집단이 소속됨으로써(혹은 그걸 형성함으로써) 저절로 얻어지는 실질적, 잠재적 자원의 총합이다.

스포츠사회학자가 관심을 쏟아야 자본이 네 번째 '상징자본(symbolic capital)'이다. 이 자본은 별개의 형태로 존재하기보단, 어떤 유형의 자본이든 그것이 통용되는 장에서 '인정'을 받으면(구성원들의 잘못된 이해, 즉 '오인'을 기반으로 정당하게 인정되면) 기능하는 자본이다. 예를 들어, 학교 운동장의 주인은 남학생이 아님에도(올바른 이해), '운동 잘하는 남자가 운동장의 주인이 되어야 한다'는 (잘못된) 사고방식에 동의한(인정한) 여학생이 운동장 주변으로 물러났다면, 이때 운동장을 구조화한 자본은 '상징자본'이다.

그렇다면 부르디외가 말한 자본은 어떤 특징이 있을까? 요약해보면 크게 세 가지로 설명된다. 첫째, 자본은 획득하는 데 오랜 시간이 걸린다. 교양있는 에티켓(문화자본)이나 끈끈한 인맥(사회자본)은 짧은 시간에 획득되지 않는다.

둘째, 각 자본 사이에는 '전환'이 가능하다. 경제자본은 문화자본으로 전환되고 그 반대도 가능하다. 돈을 많이 가지면 좋은 사교모임에 참가해 교양을 쌓을 기회를 얻을 수 있다. 반대로 돈이 없더라도 어떤 사교모임에 힘들게 가입하여 거기서 인맥을 쌓아 경제 자본 획득의 기회를 얻기도 한다.

셋째, 자본은 특정 장에서 내기물 기능을 한다. 부르디외는 그래서 '장'을 '게임(game)'에 비유한다. 테니스 게임에선 점수를 따기 위해 다양한 기술과 전략을 습득한다. 당연히 예절도 알아야 한다. 그래야 게임에서 이겨 순위가 오른다. 이처럼 특정 장의 구성원 모두는 자기가 속한 장(학계, 정치계, 연예계 등)에서 내기물로서의 자본을 획득하려고 노력한다.

스포츠와 신체자본

'신체자본(physical capital)'이란 '몸매, 몸무게, 체형, 외모의 형태로 몸의 외관에 배태되어(스며 들어가) 드러남으로써 타인에게 인정받는 상징적 가치의 총체'[1]다. 물론 부르디외도 그의 논문 '스포츠와 사회계급'에서 신체자본(정확히는 '체화된 자본')을 지나가듯 언급하긴 하지만, 이를 본격적으로 이론화한 건 미국 사회학자 크리스 실링(Chris Shilling)이다. 핵심은 '몸의 사회적 형성'이다. 다시 말해, 몸은 그 몸이 속한 장에서 요구하는 '자원적 가치(즉, 자본)'를 담아 발전시키는 주체다.

공사장에서 필요한 몸은 근육질에 튼튼한 하체 등, 힘을 잘 쓰는 몸이다. 그게 자본이 된다. 발레에서의 몸은 가냘프면서도 힘이 느껴지고, 선이 아름다워야 한다. '보여 지는 몸'이기 때문이다. 농구는 손을 쓰는 기술에, 축구는 발 쓰는 기술에서 자본이 생성된다. 신체자본은, 그 자본적 가치를 지닌 몸만이 그 장에 진입하여 활동할 수 있다는, 즉 몸과 사회(장) 간 교환관계에서의 '허가증'으로 작동한다.

1) Shilling, C. (1991). Educating the body: Physical capital and the production of social inequalities. Sociology, 25(4), 653-672, 658쪽.

여기에서 중요한 질문은, 과연 스포츠 활동이 어떤 기제로 이러한 자본을 발달시키는가다. 스포츠를 통한 사회화와 관련, 스포츠 활동의 어떤 상호작용 기제가 사회적으로 긍정적인 자질과 내기물로서의 자본을 길러낼 수 있는가? 여기에는 스포츠 활동에 내재한 신체적 발달의 여러 기제를 포함, 역할 취하기(주장이나 특정한 포지션 등), 규칙 따르기, 결과 수용하기, 상대방과의 공감(전략 수립 등의 의사소통 과정 등) 같은 실천이 그 답으로 가능할 수 있다. 스포츠가 여러 특성과 자본을 긍정적으로 전환할 수 있다는 데 동의한다면, 향후 중요한 작업은 그 구체적 기제를 밝히는 것이 아닐까?

스포츠 탈사회화: 스포츠에서 벗어나기

> 주변 사람들조차도 '은퇴하면 지도자를 하겠지'라고 생각했다. 싫었다. 지도자가 싫은 게 아니라 운동 외에 다른 길이 없을 거란 선입견이 싫었다. 17년 동안 스케이트를 탔으니 관련된 일을 할 수 있지만, 꿈을 좇아 다른 일을 해보고 싶었다.[56]

쇼트트랙 올림픽 금메달리스트 박승희 선수의 인터뷰다. 11살에 시작하여 17년 동안 스케이트를 타고 난 후 은퇴했다. 평소 관심이 많았던 패션 디자이너 준비를 했다고 밝혔다. 특정 세계에서 벗어나려 기존 관행을 벗어야 했다. 이를 탈사회화desocialization, 즉 '새로운 사회에 적응하고자 기존 사회에서 배운 내용을 버리는 과정'이라 부른다.

지금껏 스포츠사회학은 탈사회화를 주로 '스포츠계에서의 은퇴와 중도 탈락' 차원에서 다뤘다. 올바른 접근이긴 하나, 염두에 둬야 할 게 있다. 탈사회화엔 단계가 작동한다는 사실이다. 은퇴와 중도 탈락은 탈사회화의 첫 단계일 뿐이다. 중요한 건 그만두며(혹은 그 전부터) 하는 '준비'다. 그 과정에서 탈사회화가 일어난다. 20년 간 레슬링을 한 선수가 '레슬링계'를 탈하여 정치계에 입문할 때, 그 선수는 무엇을 준비해야 할까? 레슬링 선수로서 체화한 내용물을 뺄까, 아니면 정치계가 그 내용물을 원하니 이를 더 강화해야 할까? 탈사회화가 던지는 질문이다.

한 연구는 심미적 리듬 운동계를 은퇴한 선수들을 살펴봤다.[57] 연구에서 밝힌 리듬 운동선수의 은퇴 원인은 두 가지(개인적 요인과 사회적 요인)였다. 개인적 요인의 특징은 '신체 조건의 부적합'과 '신체의 부정적 변화', '개인 목표 달성'이다. 지도자와의 갈등과

---

56) 김효경 (2020.09.23.). 빙상여왕 박승희, 인생 2막은 패션여왕. 중앙일보, B6면.
57) 정인화 (2007). 심미적 리듬운동 선수의 탈사회화 과정. 한국스포츠사회학회지, 20(1), 67-84.

불공정한 심판 판정은 사회적 요인으로 이해된다. 그렇다면, '은퇴' 후 따라야 하는 준비과정은 어땠을까? 이는 은퇴 과정 '유형'에 따라 달라졌다. 연구는 그 유형을 '순탄형(순조롭게 은퇴)'에서 '도피형(팀과 선수 간 입장 차이 때문에 쫓기듯 은퇴)' 그리고 '타협형(팀과 선수가 합의 하에 은퇴)'으로 구분했다. 과연 각 유형에 따른 탈사회화 과정(심미적 리듬 운동계 물을 빼는지, 혹은 강화하는지)은 어떻게 이루어질까?

우수선수와 비우수선수의 탈사회화 연구도 보자. 배드민턴, 핸드볼, 펜싱, 유도 선수 총 20명(전국규모대회 3위 이상의 입상 실적이 없는 여자선수)을 대상으로 한 연구다.[58] 결과에 따르면, 비우수 선수들은 학교생활과 선수 생활에서 자주 이탈했는데, 그게 역설적으로 탈사회화를 촉진했다고 한다. 명명하자면 '일탈의 잠재적 기능' 쯤 되겠다. 선수들은 학교생활 중 잦은 학업 결손으로 다른 학생들과 떨어지며 학업을 아쉬워하게 되었다고 한다. 또한 매일 하는 운동생활은 틀에 박힌 훈련과 구속으로 채워져 흥미를 잃게 만들기도 했다. 동시에 실력 부족으로 운동계에서 실패하며, 자기 현실을 직시한다. 이러한 종합적 상황이 (다른) 사회로의 관심과 적응에 적극적이고 새로운 현실을 기대하게 하였다. 탈사회화를 촉진한 것이다. 궁금한 건, 과연 현재의 운동 세계에서 실패했음을 인정하며 탈사회화를 준비하기 시작한 '인식적 마지노선'이 어딜까? 또한 그 '어디'를 결정하는데 작용했던 결정적 사건critical incidents은 무엇이었을까?

은퇴는 어떤 국면으로 진행될까?[59]

조직에서의 은퇴는 여러 국면으로 구성된다. 첫째, 은퇴 전 국면(preretirement). 은퇴를 준비하는 사람으로서 '예상되는 사회화' 시기다. 둘째, 근접 국면(the near). 은퇴 시기가 구체적으로 정해진 시기다. 셋째, 우호적 국면(honeymoon). 은퇴 후 이전부터 하고 싶던 일을 행복하게 하는 기간이다. 넷째, 각성(disenchantment) 국면. 고독과 우울감 등으로 채워진 새 삶을 인지하는 기간이다(현타 기간). 다섯째, 재설정 국면(reorientation). 은퇴 이후의 대안적 삶을 현실적으로 재설정하는 기간이다. 여섯째, 안정 국면(은퇴 후 삶이 안정적으로 유지되는 기간)과 일곱째, 종료 국면(일상적 활동이 중지되는 기간)이다.

탈사회화 첫 단계를 의미하는 은퇴나 중도 탈락 외에, 우리가 주목할 건 바로 경력이동career mobility이다. 어디로 이동하는지에 대한 기대감과 전망이 은퇴(중도탈락) 후의 준비를 결정하기 때문이다. 경력이동에는 '상승 이동'과 '하강 이동'이 있다. 20세에 프

58) 강창곤 (2003). 비우수 선수의 탈사회화 과정. 한국체육학회지, 42(4), 151-161.
59) Atchley, R. C. (1976). The sociology of retirement. New York: John Wiley.

로팀에 입단했을 때 후보였던 선수가 45세에 감독이 되었다면, 이는 상승이동 사례다.[60] 반대로 연봉 10억 원을 받던 전도유망한 선수가 은퇴 후 백수가 되었다면, 하강이동으로 본다(책의 '스포츠와 사회 계층화' 참조).

탈사회화 과정에서의 경력이동과 관련하여 물어볼 수 있을 것이다. 첫째, 경력이동에 있어 젠더에 따른 촉진요인과 장애요인은 작동하는가? 둘째, 운동선수들의 경우, 선수생활 동안 경력이동과 관련한 정보는 충분히 제공 받는가? 셋째, 전문 선수를 위한 탈사회화 준비 작업은 어떤 과정을 거쳐 이루어지는가? 특히 운동선수는 일반인 평균 은퇴 나이인 49.5세보다 현저히 낮은 23세 일뿐 아니라, 10명 중 네 명은 무직이고, 취업자 중 55.7%는 비정규직인 상황(2019년도 은퇴 운동선수 실태조사)을 고려할 때, 탈사회화 준비에 있어 어떤 점이 보강되어야 할까?

스포츠 재사회화: 새로운 규범과 가치의 학습

"은퇴하면요? 다른 일 알아봐야죠." 언뜻 50대 후반쯤으로 느껴질 수 있는 말이지만, 30세가 채 안 된 탁구 선수의 말이다. 스포츠, 특히 '엘리트 스포츠' 분야는 다른 직종에 비해 은퇴가 빠르다. 그래서일까. 이런 직업 구조 경로는 우리나라의 많은 선수가 은퇴 후 다른 직업(예를 들면, 심판, 행정가, 코치, 학업, 자영업 등)으로의 재진입을 기정 사실화한다. 사회화, 탈사회화, 재사회화 경험이 몇 번 더 반복되는 것이다.

정년 65세를 채운 교수는 은퇴 후의 삶을 기획한다. 은퇴를 앞둔 마지막 학기, 커피 한 잔을 마시며 나눈 대화에서 가장 먼저 나왔던 이야기는 '교수 때(티) 벗기기'였다. 손주의 할아버지로, 지금껏 소홀했던 아내의 남편으로, 몇몇 안 되는 친구들의 벗으로, 지역사회에 작은 힘 하나 보탤 지역민으로 살아가야겠다는 게 목표라 하신다. "이런 새 인생 살려면 먼저 교수 때부터 벗겨야 하겠지?" 감동적(?)인 말씀을 듣는 와중에 직업병이 도졌다. '교수님, 그게 바로 탈사회화와 재사회화라는 기제로서……'

군대는 (여성도 해당되지만) 특히 남성에게 있어 전 생애 중 가장 극적인 재사회화가 이루어지는 곳이다. '군대 사회화military socialization'란 개념이 학술적으로 다뤄질 만큼, 군대는 우리가 일상적으로 겪는 곳과 다른 정체성 형성 기제로 작동한다. 여성도 유사한 형태의 재사회화를 경험한다. 바로, 임신과 출산이다. 이때 여성은 '엄마다움motherhood'

60) 유홍주 (1997). 조직적 스포츠 참가가 사회이동에 미치는 영향. 한국스포츠사회학회지, 8, 29-52, 30쪽.

이라는 정체성을 체득한다. 즉, '모성'의 체화다.

전 생애 동안 발생하는 여러 변화 과정에 적응하기 위해선 '새로운' 사회화 과정을 겪어야 한다. 이 과정이 '재사회화resocialization'다. 사회 변화 중 등장하는 새로운 가치나 규범을 익히고자 무언가를 다시 학습하는 과정을 총칭하는 개념이다. "교도소 수감자를 재사회화하는 데 우리 사회의 지속적인 관심이 필요……" 언론에서 쉽게 접하는 재사회화 개념의 용례다. 다시 사회로 돌아가는데 필요한 자세 및 가치관을 다시 몸에 새겨 넣는 과정. 이처럼 재사회화는 대개 직업(대학 졸업 후 입사)이나 생애 과정에서의 큰 변동(입대나 교도소 입대)처럼, 특별한 '사건'으로 시작한다.

'총체적 기관'의 존재: 자발적 vs. 억압적 재사회화

재사회화는 '탈사회화'와 함께 이루어진다. 예를 들어, 대학 입학 후 1년 동안 캠퍼스 생활을 하다가 휴학하고(탈하고) 입대한다. 군대에 적응하기 위해 군대에 배태된 가치와 규범을 새롭게 배운다(앳된 대학생 티를 벗는 탈사회화와 동시에 군인으로서의 마음가짐과 태도로의 재사회화). 2년이란 시간이 지나, 제대 후 대학에 복학하며 이제는 군인 때를 벗는다(탈사회화). '복학생'이란 정체성을 입고 어색한 대학 세계에 적응해 나간다. 이처럼 재사회화는 항상 탈사회화와 함께 이루어진다. 만약 이 두 과정이 동시에 이루어지지 않으면 큰 문제가 발생한다. 그걸 '부적응'이라 한다.

재사회화는 두 차원(자발적 및 억압적 차원)을 봐야 한다. 첫째, '자발적voluntary'으로 이루어지는 경우는 주로 개인이 새로운 직업이나 역할을 맡았을 때다. 예를 들어, 20년 동안의 농구선수 생활 후 (예정된) 은퇴를 하며 '농구심판'이 되려 교육을 받는 경우, 축구 선수로 활동하다 한국 축구계 혁신을 위해 행정가 길을 걷는 경우가 대표적이다. 이처럼 자발적 재사회화를 위해 개인이 참여하는 시설(심판 프로그램을 제공하는 협회 및 행정가 교육을 제공하는 대학 등)을 '재창조적 시설reinventive institution'이라고 부른다. 이곳에서 작동하는 개인의 재사회화 통제 요소는 어떤 감독관이나 감시자가 아니다(물론 어느 정도의 통제는 수반되지만 이런 통제는 매우 '인격적'이다). 개인의 '성과'나 '수행'이 그 통제 역할을 한다. 이를 수행적 통제performative regulation라 한다.[61]

둘째, 비자발적, 즉 '억압적forced 재사회화의 경우. 원치 않는 데 이뤄지는 재사회화다.

---

[61] Scott, S. (2010). Revisiting the total institution: Performative regulation in the reinventive institution. Sociology, 44(2), 213-231.

총체적 시설과 재창조적 시설의 혼재
코치는 이들 시설에서 어떤 정체성을 형성할까?

'사회적 시설'의 특징은 무엇일까? 어빙 고프먼은 그의 책 『수용소』에서 이들을 '어떤 특정한 종류의 활동이 정규적으로 이뤄지는, 이를테면 방, 방들로 이루어진 공간들, 빌딩들, 또는 공장들과 같은 장소들을 지칭'한다고 말한다. 특히 그런 장소는 외부의 사회적 접촉과 이탈을 가로막는 장벽(잠금장치, 높은 벽, 철조망, 벼랑 등) 내부에 구축된다고 밝히면서, 이들을 '총체적 시설'로 명명한다.

어떤 시설을 총체적 시설로 볼 수 있을까? 고프먼은 다섯 가지를 예로 든다. 첫째, 무능하고 무해한 사람들을 돌보기 위해 설립된 곳(장애인, 노인, 고아, 극빈자를 위한 시설). 둘째, 자신을 건사하는 데 무능하나 공동체에 위협이 되는 사람을 돌보는 시설(요양원, 정신병원 등). 셋째, 의도적인 위협에서 공동체를 보호하는 시설(교도소, 감호소, 강제수용소). 넷째, 준직업적 과업을 더 잘 수행하기 위해 설립된 시설(군대, 선박, 기숙학교, 노동수용소 등). 다섯째, 은둔 장소로 고안된 시설(대수도원, 수도원, 수녀원 등).

총체적 시설의 특징[1]

어빙 고프만이 광범위하게 분석한 총체적 시설의 특징은 다음과 같이 정리될 수 있다. 외부와 고립된 '거주', 스태프(이 시설에서 일하는 자)가 사용하는 비하, 모멸, 조롱 등의 '언어', 거주가 집단 형태로 동일한 '장소'에서 이루어지는 특징, 제소자들을 향한 같은 '처우', 빈틈없이 짜인 '일상 계획', 스태프와의 '강제적인 관계', 인간의 핵심적 욕구를 전체적으로 '관리' 및 '제거', 인간 역할과 존엄성 '박탈' 등이다.

이 총체적 시설의 핵심적 특성은 무엇일까? 바로 '경계의 붕괴'다. 즉, 우리 사회의 특징인 각기 다른 장소에서 다른 사람들과 서로 다른 권위 아래서 자유롭게 관계를 맺는 질서를 제거함으로써, 한 인간의 '자율성(행위성)'을 박탈한다(동일한 장소에서 무리를 이루어 단일한 권위체의 통제). 즉, '탈인격화'한다.

총체적 시설엔 외부 세계와 완전히 단절된 재소자(inmate)와 외부와 연결되며 재소자를 감시하는 직원(staff)이 있다. 직원은 재소자의 입소 과정에서 모욕적 의례를 행한다. 옷을 벗기고 물을 뿌리며 과거 인격을 제거한다. 탈(脫)인격화의 과정. 그러면서 재소자를 '개인(individual)'으로 만든다. 여기에서의 개인은 인격이 부여되지 않은 입자 같은 존재, 고프먼의 표현처럼 '함부로 막 대할 수 있는 존재'이자 '자기 미래에 대한 자율성을 지니지 못한 존재'다. 그러면서 총체적 시설은 이 존재를 재사회화한다.

코치 정체성과 한국 엘리트 스포츠

우리나라 엘리트 스포츠계에서 활동하는 지도자(코치)는 어떤 존재일까? 왜 우리의 스포츠계는 계속 폐쇄적이고 폭력적으로 운영될까? 제도 개선을 위한 지속적 노력에도 계속 이렇게 운영되는 근본 원인은 무엇일까? 이 질문에 총체적 시설 개념을 적용해보면 흥미로운 분석이 가능해진다. 즉, 오늘날 전문 스포츠 코치는 과거 '총체적 시설'처럼 운영되던 운동부에서 마치 재소자와 유사한 취급을 당하며 정체성을 형성해왔다. 즉, 외부와의 단절, 승리만을 추구하게 설계된 학교 운동부의 제도적 목표 추구, 코치가 짜준 계획표만을 따르는 일상 등. 순응적인 자아가 형성된다. 이렇게 생활하던 선수는 어느덧, 그 총체적 시설을 나가게 된다.

이렇게 나온 선수 중 일부는 다시 코치 훈련을 받으며(자발적으로 재사회화), 코치로서의 정체성(정확히는 '직원'의 정체성)을 획득, 학교 운동부에 재배정된다. 그러면서 자신이 과거 선수 시절 받았던 방식 그대로 선수들을 대한다. 이 정체성 형성의 순환은, 결국 자발적 재사회화가 이루어졌음에도, 코치의 정체성을 과거 선수 때의 그것과 같게 만든다. 즉, 일차원적(one-dimensional) 정체성을 만든다.[2] 한국 엘리트 스포츠는 이렇게 돌아간다.

1) 어빙 고프먼 지음, 심보선 옮김 (2018). 수용소: 정신병 환자와 그 외 재소자들의 사회적 상황에 대한 에세이. 서울: 문학과 지성사, 26쪽.
2) Kim, Y. J., Dawson, M.C., & Cassidy, T. (2020). Crafting a one-dimensional identity: Exploring the nexus between totalisation and reinvention in an elite sports environment. Sport, Education and Society, 25(1), 84-97.

'수용소'나 '군대'가 대표적이다. 이런 시설은, 소수를 제외하고 대부분이 들어가길 원하지 않는다. 이런 시설을 보통 '억압적 재사회화 시설'이라 부른다. 이는 다른 무엇보다 기존의 사회질서 유지를 위해 세워졌기에, 일반적으로 개인의 의지를 거슬러 작동한다. 이런 시설이 주변에 꽤 되는데, 군대, 병원(요양원), 교도소, 학교 등이 대표적이다(학교도 억압적 재사회화 시설로 분류된다). 이런 곳을 통틀어 미국 사회학자 어빙 고프만 Erving Goffman, 1922-1982은 '총체적 시설total institution'로 명명한다.[62]

> 총체적 시설이란 비슷한 상황에 놓인 다수의 개인이 상당 기간 바깥 사회와 단절된 채 거주하고 일을 하는 장소라고 정의될 수 있다. 이때 총체적 시설 속의 개인은 외부와 단절된 공통의 일과를 보내며, 이는 공식적 행정의 관리 대상이 된다.[63]

이곳에서 재사회화는 크게 두 단계로 진행된다. 첫째, 시설 입소자는 이전에 사회화되었던 자신의 정체성(자신의 인격)이 씻겨지는 의식을 치른다. '박탈 조치' 혹은 '모욕 조치'라 부르는 이 의식은 한 사람의 지위와 정체성을 소멸시켜 '사람'을 관리 가능한 '개인'으로 만드는 작업이다. 즉, '격하 의례degradation ceremony'다(제소자는 입소 후 발가벗겨져 샤워 후 죄수복/의복으로 입혀 '사람'이 아닌 '죄수' 혹은 '환자'로 정체화하며 '이름'을 없애 '나'를 잊게 한다). 둘째, 자아의 재조직화를 위한 '특혜 조치'다. 이 조치엔 세 가지 요소가 포함된다. 먼저 시설에서 지켜야 할 내규house rules를 지키게끔 작동하는 엄격한 통제. 두 번째는 (직원에게 복종을 표하는 조건 아래서) 제공되는 소량의 보상과 특혜. 소위 '당근'으로 순응적 몸을 만드는 조치다. 세 번째 요소는 처벌. 규칙 위반의 결과다. 영구적으로 특혜를 철회하거나, 특혜를 얻기 위한 권리를 박탈하는 방식이 포함된다. 결국, 이들 과정(인격 박탈 후 시설/기관이 원하는 정체성 입히기 과정)으로 재사회화가 이루어진다.

총체적 시설에서의 재사회화는 스포츠계에도 존재한다. 대표적인 곳이 학교 운동부다. 물론 이곳이 수용소에서의 탈인격화나 모욕적 조치 같은 반인권적인 일이 만연되는 곳은 아니다(물론 폭력 등, 인권침해 사례는 지금까지도 보고된다). 하지만 유사성은 존재한다. 미국 대학 스포츠 체계를 배경으로 총체적 시설로서의 운동부를 본 연구에 따르

---

62) Goffman, E. (1961) Asylums. Garden City, NY: Anchor Books. 이 책은 국내에 '수용소'란 이름으로 번역되었고(2018년), 거기에서는 이 총체적 시설이 '총체적 기관'으로 번역되었다. 하지만 우리의 경우 수용시설, 의료시설, 요양시설 등, 법인이나 기타 단체의 의사결정기구를 뜻하는 용어로 '기관'보다는 '시설'을 많이 쓰기에, 이 책에서는 '총체적 시설'로 쓴다.

63) 어빙 고프먼 지음, 심보선 옮김 (2018). 수용소: 정신병 환자와 그 외 재소자들의 사회적 상황에 대한 에세이. 서울: 문학과 지성사, 11쪽.

면,[64] 대학 운동부 선수는 1) 자기 고유 삶의 영역 구분이 없고(고프먼의 '집단생활' 특징), 2) 운동부의 편협한/고립된 공동체성(즉 섬 같은 특성), 3) 엄격한 규칙 중심의 생활, 4) 전체주의적 연습 및 훈련을 정당화하고자 만들어진 제도적(시설 중심의) 목표(대회 승리를 위해 운동부 주도적으로 짜인 일정 및 목표)를 경험하며 자기 정체성을 재조직화한다.

스포츠계에 작동하는 재창조적 기관과 새로운 정체성의 창조

총체적 시설은 지금도 우리 사회에 존재한다. 하지만 그것만 있지는 않다. 후기 자본주의와 신자유주의적 흐름이 가속되며 근대화된 사회가 요구하는 '개인'의 성격이 바뀌어 등장한 시설도 있다. 이 시설이 만들어내는 정체성은 생산적이고, 능률적이며, 디지털 기기를 활용하여 높은 성과를 달성하고자 스스로 채찍질하는 자발적 행위성이었다. 그렇다면 이런 정체성을 지닌 개인을 어떻게 길러낼까? 기존까지 '복종적 주체'만을 길러냈던 총체적 시설(억압적 재사회화 기관)은 이제 '성과 주체performance agents'를 만들어낼 다른 성격의 시설 혹은 기관으로 변화해야 한다.

피트니스 클럽을 보자. 멋진 운동복을 입고, 아이팟을 귀에 끼며 새벽 6시부터 트래드밀 위에서 땀을 내는 사람의 행위는 누군가의 '억압적 명령' 때문일까? 리얼리티 TV 쇼에 등장하여 비만으로 판명된 몸을 날씬하게 만들려 그 힘든 과정을 거치는 출연자에겐 어떠한 억압이 가해졌을까? 고된 노동을 마치고 근처 영어 학원에서 졸린 눈을 부여잡고 공부를 하는 회사원에게 가해진 억압은 어떤 종류의 것일까? 이들은 지금과는 새로운, 좀 더 개선되고 성과를 지향하는 주체가 되고자 '자발적으로(물론 이를 100% 순수한 자발성으로 볼 순 없지만)' 재사회화 시설에 걸어 들어간 것이다.

이처럼 '자발적 재사회화 시설'을 '재창조적 시설reinventive institutions'이라 부른다. 이곳은 "자발적(으로 참여한) 구성원들이 적극적으로 새로운 사회적 정체성, 역할, 또는 지위를 배양하려는 물질적, 담론적, 상징적 구조(공간 및 장소)"[65]로 정의된다. 억압에서 '자발성'으로, 정체성 구성자는 수용소 직원이 아닌 '본인'으로, 강제하는 힘이 아닌 자신의 '수행 통제'를 통해 자신을 관리한다. 이를 통해 자신의 재탄생, 자기 계발, 변화가 가능해진다. 이 변화는, 물론 재창조적 기관이 갖춰 놓은 공식적 프로그램을 따르기도 하겠

---

64) Hatteberg, S. J. (2018). Under surveillance: Collegiate athletics as a total institution. Sociology of Sport Journal, 35(2), 149-158.

65) Scott, S. (2010). Revisiting the total institution: Performative regulation in the reinventive institution. Sociology, 44(2), 213-231, 226쪽.

지만(예를 들면, 크로스핏의 WOD), 더 중요한 건 시설 구성원 간의 상호작용 속에서 스스로 성과와 수행 정도를 관리함으로써 이루어진다. 독일 철학자 한병철이 압축하여 표현했듯, "(외적 강제나 타인의 억압에서 해방되었다고 믿는 자아는) '성과'와 '최적화'의 강요 형식으로 작동하는 내적 강제와 자기 강제에 예속된다."[66]

오늘날 재창조적 기관으로 주목받는 곳은 피트니스 클럽이다. 즉, 클럽에서의 여러 건강 실천을 통해 "개인 스스로 자기 관리에 철저하다는 '도덕적 우월감'을 느끼며 신자유주의 시대에 '자기 계발하는 주체'로의 정체성을 형성"[67]하는 것이다. 그중에서도 크로스핏은 피트니스 열정자들에게 강압이 아닌 수행적 통제[68](화이트보드에 적힌 목표 달성, 자발적 운동 종목 선택, 상호감시의 형태로 나타나는 동지들의 응원과 격려)를 통해 '(전문적) 선수'의 정체성을 만들어주는 대표적 재창조적 기관으로 기능한다.[69]

결론: 상호작용 질서의 명료화?

사회화는 '인간의 몸이 사회로 편입되는 과정'이다. 자본주의 사회에서 인간은 자본주의 가치관과 삶의 양식을 몸에 새긴다. '절대 순응'을 강요하는 사회에선 그 사회 만의 행동 양식을 (살기 위해서라도) 체화한다. 이렇듯, 특정 사회에는 그 사회를 유지하는데 모든 사람이 학습하여 어색함 없이 따라야 할 '질서(체계)', 더 구체적으로 말하자면, 상호작용 질서가 존재한다. 물론 이 질서는 눈에 보이지 않는다(비가시성). 규범처럼 작동하기 때문이다. 결국 사람들은 어릴 때부터 타인과 만나 보상과 처벌이라는 사회적 기제에 의해 상호작용 질서를 깨닫는다. 문제는, 이 질서가 고정적이지 않다는 점이다. 사회가 변한다는 것은, 결국 사회화 관점으로 보자면 이 상호작용 질서가 변한다는 걸 말한다.

중요한 건 사회를 이해하는 관점이다. 그에 따라 사회화는 달리 이해된다. 보통, 사람들은 사회를 제도(정치, 경제, 교육, 법 등)의 총합(총체)으로 간주한다. 이런 관점에서 사

---

66) 한병철 (2015). 심리정치: 신자유주의의 통치술. 서울: 문학과 지성사, 10쪽.

67) 남상우 (2018). 피트니스 클럽의 사회학. 한국스포츠사회학회지, 31(3), 67-90, 81쪽.

68) 수행적 통제(performative regulation)란 사회학자 Susie Scott이 고안한 개념으로서, 재창조적 시설 참여자가 자신을 통제하는 권력을 설명한 것이다. 억압적 힘에 통제되면서도 자기 자신을 통제하고, 순응적이면서도 주체적이며, 자기중심적이면서도 타인 지향적인 양면성을 모두 가진 힘을 의미한다. 아마도 이러한 권력, 즉 '힘'이 가장 잘 구현되는 곳은 크로스핏 피트니스 공간이 아닐까 한다.

69) Dawson, M. C. (2017). CrossFit: Fitness cult or reinventive institution? International Review for the Sociology of Sport, 52(3), 361-379.

회화는 '각 제도에 배태된 규칙과 규범을 익히며 따르는 과정'이 된다. 이런 식으로 사회화된 개인은 그 사회성의 범위를 국가, 즉 '제도적 경계에 국한된 국가'로만 한정한다. 반면에, 사회를 '사람들끼리의 상호작용(관계) 총체'로 보면 어떨까? 정치 경제적 경계에 국한되지 않고, 사회를 일종의 '상상의 공동체imagined communities(베네딕트 앤더슨)'로 바라보게 된다. 이 관점에 따르면, 사회화란 '매 순간 만나는 사람과의 인간적 관계를 위해 인간으로서 마땅히 지켜야 할 상호작용 질서의 체화 과정'이 된다. 이때의 사회화는 국가 경계를 넘어선다. 세계적 시민으로의 사회화가 성립된다.

그렇기에, 사회화란 사람들이 여러 제도와 그것의 실현 기구인 조직을 경험하거나 자유롭게 여러 사람을 만나며 사람다움personhood을 갖춰가는 과정이다. 그 과정에 스포츠라는 제도가 개입한다. 사람들은 스포츠를 경험하며 어떻게 성장할까? 스포츠의 어떠한 사회적 속성이 사람의 성장, 즉 사람다움을 갖추게 도와줄까? 각 스포츠 종목에 내재해 작동하는 질서 체계는 무엇일까? 우리는 그걸 어떻게 인식하고 평가하여 수용하거나 거부할까? 더 근본적으로, 스포츠에 내재한 상호작용 질서 체계는 어떻게 형성되었을까? 이 장에 제시된 다양한 사회화 내용을 바탕으로 향후 스포츠사회학에서 발선시켜야 할 질문이나.

또한 이 장에서도 검토되었던 사회화 주관자socialization agents 역시 좀 더 세부적으로 고민해볼 주제다. 사회화 주관자란 개인이 '사회적인 것'을 체화할 수 있도록 영향을 주는(특히 '사회적 지지' 형태로) 유무형의 존재를 뜻한다. 스포츠사회학은 이들을 대부분 중요타자significant others로 설명해왔다. 가족, 애인, 친한 친구, 코치처럼, 개인의 중심(1차) 네트워크에 포함된 타인을 말한다. 하지만 인적 네트워크는 1차뿐 아니라 '2차secondary(주변)'도 포함한다. 직장 동료, 이웃, 덜 가까워도 알기에 가끔 교류하는 사람 등. 이들도 사회화 역할을 한다(미디어나 지역사회 개념으로 이 역할을 소수 다룬다). 이를 '유사타자similar others'라 부른다.[70] 이들은 스포츠로의, 혹은 스포츠를 통한 사회화에 어떻게 개입할까? 우리는 이 개념으로 무엇을 말해볼 수 있을까?

코로나-19 전염병으로 인해 변화된 사회적 속성은 다양하다. 그중 스포츠와 사회화 관점에서 주목해볼 내용은 '스포츠 활동의 변질'이다. 현재의 MM세대(마스크와 모바일에 친숙해진 세대로서, 2021년 기준 10세 이하로 묶인다)는 현실보다 '가상'에 더 친숙하고, 여기

---

70) Hatteberg, S. J. (2021). A tale of many sources: The perceived benefits of significant other, similar other, and significant and similar other social support. Sociological Perspectives, 64(1), 37-57.

에 더하여 전염병으로 인해 학교와 지역에서 경험하며 체화할 스포츠 경험이 단절되었다. 이들을 대상으로 한 '가상스포츠계의 사회화' 연구가 적은 건 문제다. 더 큰 문제는 기존 스포츠 인프라(특히 학교 스포츠)에서의 활동 경험이 만들어낼 세대 간 이질화 현상이다.[71] 집단화하여 스포츠를 소비하던 '집단적 열광 세대'와 개인화된 공간에서 모바일로 스포츠를 즐기게 된 '개인적 열중 세대' 간의 이질성. 이걸 어떻게 봐야 할까?

결국, 스포츠의 사회화 속성은 스포츠 활동이 규칙과 규범의 형태로 구성된 상호작용 질서를 강제하는 힘으로 요약된다. 스포츠계의 질서에 익숙해지는 과정에서 우리는 그 결과물로 '자본'이란 특성을 습득(체화하고), 그것을 다른 사회 분야로의 전이 과정에 활용한다. 그 다른 분야에서도 체화된 스포츠 상호작용 질서가 긍정적으로 기능함을 확인하며(학교에서 모범생 효과, 기업에서 판매왕 효과 등), 이는 다시 기존 스포츠계의 사회질서(그것이 긍정적이든, 부정적이든 상관없이) 유지를 강화하는 데 이바지한다. 그렇기에, 스포츠 사회화를 이해하는 일은 사회질서를 가능케 하는 '구조'를 이해하는 일이다. 스포츠계의 질서 체계는 어떻게 개인의 몸에 새겨지는가? 이렇게 새겨진(체화된) 질서는 다시 스포츠계의 현 질서를 어떻게 유지(혹은 변화)하는가? 고민해 볼 질문이다.

---

[71] 남상우 (2020). 포스트 코로나 사회, 스포츠, 스포츠사회학. 한국스포츠사회학회지, 33(4), 1-18.

11장 요약

스포츠와 사회화

- 사회화란 세대를 거듭하며 개인들에게 문화를 전수하는 과정이자 특별한 기술이 훈련되는 과정이고, 나아가 사회적 기술과 이해, 정서적 성숙 등, 사회에서 살아남는 데 필요한 요소를 배우는 과정이다.

- 사회화 과정을 거치며 얻게 될 궁극적인 결과물은 자아개념의 획득, 역량의 발달, 행동 기대의 학습, 내면화 등, 네 가지다.

- 사회화는 사회의 유지와 개인의 삶의 질 향상을 위한 일종의 주춧돌 역할을 한다. 특히 이는 인간의 발달에 결정적이고, 관계 형성에 필수적이며, 궁극적으로는 사회질서 유지의 바탕으로 기능한다.

- 기능주의에 따르면, 사회화란 사회를 떠받치는 여러 제도가 자신의 영속을 위해 개개인에게 자신의 역할 규범을 충실히 수행하게 만드는 과정이다. 갈등이론에 있어 사회화란 사회 구성원들에게 허위의식을 길러줌으로써, 현 불평등한 상황을 유지하는 과정에 불과하다. 상호작용이론은 사회화를 집단이나 사회에 형성되어 개인에게 작동하는 '상호작용 질서'가 개인의 정체성에 영향을 미치는 과정으로 이해한다.

- 한 사람이 태어나 평생에 걸친 상호작용을 중개해주는 유무형의 존재를 통칭하여 '사회화 주관자'라 한다. 이들의 중요한 역할은 세 가지로서, 첫째, 정보 원천의 역할, 둘째, 사회적 지지 역할, 셋째, 사회적 기대감의 상징화 역할이다.

- 가족 스포츠 문화란, 스포츠와 강한 친밀감을 지니며 아동의 스포츠 참여와 연결되는 문화를 말한다. 부모는 아이들에게 세 가지 방식으로 사회화 영향을 미치는데, 첫째, 역할모델 방식, 둘째, 스포츠 자원 제공 역할, 셋째, 스포츠의 가치 해석자 역할이다.

- 학교는 한 개인을 세 가지 방식으로 사회화한다. 첫째, 영향을 주고받는 다양성 기제에 의해, 둘째, 규율 체계로 대표되는 제도에 따라, 셋째, 자원 획득을 위한 경쟁 체계로 사회화하는 것이다.

- 미디어의 사회화 기제 다섯 가지는 첫째, 이슈 정보 제공, 둘째, 타자의 삶 '대리하기', 셋째, 이슈와 관련한 '관점 제공', 넷째, 경향성 보여주기, 다섯째, 권선징악 강화다.

- 개인이 스포츠계로 진입하는 스포츠로의 사회화는 개인적 요인(심리적, 신체적 특성), 대인관계 요인(중요타자 존재), 환경 요인(조직적, 사회문화적 특성)이 합쳐져 이루어진다.

- 스포츠 활동으로 우리는 첫째, 사회적 주류가치 습득, 둘째, 사회의 규범적 남성성과 여성성 체화, 셋째, 교육적 성취감과 포부 향상 및 사회적 지위 상승 가능성 제고, 넷째, 자기 정체성 강화, 다섯째, 페어플레이와 승리에 대한 태도 발달이란 긍정적 특성을 키운다.

- 스포츠 활동으로의 재사회화는 탈사회화라는 기존 경험과 습성, 지식을 지우는 과정과 함께 일어나면서, 새롭게 진입하는 세계의 가치와 규범을 쉽게 학습하도록 해준다.

12
스포츠와 지구화

전 지구화된 세계에서 민족이나 사회라는 개념은
더 이상 사회학적 분석 범주로서 적절치 않게 되었다.
사회학자들은 분석의 초점을 시공을 가로질러
전개되는 사회적 삶, 즉 유동성이나 흐름에 놓아야 한다.

지그문트 바우만

2만5,156km. 2008년에 프랑스(AS모나코)를 시작으로, 2011년 잉글랜드(아스널), 2012년 스페인 임대(셀타비고), 다시 2013년 잉글랜드(아스널, 왓퍼드), 2014년 사우디(알샤밥), 그리고 2015년 한국(FC서울)까지, 축구선수 박주영은 7년 동안 4개국 다섯 개 팀을 거쳐 한국으로 돌아왔다. 많은 축구팬은 박주영 선수의 이런 행적과 관련, 블루마블(세계 일주 게임)하는 듯하다고 비난했지만,[1] 스포츠사회학자는 그의 행보를 국경 넘기가 자유로워진 스포츠계의 관점에서 본다. '지구촌'이 된 오늘날, 국내외 선수들이 국경을 자유롭게 이동하는 '선수 이수athlete migration' 현상은 보편화 되었다.

"이 지구상의 모든 사람은 21세기에 들어서며 급증하는 '경계 없는 삶borderless life'의 도전에 직면할 것이고, 이에 대한 대비가 필요해질 것이다."[2]

---

1) 박린 (2015.03.11.). 2만5156km 돌아, 박주영 다시 서울. 중앙일보, 24면.

2) Fleras, A. (2001). Social problems in Canada: Conditions, constructions and challenges. Toronto, ON: Prentice Hall, 346쪽.

이처럼 경계가 없어진 세계는 어떻게 등장했을까? 지구적 교통망 구축, 자유무역 정책, 신자유주의 등장, 초국적기업의 성장, 인터넷 기술과 소셜미디어 발달 덕분이다. 이 덕분에 우리는 거실에 누워 핸드폰으로 이탈리아와 영국의 UEFA유로 2020 결승전을 시청할 수 있다. NBA에서의 화려한 덩크슛과 패스를 즐기며, MLB에서 활약하는 한국 선수들의 모습을 실시간으로 확인한다. 스포츠를 향한 사람들의 세계관은 확대되고 기준은 높아졌다. 이젠 고등학생들이 EPL 축구 환경과 K-리그를 비교하며 전문가 흉내를 낸다. 경계가 사라진 세계에서 스포츠 소비는 진화한다.

근대올림픽의 시작은 1896년 그리스였다. 당시 참가국은 14개국. 1820년대 산업혁명 이후 1910년대부터 자동차가 대중화되었음을 보면, 비록 많은 나라가 참여하지 않았음에도, 올림픽은 세계화 흐름과 궤를 같이했다고 볼 수 있다. 비단, 종합대회뿐만이 아니었다. 올림픽이 미국 LA에서 37개국을 참가시키며 10회 대회(1932년)를 개최할 때쯤, 단일 종목도 세계적 확산에 끼어든 것이다. 1930년, 우루과이에서 첫 번째 월드컵을 개최한 축구였다(13개국 참가). 물론, 당시만 해도 이런 현상을 '스포츠 지구화'[3]와 같은 이름으로 다루지 않았다. 유럽과 북미 국가가 자기들이 즐기던 스포츠를 인접 대륙으로 전파하는 일종의 '확산기[diffusion periods]'에 불과했기 때문이다.[4]

스포츠는 1900년대 초 올림픽 같은 종합대회 중심의 전 지구적 전파와 함께 단일 종목 중심의 확산 작업도 병행되었다. 그 과정에서 주된 역할을 한 것이 '스포츠 조직체'였다. 1904년 설립된 국제축구연맹[FIFA]이 대표적이다. 축구 인기가 영국에서 해외로 확산하면서 경기를 관리할 주체가 필요했고, 그에 따라 FIFA가 만들어졌다. 현재 FIFA 회원국은 211개국이다. 야구 역시 월드클래식베이스볼[WBC] 같은 세계화 프로젝트를 주관하는 조직체가 1938년 국제야구연맹[IBAF: International Baseball Federation] 이름으로 창설되었다(현재 118개국 회원). 축구와 야구뿐이 아니다. 태권도, 유도, 복싱 등, 수많은 경기 종목도 국제 조직체를 중심으로 각 종목의 지구적 확산을 진행 중이다. 스포츠가 지구화되는 데 있어 스포츠 조직체의 등장과 활동은 필수적이었다.[5]

이들 종목 중 야구의 지구화는 특히 흥미롭다. 우리나라 프로야구는 '한국시리즈', 일

---

3) '글로벌라이제이션[globalization]'이란 개념과 관련, 혹자는 '세계화', 또 어떤 이는 '지구화'라 표현한다. 표기만 다를 뿐, 의미하는 바는 같다. 물론, 세계[world]와 지구[globe]를 구분한다면, 세계화보다는 '지구화'가 좀 더 정확할 것이지만, 이 책은 세계화와 지구화, 세계적, 지구적[global]이란 개념을 혼용하며 쓸 것이다.

4) Maguire, J. (1999). Global sport: Identities, societies, civilizations. Blackwell Publishing, 79쪽.

5) Palmer, C. (2013). Global sports policy. London: Sage, 39쪽.

본은 '재팬시리즈'로 끝을 내는데, 미국프로야구MLB는 '월드시리즈'다. 그렇만하다. MLB는 전 세계 각국에서 실시되는 야구 리그에서 가장 잘하는 선수들만 모아놨다. 이에, MLB 사무국 산하의 'MLB인터내셔널' 부서는 중계권, 라이센스, 스폰서십 등의 해외 마케팅을 하며 40개 이상의 방송사에서 170여 국가에 MLB를 방영한다. 개막전을 일본이나 호주에서 하기도 했고, 심지어 2019년 6월에는 축구 종가 영국의 수도 런던에 전통적 라이벌 팀 보스턴 레드삭스Boston RedSox와 뉴욕 양키스New York Yankees를 보내 '런던 시리즈'를 치르기도 했다. 미국에서만 주로 그 인기를 누리는 야구는 지구화에 목을 매는 중이다. 하지만 이런 노력에도 불구하고, 야구는 2024년 파리올림픽 정식 종목에서 제외되었다.

MLB의 런던 시리즈

미국의 국민 스포츠인 미식축구리그NFL도 지구화에 주목한다. 다른 단일 종목들처럼 '상업적 이윤' 팽창을 위해서다. 물론 NFL은 미국 내 '슈퍼볼Super Bowl' 하나만으로도 엄청난 광고 수익을 벌어들인다. 그럼에도 그들은 꾸준히 세계화 욕심을 낸다. 대표적으로, 2005년부터 타국에서 게임을 하는 '인터내셔널 시리즈international series'다. 멕시코와 영국 런던에서 몇 개의 게임을 치렀다(축구장을 개조해서). 인기는 끌었지만, 사람들의 실제 참여로 이어지진 않았다. 지구화 전략이 볼거리spectacle 차원에 집중되었기 때문이다. 예를 들어, 속옷을 입은 여성이 미식축구 경기를 하거나Lingerie Football League나 치어리더 선발을 남미에서 오디션 방식으로 하는 등의 이벤트에 치중했기 때문이다.[6] 이 사례와 관련하여 궁금한 건, 축구나 농구, 야구와 달리 왜 미식축구는 전 세계적으로 실제 참여 인구 증가나 문화적 대중화가 이루어지지 않았을까?

이 장은 '지구화'를 다룬다. 고깃집에 모인 테니스 동호회 친구들과 2021년 6월 영국에서 열렸던 윔블던 대회를 핸드폰으로 관람하며 테니스 기술에 감탄하는 오늘날의 스포츠 지형을 다루는 장이다. 과연 지구화란 무엇이고, 사회학 이론은 이를 어떻게 설명할까? 이 지구화 흐름을 추동하는 힘driving forces은 무엇일까? 지구화는 각기 다른 세계의 문화를 유사하게 만들까(동질화), 다양하게 만들까(이질화)? 맥도날드나 나이키 같은 글로벌 기업이 한국에 들어올 때 발생할 사회적 변화는 무엇일까? 우리에게 전혀 친숙하지 않던 특정 스포츠가 국내에 유입될 때 이는 어떤 과정을 거쳐 동화 혹은 배척될까? 이 장은 이런 질문을 다룬다. 먼저, 지구화가 무엇인지부터 살펴보자.

---

[6] 란제리 미식축구리그의 공식 명칭은 Legends Football League다. 처음에는 Lingerie로 쓰다가 2013년부터 Legends로 바뀌었다.

지구화의 사회학적 이해

내 손 안의 핸드폰으로 지금 전 세계에서 벌어지는 소식이 뉴스 피드로 전달된다. 보고서를 작성하는데 필요한 자료를 구글 검색으로 찾고, 못 찾은 내용은 미국에서 공부하는 후배에게 '카톡'을 보내거나 회의 때 '줌(zoom)'을 이용해 원거리에 있는 관련자에게 부탁한다. 일을 마치고 집에 가 샤워 후 맥주 한 캔을 따 거실 소파에 앉아 넷플릭스를 켠다. 최신 업로드된 영화를 하나 본다. 동시에, 뉴스에서는 현재 기후 위기가 어느 정도인지와 관련하여 각계 전문가의 의견을 모아 토의가 진행 중이고, 관련 주제 역시 인터넷에 체계적으로 정리된다. MLB에서 류현진 선수의 선발경기를 다시 보기로 볼 수 있고, 그에 대한 경기 후 평가도 검색할 수 있다. 이런 상황이 우리나라에서 30년이 채 안 되는 2000년대부터 완성되기 시작했다. 지구화의 양상이다. 우리는 '지구화'를 어떻게 이해할 수 있을까?

지구화란 무엇인가?

> 세계화란 전 지구적 의사소통 수단과 대중교통 수단이 빠르게 확산하면서 가능해진, '원거리 행위의 심화 과정'이다. '시공간의 원격화' 과정이 전개되고, 사회적 관계나 제도에 있어 '장소 귀속성'이 탈피되며, '성찰성' 개념이 포함되는 과정이다.[7)]

1980년대, 미국에 사는 지인과 연락하려면 '편지'를 써야만 했다. 편지를 작성한 후에 우체국에 가 편지를 부치면 약 2주쯤 후 소식이 도달한다. 요즘 같으면 상상하기 어려운 일이다. 인터넷 기술로 인해 편지는 단 1초 만에 도달한다. 이메일은 '원거리의 한계'를 없앴다. 이메일도 번잡하다면, 아이폰 '페이스타임'을 사용하면 된다. 시카고대 사회학과 교수와 의견을 주고받을 수 있다. 다양하고 급격한 기술 발전은 과거 사회적 관계를 맺을 때 필요했던 '장소 귀속성(특정 장소에 소속되어 부착된 특징)'을 없앴다. 오늘날 우리는 시간과 공간의 한계가 소멸된 세계에 산다.

세계를 접하는 방식이 변하면 '의식'도 변한다. '기후변화'가 좋은 예다. 지구화 이전에 이 주제는 우리 의식 속에서 희미했다. 일상에서 접할 일이 그다지 많지 않았기 때문이다. 오늘날은 어떨까? 빙산이 계속 녹고, 호주와 LA에선 원인 모를 산불이 발생한다. 우리는 매년 지구가 뜨거워지며 나타나는 자연환경 문제를 접하고, 전 세계 지도자

---

7) Giddens, A. (1990). The consequences of modernity. Cambridge: Polity Press, 64-68쪽.

들은 연일 기후변화 대응을 외친다. 이들 소식을 우리는 숨 쉬듯 미디어로 접한다. 기후위기라는 주제는 일상이 된다. 기후변화에 따른 호주의 산불 문제가 내 삶으로 들어오는 것이다. 의식의 수준이 나(개인), 가족, 집단 및 조직, 국가를 넘어, 세계이자 지구로 확장하는 과정이다. 세계시민cosmopolitan 탄생의 기본 조건이다. 세계가 압축되며 그 압축된 세계를 일상적으로 소비하는 과정. 그것이 지구화다.

> 지구화란 사람들과 사물, 장소와 정보가 증가하는 유동성과 점증하는 여러 방향의 흐름에 따라 이동하는 초행성적 과정이거나 여러 과정의 복합체다.[8)]

지구상에는 독특한 문화, 제도, 전통, 생활양식을 지닌 국가들이 공존한다. 지구화 이전에 이들 특징은 주로 자국 내에서만 통용되었다. 미국은 미국 문화를 자기들끼리 소비했고, 한국인은 한국문화를 대한민국 영토 안에서 소비했다. 지구화는 이처럼 제한적으로 이뤄지던 소비 경향을 바꿨다. 미국에서 만든 '어벤져스'나 '겨울왕국' 영화(이미지)가 중국, 인도, 유럽으로 전파된다. 한국 BTS의 일상은 유튜브를 타고 중동과 뉴질랜드, 멕시코로 전파된다. '유동성 체계liquidity system'로 인해 우리는 각국이 지닌 문화(음악, 예술, 제도, 스포츠)와 정보(금융, 국방, 방역 등)의 이동을 경험한다.

지구화란 '지구/세계가 변하는 과정'이다. 즉, 의사소통과 대중교통의 발전으로 우리 삶의 한계였던 원거리를 극복하는 과정이다. 당연히 극복 과정에서 여러 현상이 발생한다. 우선은 고정된 영토의 의미가 희미해진다. 직장은 구글인데, 업무는 한국의 스타벅스에서 한다. 집은 홍콩이지만, 출장이 잦기에 에어비앤비로 숙박한다. 국적은 한국이지만, 영어와 불어를 쓴다. 대학은 온라인 대학인 미네르바 스쿨을 졸업한다. 국적이나 국경이 희미해지는 탈영토화deterritorialization부터, 로컬(지역) 및 글로벌(세계)의 상호연결성interconnecedness'이나 시공간 압축compression같은 현상이 발생한다.

지구화의 유사 개념: 초국화, 다국화, 국제화

'기업' 개념 앞에 붙는 여러 수식어를 살펴보자. 다국적/초국적multi/transnational과 국제적international이란 수식어가 대표적이다. 각각 초국가주의transnationalism와 국제화internationalization를 중심으로 구성된 개념이다. 특히 '국제화'란 개념은 1990년 후반 우리나라에서 전

8) Ritzer, G. (2011). Globalization: The essentials. Wiley-Blackwell, 2쪽.

사회적으로 사용되었다. '국제화 바람', '국제화 시대의 바람직한 인재상' 등. 하지만 최근에는 '글로벌global 기업'이란 용어가 가장 많이 사용된다. 과연 이들 세 기업(초국적, 국제적, 글로벌)은 각기 어떤 측면에서 다를까? 스포츠에 적용해보자면, 초국적 스포츠, 국제적 스포츠, 글로벌 스포츠는 각각 어떤 차이를 보일까?[9]

초국가주의부터 보자. 초국가주의/초국적주의는 '개인이나 집단이 특정 지리-정치적 경계를 가로질러 서로 연결되는 과정'[10]을 뜻한다. 지구화와 비슷하면서 다르다. 초국가주의는 지리적 경계(국경)로 구분된 두 개 이상의 국민국가(한국이나 네덜란드처럼 특정 민족성을 중심으로 정치경제 체계를 확립한 나라를 지칭)를 가로질러 연결된 상태를 뜻한다. 국제화도 비슷하다. '국민 국가nation-state'라는 '나라(영토)'를 전제한다. 한 마디로, 다양한 국가nations 간inter의 상업적, 인적, 제도적, 정치적 교류가 활발해지는 과정이다. 스포츠계로 보면, 선수의 국가 및 리그 간 이동과 대륙이나 국가별 순회 대회(올림픽이나 축구의 대륙컵, 테니스 및 골프의 국가별 개최 등)의 증가로 이해할 수 있다.

> 지구화는 세계의 압축이자 전체로서 세계를 바라보는 의식의 심화 과정을 지칭한다.[11]

반면, 지구화는 어떤 특정 국가의 지리적 경계를 상정하지 않는다. 지구화는 타국으로 돈을 보내거나 사람의 이주 현상을 포함, 정보, 문화, 상징, 이미지 같은 유무형의 요소가 방해 없이 이동하는 과정을 말한다. 공기나 물의 '흐름flow'을 생각하면 지구화가 명료하게 그려진다. 지구화 이해의 핵심은 (초국화나 국제화가 전제하는) 민족이나 국가의 존재나, 이를 바탕으로 형성되는 '민족 정체성'에 방해받지 않는다는 점이다. 그렇기에 스포츠로 보자면, 야구는 초국적(다국적)/국제적 스포츠이고, 축구는 글로벌 스포츠다. 야구는 지구 모든 곳까지 흘러 들어가지 못했지만(또한 미국 스포츠 정체성이 강하다), 축구는 전 세계 속으로 스며들었다.[12] 나이키 광고가 축구 스타를 전 세계적으로 연결하는 이유다.

나이키와
글로벌 축구

---

9) 구글 검색을 해보면 초국적 스포츠, 국제적 스포츠, 글로벌 스포츠 개념의 사용 빈도는 극명한 차이를 보인다. 즉, transnational sports(12,000개), international sports(40,300개), global sports(403만개)로 검색 결과가 나타난다. 과연 이들 세 개의 개념은 어떤 차이가 있는가?

10) Giulianotti, R. & Robertson, R. (2007). Recovering the social: Globalization, football and transnationalism. In R. Giulianotti & R. Robertson(eds.), Globalization and sport (pp. 58-78). Malden, MA: Blackwell, 62쪽.

11) Robertson, R. (1992). Globalization: Social theory and global culture. London: Sage, 8쪽.

12) Kelly, W. W. (2007). Is baseball a global sport? America's national pastime as global field and international sport. Global Networks, 7(2), 187-201.

> 만약 우리가 이미 단일한 세계로 구축된 사회에 살고 있다면, 우리는 지구화가 과거형이라고 말할지 모르지만, 이 과정은 오히려 현재 진행형이다 …… 사회적 실재의 각 주요 측면은 세계 경제의 출현, 세계 시민문화의 등장, 전 지구적인 사회운동처럼 우리가 쉽게 볼 수 있듯, 지구화를 동시다발적으로 경험하는 중이다.[13)]

그동안 지구화 이론은 다섯 개의 질문을 중심으로 형성되었다.[14)] 첫째, 지구화란 무엇인가? 둘째, 지구화는 언제부터 시작되었는가? 500년 전인가, 2차세계대전 이후인가, 2000년대 들어오면서부터인가? 셋째, 지구화의 추동력은 경제적, 정치적, 문화적 요소 중 무엇인가? 넷째, 어떤 조건이 지구화를 가속하는가(혹은 지구화되었다고 말할 수 있는가)? 다섯째, 지구화는 지역local 모습을 동질화하는가, 이질화하는가? 이들 핵심 질문을 중심으로 지금까지 관련 이론이 다듬어져 왔다.

물론 어떤 이들은 지구화를 총체적으로 설명할 이론이 실질적으로 불가능하다고 말한다.[15)] 지구화의 정의나 모습을 합의하기도 힘든데, 어떻게 이론이 가능하겠냐는 주장이다. 그럼에도, 많은 이론가가 지구화 설명체계를 다듬어 왔고 이에 따라 관련 이론은 크게 두 가지, 즉 1) '무엇이 지구화를 가속화 하는가'라는 '동력driving forces' 탐색과 2) '지구화는 결과적으로 어떠한 모습인가'라는 '결과 그리기'에 주목한다. 이 두 질문은 지구화를 논의할 때 집중적으로 다뤄지는 이슈다. 한 마디로 '무엇이 지구화를 이끌어 어떤 모습으로 만드는가'를 묻는 것이 관련 이론의 핵심인 것이다.

지구화의 추동력: 무엇이 지구화를 가속하는가?

지구화를 추동하는 동력을 일일이 나열하는 건 무의미하다. 다만, 여기에서는 그 동력을 생각해볼 수 있는 나름의 '준거'가 제시된다. 즉, 물질적인 요소와 비물질적 요소를 지구화 동력으로 나누어 생각해볼 수 있다는 제안이다.

모든 개인과 국가가 하나의 지구촌처럼 생활할 수 있게 된 데 작동했던 '물질적 요소'

---

13) Archer, M. (1990). Foreword. In M. Albrow & E. King (eds.), Globalization, knowledge and society (pp. 1-2). London: Sage, 1쪽.

14) Jones, A. (2010). Globalization: Key thinkers. Malden, MA: Polity Press, 3쪽.

15) McGrew, A. (2007). Globalization in hard times: Contention in the academy and beyond, In G. Ritzer(ed.). The Blackwell Companion to Globalization(pp. 29-53). Blackwell Publishing, 43쪽.

는 무엇이 있을까? 대표적으로 떠오르는 것은 '교통 기술[transportation]'일 것이다. 다양한 종류의 교통 관련 기술의 발달로 이동 수단은 이전과는 비교할 수 없을 정도로 빠르고 편해졌다. 이를 바탕으로 여러 '상품[products]'이 교류되며 지구화는 가속화된다. 또한 이런 상품을 만드는 기업, 특히 '다국적/초국적 기업[TNCs]'의 등장 역시 지구화를 가속한 물질적 요소 중 대표적이다. 나아가, 1980년대부터는 '인터넷[internet]'의 등장으로 인해 이전까지의 지구화 속도를 배가시켰다.

'비물질적 요소' 역시 지구화의 동력으로 작동한다. 대표적인 것이 '이데올로기'다. 진실처럼 받아들여지는 생각, 신념, 규범, 가치 등의 총합을 의미한다. 특히 국가가 폐쇄정책을 중심으로 다른 나라와의 무역이나 기업의 진입을 막는 것은 발전에 도움이 되지 않는다는 사상(일반적으로 '자유주의 사상'으로 이해된다)이 큰 영향을 미치기도 했다. 자유무역이나 국가의 개방정책, 금융, 화폐 통용, 사람들 간의 자유로운 왕래와 같은 물질적 교류가 가능했던 것은 기본적으로 이러한 이데올로기로서의 사상이 작동했기 때문이다. 이처럼 크게 두 가지(물질적 vs. 비물질적) 요소를 기준으로, 어떤 것이 지구화 추동에 영향을 미쳤는지가 꾸준히 논의되고 이론으로 만들어진다.

지구화의 모습: 세계는 평평한가, 불균등한가?

지구화 관련 이론의 또 다른 축은 지구화의 '결과'다. 즉, 지구화 과정의 결과로 우리가 마주한 '지구성[globality]'(지구화라는 과정의 결과물을 의미)의 모습은 어떠한가라는 의문이다. 그 모습에 대한 논쟁은 세 가지로 나뉘어졌다. 첫째, 전 지구의 모습은 각자 이질적일 것이다('다양성 이론'). 즉, 각 문명(문화)은 서로 충돌하거나 공존하며 다양한 모습을 유지한다는 주장이다. 이를 '지역화/지방화[localization]'라 한다.

둘째, 이질화 주장과 반대로 전 세계는 하나의 체계나 문화로 수렴된다는 주장이다. 이를 '동질화 이론'이라 한다. 대표적으로 '미국화[Americanization](전 세계는 미국의 문화, 정치, 경제 체계와 닮아간다)'와 '맥도날드화[McDonalidization](전 세계가 맥도날드 매장의 작동 방식에 따라 동질화된다)' 이론이다. 하나의 거대한 힘으로 모든 (지역) 문화가 수렴된다.

셋째, 전 지구적 힘과 지역적 힘이 타협한다는 주장이다. 예를 들면, 맥도날드(전 지구적 힘)가 한국(지역)에 들어와 타협하여 '김치버거'가 나오는 식이다. 이를 '글로컬라이제이션[glocalization]'이라 부른다. 물론, 이 이론엔 단점이 있다. 지구적 힘과 지역적 힘이 만나 사이좋게 결합한다는 '순진한 가정'이 그 단점이다. 오히려 갈등이 더 많다.

지구화에 대한 사회학적 질문의 종합

사회학에서 지구화를 바라보는 다양한 관점에도 불구, 앞서 설명한 지구화 개념, 지구화를 추동하는 힘과 그 결과를 다룬 세 가지 기본 관점을 종합하면, 다음의 다섯 가지 기본적인 질문을 도출해낼 수 있다.[16)]

첫째, 지구화는 전 세계적 '불평등[inequaltiy]'을 증가시켰는가, 감소시켰는가? 이는 양극화로 대표되는 지구화 이론가의 주장이다. 증가시켰다고 주장하는 사람은, 지구화가 빈곤 국가와 부자 국가 사이를 양극화시켰다고 본다(자원 독점 및 부자 국가에 유리한 정책 수립 등). 반대로, 후자의 경우엔 지구화로 인해 빈곤국도 부자 국가의 문화적 혜택을 받으며 발전한다고 주장한다. 지구화는 어느 쪽으로 진행될까?

둘째, 지구화는 세계적 문화나 경제, 정치의 '이질화'를 촉진하는가, '동질화'를 가속하는가? 이 질문은 지구화로 인해 전 세계의 문화가 하나의 문화로 수렴되며 같아지는가, 아니면 서로 다른 문화가 상호 공존 및 대립하면서(문명의 충돌) 다양해지는가를 묻는다. 전자는 지구화를 부정적으로, 후자는 긍정적으로 바라본다. 이와 달리 적절하게 조화를 이루어 전혀 다른 세계를 만들어낸다는 절충안도 제시된다.

셋째, 지구화는 위와 아래 중 어디에서 이루어지는가? 이 질문은, 지구화 과정이 제도나 체제, 법과 같은 '거시적 구조'에 의해 위에서 아래로[top-down] 이루어지는지, 아니면 몇몇 소규모의 모임들이 독특한 문화를 전파하고, 그에 동의하는 사람들이 참여하면서 일종의 상향식[bottom-up]으로 이루어지는지를 묻는다('미투 운동'을 생각해보라).

넷째, 지구화 시대에 국가는 어떤 역할을 하는가? 혹자는 지구화 시대에 국가(정부)의 역할은 최소화된다고 말한다. 대표적인 이들이 신자유주의자로서, 이들은 지구화된 세계에서 국가는 시장[market]에 최소한만 개입한 채 시장이 모든 걸 주도면밀히 끌고 가야 한다고 주장한다. 이와 반대쪽은 비록 지구화가 강력함에도 국가는 자기 역할을 줄이면 안된다고 주장한다. 무역 관세나 스크린쿼터 제도, 프로농구에서 외국인 선수의 출전을 제한하는 등의 법적 개입으로 자국 시장을 보호해야 한다고 말한다.

다섯째, 지구화 시대의 명암은 무엇인가? 지구화는 우리에게 긍정적 혹은 부정적인가? 축구의 지구화가 토착 스포츠에 부정적인 영향을 미칠까(문화적 다양성 상실 등)? 아니면 전보다 더 풍부하고 다양한 문화를 꽃피울까(문화적 풍성화 등)?

---

16) Ritzer, G.(ed.) (2007). The blackwell companion to globalization. Blackwell Publishing, 1-8쪽.

스포츠 지구화의 다차원성

"지구화/세계화 관점으로 보자면……" 만약 우리가 어떤 스포츠 이슈를 설명하거나 해석할 때 '지구화 관점'을 언급한다면, 과연 이는 무엇을 중심으로 본다는 걸 뜻할까? 여기에는 여러 의미가 포함되어 있겠지만, '지구화 관점'의 핵심은 '전 지구적 힘global forces이 지역의 스포츠계에 어떤 영향을 미치는가'로 요약된다. 물론, 반대도 가능하다. 지역의 힘local forces이 전 지구적 맥락에 영향력을 행사하기도 한다. 결국, 이와 같은 상호작용의 도식을 따르면, '스포츠와 지구화'는 '글로벌(전 지구적) 맥락'과 '지역적 맥락' 간의 연계성이 핵심이다. 과연 스포츠와 지구화를 다루는데 있어 우리는 어떤 관점의 틀을 가지고 어떤 내용을 중심으로 질문을 던질 수 있을까? 지금부터는 스포츠와 지구화의 관점 틀을 살펴보자.

스포츠와 지구화를 다루는 관점의 조망도

2024올림픽과 2028올림픽 개최국으로 각각 파리(프랑스)와 LA(미국)가 선택되었다. 한 번에 두 주최국을 발표한 건 처음이다. 올림픽이 '하얀 코끼리(애물단지)'가 되며 지원 도시가 급감했기 때문이다. 2010년대 초부터 나타난 현상이다. 이 때문에 IOC는 지속 가능한 올림픽을 위한 전략을 발표했는데, 그 중 '분산 개최'가 특이하다. 예를 들어, 서울이 올림픽을 유치하면 다른 지역에서도, 나아가 다른 인접 국가에서도 함께 대회를 치를 수 있게 한 정책이다. 지구적 차원의 IOC 정책은 국내 스포츠계를 포함한 다른 지역local에 어떤 영향을 미칠까? 올림픽 남북 공동 개최를 협의하려 문화체육관광부 회의실에 모인 이들의 인식과 행위에 IOC가 내린 정책, 즉 '글로벌 힘global forces'은 어떤 영향을 미칠까?

IOC의 분산개최

나이키는 전 세계적으로 영향력을 미치는 '기업'이다. 그들은 다양한 상품을 만들고, 이를 판매하고자 광고를 제작한다. 특히, '여성의 스포츠 파워'를 강조하는 몇몇 광고는 흥미롭다. 자신들의 물건을 생산하는 공장은 여성 인건비가 가장 저렴한 국가에서 운영하고, 영상으로는 '여성의 스포츠 파워'나 '동등한 참여'를 외치는 광고를 만드는 이중성 때문이다.[17] 중요한 사실은, 나이키(글로벌 기업)가 제작한 영상(히잡을 쓰고 펜싱을 하

---

17) Enloe, C. (2016). Globalization and militarism: Feminists make the link. Lanham, MA: Rowman & Littlefield, 33-52쪽 참조.

고 100m를 질주하는 영상)이 전 세계로 이어진 미디어 네트워크로 전파되며 중동 지역 여성들에게 자국 내 나이키 물건을 소비하도록 영향을 미쳤다는 사실이다. 스포츠 글로벌 기업의 생산과 소비 역시 전 지구적 경제 체계에서 돌아간다.

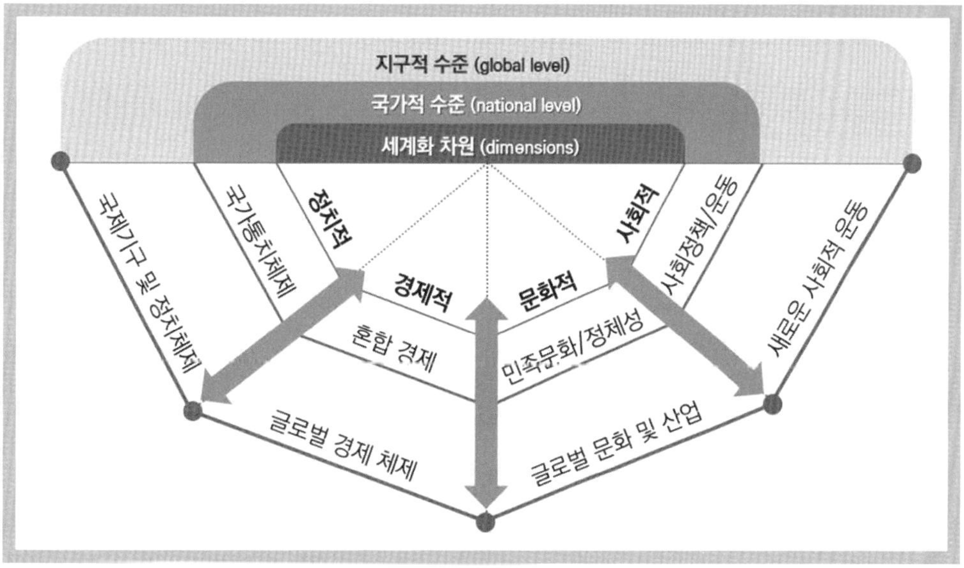

[그림 12-1] 스포츠와 지구화 논의의 기본 이론적 모형: 이슈 망(Web of Issues)[18]

'글로벌 문화'는 '지역 문화'와 연결된다. 90년대 세계적인 영향력을 발휘하던 NBA의 마이클 조던 경기는 미디어 네트워크를 타고 대전 문화동에 거주하는 중학생 철수에게까지 스며들었다. 조던의 현란한 드리블에 이은 '페이드 어웨이 슛fade away shot'이 극적으로 성공하자, 철수는 친구들을 불러 인근 학교 농구장에 가 그 모습을 재현한다. 이런 글로벌-로컬 연결은 2010년대에 들어와 메시와 호날두로 대표되는 양대 축구 스타의 '문화적 자본'으로 재현된다. 아이들은 그 선수들이 시합 때 쓰는 공을 가지고, 좋아하는 선수들의 유니폼과 신발을 장착하며, 그들의 축구 기술과 세리머니를 따라 한다. 글로벌 문화는 확산하여 로컬(지역적) 실천과 혼합된다.

'나도 당했다'는 '미투(#MeToo)'는 처음 미국에서 시작된 움직임이었다. 2006년 미국 민권 운동가 타라나 버크Tarana Burke, 1973-가 사회에 널리 퍼져 있는 성적 학대와 성폭행에

18) Harvey, J., Rail, G., & Thibault, L. (1996). Globalization and sport: Sketching a theoretical model for empirical analyses. Journal of Sport and Social Issues, 20(3), 258-277, 262쪽.

대한 인식을 높이려 이 문구를 처음 만들었다. 이후, 한동안 잊혔다가 2017년 미국 유명 인사의 성폭력 폭로가 잇따르며 여배우 앨리사 밀라노Alyssa Milano가 이 '미투' 문구를 트위터에 공유하였다. 사회적 운동으로 번지게 된 것이다. 여기에 미국 스포츠계 여성 선수가 가세하기 시작했고, 이는 곧 우리나라로도 번지면서 스포츠계 '미투' 운동이 본격화하기 시작했다. 쇼트트랙, 유도계, 테니스계 등, 미국에서 시작된 사회운동이 국내뿐 아니라 전 지구적으로 확산한 것이다.

스포츠 지구화는 단지 선수들의 이동이 급증하고, 대회 규모가 국제화하는 정도를 넘어선 현상을 다룬다. 〈그림 12-1〉에서 보는 바와 같이, 스포츠계 지구화는 정치적, 경제적, 문화적, 사회적 차원에 걸쳐 글로벌(세계)과 로컬(지역) 간의 끊임없는 상호작용이 만들어낼 현상을 다룬다. 스포츠와 연동된 지구화 현상은 이들 차원을 넘나들며, 국제 스포츠 조직의 정책 결정과 그 여파를 본다. 글로벌 스포츠 기업의 민족주의 활용을 비판한다. 선수들의 이주와 그에 따른 문화적 적응을 탐색한다. 국제적 사회 운동으로 파생된 스포츠계 변화를 논의한다.

스포츠와 지구화의 정치적 차원

지난 2019년, 국제축구연맹FIFA이 '네이션스리그Nations League' 확대를 논의하겠다고 발표했다. '네이션스리그'란 같은 대륙의 축구연맹 회원국끼리 벌이는 국가 대항 축구대회다. 유럽엔 유럽축구연맹UEFA을 중심으로 2018년부터 네이션스리그를 실행 중이고, 미국과 캐나다를 중심으로 하는 북중미(2019년 출범)와 브라질, 아르헨티나, 콜롬비아가 포진한 남미(2019년 출범) 리그는 이미 운영 중이다. 국제축구연맹은 어떤 대륙으로의 확대를 고민할까? 아프리카와 아시아다. 아시아 대륙에 리그가 하나 더 생기면 우리를 포함하여 아시아 각 국가에 다양한 변화가 일어날 것이다.[19)]

이 사례는 지구화 시대에 스포츠와 관련한 '정치적 차원'의 단면을 보여준다. 지구화 시대에 특정 스포츠 종목을 관장하는 국제경기조직international associations/organizations'의 결정이 전 지구적으로 영향을 미치는 구조를 보여주기 때문이다. 예를 들어, 국제축구연맹이 대륙별 리그를 별도로 만들어 운영하겠다고 결정하면, 그 결정은 단지 조직 차원의

---

19) 특히 우리나라의 경우엔 아시안 네이션스리그가 그다지 긍정적이지 않다. A매치(국가 간 시범경기)에 아시아 국가와 경기를 해야 하기에 자칫 우물 안 개구리로 전락할 수 있다. 혹은, 아시아 대륙 내 먼 거리에 있는 나라와 시합을 하는 상황으로 인해 선수들의 피로도는 더 늘어날 수 있다.

축구 활성화에 멈추지 않는다. 우리나라에서 축구선수를 꿈꾸며 운동하는 초등학교 선수들에게 향후 월드컵이나 올림픽뿐 아니라 새롭게 만들어진 리그컵 출전까지 염두에 두며 계획적으로 훈련하게 만든다. 국제조직의 정치적 결정은 한 국가의 지역 초등학교 선수의 일상적 훈련 실천에까지 영향을 미치는 것이다.

국제스포츠조직과 지역의 연결

미국이 관세를 높이면, 미국으로 수출하던 다른 약소국들이 타격을 입는다. 중국이 자국 내 공장가동률을 지금보다 10% 더 높이면, 배출되는 이산화탄소가 급증하며 기후위기는 더욱 심해진다. 이런 이유로 인해 국가 간 이해관계를 조율하면서 국제적 문제를 해결하고자 '국제기구'가 만들어졌다. 이를 정부 간 (국제)조직intergovernmental organizations이라 부른다. 국제연합United Nations; UN이나 유럽연합European Union; EU, 국제무역기구World Trade Organization; WTO 등이 여기에 속한다. 세계가 하나의 지구촌처럼 연결된 세계에서 국가 간 이해관계를 조정하는 기구다.

> 국제스포츠조직의 전 지구적 확산은, 달리 보자면, 정치적 지구화의 과정에 대한 반응이다. 즉 국가 수준의 스포츠 조직이 직면하는 여러 종류의 문제들이 더 이상 지역적 혹은 국가적 차원에서만 발현되지 않기 때문이다. 결국, 정치적 세계화는 스포츠계에서의 권력을 어떻게 집중하고 적용할지와 관련한 '배치'의 차원에서 봐야 한다.[20]

지구화 시대, 스포츠계에도 이러한 국제조직이 종목마다 존재한다. 스포츠를 대륙과 국가 간에 연결하는 조직이다. 이들 국제조직은 대륙 및 국가 간 선수들의 이동(이주)에서, 대회 유치와 실행, 특정 종목의 육성과 관련한 정책이나 규제를 만들고 집행한다. 1894년 스위스 로잔에 설립된 국제올림픽위원회IOC는 각국 선수의 이주와 국적 변경에서, 올림픽 개최국 결정, 정식 종목 선택과 관련한 결정을 집행하여 각 대륙과 나라에서 준비하도록 한다. 나아가 이들 조직의 역할 덕에 전 세계에 있는 선수들의 국가 간, 대륙 간 이동이 가능해졌다. 스포츠의 지구화는 가속된다.

특정 스포츠 국제조직은 대륙별로 스포츠를 조직화하고, 그 조직에 국가가 회원으로 가입하며 그 영향력을 발휘한다. 예를 들어, 국제올림픽위원회는 대륙별로 올림픽 위원회를 두고 여기에 각 국가가 회원국으로 가입한다.[21] 우리나라의 경우, 대한올림픽

---

20) Jarvie, G. (2017). Sport, culture and society: An introduction. New York, NY: Routledge, 129쪽.

위원회Korea Olympic Committee는 아시아올림픽평의회과 국제올림픽위원회 회원국이다. 글로벌 조직 밑에 대륙 조직, 그리고 국가 조직이 위계를 이루는 구조다. 국제축구연맹FIFA 또한 국제올림픽위원회처럼 전 지구적 조직인 국제축구연맹을 기점으로, 남아메리카, 북중미카리브, 아시아, 아프리카, 오세아니아, 유럽 등 여섯 개 대륙별 축구연맹과 총 208개국이 회원으로 참가하며 '글로벌 스포츠'를 유지한다.

이렇게 조직 간에 연결된 스포츠는 제도적 영향을 주고받는다. 예를 들어, 올림픽에서 '브레이킹댄스'가 정식 종목이 되면(글로벌 사건), 그 결정이 이전까지 브레이킹댄스를 스포츠로 인정하지 않던 많은 국가에 영향을 미친다. 관련 협회가 만들어지고, 국가가 그 협회에 지원하며(세금 투입), 대학에 학과가 만들어지고 초중고 학생의 입시 결정에까지도 영향을 미친다(개인적 행위에 영향). 반대로, 어떤 나라의 지역에서 열린 스포츠 경기 중 특정되지 않은 약물을 복용했던 선수가 시합 중 쓰러져 뇌사 판정을 받은 것이(로컬 사건), 국제적 뉴스로 이슈화하며 세계반도핑기구World Anti-Doping Agency에서 해당 약물을 금지하는 결정으로 이어지기도 한다(글로벌 변화).

경제적 맥락에서의 스포츠 지구화

미국프로야구MLB 총매출액(기업과 소비자 간 거래 금액)은 2017년 기준 약 100억달러(약 11조6,000억원)였다. 지금은 약 13조 원이다. 박찬호와 류현진 선수 때문에 유명해진 LA 다저스 한 팀의 연 매출만 해도 약 6,000억원이다(한국프로야구 리그 전체 매출액 약 5,200억원). 메이저리그 TV 방송 중계권은 전 세계적으로 팔리고, 각 팀의 '로고(이미지)'는 세계 야구팬들이 구매할 상품이 되었으며, 각 국가의 최고 선수들은 MLB 리그로 유입된다. 좋은 성적뿐 아니라 전 세계적인 팬덤을 형성하여 소비를 촉진해야 할 팀들은 이들 외국선수를 영입하고자 막대한 자본을 투자한다. 메이저리그는 전 세계의 모든 자원이 집중되는 일종의 '글로벌 경제global economy'를 형성하였다.

전술한 국제정치 조직보다 지구화에 더 큰 영향을 미치는 것이 바로 전 지구적으로 형성된 '글로벌 경제 체제'다. 세계은행World Bank, 세계무역기구World Trade Organization, WTO, 국제통화기구International Monetary Funds; IMF는 그와 같은 글로벌 경제 체제를 유지하고 그 체제

21) 총 다섯 개 대륙 올림픽 위원회(아시아올림픽평의회, 유럽올림픽위원회, 아프리카올림픽위원회연합, 범아메리카스포츠기구, 오세아니아국가올림픽위원회)에 206개국이 가입되어 있다.

의 전 지구적 영향력을 관리한다. 다양한 자본(금융자본 및 인적자본)의 자유로운 이동과 세계 시장 형성으로 가속화하는 경제적 지구화를 관장하는 것이다. 스포츠 지구화 역시 이처럼 전 지구적으로 형성된 세계 시장을 중심으로, 1) 다양한 종류의 글로벌 기업(스포츠팀이나 나이키 같은 다국적 기업)의 확장 전략과 2) 여러 선수나 감독이 국경을 초월하여 이동하는 '글로벌 이주global migration'로 가속된다. 이는 스포츠 지구화라는 과정이 지니는 '경제적' 측면의 한 단면이라 하겠다.

기업 민족주의: 글로벌 스포츠 기업의 지구화 전략

이윤 창출이 존재 이유인 기업의 최대 관심사는 '시장 확대'다. 미국에 본사를 둔 나이키의 경우, 더 많은 이윤을 내고자 자사의 상품을 '지구화'하려 한다. 이를 위해 기업은 각기 다른 전통과 문화, 민족성을 지닌 '국가'에 진입해야 한다. 이때 글로벌 기업이 취하는 전략 중 하나를 개념화한 것이 '기업 민족주의corporate nationalism'다.

[그림 12-2] 잉글랜드를 대표하는 웨인 루니는 다국적 기업 나이키에 의해 '부활'을 상징하는 십자가의 피로 재현된다. 나이키는 잉글랜드 기업으로 등치된다. ⓒnike

〈그림 12-2〉는 나이키가 지난 2006독일월드컵을 앞두고 잉글랜드에서 내보낸 광고다. 이 광고가 나온 시기를 보면 나이키가 잉글랜드라는 국가와 어떻게 동일시하려고 시도했는지가 읽힌다. 이 광고는 한 마디로 '잉글랜드 축구의 부활에 나이키가 함께 하

겠다'라는 메시지를 웨인 루니Wayne Rooney(잉글랜드 대표 축구선수)를 빌려 말한다. 2006년은 축구 종가 잉글랜드에 중요한 해였다. 그동안 국제무대에서 이렇다 할 성적을 못 내던 잉글랜드는 부상에서 돌아올 웨인 루니와 함께 다시 세계 정상(2006독일월드컵)에 서려고 했다. 그런 기대감은 최고조에 달했다. 이러한 국민적 염원을 읽은 나이키는 루니의 복귀에 맞춰 이 광고를 만들었다. 광고에는 세 가지 의미가 담겼다.

첫째, 붉은 십자가는 잉글랜드 국가 대표팀을 상징한다. 그 상징이 웨인 루니 몸에 그려졌다. 결국, 루니는 (잉글랜드) '국가'로 대표된다. 국가 정체성이 루니 몸에 새겨진 것(체화된)이다. 잉글랜드와 '동일시identification'된 루니를 나이키가 후원한다. 고로, 나이키는 잉글랜드 기업으로 재현된다. 국적을 특정할 수 없는 글로벌 기업이 순식간에 '민족 기업'이 된 것이다. 국가(잉글랜드)와 기업(나이키)의 동일시는 루니 몸에 그려진 잉글랜드 국기 형상인 붉은 십자가로 완성된다.

둘째, 잉글랜드 축구의 부활resurrection을 의미한다. 십자가는 예수 그리스도의 부활을 뜻한다. 고난을 이겨낸 후 다시 인간 세상에 돌아오신 그리스도의 정신을 상징한다. 잉글랜드가 축구를 신의 경지로 끌어올린 국민성을 지닌 국가임을 안다면, 이처럼 십자가가 루니 몸에 그려진 맥락은 두 가지를 상징해준다. 첫째, 웨인 루니의 부활이다. 부상을 당했던 루니의 복귀로 잉글랜드는 구세주를 얻게 되었음을 암시한다. 둘째, 루니의 부활은 곧 잉글랜드의 '국가적' 부활로 이어진다. 지금껏 침체기에 빠졌던 잉글랜드가 독일(서로 '축구 종가'라 우긴다)에서 열릴 축구 전쟁에서 화려하게 부활할 것임을 이 광고는 암시한다. 더 중요한 건, 그 국가적 부활을 누가 후원하는가다. 바로 '나이키'다. 결국, 나이키라는 글로벌 기업은 잉글랜드를 대표한다.

셋째, 구원save을 뜻한다. 잉글랜드의 희망인 루니가 돌아옴으로써 침체에 빠진 잉글랜드가 구원될 것을 말한다. 구원의 주체는 바로 '나이키'다. 나이키는 루니라는 개인과 동일시되고, 동시에 그가 대표하는 잉글랜드와도 동일시된다. 결국, 이런 연계성으로 글로벌 기업인 나이키global force는 잉글랜드란 지역local context에 결합된다. 지구화 시대, 이들 기업은 스포츠 민족주의(스포츠 영웅) 공식을 이용하여 지역으로 침투한다. 독특한 민족주의 양상이다. '민족은 열 한 명의 이름으로 엮인 하나의 팀으로서, 혹은 단 한 명의 선수로서 실체화'[22]되듯, 루니와 잉글랜드, 나이키는 하나가 된다.

---

22) Hobsbawm, E. J. (1990). Nations and nationalism since 1870: Programme, myth, reality. Cambridge University Press, 143쪽.

지구화된 에어 조던
나이키 상품의 생산과 글로벌 정체성

국가 간 수출과 수입이 자유로워지며 등장한 전 지구적 경제 체계는 오늘날 상품의 흐름을 가속했다. 이제 안방에서 유럽과 미국에서 만든 상품을 구입할 수 있게 되었다. 이런 시대에 가장 전 지구적인 상품을 고르라면 무엇이 가장 먼저 떠오를까? 아이폰이나 렉서스 같은 자동차가 떠오를 수 있다. 하지만 무엇보다 전 지구적 유동성을 보여주는 상품은 바로 나이키 신발, 특히 에어 조던(Air Jordan)이 아닐까. 나이키라는 글로벌 기업에서 마이클 조던을 모델로 만든 에어 조던은 미국에 위치한 나이키 본사가 아닌 7만5천에 달하는 노동자들이 있는 아시아 생산 공장에서 만들어진다. 값싼 노동력으로 만들어진 상품에 나이키 로고(swoosh logo)가 붙으며 수십 배의 가격으로 뛰어올라 전 세계를 돌아다니는 것이다.[1] ▶

나이키 신발은 이제 '세계 시민'이 되었다.[2] 상품 제작 자체가 전 지구적이기 때문이다. 예를 들어, 디자인은 주로 유럽에서 이루어진다. 모델 섭외 및 광고는 미국에서 이루어지고(물론 현지 상황에 맞는 모델이 선발되는 경향), 마케팅 전략 역시 이 곳에서 이루어진다. 하지만 재료의 생산은 철저히 외주화한다. 고무와 천의 경우 타이완과 인도네시아 등지에서, 인력 공급은 노동 단가가 싼 베트남에서, 하청업체로는 한국이 선택되는데, 말 그대로 전 지구적으로 그 원료의 생산 및 소비가 이루어지는 것이다. 흥미로운 점은 나이키가 생산하는 의류나 장비 그리고 신발과 관련한 공장이 대부분 전 세계적으로 퍼져있기는 하지만, 유독 신발만은 아시아 지역에 모두 몰려있다는 사실이다.

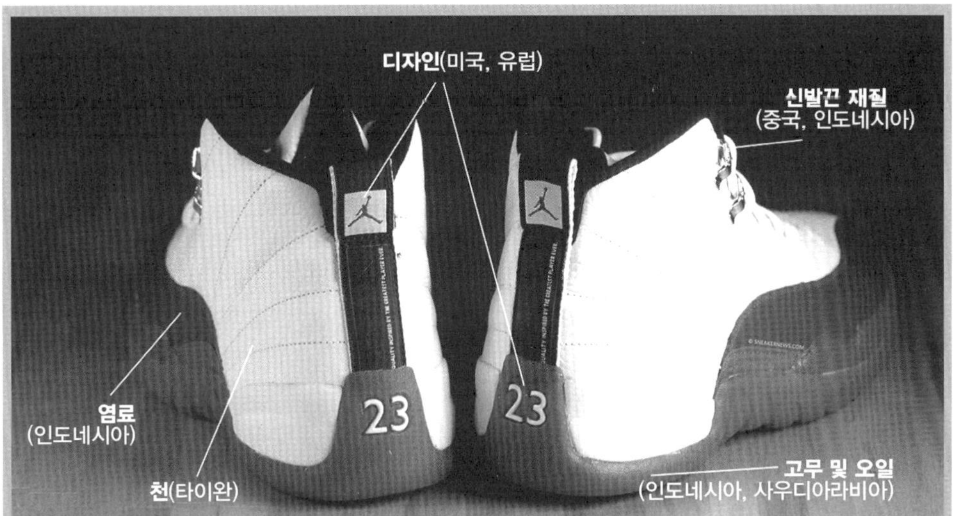

2020년, 나이키는 전 세계 41개국에 총 523개의 생산시설을 갖추었고, 이 중 약 120곳이 신발만 전무으로 생산한다. 이 생산시설에는 총 110만 여 명의 근로자가 일하는데, 베트남이 약 49만 명으로 가장 많았고, 인도네시아 22만여 명, 중국 15만여 명, 태국 4만여 명 순이었다. 미국은 단 4,900명에 불과했다. ▶

이처럼 나이키 상품은 국가적 문화나 민족적 특성을 가리지 않고 지구에 편재한다. 전 세계 운동화 시장 점유율의 경우, 21.1%(2017년 기준)로 1위를 차지할 정도다. 2위 아디다스(4.7%)와의 격차는 꽤 크다. 이러한 나이키 상품의 글로벌 정체성은 경제적 지구화와 관련하여 어떤 질문을 던져줄까?

1) Tisdale, S(1994.09.12). Shoe and tell. The New Republic, 10-11면.
2) Tempest, R.(1996.09.22). Barbie and the world economy. Los Angeles Times, 21면.

스포츠계 인적자본 이주의 유형

중국은 대표적인 탁구 강국이다. 탁구가 올림픽 정식 종목이 된 1988년 서울올림픽부터 2016리우올림픽까지, 중국은 금메달 32개 중 28개(82.5%)를 쓸어갔다. 이런 강세 때문인지, 2020도쿄올림픽에서 등록된 탁구 선수 161명 중 20명(12.4%)이 중국 태생이다. 물론, 가슴에 달고 나온 '국적'은 다르다. 슬로바키아, 폴란드, 오스트리아, 포르투갈, 독일, 캐나다, 그리고 한국 등, 참으로 다양하다. 지구화 시대, 자국에서 특히 강한 스포츠 종목의 경쟁을 피해 실력을 발휘하고자 귀화하는 선수들이 늘어난다. 스포츠의 경제적 지구화 단면을 설명하는 또 하나의 현상, 노동 이주labor migration다.

'이주'라 하니 다른 나라로의 완전한 이민 만을 의미하는 것 같다. '일시적 이동'도 여기에 포함된다. 예를 들어, 좋지 않은 타격 습관을 고치고, 선진화된 타격 기술을 배우러 한 프로야구 선수가 미국의 타격 코치 훈련장에서 코칭을 받고 온 사례가 대표적이다(물론 이는 '이동'으로 표현되기도 한다). 스포츠 조직 임원도 국가 간에 이동한다. 우수 선수 영입, 새로운 팀 운영 전략 학습, 코치진 탐색 때문이다. 반대로, 해외에 있던 선수나 코치가 국내로 오기도 한다. 레슨을 받거나 훈련 시스템을 배워 가기 위해서다(예를 들어, 양궁). 이처럼 오늘날 보편화된 노동 이주 현상은 스포츠 지구화 과정에서 중요한 현상 중 하나다. 이는 '자유 무역free trade의 스포츠 버전'[23]에 다름 아니다.

스포츠에서 노동 이주(동)는 1) 국가 내, 2) 같은 대륙의 국가 간(아시아 내 한국과 중국 간), 그리고 3) 대륙 간(아시아에서 유럽으로 이동) 등, 크게 세 가지 차원에서 이루어진다.[24] 이는 다양한 동기로 이루어진다. 무엇보다 강력하게 작동하는 동기는 자신의 재능과 수익(능)력earning power 극대화다. 자신이 속한 '경쟁의 장(리그 등)'보다 높은 수준에 진출함으로써 자기 가치를 극대화하고 더욱 많은 자원을 벌어들이기 위해서 노동 이주를 한다. 물론 이처럼 긍정적인 동기만 작동하는 건 아니다. 원치 않음에도, 자국 경쟁의 장에서 밀리거나 쫓겨나는 경우도 발생한다.

이와 같은 스포츠계 노동 이주의 '동기'를 유형화해보자. 관련한 연구들에 따르면, 스포츠계 노동 이주 유형은 다음의 〈그림 12-3〉처럼 여덟 가지—개척자, 정착민, 용병, 유목세계인, 귀환자, 야망가, 망명자, 강출자—로 분류된다.[25]

---

23) Weston, M. A. (2006). Internationalization in college sports: Issues in recruiting, amateurism, and scope. Willamette Law Review, 42, 829-860, 831쪽.

24) Elliott, R., & Maguire, J. (2008). Thinking outside of the box: exploring a conceptual synthesis for research in the area of athletic labor migration. Sociology of Sport Journal, 25, 482-497.

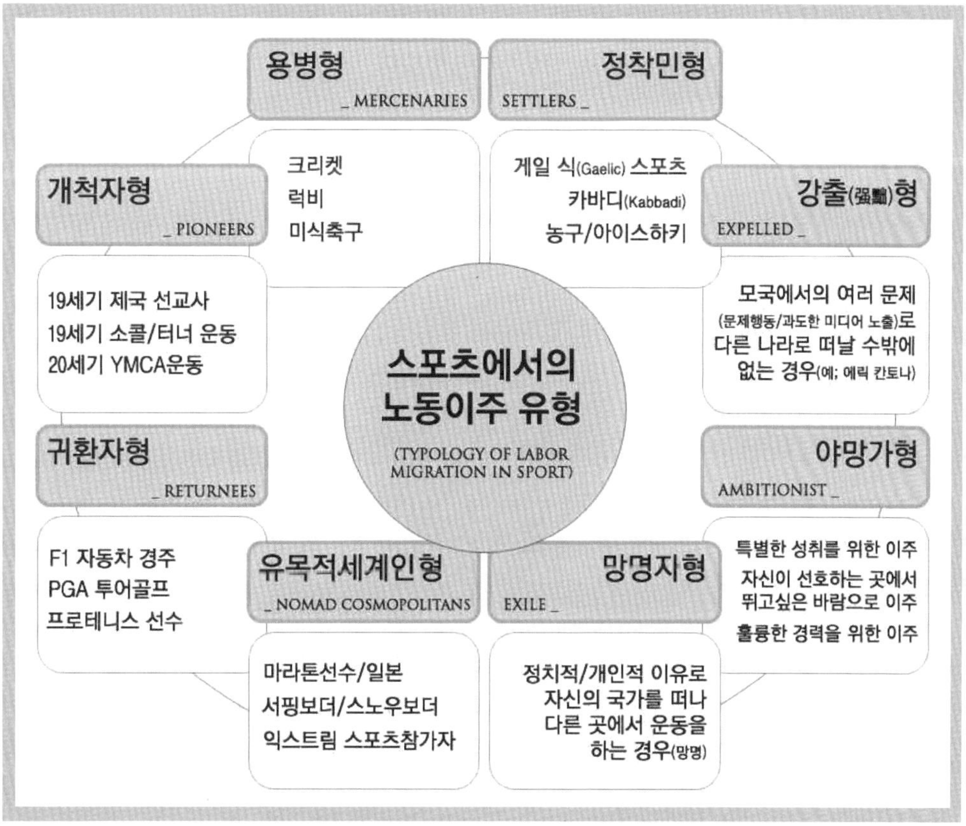

[그림 12-3] 스포츠계 노동 이주 유형을 활용하면서 우리는 각 형태의 이주 발생 시, 수용국가에서는 이들이 어떻게 수용되고, 그 과정에선 어떤 갈등이 나타나는지 알 수 있다.

첫째, 개척자pioneer형 노동이주는 자신의 스포츠 확산을 위한 '전도사적 열정'으로 동기화되어 이루어진다.[26] 개척하려는 곳의 원주민들을 자신들의 스포츠 문화와 몸의 습속으로 변화시키려 노력한다. 둘째, 정착민settler형 노동이주는 자신의 노동력을 행사할 특정 장소에 삶의 터전을 만들어 정착하는 유형을 뜻한다. 선수가 영구적으로 정착할 곳을(이민까지 고려) 찾아다니는 유형이다. 셋째, 용병mercenaries형은 단기간의 수입을 위해 고용되는 일종의 '고용된 총잡이'다.[27] 노동이주 목적 자체가 수입이기에 거주가 단

---

25) Maguire, J. (1996). Blade runners: Canadian migrants, ice hockey and the global sports process. Journal of Sport and Social Issues, 21(3), 335-360; Magee, J., & Sugden, J.(2002). "The world at their feet": Professional football and international labour migration. Journal of Sport and Social Issues, 26(4), 421-437.

26) Bromberger, C.(1994). Foreign footballers, cultural dreams and community identity in some north-western Mediterranean cities. In J. Bale & J. Maguire(Eds.), The global sports arena: Athletic talent migration in an interdependent world(pp. 171-182). London: Frank Cass.

27) Maguire, J.(1993). Hired corporate guns? Elite sport migrants in the global arena. Vrijetijd en

기간이고, 지역 애착심도 갖지 않는다. 넷째, 유목민namads형은 전 세계를 이동하면서 스포츠를 즐기는 일종의 '국제인' 성격을 띠는 형태다. 흥미로운 장소를 돌며 스포츠를 즐기는 서핑보더나 스노우보더가 대표적이다. 다섯째, 귀환자returnees형으로서, 다른 무엇보다도 자기 고향으로(성공하여) 돌아오고자 노동 이주를 하는 형태다. 이에 덧붙여, 여섯째로는 망명자exile형이 있는데, 개인적인 이유나 정치적, 혹은 스포츠와 관련한 이유로 자발적 혹은 특정 위협에 의해 다른 나라로 이동하는 경우다. 유사한 형태로 일곱째 강출/퇴출expelled형이 있는데, 한 국가에서 특정 이유로 인해 쫓겨나는 경우다. 마지막으로 야망가ambitionist형도 눈여겨보자. 특정 국가의 리그를 선호하거나, 보다 나은 리그에서 경력을 쌓으려는 동기를 지닌 선수 이동 형태다.

노동 이주를 설명한 각 형태의 스포츠 세부 사례는 무엇이 있을까?

스포츠계 노동 이주 형태를 본 다른 연구는 세 가지 유형을 소개한다. 첫째, 초국적 정착자(transnational settler)다. 다른 나라에 정착해 스포츠 노동을 하려는 유형이다. 둘째, 초국적 일시 체류자(transnational sojourner)다. 언젠가는 고국을 돌아올 계획으로 다른 나라의 리그 여기저기를 이동하는 유형이다. 셋째, 초국적 이동자(transnation mobile)다. 고국으로의 귀환을 염두에 두지 않고 모든 국가의 다양한 리그를 돌아다니는 일종의 '방랑자'다. 그렇다면 각 형태에 적합한 사례들은 어떻게 구분될까? 예를 들어, MLB에서 활약 중인 류현진이나 김광현 선수는 이들 유형 중 어디에 속할까?

중요한 건, 스포츠계 노동 이주는 선수뿐 아니라 지도자에게도 나타난다는 점이다. 탁구가 강한 중국 선수들이 다른 국적을 달고 국제대회에 나오듯, 우리나라 출신 지도자들이 다른 나라에서 코칭을 하는 경우도 증가 추세다. 예를 들어, 2020도쿄올림픽 양궁에 참가한 국가 중 7개국 사령탑이 한국인 출신이고,[28] 축구 지도자도 1973년부터 가장 최근 인도네시아 대표팀으로 간 신태용 감독까지 꾸준히 세계로 진출 중이다.[29] 태권도 역시 국내에서 해외 진출을 체계화한 프로그램까지 갖췄고, 배드민턴도 일본(박주봉), 중국(강경진), 인도(박태상)로 지도자가 진출한 상태다.[30] 과연, 지도자의 지구적 노동 이주 동기는 선수들의 그것과 어떤 차이를 보일까?

Samenleving, 10, 19-30.

28) 최동순 (2021.07.26.). 세계로 뻗는 한국 양궁…참가 7개국 사령탑이 한국 출신. 한국일보, 21면.

29) 양승남 (2019.12.24.). 축구 한류…한국 지도자 해외 대표팀 진출 다시 '활짝'. 경향신문, 21면.

30) 남정훈 (2021.07.22.). 지도자 '한류 바람' 메달레이스 후끈. 세계일보, 28면.

이처럼 지구화 시대에 스포츠계 노동 이주는 매우 활발해진다. 중요한 건, 이 현상과 관련하여 스포츠사회학이 던져봐야 할 질문이다. 과연 스포츠계 노동 이주에 대해 우리는 어떤 질문을 던지고 생각해볼 수 있을까? 이를 정리해보자.[31)]

> 첫째, 어떤 스포츠 종목 혹은 어떤 국가에서 노동 이주가 가장 빈번히 발생하는가? 그 이유는 무엇이고, 어떤 구조적, 문화적 변화가 이에 영향을 미치는가?
>
> 둘째, 선수뿐 아니라 팬도 스포츠 경기를 소비하고자 대륙 간, 국가 내부를 이동한다. 그것이 스포츠에 미치는 영향과 '관광객'으로서 미칠 영향은 무엇인가?
>
> 셋째, 전문 운동선수들이 노동 이주자가 된 이유는 무엇이며, 이 과정이 어떻게 형성되었고 나아가 이동 과정에서 선수들이 겪는 경험은 어떠할까?
>
> 넷째, 운동선수의 이주는 고도로 전문화된 다른 분야의 (기술)노동자들이 행하는 이동을 어떤 방식으로 반영하는가? 유사한가? 아니면 어떤 측면에서 차이를 보이는가?
>
> 다섯째, 노동 이주가 국내 스포츠 정책이나 해외 각국의 스포츠 법령 및 정책에 미치는 영향과 함의는 무엇인가? 어떤 변화를 추구하게 하는가?

스포츠 지구화의 경제적 측면은 국경을 넘어 스포츠 상품(선수나 물품, 경기)의 교환 빈도가 늘고, 그 속도와 강도가 증가한다는 점이 핵심이다. K-리그에서 뛰던 선수가 잉글랜드 프리미어리그로 이적(노동 이주)하며 이적료도 이동(자본 이동), 축구 관심사까지 국경을 넘어선다(소비 이동). 세계 경제가 하나의 지구촌에서 이루어지듯 통합되어 작동한다. 중요한 건, 지구화의 가속은 경제적 동기가 촉발하지만, 그 확산(수용과 소비)은 문화적이라는 사실이다. 스포츠 지구화의 문화적 측면이 중요한 이유다.

스포츠 지구화의 문화적 측면

축구처럼 상업화가 안 되었을 뿐, 우리나라 태권도도 축구만큼 지구화되었다. 회원국 수가 그걸 말해준다. 국제축구연맹[FIFA] 회원국은 211개다(축구를 '지구화된 스포츠'라 부르는 대표적 이유다). UN 회원국 193개보다 많다. 세계태권도연맹[World Taekwondo] 회원국은 얼마나 될까? 무려 210개 국가가 회원으로 가입했다. 심지어 2020도쿄올림픽 때엔 태권도로만 대회에 참가한 국가가 있을 정도다. 올림픽 정식 종목 중 가장 지구화된 스포

31) Maguire, J., & Falcous, M. (2011). Sport and migration: Borders, boundaries and crossings. London: Routledge, 1쪽.

태권도의 지구화

츠다. 태권도가 올림픽 종목 중 가장 관대하고 국제 스포츠계에서 소외된 국가에게 희망을 준 종목으로 소개된 맥락이다.[32] 더구나 태권도는 훈련에 빈부 격차가 없어(특별한 장비나 넓은 장소가 불필요) 각국 문화와도 접목하기가 수월하다. 올림픽에서 태권도 메달 획득 국가가 전 세계적으로 확산하고, 태권도장의 풍경이 전 세계적으로 유사해지는 이유다.

축구나 태권도가 200개 이상의 회원국을 바탕으로 전 지구화될 수 있었던 기저에는 무엇이 있었을까? 관련 협회의 정치적 노력이 주요했다. 해당 종목의 선수나 지도자가 지녔던 경제적 동기(수입)도 기능했을 것이다. 하지만 더 중요한 건 문화다. 어떤 스포츠는 전 세계에서 통용되는 문화적 보편성(사랑, 인류애, 극복 등)을 가졌다. 혹은, 이질적 문화가 득세하는 가운데에도 특정 스포츠가 지닌 독특한 문화 코드[cultural code]가 잘 맞는 경우도 발생한다. 그러면서 스포츠의 지구적 확산은 어떤 문화에선 가속하거나 반대로 저항에 부딪히면서 변형되거나 후퇴한다.

스포츠계 '지구적 문화'는 존재하는가?

우리는 어떤 종류의 영화든, 그 장면 속에서 미국과 다른 나라가 붙으면 암암리에 미국을 응원한다. 지구에 위기가 발생하면 미국이 나서서 해결해주길 기대한다. 심지어 외계인이 지구를 침공했을 때도 지구 대표로 마이클 조던(영화 「스페이스 잼」)이 나섰다. 영화 뿐일까? 세상에는 다양한 종류의 음악이 있으나, 다수의 사람이 미국 팝송을 '주류'로 생각한다. 스포츠는 또 어떨까? 사람들은 축구를 제외하고, 거의 모든 스포츠 종목에서 미국이 잘할 것이라 예상한다. 심지어 올림픽 농구 시합에서도 미국과 프랑스가 붙은 경기에서 아무런 이유 없이 미국을 응원한다.

이처럼 '지구적 문화[global culture]'는 존재한다. 지구적 문화는 전 지구적인 영향력을 발휘하고 세계적 주류 문화를 형성한다. 이는 전 지구적으로 흐르며 다른 국가의 '지역적 맥락(예를 들어, 전통문화)'과 만나 영향력을 발휘한다. 그렇다면 구체적으로 무엇이 흐를까? 세 가지다.[33] 첫째, 문화 상품이 흐른다(텔레비전으로 방송되는 스포츠 중계나 관련 의류 및 장비). 이는 전 세계적 무역 망이나 미디어 기술로 가능해진다. 둘째, 제도가 흐른

---

32) Beech, H. (2021.07.26.). A wealth of opportunities in a smaller sport. New York Times, D10면.

33) Hannerz, U. (1990). Cosmopolitans and locals in world culture. In M. Featherstone (ed.), Global culture: Nationalism, globalization and modernity (pp. 237-252). London: Sage.

다. 스포츠 규칙이나 정책이 대표적이다. 셋째, 삶의 양식forms of life이 흐른다. 차를 마시거나, 특정 물건을 소비하거나, 말하거나, 특정 스포츠를 즐기는 등, '소비적 기호'가 전 세계적으로 흐른다. 지구적 문화는 크게 세 가지 형태로 전 세계에 그 영향력을 실어 나르는 것이다.

스포츠 지구화의 문화적 측면을 논의하는 데 있어 중요한 첫 번째 질문이 바로 이 '지구적 문화'의 존재 여부다. 스포츠 문화의 '중심'으로 간주할만한 그 무엇을 상정할 수 있느냐는 질문에 먼저 답해야, 그 이후 논의될 지구적 스포츠 문화의 다양한 형태를 생각해볼 수 있다. 예를 들어, 농구에서의 지구적 문화는 존재하는가(미국 NBA인가)? 그 지구적 문화(미국 NBA)는 한국의 농구나 레바논의 농구와 어떻게 만나는가(어떤 영향력을 발휘하는가)? 축구에서의 지구적 문화는 무엇인가? 골프의 지구적 문화는 존재하는가? 그 지구적 문화가 전파하는 상품은 대륙(아시아나 유럽)이나 국가(한국이나 독일)의 '지역 문화local culture'에서 어떻게 수용되고 소비되는가?

정치적, 경제적 측면과 달리, 스포츠 지구화의 문화적 설명은 기본적으로 이 질문—지구적 문화의 흐름과 그것이 지역과 만나 발생하는 현상—을 중심으로 이루어진다. 두 가지 논점이 핵심이다. 전 지구적 문화는 동질화하는가(동질해지는가?), 혹은 이질화하는가(각각의 다양성을 유지하는가)? 이 두 논점은 다시 세 가지 차원으로 설명된다. 첫째, 지역화localization다. 지구적 문화가 지역 문화와 충돌, 결국 지구적 문화를 몰아내며 지역 고유의 문화가 유지된다는 설명이다. 둘째, 글로컬라이제이션glocalization이다.[34] 지구적 문화가 지역 문화와 만나 '화해'하거나 '조화'를 이뤄 독특한 다른 문화를 만든다. 셋째, 수렴화convergence다. 지구적 문화가 지역 문화를 집어 삼켜 지역색을 없애는 경우다. 두 번째와 세 번째 차원이 중점적으로 다뤄진다.

스포츠계의 지구적 문화와 지역의 만남: 글로컬라이제이션

골프는 전 지구적 스포츠다. 유럽에서 발생(기원에 대해 논쟁이 많지만 스코틀랜드에서 시작되었단 설이 유력하다), 지금의 제도적 기틀은 미국에서 완성되어 전파되있다. 진문 골퍼 연합을 뜻하는 PGAProfessional Golfer's Association는 각 대륙 간에 그 기구를 두고 있으나, 가장 큰 곳은 미국이다(약 27,000명의 회원 보유, 유럽PGA는 21,000명 회원 보유). 미국 PGA는

---

34) 지구화를 뜻하는 Globalization과 지역화를 뜻하는 Localization이 조화롭게 합쳐졌다고 하여, 글로컬라이제이션(Glocalization)이라 부른다. 굳이 우리 말로 번역하자면 세계화+지역화, 즉 '세방화'다.

'하나의 세계, 하나의 PGA'를 표방하며 전 세계적으로 많은 분파를 확장하는 중이다. 표어 자체만 봐도 골프를 전 세계적으로 동질화하려는 기운이 느껴진다.

이와 같은 PGA는 전 세계 모든 골퍼의 종착점으로 기능한다. 자본(기업자본과 스폰서)과 미디어 관심사, 선수 이동은 모두 미국 PGA를 향하는 것이다. 막강한 상징성을 바탕으로 국가 간 경계를 허문 초국적 자본이 힘의 원천이다. 이들은 자신들만의 골프 규칙과 에티켓, 특성, 행동 코드, 의복 등, 제도적, 문화적 규칙을 전 세계에 확산한다. 지구적 문화로서 영향력을 발휘하는 것이다. 주요 고객층이 백인 상류층이어서인지, 골프에는 기본적으로 '엘리트 문화'가 자리 잡았다.

골프의 지구적 문화는 이렇게 형성되었다. 이는 한국이란 지역과 만나 어떻게 변형될까? 한국에서는 골프의 이러한 엘리트 문화가 그대로 흡수되었다. 공간의 협소함과 비용 같은 물리적 조건 때문에 그 문화는 더욱 견고해졌다. 상위 1% 스포츠가 되었다. 이렇게 보면 골프의 지구적 문화는 수렴화에 성공했다고 봐야 한다. 하지만 다른 측면도 존재한다. '스크린 골프'를 보자. 한국(지역) 특유의 '평등주의 의식', '빨리빨리 문화', '음주문화', 방에 모여 노는 '방 문화' 등, 지역적 특색이 골프와 만나며 스크린 골프라는 이질적 문화를 만들었다.[35] 한국의 지역성과 만나 새로운 양식의 스포츠 문화, 즉 글로컬화된 스크린 골프가 탄생했고, 이는 다시 지구화된다(해외로 수출).

> 일본의 야구는 야구가 아니다. 그저 그렇게 보일 뿐이다. 개인 지향적 사고방식을 가지고, 장타를 휘두르고, 재미를 추구할 뿐 아니라, 독립적인 마음가짐을 가진 미국 야구 선수는 팀 중심의 정신을 가지고, 조심스러우며, 자기희생적이고, 공손한 자세에, 심할 정도로 야구 방망이에 충성스러운 사무라이 정신을 부과하는 일본야구와 상징적으로 대립한다.[36]

구조structure는 같지만 내용contents은 달라진다. 특히 이는 그 구조 안에서 활동하는 행위자가 스포츠를 행하는 스타일, 게임을 해석하는 방식, 지역 특유의 다양한 문화가 맞물리면서 지구화 흐름을 변형시킨다. 스포츠 세계는 "같음과 다름의 사회적 공존"[37]을 적확하게 보여준다. 마냥 수렴화만 이루어지는 것은 아니다.

---

35) 남상우 (2015). 스크린 골프로 읽는 세계화와 스포츠. 서울스포츠, 302호, 42-43쪽.

36) Kelly, W.W. (2007). Is baseball a global sport? Americas 'national pastime' as a global field and international sport, in R. Giulianotti & R. Robertson(eds.), Globalization and Sport(pp. 79-93). Malden, MA: Blackwell, 86쪽.

37) Guilianotti, R., & Robertson, R. (2007). Recovering the social: Globalization, football and transnationalism, in R. Giulianotti & R. Robertson(eds.), Globalization and Sport(pp. 58-78). Malden, MA: Blackwell, 60쪽.

맥도날드화와 합리화 이론
우리는 맥도날드화 된 사회에 사는가?

레이 크록(Ray Kroc, 1902-1984)이 1954년, 맥도날드란 프랜차이즈 업체를 차린 후, 이것이 전 세계적인 기업이 되고, 사회문화적 논의의 한 가운데 설 것이라 예상했던 사람은 그리 많지 않았을 것이다. 당사자 역시 자신이 세운 기업이 오늘날 이처럼 엄청난 영향을 미치리라곤 상상하지 못했으니까. 물론, 맥도날드가 운영되는 방식이 우리 사회의 작동방식과 유사함을 지적하여 이를 설명한 학자의 노력이 없었다면, 우리 역시 맥도날드를 아침에 가끔 들려 '맥모닝'이나 '빅맥'을 사먹는 패스트푸드 레스토랑쯤으로 여겼을 것이다. 하지만 우리는 이제 맥도날드에서 햄버거뿐 아니라 그것의 작동 기제도 본다.

어떠한 작동 기제일까? 맥도날드 매장이 운영되는 방식이 전 사회적 작동 원리(특히 지구화되는 원리)가 되었다는 '맥도날드화(McDonaldization)' 기제다. 이는 "패스트푸드 레스토랑의 작동원리가 미국뿐 아니라 전 세계적으로 대부분 분야를 지배하게 되는 과정"[1]으로 정의된다. 이 개념은 오늘날 우리가 지구하 현상을 이해하는 데 어떠한 도움을 줄까?

그 전에 먼저, 다른 것도 아니고 왜 맥도날드 레스토랑 체인점일까? 우리가 일상에서 경험하는 패스트푸드 업체 대부분은 그 작동방식이 유사하다. 스타벅스나 버거킹 역시 큰 차이는 없다. 그럼에도 유독 맥도날드를 가지고 사회학 이론을 만든 건, 그 레스토랑이 지닌 세계적 영향력 때문이다.[2] '빅맥 지수(Big Mac Index)'가 대표적이다. 영국 경제 전문지 '이코노미스트'가 분기마다 한 번씩 발표하는 지수다. 각국 통화가치를 동일 제품으로 비교한 지수로, 맥도날드가 사용되었다. 세계적으로 편재한다는 의미다. 잘 알고 있듯, '빅맥'은 맥도날드의 대표 상품이다.

중요한 건 맥도날드 매장이 운영되는 방식이다. 어떠한 방식으로 운영되기에 지금처럼 세계적인 영향력을 얻으며 성공하는 기업이 될 수 있었을까? 이론에 따르면, 네 가지 요소가 작동한다. 첫째, 효율성, 둘째, 계산 가능성, 셋째, 예측 가능성, 넷째, 자동화를 통한 통제성이다. 상세하게 살펴보자.

첫째, 효율성(efficiency)이다. 맥도날드에서 일하는 노동자나 그곳에서 햄버거를 사먹는 소비자는 모두 정해진 동일 '노선'을 따라 짧은 시간에 원하는 음식을 제공하고, 제공받는다. 절차는 간소화되었고, 움직임은 최소화되었다. 한 마디로, 더 빨리 들어와 더 빨리 나가게 하는 체계로 돌아간다.

둘째, 계산 가능성(calculability)이다. 이는 판매되는 제품의 양적인 측면을 강조한다. 맥도날드에선 양과 질이 동일시된다. 즉, 양이 많거나 빨리 제공되는 제품은 좋은 제품과 동일시된다. 이는 '시간이 곧 돈'이라는 인식을 우리에게 주며, 모든 일을 '가능하면 빠르게' 처리하는 게 중요함을 강조한다.

셋째, 예측 가능성(predictability)이다. 이는 자신들의 제품과 서비스가 언제 어디서나 동일하다는 확신과 안심을 준다. 뉴욕에서 먹는 빅맥과 한국에서의 빅맥 맛은 같고, 주문 방식도 같다. 이는 소비자에게 '활동의 예측 가능성'을 제공하면서도 동시에 '안도감'을 준다. 어느 나라 맥도날드를 가더라도 보장된 음식 맛을 제공하기 때문이다.

마지막, 자동화를 통한 통제(control)다. 매장에서의 고객은 줄 서서 기다리기, 제한된 메뉴, 불편한 의자, 시끄러운 음악 등, 매장 관리자가 원하는 방식대로 움직이게끔, 즉 빨리 먹고 빨리 나가도록 구조화된 환경을 접한다(조용한 음악을 틀어놓은 맥도날드 체인점을 본 적 있는가?). 소비자뿐 아니라 노동자 역시 어떤 주문에는 어떻게 반응해야 하는지가 컨베이어 벨트처럼 명확하게 표준화 되어 있다.

맥도날드화 개념을 처음 고안한 조지 리처(George Ritzer)는 이 매장의 작동 요소가 합리적인 듯 해도, 이 작동 방식이 사회화되면서 의도치 않게 '비합리성'을 양산한다고 주장한다. 즉, '합리성의 비합리성(irrationality of rationality)' 현상이 만연된다는 것이다. '탈인격화'하며 노동과 소비에서 고용주와 노동자를 소외시키는 문제다. 두려운 점은, 오늘날 거의 모든 조직이 '맥도날드화'를 지향한다는 사실이다.

1) Ritzer, G.(2013). The McDonaldization of society, 13쪽.
2) Ritzer, G.(2004). An introduction to McDonaldization, In G. Ritzer(ed.), The McDonaldization of society, Revisited new century edition(pp. 1-23). Thousand Oaks, CA: Sage, 5-6쪽을 참조하라.

지구적 스포츠의 수렴화: '비장소nonplace'의 등장과 지역성의 소멸

스타벅스 아메리카노 맛은 미국과 한국, 프랑스에서 차이가 있을까? 맥도날드에서 파는 햄버거 '빅맥' 맛은 미국과 일본, 독일, 캐나다에서 각기 다를까? 입국과 출국 시 거치는 '공항'은 나라마다 그 절차가 상이할까? 한국 축구 팬이 독일 축구 경기장에 원정 응원을 하러 갔을 때 표를 사거나 좌석을 찾는 일에 어려움을 느낄까? 오늘날 지구화는 우리가 문화적으로 유사한 공간을 세계 어디서나 경험할 수 있게 만들었다. 스타벅스, 맥도날드, 공항, 쇼핑몰, 스포츠 경기장처럼, 어느 (국가) 지역에 있어도 동질감을 느끼게 된 것이다. 이를 지구화의 수렴성, 혹은 '동질화homogenization'라 부른다. 세계적으로 표준화된 문화가 각 지역의 특수성을 소멸시키는 과정이다.

그렇다면 이러한 지구화의 수렴성을 이끄는 건 무엇일까? 스포츠계에서 그런 동질화를 이끄는 요소는 다양하다. 국제스포츠조직의 표준화된 정책 및 규칙이 대표적이다(FIFA의 규칙은 전 세계 축구 리그에 똑같이 적용된다). 글로벌 미디어가 송출하는 스포츠콘텐츠도 그렇다(EPL에서의 축구 경기 중계가 K-리그를 잠식한다). 특정 공간도 동질화를 추동한다. 전 세계적으로 표준화된 쇼핑몰이나 레스토랑, 경기장이 대표적이다. 이 공간에서의 경험으로 우리는 지역적인 것보다 지구적인 것에 더 친밀함을 느낀다(음식 맛이 불확실한 프랑스나 두바이를 가더라도, 맥도널드 매장에선 맛의 일관성이 보장된다). 이처럼 개인의 경험을 동질화하는 공간을 사회학에선 '비-장소non-place'로 명명한다. 이에 따르면, 오늘날의 지구화는 비-장소가 확산하는 과정이다.

> '장소(place)'가 정체성과 관련되며 관계적이고 역사적인 것이라면, 정체성과 관련되지 않고 관계적이지 않으며 역사적인 것으로 정의될 수 없는 공간은 '비-장소'로 규정된다.[38]

비-장소의 특징은 장소와 관련한 역사성(개인적 경험)이 없다는 것이다. 또한 인력이나 다뤄지는 모든 내용물이 중앙에서 통제된다(맥도날드는 미국 본점에서 통제되고 모든 메뉴 제작은 매뉴얼로 통일됐다). 그 장소가 위치한 지역 특유의 내용물을 담지 않는다(대전 중구 문화동에 위치한 스타벅스엔 중구만의 독특한 내용물이 전혀 없다). 이곳에서 개인은 다른 개인과 사회적 관계를 맺지 않는다. 직원도 고객도 모두 비인간적 기술(자동화된 기기)과 상호작용한다(우리는 맥도널드에 있는 물건과 그 어떤 관계도 맺지 않는다).[39]

---

38) 마르크 오제 지음, 이상길, 이윤영 옮김 (2017). 비장소: 초근대성의 인류학 입문. 서울: 아카넷, 97쪽.
39) Ritzer, G. (2007). The globalization of nothing 2. Thousand Oaks, CA: Sage Publications, 60-74쪽.

지구적 스포츠는 지역성과 혼합되어 독특한 문화(예를 들면, 스크린 골프 등)를 만들지만, 반대로 이는 지역성을 소멸하려는 '동질화' 힘도 발휘한다. 전 세계의 스포츠를 동질한 논리로 만드는 것이다. 스포츠사회학에서 이는 주로 두 차원에서 다뤄진다.

첫째, 미국화Americanization다. 이에 따르면, 지구화된 스포츠란 한 마디로 지구상의 전체 스포츠계가 미국적인 것으로 수렴되는 과정을 거친 결과다. 미국화(혹은 아메리카나이제이션)란 "미국/미국적인 것과 밀접하게 관련된 상품, 이미지, 기술, 관습(문화)이 비-미국인들(미국 이외의 지역)에 의해 수입되는 과정"[40)]을 뜻한다. 더 중요한 건 단순 수입뿐 아니라 그 미국적인 것이 그 지역의 주류 문화가 된다는 사실이다. 국내 대학 시스템이 미국 대학 형식(영어 강의, 영어 논문, 평가 등)을 채택하는 것도 미국화다. 스포츠 역시 미국화가 극적으로 이루어지는 영역이다. 지구화된 스포츠(축구, 농구, 테니스, 배구, 야구, 골프, 미식축구 등) 중 다수는 미국 중심으로 발전해 왔다.[41)]

스포츠계 미국화를 추동하는 구체적 요소는 무엇일까?

스포츠의 전 지구적 확산을 '미국적인 것'으로 채워진 것은, 첫째, 미국에서 자리 잡은 다양한 스포츠 정책을 벤치 마킹 형식으로 들여오면서(예를 들어 미국 대학체육 학사 운영 정책이나 문화적 특성 정책 반영), 둘째, 해외 유학파들이 각 스포츠 조직에서 미국 쪽의 마케팅 및 경영 기법을 적용하면서, 셋째, MLB나 NBA, NFL과 같은 지구적 스포츠를 전 세계에 미디어로 방송하면서(TV중계 및 광고), 넷째, 초국적 상품 무역 체계에 따라 스포츠 관련 상품(각 종목별 유명 스포츠 스타의 이미지가 배태된 상품)을 손쉽게 구할 수 있게 됨으로써 가능해졌다. 과연 이들 추동 요소 외에, 다른 요소는 무엇이 있을까?

둘째, 그로벌라이제이션grobalization이다. '글로벌global'이 아닌 '그로벌grobal'이다. 이 개념은 "특정 국가(유럽 또는 미국 등)나 기업(나이키나 애플 등), 조직(FIFA 혹은 MLB 등)들이 전파하고자 형성한 제국주의적(지배하고픈) 야망이자, 다른 지역으로 자신의 바람과 필요를 강요/부과하는 과정"[42)]으로 정의된다. 이 개념에 따르면, 스포츠 지구화란 특정 스

---

40) Kuisel, R. F. (2003). Debating Americanization: The case of France. In U. Beck, N. Sznaider, & R. Winter, (eds.), Global America? The cultural consequences of globalization (pp. 95-113). Liverpool: Liverpool University Press, 96쪽.

41) 전 세계적으로 대중적인 스포츠 10개를 순위별로 보면, 1) 축구, 2) 크리켓, 3) 농구, 4) 필드하키, 5) 테니스, 6) 배구, 7) 탁구, 8) 야구, 9) 미식축구/럭비, 10) 골프다. 팬 추정치, 선수 인원, 시청자, 행해지는 국가 수를 집계하여 정한 결과다.(https://sportsshow.net/top-10-most-popular-sports-in-the-world/)

42) Ritzer, G. (2007). The globalization of nothing 2. Thousand Oaks, CA: Sage Publications, 15쪽.

포츠와 관련한 국가(태권도의 한국, 야구의 미국 등)나 기업(나이키나 아디다스 등), 조직(IOC나 FIFA, NBA 등)이 전 세계에 자신의 권력, 영향력, 그리고 많은 경우, '수익profits'을 늘리고자grow 이루어지는 과정이다(그래서 grow+globalization이 합쳐졌다). 이 개념은 앞서 설명한 글로컬라이제이션(세계와 지역이 부드럽게 융합, 새로운 문화를 만든다는 가정)과 다른 주장을 한다. 즉, 지역적 특성은 지구적 유사성 때문에 없어진다는 주장이다. 한 마디로, 더 큰 지구적 힘이 전 세계에 있는 여러 개인, 집단, 사회에 영향을 미치며, 차별성 있는 무엇인가를 만들 지역적 힘을 압도한다고 보는 것이다.

맥도날드 매장의 지구적 확장이 좋은 사례다.[43] 맥도날드 매장은 전 세계로 확장하며 기업 영향력과 수익을 늘린다. 매장은 중앙(미국 본사)에서 통제되고, 수익 일부를 본사가 갖는다. 메뉴도 본사에서 만들어 전 세계로 뿌린다. 도쿄의 매장 점주가 호텔 요리사 출신이라 하여 자신만의 독특한(의미를 담은) 메뉴를 팔지 않는다. 이 중앙 통제 방식으로 인해 우리는 어디서나 똑같은 햄버거 맛을 느낀다. 예측 가능한 맛은 소비자에게 안도감(편안함)을 주며 소비를 촉진한다. 세계적 가구 기업 '이케아IKEA'를 보라. 매장에 지역적 특색이 가미된 상품은 없다. 이를 '무의미한 것nothing'이라 한다. "일반적으로 중앙에서 고안 및 통제하며, 차별화되는 실질적 내용이 상대적으로 빈약한 사회적 형식"[44]을 뜻한다.[45] 때문에, 맥도날드 매장의 전 지구적 확장은 한 마디로 '무의미한 것의 그로벌라이제이션'으로 요약된다.

스포츠를 보자. 스포츠야말로 '무의미한 것'이다. 축구의 경우, 모든 것이 국제축구연맹FIFA에 의해 통제된다. 한국만의 로컬 규칙, 예를 들어 결정적일 때 손을 쓸 수 있다는 규칙 따위는 있을 수 없다. 태권도 역시 품새나 겨루기 규칙이 모두 중앙 연맹에서 만들어져 보급된다. 인도나 독일만의 독특한 품새나 경기 규칙은 없다. 뿐인가? 대부분의 스포츠 조직은 자기 종목 리그나 대회를 전 세계에 확장하고자 별도 팀을 운영한다(MLB에서 '인터네셔널 팀'이 대표적이다). 결국, 스포츠의 지구화란 지구적 영향력과 지역의 행복한 만남(글로컬라이제이션)이 아니라 특징 스포츠 조직, 기업, 국가의 제국주의적 야망의 강요, 즉 '그로벌라이제이션'이다.

---

43) Ritzer, G. (2013). The McDonaldization of society. Thousand Oaks, CA: Sage Publications.

44) Ritzer, G. (2003). Rethinking globalization: Glocalizaton/grobalization and something/nothing. Sociological Theory, 21(3), 193-209, 195쪽.

45) '무의미한 것'의 반대는 '유의미한 것(something)'이다. 이는 "일반적으로 자생적으로 고안되고, 자체적으로 통제되며, 차별화되는 실질적 내용이 상대적으로 풍부한 사회적 형식"으로 정의된다. 패스트푸드점 햄버거가 '무의미한 것'이라면, 유의미한 것의 대표 사례는 집에서 직접 만든 가정식이다.

스포츠 지구화의 사회적 측면

2019년 3월, 미국 여자축구 대표팀이 남녀 축구 대표팀의 임금 격차 차별대우에 항의하며 미국축구협회를 상대로 소송을 냈다. 성적은 남자보다 여자축구가 좋은데 임금에서(남자 선수 임금의 38%만 지급) 월드컵 우승 상금[46]에 이르기까지 너무 적은 돈을 받기 때문이었다. 나머지 소급분을 포함하여 손해배상을 하라는 소송이었다. 물론, 소송은 여자축구팀이 패소했다. 흥미롭게도 이 내용은 ‘동일 임금equal pay’ 주장으로 사회화하면서 전 세계로 확산했다. 이후, 2019년 7월 여자월드컵에서 통산 네 번째 우승을 차지한 후 미국 여자축구 국가대표팀을 축하하는 와중, 관중석에선 ‘동일 임금!’ 구호가 울려 퍼졌다. 이 운동은 SNS를 비롯한 각종 미디어를 타고 호주를 비롯하여 한국, 브라질, 영국, 뉴질랜드, 노르웨이 등에도 영향을 미쳐 이들 국가에서의 남녀 축구팀에 같은 임금을 지급하게 하는 결정으로 이어졌다. 스포츠계 사회 운동이 전 지구적으로 확산한 사례다.

여자축구와
동일 임금 운동

“새롭게 등장한 사회운동은 전 지구적 수준에서 스포츠에 어떤 영향을 미치는가?” 스포츠 지구화 현상을 사회적 측면에서 볼 때 던지는 질문이다. 이 질문의 핵심은 스포츠와 관련한 사회운동이 지구적으로 어떠한 사회적 가치를 전파하는가다. 물론 이런 사회적 가치가 반드시 스포츠계에 국한된 문제 해결에만 해당하지는 않는다. 세계시민으로서 가져야 할 공통 이슈, 예를 들면, 기후 위기나 인종 차별, 저개발 국가 발전, 전쟁과 평화, 젠더 이슈 등도 스포츠와 연관되어 지구화된다. 그렇다면 구체적으로 스포츠의 지구화가 사회적 측면에서 어떻게 논의될 수 있는지 살펴보자.

‘인종차별 금지’에서 ‘미투 운동’까지: 스포츠를 통한 지구적 사회 운동

축구계 인종차별은 심각한 문제다. 수많은 선수가 인종차별의 희생양이 되었다. 선수끼리, 심판이, 관중이, 심지어 SNS라는 공간에서 인종차별은 꾸준히 이루어진다. 당연히 해외 리그에서 뛰는 우리나라 선수도 예외는 아니었다. 문제의 심각성으로 인해, 잉글랜드 프리미어리그EPL는 인종차별 근절을 위한 캠페인을 벌이기도 했다. 경기 전 무릎 꿇기에서 유니폼에 ‘인종차별을 위한 공간은 없다No Room For Racism’란 문구가 새겨진

[46] 미국 남자 축구대표팀은 2014브라질월드컵 16강에서 탈락했음에도 약 64억 원을 받았지만, 여자 축구대표팀은 다음 해 열린 2015년 캐나다여자월드컵에서 우승했음에도 약 20억 원만 받았다.

소매 패치를 착용하는 등의 운동을 확산한 것이다. 물론 얼마나 효과가 있을지는 모르겠다. 이전부터 국제축구연맹 중심으로 시작된 존경Respect 캠페인에서 '인종차별 금지No To Racism'란 문구를 유럽 전체 축구 리그로 확산하고 경기 시작 전 했던 관련 의식에도 불구하고, 축구계 인종차별 문제는 줄지 않기 때문이다.

축구계에서의 인종차별 이슈는 어떻게 전 지구화될까? 2020년 2월 17일 포르투갈 리그 FC포르투와 비토리아 기마랑이스와의 경기에서 벌어진 사건을 살펴 보자. 경기 전부터 관중들에게 인종차별(원숭이 소리)을 받은 FC포르투 공격수 무사 마레가Moussa Marega는 결정적인 골을 넣고 자기 팔을 가리키는 행위를 펼치다(내 피부색을 보라!) 관중들과 마찰을 빚는다. 퇴장 당한 마레가는 경기장을 나가며 관중들에게 손가락 욕을 날린다. 이 장면이 SNS를 타고 전 세계로 퍼지며 팬과 선수들의 지지 댓글이 달리기 시작했다. 사건은 이후 심각한 국면에 들어서며 구단과 포르투갈 정부까지 나서 인종차별 행위를 조사하겠다고 하였다. 축구 스타들은 관련 영상을 공유하며 인종차별 반대 의사를 표명했다. 전 세계 뉴스는 이를 퍼나르며 사회화한다. 세계적으로 수많은 지역 리그 선수들이 경기 전에 마레가를 지지하는 의식을 펼친다. 포르투갈의 한 경기장에서 발생한 인종차별 사건은 이처럼 스타, 미디어, 정부의 개입으로 지구화된다.

인종 차별
이슈의 확산

축구계 인종차별이나 미투 운동뿐 아니라 사회적으로 만연한, 특히 미국에서 촉발된 인종차별 문제가 스포츠계로 들어오며 지구화하는 경우도 최근 발생했다. 대표적인 것이 바로 '흑인의 생명도 중요하다Black Lives Matter' 운동이다. 이는 아프리카계 미국인에 대한 경찰의 잔인한 대응에 대항하는 비폭력 시민불복종 운동이다. 2012년 2월 흑인 10대 트레이본 마틴Trayvon Martin의 총격 사망 사건으로 조지 짐머먼George Zimmerman이 무죄 판결을 받은 뒤, 2013년 소셜미디어에 #Black Lives Matter가 사용되며 전 사회적으로 발전한 운동이다. 스포츠계에서 이 운동이 전면화된 건 2016년 8월 미국프로풋볼NFL 샌프란시스코 포티나이너스49ers 소속 선수인 콜린 캐퍼닉Collin Kaepernick이 일명 '시팅 맨sitting man'으로 불리는 퍼포먼스를 펼치면서부터다.

하지만 그 이후 인종차별 문제는 더 심해진다. 2020년 5월(조지 플로이드)과 8월(제이콥 블레이크) 미국에서 비무장 상태의 흑인이 백인 경찰관에 의해 사망하는 사건이 다시 벌어진 것이다. 미국 사회가 난리가 났다. 이들 사건에 스포츠계는 어떻게 반응했을까? 선수 한두 명이 아닌 스포츠 리그 전체가 반응했다. 농구, 야구, 축구 등, 미국 주요 스포츠 리그가 보이콧을 선언한 것이다. 또한 같은 해 6월에는 코로나-19 전염병으로 중단됐던 잉글랜드 프리미어리그가 재개하며 유니폼 등에 '흑인 생명도 소중하다'란 문구를 새겼다. 경기 시작 전 10초간 한쪽 무릎을 꿇고 묵념도 했다. 이런 의식은 전 세계 스포츠 리그로 확산되었다.

리그 보이콧

하지만 이처럼 흑인을 위한 '인종차별 반대' 운동이 모든 지역으로 원만하게 확산된 건 아니다. 특히 우리나라를 비롯한 아시아 스포츠계에서 '흑인의 생명은 소중하다' 운동은 의미 있게 시행되지 못한다. 오히려 거부하는 움직임이 더 강했다. 왜 그럴까? 백인에게 차별받는 흑인들이 아시아계 사람들을 핍박하는 사건이 공론화되면서 '문화적 이질감' 혹은 심하게는 '흑인을 향한 혐오감'까지 형성되었기 때문이다. 즉, 흑인 중심의 인종차별 문제가 문화적 공감대를 얻지 못하는 경우가 발생한 것이다.

인종차별 운동뿐 아니라 '미투[#MeToo; 나도 당했다]' 운동도 스포츠계를 통해 세계적으로 확산한 대표적 사례다. 물론 이는 스포츠계가 초기는 아니었다. 다른 분야(특히 연예계)에서 시작하여 여성의 성폭력(추행) 반대를 위해 확산되었다. 스포츠계에선 지난 2018년 미국 체조 대표팀 주치의였던 래리 나사르[Larry Nassar, 1963-]의 성추행 폭로가 시발점이었다. 1990년대 초부터 2016년까지 300여 명의 여자 체조선수를 성추행(폭행)한 사건으로서(그는 175년형을 선고받는다),[47] 이후 미국 체조선수 시몬 바일스[Simone Biles]까지 트위터에 본인도 당했다고 폭로하며 이 사건은 세계적으로 확산하였다. 각종 뉴스 보도가 이루어지고, 정치적 개입(협회 및 국가의 개입), 스포츠계의 지지 및 상징화(경기장 내 의식), 각종 미디어(SNS 및 유튜브 등)를 통해 이 사건은 여성의 안전한 삶을 위한 움직임이 필요하다는 사회운동으로 지구화된다.

전 지구화한 사회운동은 지역적 정책과 어떻게 연결되는가?

스포츠의 지구화를 사회적 측면에서 볼 때 중요하게 던져야 할 질문은 무엇일까? 바로, 지구화한 사회운동(스포츠계에서의 미투 운동이나 인종차별 운동 등)이 국내(지역)로 들어오면서 어떻게 정책적 움직임으로 연결되는가의 질문이다. 예를 들어, 미투 운동은 국내 스포츠계에 어떤 정책과 연결되었는가? 전 지구적 인종차별 문제는 국내 스포츠계를 관장하는 대한체육회나 문화체육관광부, 나아가 각 종목 협회에 어떤 정책적 움직임을 강요하는가?

47) 사건 이후, 스콧 블랙문(Scott Blackmun) 미국올림픽위원회(USOC) 위원장, 앨런 애슐리(Alan Ashley) USOC 경기향상 책임자, 케리 페리(Kerry Perry) 전 미국체조협회장 등 미국 스포츠계 거물급 인사들이 자리에서 물러났다. 또 나사르가 재직한 미시간주립대는 5억 달러(5,605억 원)라는 합의금을 물기도 했다.

결론: 스포츠의 지구화가 가져올 결과

"스포츠의 지구화는 세 가지 주요 힘으로 이루어진다." 그 세 가지가 무엇일까? 바로 미디어(TV 방송), 스포츠 조직체(IOC나 FIFA), 상업적, 경제적 이해가 그것이다. 이 세 가지 영향력으로 인해 스포츠는 전 지구적으로 확산되었고, 오늘날 우리가 안방에서 즐기는 형태가 되었다. 바로 '글로벌 스포츠 결합체global sports nexus'다.[48] 이 결합으로 인해 우리는 세계 여러 곳의 스포츠를 다양한 미디어로 소비할 수 있게 되었다. 문제는, 지구화로 인해 스포츠가 다양해진 것 같기는 하지만, 그것의 속살은 진정한 의미의 '스포츠 다양성'과는 거리가 멀다는 사실이다. 오히려 지구화로 인해 다양해진 건 스포츠를 접할 수 있는 '방식(매체)의 다양성'이지, 스포츠 자체의 다양성은 아니다. 축구만 해도 미디어의 다양성으로 인해 잉글랜드(프리미어리그), 이탈리아(세리에A), 독일(분데스리가), 프랑스(르샹피오나) 등, 다양한 리그를 접하게 되었지만, 모두 '축구' 아닌가. 다른 종목도 마찬가지다. 이런 차원에서 스포츠계의 지구화 현상은 '(스포츠 형식과 내용의) 차이 축소, (미디어 접근의) 다양성 증가'로 요약된다.[49]

오늘날의 지구화 현상은 스포츠계를 어떻게 변화시킬까? 미디어 기업과 후원 기업의 상업적 이윤 추구가 힘을 발휘, 전 세계적으로 인기 있는 스포츠만이 지구에 남을까(스포츠계의 동질화)? 아니면 전 세계 지역에서 고유한 '전통 스포츠folks sports'가 자생력을 가지고 지구적으로 확산하는 다른 스포츠와 조화를 이루며 잘 존재할까(스포츠계의 이질화)? 아니면 지금은 상상도 하지 못할, 완전히 이질적이고 새로운 스포츠가 어느 순간 등장할까(오늘날의 '뉴 스포츠'가 이에 해당하는지 모르겠으나, 소위 '글로컬한 스포츠 등장)? 지금까지는 지구화로 인한 스포츠계의 동질화가 주된 현상처럼 보인다. 각기 다른 지역에서 행해지는 같은 스포츠를 다른 매체로 소비하는 상황.

분명한 점은, 각 지역에서 고유하게 이뤄지던 스포츠 활동(이전까지 '스포츠'라 부르기 애매했던 활동)이 국제 스포츠 조직으로 편입하여 세계적 동질성을 획득하려는 움직임이 나타난다는 사실이다. 예를 들어, 2020도쿄올림픽 때 처음 등장한 서핑이나 BMX 프리스타일은 사실 '진지한 여가'의 차원에서 지역 특성(특히 서핑은 바다와 파도가 있는 곳이 아

---

48) Maguire, J. (1999). Global sport: Identities, societies, civilizations. Cambridge: Polity Press.

49) Maguire, J. (1994). Sport, identity politics, and globalization: Diminishing contrasts and increasing varieties. Sociology of Sport Journal, 11(4), 398-427.

니면 어렵다)과 어우러져 이루어지던 활동이었다. 2024 파리올림픽에 처음 등장할 브레이크댄스 역시 힙합 문화을 중심으로 특별한 제도 없이 몇몇 지역에서 이루어지던 일종의 '위험하지만 재미있는 놀이'였다. 이들이 IOC라는 국제 스포츠 조직에 편입되며 세계 무대에 '제도로서의 스포츠'로 등장한 것이다. 이러한 환경 변화를 지구화의 관점에서 어떻게 바라볼 수 있을까? 과연 이처럼 기존의 비주류 스포츠는 지구화의 흐름을 타고 전면에 등장하며, 앞서 언급한 스포츠계 지구화의 '차이의 축소, 다양성의 증가' 경향을 바꿔 놓을 동력으로 작동할 수 있을까?

"스포츠의 사회적 속성을 이해하는데 왜 지구화를 알아야 합니까?" 수업 때 학생들이 자주 묻곤 한다. 지구화를 이해하는 일은 우리에게 어떤 이점을 줄까? 우리는 왜 지구화라는, 다소 이질적인 개념과 이론을 배워야 할까? 여러 답이 가능하겠지만, 요약하자면 우리가 땅을 밟으며 사람들과 만나고 스포츠를 행하는 지역이, 우리와 전혀 관련 없는 듯 보이는 세계와 연결되며 작동하기 때문이다. 좋든 싫든, 스포츠계는 이제 하나의 '지구'로 소비된다. 브라질에서 열린 올림픽 태권도 시합에서의 결과가 내가 사는 문화동 태권도장 수련생과 연결되고, 잉글랜드 축구에서 손흥민 선수의 활약이 국내 스포츠클럽 정책으로 수렴되기 때문이다. 기후 위기가 이제 미국이나 중국만의 문제가 아닌, 지금 여기에서의 내 삶의 문제가 된 것처럼, 스포츠 역시 지구적인 것이 지역적인 것, 혹은 그 반대의 상황도 가능해졌다.

이제 전 세계는 국가 간 장벽이 많이 허물어졌다. 거의 없어졌다고 해도 과언이 아니다. 이처럼 국가 간 장벽이 엷어진 지구화 시대에 스포츠는 범람하는 전 지구적 힘에 어떠한 영향을 받을까? 특히 우리나라처럼 생활 스포츠 저변이 빈약한 채 '쥐어짜기 모델squeeze model'[50]로 유지되는 엘리트 스포츠 체계는 전 지구화된 스포츠계의 물결에 어떻게 반응할 수 있을까? 나아가 지구화의 결과로 더 심각해진 코로나-19 전염병 이후의 세계에서 전 지구적 이동으로 가능한 메가스포츠이벤트는 어떻게 변화될까? 스포츠와 지구화를 마무리하며 던지는 질문이다.

---

50) 남상우 (2016). 한국 체육 중장기 계획 수립을 위한 기초연구. 국민체육진흥공단 한국스포츠개발원 기본과제 연구보고서, 2쪽.

12장 요약 스포츠와 지구화

- 지구화란 전 지구적 의사소통 수단과 대중교통 수단이 빠르게 확산하면서 가능해진, '원거리 행위의 심화 과정'이다. '시공간의 원격화' 과정이 전개되고, 사회적 관계나 제도에 있어 '장소 귀속성'이 탈피되며, '성찰성' 개념이 포함되는 과정이다.
- 지구화 이해의 핵심은 (초국화나 국제화가 전제하는) 민족이나 국가의 존재나, 이를 바탕으로 형성되는 '민족 정체성'에 방해받지 않는다는 사실이다. 그렇기에 스포츠로 보자면, 야구는 초국적/국제적 스포츠이고, 축구는 지구적 스포츠다.
- 지구화 이론은 크게 다섯 개 범주, 즉 1) 지구화란 무엇인가, 2) 지구화는 언제부터 시작되었나, 3) 지구화의 추동력은 경제적, 정치적, 문화적 요소 중 무엇인가, 4) 어떤 조건이 지구화를 가속하는가, 5) 지구화는 지역 모습을 동질화하는가, 이질화하는가로 구분되어 만들어진다.
- 지구화의 결과와 관련한 이론적 명제는 첫째 지역화(localization), 둘째, 전 지구적 동질화(homogenization)로서 미국화와 맥도날드화가 포함되고, 셋째, 지역과 지구의 만남인 글로컬라이제이션(glocalization)으로 구분된다.
- 스포츠와 지구화 논의의 기본적인 이론 모형은 정치적, 경제적, 문화적, 사회적 측면으로 구분되고, 이들 네 영역은 각기 작동하기보다, 상호 영향력을 교환하며 움직인다.
- 스포츠와 지구화의 '정치적 측면'은 국제스포츠조직이 지역과 연결되어 기존 비주류 스포츠 활동이 어떻게 전 세계의 무대에 등장하게 되는가를 검토한다.
- 스포츠 지구화 현상의 '경제적 측면'은 전 지구적으로 형성된 세계 시장을 중심으로, 1) 글로벌 기업(스포츠팀이나 나이키 같은 다국적 기업)의 확장 전략과 2) 선수, 감독의 '글로벌 이주'로 가속화된다.
- 스포츠와 지구화의 '문화적 측면'에 따르면, 어떤 스포츠는 문화적 보편성(사랑, 인류애, 극복 등)을 지니며 확산하고, 반대로 이질적 문화가 득세하면서도 특정 스포츠의 독특한 문화 코드가 맞으며 확산한다. 동시에, 스포츠의 지구적 확산은 어떤 문화에선 가속하거나 반대로 저항에 부딪히곤 한다.
- 스포츠의 지구화 현상 중 '사회적 측면'은 새롭게 등장한 사회운동이 전 지구적 수준에서 스포츠에 어떤 영향을 미치는가를 묻는다. 즉, 스포츠와 관련한 사회운동이 지구적으로 어떠한 사회적 가치를 전파하는가가 주된 관심이다.
- 스포츠의 지구화는 세 가지 주요 힘, 즉 미디어, 스포츠 조직체, 상업적/경제적 이해관계로 가속화된다. 바로, 글로벌 스포츠 결합체(global sports nexus)다. 이를 통해 스포츠계의 지구화 현상은 '(스포츠 형식과 내용의) 차이 축소, (미디어 접근의) 다양성 증가'로 요약된다.

13

스포츠와 일탈

feat. 폭력

긍정적 일탈은 잘못된 제도와 과정,
끈덕지게 비협조적인 사람들로 둘러싸였음에도
'지속가능성'을 위해 옳은 일을 하는 걸 말한다.

새라 파킨

노인이나 갱년기 남성에겐 축복이지만, 운동선수에게 재앙인 것은 무엇일까? '테스토스테론testosterone(남성호르몬)'이다. 이는 호르몬 수치가 줄어드는 50대 이상의 남성에겐 현대 의학이 제공해줄 '보약'이자, 선수들에겐 근육을 키우고 운동 능력을 향상시켜줄(동시에 건강엔 치명적인) '유혹'이다. 88서울올림픽 육상 남자 100m 우승자인 캐나다의 벤 존슨Ben Johnson, 1961-이나 '사이클 황제'로 불렸던 미국의 랜스 암스트롱Lance Armstrong, 1971- 모두 이 호르몬을 투약했다. 특히 보디빌딩계에서 근육을 키우려는 사람들에게 인기다. 문제는 '도핑doping'으로 알려진 이런 약물이 선수 건강을 해친다는 점이다. 더 큰 문제는 스포츠계에서 이 부정약물 기술이 계속 정교해지면서 방지하려는 제도와 혜택을 보려는 선수 사이에서 줄다리기를 한다는 사실이다.[1)]

---

1) 도핑의 세계는 '창과 방패'처럼 진화 중이다. 검사 분석 방법과 함께 도핑 방식도 따라서 정교해지기 때문이다. '도핑 검사수'는 1968년 멕시코시티올림픽 당시 667건이던 것이, 2016년 리우올림픽 땐 4,882건으로 급증했고, 88서울올림픽 당시 40여개였던 금지약물은 지난 2020도쿄올림픽 땐 800여개로 증가했다. 이젠 유전자 도핑에서 브레인 도핑까지, 소위 '걸리지 않는 도핑'의 시대도 맞이해야 할 것이다.

'도핑(부정약물복용)'은 조직적 차원에서도 벌어진다. 개인 윤리 문제로만 한정할 수 없는 일탈이다. 2016년 7월, 세계반도핑기구WADA는 캐나다 토론토에서 러시아의 조직적 도핑 실태를 담은 보고서를 발표했다. 2015년 10월 러시아 육상 선수들의 도핑에 정부가 개입한 의혹을 폭로한 데 이어, 이번엔 2014년 소치동계올림픽 때 이루어졌던 국가 주도의 도핑 스캔들을 발표한 것이다. 일명 '도핑 프로그램doping program'으로 명명된 러시아의 국가적 일탈이었다. 이 사건으로 인해 러시아는 2018평창동계올림픽부터 2020도쿄올림픽까지 '러시아' 국가 자격으로 출전하지 못하게 되었다(그래서 '러시아'가 아닌 '러시아올림픽위원회'로 참가했고, 제재는 2022년 12월 16일까지다).

스포츠 일탈에는 도핑만 있는 게 아니다. '폭력(폭행)'도 심각한 문제다. 같이 운동하던 선수들 사이에서 선배가 후배에게 폭력을 행사하고, 관중이 심판을 폭행하며, 지도자가 선수를 때리는 등, 폭력violence은 (바라지 않았으나) 스포츠 문화에 깊게 착상되었다. 이런 폭력은 스포츠계에서 끊이지 않고 발생하는데, 많은 이들이 그 주된 이유로 '잘못된 문화'를 꼽는다. 즉, 후배 군기 잡는다고 몇 대 때리는 걸 교육으로 간주하는 문화가 만연되었다는 것이다. "선수들이 각목으로 후배 엉덩이 좀 때리는 걸 당연하게 생각"하고, "예전처럼 마구잡이식 폭행만 안 하면 문제 될 거 없다는 분위기"[2]다. 문제는 이런 관행이 선수들뿐 아니라 지도자들 사이에서도 만연되었다는 점이다. 폭력의 세습이 지속될 가능성이 큰 인적 구조다.

집단적으로 행해지는 일탈도 존재한다. 스포츠 경기에서 중요한 건 선수와 지도자뿐이 아니다. 관중(팬)도 중요하다. 그들은 스포츠, 특히 '프로스포츠'를 소비 지향적인 볼거리entertainment로 만드는데 기여한다. 선수들이 관중을 지향함으로 소비적 일탈을 하도록 만들어주는 촉매제 역할을 하기 때문이다. 문제는, 응원만 하던 그들이 '성난 군중'으로 변할 때다. 프로야구 경기에서 발생했던 빈볼 사건 이후, 관중들은 갑자기 성난 항의자로 변했고, 이후 사이버 상에서 해당 팀과 협회를 공격하며 변화를 촉구하는 '권력적 폭동power riots'도 일으켰으며, '고객consumer'으로 자신들의 정체성을 바꿔 불매운동으로 기업을 압박하였다.[3] 스포츠 관중에게 기대되던 정상 규범을 벗어난 행동이 집합적으로 발생한 것이다. 스포츠 일탈의 집합성이다.

---

2) 김승재 (2016.01.04.). 끊이지 않는 스포츠계 폭력…3가지 이유 있다. 조선일보, A10면.

3) 남상우 (2009). 빈볼사건에서 드러난 대중권력: 집단행동, 시놉티콘 그리고 고객주의의 절합. 한국스포츠사회학회지, 22(4), 61-80.

일탈적 행위는 개인 수준뿐 아니라 '조직적'으로도 발생한다. 조직적 일탈은 특정 스포츠 구단이나 협회가 할 수 있고(조직적 폭력), 국가가 할 수도 있으며(제도적 폭력), 나아가 가해자가 명확하지 않은채 사회구조 속에 배태되어 발생할 수 있다(구조적 폭력). 스포츠마케팅 회사들에게 약 1,700억 원의 뇌물과 리베이트를 받으며 부정을 저질렀던 국제축구연맹FIFA에서,[4] 대통령까지 나서며 올림픽 승리를 위해 선수들에게 도핑을 강요했던 러시아,[5] 국가가 스포츠 베팅을 합법화하면서 승부조작이 만연할 구조를 만들어놓고 선수들의 일탈은 따로 통제할 모순적 정책을 펼치는 구조적 폭력 등, 스포츠계 일탈의 양상은 넓고 깊으며 전방위적이다.

스포츠계 폭력의 독특한 구조는 세 가지로 요약된다. 첫째, 스포츠 경기에서의 폭력 행위가 정당성을 획득했다는 점이다. 한 예로, 아이스하키에서 선수 간 맨주먹 싸움은 오히려 권장된다.[6] 둘째, 선수들의 집단적 폭력 행위가 '의례화ritualization'되었단 특징이다. 의례화란 '특정 행위의 본래 의미가 사라지고 그 형식만 따르는 과정'이다(책의 3장 '스포츠와 몸' 참조). 복싱에서 상대를 때리기 위해 때린다(의례적으로 때린다). 야구에서의 벤치 클리어링도 의례적이다(나와서 싸우는 척한다). "팀원 모두가 연대solidarity를 위해 시늉만 내는 쇼token show를 해주리라 기대"[7]되는 행위다. 셋째, 폭력의 '의도'를 판단하기 어렵다. 명백한 상황(가령, 농구의 작전타임 중 상대팀 벤치로 달려가 선수를 폭행하는 경우) 말고, 경기 중 발생하는 폭력 행위는 그 의도를 판단하기가 사실상 불가능하다. "경기에 몰입하다 그런 겁니다!" 뭐라 말하기가 애매하다.

이 장은 스포츠계에서 발생하는 일탈deviance 현상을 다룬다. 이를 위해 먼저 일탈이 무엇인지를 사회학적으로 검토한다. 검토 과정에서 우리는 일탈 행위를 기존의 부정적 일탈과 긍정적 일탈로 나눴던 도식을 넘어선 사분면 유형 틀로 이해할 것이다. 이를 바탕으로 스포츠계 일탈을 점검한다. 이후, 스포츠계에서 발생하는 부정적 일탈을 스포츠 폭력violence과 약물복용doping, 그리고 승부조작match-fixing 차원에서 간단하게 살펴본다. 그럼으로써 우리는 스포츠 일탈이 단지 부정과 긍정의 이분법으로만 이해될 현상이 아님을 알게 될 것이다. 일탈은 때론 '전략적'이기도 하다.

---

[4] 윤정호 (2015.05.29.). FIFA에 강슛 날린 미국…수십년 '부패 제국'에 칼을 대다. 조선일보, A8면.

[5] 임경업 (2015.11.11.). 푸틴의 러시아, 국가가 '금지 약물' 먹였다. 조선일보, A6면.

[6] 농구 경기에서 자유투 성공률이 낮은 선수에게 집중하여 고의로 파울을 하는 '해킹(hacking)' 역시 '정당한 폭력(?)'으로 수용된다. 농구계에선 이를 '전략적 파울'로 부르며, '경기를 재미없게 하는 주범'으로 우려하는 정도지만, 이는 엄연히 한 개인에게 신체적 가해가 이루어지는 폭력 행위로 봐야 한다.

[7] Collins, R. (2009). Violence: A micro-sociological theory. Princeton University Press, 294쪽.

일탈의 사회학적 이해

껌을 씹으며 강의를 들으면 일탈일까? 보편적으로 인정되는 하루 세 끼 식사 기준을 넘어, 일곱 끼를 먹는 건 일탈일까? 마리화나를 피우는 건 일탈일까? 얼굴과 손바닥 및 발바닥을 제외한 몸 전체에 문양을 그려 넣는 '문신' 행위는 일탈일까? UFC 경기 중 바닥에 쓰러진 선수의 입과 코에서 피가 터질 때까지 때리는 건 일탈일까? 여름에 열리는 '머드 축제'에서 온몸에 진흙 범벅이 된 채 서로 레슬링을 하거나 바닥을 뒹구는 행위는 일탈일까? 무용 공연에서 아름다운 신체 라인을 보여주고자 일주일을 물과 고구마, 소량의 양배추로 채우는 일은 일탈인가? 새벽, 오전, 오후, 저녁 운동도 모자라, 자정까지 자발적으로 훈련하는 선수의 행위는 일탈일까? 일탈이라는 개념은 무엇을 의미하고, 이를 이해하는 일은 왜 중요할까? 지금부터 일탈에 대한 사회학적 이해가 어떻게 이루어지는지 살펴보자.

일탈의 개념적 이해

> 일탈이란 사회나 사회적 집단의 구성원들이 위반하게 되면 비난받거나 처벌받을 집단 규범을 위반했다고 간주하는 어떠한 생각이나 믿음, 행위 혹은 인간의 특성을 가리킨다.[8)]

교사는 이렇게 행동하고, 선수는 저렇게 행동해야 한다, 남자는 이렇게 하고, 여자는 이렇게 행동해야 한다 같이, 사회에는 개인이나 집단을 향한 기대 구조, 즉 규범이 존재한다. 사람들은 프로스포츠 선수가 시즌 중 경기에 방해될 행동을 삼가고, 최상의 컨디션으로 시합에 임하리라 기대한다(자기관리 기대). 대다수 선수는 이를 인지하고 따르며 최선의 노력을 한다. 하지만 어느 사회나 그런 기대를 저버리는 사람들이 있기 마련이다. 밤에 술집을 가거나 도박판에 끼기도 한다. 사회 규범, 즉 '구성원들이 지니는 기대'를 저버리는 행위를 한다. 우리는 이를 일탈deviance이라 부른다.

일탈을 정하는 '규범'

일탈이란 공동체나 사회 구성원이 인정하는 여러 규범을 따르지 않는 행위다. 여기에서 중요한 건 규범이다. 규범이란 '가치 판단 기준'이다. 그 기준은 다수의 사회 구성원이 공유할 평가 기준에 맞춰진다. 내가 이 말을 하면 저 사람이 기분 나빠하겠지? 이

---

8) Goode, E. (1997). Deviant behavior. Upper Saddle River, New Jersey: Prentice-Hall, Inc, 26쪽.

런 생각(평가 기준)이 구성원 전체에게 공유되면 규범이 형성된 상태다. 예를 들어, 음식점에 들어갔을 때 내가 마스크를 쓰지 않으면 다른 손님이 불편해하리란 생각을 모든 구성원이 공유하면, '마스크 쓰기' 규범이 만들어진 것이다. 빈볼[9]을 맞으면 타자나, 같은 팀 동료들이 분노하리란 생각을 모든 야구선수가 가지면, '빈볼 던지지 않기'와 같은 규범이 형성되었다고 볼 수 있다. 규범은 일탈을 규정한다.

문제는, 규범이 일정하지 않다는 사실이다. 공동체, 문화, 사회에 따라 규범은 다르다. 심지어 스포츠 종류에 따라서도 규범은 다르다. 선수 때리는 게 규범적 행위에 어긋나는 종목이 있지만(특히 네트 운동), 싸우는 걸 장려(?)하는 종목도 있다. 어깨 통증으로 고통스러운 상황에서도 팀을 위해 공을 던진 투수를 칭송하는 문화가 있지만, 바보같이 선수 생명 단축하는 짓을 하냐고 비난하는 문화도 존재한다. 일탈을 단지 '사회에서 가치 절하된 조건, 사람, 행위의 종합'[10]처럼, 부정적으로만 보긴 어렵다. 일탈의 정의가 사회학에서 다양화된 이유다. 과연 일탈을 어떻게 정의할 수 있을까?

일탈 개념에 접근하는 다섯 가지 방법

첫째, 통계적 접근으로 정의하는 방법이다. 통계적 평균에서 벗어난 사례를 일탈로 정한다. 가령, 인구의 95%가 하루 평균 수면 시간이 7.5시간이면(통계적 정상 범위), 10시간(초과)과 4.5시간 수면(미달)은 '통계적 소수 사례(5%)'로서 일탈이다. 사람들이 평균 20.5세에 대학에 입학하는 게 통계적 정상일 때, 13세에나 60세에 입학하면 일탈이 된다. 언뜻 합리적이라 생각되지만, 이는 일탈 행위를 전혀 하지 않은 사람을 역으로 일탈자로 만들어버린다. 살면서 단 한 번도 남의 물건을 훔치지 않거나 법을 어기지 않았던 사람, 혹은 마리화나를 한 번도 피지 않거나 술을 입에 대본 적이 없던 사람은 자동으로 통계적 소수가 되어 일탈자로 분류된다.

둘째, 절대적 접근 방법이다. 이는 '모든 상황에 대해 사회 전 구성원이 절대적이고 명료하며 분명하게 동의한 사회적 규칙의 위반'[11]을 일탈로 본다. 사람들의 합의로 정

---

9) '빈볼(beanball)'은 야구에서 투수가 타자의 머리를 향해 던지는 공을 말한다. 일종의 '위협구'다. Bean이란 강낭콩을 뜻하는 단어다. 우리가 '머리'를 낮추어 '대가리'로 표현하듯, 이 단어 역시 머리를 낮춰 부르는 단어다. 일반적으로는 내야수나 벤치에서 투수에게 빈볼을 던지라고 사인을 주는 것으로 알려졌다. 투수에겐 부담이다. 타자에게 위협구를 던진 후 타자와 싸울 수도 있기 때문이다.

10) Sagarin, E. (1975). Deviants and deviance: An introduction to the study of disvalued people and behavior. New York: Holt, Rinehart and Winston, 9쪽.

11) Scott, R. A., & Douglas, J. D. (1972). Theoretical perspectives on deviance. New York: Basic Books, 4쪽.

한 사회적 기본 규칙을 설정, 여기에서 벗어난 행위를 일탈로 보는 방식이다. 이 방식에는 모든 문화를 초월하여 통용될 규칙을 설정할 수 있다는 전제가 깔려있다(성경의 '십계명'을 보라). 하지만 그건 신의 영역이다. 각기 다른 문화와 생애 경험을 가진 구성원 사이에 일치하는 규칙을 만들기란 불가능하다. 결국엔 특정 권력 집단(예를 들면 특정 엘리트 집단 등)이 원하는 방향으로 기준이 설정될 수 있다.

셋째, '피해' 중심 접근이다. 사회와 개인에게 피해를 주는 행위를 일탈로 보는 방식이다. 그 피해는 신체적, 심리적, 물질적, 사회적 차원 등이 된다. 예를 들어, 알몸으로 거리를 돌아다니는 사람은 다른 사람에게 '불쾌감'이란 심리적 피해를 준다. 일요일에 이루어지는 광화문 집회는(비록 그 의도는 존중되어야 함에도) 교통체증으로 물질적 피해(연료 낭비나 대기오염 등)를 만든다. '피해를 주니, 일탈이다'라는 논리다. 하지만 피해를 주면서도 그 행위를 일탈로 보기 난해한 경우도 있다. 예를 들어, 경제적 위기 때 기업 생존을 위해 행하는 구조조정이 대표적이다. 해고된 사람에겐 피해지만, 그렇다고 하여 그러한 기업의 선택을 일탈이라 간주하진 않는다.

넷째, '범죄 행위'를 일탈로 간주하는 방식이다. 범죄란 '법규를 어기고 저지른 잘못'을 의미한다. 명문화된 '법'이 행위 판단의 기준이다. 이 행위를 일탈로 간주하는 건 당연하면서도 한 편에서는 애매한 상황을 만날 수 있다. 범죄 행위가 아니면서도 일탈에 속하는 경우가 많기 때문이다. 예를 들어, 한 달에 한 번만 이를 닦는 행위나 처음 만난 사람과의 대화 시, 마치 연인 관계 같은 사회적 거리를 유지하는 행위(너무 밀접하게 다가가는 경우)는, 범죄는 아니나 정상적 기대치를 벗어났다. 즉, 모든 범죄 행위는 일탈이지만, 그렇다고 모든 일탈 행위가 범죄가 되진 않는다.

다섯째, '정상적 기준'을 벗어난 모든 행위를 일탈로 보는 방식이다. 이 방식을 적용하면 '행위의 정상 분포 곡선'에서 양쪽 극단에 속한 행위를 일탈로 판단할 수 있다. 이 관점에 따라 사회과학 분야에서 논쟁적인 '긍정적 일탈positive deviance' 개념이 가능해졌다.[12] 하지만 이 방법 역시 문제가 있다. 먼저 '기준' 정하는 일이 문제가 된다. 정상 기준을 어디까지로 할까? 극단은 어디서부터일까? 전술된 '절대적 접근 방식'에서의 문제와 유사하다. 또한 긍정적 일탈이란 개념도 모호하다. 정상적 기준을 '긍정적' 방향으로 벗어났다면, 개념상 우리는 그 일탈을 사회적으로 긍정하고 권유해야 하는가? 어떻게

---

[12] Sagarin, E. (1985). Positive deviance: An oxymoron. Deviant Behavior, 6(2), 169-181.

하라는 것인가?[13]

전술된 다섯 가지 방법 모두에는 일장일단이 있다. 그렇다면 이 지점에서 의문이 생긴다. 과연 우리는 일탈을 어떻게 이해해야 하는가?

'사분면' 일탈 유형: 규범 지키기 여부와 집단 반응/평가를 합치기

사회학은 지금까지 일탈을 주로 두 가지 관점에서 논의했다. 첫째, 사회적으로 공유된(혹은 합의된) 규범을 어떻게 따르는가? 이 관점은 어떤 행위가 기존 규범을 과하게 따르는지(과동조), 부족하게 따르거나(저동조) 아예 거부하는지(비동조)를 놓고 일탈을 판단한다. 둘째, 그 일탈을 사회적 혹은 집단적으로 어떻게 평가하는가? 긍정적으로 평가하는가(혹은 잘했다고 반응하는가), 부정적으로 평가하는가(제재가 필요하다고 반응하는가)에 따라 일탈을 나누는 축이다. 이 두 가지 주요 관점을 결합하면 어떨까? 다음과 같은 〈그림 13-1〉의 사분면이 가능해진다.

		사회적 반응 및 집단적 평가	
		긍정적 평가	부정적 평가
규범적 기대	과동조	긍정적 일탈 (positive deviance)	의례적 일탈 (rate-busting)
	저동조/ 비동조	칭송받는 일탈 (deviance admiration)	부정적 일탈 (negative deviance)

[그림 13-1] 사회적 일탈의 새로운 유형으로 제시된 모형[14]

첫 번째 유형은 '긍정적 일탈'이다. 정상적 규범을 초과하여 '이상성ideal norm'에 도달한(많은 사람이 감히 도달할 수 없는 기준을 달성한) 행위에, 집단적으로 '긍정적 평가'가 가해진 유형이다. 스포츠 분야에서 대표적인 긍정적 일탈 사례는 1984년 프로야구 한국시리즈 우승팀 롯데자이언츠의 투수 고 최동원 선수다. 7차전 동안 5차례 등판(4차례 선발), 총

13) Goode, E. (1991). Positive deviance: A viable concept? Deviant Behavior, 12(3), 289-309.

14) Heckert, A., & Heckert, D. M. (2002). A new typology of deviance: Integrating normative and reactivist definitions of deviance. Deviant Behavior, 23(5), 449-479, 459쪽.

40이닝을 소화하며 610개의 공을 뿌려 4승을 거뒀다. 일반적으로 한 경기에서 선발투수는 100개 이상의 공을 던지지 않게 한다(다음 경기를 생각하면 더욱 그렇다). 하지만 최동원 선수는 그 규범을 말도 안 되게 초과했다. 그러면서 집단적으로 긍정적 평가를 받을 만한 결과를 만들어냈다(물론 긍정적 평가는 향후 바뀌곤 한다).

두 번째 유형은 '의례적 일탈'이다. 영어로는 Rate-Busting(번역하자면 '평가 깨부수기' 쯤 된다)으로 명명되었는데, 규범을 초과한 행위가 집단에서 부정적으로 평가되는 유형이다. 조직에서의 '예스맨'을 생각하면 된다. 조직 규범(상사의 의견을 잘 따라야 한다 등)은 지나치게 잘 따르지만, 주변 평가는 좋지 않다. 자신이 세운 규칙을 지나치게 준수하며 사는 사람에게 주변에서 '피곤하게 산다'고 평가하는 유형도 이에 속한다(2014년에 개봉했던 국내 영화 『플랜맨』을 보라). 한 마디로 '의례적 행위(본질적 의미를 배제하고 형식만 취하는 과정)'를 함으로써 욕을 먹는 유형이다. 특히 기존 규범이 잘못된 것이면 그걸 따를수록 평가는 부정적으로 이루어진다.

세 번째는 '칭송받는 일탈' 유형이다. 규범을 덜 따르거나 거부함에도 집단적으로 긍정적 평가를 받는 형태다. 이 유형의 대표 사례는 '로빈 후드'다. 좀 더 폭넓게 보자면, 드라마나 영화에서 자주 등장하는 '나쁜 남자'가 여기에 속한다. 사회적 규범을 분명 어기는데, 뭔가 멋있다. 혹은, 조직 내 존재하고 있으나 이상한, 그러나 감히 거부하지 못하는 규범을 과감하게 거부하는 사람이 집단 구성원에게 긍정적 평가를 받는 경우도 해당한다. 기업에서의 '혁신가'도 마찬가지다. 기존의 시장 규칙market rules을 어기면서도 긍정적인 결과물을 만든다. 스티브 잡스가 떠오르는가? 정답이다.

네 번째는 '부정적 일탈'이다. 모든 이들이 현실 속에서 평균적으로 따를 수 있는 규범을 거부하거나 따르지 않으면서 동시에 집단적으로 부정적 반응을 불러일으키는 유형이다. 부정적 반응의 대표적 예는 '제재를 가해야 한다'이다. 우리가 생각하는 모든 범죄적 행위가 이 유형이다. 혹은, 규범을 따르지 않거나 거부하면서 대중에게 처벌하라거나 제재하라는 등의 부정적 평가를 받는 행위(설령 그것이 '범죄'가 아니더라도)가 여기에 속한다. 네 가지 일탈 유형 중 가장 자주 나타나고 그 종류도 많다. 사회적으로 손가락질당하고 처벌받아야 할 '나쁜 놈'이 속한 유형이다.

이 사분면 유형은 향후 스포츠 일탈행위를 이해할 때도 사용될 것이다. 이 유형들은 여러 차원에서 유익하다. 특히 스포츠처럼 일탈의 다의성(여러 의미를 지닌 속성)을 지닌 세계를 이해하는데 이 모형은 사고의 확장을 도모해준다.

사회학 이론으로 본 일탈

지금껏 살펴본 일탈의 개념적 접근을 염두에 두고, 사회학의 이론적 전통이 이 일탈행위를 어떻게 바라보는지 살펴보자. 기능주의, 갈등이론, 상호작용이론 세 가지다. 이들은 일탈을 세 가지 차원으로 접근한다. 하나는 설명적explanatory 접근. 사회적으로 일탈은 왜 발생하는가(혹은 왜 발생하지 않고 통제되는가)를 밝힌다. 다른 하나는 구성주의적constructive 접근이다. 사람들이 사회에서 어떤 행위를 정상적 혹은 일탈적이라고 정의하고 구분하는지를 이해하려 한다.[15] 경기 중 욕하는 건 규범을 거스르는 일인데, 어떤 남자 야구선수가 욕하는 건 사회적으로 지탄받고, 어떤 여자배구선수가 욕하는 건 미화되는가? 일탈이 사회적으로 달리 구성되고, 그걸 구성하는 요소가 무엇인지 본다. 세 번째는 비판적critical 접근이다. 사회적으로 '일탈(적)'이라 분류된 건 대중적 합의를 바탕으로 한 게 아니다. 사회적 지배 세력이 자기들 기존 권력을 키우거나 유지하기 위해서다. 이런 입장을 견지하며 일탈을 설명한다.

기능주의: 일탈은 사회질서 유지에 기능적이다

프랑스 사회학자 에밀 뒤르케임Emile Durkheim, 1858-1917(사회학의 일탈 연구를 선도했던 '자살론'의 저자)은 일탈이 사회 내 기능적 필요성을 충족한다며 네 가지 기능을 설명한다.[16]

첫째, 일탈은 사회적 가치와 지켜야 할 규범이 무엇인지 확인해 준다. 사람들이 잊고 있던 사회적 기준을 드러내 주는 기능이다. 둘째, 일탈행위에 대응함으로써 사회에서 지켜야 할 '도덕적 경계'를 명확히 그어준다(가령, 약물복용을 한 선수에게 협회가 중징계를 내리면서 선수로서의 정직함과 부정 사이의 경계를 명확히 해준다). 셋째, 결집하게 해준다. 백인 경찰이 흑인을 탄압하자 미국 전역에서 '흑인 생명도 소중하다Black Lives Matter'를 중심으로 흑인들이 뭉쳤다. 일탈 행위는 특정 집단을 결집하게 만든다. 넷째, 일탈은 사회변화를 촉진한다. 일탈행위가 잘못된 질서를 가시화함으로써, 그것의 변화를 많은 사람이 인식하게 하여 변화로 이어지도록 한다.

좀 더 구체적인 이론으로 들어가 보자. 먼저 '긴장 이론strain theory'이 있다. 여러분이 목표 A를 추구한다. 그런데 그 목표를 달성할 수단이 사회적으로 유용하지 않다면(기회구

---

[15] Ritzer, G. (2013). Introduction to sociology. London: Sage Publication, 240-241쪽.
[16] Durkheim, E. (1982). Rules of sociological method. New York: Free Press.

조가 충분하지 않다면) 어떻게 될까? 그때 '긴장'이 발생한다. 그 긴장이 일탈로 이어진다고 설명하는 게 긴장이론이다. 예를 들어, 사회에서 성공하려면(사회가 부과한 목표), 구조적으로 마련된 자원을 활용해야 한다(기회구조, 즉 활용 가능한 수단). 이 두 가지 기준을 어찌 수용하고 거부하는가에 따라 일탈이 발생한다. 즉, 어떤 이는 사회적 성공(목표)과 기존 기회구조를 그대로 수용하거나(1분면: 순응), 사회적 성공을 위해 기존 자원이 아닌 다른 방식을 채택할 수 있다(2분면: 혁신). 혹은, 성공은 아니지만(목표 거부) 그저 기존 기회구조를 활용하며 열심히 살아가거나(3분면: 의례), 성공도 기존 기회구조도 모두 거부한다(4분면: 회피/도피). 아니면 아예 사회적 목표와 수단 모두를 다른 걸로 '대체'한다(5분면: 혁명/반동). 다섯 가지 중 일탈은 어디에서 발생할까?

'사회 통제이론social control theory'도 보자. 일탈은 개인이 속한 사회 집단의 '유대bond/link'와 관련된다고 보는 이론이다.[17] 사회적으로 일탈이 많이 발생하는 건 한 마디로 사회적/집단적 결속력이 약하기 때문이다. 때문에, 일탈을 방지하려면 이 결속력을 높이면 된다. 방법은 네 가지다. 첫째, 애착attachment이다. 개인이 타인에게 느끼는 친밀함을 뜻한다(타인과 친밀하면 그 사람을 위해 일탈을 삼간다). 둘째, 관여commitment다. 인간은 자기가 위험에 빠트리길 원치 않는 대상에 관여하면 일탈을 회피한다(학교에서 동아리 활동에 가입했다면, 동아리를 위해서 학교를 위험에 빠트릴 행동을 삼간다). 셋째, 참여involvement다. 친사회적 활동에 시간을 쏟는 사람은 일탈을 하지 않는다. 넷째, 믿음belief이다. 자신이 속한 사회나 집단의 규칙 및 문화가 타당하거나 가치 있다고 믿는 사람 역시 일탈행위에서 멀어지려 노력한다. 스포츠는 이 네 가지 속성을 지닌 활동일까?

일탈을 바라보는 기능주의의 또 다른 대표적 설명은 '아노미anomie' 이론이다. 2021년, 미군이 빠지면서 아프가니스탄은 허무하게 탈레반에게 점령된다. 기존 규칙과 규범이 파괴되며 아프가니스탄은 '아노미', 즉 '무규범normlessness' 상태에 빠졌다. 대혼란이 발생한 이유다. 아노미 이론은 말한다. 이처럼 어떤 사회에서 개인의 행위를 안내할 '분명한 기준manifest norms'이 사라지면 일탈행위가 발생한다(앞서 소개한 에밀 뒤르케임의 용어다). 그는 사회에서의 기존 조직과 사회구조가 무너지며 생기는 가치 변화, 규범 공백, 약한 연대 및 갈등 조건을 통칭하여 '아노미'로 명명했다. 관심사는 명료하다. 일탈을 발생시킬 무규범 상태는 언제 나타나는가? 왜 규범이 없는 게 일탈로 이어지는가? 스포츠계에서도 규범이 사라질 때 일탈이 일어날까? 오히려 반대 아닐까?

---

17) Hirschi, T. (1969). Causes of delinquency. Berkeley: University of California Press.

갈등이론: 사회는 '유전무죄, 무전유죄' 체계로 유지된다

갈등이론은 일탈이 자본주의 사회의 불평등한 구조에서 발생한다고 본다. 기존 사회구조가 가진 자 중심으로 돌아가기에, 이에 반발한 가지지 못한 자들은 어쩔 수 없이 일탈에 참여한다는 게 갈등론의 설명이다. 사회적 기득권층이 자기 권력을 유지하고자 기존 법이나 규칙(사회구조)을 본인 유리한 쪽으로 바꾼다는 주장이다. 사회적으로 어떤 행위가 일탈일까? '기득권이 정한 기준을 벗어난 행위'가 일탈이다. 기득권 유지의 핵심 체계인 자본주의에 도전하면(예를 들어, 노동자 파업) 그게 '일탈자'다.

일탈은 언제 발생할까? 갈등론의 답은 명료하다. 지배집단(기득권층)과 그 외의 집단 간 틈새가 벌어질수록(예를 들면, 경제적 격차 등) 갈등은 심해지고, 일탈은 빈번해진다. 미디어, 법, 규칙 등의 기존 사회구조가 기득권층에게 유리해진 상황에서 사회적 소수층에서 취할 행위는 일탈적(물론 이것도 기득권층의 기준에 따라 일탈적)일 수밖에 없다. 갈등이론으로 보면, 결국 일탈 행위는 개인의 선천적 문제가 아니다(흑인이니까 일탈을 자주 범하는 게 아니란 의미다). 바로, 사회구조 문제다.

이렇게 보면 갈등이론이 피지배계급(사회적 소수집단)만 사회적으로 일탈을 범한다고 보는 것이라 오해할 수 있다. 아니다. 지배계급도 일탈행위를 저지른다(대표적으로 '화이트칼라 범죄'). 이 지점에서 우리는 갈등론의 핵심 개념인 '이데올로기'를 봐야 한다. 지배계급도 일탈행위를 많이 하는데 우리는 왜 그들의 일탈에 무감각할까? 그들의 일탈행위가 더 조직적이고(고학력층의 지능 범죄이다 보니), 규모에선 심각함에도 말이다(횡령, 탈세, 주가조작 등). 심지어, 권력자들의 일탈행위는 마치 합법적인 것처럼 착각되거나 소수계층의 일탈에 비해 '덜' 발생하는 것처럼 오인되며 '지배계급은 사회질서에 기여한다'는 상징자본까지 획득한다. 갈등이론은 말한다. 이게 다 기득권이 자기들 권력을 이용해 만든 이데올로기적 장치 덕이라고(대표적으로 미디어).

결론적으로 갈등이론은 일탈행위를 자본주의 체제가 만들어낸 구조의 산물이라고 이해한다. 이 체제 안에서 지배계급은 자신의 일탈을 일탈이 아닌 것으로 만든다. 동시에, 현실의 불평등한 체계를 바꾸려는 피지배계급의 행위를 일탈로 만들어버린다. '유전무죄, 무전유죄(가진 자는 죄가 없고, 가지지 못한 자는 죄가 있다)' 시스템에서 일탈이 발생한다. 갈등론은 오늘날의 일탈이 자본주의자들의 이윤에 봉사하기 위해 제도적으로 고안된 사회적 장치라고 주장하는 것이다.

상호작용이론: 일탈은 상호작용 과정에서 구성된다

상호작용론자는 일탈이 사람들이나 집단에서의 상호작용으로 구성된다고 주장한다. 즉, 사람들이나 집단이 어떤 행위를 일탈적이라 '딱지를 붙임으로써[labelling]' 일탈이 된다고 본 것이다. 그렇다면 사람들은 어떤 행위에 일탈(혹은 일탈자)이라는 딱지를 붙일까? 물론 그 해석의 기준은 집단이나 사회마다 다르다(그래서 '구성된다'고 말하는 것이다). 그럼에도 상호작용론자가 일탈의 사회적 구성을 보는 과정에서 취하는 기준은 명료하다. 바로, 특정 집단 및 사회에 구축된 상호작용 질서다. 그래서 상호작용이론에 입각한 연구는 거의 예외 없이 특정 집단이나 사람들이 공유하는 상호작용 질서가 무엇이고, 어떻게 구성되며 작동하는지 본다.

상호작용이론으로 일탈을 설명하는 주요 이론 중 하나는 '딱지 붙이기 이론' 혹은 '낙인이론[labelling theory]'이다. 이 이론에 따르면, 일탈은 집단에서 딱지를 붙이는 쪽('사회통제 주관자'라 부르고 경찰관, 언론, 집단 내 기득권이 대표적)과 붙여지는 쪽의 상호작용 과정에서 구성된다. 특정 스포츠계에선 어떤 선수에게 항상 따라붙는 '수식어' 같은 게 있다. 그게 '딱지(혹은 나쁘게 말해 '낙인'이다)'다. 예를 들어, 어떤 경기에서 우연히 다른 선수와 크게 싸웠다(이를 '1차 일탈'이라 부른다). 언론이 이 선수에게 '야생마 같다'는 표현(딱지)을 한다. 하지만 그 이후 이 선수는 그 딱지가 더 붙지 않도록 처신하며 지냈다(그러면 이후 일탈자란 낙인이 따라붙지 않는다). 하지만 그 이후에도 지속하여 비슷한 싸움을 벌인다면(이를 '2차 일탈'이라 한다)? 경기에서의 싸움은 그 선수의 삶의 일부로 정체화된다. 물론 이는 사회통제 주관자, 즉 언론이 야생마라는 낙인으로 얻게 된 강요된 정체성일 수 있다. 2차 일탈 상태, 즉 한 개인의 자아와 사회적 정체성을 변화시킨 강력하고 부정적인 낙인을 '오명[stigma]'이라 부른다.[18)]

'차별적 연합 이론'도 있다. 어떠한 일탈적 문화에서 특정 행동이 강한 긍정적 피드백을 받으면, 그게 일종의 '질서'로 자리잡게 된다는 의미다. 한 마디로, 집단 내에서 긍정적 가치를 획득한 행위가 반복되면서(그게 일탈적이든 아니든 상관없이) 상호작용 질서가 구축, 새롭게 들어오는 사람도 그 행위를 지속함을 말해주는 이론이다. 이 이론 외에도, 특정 하위문화에서의 자본을 중심으로 상호작용 질서가 구축, 이를 획득하기 위해 사람들 간의 상징적 투쟁이 발생하는 '하위문화 이론[subcultural theory]'도 참고해 보자.

---

18) Goffman, E. (2009). Stigma: Notes on the management of spoiled identity. Simon and Schuster.

스포츠 일탈의 사회학적 특징

시내 번화가에서 남자 둘이 맨주먹으로 서로의 얼굴을 치고 받고, 심지어 쓰러트린 후 그 위에 올라가 얼굴을 난타하는 장면을 본다면, 여러분은 어떻게 행동할까? 당장 경찰을 부를 것이다. 아니, 그 전에 먼저 두 사람을 뜯어말릴 것이다. 여기서 이러는 게 어디 있냐고 책망하면서. 장면이 바뀌어 그와 똑같은 장면이 '아이스하키' 링크 위에서 벌어진다면 우리는 어떻게 행동할까? 자기 팀 선수를 응원할 것이다. 우리는, 길거리에서 벌어진 주먹다짐을 사회적으로 용인될 수 없는, 즉 규범을 한참 벗어난 일탈행위로 판단하지만, 스포츠에서의 같은 행동을 꼭 일탈로 보지는 않는다. 여기에 스포츠 일탈의 독특함이 존재한다. 스포츠계에서의 일탈은 스포츠 외부의 그것과 다르다.

스포츠 일탈의 특성과 종류

> 스포츠 일탈은, 규칙 위반의 수준이나 내용이 일반 대중들을 거의 위협하지 않고, 특히 미식축구에서 규칙을 위반하며 행해지는 짜릿한 충돌처럼, 스포츠 경기의 폭력적인 측면에 끌리는 사람들에게 문화적, 정서적으로 매력적일 수 있기에, 관객들에게 쾌감과 불쾌감이라는 '감정적 이중 부담(emotional double whammy)'을 선사할지도 모른다.[19]

스포츠계에서의 일탈은 일상적으로 이루어지는 그것과 어떤 측면에서 다를까? 여러 문헌을 살펴보면 세 가지 차원에서의 차이점, 즉 '특성'을 이야기해볼 수 있다.

첫째, 스포츠에의 일탈은 대중들에게 용인할 만하다는 특징을 지닌다. 이를 '관용적 일탈tolerable deviance'이라 부른다.[20] 사람들은 경기 중 발생하는 선수들의 일탈을 끔찍하고, 회피해야 할 게 아니라 그럭저럭 수용할 수 있는 행위로 소비한다는 의미다. 그들에게 스포츠계에서의 규칙 위반은, 일상과는 별개로 마련된 '상상의 공간'에서 안전하게 통제된 채 이뤄지는 일종의 '연기' 같은 것으로 수용된다. 왜 그럴까? 스포츠계에서의 일탈이 현실 세계의 집합적 혹은 도덕적 선을 와해할 만큼의 위협적인 것이 아니라는 점에 대중들이 합의했기 때문이다.

둘째, 스포츠계 일탈의 모순적 특성이다. 예를 들어, 일상에서 이루어지는 불법 약물

---

19) Atkinson, M., & Young, K. (2008). Deviance and social control in sport. Champaign, IL: Human Kinetics, 12쪽.

20) Stebbins, R. A. (1996) Tolerable differences: Living with deviance. Toronto: McGraw-Hill Ryerson.

복용은 대개가 사회에서 낙오된 사람들이 더이상 취할 게 없어 최종적인 도피 수단으로 선택될 때가 많다. 하지만 스포츠계에서의 부정 약물복용, 즉 '도핑'은 도피라기보다는, 지금보다 더 나은 곳을 추구하려는 도전 수단으로 시도된다. 두 경우 모두 '전략적 선택'으로서의 일탈이지만 분명 다르다. 오히려 선수들은 자신의 더 나은 미래를 희망하며 약물을 복용한다. 스포츠계에서의 일탈이 내부자 관점에서 종종 긍정적으로 수용되는 이유가 여기에 있다.

셋째, 스포츠 경기 중 이루어지는 활동 자체에 폭력성과 공격성 같은 일탈적 성격이 내재해 있다는 특성이다. 공격성이나 폭력성 그 자체가 의례적으로 경기의 내기물이 된 것이다(대표적으로 복싱이나 이종격투기 같은 투기 종목). 낭떠러지처럼 느껴지는 경사면에서 엄청난 속도를 통제하며 공격적으로 회전을 해야 하는 스키(활강) 역시 일탈적 성격이 경기 요소로 기능한다. 아이스하키에서는 종종 헬멧과 스틱을 버리고 주먹다짐을 해야 하고, 야구에서는 빈볼을 던진 후 양 팀 벤치에 있던 선수들이 모두 경기장에 나와 소요를 일으키곤 한다. 일상에선 단속 대상이 되는 일탈적 행위가 스포츠에서는 내기물 혹은 '유사 내기물'로 행해진다.

'구성되는 스포츠 일탈'이란 어떤 의미인가?

일탈이 구성된다는 건 무엇을 의미할까? 예를 들어, 선수가 시합 중에 욕을 하는 건(특히 숫자가 들어간 욕) 분명 일탈, 즉 '정상적 기대에서 벗어난 행위'다. 그런데 어떤 선수가 욕을 한 그 숫자는 '식빵'으로 미화되어 광고까지 이어지지만, 또 다른 선수의 욕은 대중의 엄청난 비난을 받으며 지금까지도 '낙인'이 되어 따라다닌다. 왜 같은 숫자 욕에 대중의 반응이 달라지는가? 이처럼 같은 행위지만, 사회적 맥락에 따라 다르게 평가되고 소비되는 일탈을 '구성되는 스포츠 일탈'이라 부른다. 그렇다면, 선수들이 시합 중 하는 욕과 관련, 이처럼 다르게 구성되도록 만드는 사회적 조건을 정리해볼 수 있지 않을까?

스포츠 일탈은 무엇이고, 선수들은 왜 일탈행위를 하는가?

스포츠 일탈을 정확하게 정의한 문헌은 지금껏 찾아보기 힘들다. 일반적으로, '대중에게 수용될만한 규범 위반 행위 중 하나로서, 스포츠계에서의 구성원들이 합의한 규범에서 벗어난 모든 행위'를 스포츠 일탈로 합의한 정도다. 왜 명확한 정의가 힘들까? 이유는 다양하다. 행위의 종류와 범위가 너무 넓다거나, 스포츠계에서의 규범과 사회적 규범을 동일선상에서 생각할 수 없다는 이유 때문일 것이다. 스포츠 외부에선 일탈행위가 스포츠계에선 '경기 일부'로 설명되거나 정당화되기 때문이기도 하다. 물론, 경기 외적에서 일어나는 규범/규칙 위반 행위(예를 들어, 부정약물복용, 성폭력, 승부조작, 도박, 관중폭력 등의 행위)까지 정당화하는 건 아니다.

더욱 흥미로운 건 선수가 일탈행위를 하는 이유다. 선수들이 경기 전이나 경기 중 일탈행위를 하는 이유는 보편적으로 두 가지다.[21] 첫째, 다른 선수나 팀과의 경쟁 시, 자기(편)에 특별한 이점을 얻으려는 목적으로 일탈행위를 한다. 이를 '전략적 이유'라 명명해보자. 둘째, 경기 중(혹은 그 전에) 발생한 부정적 감정(특히 분노나 때때로 '증오'와 같은 감정)을 표현하며 일탈이 발생한다. 이를 우리는 '감정적 이유'로 이해할 수 있다. 전자가 통제 가능하다면, 후자는 통제가 어렵다(야구에서 세 타석 연속 빈볼을 맞을 때 솟는 분노를 막을 방법은 없다).

중요한 건 전략적 차원에서 행해지는 일탈이다. '스포츠를 위한 일탈deviance for sport'로서, 이는 약물복용처럼 금지되었으나 경쟁에서의 이점을 취하고자 의도적으로 이루어진다(이외에도 승부조작이나 다양한 폭력행위 중 일부도 여기에 포함된다). 감정적으로 표출되는 일탈과 달리, 이런 일탈은 스포츠계의 지속가능성을 훼손할 수 있기에 적극적으로 예방되어야 한다. 때문에, 우리는 스포츠계 일탈행위를 지금껏 나눠왔던 기준보다 좀 더 세부적으로 나눠 살펴야 한다. 어떤 행위가 부정적 일탈이어서 스포츠계 질서를 해칠 수 있는지의 '가치 판단'을 위해서다.

스포츠 일탈 구별하기: 야구에서의 빈볼은 어떤 일탈인가?

스포츠 일탈을 세분화하기 위해 야구를 사례로 다뤄보자. 다른 스포츠 종목도 그렇지만, 특히 야구에는 몇몇 흥미로운 일탈행위가 발생하곤 한다. 소제목에 언급되었던 '빈볼(위협구)'에서부터 '벤치클리어링bench clearing brawl'에 이르기까지 다양하다. 앞서 설명된 '사분면 일탈 유형틀〈그림 13-1〉'이 분류에 도움을 줄 것이다. 이 틀을 이용하여, 먼저 야구 종목에서의 일탈행위를 유형화해보고, 관련 논의(분류는 옳은지, 유형화된 일탈은 어떤 의미를 지니는지에 대한 논의)를 한다면, 향후 다른 스포츠 종목으로도 시각을 확장해볼 수 있을 것이다. 다음 〈그림 13-2〉의 내용은 사분면 일탈 유형틀에 야구에서 벌어지는 다양한 행위를 분류한 결과다(이는 확정적 결과가 아니다).

---

21) Stebbins, R. A. (2011). Sport and leisure deviance, in C. D. Bryant(ed.). The routledge handbook of deviant behavior (pp. 351-357). New York, NY: Routledge, 354쪽.

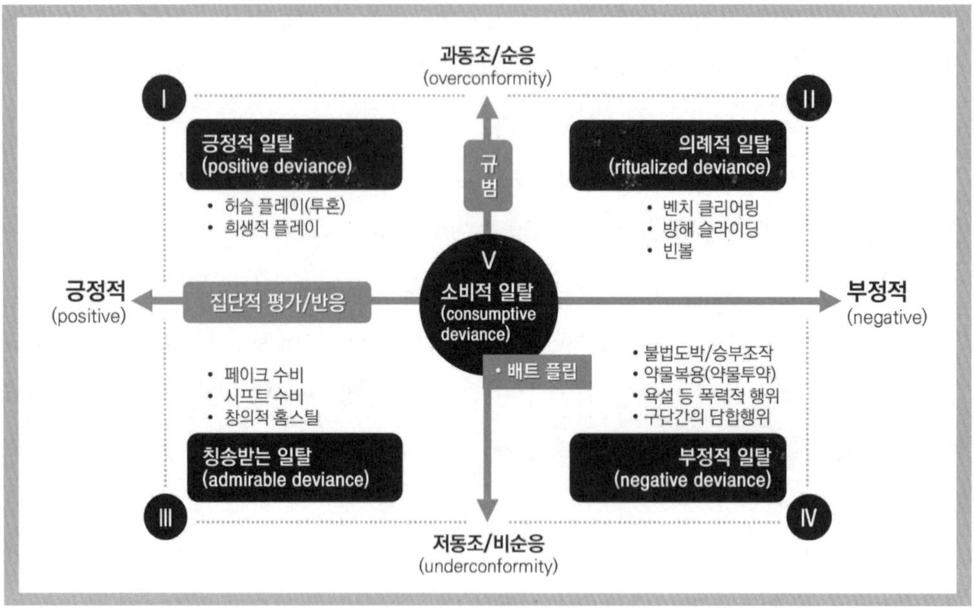

[그림 13-2] 야구계에서 발생하는 일탈의 다섯 가지 유형

먼저 [I 분면]의 '긍정적 일탈'이다. 이는, 기존 야구계에서의 규범을 초과하여 따르거나, 감히 흉내 낼 수 없을 '이상적[ideal]' 기준에 도달한 행위가 야구계 구성원에게 긍정적으로 평가받는 일탈이다(집단의 긍정적 반응). 여기엔 대표적으로 '허슬 플레이(자기 몸을 아끼지 않는 플레이)'나 팀을 위해 희생하는 '헌신적 플레이'가 포함된다. 긍정적 일탈의 핵심 요소 중 하나인 집단을 위한 '과한 순응성[supra-conformity]'을 그 특징으로 하는 것이다.[22] 앞서 소개한 최동원 선수 사례나, 팀의 주장으로서 팀 사기를 북돋우려 퇴장을 감수하면서까지 다른 선수나 심판에게 항의하는 행위(2008베이징올림픽 야구 결승에서 포수 강민호 선수가 보여준 퇴장 등)를 들 수 있다.

의례적 일탈 사례

[II 분면]은 '의례적 일탈'이다. 이는 기존 규범을 과하게 따르나, 그것이 집단적, 사회적으로 부정적 평가를 받는 일탈이다. 그래서 특정 행위의 본래 의미가 사라진 채 형식만 추구하는 '의례'란 표현이 가능하다(결국 없어져도 될 행위다). 대표적으로 빈볼이나, 빈볼 및 특정 사건 이후에 발생하는 '벤치 클리어링', 1루에서 2루로 뛰는 주자가 병살을 막기 위해 공격적으로 태클을 하는 경우다(동료를 위한 희생이나 '보복' 규범을 과하게 지키지만 좋은 평가를 받지 못한다).

---

22) Heckert, D. M. (1998). Positive deviance: A classificatory model. Free Inquiry in Creative Sociology, 26(1), 23-30, 26쪽 설명을 참조하라.

[III 분면]은 '칭송받는 일탈(혹은 혁신적 일탈)'이다. 기존 야구계 규범이나 규칙을 따르지 않거나 거스르는 행위에도 불구, 집단적으로나 사회적으로 좋은 평가나 긍정적 반응을 불러일으키는 일탈이다. 야구계에선 수비수가 종종 보여주는 '속이는 수비fake defense'가 대표적 사례다. 기존엔 선수 대부분이 정상적으로 수비하지만, 일부 선수들이 종종 그런 규칙을 깨고 타자를 헷갈리게 한다. 또는 3루에 있던 주자가 예상 밖의 상황에서 홈으로 도루하는 경우(홈을 훔친다고 하여 '홈 스틸'로 불리는 행위)도 칭송받는 일탈이다. 이러한 일탈은 어떤 차원에선 특정 집단이나 사회의 발전을 위해 권장될만한 것일 수 있다.

홈스틸 사례

[IV 분면]은 앞으로 다룰 '부정적 일탈'이다. 야구계 구성원들이 따를 것이라 기대된 규범을 어기면서 동시에 집단적, 사회적으로 부정적인 평가를 받는 경우다. 특정 세계의 지속가능성을 확보하려면, 무엇보다 이 부정적 일탈이 없어져야 한다. 야구계의 대표적인 부정적 일탈에는 불법도박, 승부조작, 국가 방역 지침, 약물복용(특히 청소년 야구선수에게 약물을 복용하게 하는 행위 등), 욕설이나 방망이를 집어던지는 폭력 행위, 구단 간의 담합 행위(집단적 불법행위)가 포함된다.

소비적 일탈을 어떻게 해석해야 하는가?

"오늘날의 스포츠 일탈은 대중매체의 볼거리 관심사에 특화된 형태로 나타난다고 이해되어야 한다." 소비적 일탈 개념을 처음 소개한 문헌이 주장하는 내용이다.[23] 즉, 오늘날 자본주의 체계에서 상업화되는 스포츠계는 앞으로 거의 모든 일탈이 '엔터테인먼트'로서 소비되는 것으로 이루어질 것이란 일종의 '예언적' 개념이다. 그런 경향성으로 인해 스포츠계에서의 일탈은 일종의 '위험을 수반하지 않으며 소비자를 기쁘게 하는 연극(performance)으로 해석 되어야' 한다. 즉, 스포츠 일탈은 볼거리 차원에서 소비될 것이란 주장이다.

스포츠계(야구계 포함) 일탈행위와 관련하여 흥미로운 유형은 [V분면]으로 그림 가운데에 배치된 '소비적 일탈consumptive deviance'이다. 이는 모든 분면과 연결될 수 있기에 그림 가운데 위치되었다. 오늘날 스포츠계 일탈은 소비문화 차원의 여흥을 위해 행해진다는 것이 이 개념이 주장하는 핵심이다. 대표적으로 '배트 플립bat flip'을 들 수 있다. 흔히 '빠던(빠따 던지기)'으로 알려진 행위다. 이는 그 어떤 심각한 계산이나 전략에 바탕을 두고

[23] Crabbe, T., & Blackshaw, T. (2004). New perspectives on sport and 'deviance': Consumption, peformativity and social control. New York, NY: Routledge, 76쪽 참조.

행해진다기보단, 그저 개인적 쇼맨십이나 대중의 행동적 취향을 충족시키려 행해진다. 즉, 미디어 관심이나 향후 '볼거리spectacle'로서 대중에게 소비되는 일탈이다.[24]

스포츠계 일탈의 의례성, 혁신성, 긍정성

앞서 제시된 스포츠계 일탈의 유형이 우리에게 말해주는 바는 무엇일까? 핵심적으로 두 가지를 읽어볼 수 있다. 첫째, 일탈 개념의 '부정성negativity'만이 아니라, 스포츠계 일탈에는 여러 사회적 속성이 포함되었단 점이다. 세분하여 이해해야 할 필요가 있다. 둘째, 마케팅이나 정책적 측면에서 스포츠계 일탈은 '촉진'과 '방지'의 이분법으로 구분될 수 있단 사실이다. 당연히, 부정적 일탈은 예방되어야 한다. 하지만 다른 일탈, 예를 들어 칭송받는 일탈(혁신적 일탈)은 어떨까? 촉진되면 좋지 않을까? 물론 이런 이분법에 속하지 않는 유형도 있는데, 여기에서는 스포츠계 부정적 일탈을 살펴보기 전, 다른 일탈 행위의 사회적 속성을 간략히 정리해보자.

스포츠 일탈의 의례성

'의례성'은 이 책의 3장 '스포츠와 몸'에서 소개되었던 개념이다. 행위의 본래 의미가 소거된 채, 형식만 추구되는 성향을 의미한다. 원시시대 창을 던지는 행위는 동물을 죽여 생명을 유지하는 의미를 지니고 있었다. 오늘날 스포츠계 창던지기는 어떨까? '무엇인가를 죽여 자기 생명을 유지'한다는 본래 의미는 사라지고, 단지 창을 던지는 '행위(형식)'만이 채택되어 이루어진다. 이렇게 보면, 오늘날 스포츠에서의 거의 모든 행위에는 보편적으로 이 의례적 성격이 내재한다(책의 98쪽 참조).

의례적 일탈의 대표적 사례는 야구의 '벤치 클리어링' 말고도, QR코드 영상에 있는 아이스하키(미국의 아이스하키 리그인 NHL)의 '맨주먹 다툼'이다. NHL에는 이 주먹다짐만 전문으로 하는 선수도 있다('Enforcer'라 한다). 분명 일탈행위인데, 이는 왜 아이스하키계에서 당연히 해야 하는 행위로 자리 잡았을까? 보통, 주먹다짐은 팀 선수를 위한 보복이나 상대 팀 에이스 선수를 무력화하는 목적으로 행해진다고 알려져 있다. 하지만 어떤 측면에서 이는 아이스하키에서

아이스하키 주먹다짐

[24] 우리나라 야구계에서 '빠던'과 관련해 가장 유명한 선수 두 명은 전 삼성라이온즈 양준혁과 전 두산베어스의 홍성흔이었다. 이들의 빠던, 즉 '배트 플립'은 실제로 은퇴 후 jtbc 연예 프로그램 '뭉쳐야 찬다'에서 볼거리로서 소비되기도 하였다(유튜브에서 '홍성흔 빠던'을 검색해보라).

억제할 수 없는 폭력성(과거 스틱으로 선수 머리를 가격해 숨지게 한 폭력성)을 '안전장치가 마련된 상황에서 싸움을 위한 싸움'으로 제도화한 것으로 설명해볼 수도 있다(문명화 과정으로서의 제도화). 물론, 아이스하키에서의 이런 주먹다짐은 향후 소개될 '구조적 폭력'의 특징도 지닌다.

스포츠 일탈의 혁신성(칭송 가능성)

일탈은 기본적으로 '혁신성'도 지닌다. 개인적으로, 스포츠계 역사에서 대중적 혹은 스포츠계 내부적으로 칭송을 받으며 혁신적 일탈로 평가할만한 사례는 높이뛰기의 딕 포스베리Dick Fosbury, 1947-다(책의 8장 '스포츠와 조직화' 참조). 193cm의 큰 키 때문에 그는 당시(1968년) 높이뛰기 경기에서 절대적 규범이었던 가위뛰기가 불가능했다. 어쩔 수 없이 다수의 기대를 어기며 그는 배면뛰기를 고안했고, 강렬한 인상을 남기며 1968년 올림픽에서 금메달을 딴다.

혁신적 일탈의 흥미로운 측면은, 이것이 주로 조직 차원이 아닌 한 개인의 고민과 엉뚱한 시도(생각)에서 발현된다는 사실이다. 혁신적 일탈이 지닌 이런 특성은 '스포츠 문화'와 관련하여 중요한 물음을 제기한다. 즉, '어떠한 스포츠 문화(특히 코칭 문화)에서 혁신적 일탈이 자주 나타나는가'란 물음이다. 이 물음에 따라 과연 우리의 스포츠계는 혁신적 일탈을 허용하는 문화인지를 고민해볼 필요가 있다. 나아가 혁신적이라고 평가받을 일탈이 자주 나타나는 스포츠계는, 역설적으로 그 세계의 기존 규범과 규칙이 얼마나 폐쇄적이었는가를 보여주는 지표가 될 수도 있다.

스포츠 일탈의 긍정성

정상적이라 합의된(혹은 정해진) 규범을 어떤 방향으로 얼마나 벗어났는가를 기준으로 긍정적 혹은 부정적 일탈을 판단한다. 긍정적 일탈은 문자 그대로 정상을 벗어났으나 그것이 좋은 방향으로의 과도한 이탈 상태를 뜻한다. 지나칠 정도로 좋은 성적을 보여주는 학생이나, 몸을 다쳐가면서까지 팀을 위해 헌신하는 선수 등이 보여주는 등, 규범적 기대를 초과한 행위다(그래서 '과동조적 일탈' 혹은 '과순응적 일탈'로 부른다).

대표적인 사례가 '투혼'을 발휘하는 선수다. 축구 경기 중 헤딩을 하다 상대 팀 발과 부딪히는 바람에 머리에 큰 상처를 입은 선수는 어떻게 해야 할까? 당연히 시합을 포기하고 쉬어야 한다. 경기가 중요한가, 자기 건강이 중요한가? 문제는, 스포츠계의 '투혼

규범'이 이렇게 부상 당한 선수에게 팀을 위해 헌신하라고 강요한다는 점이다. 그래서 머리에 붕대를 감고 '부상 투혼'을 발휘한다. 그리고 미디어와 팬, 팀 동료들은 그런 희생적 자세에 칭송을 보낸다. 그러다가 그 선수가 골까지 넣는다면? 부상 투혼은 모든 사람이 스포츠계에서 따라야 할 규범으로 강화된다.

하지만 긍정적 일탈의 '긍정성positivity'에는 역설적으로 부정성이 포함되었음을 알아야 한다. 예를 들어, 앞서 야구계 일탈 유형에서 설명한 최동원 선수 사례를 보자(447쪽). 긍정적 일탈은 분명 맞다. 하지만 그 긍정성이 누구 관점에서의 긍정성인지를 따져봐야 한다. 최동원 선수라고 일곱 경기 중 다섯 경기에 나와 610개의 공을 던지고 싶었을까? 팀 입장에선 너무나 고마운 선수였겠지만, 선수 개인에게는 어깨를 망가뜨리는, 즉 건강을 훼손하는 행위였다. 팀을 위한 희생이라고 좋게 표현되지만, 엄밀히 따지면, 이는 조직을 위해 네 한 몸 바치라는 구조적 폭력structural violence이 된다.

결국, 긍정적 일탈의 '긍정성'은 스포츠계 많은 구성원에게 이처럼 숭고한 이상(감히 도달하기 어려운 이상)을 추구하라는 암묵적 메시지로 기능한다. 그럼으로써 선수 개개인의 인식과 행위를 팀 중심으로 향하게 하는 사회적 통제 기제로 작동한다. 이런 해석이 가능하다면, 결국 긍정적 일탈 담론은 특정 팀 혹은 거시적으로 특정 스포츠계의 사회 질서를 유지하게 만드는 '규범적 규율 장치'로 봐야 하지 않을까?

스포츠계 부정적 일탈의 이해

스포츠계 일탈이 지닌 의례성, 혁신성, 긍정성은 우리가 일반적으로 형성한 '일탈' 개념의 다른 측면을 보여주었다. 하지만 분명한 점은 일탈은 분명 규칙이나 규범을 '벗어난 행위'란 사실이다. 문제는, 그런 일탈이 우리 삶의 중요한 가치나 기준을 무너뜨릴 수 있는 차원으로까지 오염되는 경우다. 특정 세계에 구축된 규범과 규칙이 자주 위반되고 그에 따라 집단적으로 제재의 목소리가 강해질 경우, 그 세계는 '부정적 일탈'의 범람으로 인해 시스템의 지속가능성이 위협받게 된다. 그래서 그 어떤 일탈보다 부정적 일탈은 정책적으로 관리되어야 한다. 스포츠계 역시 예외는 아니다. 우리는 매일 스포츠뉴스나 여러 언론 매체를 통해 스포츠계에서 벌어지는 여러 좋지 않은 소식을 접한다. 주로 어떤 소식을 접할까? 다양한 부정적 일탈이 발생하지만, 여기에서는 폭력행위(폭력 유형, 관중폭력, 성폭력), 약물복용, 승부조작을 중심으로 정리해보자.

긍정적 일탈을 야기하는 스포츠 윤리
선수들이 과도하게 따르는 스포츠 규범은 무엇인가?

여기에서 말하는 스포츠 윤리란 스포츠에서 '진짜 선수'가 무엇인지 정의할 때 선수들 사이에서 사용되는 하나의 범주를 뜻한다. 스포츠에는 다양한 윤리가 존재한다. 여기에는 페어플레이를 중심으로 반칙을 하거나 약물을 복용하면 안된다는 윤리에서부터, 무조건 열심히 해야 한다며 긍정적 일탈을 야기하는 '투혼' 윤리에 이르기까지 다양하다. 즉, 선수라면 마땅히 '이렇게 하거나 되어야 한다'는 정신이 이 윤리적 담론에 담긴 것이다. 이와 관련, 스포츠계 긍정적 일탈을 최초로 다뤘던 연구를 중심으로 그 스포츠 윤리를 크게 네 가지로 정리한다.[1)]

1. 몰입 규범: 경기에 헌신하라

첫 번째 규범은 몰입(commitment) 규범이다. 선수는 다른 무엇보다도 경기에 헌신해야 한다는 규범이다. 이 규범의 내용은 단순하다. 즉, 선수라면 다른 무엇보다 경기 그 자체가 좋아 거기에 헌신하겠다는 태도를 지녀야 한다는 것이다. 또한 그러한 태도를 지녔을 때 자신이 참여하는 종목에서 환영을 받을 수 있음을 말해준다. 이 규범에서 선수에게는 본디 게임에 대한 애정과 열정을 우선순위에 두어야 함이 강조된다. 이는 선수들이 게임에 대한 바람직한 태도를 갖고, 동료의 기대를 충족시키며, 게임을 하는데 이 한 몸 기꺼이 희생할 뿐 아니라, 어떠한 망설임 없이 게임의 조건을 받아들이라 강요한다.

2. 구별짓기 규범: 다른 선수와 차별화하라

두 번째로는 다른 선수와의 차별성을 강조하는 구분짓기(distinction) 규범이다. 이는 선수들이 경기에서의 탁월함을 추구해야 함을 주요내용으로 한다. 즉, 죽도록 열심히 해 남들보다 뛰어난 존재가 되어야 한다는 말이다. 남들보다 "더 빠르게, 더 높게, 더 강하게" 됨을 강요하는 규범이다. 이 윤리 규범을 따르는 선수들은 완벽함을 추구하고자 부단히 노력해야 함을 강요받는데, 승리를 위한 이러한 노력만이 그들을 특별한 무엇으로 만들어주기 때문이다.

지난 2002솔트레이크시티동계올림픽 30km 노르딕스키 경기 중 내부출혈로 고통스러워했던 한 선수는 극한의 상황으로 자신을 밀어 넣었던 상황을 "스스로를 그런 상황에 밀어 넣었던 건 한 마디로 특별한 경험"이라고 회고하기도 했다. 흥미로운 점은 최고수준의 선수들에게 이러한 경험과 그 의미에 대해 의견을 물으면 대다수가 그에 동의한다는 사실이다. 뛰어난 선수는 역시 뭐가 달라도 다르다.

3. 인내 규범: 현실을 수용하라

세 번째로는 위험을 감수하고 고통 속에서도 경기를 할 수 있어야 한다는 인내(tolerance) 규범이다. 경기 중에 선수들은 자신의 배포를 보여줘야 할 때를 만난다. 이 때 선수들은 어려운 상황에서도 대담하게 현실을 받아들이며 극복할 수 있다는 모습을 사회적 차원에서 확인시켜줘야 한다. 즉, 나는 '멘탈이 장난 아니다'를 보여줘야 한다. 위험한 상황에서 실패하면 상황이 더 악화될 수 있음에도 불구하고 모험을 감행하는 '타짜 정신'의 발휘다. 결국 이러한 정신은 선수로 하여금 팀에 대한 과도한 정체성을 부여하도록 하고, 나아가 일탈행위로의 과도한 순응으로 연결된다. 비록 이것이 팀의 단합을 이끌어 경기에서의 좋은 성적으로 연결되곤 하지만, 선수들을 운동수행만을 위한 도구로 전락시킨다는 점에선 부정적이다. 이 규범이 지니는 명암이다.

4. 무한도전 규범: 불가능은 아무것도 아니다

넷째, 무한도전(challenge) 규범이다. 한 스포츠기업의 "불가능, 그건 아무것도 아니다"란 광고 문구가 이 규범의 전형이다. 이는 선수들에게 어떠한 의심 없이 자신의 꿈을 위하여 불가능에 도전하라는 메시지 혹은 '의무감'을 강조한다. 우리가 운동을 하면서 주변 사람들이 '넌 할 수 있어, 이건 아무것도 아냐'라며 받는 격려(?)가 모두 이 규범의 핵심을 담는 담론이다.

1) Hughes, R., & Coakley, J. (1991). Positive deviance among athletes: The implications of overconformity to the sport ethic. Sociology of Sport Journal, 8, 307-325.

야구계에서 발생하는 벤치 클리어링이 이 책에서 '의례적 일탈'로 기술되기에 혹자는 그런 일탈을 별거 아닌 것으로 생각할 수 있을 것이다. 하지만 모든 선수가 특정한 목적과 의미를 지니고 소요 사태에 참여하는 것이 아니란 차원에서 '의례'로 표현했을 뿐, 실제 그 안에서 이루어지는 몇몇 선수는 거친 폭력을 경험한다. 과연 폭력이란 행위는 무엇이고, 이것이 스포츠계에서는 어떤 방식으로 이루어질까? 그리고 이는 왜 '부정적 일탈'의 범주에 속할까?

폭력이란 무엇인가?: 스포츠 폭력 이해하기

> 폭력이란 개인에 의해 고의로 다른 사람을 위협하거나 신체적, 심리적 혹은 성적으로 해를 가하고자 이루어지는 모든 형태의 행위를 의미한다.[25]

우리는 폭력violence이라고 하면 누군가를 물리적으로 때리는 범죄나 폭발물을 터트리는 테러, 전쟁과 같은 국제분쟁 등을 떠올린다. 이들은 분명 폭력이 맞다. 그것도 눈에 직접적으로 보이는 가시적인 폭력이다. 하지만 폭력을 이런 가시적 현상으로만 제한하면, 본질적이고 은밀하게 작동하는 폭력의 양상을 놓칠 수 있다. 다양한 폭력 유형과 그에 따른 스포츠 폭력을 알아보기 전, 먼저 폭력 개념을 정리해보자.

우리는 폭력 개념을 두 가지 의미로 이해할 필요가 있다.[26] 첫째, '힘force'으로서의 폭력이다. 타인이나 물건에 부상(해)을 가하는 물리력으로서의 힘을 의미한다. 그래서 이 '힘으로서의 폭력' 개념에는 개인의 신체적 능력 우위나 성향 및 기질적 특징이 담긴다. 스포츠와 관련해서는 선수들 간의 폭력 사건이 해당한다. 둘째, '침해violation'로서의 폭력이다. 어떤 기준을 초과하거나, 권리를 침범하거나, 법규를 위반하는 등의 의미가 이 두 번째 용법에 담겼다. 이는 개인적 능력 같은 기질 차원보다는, 주로 제도적 차원(그래서 좀 더 포괄적 의미로서의 폭력)에서 사용된다.

폭력을 사회학적으로 탐색하는 데 있어 중요한 건 두 번째 의미다. '힘으로서의 폭력'은 눈에 명백히 보이는 주관적 폭력이다. 그래서 제재나 처벌의 판단이 쉽다. 하지만

---

25) Stanko, E. A. (2001). Violence, in E. McLaughton & J. Munie(eds.). The sage dictionary of criminology. London: Sage, 316쪽.

26) Bufacchi, V. (2005). Two concepts of violence. Political Studies Review, 3(2), 193-204.

이보다 복잡하고 주변에서 많이 발생하는 폭력은 비가시적이다. 대표적으로 상징적 폭력과 구조적 폭력이 여기에 해당한다. 스포츠계에서도 선수 간의 직접적 무력 사용 형태로 폭력 사건이 벌어지지만, 상징적이거나 구조적 차원에서의 폭력(제도나 언어가 부과하는 침해로서의 폭력)도 만연되어 있다.

그렇다면 스포츠 폭력이란 무엇일까? 한 문헌은 스포츠 폭력 개념을 '최소한'과 '최대한'의 관점에서 접근해야 한다고 말한다.[27] 최소한의 관점에서 스포츠 폭력은 '스포츠 내외부에서 타인에게 과도한 신체적 힘과 신체적 해를 가하는 행위'다. 역시 '힘으로서의 폭력' 개념에 국한해 정의되었다. 범위를 좀 더 넓히면, 스포츠 폭력이란 "스포츠 경험으로 나타나는 직간접적 결과로 신체적, 심리적 상처를 입히는 모든 행위"[28]가 된다. 이 역시 스포츠계에서 벌어지는 폭력의 의미를 모두 담아내지 못한다. 이들을 포함하여, 최대한으로는 "스포츠 맥락에서 다른 사람에게 상처를 입히거나(혹은 위협하거나) 인간의 공정과 시민적 자유를 침해하는 모든 가해적 혹은 잠재적으로 가해적인 행위"[29]로 정의된다. '힘'과 '침해'로서의 폭력 의미를 모두 담은 정의다.

스포츠 폭력의 유형

미시 사회학자 랜들 콜린스Randall Collins, 1941-는 스포츠 폭력이 세 가지 차원에서 발생한다고 주장한다. 첫째, 대면 상황이다. 선수와 선수, 지도자와 선수 간 대면 상황에서 폭력이 발생한다. 주로 시합 상황이 여기에 해당한다. 둘째, 집합적 상황이다(관중난동이 대표적). 감정의 전염이나 쾌락 추구 상황이 형성되면 발생한다. 셋째, 경기장 외적 상황에서 팬이나 관중들 사이에서 발생한다. 콜린스가 제시한 유형은 스포츠 폭력의 필수 측면을 짚긴 했으나, 사실 충분치는 않다.

스포츠 폭력의 유형: 합법성과 수용성 기준의 분류

스포츠 폭력은 구체적으로 어떻게 유형화될까? 선수들끼리 이루어지는 주먹다짐은 구체적으로 어떻게 명명될까? 선수와 관중 사이의 폭력이나, 시합 중 발생하는 의례적

27) Spaaij, R. (2015). Sport and violence, in R. Giulianotti(ed.). Routledge handbook of the sociology of sport. New York, NY: Routledge, 325-326쪽.

28) Jamieson, L. M., & Orr, T. J. (2012). Sport and violence: A critical examination of sport, Oxford: Elsevier Butterworth-Heinemann, 4쪽.

29) Young, K. (2012). Sport, violence and society, New York, NY: Routledge, 15쪽.

일탈(예를 들면 야구의 벤치 클리어링 등)은 어떤 폭력으로 명명할 수 있을까? 지금까지 적지 않은 문헌에서 이런 질문에 답할 수 있는 스포츠 폭력 유형화 노력을 해왔다. 가장 대표적인 것은 스포츠 폭력 유형을 '합법성' 정도에 따라 분류한 기준이다.[30]

상대적으로 합법적		상대적으로 비합법적	
거친 신체 접촉 (brutal body contact)	경계에 걸친 폭력 (borderline violence)	준범죄적 폭력 (quasicriminal violence)	범죄적 폭력 (criminal violence)
스포츠의 공식 규칙을 따르는 행위이기에 합법적; 구성원들에게 거의 받아들여짐	스포츠의 공식 규칙과 법적 규칙을 위반하나, 광범위하게 수용됨	스포츠의 공식 규칙, 법적 사항, 비공식적 선수 규범 중 중대한 부분을 위반하였기에 거의 수용되지 않음	스포츠의 공식 규칙, 법적 사항, 비공식적 선수 규범을 위반하여 전혀 수용되지 않음

[그림 13-3] 스포츠 폭력 유형: Michael D. Smith의 분류

'거친 신체 접촉'은 선수 간의 충돌이나 태클, 바디체크 등, 스포츠에서 자연스럽게 발생하는 활동으로서 공식적인 스포츠 규칙으로 있는 경우가 많아 합법적이다. 스포츠계 내부적으로는 선수나 지도자들 사이에서 거의 받아들이는 종류의 행위다. 두 번째 '경계에 걸친 폭력(기준이 모호한 폭력)'은 공식적 규칙과 법적 사항을 위반하기는 하지만, 대부분의 종목에서는 암묵적으로 용인되고 당연시되는 폭력이다(예를 들어, 야구에서의 빈볼, 아이스하키에서의 주먹다짐 등). '준범죄적 폭력'은 경기규칙과 법규의 상당 부분을 위반하며 다른 선수에게 해를 가하는 폭력으로(비열한 플레이나 악질적인 파울 등), 벌금과 제재가 가해지고 스포츠계 내부에선 거의 수용되지 않는다. 마지막은 '범죄적 폭력'으로서 한 마디로 구속될 정도의 폭력이다.

스포츠 폭력의 유형: 총체적 범주 분류

몇 가지 기준으로만 스포츠 폭력 유형을 도출할 수 있을까? 어려울 것이다. 스포츠계 폭력 형태가 그만큼 다양하기 때문이다. 이에, 앞서 언급했던 '힘[force]'으로서의 폭력과 '침해[violation]'로서의 폭력을 총체적으로 고려한 범주가 구성되었다. '스포츠 폭력의 범주'로 명명될 이 분류엔 총 다섯 개의 폭력 유형이 포함되었다.[31]

---

30) Smith, M. D. (1983). What is sports violence?: A sociolegal perspective, in J. H. Goldstein(ed.). Sports violence(pp. 33-45). Toronto: Butterworths.

첫째, 대인간 폭력interpersonal violence이다. 가장 보편적인 폭력 유형이다. 선수끼리(동성 및 이성 간), 선수나 지도자 사이 등, 개인 사이에 일어나는 직접적(신체 가해 및 살인 등) 및 간접적(기물 파손을 통한 가해) 폭력을 의미한다. 이런 폭력은 대부분이 '의도적'으로 계산적이고 표현이 명료하게 드러나는 특징을 지닌다.

둘째, 심리적 폭력psychological violence이다. 신체적 해를 야기하지는 않지만, 정신적으로 피폐하게 만드는 폭력이다. 팀에서 선수들 간에 이루어지는 따돌림이나 언어적 폭력이 이 유형의 대표 사례다. 물론, 심리적 폭력이 단지 언어나 상징, 몸동작 등, 비신체적 방식으로만 이루어지는 건 아니다. 신체적 폭력이 이루어지면 심리적 피해가 자동으로 따라온다(선수나 지도자에게 맞으면 정신적으로도 피폐해진다).

셋째, 제도적 폭력institutional violence으로서, 국가가 주도한 폭력을 의미한다(공권력적 폭력이라고도 표현한다). 러시아가 국가 주도로 선수들에게 금지 약물을 투입한 사건이 대표적이다. 거부하는 선수에게는 "대표팀을 안 떠나면 교통사고 당할 것"이라 했다니,[32] 선수 입장에선 거부하기 어려웠을 '합법적(?) 폭력'이었던 셈이다.

무대 위로 이어진 유리 에스컬레이터?

무용계는 여초계다. 여성이 남성에 비해 약 7:3의 비율로 많다. 그래서 남성은 그 희소성 때문에 일종의 '상징적 가치'를 지닌다. 문제는, 그처럼 희소한 상징적 가치로 인해 남자 무용수가 무대 위에(특히 중앙에) 설 수 있는 기회를 '힘들게 노력하는' 여성보다 더 많이, 그리고 쉽게 얻는다는 사실이다. 결국, 남자 무용수는 단지 '남성'으로 태어났다는 것으로 상징적 자본을 얻고, 여자 무용수는 상징적 폭력을 당한다.[33]

넷째, 상징적 폭력symbolic violence이다. 집단 내 구성원들 사이의 '오인(잘못된 이해에 입각한 인정)'에 의해 타인의 권리를 침해하거나 특정 권력을 발휘하면, 그게 상징적 폭력이다.[34] 남아 네 명에 여아 한 명으로 구성된 초등학생 모임이었다. 조를 꾸려 어디를 가려는 모양이었다. 갑자기 남아 한 명이 "누가 조장하지?" 묻는 것이다. 조금 있다 여아

---

31) Matthews, C. R., & Channon, A. (2017). Understanding sports violence: Revisiting foundational explorations. Sport in Society, 20(7), 751-767.

32) 임경업 (2015.11.11.). 푸틴의 러시아, 국가가 '금지 약물' 먹였다. 조선일보, A6면.

33) 남상우, 이해령, 김대희 (2020). 무대 위로 이어진 유리 에스컬레이터: 남자 무용수를 향한 무용계의 숨겨진 젠더 이점. 한국스포츠사회학회지, 33(2), 19-40.

34) Bourdieu, P. (1986). The forms of capital, in J. Richardson(ed). Handbook of theory and research for the sociology of education (pp. 241-258). Westport, CT: Greenwood.

가 "민준이가 해"라고 하더라. "(왜?) 우리 중에 제일 키가 크잖아." 사실, 말이 안 되는 주장인데, 그 주장을 다들 수용하는(인정하는) 분위기였다. 이때 민준이라는 아이의 큰 키는 상징적 폭력으로 작동한다. 특정 상징(어떤 분야의 경력이나 개인적 특질 등)이 집단 내에서 오인되며 정당성을 얻을 때, 이는 상징적 폭력으로 기능한다.

다섯째, 의례화된 폭력ritualized violence으로서, 이는 폭력의 본질적 특성(타인에게 해를 가하거나 특정 권리 요소를 침해하는 특성)을 배제한 채 그 형태만을 취해 폭력을 연기하는 형태를 의미한다. 대표적으로 '복싱'을 들 수 있다. 기본적으로 남을 때리지만, 이는 그저 때려야 하니 때리는 것이다. 야구의 벤치 클리어링 역시 나가야 하니 나가서 소동을 벌인다. 일종의 의례화된 연극으로 볼 수 있을 폭력 형태다. 무대가 마련되며 관리된 채로 행해지는 폭력, 그것이 의례화된 폭력이다.

구조적 폭력: 가해자 없는 스포츠계 폭력

댄스스포츠계는 '구조적 폭력structural violence'이 작동하는 세계다(책의 344쪽 참조). 즉, 여성은 여성으로 태어났다는 이유만으로 댄스스포츠계에 배태되어 작동하는 구조적 폭력에 노출된다. 남자 파트너를 구해야 하는데, 상대적으로 그 수가 적기에 어쩔 수 없이 모든 피해를 감내해야 하기 때문이다(이런 차원에서 구조적 폭력은 '침해'로서의 폭력이다). 남성은 숫자가 적다는 이유로 행여 능력이 부족하더라도 구조적 혜택을 얻는다. 레슨비나 시합 출전 시 뒷바라지 등을 여성 쪽에서 모두 지원하기도 한다. 온갖 불편함을 여성이 감내해야 하는 구조다. 인구구조 자체가 그리 형성되었을 뿐, 실제 폭력의 가해자는 존재하지 않는다. 그러니 누굴 탓하기도 힘들다.[35]

"한 남편이 자기 아내를 때리면 그건 명백한 직접 폭력이지만, 백만 명의 남편이 백만 명의 아내들이 교육을 못 받도록 방해한다면, 그건 구조적 폭력이다."[36]

구조적 폭력은 가해자가 명백히 확인되지 않으며 구조 속에 폭력이 내장되어 있기에 간접적인 피해를 발생시킨다. 현상 포착이 어렵고 비가시적이며 폭력의 효과가 잘 나타나지 않는 특징을 지닌다. 앞서 사례로 든 댄스스포츠계나 보디빌딩계(여성보디빌더는 '보디 피트니스'라는 여성미 중심의 대회만 나가도록 점점 구조화된다), 나아가 무용계 등, 거의

---

35) 김대희, 남상우 (2018). 댄스스포츠 연구 분야에 대한 종합적 정리 및 사회학적 주제 도출. 한국스포츠사회학회지, 31(3), 43-66.

36) Galtung, J. (1969). Violence, peace, and peace research. Journal of Peace Research, 6(3), 167-191, 171쪽.

모든 스포츠계에는 그 세계를 구성하는 여러 제도 및 운영 구조 자체에 모순이나 문제가 내재하며 이러한 구조적 폭력을 발휘한다.

관중 폭력: 무엇이고 왜 발생하는가?

2014년 4월 30일 광주 KIA챔피언스필드에서의 일이다. 7회초 SK와이번즈가 공격할 때 남색 모자를 쓴 남성 한 명이 1루쪽 익사이팅존의 그물망을 뛰어넘어 그라운드로 뛰쳐나가 1루심을 향했다. 결국 1루심 목을 조르며 바닥에 드러눕히는 불상사가 벌어졌다.[37] 이 팬은 경기 내내 심판 판정에 계속 불만을 품고 있었다(판정 불만족). 더군다나 만취 상태였다(이성 마비). 그물망도 쉽게 뛰어넘을 수 있게 되어 있었다(환경적 용이성). 결국 관중에 의한 심판 폭력이 이루어졌다.

관중 폭력crowd violence이란 스포츠 경기를 관람하던 팬들이 경기 중 선수나 팀, 기물에 해를 가하거나 경기 외부에서 벌이는 신체적, 심리적 난동을 총칭한다. 이들의 폭력은 주로 폭행(선수나 심판 가해), 싸움(관중끼리 다툼), 언어 남용(욕하기), 경기장 침입, 물건 던지기, 기물 부수기, 테러(해당 팀 홈페이지 및 협회 무력화 등) 등으로 이루어진다.[38] 경기가 진행되는 상황에서나 경기 후 경기장 외부에서 이루어지는 소요다.

[그림 13-4] 스포츠계 관중/군중 폭력 유형의 종합

---

37) 최인준 (2014.05.01.). 심판 폭행까지…선 넘은 판정 불신. 조선일보, A20면.

38) Spaaij, R. (2014). Sports crowd violence: An interdisciplinary synthesis. Aggression and Violent Behavior, 19(2), 146-155, 148쪽.

그렇다면 관중 폭력의 유형은 어떻게 나뉠 수 있을까? 관련 문헌을 정리해보면 앞의 〈그림 13-4〉처럼 크게 네 가지 형태의 관중/군중이 그려질 수 있다.

먼저, '전율 지향적 군중'은 단지 시합을 망쳐놓고 싶은 마음에 폭력을 행사하는 일종의 훌리건을 의미한다. 짜릿한 전율을 원하는 집단이다. 둘째, '분노한 군중'은 시합에서 불공정한 심판판정이나 협회의 진행이 편파적일 때 발생한다(혹은 자신의 응원 팀 역량이 너무 떨어져도 나타난다). 셋째, '권력적 군중'은 시합의 내용과 질의 문제를 가지고 협회나 주관단체를 향해 시위 형식으로 항의하는 집단이다. 구단이나 협회를 방문하여 시위하거나 교정을 요구한다. 넷째, '유희적 군중'은 팀 승리나 경기 내용의 만족을 표현하고자 폭력을 행사한다. 자동차 위에 올라가 뛰거나, 축포를 쏘거나, 과도한 음주행위를 한다(2002한일월드컵 당시 길거리 광란이 대표적이다).

이와 같은 관중 폭력이 발생하는 조건은 다면적이다. 세 가지 요인이 복잡하게 연결되며 발생한다.[39] 첫째, 스포츠 경기 자체에서 나타나는 행위(만약 경기 중 선수들끼리 폭력행위가 있었다면 그 폭력 장면이 관중에 전염된다), 둘째, 관중이 처한 환경 조건과 관중의 역학구조(관중 크기, 사회계층, 경기 중요도, 통제, 음주, 홈앤어웨이, 팀 동일시 정도 등),[40] 셋째, 경기가 행해지는 장소의 역사적, 사회적, 정치 경제적 맥락이다.

스포츠계 성폭력: 구조적 폭력과 미투 운동의 의미

훈련 중이다. 남성 코치의 손이 고등학생 여자 선수의 몸을 스친다. 여성 코치의 손이 중학생 남자 선수 몸을 만진다. 선수 처지에선 애매할 수 있다. 기준이 모호하니 뭐라고 말할 수가 없다. 괜히 말을 꺼냈다가 관계가 이상해질까 두렵기도 하다.[41] 스포츠에서는 신체 접촉이 필수적이므로, 지도자와 선수 사이의 이런 접촉은 전부터 자연스러웠다. 선수 대부분은 신경 쓰지 않고 넘어갈 가능성이 크다. 문제는, 이런 행위의 반복이다. 같은 상황의 반복은 감수성을 떨어트린다. 행위에 친숙해진다.

스포츠계에 심각한 폭력 문제 중 하나가 바로 '성폭력'이다. 여고생 운동선수 10명 중 3.5명이 성희롱을 경험했다. 신체적 희롱이 가장 많다. 그 가해자의 76%는 지도자다.

---

[39] Kerr, J. H. (2005). Rethinking aggression and violence in sport. New York, NY: Routledge, 94-113쪽.
[40] Coakley, J. (2007). Sports in society: Issues and controversies(9th ed.). McGraw Hill, 224쪽.
[41] 2020년 국가인원위가 발표한 '체육단체 및 기관종사자 성폭력 등 실태조사 결과'에 따르면, 피해자들이 정신 이의 제기나 신고를 하지 않는 주요 이유 중 하나로 '항상 일어나는 일이고 다들 가만히 있으니까'를 들었을 정도다. 성인들도 이런데, 학생들은 더할 것이라 충분히 예상할 수 있다.

권력형 폭력이다.[42] 2010년 연구에서도 결과는 비슷하게 나타났다. 이 연구에서는 심지어 남학생들도 성희롱과 폭력을 경험했다(평균 29%).[43] 2012년부터 2015년까지 5년 동안 대한체육회 산하 '스포츠인권센터'에 성폭력으로 접수된 신고 상담 건수는 184건이었다. 평균 잡아 1년에 40-45건 정도의 성폭력 사건이 접수된 것이다. 물론 '신고'된 건수만 집계되었다. 신고 되지 않은 경우를 생각해보면, 우리나라 스포츠계 성폭력 문제는 이보다 더 심할 수 있다.

스포츠계 성폭력 문제와 관련한 세 가지 구조적 문제를 보자.[44]

첫째, 지도자의 절대권력 구조다. 대학 진학이나 대회 출전과 관련한 권한은 대부분 지도자에게 있다. 문제는 이 권한이 비대해져 '생살여탈권(죽고 살리는 권력)' 수준으로 작동한다는 점이다. 만약 선수가 성폭력을 당하더라도 신고하거나 조치하기 어려운 이유다. 팀 내 선수가 성폭력을 당했음에도, 다른 학부모가 나서서 신고를 못 하게 막는 경우도 생긴다. 그러다 지도자가 잘리면, 자기 자식 대학에 못 가기 때문이다.

둘째, 스포츠계에 형성된 견고한 '침묵의 카르텔'이다. 성폭력 문제를 팀 동료나 다른 지도자에게 말해도 돌아오는 답은 절망적이다. "조직을 위해 네가 참아라." 이것도 '조직관리'라면 관리다. 조직 내 주요 구성원들 대부분이 남자 중심으로 이루어진 상황도 이러한 카르텔을 강화한다. 그러다 보니 그 조직의 상층부로 가려면 남자보다 더 남자 같아져야 한다. 성희롱 따위는 감내해줘야 여성도 스포츠계 상층부로 올라갈 수 있다. 모든 분야의 조직이 이러한 생리를 지닌다.

셋째, 신고 구조의 문제다. 여기에는 우선 성폭력이나 희롱이 벌어져도 신고를 하지 못하는 문제(상징적 폭력에 의해), 신고하기로 마음을 먹었으나 어디에 신고를 해야 할지 마땅치 않은 문제, 설령 신고를 했어도 이게 해결될지에 대한 확신이 없는 상태, 가장 심각한 건, 확실한 해결이 안 되었을 경우 가해자가 다시 스포츠계로 돌아와 어떤 방식으로든 '보복'한다는 문제다. 피해자는 이런 다양한 조건을 따져본다. 그러면서 결론을 내린다. '참자(침묵하는 선택).' 결국 스포츠계 성폭력은 '구조적 문제'다. 구조적 문제는 구조 변화로 해결해야 한다. 자꾸 이걸 '가해자 처벌'과 '피해자 구제'라는 개인주의적 접근으로만 해결하려 하면 더 큰 문제가 생긴다.

---

42) 주종미 (2008). 운동부 내 성폭력 실태와 대응 방안. 스포츠엔터테인먼트와 법, 11(3), 219-245.
43) 조욱연 (2013). 운동선수 성폭력 실태 분석. 한국콘텐츠학회논문지, 13(1), 409-416.
44) 남상우 (2018). [인권 수첩] 체육계의 성폭력, #미투, 그리고 미래. 인권(통권 115호), 32-35.

1987년 '소련(지금의 러시아)'의 나탈리야 리소프스카야[Natalya Lisovskaya, 1962-] 선수가 여자 투포환 경기에서 22.63m를 던졌다. 세계신기록이다. 30년이 넘는 시간 동안 이 기록은 깨지지 않고 있다. 그만큼 대단한 기록이라고 볼 수 있겠다. 흥미로운 점은, 80년대 동유럽권 선수들이 육상계에서 세운 세계신기록 대부분(여자 400m, 여자 높이뛰기, 남자 투원반 등)이 지금껏 깨지지 않는다는 사실이다. 미국의 그리피스 조이너[Griffith Joyner, 1959-1998] 역시 1988년에 세운 여자 200m 세계신기록(21초34)이 지금껏 깨지지 않는다. 30년이 넘는 시간 동안 선수들 체력도 좋아지고 기술도 진보하는데 왜 깨지지 않을까? 당시 냉전 시대에 국가 간 상징적 대결로 인하여 스포츠계 약물복용이 조직적으로 행해진 것 아니었겠냐는 의혹이 도사리는 이유다.

'올림픽 금메달'과 '죽음'의 교환: 골드만 딜레마와 스포츠계 도핑

1978년에 이루어졌던 한 설문 조사는 스포츠계에 적지 않은 충격을 안겨줬다. "여기 당신을 올림픽 금메달리스트로 만들어 줄 마법의 알약이 있다. 그런데 이걸 먹으면 1년 안에 죽는다. 당신은 약을 먹겠는가?" 이 질문을 육상선수 100여 명에게 했다. 절반 이상의 선수들이 그 약을 먹겠다 답했다.[45] 물론 이 설문은 그렇게 답한 육상선수들이 정확하게 누구인지에 대한 정보가 없는 문제를 지니고 있었다.

1984년 또 다른 연구는 앞의 설문 문제를 보완하고자 두 가지를 수정하였다. 하나는 '1년 안에 죽는다'를 '5년'으로 바꿨다. 또 다른 하나는 설문 대상자를 최고 수준의 역도 선수와 육상선수(창던지기와 멀리뛰기 선수) 198명으로 늘렸다. "내가 가진 마법 알약을 먹으면 5년 안에 올림픽 금메달을 따고 우주 최고의 선수가 될 수 있다. 그런데 하나 단점이 있다. 그걸 먹고 난 후 5년 안에 죽는다. 약을 먹을 것인가?" 응답자 198명 중 52%인 103명이 먹겠다고 답했다.[46]

'골드만 딜레마[Goldman's Dilemma]'로 알려진 이 설문은 스포츠계 반-도핑[anti-doping] 정책 수립에 결정적 근거로 활용되었다. 물론 최근 212명의 엘리트 선수들을 대상으로 실시된 좀 더 정교해진 설문 조사에 따르면, 52%(불법 약물을 먹으면 올림픽 금메달리스트가 되나, 5

45) Mirkin, G., & Hoffman, M. (1978). The sportsmedicine book. Boston, MA: Brown and Company, 84쪽.

46) Goldman, B., Bush, P., & Klatz, R. (1984). Death in the locker room: Steroids & sports. South Bend, IN: Icarus Press, 32쪽.

년 안에 죽는다)에 달하는 선택은 1%로 떨어졌다. 반면에, '적발되지 않고, 5년 안에 죽지 않는다는 조건의 불법 약물'엔 12%의 선수가 수용했고, 5년 안에 죽는 '합법적 약물'에는 6%가 먹겠다고 답했다.[47] 이것이 뭘 말해줄까? 운동선수들이 스포츠에서의 승리와 약물을 대하는 심리적 태도가 바뀌었음을 말해준다.[48]

스포츠계 도핑의 이해: 선수들은 왜 도핑을 하는가?

부정약물[illegal drugs]이란 세계반도핑기구에서 섭취하면 안 되도록 금지한 물질을 의미한다. 금지했음에도 이 약물을 복용하는 행위, 그걸 도핑[doping]이라 부른다. "Dop"는 아프리카의 카피르족[Kaffir]에서 사용되던 방언으로, 종교적 행사 때 쓰던 '독주'로 알려져 있다. 1889년 처음, 영어사전에 '경마에 쓰이는 마약의 혼합물'로 소개되었다.

국제올림픽위원회는 도핑을 "선수가 경기에서의 경기력을 인위적이고 정정당당하지 못한 방식으로 높이기 위해, 비정상적인 방법으로 얻은 이질적 물질을 '비정상적인 양'으로 투여하거나, 그런 효과를 위해 물질을 섭취하는 행위"[49]로 정의한다. 규정만 놓고 보면 논쟁적이다. '비정상적인 방식'과 '비정상적인 양' 그리고 '인위적' 물질을 어떻게 구분할 수 있는지가 논쟁의 핵심이다. 예를 들어, 비타민 같은 영양제는 인위적으로 만들어졌지만, 많은 양을 먹어도 상관없다. 하지만 자연적으로 몸 내부에서 만들어진 테스토스테론 호르몬이나 자연에서 재배한 마리화나는 소량만 먹어도 위법이다.[50]

중요한 건, 세계적으로 많은 엘리트 선수가 도핑의 유혹에서 쉽게 벗어날 수 없다는 사실이다. 여기에서 사회학적 의문이 생긴다. 스포츠계 도핑은 선수 개인의 윤리적 문제인가, 그걸 할 수밖에 없고 쉽게 할 수 있게 된 환경[conducive environment]이 문제인가? 전술된 동유럽 선수들의 약물복용(실제 약물복용을 한 것으로 밝혀졌다)을 냉전 시대에 올림픽에서 미국을 이겨야 한다는 조직적 압력 때문으로 보는 일종의 '희생자 관점'은 불가능한가? 스포츠사회학은 선수의 도핑 이유를 어떻게 이해해야 할까?

---

47) Connor, J., Woolf, J., & Mazanov, J. (2013). Would they dope? Revisiting the Goldman dilemma. British Journal of Sports Medicine, 47(11), 697-700.

48) Woolf, J., Mazanov, J., & Connor, J. (2017). The Goldman dilemma is dead: what elite athletes really think about doping, winning, and death. International Journal of Sport Policy and Politics, 9(3), 453-467.

49) USOC(U.S. Olympic Committee)(1992). USOC drug education and doping control program: Guide to banned medications. Colorado Springs, CO: USOC.

50) 박성주 (2007). 스포츠에서의 약물복용에 대한 공정성 논쟁. 한국체육학회지, 46(6), 31-40.

여기 부정 약물이 있다. 먹으면 경기력이 급격히 좋아진다. 여러분이 기대를 한 몸에 받는 선수라면, 과연 이 약을 거부할 수 있을까? 선수들은 도핑 시 어떤 점을 고려할까? 한 연구는 선수들의 도핑 통제와 관련, 여섯 가지 고려 사항(준거)을 제시한다.[51)]

> 1) 성격 요인(personality): 자아존중감, 자신감, 낙관적 성향 등의 개인 성격
> 2) 위협평가(threat appraisal): 걸리게 되면 치러야 할 대가
> 3) 이득평가(benefit appraisal): 약물 사용 시 얻게 될 이점
> 4) 준거집단 영향(reference group influences): 동료집단의 승인 혹은 거부 판단
> 5) 개인적 윤리의식(personal morality): 옳고 그름에 대한 선수 개인의 도덕성
> 6) 지각된 합법성/정당성(legitimacy): 약물의 불법과 합법 여부를 용인하는 조직 분위기

선수 개인이 도핑 상황에서 여러 기준에 따라 고민하는 걸 보면, 이는 개인적 도덕성이나 성격 외의 요인이 스포츠계 도핑을 구성한다고 봐야 한다. 이런 문제의식을 바탕으로, 또 다른 연구는 운동선수의 부정 약물 선택에 영향을 끼치는 요인을 대인 관계 측면(중시적 차원)과 사회구조적 측면(거시적 차원)에서 밝혔다.[52)] 〈그림 13-5〉를 보면, 스포츠계 도핑이 단지 '개인의 도덕성' 문제만이 아님을 알 수 있다.

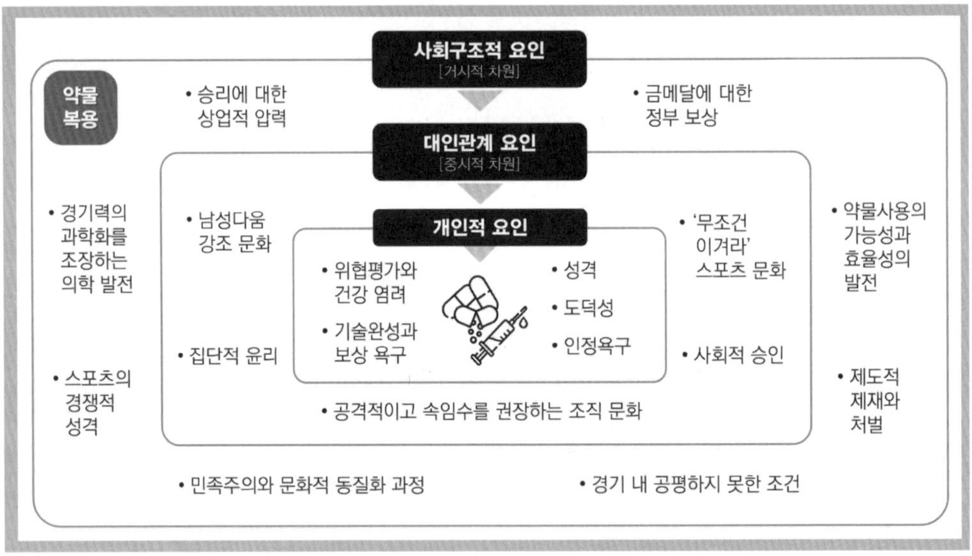

[그림 13-5] 스포츠계 도핑 행위에 영향을 미치는 요인의 종합적 정리

51) Donovan, R. J., Egger, G., Kapernick, V., & Mendoza, J. (2002). A conceptual framework for achieving performance enhancing drug compliance in sport. Sports Medicine, 32(4), 269-284.

52) Stewart, B., & Smith, A. C. (2008). Drug use in sport: Implications for public policy. Journal of Sport and Social Issues, 32(3), 278-298.

새롭게 등장하는 도핑 기술: 유전자 도핑에서 브레인 도핑까지

시속 100km로 활강하는 스키 점프 선수에게 필요한 건 무엇일까? 무엇보다 '고도의 균형 감각'과 '근력'이 필요하다. 빠른 속도를 버티며 점프 기술을 발휘해야 하기 때문이다. 미국스키협회가 선수들의 경두개에 전기 자극을 가하며 훈련을 시켰더니 결과가 놀라웠다. 점프력은 70%, 균형 감각은 80%나 상승한 것이다. '브레인 도핑' 관련 논란에 항상 소개되는 사례다. 물론, 이를 훈련의 일부로 볼지, 도핑으로 볼지는 논란이다. 사이클 선수가 경기 전 훈련 중에 경두개를 자극할 음악(혹은 다른 종류의 소리)을 들었다면, 이는 도핑으로서 적발되어야 할 위법 행위일까? 논란이 아직 정리가 안 되어서 금지목록에는 오르지 않았다.

브레인 도핑
간단 설명

2003년 세계반도핑기구[WADA]가 유전자 도핑을 정의한다. "선수의 경기력을 높이는 데 작동하는 기능적 조직 및 세포에 비[非]치료적 처치를 하는 행위." 그러면서 이를 금지약물 목록에 포함했다. 신체 역량과 관련된 DNA를 유전자 사이에 끼워 넣는, 일명 '유전자 가위' 기술로 가능해진 도핑이다. 예를 들어, 지구력과 순발력에 관여하는 특정 유전자를 선수 유전자에 집어 넣는 것이다. 신체 부위 세포를 조사해 유전자 도핑 여부는 가릴 수 있다고 보고되지만, 유전자 변이와 몸 안의 물질이 구조적으로 같기에 과연 이를 어떻게 구분할 수 있을지는 의문이다. 중요한 건, 과거 흡입하거나 주사로 맞는 형태의 도핑 기술과는 차원이 다르다는 사실이다.

새로운 도핑 기술이 사회학적으로 함의하는 바는 무엇일까? 기술력은 국력이 뒷받침되어야 확보된다는 점을 본다면, 결국 기존 국가들의 경제력 격차와 유사한 '스포츠계 격차'가 발생하리란 점이다. 특히 브레인 도핑은 적발할 방법도 없는 상태다. 뇌의 특정 부분에 전기적 자극을 가해 운동 능력을 올리는 방식인데, 그걸 어떻게 잡아낼 것인가? 이렇게 보자면 기존처럼 특정 기구(세계반도핑기구 등) 중심의 '금지약물 선정→검사→적발'의 통제 방식은 자칫 '사다리 걷어차기' 효과를 만들어낼 수 있다. 즉, 기술력이나 정보력이 좋은 몇몇 '선진국' 선수들이 신기술로 경기에서의 이점을 얻고, 리스트에 오른 후부터는 후진국 선수들에게 그 혜택이 돌아가지 못하기 때문이다(이렇게 적고 보니 마치 도핑을 장려하는 듯 보이지만, 그건 아니다).

그렇다면 어떻게 해야 할까? 사실 이에 대한 해결책은 관련 조직이나 학계에서도 딱히 만들어내지 못하는 상황이다. 스포츠계 도핑 통제 및 적발 체계가 경기력 증진과 관련한 기술적 진보를 따라가지 못하기 때문이다. 이런 측면으로 보면, 각국의 도핑 관련 대책이 선수 개인이나 협회 담당자 대상의 '윤리적 교육' 중심으로 마련되는 이유도 충분히 이해할 수 있다. 사후약방문 외에 딱히 방법이 없으니.

스포츠계 승부조작 기제와 사회학적 이해

다른 어떤 분야보다 스포츠계 승부조작에 대한 대중의 분노는 격하다. 스포츠야말로 오늘날 우리 사회에 마지막으로 남은 '공정성의 보루(지켜야 할 대상의 비유적 표현)'로 인식되기 때문이다. 계층이나 인종, 성별에 상관없이 '실력'과 '노력'만으로 성공할 수 있는 제도이기에, 사람들은 스포츠의 공정성을 저해하는 행위에 엄하게 반응한다. 대표적인 것이 '승부조작match-fixing'이다. 중요한 건 승부조작이 작동하는 사회적 기제다. 이 기제를 이해하는 일은 왜 중요할까? 승부조작을 향한 관점을 '개인적' 일탈에서 '제도적' 일탈로 확장하여 생각하도록 해주기 때문이다.

스포츠계 승부조작: 개인의 문제인가?

제안이 없었다면 승부조작은 없었을지 모른다. '1회 초 2점을 내주면 너에게 2,000만 원을 주겠다.' 모든 사달은 유혹에서 시작했다. 그렇다. 문제의 근원은 돈을 주겠다면서 승부조작을 유혹한 '스폰서sponsor'였다. 스폰서만 잡으면 된다. 그런데, 스폰서(프로스포츠에서 '지원'을 미끼로 불법적 일을 연결해 주는 브로커를 지칭)의 유혹은 단지 개인의 욕망에서 나왔을까? 아니다. 상업화된 스포츠계에서 경기 승부에 돈이 걸리지 않았다면 문제는 시작되지 않았을 것이다. 경기에 거금이 걸리는 '스포츠 베팅sports betting' 사업만 없었어도 모든 게 평화로웠으리란 뜻이다. 결국, 합법화된 '스포츠토토'를 포함, 불법 스포츠 베팅업체가 문제의 근원이 되는 걸까? 그 스포츠 베팅을 합법화해준 국가가 스포츠계 승부조작의 책임을 져야 하는 문제인가?

모든 프로스포츠계에서 승부조작 사건이 발생하면서 선수 개인의 윤리의식이 도마 위에 올랐다. 이 모든 게 어릴 때부터 '공부 안 하고 운동만 시킨' 한국 스포츠의 기형적 구조가 문제라는 목소리가 커졌다. 물론 그럴 수 있다. 하지만 그것이 '근원'은 아니다. 스포츠계 승부조작을 단지 선수 개인의 도덕성이나 윤리 의식 결핍 차원으로 보면 곤란하다. 공부 안 하고 운동만 해서 그렇다고 볼 일도 아니다. 만약 그렇다면 고학력층의 화이트칼라 범죄white-collar crime는 설명이 안 된다. 이보다는, 개인의 힘은 구조의 힘에 종속된다는 구조주의적 고민을 적용해보는 게 나을 수 있다. 그 구조는 '공부-운동 병행'이 아닌, '국가-도박-스포츠 결합체state-betting-sports nexus'란 구조다.

스포츠계 승부조작 기제의 사회학적 설명

다음의 〈그림 13-6〉은 프로스포츠계에서 발생하는 승부조작 과정을 경로로 모형화한 것이다. 이 단순한 모형에서 주목할 건, 승부조작을 행하는 개인 너머로 어떠한 '사회적인 것'이 작동하는가다.

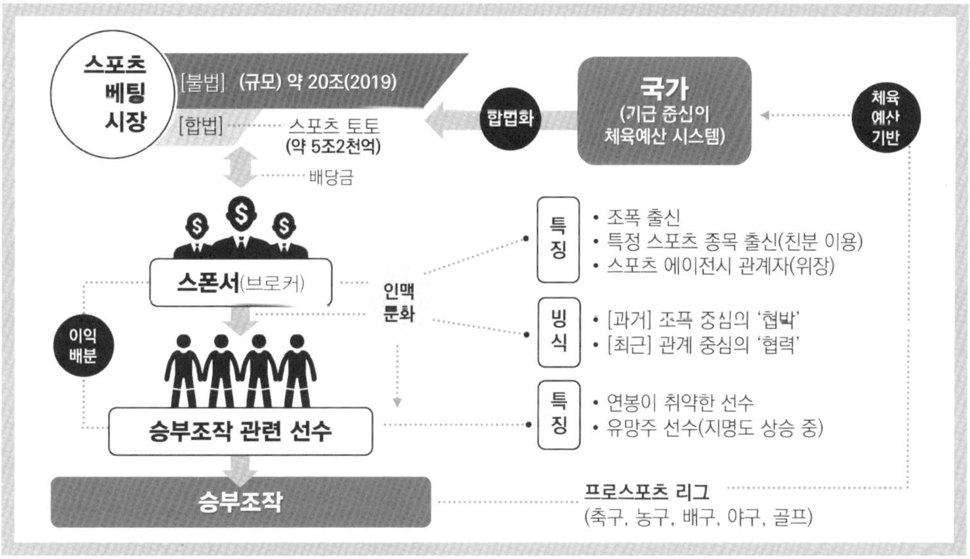

[그림 13-6] 스포츠계 승부조작의 작동 기제 및 경로 도식화

우리나라 프로스포츠계에서 발생하는 승부조작에서 독특하게 봐야 할 세 가지 특징이 있다. 첫째, 스포츠 예산이 프로스포츠를 중심으로 하는 스포츠 베팅, 즉 '스포츠 토토(투표권 사업)'에 전적으로 의존하는 구조다.[53] 기금이 절대 몫을 차지하니, 체육 관련 사업 주체들(지자체 및 체육단체)은 무슨 일만 생기면 기금 지원만 요청한다. 마치 '맡겨

53) 2019년 기준 우리나라 체육진흥재원은 전체 3조7,501억 원이다. 이 중 지방비(1조9,731억 원)와 체육단체 자체 수입(3,322억 원)을 제외하고 정부에서 사용하는 1조4,444억 중 세금 기반의 국고가 2,374억 원이고, 나머지는 국민체육진흥재단이 조성한 기금 1조2,074억 원(약 84%)이다. 이 중 '스포츠 토토'로 조성한 기금은 약 78%를 차지한다.

놓은 돈 달라'고 하는 듯 하다. 주목할 점은, 우리나라는 스포츠 베팅(스포츠 토토)을 국가가 합법화하여 관리한다는 사실이다. 이 때문에 피할 수 없는 딜레마가 발생한다. 즉, "스포츠가 재정적으로 어려울 때 스포츠와 도박의 관계가 가까워지는데, 반대급부로 따라오는 윤리와 승부조작 문제를 관리하려는 부수적 정책 수단(교육, 조기 경보시스템, 처벌 등)을 발전"[54]시키며, 반드시 발생할 승부조작과 도박중독의 위험구조 속에 선수들을 (마치 개인의 윤리의식을 시험하듯) 놓는 것이다. 심하게 비유하자면, 살인 저지를 상황을 마련하고, (어쩔 수 없이) 살인을 저지른 사람에게 '살인자'의 누명을 전가하는 것이다. 정작, 그런 상황을 마련한 국가는 아무 죄가 없다.[55]

둘째, 스폰서와 선수 간의 관계 맺기 방식이다. 과거, 조폭 출신으로 이루어졌던 승부조작 브로커는 최근 특정 스포츠 종목 출신들로 바뀌면서, '협박'에서 인맥 중심의 '후원/협력' 방식으로 바뀌었다.[56] 익히 알고 있듯, 우리처럼 좁은 인적 관계망으로 이루어진 스포츠계에선 다리 하나만 건너면 모두가 아는 사이다. 그렇게 알게 된 선수와 브로커는 지속적인 관심과 후원 관계를 맺으며 '우리가 남인가'란 정 문화 속에서 관계를 발전해 나간다. 그러다 권유되는 승부조작. 선수는 '그동안 자신을 도와준 사람 부탁을' 감히 거부하지 못하며, 결국 일을 저지른다.

셋째, 승부조작에 가담한 선수들의 취약성이다. 특히 최근 벌어진 프로야구계 승부조작 사건은 그들이 '유망주'이거나 '연봉이 적은 선수'라는 특징을 지닌다. 과거에 공무원들이 '비리 사건'에 개입될 때마다 나왔던 비판 중 하나가 '박봉'이라서 돈의 유혹에 쉽게 넘어간다는 것이었다. 유사한 논리다. 유망주 선수의 경우, 지속하여 성장하려면 기존 트레이닝 이외에 따로 훈련을 해야 한다. '후원'이 필요하다. 연봉이 적은 선수는 (연봉 3,000만 원 이하) 당연히 먹고사는 데 있어 돈이 절실하다. 브로커들은 이런 특성, 즉 '유혹에 취약할' 선수들을 주로 노린다.

물론, 이 설명이 승부조작을 실행한 몇몇 선수나 지도자들에게 면죄부를 주려는 시도로 읽힐 수도 있다. 아니다. 스포츠계에서의 모든 부정부패를 '개인 탓'으로 돌리는 개인주의적 설명 방식을 고려해보자는 취지에서다. 스포츠 베팅과 취약한 예산 구조, 국가의 합법화가 얽힌 구조적 설명을 접하며, 우리는 스포츠계에서 벌어지는 사건과

---

54) 탁민혁, 한승백 (2019). 스포츠베팅: 돈과 윤리의 딜레마. 한국체육학회지, 58(2), 97-112, 106쪽.

55) Tak, M. (2018). Too big to jail: Match-fixing, institutional failure and the shifting of responsibility. International Review for the Sociology of Sport, 53(7), 788-806.

56) 박소영 (2016.07.24.). 과거엔 조폭, 요즘은 '잘 아는 형님' 스폰서가 검은 유혹. 중앙SUNDAY, 10면.

사고를 개인주의적 탓으로 돌리려는 습관화된 진단을 재고해볼 수 있기 때문이다. 구조적 힘에서 벗어나 자유로울 수 있는 개인은 많지 않다. 사회적 위치가 불안한 개인(혹은 선수)은 더더욱 그렇다. 스포츠계에서의 승부조작이야말로 '위태로운 구조' 속 '불안정한 선수(개인)'의 관계에서 파악되어야 할 문제다. 비록 승부조작 '범인'은 잡더라도, 적어도 그 범인이 속한 상황의 구조적 '원인'은 짚고 넘어가야 하지 않겠는가.

결론: 스포츠 일탈의 다면성 읽기

1997년 미국 NBA에서 있었던 일탈 사례는 스포츠계에서의 선수 일탈이 지니는 복합적 측면 중 일부를 보여준다. 사건은 시카고불스Chicago Bulls의 '악동' 데니스 로드맨Dennis Rodman과 골대 밑에서 일을 보고 있던 TV카메라맨 사이에서 벌어졌다. NBA 동부컨퍼런스 중부지구에서 1위 다툼을 하던 시카고 불스가 미니애폴리스 원정 경기에서 미네소타 팀버울브즈Minnesota Timberwolves와 상대했다. 경기는 71-71로 팽팽한 상황. 그때 데니스 로드맨이 리바운드를 하려다 골대 밑에서 중계를 하던 카메라맨에 걸려 넘어진다(흔히 있는 일이다). 그냥 일어나면 될텐데, 로드맨은 갑자기 그 카메라맨의 급소를 발로 찼다. 이 때문에 경기는 약 7분 동안 중단됐다. 그렇게까지 할 이유가 있었을까 싶었는데, 어쨌든 다시 시작된 경기에서 분위기를 시카고 불스가 가져오며 결국 112-102로 이긴다. 신기한 건 팀 동료들의 반응이었다. 경기 후 불스의 스코티 피펜Scottie Pippen, 1965-은 인터뷰에서 카메라맨 부상에 대해 이런 말을 한다. "경기 가까운 곳에 있으면 당연히 그 길을 터줘야 한다. 여긴 우리 코트다."[57] 일탈이 당연했다는 거다.

데니스로드맨 발길질 사건

로드맨이 화를 주체하지 못하고 악동처럼 그런 일탈을 저질렀을까? 그럴 수 있다. 하지만 이 행위(더 정확히는 폭력행위)가 '스포츠 경기 중'에 벌어진 맥락에 집중해야 한다. 원정 경기, 71-71이란 동점, 분위기가 홈팀인 팀버울브즈로 가 있던 상황에서 뭔가 흐름을 끊을 계기가 필요했고, 그 방안 중 하나로 비상식적인 일탈행위를 벌인 것은 아닐까? 만약 이런 행위가 일상 생활 속에서 벌어졌다면 어떻게 됐을까? 고소당했을 것이다. 하지만 어쩐 일인지 간단한 벌금으로 끝났다. 오히려 팀 동료들은 그의 이런 희한한 행위를 두둔하고(심지어 정당화하며) '그럴 수 있는 일'로 수용한다. 이 행위로 인해 분위기까지 되찾아오며 경기까지 승리한 상황에서, 로드맨

[57] Collins, R. (2009). Violence: A micro-sociological theory. Princeton University Press, 282쪽.

의 카메라맨 가격 사건은 그의 엉뚱한 성격이 만든 일탈행위가 아니라, 경기 맥락 속에서 해석되어야 할 '전략적 일탈'이 된다. 스포츠 일탈은 다면적이다.

또한 일탈행위는 특정 스포츠 세계에서 모순적이다. 예를 들어, 보디빌딩계는 근육의 모양새가 내기물로 교환되는 곳이다. 흥미로운 점은, 이 세계엔 또 다른 세계, 즉 '내추럴 보디빌딩natural bodybuilding'이란 곳이 존재한다는 사실이다. '내추럴'인 이유는 트레이닝으로만 근육을 만드는 세계라 그렇다. 그 외의 분야에선 과도한 근육을 위해 약물에 의존하는 게 일상화되었다. 스테로이드나 테스토스테론처럼, 일상에선 의사 처방이 반드시 필요한 약물이 불법으로, 하지만 당연한 듯, 사용되는 것이다. 모순적인 건, 외부 세계에선 회피되는 행위가 특정 세계에선 '정상 규범'으로 통용되듯이,[58] 보디빌딩계에서의 약물 사용 역시 그러한 특성을 내재하며 유지된다는 사실이다. 정상성normality의 기준이 다른 것이다. 이 또한 스포츠계의 일탈이 지닌 다면성이다.

스포츠계 일탈을 다면적 관점으로 바라보는 일은 중요하다. 관점의 확장을 이끌어주기 때문이다. 확장된 관점은 선수들의 일탈행위를 어떻게 해석할지, 관련하여 어떤 처방을 내릴지와 관련해 '다른 이야기'를 해줄 수 있다. 직접 가해지는 신체적, 언어적, 집단적 폭력 외에, 가해자를 특정하기 어려운 '구조적 폭력'이나, 어떤 '권리'를 침해하는 무형의 '상징적 폭력', 정당성을 등에 업고 행해지는 '제도적 폭력'의 양상을 스포츠계에서 드러낼 수 있기 때문이다. 그럼으로써 개인주의 관점에 함몰된 스포츠계 일탈 문제를 구조적 차원으로 위치시켜, 기존에 보이지 않거나 말해지지 않았던 일탈의 다른 측면을 볼 수 있도록 해주기 때문이다. 일탈에 대한 처방이 달라진다.

스포츠 일탈의 다면성에서 우리는 또한 '사회성'이라는 독특한 특성도 보게 된다. 스포츠에서 발생하는 일탈이 '긍정성'을 띨 수 있다는 점, 특정 종목의 일탈은 어떤 중요한 의미를 좇기보단 형식적으로 이루어진다는 '의례성', 기존 질서를 위반하지만 그것이 세계의 진보(발전)에 기여한다는 '혁신성' 등, 스포츠를 인식하고 소비하는 방식을 새롭게 이해할 수 있게 할 사회성이 담겨 있는 것이다(책의 14쪽 참조). 이를 세분하여 이해하는 일이 중요한 건, 어떤 일탈 행위를 통제하고 무엇을 촉진할지를 정확히 판단할 수 있기 때문이다. 일탈이 무조건 나쁠까? 일탈에는 다면성이 스며들었다.

[58] Ewald, K., & Jiobu, R. M. (1985). Explaining positive deviance: Becker's model and the case of runners and bodybuilders. Sociology of Sport Journal, 2(2), 144-156.

- 일탈이란 사회나 사회적 집단의 구성원들이 위반하게 되면 비난받거나 처벌받을 집단 규범을 위반했다고 간주하는 어떠한 생각이나 믿음, 행위 혹은 인간의 특성을 가리킨다.

- 일탈에 개념적으로 접근하는 다섯 가지 방법은 통계적 기준, 절대적 기준, 피해 중심 접근, 범죄 행위, 정상적 기준을 중심으로 이루어진다.

- 일탈을 정의하는 방법은, 규범적 기대를 어떻게 지켰는가(과동조 또는 저동조), 사회적 반응이 어떠한가(긍정적인가, 부정적인가)에 따라 네 가지로 나뉜다. 즉, 긍정적 일탈, 의례적 일탈, 칭송받는 일탈, 부정적 일탈이 그것이다.

- 기능주의는 일탈을 사회질서 유지에 기능적이라고 보면서, 그 기능으로 사회적 가치 및 규범 드러내기, 도덕적 경계 명확히 하기, 결집, 사회변화 촉진을 제시한다. 갈등론은 일탈이 자본주의 사회의 불평등한 구조에서 발생한다고 보고, 상호작용이론은 일탈이 특정 집단 및 사회에 구축된 상호작용 질서에 따라 발생한다고 본다.

- 스포츠 일탈은 대중들을 위협하지 않으며 스포츠 경기의 폭력적 측면에 끌리는 사람들에게 문화적, 정서적으로 매력적이면서 쾌감과 불쾌감이라는 '감정적 이중 부담(emotional double whammy)'을 선사한다.

- 스포츠 일탈은 다섯 가지로 구분될 수 있다. 투혼을 발휘하는 '긍정적 일탈', 야구의 벤치 클리어링 같은 '의례적 일탈', 불법도박인 승부조작, 약물복용 등의 '부정적 일탈', 페이크 수비나 창의적인 전략 등 '칭송받는 일탈', 그리고 상업적 가치와 미디어 관심사에 연결되는 '소비적 일탈'이 그것이다.

- 스포츠 일탈에 배태된 사회성으로 우리는 '의례성'과 '혁신성', 그리고 '긍정성'을 들 수 있다. 하지만 이들과는 달리 예방하고 통제되어야 할 부정적 일탈도 존재한다. 거기에는 폭력행위(폭력 유형, 관중폭력, 성폭력), 약물복용, 부정부패(도박 및 승부조작)가 포함된다.

- 스포츠계에서 작동하는 폭력에는 대인간, 심리적, 제도적, 상징적, 의례화된 폭력으로 구분되고, 여기에 덧부터 구조적 폭력과 관중폭력, 성폭력도 존재한다.

- 스포츠에서 행해지는 도핑은 단지 선수들의 윤리적 문제를 넘어, 남성성 문화나 조직 문화, 사회적 승인과 같은 '대인관계 요인', 그리고 의학 발전, 민족주의, 국가적 제도 및 처벌 같은 '사회구조적 문제'가 동시에 작용한다.

- 스포츠계 승부조작은 단지 개인의 도덕적 문제를 넘어, 그들 주변의 구조적 힘, 즉 '국가-도박-스포츠 결합체'란 구조가 작동하면서 선수들에게 '위태로운 구조' 속 '불안정한 선수'의 관계 도식을 형성하여 발생한다.

색인